독일경쟁법

「경쟁제한방지법」

Gesetz gegen Wettbewerbsbeschränkungen

이 봉 의

法 文 社

머 리 말

1980년 「독점규제 및 공정거래에 관한 법률」이 제정되면서 우리나라에 본격적인 경쟁법이 마련된 지도 어언 35년이 흘렀다. 그 사이 공정거래법은 이론 면에서나 실무 차원에서 괄목할만한 발전을 이루었고, 명실 공히 미국과 유럽에 이어 경쟁법의 선진국이라고 자부하는 단계에 이르렀다. 시장지배적 지위남용이나 부당한 공동행위, 불공정거래행위에 관하여 다수의 심결례와 판례가 축적되면서 우리 나름의 법리가 형성되고 있다. 그럼에도 불구하고 공정거래법이 법질서로 정착하기 위해서는 보다 치밀한 법해석론이 정립되어야 하며, 특히 동법상 다수의 불특정개념을 올바르게 해석·적용하기 위해서는 외국의 법제와 심·판결례에 대한 꾸준한 연구가 불가피한 것이 현실이다.

공정거래법의 해석에 있어서 비교법적 접근방법이 매우 중요하고, 특히 우리나라와 비슷한 법제를 갖고 있는 일본의 법리와 심·판결례는 1990년대 중반까지 국내에 지대한 영향을 미쳤다. 제정 공정거래법이 일본의 「사적독점의 금지 및 공정거래에 관한 법률」로부터 많은 영향을 받은 것이 사실이고, 그 당시까지만 해도 우리보다 경제법, 독점금지법, 소비자법 등의 분야에서 일본이 훨씬 앞서 있었기 때문일 것이다. 그 후 1990년대를 거치면서 우리나라의 경쟁법분야에는 커다란 변화가 일어났다. 먼저, 경제법이 사법시험의 선택과목 중 하나로 편입되었고, 그 결과 경제법에 대한 관심이 높아졌다는 점을 들 수 있다. 그보다 더 중요한 변화는 공정거래위원회가 적극적인 법집행을 통하여 많은 쟁점에 대하여 학계와 법원에 심도 있는 논의의 계기를 마련해주었다는 점이다. 그런데 법집행이 미미한 일본의 예로는 우리나라의 복잡한 쟁점을 해결하기에 매우 미흡하였기 때문에 1990년대 이후 본격적으로 미국과 유럽의 경쟁법에 대한 관심이 촉발되었다.

그럼에도 불구하고 필자가 오래전부터 계획해왔던 비교경제법의 대상 중에서 먼저 독일경쟁법을 출간하기로 한 데에는 몇 가지 이유가 있다. 첫째, 공정거래법의 형성 및 발전과정에서 독일경쟁법의 영향이 적지 않다는 점이다. 예컨대, 독과점에 관하여 남용규제를 담고 있는 독일 경쟁제한방지법은 공정거래법상 시장지배적 지위남용규제에 중요한 참고가 되었다. 둘째, 최근 국내에서 가장 주목을 받고 있는 입법례는 유럽경쟁법인데, 유럽경쟁법의 내용이나 집행과정에 가장 결정적인 영향을 미친 나라가 바로 독일이라는 점이다. 유럽경제공동체조약 제85조와 제86조로 출범하였던 유럽경쟁법이나 독일의 경쟁제한방지법 모두 1957년에 제정되었고, 유럽경쟁법의 법리나 판례 중 상당부분이 독일에서는 이미 오래 전에 심도 있는 연구가 이루어진 것이었다. 따라서 유럽경쟁법의 맥락을 제대로 이해하기 위해서도 독일법을 살펴볼 필요가 있는 것이다. 셋째, 경쟁법이 추구하는 가치를 둘러싼 논쟁은 경쟁법 해석의 처음이자 마지막이다. 그리고 특히 지난 2000년대 이후 우리나라의 경쟁법학계나 실무에 심대한 영향을 미쳐온 효율성 내지 소비자후생 일변도의 경쟁법 해석은 필자의 경쟁법학에 관한 철학과는 거리가 있고, 경쟁의 자유와 다양성, 힘의 분산 등에 관하여 오랜 세월 고민해온 독일경쟁법의 결과물들은 향후 우리나라에서 논의의 균형을 찾아가는데 도움이 될 것으로 판단하였다. 끝으로 필자의 개인적인 동기를 빼놓을 수 없다. 필자는 독일 중부 마인츠(Mainz)에 소재한 Johannes-Gutenberg 대학에서 박사과정을 밟았고, 학위를 마치기까지 약 3년 반의 유학기간 동안 독일의 풍부한 학문적 인프라로부터 많은 혜택을 받았다. 이 책이 그때 받은 도움에 대한 보답의 성격을 가진다는 것을 부인할 수 없다.

이 책은 양적으로나 질적으로나 독일경쟁법, 그 중에서도 경쟁제한방지법에 관한 입문서의 성격을 갖는다. 따라서 이 책은 독일경쟁법의 역사와 체계, 기본원리를 비롯하여 무엇보다 경쟁제한방지법의 해석학을 다루고 있으며, 이를 통하여 독자들로 하여금 법학으로서의 경쟁법을 음미할 수 있도록 하였다. 향후 꾸준히 보완하여 독일어에 대한 제약 없이 누구나 독일경쟁법을 충실히 이해할 수 있도록 노력해나갈 생각이다.

모든 면에서 미흡하기 짝이 없는 필자가 지금까지 학자로 살아가는 데에는 많은 분들의 은혜가 있었다. 무엇보다 경제법이라는 지극히 흥미로운 세계로 인도해주신 서울대학교 권오승 명예교수님은 필자가 인격적으로나 학문적으로 근본적인 고민과 변신을 해나가도록 끊임없는 교훈과 자극을 주셨다. 그리고 필자의 박사논문 지도교수였던 독일의 드레어(Meinrad Dreher) 교수님은 학문적 성실함과 개방적인 마인드, 그리고 법학자로서의 삶에 관한 한 지금까지도 많은 영감을 주고 있다.

아울러 무슨 일인지도 모를 번잡한 일들로 언제나 정신없이 지내는 사람을 이해하고 격려해준 아내 곽아량 변호사와 보이지 않는 곳에서 사랑으로 필자를 응원해준 분들께 진심으로 감사의 마음을 전한다. 끝으로 어려운 환경에도 불구하고 이 책의 출판을 기꺼이 승낙해주신 법문사의 배효선 사장님과 장지훈 부장님, 그리고 번거로운 편집작업을 깔끔하게 마무리해주신 노윤정 차장님께 감사드리고, 마지막까지 교정 및 각주 작업을 꼼꼼히 챙겨준 박사과정의 정주미 양에게도 앞으로 학운이 함께 하길 기원한다.

2016년 3월
관악산이 보이는 연구실에서
저자 씀

차 례

제1장 총 설

제3장 카르텔금지: 수평적 경쟁제한

제4장 수직적 경쟁제한

제5장 시장지배적 지위의 남용 금지

제6장 기업결합규제

부록

제 1 장

총 설

제1장
총 설

제1절 | 경쟁과 경쟁법

I. 시장경제와 경쟁

1. 시장경제의 규범적 기초

시장경제(Marktwirtschaft)란 경제적 관점에서 흔히 분업에 의해 생산된 재화와 용역이 수요와 공급의 원리에 따라 배분되는 경제체제로 이해되어 왔다. 시장경제가 분업과 교환을 핵심요소로 하는 시스템이라는 점에서는 다분히 자연발생적인 측면이 있으나, 경쟁법이 존립하기 위한 전제조건으로서 시장경제를 논함에 있어서는 그것이 갖는 규범적 기초에 별도로 주목할 필요가 있다. 제도로서의 시장경제란 사유재산권(Privateigentum)과 계약자유(Vertragsfreiheit)가 법적으로 보장되는 데에서 가능해지기 때문이다.[1)]

재산권이 법적으로 보장되어야 교환의 전제조건으로서 네 것과 내 것의 구분이 분명해지고, 이를 토대로 타인과 재화나 용역을 교환하는 것이 가능해진다. 이때, 누구와 어떤 조건으로 거래할 것인지가 각자의 자유의사에 맡겨진다는 의미에서 계약자유가 법적으로 보장될 때, 비로소 자유로운 교환시스템으로서의 시장경제가 작동할 수 있게 된다. 이처럼 시장경제는 재산권의 자유와 계약의 자유를 양대 지주로 삼고 있다는 점에서 자유란 시장경제의 핵심가치이다.

그런데 재산권보장과 계약자유가 보장되는 것만으로 시장경제가 당초 의도한 바를 실현할 수 있는 것은 아니다. 재산권과 계약자유는 언제나 남용의 소지를 안고 있는데, 역

1) Rittner, Vertragsfreiheit und Wettbewerbspolitik, in: FS Sölter, 1982, S. 27, 30 ff.

으로 타인의 자유를 침해하는 수단으로도 작용할 수 있기 때문이다. 시장경제의 영역에서 힘의 남용은 곧 독과점의 폐해와 연결되며, 이른바 경쟁이 없는 상태에서 다른 시장참가자의 자유는 쉽게 형해화(形骸化)될 수 있는 것이다. 이러한 위험에 대한 인식이 바로 경쟁법의 출발점이고, 경쟁법은 시장경제에서 힘의 행사를 적절히 통제함으로써 보다 자유로운 경제활동이 이루어질 수 있도록 경제력(Wirtschaftsmacht)에 대한 일정한 한계설정을 본질적 내용으로 한다.[2)]

2. 경쟁의 개념과 기능

(1) 경쟁의 개념

경쟁이란 무엇인가? 경쟁의 개념은 경쟁법·정책이 보호하고자 하는 경쟁이 과연 무엇인지에 관한 명확한 관념을 전제로 한다는 점에서 경쟁법·정책의 출발점이기도 하다. 그런데 과거 경제학에서도 경쟁 개념은 명확하게 정의되지 않은 채로 오랫동안 사용되어왔다. 경쟁을 적극적으로 정의하려는 시도는 경쟁이 매우 복합적인 현상이고 고도의 추상성과 다양한 의미를 전제로 다분히 일반적인 형태로만 파악할 수 있을 뿐이라는 점에서 난관에 직면하게 된다. 현재로서는 경쟁이란 어떤 일정한 수준의 경쟁을 특정할 수 있는 것이 아니라 정도의 문제라는 점에서 정량적으로만 파악할 수 없으며 정성적으로도 평가되지 않으면 안 된다는 점이 널리 받아들여지고 있을 뿐이다. 여기서 일단 경제적 의미의 경쟁, 이른바 경제적 경쟁(wirtschaftlicher Wettbewerb)이란 "보다 유리한 조건으로 거래관계를 맺기 위한 공급자(사업자)와 수요자(소비자 내지 고객)의 자율적인 노력"[3)]으로 이해할 수 있다.

한편, 경쟁이란 무엇인가에 관한 질문을 둘러싸고 법학분야에서도 오랫동안 논의가 있었으나, 지금까지 법개념(Rechtsbegriff)으로서 일반적으로 승인된 경쟁개념은 존재하지 않는다. 어쩌면 소극적인 의미에서 '경쟁제한'을 정의하는 것이 현실적인 대안일 수도 있을 것이다. 무엇이 공정한지를 적극적으로 정의하기는 어렵지만, 개별 사례에서 불공정성을 인식하기란 상대적으로 용이한 것과 마찬가지이다. 즉, 경쟁법에서 경쟁이란 경쟁제한이 존재하지 않는 상태로 이해할 수 있고, 경쟁법은 바로 경쟁제한을 방지해야 하

2) Fikentscher, Vertrag und wirtschaftliche Macht, in: Recht und wirtschaftliche Freiheit, 1992, S. 30. 국가권력과 마찬가지로 사기업의 경제력 또한 법의 구속을 받지 않으면 안 되며, 이러한 의미에서 경제력의 남용을 방지하는 것은 단순한 경제정책의 문제가 아니라 법적 과제로 인식되어야 한다는 견해로는 Mestmäcker, in: Immenga/ Mestmäcker, Kommentar zum GWB, 3. Aufl., 2001, Einleitung Rn. 7.

3) Borchard/Fikentscher, Wettbewerb, Wettbewerbsbeschränkungen, Marktbeherrschung, 1957, S. 15 ff.

는 과제를 안고 있는 것이다.

(2) 경쟁의 기능

독일에서는 경쟁의 기능을 둘러싸고 오래전부터 논쟁이 이루어졌다. 다양한 차원의 논의가 있었으나 대표적인 쟁점은 경쟁이 그 자체로서 목적인지 아니면 다른 상위목적을 위한 수단인지에 있었다. 흔히 '호프만-칸첸바흐 논쟁'(Hoppmann-Kantzenbach Kontroverse)으로 알려진 입장차이 또한 호프만이 경쟁 그 자체를 상위의 목적으로 이해한 반면, 칸첸바흐는 경쟁의 수단적 성격(Hilfscharakter)을 보다 강조한 데에서 드러나게 된다.

다른 한편으로 경제적 경쟁의 성격상 경쟁의 기능에 관해서도 일찍이 독일 경제학자들의 공헌이 유난히 컸다. 그중 대표적으로 웨르/뢰프케(Jöhr/Röpke)에 따르면 경쟁이란 다양한 기능을 수행하는데, 대표적으로 조정기능(Steuerungsfunktion) 내지 질서기능(Ordnungsfunktion), 분배기능(Verteilungsfunktion), 유인기능(Antriebsfunktion) 등을 언급하고 있다. 독일에서는 대체로 경쟁이란 개별 경제주체의 행위에만 영향을 미치는 것이 아니라 전체 사회에도 매우 중요한 기능을 갖는다는 데에는 견해가 일치되고 있는 것으로 보인다.

독일의 논의에서 눈에 띄는 것은 경쟁이 경제적 기능 외에도 사회정책적, 경기정책적, 그리고 구조정책적 기능(gesellschafts-, konjunktur- und strukturpolitische Funktion)을 아울러 수행한다는 점이 널리 받아들여지고 있다는 점이다. 이른바 경쟁의 경제초월적 기능을 강조한 대표적인 학자로는 기르쉬(Herbert Giersch)를 들 수 있는바, 그가 강조한 경쟁의 기능이 바로 사회정책적 기능, 다시 말해서 힘의 분배(Machtverteilung)에 관한 기능이다.[4] 즉, 경쟁은 절대적 또는 상대적으로 지배력을 가진 사업자가 다른 시장참가자의 경제활동의 자유를 제한하는 행위를 하지 못하도록 억제하는 기능을 가져야 한다는 것이다. 이러한 견해는 경쟁을 단지 경제활동의 존재양식을 표현하는 것이 아니라 제도적으로 보장되어야 할 당위(Sollen)로 파악함으로써, 지금까지도 경쟁법의 목적론에 지대한 영향을 미치고 있다.

---

4) Giersch, Aufgaben der Strukturpolitik, in: Hamburger Jahrbuch für Wirtschafts- und Gesellschaftspolitik, 9 Jahr., 1964, S. 61 ff.

Ⅱ. 독일 경쟁법의 체계와 목적

1. 체계: 광의의 경쟁법과 협의의 경쟁법

독일에서 경쟁법(Wettbewerbsrecht; competition law)이란 광의(廣義)와 협의(狹義)의 두 가지 의미로 이해된다. 협의의 경쟁법이란 일차적으로 부정경쟁방지법(Gesetz gegen den unlauteren Wettbewerb; UWG)을 말하며, 그밖에 상표법(Markengesetz)을 포함시키기도 한다. 절차법으로서 금지소송법(Unterlassungsklagengesetz)도 여기에 해당한다. 광의의 경쟁법이란 흔히 부정경쟁방지법을 비롯한 협의의 경쟁법에 경쟁제한방지법(Gesetz gegen Wettbewerbsbeschränkungen; GWB)과 경우에 따라서는 유럽경쟁법(유럽기능조약 제101조, 제102조 및 유럽합병규칙)을 망라한 것을 말한다.

우리나라를 비롯한 유럽의 많은 나라에서 경쟁법이란 독점금지법을 가리키는 것으로 이해되고 있는바, 아래에서는 독일의 경쟁법을 경쟁제한방지법과 부정경쟁방지법으로 양분하여 전자를 지칭하는 의미로 사용하고자 한다. 경우에 따라서는 부정경쟁방지법과의 구별을 위하여 독점금지법 또는 경쟁제한방지법이라는 용어를 일부 사용할 것이다. 반면, 협의의 경쟁법을 지칭할 때에는 부정경쟁방지법이라는 명칭을 그대로 사용하고자 한다.

2. 경쟁법의 목적

경쟁법의 목적론은 매우 중요한 의미를 갖는다. 경쟁법의 목적을 이해하기에 따라서 금지요건, 특히 경쟁제한의 해석이 달라지고, 집행방식의 초점이 달리 놓여질 수밖에 없기 때문이다.[5] 그런데 미국이나 독일, 유럽의 경쟁법령에서는 우리나라의 공정거래법과 달리 따로 목적조항을 두지 않고 있기 때문에, 일찍이 외국에서는 경쟁법의 목적이 학설과 판례에 맡겨져 있었다. 이들 외국의 입법례는 우리나라의 경우 목적논쟁에 있어서 공정거래법 제1조의 '해석론'과 다양한 경제이론 및 정책론이 혼재되어 이루어지고 있는 것과 구별된다.

미국과 구별되는 독일 경쟁법의 접근방식은 무엇보다 경쟁법의 목적을 상이하게 파악하는 것과 밀접하게 관련되어 있다. 미국에서는 1890년 셔먼법(Sherman Act) 제정 이후

5) 경쟁법의 목적론을 경쟁법학, 경제학의 다양한 관점에서, 동시에 비교법적으로 폭넓게 다루고 있는 대표적인 논문집으로는 Zimmer, The Goals of Competition Law, 2012 참조.

경제력집중의 억제나 중소사업자보호 등 다원주의적 목적론이 지배하다가 1960년대 이후 경제적 효율성이나 소비자후생을 강조하는 일원주의가 비교적 최근까지 폭넓게 자리잡고 있다. 반면, 일찍이 독일에서는 경쟁을 규범적으로 파악하는 전통에 기초하여 통상 경쟁이란 사적자치(Privatautonomie)의 원칙과 사유재산권의 보장을 기초로 하는 것으로 이해된다. 무엇보다 재산권을 기초로 계약자유가 가능하며, 계약자유는 비로소 경쟁을 기능하게 한다. 그런데 재산권이나 계약자유는 경쟁을 제한하기 위해서 행사될 수도 있기 때문에,[6] 이와 같은 사적자치가 경쟁을 제한하지 못하도록 하는 것, 이른바 계약자유의 자기파괴(Selbststörung)를 방지하는 것이 경쟁법의 목적이자 핵심과제인 것이다.

이러한 맥락에서 경쟁법은 사적자치로부터 비롯되는 다양한 형태의 경쟁제한행위 내지 경쟁의 왜곡(Verfälschungen)을 방지하는 것을 일차적인 목적으로 삼게 된다. 이를 위하여 경쟁법은 비록 나라마다 다소의 차이는 있으나 대체로 시장지배적 지위에 있는 사업자의 행태를 감시하기도 하고, 사업자간의 경쟁제한적 합의를 금지하는 한편, 기업결합을 통한 시장집중에 일정한 한계를 설정하기도 한다.

3. 경쟁제한방지법의 성격과 과제

독일의 경쟁제한방지법(Gesetz gegen Wettbewerbsbeschräkungen; GWB)은 사업자에 의한 경쟁제한행위를 규제하기 위한 법규범이다. 경쟁제한행위는 무엇보다 경제적으로 독립적인 사업자간의 경제적 경쟁을 가능케 하는 사적자치에서 비롯된다. 즉, 경쟁사업자는 그들 사이의 경쟁을 부분적으로 또는 전면적으로 제한하기 위하여 서로 협정을 맺고, 그 협정에 따라 이를테면 최저가격을 정하고, 시장을 분할하기도 하며, 시장 전체의 수요와 공급을 조절하기도 한다. 독일에서는 늦어도 1880년대 이후 카르텔이라 불리는 현상이 비공식적으로나마 법영역에 포섭되기 시작하였다. 그 후 카르텔 내지 카르텔법(Kartellrecht)이라는 명칭은 카르텔계약(Kartellvertrag)이나 카르텔당국(Kartellbehörde)과 같은 예에서 알 수 있는 바와 같이 오늘날 독일에서 경쟁제한행위와 경쟁법을 특징짓는 대표적인 용어(ein pars pro toto)[7]로 자리잡고 있다.

---

6) 사업자들은 경쟁을 제한하기 위하여 합의를 할 수 있고, 대표적인 것이 바로 카르텔이다. 그밖에 기업결합 내지 M&A 또한 원칙적으로 사적 자치에 맡겨져 있으나, 예외적으로 그것이 경쟁을 제한할 우려가 있는 경우에는 금지되는 것도 마찬가지이다.

7) 일부분을 가리켜 전체를 표현하는 방식으로서, 카르텔이라는 특정한 유형의 경쟁제한행위를 지칭하는 용어가 카르텔법이라는 경쟁법 전체의 영역을 가리키는 고유한 용어로 사용되고 있다. Rittner, Wettbewerbs- und Kartellrecht, 6. Aufl., 1999, §1, Rn. 1.

경쟁제한방지법은 사적자치, 특히 계약의 자유에서 비롯되는 사업자의 경쟁제한행위를 규제하는 것으로서, 고권적 행위에 의한 경쟁제한, 이를테면 법률적 독점이나 규제법(Lenkungsrecht)에 근거한 정부의 시장규제에는 적용되지 않는다. 경쟁제한방지법 또한 하나의 법률이기 때문에 입법작용 내지 입법재량을 구속할 수는 없는 것이다. 즉, 입법자는 법률을 통하여 처음부터 경쟁원리가 배제되는 분야를 지정할 수도 있고, 개별 사안에서 사업자에게 경쟁제한을 허용할 수도 있다. 다만, 입법자는 시장경제와 경쟁의 본질을 침해해서는 안 되기 때문에, 일정한 한계를 넘어 제정된 법률은 연방헌법재판소(Bundesverfassungsgericht; BVerfG)의 위헌결정을 통해 무효로 될 수 있을 뿐이다. 독일기본법(Grundgesetz)이 사적자치 및 경쟁에 어느 정도의 여지를 보장하고 있는지, 그 결과 입법자에게 구체적으로 경쟁제한적인 법률의 제정과 관련하여 어떠한 한계를 지우고 있는지는 개별 사안마다 헌법해석상의 문제로 남아 있을 수밖에 없다.[8].

끝으로 경쟁제한방지법은 국민경제 전체를 자유롭게 질서지우기 위하여 원칙적으로 사업자에 의한 모든 경쟁제한행위에 적용된다. 따라서 동법은 사업자간의 경쟁제한적 합의를 규제하는 데에 그치지 않고, 기업조직의 선택이 당사회사들의 의사에만 맡겨질 것인지 아니면 인위적인 시장집중, 즉 기업결합에 대해서 경쟁법적 규제가 필요한지를 포괄한다. 마찬가지로 동법은 시장지배적 지위를 가진 사업자의 일방적인 경쟁제한행위를 규제할 것인지, 규제한다면 어느 정도로 규제할 것인지의 문제에도 관심을 가지지 않을 수 없다.

4. 경쟁제한방지법과 부정경쟁방지법의 관계

사적자치와 계약자유에서 출발한 경쟁제한방지법은 경쟁과정에서 사업자의 불공정한 행위를 규율하는 부정경쟁방지법(Gegetz gegen unlauteren Wettbewerb; UWG)과 그 성격이나 과제 면에서 구별된다. 전자가 경쟁의 자유를 보호하기 위한 법규범인데 반하여, 후자는 경쟁의 공정성을 중요시한다.[9] 다시 말해서, 경쟁제한방지법은 경쟁의 제한을 금지하는 반면, 부정경쟁방지법은 불공정한 행위로부터 경쟁을 보호한다. 그런데 자유경쟁은 공정경쟁을 전제로 한다는 점에서 양자는 서로 밀접한 연관을 맺고 있으며, 두 법률의 문언상 일견 적지 않은 금지요건들이 서로 중첩(Überschneidung)될 수 있다.

---

8) Rittner, Wirtschaftsrecht, 1987, §3, Rn. 34 ff., 52 ff.
9) Rittner/Dreher/Kulka, Wettbewerbs- und Kartellrecht, 8. Aufl., 2014, §1, Rn. 111.

먼저, 통설에 따르면 경쟁제한방지법의 금지요건은 부정경쟁방지법, 특히 제3조(일반조항)의 적용을 배제하지 않는다는 의미에서 경쟁제한방지법의 우선원칙은 인정되지 않는다. 오히려 양법은 대등한 지위에서 병렬적으로 적용될 수 있다고 보는 것이 정확한 표현일 것이다.[10] 다만, 경쟁제한적인 기업결합이나 카르텔의 경우에는 양법이 중첩될 소지가 거의 없으며, 주로 시장지배적 지위남용과 같은 일방적 행위의 경우에 양법의 관계가 문제될 수 있다. 양법은 공히 통일적인 경쟁질서의 보호에 기여해야 하고, 다만 당초 출발점과 목적에 있어서 차이가 있었으나, 시간이 흐르면서 점차 접근하고 있다. 그럼에도 불구하고 양법의 금지요건과 법률효과에는 여전히 적지 않은 차이가 존재하기 때문에 이들을 통틀어 하나의 법영역을 인정하는 것은 이론적으로나 실무상 쉽지 않아 보인다.[11]

구체적으로 경쟁제한방지법이 자유로운 경쟁보호를 일차적으로 추구하는 반면, 부정경쟁방지법은 무엇보다 경쟁과정에서 나타나는 폐해(Auswüchse)로부터 공정한 경쟁을 보호하고자 한다. 따라서 경쟁제한방지법에 반하는 행위가 당연히 불공정한 것은 아니며, 반대로 모든 불공정한 행위가 경쟁의 자유를 도모하는 경쟁제한방지법의 목적에 반하는 것도 아니다. 이러한 맥락에서 양법이 대등하다는 원칙은 실무상 경쟁제한방지법상 허용되는 행위라면 불공정성을 가져오는 다른 추가적인 사정이 없는 한 부정경쟁방지법상 금지되어서는 안 된다는 의미를 갖게 된다.[12]

한편, 부정경쟁방지법이 시장지배력이 형성되기 이전 단계에서 적용될 수 있는지(이른바 맹아이론; Vorfeldthese), 이러한 법적용이 경쟁제한방지법에 고유한 가치판단을 면탈하는 결과를 가져오는지에 대해서는 여전히 다툼이 있으나, 경쟁제한방지법상 시장지배력의 개념이 점차 확장되면서 현재 실무상 의미는 크지 않다. 다만, 경쟁제한방지법 제19조, 제20조와 같이 시장지배력이 개념이 확장되면서 양법이 중첩하여 적용될 여지 또한 커졌음은 부인할 수 없다.

---

10) P. Ulmer, Der Begriff “Leistungswettbewerb” und seine Bedeutung für die Anwendung von GWB und UWG-Tatbeständen, GRUR, 1977, S. 578 ff.; Tillmann, Über das Verhältnis von GWB und UWG, GRUR, 1979, S. 825 ff.

11) Rittner/Dreher/Kulka, Wettbewerbs-und Kartellrecht, 8. Aufl., 2014, §1, Rn. 113.

12) Holtorf, in: Gloy/Loschelder, Handbuch des Wettbewerbsrechts, 3. Aufl., 2005, §3, Rn. 2.

제2절 | 경쟁이론의 기초

I. 경제이론의 흐름

독일경쟁법의 근간을 이루는 경쟁이론적 기초는 어느 한 가지로 특징짓기 어려우며, 지난 200여년에 걸쳐서 다양한 흐름을 경험하였다. 독일에서 경쟁이론의 전개는 영미와 대륙의 경제학조류로부터 영향을 받으면서 이들 이론과 복잡한 상호작용을 거쳐서 이루어졌다. 따라서 경제이론의 전체적인 흐름을 먼저 간략하게 살펴볼 필요가 있다.

먼저, 고전적 자유주의시대에 경쟁은 하나의 '과정'으로 이해되었으며, 시장의 보이지 않는 손에 의해 경쟁이 충분히 작동할 수 있다고 보았다. 그에 따라 1920년대까지는 쿠르노-베트랑 모델(Cournot-Bertrand Model)과 같이 주로 완전경쟁시장을 중심으로 한 정태적인 모델이 제시되었고, 주로 수학적인 방법으로 최적의 균형상태 및 완전경쟁을 위한 조건에 관한 연구가 이루어졌다.

그 후 유효경쟁이론(workable competition theory)[13]과 산업조직론(industrial organization)이 발전하게 되었다. 유효경쟁의 여부는 무엇보다 시장구조(structure)-시장행위(conduct)-시장성과(performance)라는 이른바 SCP-패러다임으로 설명되었고, 이것은 지금까지도 각국의 경쟁법과 경쟁정책에 지대한 영향을 미치고 있다. 여기서 경쟁이란 선발사업자와 이를 모방한 후발사업자간의 상호작용이 이루어지는 동태적 과정으로 이해되었다. 유효경쟁론을 처음으로 제시한 클라크(John Maurice Clark)는 이른바 차선이론(the second best theory) 내지 해독명제(解毒命題; Gegengiftthese)를 고안하였는데, 그에 따르면 시장실패가 존재하는 경우에는 그 원인을 제거하는 것보다 이를 해결할 수 있는 또 다른 경쟁상의 불완전성을 창출하는 것이 합리적일 수 있다는 것이다. 예컨대, 고착된 과점시장에서는 오히려 정보의 불완전성이 사업자들간의 경쟁을 촉진할 수 있다는 지적을 들 수 있다.

이어서 1960년대 후반에 득세하기 시작한 시카고 학파류의 경쟁이론은 시장에 대한 진입과 퇴출이 완전히 자유로운, 다시 말해서 진입비용과 퇴출비용이 모두 제로(0)인

13) J. M. Clark, Toward a Concept of Workable Competition, American Economic Review, Vol. 30, pp. 640.

경우를 전제로 이른바 경합시장이론(contestable market theory)을 제시하였고, 그에 따르면 경쟁이 제대로 작동하고 있는지를 판단하는 유의미한 기준은 바로 시장의 '개방성' 여부이다. 여기서 시장의 개방성 정도를 보여주는 대표적인 요소는 잠재적 경쟁과 시장진입장벽의 부존재이고, 이들 요소는 시장지배적 지위를 부인하거나 기업결합의 경쟁제한성을 감소시키는 요소로서 각국의 경쟁법과 실무에 널리 수용되었다. 시카고학파의 이론적 배경에는 개별 사업자의 효율성 증대가 사회 전체의 후생증대로 이어진다거나 시장경쟁의 자생적 치유력(self-correcting force)에 대한 신뢰가 깔려 있다. 동시에 그와 같은 경쟁이론은 경쟁을 사회전체의 후생증대를 위한 '수단'의 하나로 이해하게 된다.

Ⅱ. 독일 경쟁이론의 전개

19세기 유럽에서 태동한 자유주의 내지 고전파 경쟁이론은 오스트리아 학파를 거쳐 독일에도 지대한 영향을 미쳤다. 먼저, 오스트리아 학파의 비조(鼻祖)로서 1974년 노벨 경제학상을 수상한 바 있는 하이에크(Friedrich August v. Hayek)는 경쟁을 탐색과 발견의 동태적 과정(Wettbewerb als Entdeckungsverfahren)으로 이해하였고,[14] 시장을 자생적인 질서(spontaneous order)로 파악하여 국가의 개입을 철저히 배격하였다.[15] 이러한 전통을 이어받은 것이 독일의 프라이부르크 학파(Freiburger Schule)였는데, 오이켄(Walter Eucken)을 비롯한 일단의 학자들은 하이에크의 이론에 대하여 중대한 변화를 가하였다. 이른바 질서자유주의(Ordo-liberalism)로 알려진 독일의 자유주의는 사회 전체의 이익과 사인의 이익간에 최적의 균형을 이루고 있는 상태를 완전경쟁으로 이해하고, 이러한 상태를 실현하기 위하여 국가의 경쟁에 관한 질서정책(Ordnungspolitik)이 필요하다고 보았다.

대표적으로 오이켄과 같은 전통적인 질서자유주의자들은 아담 스미스(Adam Smith)의 고전적 자유주의에서 출발하였으나, 그와 달리 개개인의 이익(Einzelinteresse) 추구가 이른바 '보이지 않는 손'(invisible hand)에 의해서 자동적으로 공공의 이익(Gemeininteresse) 또한 증진시킨다고 믿지 않았다. 따라서 국가는 질서정책을 통하여 개인의 이익과 공공의 이익을 조정하지 않으면 안 되는 것이고, 여기서 질서자유주의는 무엇보다 개인뿐만 아니라 경제단체, 대표적으로 기업의 경제력(wirtschaftliche Macht)을 가급적 약화시키

14) 이른바 발견절차(Entdeckungsverfahren)로서의 경쟁에 대해서는 F. A. Hayek, Freiburger Studien, 1969, S. 249.

15) F. A. Hayek, Law, Legislation and Liberty, Rules and Order, Vol. 1, 1982, pp. 36.

고자 하였다. 이처럼 경쟁정책에 있어서도 경쟁이 제대로 일어날 수 있는 제도와 틀을 마련하는 것이 중요하고, 이와 같은 질서자유주의의 이상(理想)은 현대 독일경쟁법의 이념적 기초가 되었다.

다른 한편으로 독일과 유럽에서 경쟁을 어떻게 이해하고 있는지를 잘 보여주는 것이 바로 '호프만-칸첸바흐 논쟁'(Hoppmann-Kantzenbach-Kontroverse)이다.[16] 먼저, 칸첸바흐는 시장구조에 대한 국가의 개입을 통하여 최적의 경쟁상태, 즉 경쟁의 기능이 최적으로 실현될 수 있는 상태를 이룰 수 있다고 보았다. 여기서 경쟁은 그 자체가 목적이 아니라 시장 본래의 기능, 특히 경제적 기능을 실현하기 위한 수단의 성격을 갖는다.[17] 반면, 호프만은 경쟁정책의 최고목표는 바로 경쟁의 자유를 보호하는 것이고, 그에 따르면 경쟁은 그 자체가 경쟁정책의 목표가 된다. 다만, 호프만도 법규범이 경쟁의 자유가 실현될 수 있는 전체적인 틀을 형성할 필요가 있다고 보았고, 그 한도에서 국가개입의 정당성을 인정하고 있는 점에서는 칸첸바흐와 마찬가지이다.[18]

최근 독일 및 유럽에서는 칸첸바흐 류의, 그러나 보다 경제이론을 지향하는 방향으로 경쟁정책의 변화가 진행되고 있으며, 경제적 접근방법의 강화 추세 속에서 경쟁제한효과나 효율성, 소비자후생을 강조하는 일부 흐름은 이러한 변화를 잘 보여주고 있다. 그러나 독일이나 유럽공동체의 경제헌법(Wirtschaftsverfassung)이라는 규범적 관점에서 경쟁 그 자체를 보호하여야 한다는 목표는 여전히 유효하며, 사장참여자의 자유보호와 경쟁적인 시장구조의 유지는 독일 및 유럽의 판례가 승인하고 있는 경쟁법의 핵심 과제에 해당된다. 여기서 소비자후생(consumer welfare)이란 경쟁으로 인한 산출량 증대 또는 가격인하 등의 형태로 얻어지는 다분히 반사적 이익의 성격을 갖게 된다.

경제학자들이 경쟁을 대체로 따분하고 쓸모없는 것으로 만들 수 있는 조건 하에 분석해왔다는 비난으로부터 이들을 보호하기란 쉽지 않을 것이다(Es wäre nicht leicht, die Nationalökonomen gegen den Vorwurf zu verteidigen, daß sie ... den Wettbewerb

16) 위 논쟁에 관하여 보다 상세한 분석은 Eickhof, Die Hoppmann-Kantzenbach-Kontroverse: Darstellung, Vergleich und Bedeutung der beiden wettbewerbspolitischen Leitbilder, Diskussionsbeitrag, Nr. 95, 2008. 참조.

17) Kantzenbach, Die Funktionsfähigkeit des Wettbewerbs, 2. Aufl., 1967, S. 38 ff. 이 책은 칸첸바흐의 교수자격논문(Habilitationsschrift)이기도 하다.

18) Hoppmann, Zum Problem einer wirtschaftspolitisch praktikablen Definition des Wettbewerbs, in: H. Schneider(Hrsg.), Grundlagen der Wettbewerbspolitik, 1968, S. 40 ff.

meist unter Voraussetzungen untersucht haben, die ... diesen Wettbewerb uninteressant und nutzlos machen würden) - F.A. Hayek, Freiburger Studien, Mohr-Siebeck, Tübingen, 1969.

Ⅲ. 경제이론상 효율성 개념

1. 배분적 효율성

배분적 효율성(distributive efficiency)은 국민경제상 자원이 경제적으로 적절하게 이용되었을 경우에 보장되며, 대표적으로 파레토 최적(Pareto optimal)이란 한 경제주체를 불리하게 하지 않고는 다른 경제주체를 이롭게 할 수 없는 상태를 가리킨다. 이와 같은 의미에서 배분적 효율성은 생산자이익과 소비자이익의 합으로 구성되는 사회총후생(total social welfare)의 극대화를 의미하며, 기업과 소비자간의 이익배분은 적어도 경쟁법의 주된 관심사는 아니다. 다만, 최근 경제학분야에서 배분적 효율성을 강조하는 견해는 경쟁정책의 우선순위를 소비자후생의 증대에 놓고 있으며, 극단적으로 소비자후생을 저해하지 않는 행위는 경쟁법상 문제될 것이 없다는 주장까지 나오고 있다.

그런데 경쟁법이 고유한 정책목표로서 소비자후생기준을 취하여야 하는지, 아니면 사회총후생 기준을 추구하여야 하는지, 각각의 기준을 취하는 경우에도 그것이 구체적인 경쟁사건에서 위법성 판단의 준거로 작용할 수 있는지 여부는 또 다른 차원의 매우 어려운 문제이다. 다른 한편으로 이 문제는 경쟁법이 추구해야 하는 목적이 과연 무엇인지, 경제적 효율성 일원주의와 경쟁의 사회정책적 의미를 강조하는 다원주의 사이의 갈등과도 밀접한 관련이 있다.

2. 생산적 효율성

생산적 효율성(productive efficiency)이란 일정한 재화를 생산하는데 필요한 생산요소의 양으로 판단할 수 있다. 즉, 최소한의 투입량(input)으로 최대한의 산출량(output)이 달성될수록 생산적 효율성은 높아지게 된다. 생산적 효율성은 흔히 기업결합에 따라 증가될 것으로 예상되는 효율성으로서, 결합 이전에 비하여 결합 후에는 보다 적은 투입으로 동일한 산출량을 얻을 수 있다는 의미이다. 따라서 기업결합의 예외요건으로 효율성 증대를 고려하는 경우에 생산적 효율성의 증대와 시장지배력의 강화 내지 시장집중의 심화에 따른 배분적 효율성의 감소를 적절히 비교형량할 필요가 있다는 결론에 이르게 된다.

3. 동태적 효율성

배분적 효율성이나 생산적 효율성은 기술이나 노하우, 산업구조의 변화 등을 고려하지 않는 정태적(static) 개념이다. 따라서 효율성을 고려함에 있어서는 경제의 발전상황을 반영한 동태적 효율성(dynamic efficiency)이 함께 고려되지 않으면 안 된다. 대표적으로 R&D 등에 대한 투자비용에 비하여 장래에 그 이상의 이익이 기대된다면 동태적 효율성을 인정할 수 있을 것이다. 다만, 실제로 투자의 장래에 향한 경제적 효과를 예측하여 투자비용과 비교하기란 쉽지 않은 일이다.

한편, 동태적 효율성은 적어도 최소한의 투자수익을 보장할 수 있어야 기대될 수 있다. 따라서 연구·개발에 대한 투자유인을 촉진하는 것은 동태적 효율성을 담보하기 위한 중요한 수단이고, 이러한 의미에서 특허법 등 지식재산권의 보호법제는 동태적 효율성을 실현하기 위해서도 매우 중요한 기능을 수행한다. 그러나 사업자가 자신의 혁신을 시장봉쇄를 위하여 악용하지 않도록 하는 것 또한 경쟁법의 중요한 임무이고, 따라서 혁신을 저해하지 않으면서 지식재산권의 남용을 적절히 규제하는 방안이 마련될 필요가 있는 것이다.

제3절 | 독일경쟁법의 전개과정

Ⅰ. 독일경쟁법의 연혁

1. 영업의 자유와 카르텔의 탄생

(1) 영업의 자유와 카르텔

독일경쟁법, 이른바 카르텔법은 거의 사적자치 만큼이나 오랜 역사를 가진 법영역이다.[19] 전반적인 경제과정이 실질적으로 사적자치에 의해 규율되는 곳에서는 반드시 사적자치가 경쟁의 자유를 제한하기 위하여 사용될 위험성이 존재하기 때문이다. 그 결과 독일에서는 사적자치와 영업의 자유(Gewerbefreiheit)에 기초를 둔 산업화시대에 기업과 국민경제에 요구되는 특수한 입법과 그에 따른 고유한 법영역을 파악하는 문제가 첨예하게 제기되었다.[20)]

일찍이 유럽에서는 프랑스혁명 직후인 1791년 프랑스가 길드(Guild)의 폐지를 통한 영업의 자유를 공포하였고, 이어서 1810년에는 프로이센이 길드를 폐지하였다. 독일이 통일되기 이전인 1869년 북독일연방이 영업법(Gewerbeordnung)[21)]을 제정함으로써 일반적인 영업의 자유와 계약자유가 독일 전역에 확대되었고, 이러한 제도적 변화는 실질적으로 동시대인의 입장에서는 계급 및 신분적인 구속으로부터의 해방뿐만 아니라 중상주의체제(Merkantilismus)의 해체로 받아들여졌다. 다만, 그러한 자유가 오히려 자유의 남용을 통하여 스스로를 파괴할 수 있는 위험성은 당시 거의 대부분의 사람들이 인식하지 못하고 있었다.

독일에서 처음 일어난 대규모 카르텔 파동은 1870년대 중반의 공황(恐慌)에서 비롯되었다. 산업화를 먼저 시작한 서유럽 국가에서는 신대륙발견과 식민지개척으로 시장이 넓어지면서 과도한 투자가 이루어졌고, 시장의 확대가 한계가 다다르자 과잉설비와 불황에 시달리게 되었다. 불황을 극복하기 위한 수단으로 유럽 각국은 자유무역으로부터 보호무역으로 급격히 정책방향을 선회하였고, 독일에서는 비스마르크의 보호관세정책 및 국내시장 보호정책과 맞물리면서 각 분야에서 카르텔이 번성하게 되었다. 이러한 배경 하에 독일에서는 영업의 자유가 도입되자마자 찾아온 불황으로 오히려 영업의 자유를 제한하는 카르텔이 양산되었고, 이때부터 카르텔은 불황의 산물(Kinder der Not)[22)]이라는 인식이 널리 퍼지게 되었다.

---

19) Isay, Die Geschichte der Kartellgesetzgebungen, 1955; Brunn, Vom Kartellrecht der Römer, in: Festschrift für Hedemann, 1958, S. 47 ff.; A. Wacke, Wettbewerbsfreiheit und Konkurrenzverbotsklauseln im antiken und modernen Recht, in: SZ, Abt. 99, 1982, S. 188; Vogel, Kartellrecht und Handelspolicy, JZ, 1858, S. 111 ff.; Großfeld, Zur Kartellrechtsdiskussion vor dem Ersten Weltkrieg, in: Coing/Wilhelm(Hrsg.), Wissenschaft und Kodifikation des Privatrechts im 19. Jahrh., Bd. I4, 1979, S. 255 ff.; ders., ZHR, Bd. 141, 1977, S. 442 ff.,; Barnikel(Hrsg.), Theorie und Praxis der Kartelle, 1972; Baums, Kartellrecht in Preußen, 1990.

20) W. Strauß, Gewerbefreiheit und Vertragsfreiheit, in: Festschrift für Böhm, 1975, S. 603 ff.

21) 독일의 영업법은 다양한 시대를 거치면서 현재까지 동일한 명칭으로 존속하고 있다. 이처럼 영업의 자유는 바로 경쟁의 전제조건이며, 우리나라의 헌법재판소 역시 이 점을 확인하고 있다.

22) Kleinwächter, Die Kartelle, 1883, S. 201.

로렌츠 폰 쉬타인(Lorenz von Stein)

경제법의 개념에 관한 학설사는 영미에서는 찾기 어렵고, 유일하게 독일에서 오랜 기간에 걸쳐서 방대한 논의가 축적되었다. 그간 국내에서 독일의 경제법 학설사를 설명하면서 처음으로 언급되는 폰 쉬타인(1815-1890)은 경제법에 관한 논의의 단초를 제공한 것으로 알려져 있다. 그런데 폰 쉬타인은 역사학, 사회학, 행정학, 법학 등 매우 광범위한 영역에서 저작을 남긴 탓에 영미권은 물론이고 대륙에서도 매우 낯선 이름으로 남아 있다.

폰 쉬타인은 1840년대 초에 프랑스 파리대학에서 수학하면서 프랑스 사회주의를 목도하였고, 1842년에 저술한 「현대 프랑스의 사회주의와 공산주의」(Der Sozialismus und Kommunismus des heutigen Frankreich)는 1867년에 초판이 발간된 자본론(Der Kapitalismus)에서 칼 마르크스(Karl Marx)도 수차례 인용할 만큼 당시에는 비교적 널리 알려져 있었다.

경제법적 사고의 단초로서 폰 쉬타인은 사회국가(Sozialstaat)를 구상하였고, 경제현상에 대한 국가의 적극적 관여를 강조하였다. 폰 쉬타인의 대표적인 저작으로는 무엇보다 1865년부터 1868년 사이에 총 7권으로 출간된 「행정학」(Verwaltungslehre)을 들 수 있다. 이 시리즈에서 그는 독일의 산업화과정에서 나타난 사회문제를 자본과 노동의 극한적인 대립에서 찾고, 이를 극복하기 위해서 국가의 강력한 역할을 주장하였다. 일찍이 베를린 대학에서 청년헤겔주의에도 심취했던 폰 쉬타인은 그 후 헤겔학파의 본거지였던 예나(Jena)에서 역사법학파의 과거지향적인 태도에 회의를 느끼고 실천으로 이어지는 역사학을 추구하기도 하였다. 한편, 폰 쉬타인은 당시의 역사를 프롤레타리아의 계급투쟁을 포괄하여 경제적으로 해석하고자 하였으나, 마르크스류의 혁명론에는 동조하지 않았다. 아이러니하게도 1890년 그의 장례식장에서 조사(弔辭)를 읽은 사람은 한계효용학파의 대부였던 오스트리아의 자유주의자 칼 멩어(Carl Menger)였다.

(2) 초기의 카르텔 판결

독일의 제국법원(Reichsgericht)은 할인카르텔(Rabattkartell) 사건[23)]에서 처음으로 사업자단체의 카르텔 문제에 관하여 판시하였다. 이 사건에서는 독일 서적판매상들이 조직한 거래소조합(Börsenverein)에 의한 할인카르텔이 문제되었고, 이에 동조하지 않는 서적판매상이 동 조합을 상대로 자신의 영업의 자유가 침해되었음을 주장하였다. 그런데 제

23) RGZ 28, 238, 1890.

국법원은 동 카르텔이 구성원의 '영업의 자유'를 침해하지 않는다고 판단하였다. 즉, 제국법원은 영업의 자유가 보장된다고 하여 조합이 자조(自助)과정에서 구성원의 경제활동을 규율하고 유해하다고 판단되는 행위를 저지하기 위한 노력(카르텔)이 특정 사업자를 방해한다는 의미에서 자유로운 영업을 침해한다고 볼 수는 없다고 결론지었다. 동 판결은 일정한 경우에 카르텔이 영업의 자유를 침해하는 것이 아니라는 의미에서, 영업법상 보호되는 영업의 자유가 무제한이거나 불가침의 것은 아니라는 점을 선언한 것으로 이해되고 있다.

이어서 제국법원은 작센 주의 목재(Sächsisches Holzstoff) 사건[24]에서 작센의 제재소(製材所)들이 조직한 사업자단체가 공동판매(수출)를 위한 신디케이트를 구성한 것과 관련하여 카르텔의 상반되는 양면성을 인정하여 영업법이 그러한 합의를 금지하려는 취지는 아니며, 구성원이 카르텔을 이행하지 않는데 대한 위약벌 약정 또한 유효하다고 판시하였다. 구체적으로 이 판결은 i) 계약자유 하에서 카르텔의 형성은 일반적으로 허용되며, ii) 영업법 제1조가 보장하는 영업의 자유에 대한 권리는 어디까지나 국가에 대하여 인정되는 것이지 사적인 경제력으로부터 보호되는 것이 아니고, iii) 카르텔이 당연히 국민경제나 공공의 이익에 유해한 것은 아니라는 점을 천명하였다.

원칙적으로 카르텔형성의 자유를 확인해준 이들 판결은 현대적 관점에서 비판받기도 하나,[25] 제국법원의 태도가 적어도 당시 학계의 지배적인 입장에 부합하는 것이었고, 영업법의 역사적 해석에도 어긋나지 않는 것이었던 점은 부인할 수 없다. 아울러 당시에는 외국으로부터의 경쟁이나 국외자(局外者)에 의한 경쟁 등 시장의 자율적인 치유기능(Selbstheilungskräfte)에 대한 믿음이 여전히 강하였기 때문에, 판례의 태도를 시정하기 위한 입법적 조치는 전혀 이루어지지 않았다.

독일 제국법원의 역사

독일 연방대법원(Bundesgerichtshof; BGH)의 전신이었던 제국법원은 1879년부터 1945년까지 독일제국에서 보통재판적을 관할하는 최고법원으로 기능하였다. 제국법원은 라이프찌히에 소재하였고, 민사부와 형사부가 중심이 되었다, 그밖에 최고법원이 몇 개 더 있었는데, 제

24) RGZ 38, 155, 1897.
25) Böhm, Das Reichsgericht und die Kartelle, Ordo, Bd. 1, 1948, S. 197 ff.; Möschel, 70 Jahre Deutsche Kartellpolitik, 1972, S. 5 ff.

국노동법원(Reichsarbeitsgericht)과 제국재정법원(Reichsfinanzgericht), 제국행정법원(Reichs-verwaltungsgericht)이 그것이다.

독일이 제2차 세계대전에서 패전한 직후인 1945년 8월 25일 제국법원 판사의 1/3이 넘는 37명이 소비에트 비밀경찰에 체포되어 아무런 재판 없이 교도소에 수감되었다가 러시아의 특별수용소로 이송되었다. 그 중 대부분이 기아와 질병으로 사망하였고 살아남은 4명은 1950-1955년 사이에 석방되었다.

공식적으로 제국법원은 1945년 10월 30일자로 폐지되었다. 패전 후 연합군의 점령구역에는 과도적으로 최고법정(Oberste Greichtshöfe)이 설치되었고, 독일 연방공화국이 수립되면서 1950년에 칼스루에(Karlsruhe)에 새로 설치된 현재의 연방대법원이 제국법원의 임무를 승계하였다. 한편, 1895년에 새로 지어진 제국법원 건물은 2002년 이후 연방행정법원(Bundesverwaltungsgericht)으로 사용되고 있다.

(3) 제1차 세계대전 전후의 상황

19세기 말에 독일에서는 카르텔의 황금시대(die große Zeit der Kartelle)가 열리는 것과 동시에 카르텔에 대한 실태조사가 시작되었다. 1905년에 독일에서는 대표적으로 벽돌제조업, 철강산업, 화학산업, 섬유산업 및 석탄과 칼리(Kali; 석회) 광산의 채굴분야에서 약 400여개에 상당하는 카르텔이 있었다.[26] 그 외에도 종종 쉽게 붕괴하곤 했으나 경쟁사업자들 사이에 느슨한 협정도 다수 존재하였다.

그럼에도 불구하고 이에 대한 법적 조치가 필요하지 않다는 입장이 지배적이었는데, 이는 카르텔이 특히 해외에서의 경쟁, 외부로부터의 경쟁 및 카르텔 내부의 원심력과 같은 대항력에 의하여 충분히 견제받는다고 여겨졌기 때문이었다. 국민경제상 특히 중요한 카르텔, 이를테면 라인-베스트팔렌 석탄신디케이트와 칼리신디케이트 등에 대해서는 심지어 국가가 직접 석탄과 칼리회사에 지분참여를 함으로써 영향력을 행사하기도 하였다.[27]

26) 그 절정으로는 루르지역 전체의 석탄에 대한 판매독점체로서 1893년에 설립된 라인-베스트팔렌 석탄신디케이트(Rheinisch- Westfälische Kohlensyndikat)를 들 수 있다. Flechtheim, Deutsches Kartellrecht, Bd. 1: Die rechtliche Organisation der Kartelle, 1912, S. 12 ff., 145 ff. 참조.

27) 대표적인 예로 1902년에 프로이센이 사들인 Bergwerksgesellschaft Hibernia AG를 둘러싼 다툼을 들 수 있다. RGZ 68, 235 및 1910년 5월 25일의 제국칼리법(Reichskaligesetz) 참조. 이는 제국이 카르텔형성을 촉진하기 위하여 제정한 것으로, 카르텔강제와 거의 유사한 것이었다. Flechtheim, Deutsches Kartellrecht, Bd. 1: Die rechtliche Organisation der Kartelle, 1912, S. 128 ff.

1914년부터 1919년까지 이어진 제1차 세계대전 당시의 전시경제(戰時經濟) 하에서 카르텔의 수는 더욱 증가하였고, 전시물자의 조달을 비롯하여 국민경제적으로 중요한 많은 새로운 역할이 카르텔에 부여되었다. 카르텔이 부담한 역할과 과제들은 동시에 고권적 규제와 관리의 일부가 되었고, 전쟁이라는 당시의 극단적인 상황에서는 일정 부분 불가피한 측면도 있었다. 전후 첫해에는 경제부흥이 추진되었고, 이번에는 과도경제를 관리하기 위하여 카르텔이 지정되거나 새로이 형성되었다. 그 밖에도 정부의 사회화계획(sozialisierungspläne)을 실행해야 했던 석탄 및 칼리산업에는 카르텔과 유사한 조직들이 다수 생겨났다.[28)]

2. 1923년의 카르텔규칙과 1933년의 카르텔강제법

(1) 독일 최초의 경쟁법 제정

제1차 세계대전에서 패한 후에 독일을 휩쓴 극심한 인플레이션으로 인하여 많은 산업분야가 점점 더 실질적인 가격하락의 위험에 휩싸였고, 여기서 몇몇 산업에서는 카르텔을 통하여 적절한 거래조건이 결정되었다. 이와 같은 상황에서 카르텔의 심각한 남용을 배제하고, 동시에 곧이어 단행할 화폐개혁에 대비하기 위하여 1923년 10월 13일의 수권법(授權法; Ermächtigungsgesetz)[29)]에 따라 독일 최초의 성문화된 경쟁법률로서 동년 11월 2일에 이른바 카르텔규칙(Kartellverordung), 정확히 표현하자면 「경제력남용방지령」(Verordnung gegen Missbrauch wirtschaftlicher Machtstellungen)[30)]이 제정되었다.

카르텔규칙은 역사적인 이유로 일반적인 내용을 규정하는데 그쳤는데, 이는 당시의 지배적인 입장과 현실의 필요성에 부합하는 것이었다. 따라서 카르텔 문제는 바이마르시대 말까지 현실적으로 별다른 논란의 대상이 되지 못하였다. 카르텔규칙은 계획적인 입법작업을 통해서가 아니라, 1923년 여름 이후 독일에서 심화된 인플레이션의 결과로 발생한 극도의 위기상황에 대한 대처수단의 하나로 제정되었다. 그에 따라 카르텔의 형성은 종전과 마찬가지로 허용하되, 이를 제국경제성에 등록할 의무를 부과하였고,[31)] 카르텔로 인한 폐해를 규제한다는 의미에서 제국경제성의 신청을 받아 카르텔법원이 당해

28) 전후 독일에서 카르텔의 제도화과정에 대해서는 Nörr, Die Leiden des Privatrechts, 1994, S. 31 ff.
29) RGBl. 943.
30) RGBl. I. 1067.
31) 참고로 우리나라에서 1980년에 제정된 공정거래법은 카르텔에 관하여 경제기획원에 등록할 의무를 규정하는 한편, 등록하지 않은 카르텔의 시행 금지와 사법상 무효, 공공의 이익에 반하여 일정한 거래분야에서 경쟁을 실질적으로 제한할 우려가 있는 카르텔의 등록거부 등을 규정하고 있었다(동법 제11조 참조).

카르텔의 무효를 선언하거나 특정 사업자의 탈퇴를 허가할 수 있게 되었다. 이러한 태도는 일단 카르텔이 형성되어 등록되면, 그 존속에 관하여 법적인 보호를 받을 뿐만 아니라 참가사업자에게는 자유로운 탈퇴가 인정되지 않는다는 것을 의미하였다. 카르텔에 의한 조직강제(Organisationszwang)가 법질서의 보호 하에 놓여 있었던 셈이다. 그 결과 카르텔규칙이 현대적 의미에서 카르텔의 폐해를 실효적으로 규제할 수 없었음은 물론이다.

구체적으로 카르텔규칙은 카르텔의 남용을 막는데 한정되지 않았고, 카르텔의 힘을 제한하고 원심력을 조장하며 개별 기업의 경제력남용을 억제하고자 하였다. 카르텔계약 및 협정에는 일정한 서식(Schriftform)을 요구하였고(제1조), 이들 계약이나 협정이 국민경제 전체나 공익을 위태롭게 하는 경우에는 이를 무효로 선언하고 나아가 금지할 수 있었다(제4조 내지 제7조). 또한 동 규칙은 중대한 사유가 있는 경우에는 모든 카르텔참가자로 하여금 신고를 하게 할 수 있었으며(제8조), 당국의 동의 없이도 내부적 또는 외부적 조직강제조치를 취할 수 있었다(제9조). 아울러 사업자들간의 결합, 특히 카르텔이 거래조건이나 가격고정을 통하여 경제력을 이용함으로써 국민경제나 공익을 위태롭게 하는 경우에 동 규칙은 계약상대방에게 특별한 철회권을 부여하고 있었다(제10조). 끝으로 카르텔계약의 무효를 선언할 별도의 카르텔법원이 동 규칙에 의해 설립되었다.[32)]

이처럼 카르텔에 대한 느슨한 태도로 인하여 독일에서 카르텔의 수와 중요성은 카르텔규칙의 공포 이후에도 계속 증가하였고, 국제적인 경쟁이 지지부진하게 전개됨으로써 국민경제 차원에서 카르텔은 더욱 옹호되었다. 바이마르시대가 끝날 무렵 독일 내에는 매우 다양한 형태의 카르텔이 2,000～4,000여개에 이르는 것으로 추산되었다.

(2) 카르텔에 대한 법원의 대응

이러한 독일의 경제상황 속에서 경쟁의 자유는 비교적 좁은 범위 내에서만 작동할 수 있었다. 그리고 이 시기에 사법(Privatrecht)과 부정경쟁방지법(UWG)은 당시 사실상 무용지물이던 카르텔규칙을 대신하여 나름 중요한 역할을 수행하였다. 무엇보다 독일 민법 제138조, 제826조와 구 부정경쟁방지법 제1조(현재는 제3조)의 일반조항에 근거한 일련의 제국법원(Reichsgericht) 판결이 경제력 내지 독점적 지위의 남용행위를 나름 견제하였던 것이다.

32) 일명 카르텔강제법이 제정된 이후의 관련 문헌으로는 Lehnich/Fischer, Das deutsche Kartellgesetz, 1924; Isay/Tschierschky, Kartellverordnung, 1925, 2. Aufl., 1930; Haußmann/Hollaender, Kartellverordnung, 1925; Eger, Das Recht der Kartelle, 1934; Müllensiefen/Dörinkel, Das neue Kartell-, Zwangskartell- und Preisüberwachungsrecht, 1935; Brunn, Grundzüge des Kartellrechts, 1938.

대표적으로 벤라터 주유소(Benrather Tankstelle) 사건[33]에서는 기존에 독일의 주유소시장을 지역별로 분할하여 공동으로 가격을 책정해오던 주유소들이 카르텔에 참가하지 않으면서 자신들보다 낮은 가격에 석유제품을 판매하던 특정 주유소를 배제하기 위하여 반복적으로 그보다 1페니히 저렴하게 가격을 책정한 행위가 문제되었고, 이에 대하여 해당 주유소가 동 카르텔의 금지청구를 제기하였던 것이다. 이 사건에서 제국법원은 명백하게 배제목적으로 행해진 약탈적 가격책정은 구 부정경쟁방지법 제1조의 양속위반(Sittenwidrigkeit)에 해당하고, 따라서 독일 민법 제826조의 불법행위를 구성한다고 판시하였다. 한편, 이 사건은 1920년에 발간된「체약강제와 명령된 계약」(Kontrahierungszwang und diktierter Vertrag)[34]이라는 교수자격논문으로 유명한 니퍼다이(Hans Carl Nipperdey)가 피고측의 감정의견을 제출한 것으로도 유명하다. 여기서 니퍼다이 교수는 오로지 카르텔가격 이하로 공급하는 국외자(局外者; Außenseiter)를 교정할 목적으로 특정 사업자를 상대로 이루어지는 약탈적 가격책정은 당해 사업자가 스스로 조직강제(Organisationszwang), 즉 카르텔에 순응하는 방법으로 해결될 수 있다는 점에서 나름 정당화될 수 있다는 논리를 전개하였다. 그에 따르면 배제위험에 놓인 사업자가 카르텔가격을 준수하여 동참하면 약탈가격의 문제는 자연스럽게 해소될 것이라는 점에서, 카르텔의 조직강제를 정당화하는 입장이었던 것이다.

또한 미국에서도 문제되었던 United Shoe 사건[35]에서 제국법원은 민법 제138조에 근거하여 아주 상세하게 구두기계의 임대인이 임차인에게 부과한 조건, 즉 끼워팔기가 공서양속에 반하는 구속적인 것인지의 여부를 심사하였는데, 이 문제는 미국에서도 셔먼법에 따라 연방최고법원에서 판결이 내려진 바 있다.[36] 이 사건에서 제국법원은 독일민법 제138조에 근거하여 구두기계의 임대인이 임차인에게 부과한 조건이 공서양속에 반하는 구속으로 보아 사법상 효력을 부인하였다.

이처럼 제국법원은 새롭게 발생하는 경제법현상에 대하여 사법상의 원칙을 적용하고자 시도하였고, 그 효력도 사법적인 범위에 한정되었다. 이러한 제국법원 판결이 다른 사업자의 경쟁행태에 무시할 수 없는 영향을 미쳤음이 분명하나, 그 당시의 시대정신과 공식적인 경쟁정책이 사적자치에 의한 경쟁제한행위를 전면적으로 금지하지 않고 있었기

33) RGZ 134, 342, 1931.
34) 체약강제이론은 그 후 나찌가 전쟁수행과정에서 필요한 물자를 조달하는 방식에 커다란 영향을 미쳤다.
35) RGZ 165, 1.
36) US v. United Shoe Machinery Co, 247 US 32, 1918; United Shoe Machinery v. US, 258 US 451, 1922.

때문에 법원이 많은 것을 변화시킬 여지는 없었다.

(3) 카르텔강제법

그 후 국가사회주의(Nationalsozialismus) 체제 하에서 나치정부는 곧바로 광범위한 수권을 받아 국민경제를 효과적으로 관리하기 위한 수단으로 1933년 7월 15일 카르텔강제법(Zwangskartellgesetz)[37]을 제정하였다. 이로써 카르텔은 제1차 세계대전을 계기로 한 전시경제에서와 유사하게 정부의 적극적인 보호를 받으며 더욱 발전하게 되었다.[38] 카르텔강제법은 1945년 군정당국의 명령으로 폐지될 때까지 그 효력을 유지하고 있었다.

카르텔강제법 전문(全文)

1933년 7월 15일자 강제카르텔의 설치에 관한 법률
(Gesetz über die Einrichtung von Zwangskartellen vom 15. Juli 1933)

제국정부는 아래의 법률을 결의하여 공포한다.

제1조 ① 제국경제성장관은 해당 기업의 이익 및 국민경제와 공익을 고려할 때 기업간 통합이나 결합체에 대한 가입이 필요하다고 인정할 경우에는 시장을 규율할 목적으로 신디케이트, 카르텔, 협정이나 그와 유사한 약정으로 기업들을 통합하거나 기존에 존재하는 그러한 기업간 결합체에 가입하도록 명할 수 있다.
② 1923년 11월 2일자 경제력남용방지령(Die Verordnung gegen Mißbrauch wirtschaftlicher Machtstellung)은 법적용지역에서의 조치에 관한 제국대통령의 규칙 및 1932년 7월 14일자 행정명령 제1장 제4절에 따라 위와 같은 기업간 결합에 적용된다; 동 규칙 제8조에 따른 해지는 허용되지 않는다.

제2조 제국경제성장관은 제1조의 이행에 필요한 규정을 제정한다; 특히 제국경제성장관은 다음의 조치를 취할 수 있다
1. 참가사업자의 권리 · 의무와 기타 기업간 결합(Zusammenschlüsse)의 법률관계를 규율하는 조치
2. 기존의 결합관계에 추가로 사업자가 참여하는 경우에는 당초 계약상 합의와 달리 참가사업자의 권리 · 의무를 규율하는 조치
3. 정관의 변경에 장관의 동의를 얻도록 명하는 조치

37) RGBl. I . 488.
38) H. Brunner, Zwangskartelle. Rechtsverhältnisse von Zwangskartellen in der Schweiz und in Deutschland, 1936; Rittner, Wirtschaftsrecht, 1987, §1, Rn. 16 ff.

제3조 ① 제국경제성장관은 제1조가 정하는 기업간 결합에 관하여 감독권한과 규제권한을 갖는다. 장관은 이러한 권한을 제3자에게 위탁할 수 있다.
② 감독권 행사로 인하여 발생하는 비용은 제국경제성장관이 정하는 세부규칙에 따라 참가사업자들이 부담한다.

제4조 제국경제성장관은 제1조에 근거한 조치에 관하여 결정을 하기에 앞서 자신이 지정하는 장소에서 합의를 위한 협상(Einigungsverhandungen)을 진행하도록 명할 수 있다. 합의를 위한 협상절차에 대해서는 제국경제성장관이 따로 정할 수 있다.

제5조 ① 국민경제 또는 공공의 이익을 감안하여 일정한 경제부문에 특별한 필요가 있다고 인정하는 때에는 연방경제성장관이 해당 경제부문 내에서 일정 기간동안 새로운 기업의 설립을 금지하거나 허가를 얻도록 명할 수 있다. 장관은 동일한 요건 하에 기존 공장의 가동범위를 규율할 수 있다.
② 동조는 그 필요를 입증하여 허가를 받아야 하는 사업에는 적용되지 않는다.

제6조 동법에 근거한 조치로 인하여 발생하는 손해에 대하여 제국을 이를 배상하지 아니한다.

제7조 ① 제국경제성장관은 동법에 근거하여 제정된 규정을 위반한 자에 대하여 카르텔법원에서 질서벌(Ordnungsstrafe)을 부과할 수 있도록 정할 수 있다. 질서벌은 벌금(Geldstrafe)으로 하며, 그 상한에는 제한이 없다.
② 제국경제성장관은 동법 제5조에 따라 제정된 규칙을 시행하기 위하여 주법이 정한 바에 따라 경찰력의 사용에 관한 결정을 내릴 수 있다.

제8조 제국경제성장관은 동법의 시행에 필요한 법규명령이나 행정규칙을 제정할 수 있다. 또한 장관은 보충적 내용을 담은 조항을 마련할 수 있다

제9조 동법이 정한 권한이 식량 및 농업에 관한 제국의 소관 부처에 속하는 업무범위와 관련된 범위에서 식량 및 농업을 담당하는 제국장관이 해당 권한을 행사한다.

제10조 동법은 공포한 날에 효력을 발한다. 제국경제성장관과 식량 및 농업담당 제국장관은 동법이 효력을 상실하는 날자를 정한다.

1933년 7월 18일 효력을 발함
베를린, 1933년 6월 15일

제국총리 아돌프 히틀러(Adolf Hitler)
제국경제성장관 쉬미트 박사(Dr. Schmitt)
제국식량・농업성장관 R. 발터 다레(R. Walter Darré)

3. 점령법으로서의 카르텔법과 경쟁제한방지법의 태동

1945년 8월 1일 체결된 포츠담 협정(Potsdam Agreement)[39] 제12조 제3항에 따라 카르텔로 조직화된 독일경제는 현실적으로 가능한 최단기간 내에 해체되어야 했는데, 그 목적은 특히 카르텔, 신디케이트, 트러스트 및 기타 독점적인 협정에 의하여 형성된 당시의 과도한 경제력집중을 제거하는 데에 있었다. 이에 기초하여 미국과 영국의 군정당국은 1947년 1월 28일 점령지역에 대하여 「독일의 과도한 경제력집중의 억제 및 금지에 관한 법률」 제56호 및 명령 제78호를 만장일치로 제정하였다. 동법의 내용과 입법기술은 다분히 미국의 독점금지법을 모방한 것이어서, 몇몇 일반조항의 성격을 가진 규정들이 경쟁을 제한하는 모든 협정을 금지하고 있었다. 1947년 6월 9일 프랑스측 총사령부에 의한 명령 제96호는 대륙법적 사고에 기초하여 그 이상의 내용을 포함하고 있었으나, 동 명령은 점령지역 내에서 별다른 효과를 발휘할 수 없었다.

독일인들에게는 낯선 법규정과 법기술로 인하여 법률 제56호와 명령 제78호가 많은 미해결의 문제를 야기하였음에도 불구하고 이들 법령은 두 가지 측면에서 중요한 성과를 남겼다. 우선 독일에서 자그마치 1세기에 걸쳐 뿌리 깊게 성장해온 카르텔 및 기타 경쟁제한적 협정이 사업자들의 의식 속에서 그 당위성을 상실하였다. 즉, 거의 모든 카르텔이 해체되었고 다시는 소생하지 못하였다. 다른 한편으로 미국에서 그 기초가 형성되어 독일에서는 그때까지 한 번도 제대로 존재한 적이 없는 자유경쟁의 사고가 자리를 잡기 시작하였다.

그러나 독일에서는 곧바로 미국식 사고와 상이한 새로운 경쟁법 관념을 정립하기 위한 노력이 전개되었다. 독일의 경우 제2차 세계대전 이전에 이미 뵘(F. Böhm), 믹쉬(L. Miksch)와 오이켄(W. Eucken) 등의 이론적 전통이 확립되어 있었고, 이에 기초하여 전후(戰後)에도 경쟁법 관련 연구가 계속될 수 있었던 것이다.[40] 이른바 질서자유주의자(Ordo-Liberalen)[41] 내지 프라이부르크 학파(Freiburger Schule)로 불리는 매우 영향력이 컸던 이들 그룹은 경쟁이란 사적자치에 따른 경쟁제한행위로부터, 동시에 국가적인 간섭(staatliche Veranstaltung)으로부터 보호되어야 하며, 경쟁의 전제가 상실된 경우에 국가

39) 같은 해 7월 26일 일본의 항복을 권고하는 내용의 포츠담 선언(Potsdam Declaration)과 달리 포츠담 협정은 미국, 소련, 영국 간에 독일에 대한 군사적 점령과 재건 등 전후 처리에 관하여 합의된 것을 말한다.

40) Böhm, Wettbewerb und Monopolkampf, 1933; Miksch, Wettbewerb als Aufgabe, 1937; Eucken, Die Grundlagen der Nationalökonomie, 8. Aufl., 1965.

41) 미제스(von Mises), 하이에크(von Hayek) 및 뢰프케(Röpke)와 같은 자유주의자들은 이 그룹에 속하지 않는다.

는 바람직한 결과를 유도하기 위하여 직접 국민경제에 개입하고 배려해야 한다는 인식을 공유하고 있었다.

수년간에 걸친 준비 끝에 구성된 전문위원회(Ausschuß)[42]는 1949년 7월 프랑크푸르트의 경제성장관이었던 에르하르트(Ludwig Erhard)에게 「능률경쟁의 보호를 위한 법률」 초안 및 「독점관리국에 관한 법률」 초안을 제출하였다. 이른바 요스텐 초안(Josten-Entwurf)으로 알려진 이들 법률안은 절대적인 카르텔금지, 매우 광범위한 독점감독 및 엄격한 기업결합 해체규정을 담고 있었다. 그러나 동 초안은 이를 제도화하기에는 매우 비현실적이고 지나치게 엄격한 내용을 담고 있었기 때문에, 입법자로서는 현실적인 법률안으로 고려할 여지가 별로 없었다.[43] 이처럼 연합군의 카르텔해체법과 요스텐 초안의 질서자유주의적 사고가 경쟁제한방지법의 양대 뿌리를 형성하였고, 이로부터 현대적인 독일카르텔법이 태동하게 되었다.[44]

레온하르트 믹쉬(Leonhard Miksch)

1948년 6월 20일은 에르하르트(Ludwig Erhard)가 전후 독일 경제부흥의 상징인 마르크貨(D-Mark)로 화폐개혁을 단행한 날이자, 동시에 가격자유화를 포함한 각종 개혁조치를 통하여 계획경제에서 시장경제로 본격 전환하는 계기가 된 날이다. 관리경제와 가격통제가 지배하던 당시 독일의 지배적인 분위기 속에서, 더구나 물자부족과 높은 실업률, 살인적인 인플레이션으로 인한 화폐가치의 폭락 속에서 에르하르트가 이처럼 과감한 결단을 내릴 수 있었던 데에는 그에게 새로운 지적 자극을 제공한 사람들의 기여를 빼놓을 수 없다. 프라이부르크 학파의 주요 멤버이면서도 오늘날에는 거의 잊혀져 있는 믹쉬가 바로 대표적인 예이다.[45]

교수자격논문까지 마친 경제학자였던 믹쉬는 연방경제성의 전신인 경제관리청(Verwaltung der Wirtschaft)에서 47세의 나이에 가격부문 총괄부서(Abteilung - Preiswirtschaftliche Grundsatzfragen)를 담당하였고, 여기에서 국가의 가격결정으로부터 벗어나 자유가격의 우선원칙을 천명한 기본지침법률(Leitsätzegesetz)의 제1차 초안이 마련되었다.

---

42) 전문위원회의 위원장에는 전에 제국경제성의 카르텔위원장을 맡았던 Dr. Josten 비상임국장이 임명되었고, 그밖에 실무자로는 Böhm, Kromphardt 및 Pfister교수와 Dr. W. Bauer, Dr. C. Fischer 및 Dr. W. Köppel 등이 참여하였다.
43) Günther, Die geistigen Grundlagen des Josten-Entwurf, in: Festschrift für Böhm, 1975, S. 183 ff.
44) 연방법이 제정되기까지는 연합국 군정당국이 제정한 카르텔해체법(Dekartellierungsgesetze)이 적용되었다.
45) Goldschmidt/Berndt, Leonhard Miksch(1901-1950): A Forgotten Member of the Freiburg School, Am. J. Econ. Sociol., Vol. 64, Issue 4, 2005, pp. 973.

4. 경쟁제한방지법의 제정 및 개정

(1) 경쟁제한방지법의 제정과 특징

경쟁제한방지법 제정을 위한 1952년의 정부초안(Regierungsentwurf)[46]은 많은 부분을 요스텐 초안에 기초하고 있었으나, 전체적으로는 그보다 현실적이고 실제로 집행할 수 있도록 다듬어졌다. 정부초안은 무엇보다도 거의 예외 없는 카르텔금지와 시장지배적 지위의 남용감독, 그리고 시장지배력을 가져오는 기업결합에 대한 허가의무를 규정하고 있었다.

정부초안은 동법이 하나의 이상적인 시장형태로서 완전경쟁 즉, 시장지배력이 없는 수많은 공급자 및 수요자로 이루어진 시장을 우선적으로 추구해야 하며, 이러한 목표가 실현되지 않는 곳에는 전반적으로 국가의 감독이 미쳐야 한다는 인식에 기초하고 있었다. 이러한 정부초안은 그 당시까지 알려진 다른 나라의 경쟁법체계나 경쟁법의 집행경험과 무관하였고, 특히 1923년 독일의 카르텔규칙과 미국의 독점금지법 중 어느 것도 모델로 삼지 않고 있었다. 즉, 정부초안의 실질적인 기초는 질서자유주의이론이었던 것이다.[47]

이같은 내용의 정부초안을 두고 의회 및 학계에서의 논의는 주로 카르텔의 규제방식에 집중되었다. 1923년의 카르텔규칙을 경험한 독일에서 적지 않은 사람들이 카르텔에 대한 원인금지(Verbotsprinzip) 대신 남용감독, 즉 카르텔의 폐해만을 규제하는 방식(Mißbrauchsprinzip)을 선호하였고, 일부는 카르텔의 원인금지를 위헌이라고까지 생각하였다.[48] 그럼에도 불구하고 의회는 카르텔의 원칙적 금지를 고집하였고, 다만 예외의 여지를 폭넓게 인정하는 방식으로 절충이 이루어졌다. 시장지배적 지위에 대한 남용감독은 정부초안에서 핵심적인 부분은 바뀌지 않은 채 그대로 유지되었다. 반면, 연방의회(Bundestag)는 직접적이고 강력한 기업결합통제에 대해서 자칫 국민경제의 바람직한 발전이 저해될 우려가 있다고 보아 반대의사를 표명하였고, 결국 기업결합규제는 1957년의 경쟁제한방지법에 포함되지 못하였다.

한편, 요스텐 초안을 둘러싼 입법과정에서의 논란을 다른 맥락에서 이해할 수도 있다. 당초 미국, 영국, 프랑스 군정은 두 가지 목표를 가지고 독일에서 새로운 독점금지법을

46) WuW, 1952, S. 432 ff.에 수록된 1952년 6월 13일의 BT-Drucks. 1/3462.
47) Günther, Entwurf eines deutschen Gesetzes gegen Wettbewerbsbeschränkungen, WuW, 1951, S. 17 ff.
48) H. Rupp, Verfassungsrecht und Kartelle, in: Wettbewerb als Aufgabe, 1968, S. 187 ff.

제정하고자 하였다. 하나는 두 차례에 걸쳐 세계대전을 주도한 독일의 경제력과 군사력을 제거하려는 정치적 목표로서, 이를 위해서는 카르텔을 더 이상 용인할 수 없었다. 다른 하나는 독일에도 경쟁원리가 지배하는 자유시장원리를 보급하려는 경제적 목표로서, 미국을 모델로 독점금지법을 제정하는 것이 관건이었다. 이 과정에서 독일의 질서자유주의에 입각한 요스텐 초안은 다분히 이상적인 완전경쟁모델을 기초로 하여 경쟁 그 자체를 제도로서 보호하려는 입장이었던 반면(이른바, 제도로서의 경쟁보호; Institutionsschutz), 적어도 당시의 미국 독점금지법은 중소기업과 자영업자보호를 강조하는 사회정책적 목표를 강조하고 있었기 때문에(이른바, 경제주체의 독립성 보호; Individualschutz) 양자의 절충은 불가피한 것이었다.[49]

이처럼 기업결합통제를 제외한 채 부차적인 사항에 대해서만 내용이 다소 변경된 정부초안은 1957년 7월 27일 경쟁제한방지법으로 통과되어, 1958년 1월 1일부터 시행되었다. 동법 제48조 제1항 1문에 따라 1957년 말에는 베를린에 연방카르텔청이 설치되었고, 1958년 초부터 활동을 개시하였다.[50]

알프레드 뮐러-아르막(Alfred Müller-Armack)

뮐러-아르막(1901-1978)은 사회적 시장경제(Soziale Marktwirtschaft)의 아버지로 불리며, 실제로 1946년에 집필하여 1947년에 초판이 출간된 「경제규제와 시장경제」(Wirtschaftslenkung und Marktwirtschaft)라는 저서에서 '사회적 시장경제'(Soziale Marktwirtschaft)라는 용어를 처음 사용한 것으로 알려져 있다. 제1차 세계대전에서 독일이 패한 후 뮐러-아르막은 위기극복의 수단으로 자유주의와 마르크시즘을 절충하여 강력한 국가권력을 주장하였고, 1933년에는 급기야 나치의 국가사회주의 이념에 동조하여 국가사회주의독일노동자당(Nationalsozialistische Deutsche Arbeiterpartei; NSDAP), 일명 나치당에 입당하기도 하였다. 그러나 1944년 독일이 또 다시 패전한 후 그는 대학으로 돌아가 국가학을 가르치면서 에르하르트(Ludwig Erhard)와 함께 일하기 시작하였고, 얼마 후

49) 미국에서는 1936년에 로빈슨-패트만법(Robinson-Patman Act)이 제정되어 차별취급금지가 도입되었고, 1950년에는 셀러-키포버법(Celler-Kefauver Act)이 제정되어 기업결합규제의 강화가 이루어졌다. 이처럼 대조적인 상황은 1970년대에 이르러 시카고학파의 득세와 함께 정반대로 바뀌게 되었다.

50) K. Weber, Geschichte und Aufbau des Bundeskartellamtes, in: Zehn Jahre Bundeskartellamt, 1968, S. 263 ff.

연방경제성으로 완전히 자리를 옮겨 경쟁제한방지법 초안을 작성하는데 결정적인 기여를 하였다. 아울러 뮐러-아르막은 유럽경제공동체(EEC)의 창설을 위한 회의에 독일 대표로 참가하기도 하였다.

원인금지와 폐해규제의 올바른 이해

종래 우리나라에서는 시장지배적 지위남용과 관련한 입법례를 소개하면서 원인금지주의와 폐해규제주의를 나누어 설명해 왔다. 그에 따르면 전자는 독과점 그 자체를 위법한 것으로 보아 금지하는 것이고, 후자는 독과점은 허용하되 그로 인한 폐해만을 시정하는 것이라고 한다. 그런데 원인금지와 폐해규제는 당초 독일에서 경쟁제한방지법을 제정할 당시 카르텔에 대한 규제방식을 둘러싼 논쟁에서 비롯된 것으로서, 카르텔 그 자체를 원칙적으로 금지하는 것이 원인금지(Verbotsprinzip)이고, 카르텔은 허용하되 그로 인한 폐해만을 규제하는 것이 폐해규제(Missbrauchsprinzip)였다.

이러한 용례를 일본의 학자들이 「사적독점의 금지 및 공정거래에 관한 법률」 제3조의 독점을 금지하는 조항을 설명하면서 독점에 대한 규제방식으로 변형하여 사용하던 것이 국내에 소개된 것으로 보인다.

한편, 우리나라의 경우에 1980년 제정된 공정거래법 제11조와 제12조는 부당한 공동행위, 즉 카르텔에 대한 등록주의와 폐해규제주의를 취하고 있었다는 점에 유의할 필요가 있다. 그에 따르면 사업자는 카르텔을 당시의 경제기획원에 등록하여야 하고, 경제기획원장관은 등록된 카르텔이 공공의 이익에 반하여 일정한 거래분야에서 경쟁을 실질적으로 제한하는 경우에 등록을 거부하거나 변경등록을 하게 할 수 있었다.

(2) 경쟁제한방지법의 개정 경과

경쟁제한방지법은 지금까지 모두 8차례에 걸쳐 개정되었다. 1965년 1월 15일의 제1차 개정법[51]은 일정한 유형의 카르텔에 대한 예외적 허용을 폭넓게 규정하였으나, 시장지배적 지위의 남용감독 및 수직적 가격구속(vertikale Preisbindung; 재판매가격유지행위)에 대한 규제는 강화하였다. 1973년 8월 3일의 제2차 개정법[52]은 사업자간 협력 내지 공동행위의 가능성을 더욱 확대하였고, 다른 한편으로 시장지배적 지위의 남용감독을 강화하였으며, 상표품(Markenwaren)에 대한 수직적 가격구속을 전면 금지하였고, 동법 제

51) BGBl. Ⅰ. S. 1963.
52) BGBl. Ⅰ. S. 917.

정시에 의회가 꺼렸던 강력한 기업결합통제를 비로소 도입하게 되었다. 1976년 6월 28일의 제3차 개정법[53]은 신문업에 대한 기업결합규제를 강화하였다. 1980년 4월 26일의 제4차 개정법[54]은 무엇보다도 기업결합규제를 더욱 강화하였고, 그와 함께 능률경쟁의 보호, 특히 거래관계에서 나타나는 구조적 문제를 해결하고자 하였다.

1989년 12월 22일의 제5차 개정법[55]은 무엇보다도 생필품분야에서 대규모유통업자의 남용행위에 초점을 맞추었고, 그밖에 적용제외의 범위를 대폭 축소하였다. 1998년의 제6차 개정법[56]은 실제 내용에는 변화를 주지 않은 채 동법의 체계를 근본적으로 바꾼 것이었다. 법률의 조번(條番)도 대폭 바뀌었다. 제6차 개정의 가장 큰 특징은 정부조달법(Vergaberecht)을 경쟁제한방지법 제97조 이하에 전격 수용하였다는 점이다.

이어서 2005년의 제7차 개정법[57]은 유럽경쟁법, 특히 유럽기능조약 제101조와 조화시키기 위하여 경쟁제한방지법의 체계와 내용을 전면 개편한 획기적인 것이었다. 특히 동 개정법은 독일에서 오랫동안 유지되어 왔던 수평적 경쟁제한과 수직적 경쟁제한의 구분을 포기하였고, 개정법 제19조, 제20조의 경우를 제외한 다양한 수직적 합의들이 가격카르텔과 함께 경쟁제한방지법 제1조의 판단을 받게 되었다. 아울러 유럽의 절차규칙 제2003/1호와 마찬가지로 시장지배적 지위남용에 대한 시정조치로서 기업분할(Entflechtung)을 포함한 구조적 조치(strukturelle Massnahme)를 내릴 수 있는 권한이 경쟁당국에 부여되었다. 그밖에 개정법은 중소 주유소업자의 경쟁상 지위를 강화하기 위하여 5년 시한을 두고 이른바 이윤압착(Preis-Kosten Schere)의 금지를 도입하였고, 그에 따라 대규모 정유회사가 자신의 주유소에서 소비자에게 판매하는 가격보다 높은 가격으로 중소 주유소업자에게 석유제품을 공급하는 것이 금지되었다. 이와 함께 자유화된 에너지분야에서 여전히 구조적으로 경쟁이 정착하지 못하였다고 판단하여 전기나 가스분야에서 시장지배적 지위에 있는 사업자에 대하여 착취가격을 금지하는 내용의 특칙을 마찬가지로 5년 시한으로 도입하였다.

가장 최근인 2012년 12월에 이루어진 제8차 개정법[58] 또한 경쟁제한방지법의 내용과

---

53) BGBl. I. S. 1697.
54) BGBl. I. S. 458.
55) BGBl. I. S. 2486.
56) BGBl. I. S. 2521.
57) BGBl. I. S. 1954. 동 개정법의 상세한 내용에 대해서는 Fuchs, WRP, 2005, S. 1384 ff.
58) 당초 연방경제성의 정부초안에는 연방카르텔청에게 남용행위와 무관하게 최후수단(Ultima Ratio)으로 기업분할을 명할 수 있는 권한을 부여하는 내용이 포함되어 있었으나, 최종 입법과정에서 삭제되었다. 참고로 기존에 연방카르텔청은 시장지배적 사업자의 남용에 대한 시정조치의 하나로 기업분할을 포함한 구조적 조치를 내릴 수

체계에 커다란 변화를 가져왔다. 동 개정법에서는 유럽 합병규제와의 차이를 더욱 줄이는 내용이 포함되었는데, 특히 독일에서 전통적으로 남용규제와 기업결합규제에 일원적으로 적용되던 '시장지배력' 기준이 기업결합규제의 경우에는 유럽합병규칙과 마찬가지로 이른바 SIEC(significant impediment to effective competition) 테스트, 즉 유효경쟁의 실질적 제한이라는 기준으로 변경되었다. 개정법은 또한 중소 언론사의 경쟁 여지를 넓히는 한편, 격렬한 논란 끝에 의료조합(Krankenkassen)의 경쟁행위에 대해서도 동법이 적용될 수 있게 되었는데, 이는 특히 의료조합간의 합병과 이들간의 수가(酬價) 담합에 대해서 중요한 의미를 갖는다. 그리고 대규모 정유회사의 이윤압착을 금지한 조항과 에너지분야에서 착취하가격을 금지한 특칙 모두 또 다시 5년간 연장되었다, 끝으로 사적집행의 강화차원에서 일정한 사업자단체 외에 소비자단체도 소를 통하여 다수의 소비자가 관련된 카르텔에 대한 금지청구 및 그로 인한 부당이득환수청구를 할 수 있게 함으로써 소비자단체에 의한 법집행을 강화하였다. 이와 동일한 맥락에서 연방대법원 판결[59]을 수용하여 에너지분야에서의 과도한 요금책정과 같이 사업자가 부당하게 얻은 이익을 소비자에게 반환하도록 명할 수 있는 권한, 이른바 부당이득반환명령권(Rückerstattungsanordnung)이 명시적으로 경쟁당국에게 부여되었다.

정부조달과 경쟁법

1994년에 출범한 세계무역기구(WTO)는 다양한 부속협정을 통해 특정 분야의 시장개방을 촉구하였다. 그 중 하나가 정부조달협정(Public Procurement Agreement; PCA)이었고, 그 목적은 선진국부터 정부조달시장을 투명하게 개방하도록 하는 데에 있었다. 이를 위하여 동 협정을 비준한 국가는 정부조달에 관한 사항을 규율할 법률을 마련하여야 했고, 독일에서는 이를 별도의 법률이 아니라 기존의 경쟁제한방지법에 수용한 것이다. 당시 독일 입법자에게 영향을 미친 규제완화의 흐름도 특별법 제정을 어렵게 한 요인 중의 하나였으나, 동시에 정부조달을 규율할 기본원칙은 바로 공정하고 투명한 경쟁이라는 인식도 한몫하였던 것으로 보인다.

있다(GWB 제32조 제2항). BMWi, Jareswirtschaftsbericht, Deutschland im Aufschwung – den Wohlstand von mergen sichern, 2011, Tz. 16, 80 ff. 기업분할명령의 도입에 관하여는 Monopolommission, GSataltungsoptioen und Leistungsgrenzen einer kartellrechtlichen Unternehmensentflechtung, Sondergutachten 58, 2010 참조.

59) 일련의 전기사업자가 부당한 원가산정을 통하여 전기요금을 책정한 사건에서 연방카르텔청은 그로 인한 손해배상을 명하였고, 이를 다투는 소송에서 연방대법원은 연방카르텔청의 이와 같은 권한이 적법한 것이라고 판시하였다. BGH Beschl. 10.12.2008, WuW/E DE-R 2538, 2540 "Stadtwerke Uelzen"; Bornkamm, in: Langen/Bunte, Kartellrecht, 10. Aufl., §32 GWB Rn. 26.

이와 달리 우리나라에서는 1995년 1월 별도로 「국가를 당사자로 하는 계약에 관한 법률」이 제정되었으나, 계약의 원칙으로 당사자대등의 원칙과 신의칙, 국제입찰의 경우 호혜의 원칙 등을 규정하고 있을 뿐이고 사업자들 간의 공정하고 투명한 경쟁을 위한 장치나 낙찰받지 못한 사업자의 불복수단에 관하여는 아무런 규정을 두지 않고 있다. 정부조달분야의 효율화를 위해서는 공정하고 투명한 경쟁이 필수적이라는 점을 감안할 때 독일의 입법례는 향후 법개정 논의시 참고할 만하다.

Ⅱ. 경쟁제한방지법의 기본철학

1. 질서자유주의모델

1957년의 경쟁제한방지법이 질서자유주의(Ordo-liberalismus) 모델을 교과서 그대로 순수하게 실현한 것은 아니었다. 동법의 지도관념 및 동법상의 많은 개별규정에 질서자유주의의 흔적이 남아 있기는 하지만, 동 모델은 당시 입법관련 자료나 정부초안의 이유서에서도 전혀 언급되지 않고 있다. 더구나 그 후 일련의 개정을 거친 경쟁제한방지법은 경쟁정책상 유해하지 않은 것으로 판단되는 카르텔을 광범위하게 허용하는 등 질서자유주의 모델과 더욱 멀어졌다. 오늘날 경쟁제한방지법이 가능한 많은 시장에서 완전경쟁을, 그밖의 시장에서는 국가의 간섭을 통하여 완전경쟁의 성과에 상응하는 결과를 유도해야 한다거나 유도할 수 있다는 믿음은 학계나 실무에서 거의 찾아보기 어렵다.

질서자유주의 관념은 대부분의 시장에서 완전경쟁을 형성해야 한다는 매우 비현실적인 가정에서 출발하고 있는데,[60] 완전경쟁이란 순수하게 이론적인 경쟁형태이자 어떤 측면에서는 경쟁의 진공상태를 의미하며, 기껏해야 증권거래소에서나 그 예를 찾을 수 있을 뿐이다. 이러한 문제점은 독일 내에서 이미 1930년대에 인식되고 있었으나, 그 당시에는 질서자유주의이론의 매혹적인 도그마에 부딪혀 그다지 부각될 수 없었다. 그 후 시장경제에 대한 경험과 더불어 클라크(John M. Clark) 등 영미 경제학자들의 저작은 비록 구체적인 대안까지는 아니더라도 무엇보다 질서자유주의 관념으로부터의 방향전환을

60) 질서자유주의 관념이 국가의 경쟁정책적 개입을 요구하는 만큼 완전경쟁을 실현하고자 하는 폭넓고 불특정한 개입은 자칫 법치국가원리와 충돌할 우려를 낳게 된다; Rittner, §22 GWB im Spannungsfeld wirtschaftswissenschaftlicher Theorien und rechtsstaatlicher Postulate, in: Festschrift für G. Hartmann, 1976, S. 251 ff.; ders., Zum gegenwärtigen Stand neoliberaler Rechtsthoerie, AcP, Bd. 180, 1980, S. 392 참조. 질서자유주의의 전통과 사실상 유사한 입장으로는 Möschel, Wettbewerbspolitik vor neuen Herausforderungen in: Ordnung in Freiheit(W. Eucken-Symposium 1991), 1992, S. 61 ff.가 있다.

가져오는 데 일조하였다.[61)]

질서자유주의 - 자유와 국가의 바람직한 관계

앵글로 색슨계 국가에서 질서자유주의(ordo-liberalism)는 프라이부르크 학파나 독일의 신자유주의 또는 독일식 사회적 시장경제의 이론적 기초로 더 잘 알려져 있다. 비록 질서자유주의가 다분히 비현실적인 모델관념으로 인하여 독일 경쟁제한방지법에 그대로 반영되지는 못하였으나, 독일에서는 현재까지도 경쟁정책을 비롯하여 산업정책, 조세정책, 교육정책 등 국가질서 전체의 형성과정에 적지 않은 지적 영향을 미치고 있다는 점은 부인하기 어렵다.

질서자유주의의 기원은 1920년대 말부터 1930년대 초로 거슬러 올라가며, 오이켄(Walter Eucken), 뵘(Franz Böhm), 뤼스토브(Alexander Rüstow), 뢰프케(Wilhelm Röpke), 뮐러-아르막(Alfred Müller-Armack) 등의 법학자, 경제학자들이 그 기초를 쌓았다. 질서자유주의자들은 자유방임주의와 집산경제(集産經濟; collective economy)에 대한 제3의 대안을 제시하고자 하였고, 자신들의 이론속에 비스마르크의 부권주의에서 사회민주적 사상, 케인즈(J. M. Keynes)의 수요관리정책에서 러시아의 볼쉐비즘(Bolshevism)을 모두 포괄하고자 하였다. 나아가 탐욕스러운 사인의 이익추구 및 계급갈등에 맞서 자유로운 가치를 지키기 위해서 시장에는 반드시 윤리적 틀이 마련되어야 한다는 뤼스토브의 지적[62)]도 곱씹어볼 만하다.

바이마르 공화국의 혼란과 뒤이은 전쟁, 정치·사회적 혼란과 위기를 겪으면서 질서자유주의자들은 사회질서와 경제질서를 연결시킬 수 있는 강력한 국가에 초점을 맞추는 방식으로 국가를 개조하고자 하였다. 여기서 질서자유주의의 가장 핵심적인 이론적 명제는 자유시장경제란 강력한 국가권력에 의존할 수밖에 없다는 점이었다. 이들이 고민했던 근본적인 의문, 즉 대중민주주의에 따른 수많은 도전과 계급간 갈등, 정치투쟁 등에 직면하여 어떻게 시장중심의 자유로운 국가질서를 지탱할 것인지는 현재 우리나라가 직면한 상황과도 매우 유사한 면이 많다.

---

61) 특히 J. M. Clark, Toward a Concept of Workable Competition, AER, Vol. 30, 1940, pp. 241 ff.

62) A. Rüstow, Die staatspolitischenVorraussetzugen des wirtschaftspolitischen Liberalismus, 1932/1963, S. 255.

ORDO 연감

질서자유주의의 계보는 무엇보다 질서정책에 관한 한 바이블로 여겨지고 있는 ORDO 연감(Jahrbuch)을 통해서 현재까지 이어지고 있다. ORDO 연감은 제2차 세계대전이 끝나고 불과 3년여가 지난 1948에 오이켄(Walter Eucken)과 뵘(Franz Böhm)이 공동으로 창간한 출판물로서 매년 1회 발간되고 있다, ORDO 연감은 현재 제도경제학(Institutionenökonomik)을 중심으로 대내외 사회정책과 질서정책을 폭넓게 다루고 있으며, 법, 경제, 정치 및 사회문제를 질서정책적 관점에서 통합하고 있는, 독일어권에서는 유일한 잡지로 알려져 있다.

2. 실용주의적 관념

질서자유주의의 대체물로서 그와 상이한 실용주의적 경쟁정책을 옹호하는 사람들은 카르텔 및 시장지배력이 가져오는 폐해를 배제할 것을 강조하였는데, 무엇이 시장에 유해한지를 구체적으로 판단하는 문제는 입법부나 행정부에게 위임되어야 한다고 보았다. 이같은 카르텔경찰(Kartellpolizei)의 관념은 이미 1923년의 카르텔규칙에서 그 기원을 찾을 수 있다. 동 규칙에 따르면 카르텔경찰의 관념은 경쟁정책에 국한되지 않으며, 이를테면 중소기업보호(Mittelstandsschutz)나 소비자보호 등에도 적용된다. 경제에 대한 국가의 규제·감독과 마찬가지로 카르텔감독은 매우 다양한 목적을 위하여 도입될 수 있으며, 그 결과 종종 경제규제의 목적과 중요성에 따라 카르텔감독의 내용이 쉽게 바뀌게 된다.[63]

경쟁당국이 기업으로 하여금 일정한 행위를 하도록 강제할 수 있는 권한을 부여받게 되고 어떤 행위의 금지 여부가 일정 부분 경쟁당국의 자의(恣意)에 의해 정해질 경우에 이러한 위험은 더욱 분명해진다. 그렇게 되면 경쟁법은 국가의 경제정책목표를 달성하기 위한 하나의 수단이 되고, 국가의 경제정책 속에서 경쟁정책은 단지 다른 많은 정책들 밑에 놓여있는 하나의 하위목표 내지 수단으로 전락하게 되며, 종국에는 국가권력에 종

63) M. Bullinger, Staatsaufsicht in der Wirtschaft, VVDStRL, Heft 22, 1965, S. 264 ff., 295; K. Schmidt, Kartellverfahrensrecht, Kartellverwaltungsrecht, Bürgerliches Recht, 1977, S. 94 ff.; Rittner, Wirtschaftsrecht, 1987, §6, Rn. 13.

속될 수밖에 없다. 아울러 수단으로서의 경쟁정책은 자유로운 시장경제체제뿐만 아니라 국가사회주의경제와 같이 고권적으로 규제되는 경제에서도 실현될 수 있다는 점은 위와 같은 위험을 잘 보여준다.[64]

한편, 독일에서는 본질적으로 경쟁제한방지법이 법질서의 일부로 이해되어 왔고, 그 결과 경쟁정책이 경제정책의 자의적인 수단으로 전락하지 않은 것으로 평가받고 있다. 이러한 점에서 독일의 경쟁정책은 유럽공동체에 속하는 다른 대부분 국가의 경쟁정책과 대비된다.[65]

3. 법질서로서의 '경쟁'

경쟁제한방지법은 본질적인 부분에 있어서 하나의 경제법적 기본관념에 기초하고 있다. 즉, 경쟁은 법적인 질서원리로서 모든 법인격의 자유와 평등원리에 기초하여 헌법적으로 확립된 질서의 일부로서 보장되어야 하며, 그러한 헌법질서 하에서 경쟁과 사적자치는 서로 조건지우고 동시에 상호보완적이어야 한다.[66] 이러한 기본관념은 질서자유주의가 갖는 경제적인 일면성과 지나친 모델지향성(Modellhaftigkeit)을 거부하나, 경쟁의 지위와 관련해서는 어느 정도 질서자유주의의 태도를 받아들이고 있었기 때문에, 1957년의 입법자도 적극적으로 수용할 수 있었다. 다른 한편으로 경쟁을 법질서의 하나로 파악하는 접근방법은 경쟁을 매우 다양하고도 이질적인 정책과 이해관계의 소용돌이에 휘말리게 하면서 동시에 경쟁의 자유보장적 성격을 문제 삼는 모든 실용주의적 관념을 거부한다. 이처럼 법질서를 강조하는 관념은 경쟁법·정책의 형성에 일정한 한계를 설정하게 되며, 경쟁제한방지법을 개정할 때마다 입법자는 언제나 이러한 한계를 염두에 두고 있다.[67]

개인에 기초를 두고, 그들 모두에게 똑같이 인격의 자유로운 발전을 보장하는 법질서는 항상 광범위한 사회적 거래의 대부분을 이러한 개인과 그들의 사적자치에 의하여 형성되도록 맡겨놓아야 한다. 따라서 독일기본법(Grundgesetz)은 사적자치에 따른 질서의

---

64) Mestmäcker, Der verwaltete Wettbewerb, 1984.

65) 자세한 내용은 Rittner, Konvergenz oder Divergenz der europäischen Wettbewerbsrechte?, in: Integration oder Desintegration der europäischen Wettbewerbsordnung?, FIW, Nr. 105, 1983, S. 31.

66) Rittner, Über das Verhältnis von Vertrag und Wettbewerb, AcP, Bd. 188, 1988, S. 101 ff.; R. Ihering, Der Zweck im Recht, 4. Aufl., 1904, S. 105: "경쟁은 이기주의에 대한 사회의 자기규율이다"(die Konkurrenz ist die soziale Selbstregierung des Egoismus).

67) 법질서로서의 경쟁이라는 관념은 '경제적으로 지배적인 지위의 남용방지'를 규정한 독일 기본법 제74조 16호의 틀에서 이해할 수 있는데, 경제력의 남용은 구체적인 남용행위를 금지하거나 남용을 포함하고 있는 계약이나 결의를 무효로 선언하는 방법으로도 억제될 수 있다. Rittner, Wirtschaftsrecht, 1987, §3, Rn. 52 f.

우선[68] 내지 개인의 사적인 이니셔티브 우선을 원칙으로 삼고 있다. 그런데 경쟁제한은 사적자치에 내재된 전형적인 위험의 하나이다. 형식적 계약자유만을 강조할 경우, 예를 들어 배타조건을 통하여 상대방선택의 자유를 제한하거나 직접적인 판매를 허용하지 않는 신디케이트협정을 통하여 계약체결의 자유를 제한해도 무방한 것이 된다. 그러나 계약자유란 실질적으로 모든 거래당사자에게 충분한 결정의 자유(Entschließungsfreiheit)를 보장하는 것이어야 한다는 점에서 형식적 계약자유는 경쟁법의 극복대상이 된다. 아울러 일견 자유롭게 체결된 계약이라도 경제력이 우월한 당사자가 거래조건이나 내용을 일방적으로 결정하는 경우에는 '공정' 내지 '정의'라는 관점에서 정당하지 않을 수도 있다. 여기서 경쟁제한방지법은 자유경쟁과 공정경쟁이 상호작용하는 시장경제를 기초지우는 법질서의 일부로 자리매김할 수밖에 없는 것이다.

끝으로, 경쟁제한방지법은 사적자치에서 야기되는 경쟁제한행위에 한하여 작동할 수 있는바, 적지 않은 경쟁제한은 국가의 보호주의적이거나 영업규제적인 조치 또는 조세정책이나 사회정책적 규제 등에서 비롯된다. 따라서 협의의 경쟁정책을 담고 있는 경쟁제한방지법은 광의의 경쟁정책, 즉 국가의 고권적 행위나 산업규제정책의 지도원리로서 경쟁주창정책(competition advocacy)에 의하여 보완되어야 한다. 광의의 경쟁정책이 국가의

프리츠 리트너(Fritz Rittner)

독일 경제법학계에서 빼놓을 수 없는 리트너(1921-2010) 교수는 프라이부르크 학파(Freiburger Schule)의 대부로 알려져 있다. 리트너 교수는 독일 민법학의 거두인 쉬미트-림플러(Walter Schmidt-Rimpler) 교수의 제자로서, 1959년에 "형성 중의 법인"(Die werdende juristische Person)으로 교수자격논문을 취득하였다. 이후 프라이부르크 대학에서 상법과 경제법을 가르쳤으며, 자유주의에 입각한 경제법의 체계를 완성하였다. 대표적인 저작인 Wirtschaftsrecht(1987)는 경제법을 가장 체계적으로 집대성한 저술로 유명하다. 국내에서는 대표적으로 권오승 명예교수(서울대학교 법학전문대학원)와 신현윤 교수(연세대학교 법학전문대학원)가 리트너 교수의 제자로서 1980년대 중반 이후 독일 경제법을 국내에 소개하는 데에 커다란 기여를 하였다.

68) Müller/Freienfels, "Vorrang des Verfassungsrechts" und "Vorrang des Privatrechts", in: Festschrift für Rittner, 1991, S. 423.

정책목표와 수단에 영향을 미칠수록, 협의의 경쟁정책 또한 그 실현이 용이해진다. 사인의 경쟁제한행위 중에서 상당한 부분은 국가의 정책과 규제조치에 대한 반응에서 비롯되기 때문이다.69) 이러한 맥락에서 별도의 경쟁당국을 설치하는 것은 간접적으로나마 국가활동을 경쟁에 부합하도록 유도하는 경향이 있으며, 정부나 의회가 경쟁제한적인 규제나 입법을 하지 못하도록 일정 부분 자제시키는 효과를 갖는다. 이러한 효과는 경쟁당국이 정부나 의회로부터 독립하여 경쟁제한방지법을 집행할 수 있을 때 더욱 기대할 수 있을 것임은 물론이다.

4. 자유보호냐 제도보호냐?

경쟁제한방지법이 경쟁을 하나의 제도(Institution)로서 보호해야 하는가, 아니면 사인의 경제활동의 자유(wirtschaftliche Freiheit)를 우선하여 보호해야 하는가의 문제는 지금까지도 독일에서 경쟁법의 목적론과 결부되어 논쟁이 계속되고 있다.70) 현재 독일의 다수설은 경쟁제한방지법이 양자 모두를 보호하는 것으로 이해하고 있으며, 이 점에서 동법이 미국의 독점금지법과 구별된다고 말하기는 어렵다. 미국에서도 1890년 셔먼법 제정 당시부터 경쟁법의 목적을 둘러싸고 오랫동안 여러 견해가 제시되어 왔으며, 지금도 일원주의와 다원주의의 대립이 계속되고 있다는 점에서 이들 두 입법례를 목적론의 관점에서 비교하기란 용이하지 않다.

5. 사법인가 공법인가?

다른 여러 나라의 경쟁법과 마찬가지로 경쟁제한방지법은 경제법적 규제로서 사법(私法; Privatrecht)의 영역에 깊숙이 개입하게 된다. 즉, 동법은 경쟁제한행위에 관한 한 사업자와 관련된 회사법 및 계약법 전반에 적지 않은 영향을 미치고, 금지청구나 손해배상 등 사법상의 청구권도 규정하고 있다(GWB 제35조). 이처럼 경쟁법은 일면 사법의 성격을 아울러 갖는다.71)

반면, 경쟁제한방지법은 행정관청과 수범자의 관계를 규율하는 다수의 규정을 두고 있다는 점에서 행정법의 성격도 가지게 되는바, 여기서 동법이 사법이냐 공법이냐라는

---

69) Rittner, WuW, 1976, S. 749 ff.

70) Hoppmann, Zum Schutzobjekt des GWB, in: Wettbewerb als Aufgabe, 1968, S. 61 ff.; K. Schmidt, Kartellverfahrensrecht, Kartellverwaltungsrecht, Bürgerliches Recht, 1977, S. 62 ff.

71) 이점을 특히 강조하는 견해로 Möschel, Recht der Wettbewerbsbeschränkungen, 1983, S. 81; Raisch, ZHR, Bd. 148, 1984, S. 308.

문제는 그리 적절한 질문이 아니다. 경쟁제한방지법의 성격은 오히려 경제법 그 자체에서 찾아야 하며, 동법은 시장경제질서의 기초로서 유효경쟁의 보호를 위하여 사법적, 공법적 수단을 모두 강구하고 있을 뿐이다.[72)]

Ⅲ. 경쟁제한방지법의 체계

1. 경쟁보호의 세 가지 수단

경쟁제한방지법은 다양한 형태의 경쟁제한행위를 규제하기 위하여 세 가지 수단, 즉 카르텔금지와 시장지배적 지위남용 금지 및 기업결합규제를 규정하고 있다. 즉, 경쟁제한의 다양한 형태에 맞게 적절한 규제수단이 마련되어 있는 것이다. 따라서 경쟁당국이 각각의 규제수단에 내재된 상이한 이념적 기초를 이해하지 않으면 이들 수단을 적절히 활용하기 어려울 수밖에 없다.

먼저, 카르텔이란 둘 이상의 사업자가 그들 사이의 경쟁(Wettbewerb zwischen Wettbewerber)을 제한하기로 합의하는 것을 말하며,[73)] 그 당연한 결과로서 카르텔금지의 목적은 시장참가자들간에 경쟁제한적 합의를 막는 데에 있다. 경쟁이란 시장에 참여하는 사업자로 하여금 끊임없이 경쟁사업자에 비하여 자신의 능률 내지 성과를 향상시키도록 요구하는 것이기 때문에, 사업자로서는 합의를 통하여 가급적 경쟁을 제한하거나 아예 제거할 유인을 갖게 되는 것이다. 당초 독일에서는 시장의 원심력을 전제로 카르텔 합의의 사법상 효력을 부인하기만 하면 사업자들이 본래의 경쟁상태로 돌아갈 것이라고 생각하였으나, 적어도 과점시장에서는 원심력이 제대로 작동하지 못한다는 경험을 통하여 적극적 금지조치로 나아가게 되었다.

이에 비하여 시장지배적 지위남용의 규제는 시장지배적 사업자나 유력사업자가 이미 구조적으로 경쟁이 제한되고 있는 시장에서 자신의 지위를 유지·강화하기 위하여 지배력을 남용하는 것을 방지하고자 하는 것이다. 물론 사업자가 공정한 경쟁을 통하여 시장에서 압도적인 지위를 차지하게 되더라도 이러한 내부적 성장(internes Wachstum) 자체는 금지되지 않는다. 독점화 내지 독점화기도를 금지하는 미국에서도 내부적 성장에 의한 독점은 문제 삼지 않는다. 정상적인 경쟁행위와 남용의 차이를 규명하기란 매우 어려

---

72) BGHZ 76, 55, 64 “Springer/ElbeWochenblatt”.

73) 독일에서 카르텔을 경쟁사업자간의 이른바 수평적 합의로 이해하는 것은 바로 참가사업자간의 경쟁제한성에 착안하고 있기 때문이다.

운 작업인데, 시장에서 지배력을 가진 사업자에게 경쟁질서의 보호에 관하여 어느 정도의 책임을 요구할 것인지가 관건이 된다.

끝으로 독일에서는 1973년 제2차 법개정으로 기업결합규제를 도입하였는데, 그때까지 독일경쟁법은 카르텔금지(Kartellverbot)와 합병자유(Fusionfreiheit)로 특징지울 수 있었다. 그 명칭에서 알 수 있는 바와 같이 기업결합규제는 기업간 다양한 형태의 결합을 통하여 시장지배적 지위가 형성 또는 강화됨으로써 관련시장에서 유효경쟁(wirksamer Wettbewerb)이 저해될 것인지 여부를 사전에 심사하게 된다. 기업결합규제에는 '시장구조'에 대한 감시라는 과제가 부여되어 있는바, 경쟁의 정도는 무엇보다 공급자 또는 수요자로서 얼마나 많은 사업자들이 시장에 참여하고 있는지에 좌우되기 때문이다.

2. 법 원

독일 경쟁법의 가장 중요한 법원(法源; Rechtsquelle)은 바로 경쟁제한방지법이다 동법은 크게 6장으로 이루어져 있다. 제1장은 카르텔금지와 시장지배적 지위남용의 금지, 기업결합의 규제 등 실체법의 내용을 담고 있는 동법의 핵심적인 부분으로서, 그밖에도 독점위원회(Monopolkommission)에 관한 사항과 2013년 제8차 개정으로 추가된 에너지 분야의 특칙을 포함하고 있다(제1조-제47조 l). 제2장은 경쟁당국의 지위와 권한 및 유럽경쟁네트워크(European Competition Network; ECN)와 회원국의 경쟁당국간 협력을 규정하고 있다(제48조-제53조). 제3장은 절차법으로서 경쟁당국의 행정절차와 불복절차, 벌금(Bußgeld), 이행강제금 및 민사소송에 관한 사항을 정하고 있다(제54조-제95조). 제4장은 이른바 정부조달법(Vergaberecht)이다. 이 부분은 정부나 공공기관의 조달과 관련된 원칙과 절차를 규정하고 있다(제97조-제129조 b). 제5장은 동법의 적용범위를, 제6장은 경과규정 등을 담고 있다.

또한 연방카르텔청은 경쟁제한방지법의 집행을 위한 세부기준으로서 가이드라인, 리플릿(leaflet), 템플릿을 마련하고 있다. 가이드라인으로는 카르텔에 대한 벌금부과 가이드라인, 합병심사기준에 관한 가이드라인, 카르텔자진신고 가이드라인 등이 있으며, 독일 및 유럽의 합병규제에 관한 리플릿, 합병조건에 관한 모델텍스트 등이 있다.

한편, 경쟁제한방지법과 부정경쟁방지법은 구별되어야 한다. 전자가 시장에서 유효경쟁이 작동하는 것을 보장하고자 하는 것이라면, 후자는 기존의 경쟁상태에서 출발하여 공정한 거래관행(faire Praktiken)을 담보하기 위한 것이다. 흔히, 전자는 자유경쟁을, 후자는 공정경쟁을 보호목적으로 삼고 있는 것으로 설명하기도 한다. 이러한 체계상의 구분과 상관없이 두 법률은 개별 사례에서 종종 중첩하여 적용된다. 이 책에서는 그 중에서 전자, 즉 경쟁제한방지법만을 다룬다.

제 4 절 | 경쟁제한방지법의 해석방법론

Ⅰ. 전통적인 해석원칙

1. 경쟁법의 특성과 법해석학

다른 법률에 비하여 경쟁제한방지법상 금지행위를 해석하기란 매우 어려운 작업이다. 그 이유로는 여러 가지를 생각할 수 있다. 무엇보다 동법이 경제학에서 유래된 금지요건(예, 시장이나 경쟁 등)과 불특정개념(예, 남용이나 부당성 등)을 많이 사용하고 있고, 그 결과 경제이론의 해석학적 의미를 밝히기가 쉽지 않을 뿐만 아니라 그만큼 경쟁당국이나 법원에게는 판단의 여지가 넓다는 점을 들 수 있을 것이다. 아울러 경쟁제한방지법이 민사법, 행정법 및 형법적 요소를 모두 갖추고 있다는 의미에서 복합적인 성격을 띠고 있는 점 또한 금지요건의 해석을 어렵게 만드는 또 하나의 요인으로 꼽을 수 있을 것이다.

다른 법영역에서 발전된 개념과 해석원칙이 당연히 경쟁제한방지법의 해석에 전면적으로 수용될 수는 없으나, 그렇다고 해서 경쟁제한방지법의 특정 조항이나 금지요건이 민사절차, 행정절차 또는 형사절차 여하에 따라 상이하게 해석될 수는 없다는 의미에서 이른바 규범분열(Normspaltung)은 허용되지 않는다.[74] 그런데 경쟁제한방지법은 달리 해석규정을 두지 않고 있으므로, 원칙적으로 법해석학(juristische Hermeneutik)의 일반원칙이 적용된다. 그리고 연방대법원은 일찍이 법해석학의 기초로서 이른바 객관적 해석방법론을 따르고 있다.

---

74) Bechtold, Kartellgesetz Kommentar, 2002, Einführung Rn. 75; P. Ulmer, WuW, 1971, S. 878, 885.

2. 객관적 해석방법

객관적 해석방법론(objektive Auslegungsmethode)에 따르면 법률조항을 해석함에 있어서는 무엇보다 법률의 여러 문언과 그들 사이의 의미연관성(Sinnzusammenhang)으로부터 도출될 수 있는 입법자의 객관화된 의지(objektivierte Wille des Gesetzgebers)를 파악하는 것이 중요하다. 그리고 법률에 구체화된 입법자의 의지를 파악하기 위해서는 법률문언, 이들간의 체계적 연관성, 관련 법령 및 입법과정 내지 입법사(Entstehungsgeschichte)를 종합적으로 이해하는 작업이 선행되어야 한다.

그런데 경쟁제한방지법의 역사는 불과 반세기 정도에 불과하고 지금까지 8차례 개정되었을 뿐이기 때문에 과연 입법과정이나 입법사가 해석상 얼마나 중요한 지침을 줄 수 있는지 단언하기 어렵다. 비록 연방대법원이 객관적 해석원칙을 일관되게 강조하고 있으나, 동시에 입법자의 경제정책적 판단이란 종종 개별 조항의 문언이나 의미연관성 또는 동법의 일반적인 목적으로부터 추론할 수 없고, 구체적인 금지요건을 정함에 있어서 입법자가 고려한 바가 무엇인지를 통하여 파악할 수 있을 뿐이라고 지적한 점에 주목할 필요가 있다.[75] 그에 따라 연방대법원은 통상적으로 입법사와 그로부터 추단되는 규범목적을 중시하는 해석을 해오고 있다.[76] 법령의 객관적인 내용에 입법자의 의도가 충분히 표현되지 않은 경우라면 이를 해석단계에서 적극적으로 고려할 수 없음은 물론이다.[77]

3. 역사적 해석방법

역사적 해석방법은 독일의 법학방법론에서 기원하는 매우 중요한 방법론이다.[78] 연방대법원은 비교적 빈번하게 개정된 경쟁제한방지법의 입법사(Entstehungsgeschichte)를 경우에 따라 중요하게 고려하였다.[79] 이처럼 입법과정에서 어떤 결단과 가치판단이 중요하게 작용하였는지를 적절히 고려하는 것을 역사적 해석방법(historische Auslegungsmethode) 이라 한다.

이러한 해석방법은 특히 경쟁제한방지법상 일정한 산업분야에 대한 특칙이나 다른 특

75) BGH WuW/E BGH 795, 798 “Schallplatten”,

76) WuW/E BGH 3037, 3040 “Reiffeisen”; WuW/E BGH 3128, 3131 “NJW auf CD-ROM”.

77) BGH WuW/E BGH 2875, 2879 “Hersteller-Leasing”; BGHZ 135, 323 ff. = WuW/E BGH 3140, 3142 “Gaspreis”.

78) Larenz, Methodenlehre der Rechtswissenschaft, 5. Aufl., 1983, S. 315 ff.

79) 대표적으로 BGHZ 46, 74 “Schallplatten I”.

별경제법상 경쟁관련조항을 해석함에 있어서 중요한 방향을 제공할 수 있다. 이때, 경쟁제한방지법과 여타 법률을 서로 조화시키는 작업에는 다시 체계적 해석의 도움이 필요할 것이다.

4. 유럽법 조화적 해석방법

최근 수년에 걸쳐 국내법인 경쟁제한방지법을 유럽경쟁법에 친화적으로 해석하는 방법(europarechtskonforme Auslegung)은 더욱 중요해지고 있다. 이를테면 제7차 개정 당시 독일의 입법자는 유럽친화적인 해석을 강제하는 내용을 담은 정부안을 받아들이지 않았음에도 불구하고,[80] 유럽경쟁법의 우위는 경쟁제한방지법의 해석에 매우 중요한 의미를 갖는다. 대표적으로 두 가지 경우를 상정할 수 있다.[81]

첫 번째는 독일의 국내경쟁법이 배타적으로 적용되는 경우이다(ausschliessliche Anwendung). 즉, 유럽기능조약 제101조, 제102조의 적용에 요구되는 회원국 간 거래제한의 요건이 충족되지 않는 경우로서, 동 요건을 폭넓게 해석하는 유럽법원의 판례에 따르자면 순수하게 국내 또는 지역적 관련성만을 갖는 행위로서 경제적으로 중요성이 떨어지는 경우가 여기에 해당한다. 이때 독일의 경쟁당국이나 법원이 경쟁제한방지법을 해석함에 있어서 원칙적으로 유럽법의 영향을 받지 않는다. 다만, 독일의 경쟁당국이나 법원은 실무상 이러한 경우에도 유럽경쟁법의 해석원칙과 법리를 원용하는 경우가 늘어나고 있다.[82] 예외적으로 이를테면 경쟁제한방지법 제2조 제2항과 같이 유럽경쟁법을 명시적으로 원용하거나 유럽경쟁법의 문언을 분명하게 따온 경우에는 순수한 국내사건이라도 독일의 경쟁당국이나 법원은 유럽경쟁법의 해석원칙에 구속된다. 그리고 유럽경쟁법 해당 조항이나 개념의 해석상 의문(Zweifel)이 있는 경우라면 국내법원은 유럽기능조약 제267조에 따라 선결결정절차(Vorabentscheidungsverfahren)를 통하여 유럽법원에 그 해석을 구하여야 한다.

두 번째는 회원국 간 거래제한의 요건이 충족되어 경쟁제한방지법 제22조, 유럽의 절차규칙 제2003/1호 제3조에 따라 반드시 유럽경쟁법을 '병렬적으로' 적용해야 하는 경우이다(parallele Anwendung). 이때, 경쟁제한방지법은 유럽경쟁법의 해석원칙을 벗어나서

---

80) Dreher, WuW, 2005, S. 251. 유럽친화적 해석원칙을 명문화한 입법례로는 대표적으로 이탈리아와 영국의 경쟁법을 들 수 있다.

81) Rittner/Dreher/Kulka, Wettbewerbs- und Kartellrecht, 8. Aufl., 2014, §5, Rn. 660.

82) 대표적으로 독일의 기업결합규제에서 이러한 현상이 두드러진다. BGH WuW 2012, 721 Rn.32 = WuW/DE-R 3591, 3596 "Total/OMV".

또는 그에 반하는 방향으로 해석되어서는 안 된다. 그렇다고 하여 경쟁제한방지법이나 유럽경쟁법의 해석에 관하여 유럽집행위원회의 실무나 지침 등이 국내법원을 직접 구속하는 효력(unmittelbare Bindungswirkung)을 갖는 것은 아니라는 점에 유의하여야 한다.[83] 이와 같은 병렬적 적용에 대한 중대한 예외를 간과해서는 안 되는데, 사업자의 일방적 행위(einseitige Handlungen)에 관하여 경쟁제한방지법이 유럽의 절차규칙 제2003/1호 제3조 제2항 2문에 따라 유럽경쟁법보다 엄격한 조항을 두고 있는 경우에 한하여 유럽경쟁법과 다른 해석이 허용되어 있다는 점이다. 이러한 예외는 유럽기능조약 제102조와의 관계에서 경쟁제한방지법 제20조를 해석할 때 적용된다.

시장지배적 지위남용의 금지 - 유럽경쟁법과 회권국 경쟁법의 괴리

비교법의 대상으로서 유럽경쟁법을 접근할 때에 흔히 개별 회원국의 국내법을 따로 살펴보지 않는 경우가 많다. 유럽연합 내에서 유럽법우선의 원칙이 폭넓게 관철되고 있을 뿐만 아니라, 회원국의 국내경쟁법이 상당 부분 유럽경쟁법에 조화되어 있다는 이유일 것이다. 그런데 유럽경쟁법과 국내경쟁법이 충분히 조화되기 어렵거나, 여전히 개별 회원국의 경제상황이나 법전통 등이 우선적으로 고려될 필요가 있는 분야가 남아 있는바, 그것이 바로 시장지배적 지위남용 금지이다. 이처럼 유럽경쟁법상 회원국의 특성을 인정해주기 위한 법적 근거가 바로 유럽의 절차규칙 제2003/1호 제3조 제2항 2문이다.

그에 따르면 회원국간의 거래를 제한할 우려가 있으나 공동체시장에서 경쟁을 제한하지 않거나 유럽기능조약 제101조 제3항의 예외요건을 충족하는 약정이나 결의 등이 국내경쟁법을 적용한 결과 금지되어서는 안 된다는 원칙에 대한 중대한 예외로서 사업자의 일방적 행위, 즉 시장지배적 지위남용의 금지에 관하여는 회원국이 자국내에 적용할 때보다 엄격한 규제조항을 마련하여 적용할 수 있다. 다시 말해서, 회원국은 국내경쟁법에 유럽기능조약 제102조보다 엄격한 남용금지조항을 도입·시행할 수 있고, 이러한 의미에서 입법정책상 유럽기능조약 제102조는 회원국들에 대하여 최소한의 기준(minimum standard)으로 작동하게 된다. 이에 따라 독일에서도 예컨대 경쟁제한방지법 제20조에서 남용규제의 수범자와 금지행위의 범위를 확대 또는 강화하는 내용을 담고 있는 것이다.

---

83) OLG München WuW 2003, 63 = WuW/E DE-R 991, 992 “Tankstelle Germering”; OLG Düsseldorf WuW 2006, 62, 65 = WuW/E DE-R 1610, 1613 “Filigranbetondecken”.

5. 유추해석의 금지

연방대법원은 절차의 성격에 따라 금지요건을 상이하게 해석하는 이른바 규범분열을 용인하지 않아왔다. 이때, 경쟁제한방지법을 통일적으로 해석하기 위해서 동원되는 것이 바로 형법상의 해석원칙으로서, 대표적으로 기본법 제103조 제2항이 정하고 있는 '유추해석의 금지'(Analogieverbot)를 들 수 있다.

연방대법원은 일찍이 Teerfarben 판결[84]에서 질서위반행위(Ordnungswidrigkeit)의 요건과 관련하여 아무리 법정책상 긴절한 필요가 있더라도 법률의 유추해석을 통해서 이를 확대할 수는 없다는 점을 분명히 하였다. 그러나 동일한 금지요건과 관련하여 유추해석의 금지가 행정절차나 민사절차에도 적용되는지 여부는 아직 완전히 해결되지 않은 문제이다. 다수설은 유추해석의 금지를 통일적으로 적용할 것을 주장하고 있다.[85]

한편, 경쟁제한방지법상 추정요건, 이를테면 시장지배력의 추정(GWB 제18조 제4항)이나 종속성의 추정(GWB 제36조 제2항 1문)은 또 다른 문제를 야기하게 된다. 이때, 벌금절차에는 이른바 무죄추정의 원칙(in dubio pro reo-Grundsatz)이 적용되기 때문에 위와 같은 추정은 그 한도에서 배제된다. 이것은 규범분열의 문제가 아니라 절차법상 입증책임원칙에 따른 결과에 불과하다.[86]

Ⅱ. 경쟁법 고유의 해석방법론

1. 기능적 · 목적론적 해석방법

(1) 의 의

경쟁제한방지법도 다른 법영역과 마찬가지로 법률의 문언을 기본으로 하고, 입법취지와 동법의 목적 등을 종합적으로 고려하여 해석, 적용된다. 그러나 경제법, 그중에서도 경쟁제한방지법은 전체 법질서에서 고유한 의미와 목적을 가지고 있기 때문에 금지요건을 해석함에 있어서도 다음과 같은 두 가지 원칙에 유의하여야 한다.

84) BGH WuW/E BGH 1147, 1153.

85) Rittner/Dreher/Kulka, Wettbewerbs- und Kartellrecht, 8. Aufl., 2014, §5, Rn. 653; R. Fischer, ZGR, 1978, S. 239; K. Schmidt, Kartellverfahrensrecht, Kartellverwaltungsrecht, Bürgerliches Recht, 1977, S. 125 ff.; Tiedemann, NJW, 1979, S. 1851.

86) Rittner/Dreher/Kulka, 위의 책, §5, Rn. 653.

첫째, 경쟁제한방지법상의 금지요건은 사인간의 법률관계를 규율하는 사법(私法)과 그 기능을 달리하기 때문에 사법에서와 동일한 방법만으로 해석할 수 없으며, 오히려 동법의 독자적인 목적(Teleologik)을 중심으로 해석하여야 한다. 동법은 침익적 행정처분을 위한 위임근거일 뿐만 아니라 벌금요건을 규정하고 있기 때문이다.[87] 또한 경제정책의 단순한 수단이라는 관점에서 경쟁제한방지법의 개별 금지요건을 해석해서도 안 된다.

둘째, 동법이 추구하는 정책목표는 실현되어야 하지만, 동시에 사적자치에 의한 시장의 효율성과 이를 위하여 본질적으로 중요한 법적 안정성이 불필요하게 제한되어서는 안 된다.[88] 그렇다면 이러한 두 가지 원칙을 구체화할 수 있는 해석방법은 무엇인가? '기능적인 해석방법'(funktionale Auslegungsmethode)이 바로 그것이다.[89]

(2) 기능적 해석방법

기능적 해석방법이란 스위스의 경제법학자인 마이어-하이오즈(Arthur Meier-Hayoz)가 1951년에 발표한 '입법자로서의 법관'(Der Richter als Gesetzgeber)이라는 교수자격논문(Habilitationsschrift)[90]에서 제창한 경제법, 특히 경쟁법의 해석방법론이다. 기능적 해석이라는 명칭은 이를 지지하던 여러 학자들에 의해서 명명되었고, 이들의 연구작업을 통하여 보다 체계적으로 다듬어졌다.[91]

기능적 해석을 강조하는 이들은 독자적인 법영역으로서의 경제법을 전제하고, 경제법의 고유한 특성을 그것이 갖는 국민경제상의 가치관념에서 찾았다. 그에 따르면 경제법에 속하는 모든 법규범, 특히 이른바 경쟁법은 그것이 법적으로 승인된 경제질서에 어떻게 기여할 것인지를 중심으로 연구되어야 하며, 구체적으로 가능한 여러 가지 해석론 중에서 어느 것이 과연 바람직한 경제질서의 실현에 가장 기여할 것인지에 따라 그 해석의 정당성이 인정된다고 한다.[92]

헌법에 경제질서에 관한 조항을 두지 않고 있던 스위스나 독일에서는 종래 경쟁과 시장경제가 우위를 차지하는 질서를 바람직한 경제질서로 파악하였다. 따라서 법제도로

---

87) Rittner/Dreher/Kulka, 위의 책, §5, Rn. 652.
88) Kollmorgen, Die Förderung des Wettbewerbs und die Rechtsprechung zu GWB, in: FS Benisch, 1989, S. 219 ff.는 BGB의 연구에 탁월한 시각을 제공하고 있다. Rittner, NJW, 1976, S. 546 ff.
89) Rittner, WuW, 1969, S. 69; Wohlmann, FS Meier-Hayoz, 1982, S. 461.
90) Meier/Hayoz, Der Richter als Gesetzgeber, 1951.
91) 대표적으로 Biedenkopf, Rechtsfragen der Konzentration, ZBJV, 1972, S. 1 ff,; Schluep, Vom lauteren zum freien Wettbewerb, GRUR, 1973, S. 451 ff.; Baudenbacher, Zur funktionalen Anwendung von §1 des deutschen und Art. 1 des schweizerischen UWG, ZHR, 1980, S. 146 ff.
92) Baudenbacher, 위의 글, 146, 148면; Baudenbacher, Suggestivwerbung und Lauterkeitsrecht, 1978, 135면.

서의 사회적 시장경제질서를 염두에 둘 경우 경쟁법은 경쟁질서라는 제도를 고려하여 그 규범의 내용을 해석하여야 하며, 그 결과 법관은 법해석을 통하여 경제질서의 형성에 기여하게 된다. 이처럼 기능적 해석방법을 주장하는 학자들은 다분히 이상적인 경제질서를 상정하고 있었고, 이 점에서 법규범의 문언이나 발생사, 전체적인 체계와 목적 등 구체적인 법규범을 전제로 그 의미를 밝혀내고자 하는 전통적인 객관적 해석방법 내지 목적론적 해석론과 구별되었다.[93]

이러한 기능적 해석론에 대해서는 그것이 법관을 입법자보다 상위에 올려놓음으로써 권력분립의 원칙과 법치국가의 원칙을 침해하는 것이며, 경제질서의 복잡성을 간과하여 경쟁만으로 경제질서를 규명하려 하였고, 그 결과 사인의 권리에 대한 사회적 구속 내지 공공의 이익을 간과하고 있다는 비난이 제기되었다.[94] 그 후 쉴루엡(Walter Schluep)은 이러한 비판을 의식하여 기능적 해석론에서도 이상적인 경제질서가 아니라 입법자가 의도한 구체적인 경제질서를 염두에 두어야 한다고 주장하였고. 이 경우 후술하는 목적론적 해석론과의 구분은 의미가 없어지게 된다.

한편, 기능적 해석방법은 흔히 경쟁법의 독자성원칙 내지 독자적 해석원칙(Grundsatz der Selbstständigkeit)으로 이해되며, 그에 따르면 경쟁법상 다른 법영역이나 경제학에서 유래한 개념이나 금지요건에 '경쟁법 고유의 의미내용'(kartellrechtsspezifischer Sinngehalt)을 부여하는 작업이다.[95] 그 결과 이를테면 경쟁제한방지법상 사업자 개념에는 독일 주식법상 콘체른과 관련하여 사용되는 사업자와 다른 기능과 의미내용이 부여되는바, 이처럼 경쟁법상 사용되는 개념이 다른 법영역이나 경제학에서 사용되는 개념과 일치하지 않는 경우가 많다.

(3) 목적론적 해석방법

'목적론적 해석방법'(teleologische Auslegung)이란 해당 법규범의 의미와 목적(Sinn und Zweck)에 비추어 개별 금지요건을 해석하여야 한다는 것으로서, 전술한 역사적 해석이 다분히 정태적인 성격을 갖는데 반하여 동태적인 접근방법으로 이해되고 있다. 언제나 특정 규제목적을 전제로 삼고 있는 경제법의 영역에서 목적론적 해석은 불가피할 뿐만 아니라 경쟁제한방지법상 규제목적을 실현하기 위해서 바람직한 방법이다. 그밖에

---

93) Wohlmann, Zur funktionalen Auslegung im Kartellrecht, 1982; FS Meier/Hayoz, 1981, S. 461, 464 ff.

94) 기능적 해석론에 대한 반론으로는 Niederhauser, Missbrauch der Marktmacht und Rechtsmissbrauch, 1978, S. 30 ff. 참조.

95) Kling/Thomas, Kartellrecht, 2007, §13, Rn. 4.

도 독일에서 목적론적 해석방법은 경쟁제한방지법의 경쟁보호라는 기본적 목적을 다른 경제정책적 목표를 통하여 희석시키려는 시도를 저지하는 역할을 담당하지 않으면 안 된다는 의미를 담고 있다.[96] 아울러 목적론적 해석을 한다고 하여 입법론에서 제시된 제안이나 막연한 기대와 혼동해서는 안 된다.[97]

구체적으로 독일 연방대법원은 목적론적 해석에 따라 불특정개념을 해석하는 과정에서 카르텔금지의 위법성을 경쟁의 자유침해에서 찾는가 하면,[98] 남용행위의 부당성의 경우에는 경쟁의 자유보호를 지향하는 동법의 목적을 고려한 이익형량(Interessenabwägung)을 강조해왔다.[99] 학설은 이를 기능적 해석이라거나 법률정책(Politik des Gesetzes)[100]이라고 부르기도 한다. 그러나 기능적 또는 목적론적 해석이 아무리 중요하더라도 법해석에 관한 한 법문과 체계의 의미를 포기할 수 없다는 데에는 대체로 이견이 없다.[101]

2. 면탈행위의 해석방법

경쟁제한방지법은 독일의 경쟁당국, 즉 연방카르텔청과 각 주의 경쟁당국에게 사적자치, 다시 말해서 사업자의 자유로운 활동을 제약할 수 있는 강력한 규제수단을 부여하고 있다. 경쟁을 제한하는 기업결합에 대하여 경쟁당국이 전부 또는 일부 자산의 매각을 명하는 경우가 대표적이다. 따라서 사업자에게는 동법의 적용을 회피할 수 있는 방법을 찾을 유인이 존재할 수밖에 없다. 사업자가 법적용을 피하기 위하여 강구한 수단에 경쟁제한방지법이 여전히 적용될 수 있는지 여부는 종종 애매한 상황을 가져오게 되는데, 이 문제에 대한 판단은 결국 법원이 내리게 된다.

면탈행위(Gesetzesumgehung)를 적절히 규제하기 위해서는 경우에 따라서 명시적인 법문의 유추해석이 불가피할 수 있다. 그런데 경쟁제한방지법에는 동법의 면탈행위를 일반적으로 금지하는 조항이 없기 때문에 종래 독일의 통설에 따라 법률의 유추해석은 일반적으로 금지된다는 원칙(Analogieverbot)이 지배하게 된다. 그 결과 사업자가 자신의 법률행위를 유연하게 형성함으로써 동법의 적용을 회피하게 되더라도 그것은 법적으로

96) Rittner/Dreher/Kulka, Wettbewerbs- und Kartellrecht, 8. Aufl., 2014, §5, Rn. 658; Hill, Zur Rechtsprechung des Kartellsenats, in: FS 25 Jahre Bundesgerichtshof, 1975, S. 180.
97) Rittner/Dreher/Kulka, Wettbewerbs- und Kartellrecht, 8. Aufl., 2014, §5, Rn. 658.
98) BGH WuW/E 1458, 1461 "Fertigbeton"; WuW/E BGH 3115, 3117 "Druckgußteile".
99) BGH WuW/E BGH 2990, 2995 "Importarzneimittel"; WuW/E BGH 2953, 2962 "Gasdurchleitung".
100) Steindorff, FS Larenz, 1973, S. 217, 231 ff.
101) Wiedemann, Handbuch des Kartellrechts, 2. Aufl., 2008, §3, Rn. 14; Immenga, in: Immenga/Mestmäcker, Kommentar zum deutschen Kartellrecht, 3. Aufl., Einleitung, Rn. 68.

정당한 수단으로 여겨지고 있다.[102)]

이러한 입장에서 예컨대, 1973년 법개정으로 기업결합규제가 경쟁제한방지법에 도입된 초기에 25% 이상의 주식취득이라는 요건을 의도적으로 피하기 위하여 경쟁사업자의 주식을 24.9%만 취득한 경우도 이른바 소수지분참가(Minderheitsbeteiligung)의 하나로 기업결합에 해당하는 것으로 보아야 하는지와 관련하여 연방카르텔청은 소극설을 취했던 것이다.[103)] 또한 연방대법원도 Teerfarben 판결에서 의식적 병행행위에 카르텔금지를 확대하여 적용한 연방카르텔청의 법집행을 유추해석의 금지원칙에 반하는 것이라고 판단하였고,[104)] Telefunken-EH-Partner-System 판결에서는 가전제품판매를 위한 상사대리약정을 가격구속(Preisbindung; 재판매가격유지행위를 지칭함)의 금지에 대한 면탈행위로 보아야 한다는 연방카르텔청의 주장을 배척하였던 것이다.[105)]

이러한 일반적 해석원칙에 따라 사업자의 면탈행위를 경쟁제한방지법상 금지요건에 적절히 포섭시키기가 곤란하다면, 그러한 흠결을 메우는 작업은 결국 입법자에게 맡겨진 것이 된다. 실제로 위에서 예시한 24.9% 주식취득의 예를 계기로 1980년 개정된 경쟁제한방지법에는 25% 미만의 소수지분취득도 기업결합에 포함시킬 수 있도록 구법 제23조 제2항 2호 4문(제6차 개정법 이후에는 제37조 제1항 4호)[106)]의 다분히 일반적인 기업결합요건이 도입되었던 것이다.

한편, 이러한 해석원칙과 별도로 경쟁제한방지법은 경우에 따라 특수한 면탈금지조항을 두고 있는바, 위에서 언급한 소수지분취득을 통한 기업결합의 경우 외에도 예컨대 다른 사업자로 하여금 동법이나 유럽기능조약 제101조, 제102조에 반하는 행위를 하도록 강요하거나 유인하는 등의 행위를 폭넓게 금지하고 있는 것이 그것이다(GWB 제21조 제2항).

3. 경제적 접근방법

경쟁의 경제적 측면, 이를테면 경쟁상태를 경제적으로 파악하거나 경쟁제한의 정도를 객관적으로 파악하는 문제는 입법론(de lege ferenda)이나 해석론(de lege lata)에 있어서

---

102) Delahye, WuW, 1987, S. 877 ff.; Gamm, Kartellrecht, 2. Aufl., Einführung A, Rn. 19.
103) BKartA TB 1978, 26.
104) BGH WuW/E BGH 1147, 1153.
105) BGH WuW/E BGH 2238, 2243.
106) 동호에 따르면 1호 내지 3호 외에 직·간접적으로 다른 기업에 경쟁상 영향을 미칠 수 있는 '기타의 모든 기업간 결합'(jede sonstige Verbindung von Unternehmen)이 기업결합으로 파악된다.

간과할 수 없다. 실제로 경쟁제한방지법은 경제학, 특히 경쟁이론에 적지 않게 의지하고 있다. 예를 들어 경쟁상태에서 기업과 소비자의 행위방식에 대한 경제학의 경험과학적 인식은 종종 경쟁당국의 결정이나 법원의 판결에 중요한 이론적 기초를 제공한다. 그럼에도 불구하고 경제분석은 법원의 판결을 대체할 수 없으며, 판결의 방향을 제시하는 한도에서 종종 충분한 가치를 가질 수 있을 뿐이다.

독일에서 경쟁법의 해석·적용에 있어서 경제적 접근방법에 관한 논의는 일찍이 1970년대부터 활발하게 이루어졌다. 지금까지도 경쟁제한방지법의 해석이 특정한 경제이론이나 경제분석결과에 기초할 수 없다는 태도가 지배적이며, 무엇보다 경제적 접근방법(wirtschaftliche Betrachtungsweise)이라는 개념 자체의 내용이 불명확하여 법적 안정성을 저해할 우려가 크다는 문제의식에서 그 배경을 찾을 수 있다.[107] 다만, 기능적 내지 목적론적 해석론의 틀 속에서 경제적 고려가 행해질 수 있을 뿐이다. 이러한 맥락에서 연방대법원은 수차례에 걸쳐 경험칙상(nach Erfahrungsgesetz) 예상되는 사업자의 합리적인 행위를 전제로 해석하여야 한다는 점을 강조한 바 있다.[108]

물론 연방대법원이나 과거 베를린 고등법원(Kammergericht; KG)이 경제적 접근방법을 경쟁제한방지법의 해석상 중요하게 고려할 수 있음을 시사한 사례도 일부 찾을 수 있으나,[109] 그것이 규범적으로 어떤 의미를 갖는지를 명확하게 밝힌 바 없다. 현재 독일에서 지배적인 태도는 경제적 접근방법이란 하나의 독자적인 해석원칙이 될 수 없고, 더구나 경쟁제한방지법의 확대해석을 위한 만능의 수단(Allzweckinstrument)일 수는 없다는 것이다. 다만, Carpartner 판결[110]에서와 같이 연방대법원이 동법의 의미와 목적에 따라 어떤 행위의 경제적 맥락과 효과를 종합적으로 고려할 것을 요구할 경우 전통적인 기능적 해석과 경제적 접근방법이 서로 연결점을 찾을 여지는 부인하기 어렵다.

---

107) Rittner, Die sogenannte wirtschaftliche Betrachtungsweise in der Rechtsprechung des Bundesgerichtshofs, 1975; P. Ulmer, WuW, 1971, S. 878. 최근의 문헌으로는 Dreher/Adams, ZWer, 2006, S. 259 ff.

108) BGHZ 65, 30, 40 = WuW/E BGH 1367, 1373 "ZVN"; BGHZ 71, 102, 122 f. = WuW/E BGH 1501, 1505 "Kfz-Kupplungen"; BGH WuW/E BGH 2050, 2051 "Bauvorhaben Schramberg".

109) BGHZ 140, 342, 351 = BGH WuW/E DE-R 264 ff. "Preisbindung durch Franchise-Geber(Sixt)"; BGH WuW/E BGH 2707, 2713 "Krankentransportunternehmen II"; BGH WuW/E BGH 2013, 2014 "VEW/Gelsenwasser" 및 BKartA WuW/E BKartA 2795, 2809 "Carpartner"; OLG Stuttgart WuW/E OLG 5903, 5906 "Eintritt in Gebäudereinigungsvertrag".

110) BGH WuW/E DE-R 115, 117.

제 2 장

경쟁제한방지법의 적용범위와 역외적용

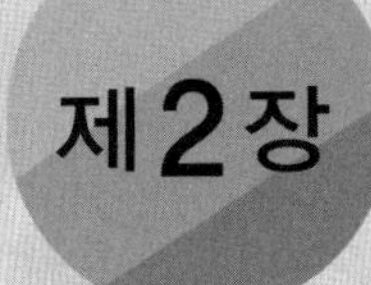

제2장 경쟁제한방지법의 적용범위와 역외적용

제1절 | 경쟁제한방지법의 적용범위

Ⅰ. 인적 적용범위

경쟁제한방지법은 사업자와 사업자단체에만 적용된다. 동법은 사업자나 사업자단체를 정의하지 않고 있는바, 그 해석은 학설과 판례에 맡겨져 있다. 종래 기능적 사업자 개념에 따르면 동법상 사업자란 조직이나 법적 형태, 존속기간이나 영리목적과 상관없이 생산 또는 판매활동을 수행하는 하나의 경제적 동일체(wirtschaftliche Einheit)를 말한다. 그에 따라 독일경쟁법상 사업자개념은 제도적인 의미로 이해할 수 없고, 아무런 '조직상의 실체'(betriebsorganisatorische Substanz)를 요구하지도 않는다. 따라서 회사는 물론이고 자영업자나 전문직업인도 경제적 거래에 참여하여 서로 경쟁관계를 형성하는 한도에서 사업자에 해당할 수 있다. 다만, 전문직업인의 활동이라도 순수하게 친목을 도모하거나 학술적인 활동은 경제적 거래와 무관하기 때문에 사업자성 내지 사업자적격(Unternehmenseigenschaft)이 인정되지 않는다.

마찬가지로 개인이 사적 소비를 충족하는 행위는 동법의 적용을 받지 않는다. 즉, 가계는 '원칙적으로' 사업자가 아니다. 그러나 소비자가 상품이나 용역의 공급자로 활동하는 경우, 이를테면 부동산을 임대하는 활동을 수행하는 경우에는 사업자와 소비자의 전통적인 구분이 현실적으로 곤란할 수 있다. 연방대법원은 일찍이 사인의 경제활동이 지속적이고 계획적으로 이루어지는 경우에는 이를 통해서 이득을 얻게 된다는 이유로 사업자성을 인정한 바 있다.[1)]

아래에서는 사업자성 판단에 특수한 고려가 필요한 대표적인 경우를 보다 자세히 살펴보기로 한다.

1. 근로자

근로자는 사용자의 지휘·감독에 따라 종속적으로 노동력을 제공하는 자이기 때문에, 원칙적으로 이를 둘러싼 관계에서 근로자를 사적자치에 따라 거래에 참가하는 독립적인 사업자로 볼 수 없다. 이와 같은 맥락에서 연방대법원은 이른바 독립성요건(Selbstständigkeitspostulat)을 통하여 이들을 사업자개념에서 제외시켜왔다. 그에 따르면 사업자란 '독립적이고 자율적으로' 시장에서 활동할 수 있어야 한다. 따라서 사용자의 지휘·감독에 구속될 수밖에 없는 근로자는 경쟁제한방지법상 사업자에 해당할 수 없는 것이다.

반면, 노동조합에 대해서는 헌법상 결사의 자유를 들어 사업자성을 부인하는 견해도 있으나,[2] 그 타당성은 의문이다. 왜냐하면 근로자가 헌법상 결사의 자유라는 기본권을 향유하여 자유로이 노조를 결성할 수 있다는 것과 그렇게 결성된 노조가 시장에서 하나의 경제주체로 등장하여 경쟁에 부정적인 영향을 미칠 수 있다는 것은 전혀 별개의 차원이기 때문이다. 노동조합 역시 정관상의 의무를 이행하면서 근로자의 이익을 대변하는 한도에서는 사업자가 될 수 없으나 노조라도 공제사업이나 투자사업을 통하여 유상의 급부를 제공하는 범위에서는 동법상 사업자에 해당할 수 있다.[3]

종래 산별노조를 취하고 있는 독일에서는 단체협약에서 상점의 개점시간을 정하는 행위를 둘러싸고 경쟁제한방지법이 노동시장(Arbeitsmarkt)에도 적용될 수 있는지 여부가 다투어졌다. 일찍이 연방카르텔청은 단체협약이 결코 경쟁법에 우선하는 것은 아니며 다른 모든 계약과 마찬가지로 단체협약 역시 경쟁제한적인 목적을 추구하거나 경쟁제한적인 효과를 갖는 경우에는 경쟁제한방지법의 적용을 받는다는 입장을 취하였다.[4] 반면, 연방노동법원(Bundesarbeitsgericht; BAG)은 노조의 사업자성을 원칙적으로 부인하고 노동시장은 전체적으로 경쟁제한방지법의 적용대상에서 제외되는 것으로 판단한 바 있으나,[5] 예외적으로 노조가 직접적으로 경쟁제한적인 목적을 추구하는 경우에는 그러하지

---

1) BGHZ 22.3.1994, 125, 315, 320 "Mustermietvertrag".
2) Rittner/Dreher/Kulka, Wettbewerbs- und Kartellrecht, 8. Aufl., 2014, §6, Rn. 674.
3) BAG 27.6.1989, WuW/E VG 347 ff. "Tarifvertrag über Arbeitszeitende".
4) BKartA WuW 1989, 563.
5) WuW, 1990, S. 41 ff. 노동시장이 독점금지법상 불문의 적용제외영역에 해당한다는 주장에 대해서는

아니하다고 한다.[6)]

그런데 근로자 개개인이 경쟁제한행위에 간여하는 경우란 생각하기 힘든 반면, 노조의 경우에는 예외적으로 경쟁제한적인 목적이나 효과를 갖는 행위로 나아갈 수 있기 때문에, 이 경우에도 노조의 사업자성을 부인할 수는 없을 것이다. 다른 한편으로 사업자단체는 사업자들로 구성된 단체라는 점에서 사업자를 전제로 하는 개념인 반면, 개개의 근로자는 처음부터 사업자가 아니기 때문에 근로자로 조직된 노조라도 사업자단체에 해당할 수는 없으며 개별 사례에서 사업자성을 가질 수 있을 뿐이다.

2. 전문자영업자 등

전문자영업자(freie Berufe)의 활동은 비록 몇 가지 측면에서 통상의 영업활동과 다르게 취급되기도 하나, 원칙적으로 경쟁제한방지법의 적용을 벗어나지 못한다. 역사적으로 독일에서는 전문자영업자의 경쟁에서 발생하는 문제를 민법이나 부정경쟁방지법 또는 개별법의 규율에 맡기고자 하는 것이 입법당시부터 의도된 취지였다고 한다. 그러나 자영업자 또한 소비자에 대해서는 단지 용역을 제공할 뿐이고 당시의 직업윤리나 자율규제는 이 점을 충분히 고려하지 않았다는 사고가 지배하게 되면서 연방카르텔청이나 연방대법원은 원칙적으로 모든 전문자영업자에 대해서 경쟁제한방지법을 확장해서 적용하고 있다.

적어도 전문자영업자가 부수적으로나마 영업활동을 수행하는 한도에서 경쟁제한방지법이 적용된다는 데에는 의문이 없다. 그러한 예로는 의사가 요양원을 운영하거나 치료용 스파 서비스를 제공하는 경우를 들 수 있다.[7)] 마찬가지로 전문직업인의 학술활동이나 예술활동, 스포츠활동이라도 그것이 경제활동의 실질을 갖는 범위에서 경쟁제한방지법상 사업자의 성격을 갖는다. 스포츠단체가 경기에 대한 방송중계권을 판매하는 경우가 그러하다.

다만, 예외적으로 특정 전문직을 규율하는 개별법률이 계약자유에 이미 일정한 한계를 정하고 있는 경우에는 경쟁제한방지법이 적용되지 않는다.[8)] 이와 같이 경쟁법과 직업법이 충돌하는 경우에는 불가피하게 두 법영역의 역할과 권한에 적절한 한계를 설정하지 않으면 안 된다. 그렇지 않을 경우 경쟁법의 집행이 자칫 국가의 특정한 정책목표

Immenga/Mestmäcker, Kommentar zum Deutschen Kartellrecht, 4. Aufl., 2007, §1, Rn. 340.

6) BAGE 62, 171, 182 ff.; JuS 1990, 332 Nr. 16.

7) BGH WuW 1978, 149 = WuW/E BGH 1493 "Medizinischer Badebetrieb".

8) BGH WuW 1977, 512, 515 "Architektenkammer".

에 의해 무력화될 우려가 있기 때문이다.[9]

공정거래법상 사업자개념과의 비교

공정거래법은 사업자에 제조업, 서비스업, 기타 사업을 행하는 자를 널리 포함시키고 있고(법 제2조 1호), 우리나라에서는 변호사나 의사 또는 약사, 운동선수나 연예인 등이 제공하는 급부 또한 그 성질이 서비스라는 인식이 지배적이라는 점에서 이들이 동법상 사업자라는 데에는 별다른 이견이 없어 보인다. 이들 사업분야에는 변호사법, 의료법, 약사법 등 나름의 고유한 목적을 가지고 제정된 특별법이 제정되어 있는 경우가 많으나, 그것만으로 당해 전문직업분야를 시장원리 내지 사적자치에 맡기지 않겠다는 취지로는 볼 수 없다. 그 결과 공정거래법은 원칙적으로 모든 전문직업분야 및 프리랜서에게도 적용된다. 독일에서와 마찬가지로 이때 발생하는 문제는 다른 법률에 의하여 전문직업 중에서도 공익적 성격이나 소비자보호 등을 고려하여 경쟁의 자유가 일정 부분 제약되는 경우 공정거래법과의 관계를 어떻게 이해할 것인지에 관한 것이다.

이 문제는 당해 법률의 목적과 규제내용에 따라 그 판단이 달라질 것으로 보인다. 우선, 어떤 전문직업 또는 자영업을 규제하는 법률이 당해 시장에서의 경쟁을 저해하는 행위를 아울러 금지하고 있는 경우에는 그 한도에서 일반법인 공정거래법의 적용에 우선한다고 보아야 할 것이다. 반면, 이들 특별법에서 명시적으로 언급하지 않고 있는 경쟁제한행위에 대해서는 여전히 공정거래법이 적용된다. 전문직업인이나 자영업자 역시 사업자이고, 공정거래법은 원칙적으로 모든 시장에서의 경쟁제한에 적용되어야 하기 때문이다. 아울러 당해 특별법이 전문직업인으로 구성된 사업자단체에 일정한 권한을 위임하고, 이에 기초하여 해당 사업자단체가 구성사업자의 사업활동을 규율하는 것은 원칙적으로 허용되나, 그것이 경쟁을 제한하는 등 일정한 요건을 충족하는 경우에는 사업자단체의 금지행위로서 금지될 수 있을 것이다.

3. 국가 또는 지방자치단체

경쟁제한방지법이 국가 또는 지방자치단체의 경쟁제한적인 행위에 대해서도 적용될 수 있는지에 대해서는 별도의 규정이 없다. 그러나 독일의 통설은 국가가 시장에서 거래주체로 등장함으로써 다른 사업자와 현실적이거나 잠재적인 경쟁관계에 있게 되는 경우에는 국가나 지방자치단체도 경쟁제한방지법상 사업자에 포함될 수 있다고 한다.[10] 국가

9) 이와 같은 취지의 문제제기로는 Rittner/Dreher/Kulka, Wettbewerbs- und Kartellrecht, 8. Aufl., 2014, §6, Rn. 682 ff.

10) Dreher, WuW, 2004, S, 471; Jaeger, ZWeR, 2005, S. 31 ff.

와 지방자치단체도 경제주체로서 거래에 참여하는 경우에는 시장의 룰인 경쟁법을 준수해야 하는 것이고, 그러한 한도에서 사법(私法)우위의 원칙이 관철되는 것이다. 그에 따라 경쟁제한방지법이 거래상대방이나 경쟁사업자 또는 소비자에게 보장하는 권리는 국가와 지방자치단체의 경쟁제한행위에 대해서도 마찬가지로 담보되고 있다.[11]

이때 국가나 지방자치단체가 상품이나 용역을 공급함에 있어서 사법상의 수단을 이용하든 공법상의 수단을 이용하든 상관없으며, 국가가 시장참가자로서 경쟁에 영향을 미칠 수 있는지의 여부만이 중요할 뿐이다. 예컨대, 정부투자기관이나 공기업은 모두 경쟁제한방지법의 적용을 받는 사업자에 해당하며(GWB 제130조 제1항 1문), 공립학교나 공공도서관 또는 공공스포츠시설과 같은 공적급부사업도 영리목적의 유무나 그 운영수단을 불문하고 거래상대방에 대하여 유상으로 제공되는 한 동법의 적용을 면할 수 없다. 나아가 행정관청의 단순한 비품구매에서부터 정부조달업무에 이르기까지 국가나 지방자치단체의 모든 수요활동도 경쟁제한방지법의 적용범위에 포함된다. 끝으로 국가와 지방자치단체가 다른 회사의 지분을 취득하고 지배적인 영향력을 행사하게 됨으로써 기업결합을 하는 경우에도 당연히 사업자성이 인정된다.[12] 다만, 국가가 국민의 경제생활을 조정하기 위하여 고권적으로 개입하는 행위에 대해서는 시장참가자로서의 사업자성이 인정되지 않고, 그 결과 경쟁제한방지법이 적용되지 않는다.

그런데 행위주체인 국가나 지방자치단체의 사업자성이 인정되는 경우에도 경쟁당국이 이들의 법위반행위에 대해서 시정조치를 내릴 수 있는지는 여전히 어려운 문제이다. 그 중에서도 정부투자기관이나 공기업의 행위가 문제된 경우에는 연방카르텔청이 시정조치를 내리는 데 아무런 제약이 없으나,[13] 이와 달리 예컨대 국방부의 조달업무에 대해서는 결국 국방부장관이 법적·정치적 책임을 지게 되는 바, 연방경제성장관 소속의 연방카르텔청이 국방부장관에 대해서 시정조치를 내리기는 곤란할 것으로 보인다. 실제로 독일의 연방카르텔청은 이 경우 금지처분이나 벌금부과를 자제하고 있으며, 지금까지 알려진 몇몇 벌금부과결정은 과거의 연방철도청에 관한 것이었다.[14]

---

11) BGHZ 110, 371 = WuW 1990, 769 = WuW/E BGH 2627 “Sportübertragen”. 이에 대해서는 Odersky, AG, 1991, S, 281.

12) BGHZ 69, 334 = NJW 1978, 104 “Gelsenberg”; Rittner, Der Staat als Unternehmen im Sinne des Aktienrechts, in: FS Flume, 1978, S. 1.

13) 우리나라 대법원은 서울특별시 산하의 지하철공사에 대해서 시정명령을 내린 바 있으며, 그밖에도 공기업의 불공정거래행위 등에 대하여 적극적으로 공정거래법을 적용하고 있다.

14) BKartA TB 1983/84, 26 ff.; TB 1985/86, 22; Langen/Jungbluth, Kartellrecht, 8. Aufl., 1998, §98, Rn. 40; BGH WuW 1989, 1030 = WuW/E BGH, 2600.

끝으로, 후술하는 역외적용이 문제되는 경우에도 사업자의 개념에 관한 법리가 그대로 적용된다. 따라서 외국정부의 고권적 행위에는 경쟁제한방지법이 적용될 수 없으나, 외국정부가 시장에서 거래주체로 참여하고 문제의 행위가 국내시장의 경쟁에 영향을 미치는 경우에는 참여의 수단과 방법을 묻지 않고 동법이 적용될 수 있다. 다만, 이때에는 역외적용 여부를 심사함에 있어서 일정한 범위에서 경쟁 외적인 요소와의 비교형량이 이루어질 여지도 있다.[15)]

Ⅱ. 지리적 적용범위

경쟁제한방지법은 지리적 적용범위에 관하여 특별조항, 즉 역외적용을 위한 근거조항을 두고 있다. 경쟁제한방지법 제130조 제2항에 따르면 동법은 독일연방공화국의 영토 밖에서 이루어진 행위라도 국내에 영향을 미치는 '모든' 경쟁제한행위에 대해서 적용된다. 동조는 일종의 충돌규범(Kollisionsnorm)으로서, 지리적 적용범위를 좌우하는 핵심적인 기준으로 '국내에 미치는 영향'(Inlandswirkung)을 제시하고 있다. 그 결과 외국사업자의 행위라도 독일의 국내시장에 영향을 미치는 경우에는 동법이 적용되는 반면, 독일 사업자의 행위라도 외국에만 영향을 미치는 경우에는 동법이 적용되지 않는다.[16)] 역외적용의 상세한 내용은 아래 제2절 참조.

Ⅲ. 물적 적용범위와 적용제외

경쟁제한방지법은 원칙적으로 모든 산업분야에 적용된다. 즉, 현재 동법의 물적 적용범위(sachlicher Anwendungsbereich)에는 거의 제약이 없다. 동법은 1957년 제정 당시 비교적 폭넓은 적용제외영역을 규정하고 있었으나, 점차 폐기되었다. 가장 최근으로는 2005년의 제7차 개정법을 통하여 종래 금융기관과 보험회사에 대한 적용제외, 저작권행사단체(Urheberrechtsverwertungsgesellschaften)에 대한 적용제외 및 스포츠단체를 통한

15) 미국에서는 1976년에 외국주권면제법(Foreign Sovereign Immunities Act)을 제정하였는바, 동법 역시 외국정부의 영업활동(commercial activities)에 대해서는 자국 독점금지법의 적용면제를 인정하지 않고 있다. 다만, 미국 연방대법원은 잘 알려진 OPEC 판결(Int'l Ass'n Machinists and Aerospace Workers vs. OPEC, 477 F. Supp. 553 (CD. Cal. 1979)에서 석유수출국들의 카르텔행위가 '영업활동'에 해당하지 않는다고 보아 주권면제를 허용하였으나, 이러한 결정에는 OPEC 회원국들의 신경을 건드리지 않으려는 정치적인 판단이 이루어졌음을 부인할 수 없다.

16) BGH WuW/E BGH 1276, 1277 "Ölfeldrohre".

운동경기 방송권의 집중판매에 대한 적용제외가 모두 폐지되었다.

현재는 농산물에 대한 카르텔금지의 예외(GWB 제28조) 및 신문·잡지에 대한 수직적 가격구속(이른바 재판매가격유지행위)의 허용(GWB 제30조)만을 제한적으로 명정하고 있을 뿐이다. 적용제외는 아니지만 남용규제를 강화하는 내용의 제29조는 에너지산업에 대한 특칙에 해당한다(자세한 내용은 아래 제5장 제3절 VII 참조).

제 2 절 | 경쟁제한방지법의 역외적용

1. 역외적용의 법적 근거와 요건

(1) 역외적용의 법적 근거

독일법상 영향이론(Auswirkungsprinzip)은 경쟁제한방지법 제130조 제2항에 명시되어 있다. 동조는 일반적인 섭외사법(Kollisionsrecht)에 우선하는 특별한 충돌규범에 해당하며, 국내법의 적용범위에 관한 속지주의와 속인주의를 초월하는 제3의 원칙으로서 효과주의 내지 영향이론을 취하고 있는 것이다.

그에 따르면 경쟁제한방지법의 적용 여부를 좌우하는 것은 어떤 경쟁제한행위가 독일 국내에 영향을 미치는지 여부이고, 그 행위가 일어난 장소나 사업자의 소재지 또는 사업자의 국적은 중요하지 않다. 법 제130조 제2항은 경쟁제한방지법에 포함된 모든 실체법 조항 내지 모든 경쟁제한행위에 대하여 적용된다. 종래 수출카르텔에 대하여 독일 경쟁제한방지법이 일반적으로 적용됨을 규정하던 구법 제98조 제2항 2문은 이와 같은 영향이론에는 반하는 것으로서 1998년 제6차 개정으로 삭제되었다.

(2) 역외적용의 '상당성' 요건

외국에서 이루어진 어떤 행위가 국내시장에 영향을 미치는지 여부를 기준으로 경쟁제한방지법의 적용 여부를 정한다는 원칙 외에 동법은 '어느 정도'의 영향이 인정되어야 역외적용이 가능한지에 대해서는 아무런 기준을 제시하지 않고 있다. 일찍이 독일에서는 상당성(Spürbarkeit) 기준이 활용되었으나, 상당성 여부를 판단하는 구체적인 기준은 여전히 오리무중인 상태이다.

독일에서 통상적으로 국내시장에 미치는 영향을 판단하는 가장 핵심적인 기준은 바로 외국회사의 국내 매출액이다. 그런데 구체적인 금액에 관한 한 일률적인 판단은 어렵다. 대체로 연방카르텔청은 자신의 관할권을 확장하려는 경향이 있는바, 연방대법원은 일찍이 국내적 영향이란 경쟁제한방지법의 해당 조항이 갖는 규제목적에 따라 해석되어야 함을 밝힌바 있다.[17]

다만, 다른 경쟁제한행위와 달리 기업결합의 경우에는 국내 매출액을 기준으로 한 관할권이 명문화되어 있다는 점에 유의할 필요가 있다. 즉, 경쟁제한방지법상 기업결합규제를 적용받기 위한 요건과 관련하여 당사회사 중 일방 당사자가 국내에서 2천5백만 유로 이상, 다른 당사자가 5백만 유로 이상의 매출액을 갖고 있는 경우에만 동법의 역외적용이 가능하다(GWB 제35조 제1항). 그밖에 기업결합규제의 경우 당사회사의 국내시장 점유율이 높지 않더라도 예컨대 외국의 취득회사가 국내 피취득회사의 핵심적인 노하우를 갖게 되는 등 특별한 사정이 존재하는 경우에는 상당성이 인정된 바 있다.[18]

반면, 기업결합 외의 다른 경쟁제한행위의 경우 법률에 관할권을 판단할 수 있는 아무런 기준이 명시되어 있지 않기 때문에, 결국 후술하는 바와 같이 개별 사례마다 경쟁당국과 법원의 해석에 맡겨져 있게 된다. 현재로서는 관할권 요건을 엄격하게 해석하는 것이 그나마 외국과의 국제법상 마찰을 줄일 수 있을 것이라는 인식이 비교적 널리 공유되고 있을 뿐이다.[19]

2. 경쟁제한행위의 유형과 역외적용

(1) 카르텔

1960년대까지 연방카르텔청은 외국기업에 대한 경쟁법 적용에 소극적이었으나, 70년대 이후에는 국제적인 가격카르텔, 시장분할카르텔, 독일에 대한 수출제한카르텔 등에 대하여 효과이론을 폭넓게 적용하였다. 현재 이들 카르텔에 관한 한 국제예양(international comity)에 입각한 법집행의 자제는 생각하기 어렵고, 더구나 1980년대 이후 유럽집행위원회가 카르텔금지를 더욱 엄격하게 집행하면서 국제예양론은 실무상 힘을 얻기 어렵게 되었다.

이와 함께 독일에도 영향을 미치는 국제카르텔은 대체로 유럽기능조약 제101조에 따

17) BGH WuW/E BGH 1276 “Ölfeldrohre”; WuW/E BGH 1613, “Organische Pigmente”.
18) BGH WuW/E BGH 1613, 1615 “Organische Pigmente”,
19) Wiedemann, Handbuch des Kartellrechts, 2. Aufl., 2008, §5, Rn. 24.

라 유럽집행위원회의 규제를 받고 있다. 유럽차원의 또는 전 세계적인 차원에서 행해진 카르텔에 대한 규제권한은 원칙적으로 유럽집행위원회에 맡겨져 있으나, 그것이 독일의 국내시장에도 영향을 미치는 한 연방카르텔청과의 역할분담을 벗어날 수는 없다. 종래 국제카르텔과 관련하여 연방대법원이 국내에 미치는 영향의 문제를 다룰 기회는 별로 없었는데, 대표적으로 수출카르텔이 문제되었던 Ölfeldrohre 사건[20]은 시사하는 바가 적지 않다. 이 사건에서 베를린고등법원(Kammergericht)은 당해 수출제한약정이 독일 국내시장에 '직접적으로' 영향을 미쳐야 하고, 외국에서의 판매제한이 독일 국내의 설비확장에 미치는 부정적인 영향만으로도 역외적 관할권을 인정하기에 충분하다고 판단하였다.

반면 다수설은 직접적 영향을 강조하는 경향이 있고, 제3의 외국시장에 관련된 약정의 결과로 국내시장이 영향을 받는 것으로는 족하지 않다는 입장을 취하고 있다.[21] 그러나 계약상의 구속이 외국의 전방시장에 관련되어 있고, 그에 따라 참가사업자들이 국내에서도 경쟁제한적으로 행위하게 되는 경우에는 사정이 달라질 것이다.[22] 이러한 해석은 특히 1998년 제6차 개정으로 경쟁제한방지법 제1조에 경쟁제한의 효과뿐만 아니라 '의도'가 명시됨으로서 나름의 법적 근거를 갖게 되었다.

(2) 시장지배적 지위남용

시장지배적 지위남용의 금지 또한 국내시장에서 경쟁과 경제활동의 자유가 침해되는 방식으로 지배력의 남용이 일정한 효과를 야기하는 경우에는 외국사업자에게도 적용된다. 국내적 영향은 외국사업자가 국내시장에서 갖고 있는 지배적 지위를 착취 또는 방해의 방법으로 남용하는 경우에 인정된다. 착취남용의 경우에 그 상대방은 국내사업자 또는 국내소비자일 수 있고, 방해남용의 경우에는 국내사업자 또는 외국사업자일 수 있다.[23]

시장지배적 사업자에 대한 역외적용은 막상 독일의 실무에서는 그 중요성이 크지 않다. 독일시장에서 지배력을 갖는 외국사업자는 통상 공동체시장에서도 남용규제를 받고 있어 연방카르텔청이 절차를 개시할 기회가 많지 않고, 그러한 외국사업자는 종종 자회사를 통하여 독일내에서 활동하고 있는데 이때에는 역외적용이 문제될 소지가 없는 순

20) WuW/E OLG Berlin 1339, 1346 "Linoleum"; BGH NJW 1975, 269에서 베를린고등법원의 판결이 최종 확정되었다.

21) Rhebinder, in: Immenga/Mestmäcker, Kommentar zum Deutschen Kartellrecht, 4. Aufl., 2007, §130, Rn. 133; Stadler, in: Langen/Bunte, zum deutschen und europäischen Kartellrecht, 1998, §130, Rn. 137.

22) BKartA WuW/E BKartA 845.

23) BKartA WuW/E BKartA 1361, 1367 "Fernost-Schiffahrtskonferenz".

수한 국내사건으로 취급될 것이기 때문이다.

(3) 기업결합

경쟁제한방지법 제130조 제2항이 적용되는 가장 핵심적인 분야는 바로 기업결합규제이다. M&A가 국경을 넘어 활발하게 이루어지면서 외국기업간의 결합이 국내시장에 영향을 미칠 우려 또한 점증하고 있기 때문이다. 역외적용이 문제되는 기업결합의 유형은 다양하다. 독일 내에서 전혀 활동하지 않고 있거나 수입의 형태로 약간의 경제활동을 하고 있는 외국기업간의 결합, 국내에 판매자회사를 두고 있는 외국기업간의 결합, 나아가 국내에 생산설비를 보유하고 있는 외국기업간의 결합, 외국에서 일어난 기업결합으로서 당사회사의 하나가 독일의 기업집단(Konzern)에 속하는 관계회사(verbundene Unternehmen)인 경우 등이 그러하다.

이때 경쟁제한방지법 제35조 이하의 적용 여부에 있어서 중요한 것은 이처럼 다양한 유형의 외국기업간 결합이 국내시장에 미치는 영향의 정도이다. 연방카르텔청이 1999년에 처음 마련한 후 2014년에 새로 정비한 「기업결합규제에 있어서 국내적 영향에 관한 설명자료」(Merkblatt; 일종의 Guidance Paper)[24]에 따르면 다음과 같이 정리할 수 있다.

국내적 영향(Inlandswirkung)이란 해당 법조항의 목적에 따라 해석되어야 하는바, 경쟁제한방지법 제35조, 제39조에 따른 기업결합규제의 목적은 시장구조에 변화를 가져오는 거래를 유효경쟁의 실질적인 저해 여부를 기준으로 사전에 심사하는 데에 있다. 따라서 국내적 영향을 평가하기 위한 출발점은 당사회사의 통합과 독일 국내시장의 관련성이다. 구체적으로 국내적 영향은 어떤 기업결합이 독일 국내시장의 경쟁조건에 '직접적인' 영향을 미치는 경우에 인정되며, 그러한 영향은 일정한 최소한의 수준에 이르러야 한다는 의미에서 상당한 영향이어야 한다. 다만, '상당성' 요건은 매우 높게 설정되어서는 안 된다.

한편, 외국기업간 결합에 대한 경쟁제한방지법의 역외적용과 관련하여 특기할 사항은 다음과 같다.

첫째, 경쟁제한방지법 제130조 제2항이 규정하고 있는 효과주의원칙은 외국기업간 결합에 동법의 규제가 적용되기 위한 세 번째 요건이다. 즉, 독일에서 기업결합에 대한 사전신고의무는 경쟁제한방지법 제37조가 정하는 기업결합에 해당하고 아울러 제35조가

---

24) BKartA, Merkblatt zur Inlandsauswirkung in der Fusionkontrolle, 2014.

정하는 매출액기준을 충족하는 모든 거래에 반드시 발생하는 것이 아니라, 마지막 요건으로서 해당 기업결합이 독일 내에 상당한 영향을 미쳐야 비로소 발생하는 것이다. 따라서 유럽차원의 합병규제와 달리 독일 내에서 일정한 매출액을 초과하는 기업결합이라도 언제나 연방카르텔청에 대하여 신고의무가 발생하지는 않게 된다.

둘째, 역외적용 여부를 좌우하는 국내적 영향이란 국내시장에 미치는 경쟁효과와 구별되어야 한다. 다만, 국내적 영향을 평가하기 위해서는 경쟁제한방지법 제36조 제1항에 따른 경쟁제한성 판단요소들이 대체로 고려될 수밖에 없으나, 그렇다고 하여 당해 기업결합이 경쟁에 부정적인 영향을 미친다거나 연방카르텔청이 개입할 정도의 경쟁상 우려를 야기할 것은 요구되지 않는다. 역으로 사전신고를 받은 결과 심도 있는 조사 없이도 당해 기업결합이 경쟁상 우려를 야기하지 않을 것임이 명백한 경우에는 국내적 영향 또한 심사할 필요가 없을 것이다.

제 3 장

카르텔금지: 수평적 경쟁제한

제3장 카르텔금지: 수평적 경쟁제한

제1절 개 관

Ⅰ. 카르텔 규제의 연혁

1. 카르텔금지의 태동

카르텔이란 둘 이상의 사업자들이 경쟁을 제한하기로 하는 일련의 경쟁회피행위를 말한다. 우리나라에서는 이를 흔히 부당한 공동행위 내지 담합이라고 부른다. 시장에서 경쟁사업자들은 합의를 통하여 그들 사이의 경쟁압력을 약화시키고 이를 통하여 독점적 이윤을 누리거나 자신의 시장지위를 유지하려는 유인을 갖게 된다. 전형적인 예가 바로 가격담합인데, 경쟁사업자들이 고객을 얻기 위하여 계속해서 더 낮은 가격을 책정함으로써 이윤을 갉아먹는 대신 동일한 가격으로 상품을 공급하기로 합의하는 것이다. 경쟁법을 두고 있는 모든 나라가 경쟁사업자간의 다양한 협력형태에 대해서 주목하고 있는 이유도 바로 여기에 있다. 경쟁제한방지법 제1조는 문언으로나 그 내용상 유럽기능조약 제101조와 대체로 일치한다.

미국에서는 1890년에 처음으로 셔먼법(Sherman Act)을 통해서 카르텔을 금지하게 된 것과 달리, 독일은 19세기와 20세기 중반까지도 카르텔의 천국이었다. 독일에서 최초로 카르텔에 관하여 규정한 것으로는 1923년 카르텔규칙(Kartellverordnung) 제1조를 들 수 있으나, 여기서는 카르텔을 전혀 금지하지 않고 있었다. 즉, 제국경제장관은 단지 카르텔법원에 특정 카르텔을 무효로 선언하거나 카르텔합의의 이행을 금지하도록 청구할 수 있을 뿐이었다(동규칙 제4조). 카르텔에 대한 원칙적인 금지 내지 원인금지주의

(Verbotsprinzip)를 천명한 것은 1957년의 경쟁제한방지법이었다. 동법을 통해서 비로소 당시 독일의 산업계에 널리 퍼져 있던 카르텔관행이 금지되었던 것이다.

유럽에서도 1957년 유럽경제공동체조약(EEC) 제85조가 카르텔을 금지하고 있었고, 동조는 현재까지 조번만 몇 차례 변경되었을 뿐 내용적인 변화없이 지금까지 유지되고 있다. 구 조약 제85조는 처음부터 카르텔에 대한 원칙적 금지를 규정하고 있었고, 이른바 카르텔규칙으로도 불리던 절차규칙 제17/62호와 더불어 유럽에서 경쟁법을 집행하는 단초를 마련하였다. 그 결과 역사적으로 볼 때 독일에서는 처음부터 전혀 이질적인 경쟁법, 즉 유럽경제공동체조약상의 경쟁법과 독일의 경쟁제한방지법이 나란히 존재하게 되었다. 그 후 유럽집행위원회는 회원국의 경쟁법에 대해서 유럽경쟁법이 일반적인 우선권을 갖는 방식으로 순위문제를 정리해나갔다. 그 결과 현재 회원국의 독자적인 경쟁법·정책은 단지 제한된 범위에서만 작동하고 있다.[1)]

2. 카르텔금지의 변천과정

카르텔금지(Kartellverbot)는 경쟁제한행위 중에서 가장 오래되고 잘 알려진 형태로서, 이미 고대 로마시대와 중세 초기에 유럽에는 카르텔이 광범위하게 퍼져 있었고 많은 황제와 군주들이 의욕적으로 이를 금지하고자 하였다.[2)] 그 후로 현재까지 카르텔에 대한 기본적인 태도에는 변함이 없으나, 카르텔이라는 용어가 갖는 부정적인 뉘앙스를 피하고자 전 세계적으로 1970년대에는 협력(cooperation; collaboration)이라는 용어가, 1990년대 전후에는 기업실무상 전략적 제휴(strategic alliance)라는 용어가 혼용되기도 하였다.

카르텔이 갖는 명백한 폐해에도 불구하고 독일에서도 1957년의 경쟁제한방지법을 통하여 그나마 수많은 예외를 유보한 채로 카르텔금지를 규정하기까지는 오랜 논쟁을 거쳤다. 당시의 경쟁제한방지법 제1조 제1항 1문은 사업자 또는 사업자단체가 공동의 목적으로 체결하는 계약은 그것이 경쟁제한을 통하여 상품이나 서비스의 생산이나 거래에 관한 시장관계에 영향을 미칠 우려가 있는 경우에 단지 이를 '무효'라고 규정하고 있었다. 게다가 1957년의 제정법은 크게 두 가지 방식으로 카르텔금지에 대한 폭넓은 예외를 인정하고 있었는데, 하나가 개별예외(Einzelfreistellung), 다른 하나가 적용제외영역(Ausnahmebereiche)이었다.

1) Immenga, ZWeR, 2007, S. 3, 10 ff.
2) Höffner, Wirtschaftsethik und Monopole im 15. und 16. Jahrhundert, 1941.

제정법에 따르면 카르텔금지에 대한 개별예외란 문제된 합의가 제정법의 관련 조항이 정하는 일정한 요건(현행 GWB 제2조, 제3조)을 충족하고 아울러 경쟁당국의 허가 내지 유보부 허가를 받은 경우를 말한다. 이 점에서 1957년 개별예외의 체제는 공정거래법 제19조 제1항, 제2항의 체제와 매우 유사한 모습이었다. 1998년의 제6차 개정 전까지 경쟁제한방지법은 제2조 내지 제8조에서 일련의 개별예외를 규정하고 있었는데, 규격카르텔(제2조 제1항), 거래조건카르텔(제2조 제2항), 전문화카르텔(제3조), 중소기업카르텔(제4조), 합리화카르텔(제5조), 불황카르텔(제6조) 외에 이미 유럽기능조약 제101조 제3항을 염두에 두고 다분히 일반조항적 성격을 가진 예외조항인 제7조와 국민경제 및 공공의 이익에 비추어 장관의 허가를 받아 허용되는 예외카르텔을 규정한 제8조가 그것이다. 그리고 2005년의 제7차 개정법에서 이들 개별예외 중에서 중소기업카르텔만이 조번을 바꾸어 살아남았고, 나머지 개별예외는 모두 삭제되었다.

다른 한편으로 제정법에서는 개별예외와 더불어 독일경제를 대표하던 농업, 은행·보험, 운송, 에너지산업을 포괄하는 광범위한 적용제외가 인정되고 있었다. 그런데 경쟁으로부터 보호받는 특권을 누리던 이들 산업에 대해서도 1980년대 이후 유럽차원의 규제완화 압력이 증가하면서 점차 경쟁이 도입되는 한편, 적용제외는 점차 축소·폐지되었다. 현재 남아 있는 적용제외영역이라고는 농업과 신문·잡지에 관한 제28조 내지 제30조가 전부이며, 이들 분야에 대한 적용제외는 이미 실무상 중요성을 거의 상실한 상태이다. 반면, 금융·보험이나 운송, 통신분야 등 여전히 중요한 몇몇 산업에 대한 경쟁상의 특칙은 경쟁제한방지법이 아니라 특별법에 일부 남아 있다.

Ⅱ. 유럽경쟁법과의 관계

1957년 경쟁제한방지법이 제정된 이후 카르텔금지는 동법에서 규율되어 왔으나, 유럽경쟁법의 중요성이 점차 커짐에 따라 독일을 비롯하여 회원국의 국내법상 카르텔금지는 종전보다 그 의미가 줄어들고 있다. 회원국에게는 독자적인 입법을 위한 여지 또한 그다지 많지 않다. 이러한 배경 하에 경쟁제한방지법은 2005년 7월 1일에 발효된 제7차 개정으로 전면 개편되면서 유럽경쟁법에 상당히 조화되었다.

비록 경쟁제한방지법 제1조와 유럽기능조약 제101조의 병렬적 적용이 가능하더라도, 회원국간 거래를 제한할 우려가 없는 중소사업자들간의 합의가 보다 엄격한 독일법의 적용을 받는데 따른 역차별의 문제와 상이한 법적용으로 인하여 자국 기업들이 부담하여야 할 비용문제를 해소하여 대등한 경쟁조건을 형성한다는 차원에서 독일의 입법자는 비록 회원국간 거래를 저해할 우려가 없더라도 독자적인 카르텔금지를 점차 포기하기에 이르렀다.[3] 이처럼 독일등 회원국의 경쟁법이 대폭 유럽화됨에 따라 역내시장에서 동일한 행위에 대하여 회원국마다 상이한 경쟁법적 평가가 내려지는 것이 상당 부분 방지될 것으로 기대되고 있다.

구체적으로 경쟁제한방지법 제1조는 경쟁을 방해, 제한 또는 왜곡할 의도나 효과를 가진 사업자간의 합의와 사업자단체의 결의 및 동조적 행위를 금지하고 있다. 현재 동조는 문언상 유럽기능조약 제101조 제1항과 거의 동일하며, 마찬가지로 수평적 차원뿐만 아니라 수직적 차원의 경쟁제한행위에 모두 적용된다. 다만, 회원국간의 거래제한이라는 요건이 없기 때문에, 그 효과가 국내시장에 한정되는 경우에만 동조가 적용된다. 이처럼 독일의 카르텔금지를 폭넓게 유럽법에 조화시킨 배경에는 유럽이사회가 제정한 절차규칙 제2003/1호를 통하여 '공동체법우선의 원칙'(Vorrang des Gemeinschaftsrechts)이 더욱 확장된 점이 자리 잡고 있다. 즉, 동 규칙 제3조 제1항 1문은 회원국의 경쟁법을 적용한 결과 회원국간의 거래에 영향을 미치지만 조약 제101조 제1항의 경쟁제한성이 없거나 제101조 제3항의 예외요건을 충족하거나 또는 일괄예외규칙의 적용을 받는 합의나 결의 또는 동조적 행위가 금지되어서는 안 되며, 이러한 의미에서 카르텔금지에 관한 한 독일법은 유럽경쟁법의 하위에 놓이게 되었던 것이다(GWB 제22조 제2항 1문[4] 참조). 그에 따라 회원국의 입법자에게는 그와 달리 고유한 금지조항을 유지할 여지가 거의 사라지게 되었다.[5]

또한 경쟁제한방지법 제1조에는 명문의 규정이 없으나, 동조의 해석·적용에 있어서도 유럽기능조약 제101조 제1항 각호에서 예시하고 있는 경쟁제한행위의 유형들이 중요하게 고려된다. 그 결과 경쟁제한방지법에는 유럽기능조약 제101조와 다른 규정을 별로 찾을 수 없다. 다만, 2007년 경쟁제한방지법 제7차 개정으로 유럽의 모델과 달리 독일의 특성을 반영한 중요한 규정들이 도입되었고, 이들 규정은 회원국간 거래에 영향을 미치지 않는 경우에 매우 중요한 의미를 가질 수 있다. 그리고 이 경우에는 유럽의 절차규칙

3) Loewenheim/Meessen/Riesenkampff, Kartellrecht, 2. Aufl., 2009, Vorbemerkung §§1 bis 3 GWB, Rn. 2.

4) 동법을 적용하는 경우에도 위원회 규칙 제2003-1호 제3조 제2항에 따라 회원국간의 거래를 저해할 우려가 있으나 조약 제101조 제1항이 정하는 경쟁을 제한하지 않거나 제101조 제3항의 예외요건을 충족하거나 또는 일괄예외규칙에 해당되는 합의나 결의 또는 동조적 행위를 금지하지는 않는다(GWB 제22조 제1항 1문).

5) BT-Drucks. 15/3640, S. 21, 44 ff.

제2003/1호 제3조 제2항 1문과 경쟁제한방지법 제22조 제2항 1문은 적용되지 않는다. 따라서 이 경우에는 경쟁제한방지법 제1조의 요건이 유럽기능조약 제101조보다 엄격하게 해석될 여지가 있다.[6)]

다른 한편으로 유럽기능조약 제101조와 경쟁제한방지법 제1조의 카르텔금지는 모두 기본권 차원의 중요성을 갖는다. 이들 규정은 본질적으로 수범자의 사적자치에 깊숙이 개입하기 때문이다. 이러한 맥락에서 이들 규정에 대해서는 여러 가지 관점에서 비판의 여지가 있는 것이 사실이다.[7)] 유럽기능조약 제101조와 경쟁제한방지법 제1조는 매우 포괄적인 일반조항(Generalklausel)을 두고 있고, 여기서는 판매·교환계약이나 단순한 부수협정, 오로지 경쟁제한적인 합의를 구별하지 않고 있다. 일반조항, 그리고 보충을 요하는 수많은 불특정개념과 폭넓은 금지요건의 해석이 맞물릴 경우 법적 안정성(Rechtssicherheit)이 현저히 저해될 우려가 있으며, 이것은 무엇보다 수범자의 부담으로 돌아가게 된다. 더구나 위원회와 연방카르텔청은 점점 더 고시나 지침 등을 제정하는 방식으로 나름의 행정법을 만들어가고 있는바, 그 과정에서 이들 기관이 아무런 사법적 통제를 받지 않기 때문에 이른바 권력분립의 원칙과도 결부되어 다양한 논의가 전개되고 있다.

Ⅲ. 카르텔금지의 체계

1. 개 설

1957년 제정 당시부터 오랫동안 경쟁제한방지법은 수평적 경쟁제한과 수직적 경쟁제한을 구분하여 규율하고 있었다. 예나 지금이나 회원국간 거래를 제한하는 합의에 대해서는 유럽법과 독일법이 병렬적으로 적용되는바, 2008년 제7차 개정법이 유럽경쟁법과의 전폭적인 조화를 도모하면서 경쟁을 제한하는 수직적 합의 또한 수평적 합의와 함께 하나의 조항으로 통합하여 금지하게 되었다.[8)] 이때 경쟁제한행위를 금지하는 방식은 유럽경쟁법과 마찬가지로 법률상 예외(Legalausnahme)를 전제로 한 것이었다. 물론 독일의 경쟁제한방지법은 법적용의 결과 면에서 유럽경쟁법과 상충되어서는 안 된다(GWB 제22조).

이로써 회원국간 거래에 영향을 미치지 않는, 즉 순수하게 국내에만 영향을 미치는

6) Pfeffer/Wegner, BB, 2007, S. 1173, 1175.
7) Fikentscher, WuW, 2001, S. 446; Möschel, JZ, 2000, S. 61; Rittner/Kulka, Wettbewerbs- und Kartellrecht, 2008, §7, Rn. 15-20.
8) Rittner, WuW, 2003, S. 451.

합의가 문제되는 경우, 유럽법의 폭넓은 계수를 통하여 독일에서도 유럽경쟁법의 관할에 속하는 사건과 대체로 동일한 법이 적용된다. 이러한 방식으로 경쟁제한적 합의에 관한 한 유럽 내에서 거의 동일한 규제체계가 탄생하게 된 것이다. 그 결과 예컨대 독일의 국내경쟁법을 적용함에 있어서 대기업에 비하여 중소기업을 보다 유리하게 취급하는 것도 곤란해졌다.

경쟁제한방지법 제1조의 해석 역시 원칙적으로 유럽경쟁법(고시, 지침을 포함)에 부합하도록 이루어져야 한다(GWB 제2조 제2항 참조). 구체적인 내용면에서 경쟁제한방지법은 다음과 같은 면에서 유럽법과 유사하거나 차이가 있다.

- 경쟁제한방지법 제1조의 카르텔금지는 유럽기능조약 제101조 제1항과 마찬가지로 수평적 · 수직적 경쟁제한에 모두 적용된다.
- 경쟁제한방지법 제2조는 유럽기능조약 제101조 제3항과 유사하게 경쟁제한적 합의와 동조적 행위에 대한 일반적인 예외조항을 두고 있다. 이때의 예외는 유럽과 마찬가지로 법률상 예외의 성격을 갖는다.
- 경쟁제한방지법 제3조는 유럽법과 달리 중소기업카르텔(Mittelstandskartelle)에 관한 특칙을 두고 있고, 그밖에 제24조 내지 제27조의 경쟁규칙에 관한 규정, 제28조의 농업분야에 대한 특칙 및 제30조의 신문 · 잡지에 대한 가격구속(재판매가격유지에 해당하는 용어)에 관한 특칙이 있다.

2. 수평적 · 수직적 합의 – 준별과 통합

2005년 법개정 이전까지 독일에서는 수평적 합의와 수직적 합의를 준별하여 왔고, 수직적 합의는 구법 제14조 내지 제18조에서 규율되다가 현행법 제1조로 통합되었다.[9] 유럽기능조약 제101조가 당초부터 수평적 합의와 수직적 합의를 구별하지 않는 것을 그대로 따른 결과이다. 현재는 신문 · 잡지에 대한 가격구속의 허가(GWB 제30조)가 남아 있을 뿐이며, 도서에 대한 수직적 가격구속은 2002년 9월 2일 제정된 도서정가법(Buchpreisbindungsgesetz)에서 따로 규율되고 있다.

종래 수평적 합의와 수직적 합의를 준별하여 규제한 것은 처음부터 다툼의 소지가 적지 않았던 경쟁정책관념, 즉 배타적 거래와 같은 수직적 경쟁제한은 가격 · 거래조건의

---

9) 구법 제14조와 제15조는 각각 수직적 가격구속과 수직적으로 행해지는 거래조건의 구속을, 제16조는 배타적 거래와 판매상의 구속(Vertriebsbindung)을, 제17조와 제18조는 특허, 노하우 등의 라이선스계약상 실시권자에 대한 제한을 규정하고 있었다.

구속을 제외할 경우 수평적 경쟁제한에 비하여 경쟁상 위험이 적다는 인식에 기초한 것이었다. 여기서 기본적으로 해결하기 어려운 과제, 즉 수평적 경쟁제한과 수직적 경쟁제한을 다르게 판단할 수 있는 기준을 마련하는 것이 관건이 되었다. 그 사이 양자를 구별하는 기준이 수차례 바뀌었음에도 불구하고 모든 면에서 만족할만한 해결책을 찾기란 지극히 곤란하였고, 그 결과 양자의 구별을 원칙적으로 포기하는 방향에 대해서는 대체로 이견이 없었다. 다만, 법 제3조 제1항, 제20조 제1항, 제28조 제2항 및 제30조 제1항 1문에 남아 있는 수직적 경쟁제한에 관한 특칙은 종전의 준별기준이 실무상 여전히 원용된다.

최근 우리나라에서도 수직적 담합의 성립가능성을 둘러싸고 일부 논의가 전개되고 있어, 독일에서 그간 전개되었던 논의를 소개하는 것은 의미가 있어 보인다.[10] 당초 독일에서 양자의 준별기준으로 제시된 것은 계약당사자 사이에 '공동의 목적'(gemeinsamer Zweck)이 존재하는지 여부였다. 주된 논거는 1957년 제정법 제1조 제1항 1문에 따르면 사업자들이 공동의 목적으로 체결한 계약만이 일정한 요건 하에 무효라는 점이었다. 그런데 공동의 목적을 어떻게 해석할 것인지는 실무상 매우 곤란하였는데, 무엇보다 공동의 목적이라는 징표는 독일 민법 제705조(정관의 내용)에 비추어 불가피하게 카르텔을 회사와 유사한 것으로 파악하도록 요구하였기 때문이다.[11]

법원이 이러한 혼선을 해소하는 데에는 적지 않은 시간이 걸렸다. 그 후 법원은 일관되게 공동의 목적이라는 요건을 경쟁의 자유라는 경쟁제한방지법의 목적을 고려하여 독자적으로 해석하고자 하였고, 구체적으로 자유로운 경제질서 하에서 카르텔금지가 효과적으로 작동하도록 한다는 관점에서 카르텔금지를 우선적으로 고려할 필요가 있는 개별행위유형을 도출하고자 하였다. 그런데 이러한 접근방법은 당사자 사이에 공동의 이익을 추구하는 행위에서부터 현실적·잠재적 경쟁을 제한하는 행위에 이르기까지 전혀 상이한 기준이 각각 병렬적으로 적용되는 결과를 가져왔다.

1997년부터 1998년 사이에 연방대법원은 일련의 판결을 통하여 중대한 방향전환을 시도하였다. 그에 따르면 카르텔계약과 교환계약의 구분은 무엇보다 해당 계약을 통하여 '당사자 사이에' 현실적 또는 잠재적 경쟁이 제한되는지를 기준으로 하여야 한다.[12] 다

---

10) 자세한 내용은 Kartellrecht, 1988, §20, Rn. 15 ff.

11) BGHZ 31, 105, 110 ff. = NJW 1960, 145 "Gasglühkörper". 독일민법(BGB) 제705조의 내용은 다음과 같다. "정관(Gesellschaftsvertrag)에 따라 사원들은 서로 상대방에 대하여 정관이 정하는 일정한 방법으로 합의된 출자의 이행 등 공동의 목적을 실현하는데 기여할 의무를 진다."

12) BGH NJW 1998, 2825 = WuW/E DER 115 "Carpartner"; BGH NJW-RR 1999, 1266 = WuW/E DER 289

만, 경쟁제한적인 조항을 포함한 교환계약이 문제되는 경우에는 추가로 경쟁의 자유를 고려하여 해당 경쟁제한행위를 용인하여야 할 정당한 이익이 존재하는지 여부를 심사하여야 하였다. 예컨대 판매대리인(Absatzmittler) 관계에서 고객보호약정이나 독점판매계약에서 상호적 배타조건약정에 대해서는 정당한 이익이 인정된 바 있고,[13] 반면 제3자의 시장진입을 봉쇄할 목적으로 행해지는 배타조건부약정에 대해서는 정당한 이익이 부인되었다.[14] 그 후 정당한 이익은 이른바 내재성이론(Immanenztheorie)에 따라 법문을 벗어나 구성요건을 축소(Tatbestandsrestriktion)하는 수단으로 기능하여 왔다.

이러한 와중에 1998년 제6차 개정법은 공동의 목적이라는 문언을 삭제하고, 그 대신 상호 경쟁관계에 있는 사업자 사이의 계약으로 규제대상을 변경하였던 것이다. 물론 이러한 문구변경은 종래의 판례와 별다른 차이가 없는 것이었다.[15] 이러한 상황은 2005년 제7차 법개정으로 수평적, 수직적 경쟁제한의 구분이 거의 사라지면서 새로운 전기를 맞게 되었다.

제2절 | 카르텔의 금지요건

Ⅰ. 개 관

1. 카르텔의 개념

경쟁제한방지법 제1조는 종전과 마찬가지로 카르텔을 원칙적으로 금지하는 조항으로 이해되고 있으나, 독일에서 카르텔의 개념은 조문의 변천과 더불어 일련의 변화과정을 거쳤다. 카르텔이라는 용어는 독일어권에서 발견되는 일정한 경제현상을 지칭하면서 사용되기 시작하였다. 대표적으로 독일은 19세기부터 20세기 초에 전형적인 카르텔국가였고, 중세 길드의 전통을 이어받은 사업자단체가 신디케이트, 가격카르텔, 할인카르텔 등

"Lottoblock".

13) BGH NJW 1997, 2324 = JuS 1998, 272 "Druckgußteile"; BGH NJW-RR 1998, 1508 = WuW/E DER 131 "Subunternehmer I".

14) BGH WuW/E BGH 3137 "Solelieferung".

15) K. Schmidt, AG, 1998, S. 551 및 WuW, 2000, S. 1199 ff.

의 형태로 특정 산업을 폭넓게 규율하고 있었다. 그리고 일찍이 취르쉬키(Tschierschky)는 1928년의 저작에서 "카르텔이란 시장을 인위적으로 규율할 목적으로 동종의 독립적인 사업자들이 계약에 기초하여 형성한 조직"이라고 갈파하였던 것이다.[16)]

이러한 카르텔개념은 그 후 계속 확대되어 오늘날 경쟁제한적 합의를 가리키는 대표적인 용어가 되었다. 현재 통용되는 카르텔 개념에는 특정 산업 전반을 규율하는 조직체에 그치지 않고 보다 느슨한 형태의 일시적인 약정이 포함되며, 미국 독점금지법의 영향으로 거래제한이나 독점화 또는 수직적 합의와의 경계도 점차 모호해지고 있다. 이러한 추세는 한마디로 카르텔개념을 점차 기능적으로 접근하는 방식, 이른바 행위조정(Verhaltenskoordinierung)을 통한 경쟁제한이라는 카르텔의 고유한 성격에 착안하는 방식으로 이해할 수 있다.

현재 지배적인 접근방법인 기능적 카르텔 개념에 따르면 경쟁제한의 우려가 있는 행위조정 여부가 관건이며, 계약 내지 합의라는 형식은 중요하지 않다. 기능적 카르텔개념은 오랫동안 독일에서 다투어졌던 대상이론(Gegenstandstheorie)과 효과이론(Folgetheorie)의 이론적 대립에 종지부를 찍게 되었고, 2005년에 이르러 수평적 합의와 수직적 합의를 통합하여 하나의 금지요건을 명정하면서 전통적인 카르텔개념은 그 기초를 현저히 상실하였다.

그럼에도 불구하고 종래 경쟁제한방지법 제1장 제1절의 제목에 카르텔 금지(Kartellverbot)라는 표현이 오랫동안 사용되다가 비록 사라지기는 했으나, 현재까지도 이를테면 중소기업카르텔(Mittelstandskartelle; 법 제3조), 연방카르텔청(GWB 제51조 이하), 카르텔부(Kartellsenat; GWB 제91조, 제94조) 등에서는 여전히 카르텔이라는 용어가 사용되고 있다.

2. 카르텔금지의 해석

2005년에 개정된 경쟁제한방지법 제1조는 경쟁을 방해, 제한 또는 왜곡할 의도가 있거나 그러한 효과를 갖는 사업자간의 합의, 사업자단체의 결의 및 동조적 행위를 금지하고 있다. 이와 같은 문언은 유럽기능조약 제101조 제1항과 대체로 일치하며, 단지 예시규정이 없고 회원국간 거래제한을 요건으로 하지 않는다는 점에서 약간의 차이가 있을 뿐이다. 이로써 독일의 입법자는 경쟁제한방지법 제1조를 완전히 유럽경쟁법과 일치시키

16) Tschierschky, Kartellorganisation, 1928, S. 9.

고자 하였는데, 일련의 문제제기[17]에도 불구하고 종래의 입법전통과 달리 제1조의 금지요건을 수직적 합의로 확대시켰다.

이와 같은 유럽화의 결과 법정책상 제기되는 일부 의문에도 불구하고[18] 경쟁제한방지법 제1조의 해석은 원칙적으로 유럽기능조약 제101조 제1항의 해석원칙을 따르게 된다. 물론 연방카르텔청이나 연방대법원이 제1조를 유럽기능조약 제101조와 마찬가지로 해석해야 할 법적인 구속을 받는 것은 아니다. 따라서 유럽기능조약 제101조의 적용실무가 독일의 경쟁당국에 상당한 영향을 미칠 것은 분명하나, 향후에도 기존의 판례와 학설이 유지될 여지는 배제할 수 없다.[19] 다만, 독일의 경쟁당국이 유럽경쟁법과 다르게 경쟁제한방지법 제1조를 해석·적용할 경우에는 그만큼 경쟁법집행의 불투명성이 커질 것이기 때문에 이를 정당화할 만한 특별한 사정이 존재하여야 할 것이다.

Ⅱ. 수평적 경쟁제한의 수단과 행위형식

1. 카르텔의 세 가지 수단

경쟁제한방지법 제1조는 유럽기능조약 제101조와 마찬가지로 경쟁제한의 수단으로 합의(Vereinbarung)와 결의(Beschluss) 및 동조적 행위(aufeinander abgestimmte Verhaltensweisen)를 규정하고 있다. 합의는 2 이상 사업자가 경쟁을 제한하기로 하는 것이고, 재판상 화해(gerichtlicher Vergleich)나 민사상 화해라도 그 내용에 경쟁제한을 포함하는 경우에는 동법 제1조에 위반될 수 있다. 결의는 사업자단체의 행위유형을 지칭한다.

그밖에 경쟁제한방지법 제1조는 합의와 함께 동조적 행위를 나란히 금지하고 있는바, 이것은 역사적으로 볼 때 유럽기능조약 제101조 제1항을 모델로 한 것이다. 연방대법원의 판례에 따르면 동조적 행위란 "사업자들이 상대방에게 아무런 의무를 지지 않고 자신의 시장행위를 상호 양해 하에 조정하고 상호 의존적으로 만드는 것"을 말한다.[20] 이때 외관상 경제적으로 불가피한 행위와 동조적 행위를 구분하지 않으면 안

---

17) 대표적으로 Rittner, Vertikalvereinbarungen und Kartellverbot in der 7. GWB-Novelle, WuW, 2003, S. 451.

18) Dreher, WuW, 2005, S. 251.

19) 이와 달리 회원국간 거래제한 여부에 따라서 동일한 법개념이 달리 해석되는 것은 입법자의 취지에 반한다는 점에서 독일 고유의 해석여지를 제한적으로 이해하는 견해로는 Schroeder, in: Wiedemann, Handbuch des Kartellrechts, 2. Aufl., 2008, §8, Rn. 17 참조.

되는데, 경쟁사업자가 단지 장래의 시장행위를 통지하는데 그치지 않고 구체적인 행위조정을 도모하는 경우에 동조적 행위가 성립하게 된다. 실무상 동조적 행위의 금지는 합의의 존재를 입증할 수 없는 경우에 일종의 포착구성요건(Auffangtatbestand)으로 이용되는 측면이 강하다. 이러한 의미에서 동조적 행위는 일방적인 영향력 행사나 단순한 병행행위(Parallelverhalten)와 합의 사이의 중간영역에 위치한다고 볼 수 있다.[21]

경쟁제한방지법 제1조는 유럽기능조약 제101조 제1항과 달리 대표적인 경쟁제한행위를 예시하지 않고 있으나 후자가 들고 있는 5가지의 예, 즉 i) 구매・판매가격이나 기타 거래조건의 직・간접적 고정, ii) 생산・판매, 기술발전이나 투자의 제한이나 통제, iii) 시장 또는 구매처의 분할, iv) 경쟁제한적인 차별조건의 부과, v) 끼워팔기는 동법 제1조의 해석・적용에도 중요하게 고려된다. 이 중 경쟁제한의 전형적인 유형은 가격에 관한 합의로서 원칙적으로 금지된다. 절대적인 금액에 관한 합의는 물론이고 퍼센티지나 비용과 관련하여 간접적으로 가격을 합의하는 것도 모두 가격합의 내지 가격카르텔에 해당한다. 그밖에 수량, 거래상대방, 지역, 매출액, 품질에 관한 합의 및 입찰담합도 카르텔의 전형적인 예이다. 특히, 고객집단이나 판매지역에 대한 제한은 시장분할(Marktaufteilung)의 효과를 가질 수 있고, 수량제한은 설비제한과 결부되어 기존의 시장점유율을 유지하려는 의도로 행해질 수 있다는 점에서 금지될 소지가 크다.

2. 카르텔금지의 한계

경쟁제한방지법 제1조는 경쟁을 가능한 폭넓게 보호하기 위하여 매우 광범위하게 금지요건을 정하고 있다. 그렇다고 하여 제1조가 일정한 경제행위를 당연히 금지(per-se Verbot)한다는 의미는 아니며, 경우에 따라서는 금지요건에 일정한 한계가 정해질 필요가 있다. 즉, 어떤 경쟁제한행위가 경쟁법에 중립적인 제도나 계약체결에 필수불가결하게 결부되어 있거나 합의의 당사자 사이에 제한가능한 경쟁 자체가 존재하지 않는 경우에는 카르텔금지가 적용될 수 없는 것이다. 이를 흔히 목적론적 축소해석(teleologische Reduktion)이라 한다. 이와 같은 해석이 이루어지는 대표적인 유형은 다음과 같다.

20) BGH BGHZ 22.3.1994, 125, 315, 320 = BB 1994, 1035 f. “Mustermietvertrag”; BGH 23.4.1985, WuW/E BGH 2182 f. “Altölpreise”.

21) Kling/Thomas, Kartellrecht, 2007, §17, Rn. 40.

(1) 내재성이론

특정한 계약의 목적을 달성하기 위하여 경쟁제한적인 합의를 체결할 필요가 있는 경우에 경쟁제한방지법 제1조를 그대로 적용할 경우에는 오히려 경쟁법상 중립적인 주된 계약 자체가 금지될 수 있다는 점에서 제1조의 축소해석이 요구된다. 제1조가 계약에 내재된 경쟁제한(vertragsimmanente Wettbewerbsbeschränkungen)을 당연히 금지한다는 것은 경쟁법의 취지에도 맞지 않기 때문이다. 이처럼 계약 그 자체에 내재된 경쟁제한에 대해서 목적론적 축소를 통하여 제1조를 적용하지 않는 것을 이른바 내재성이론(Immanenztheorie)이라 한다.

내재성이론이 적용되는 대표적인 행위는 기업양도계약에 흔히 수반되는 경업금지(Wettbewerbsverbote)이다. 경영금지의 취지는 기업을 양수하는 자가 해당 기업의 고객을 함께 인수할 수 있도록 보장하기 위한 것이다. 일찍이 연방대법원은 기업양도계약에 수반되는 경업금지에 대하여 그것이 지리적으로나 시간적으로 기업매각을 위하여 필요한 범위에 국한되어 있는 한 금지되지 않는다고 판시하였다.[22]

반면, 경쟁사업자가 사업활동을 하지 않는 대가로 일정한 금원을 지불하는 약정과 같이 '경쟁을 매수하는 행위'(Abkaufen von Wettbewerb)에는 내재성이론이 적용되지 않는다.[23] 이때에는 경쟁법상 중립적인 계약에 수반되는 부수협정(Nebenabreden)이 아니라 합의의 주된 목적이 경쟁제한에 있기 때문이다. 그밖에 회사와 사원간에 또는 회사와 그 대표간에 체결되는 경업금지약정 또한 내재성이론에 따라 원칙적으로 경쟁제한방지법 제1조가 적용되지 않는다. 인적회사와 물적회사 사이에 구체적인 맥락은 다를 수 있으나 이러한 경업금지약정이 회사의 원활한 운영을 담보하기 위하여 필요하고 내부의 적으로부터 회사를 보호하는데 기여하는 경우에는 카르텔로서 금지되지 않는다.[24]

내재성이론은 주로 교환계약(Austauschvertrag)에서 경쟁제한이 함께 약정된 경우에 적용되는바, 문제의 경쟁제한이 해당 계약의 목적에 기여하고 실질적으로 요구되는 것인지 여부가 카르텔금지의 여부에 관건이 된다.

---

22) BGH 18.12.1954, BGHZ 16, 71, 76 ff. "Praxistausch zwischen Ärzten".
23) BGH 20.3.1984 = WuW/E BGH 2085, 2086 "Strohgäu-Wochenjournal"; BGH 13.11.1990 = WuW/E BGH 2675, 2678 "Nassauische Landeszeitung".
24) Kling/Thomas, Kartellrecht, 2007, S. 543.

(2) 콘체른 내부의 경쟁제한

경쟁제한방지법 제1조는 하나의 콘체른(Konzern)에 속하는 회사들간의 합의에는 원칙적으로 적용되지 않는다. 사업자개념의 도그마틱에 기초하는 유럽경쟁법의 접근방법과 달리 독일에서는 그밖에 '경쟁제한'이라는 요건의 기능적 해석론을 근거로 삼고 있는 점에 주목할 필요가 있다. 다시 말해서 하나의 콘체른에 속하는 회사들은 서로 경쟁관계에 있지 않으므로 이들 사이에 경쟁을 제한하는 합의란 처음부터 성립할 수 없다는 것이다.

여기서 제1조의 적용을 배제하기 위한 핵심요건은 콘체른이고, 콘체른은 서로 지배·종속관계에 있는 회사들의 집단으로 이해할 수 있다. 종속성이란 경제적 종속성(wirtschaftliche Abhängigkeit)으로 족한 것이어서, 한 회사가 다른 회사에 대하여 보유하고 있는 지배권을 반드시 행사할 것을 요하지 않으며, 단지 지휘·감독의 가능성(bloße Leitungsmöglichkeit) 내지 효과적으로 영향력을 행사하고 있는 정황만으로 족하다.[25]

그런데 복수의 회사가 단일한 감독(einheitliche Leitung) 하에 놓여있다는 의미에서 콘체른을 상정할 경우에 경쟁제한은 이미 콘체른의 형성과정에서 발생하는 것이고, 단일한 지배의 유무는 결국 복수의 회사를 하나의 경제적 동일체(eine wirtschaftliche Einheit)로 파악하는 것과 결부된다는 점에서 독일의 접근방식은 사업자개념에 기초하여 경쟁제한성을 부인하는 유럽경쟁법의 법리와 근본적으로 다르지 않다. 그리고 단일한 지휘·감독의 유무는 유럽의 합병규칙 제37조 제1항 2호에 근거한 '지배'(Kontrolle)라는 기능적 개념과 동일한 의미로 이해되고 있다는 점도 이러한 해석을 뒷받침한다.

(3) 상사대리계약 등

경쟁제한방지법 제1조는 사업자에게 경쟁행위의 자유를 보호하여야 한다. 그 결과 일정한 구속을 받는 사업자가 법적으로나 경제적으로 처음부터 독립성(Selbständigkeit)이 없는 경우에 가격이나 거래조건, 영업구역 등의 제한을 받기로 하는 약정은 카르텔금지의 대상이 되지 않는다.[26] 이러한 원칙은 무엇보다 상법상 상사대리인(Handelsvertreter)이나 중개인(Kommissionär)에 대한 구속 내재 제한의 경우에도 적용되는바, 이러한 구속은 당해 상사거래관계의 원활하고 효율적인 수행에 필수적이기 때문이다. 이를 이른바 상사대리인특권(Handelsvertreterprivileg)이라 한다. 따라서 일방당사자는 상사대리인에게

---

25) Schroeder, WuW, 1988, S. 274, 279.
26) BGH 15.4.1986 = WuW/E BGH 2238.

이를테면 어떤 가격에 자신의 상품을 판매하도록 지시할 수도 있다.

그런데 어떤 판매업자가 외관상으로만 상사대리인이거나 중개인으로 등장할 뿐 실제에 있어서는 판매에 따른 경제상 위험을 직접 부담하고 그 결과 기능상 독자적인 판매업자로 인정되는 때에는 이른바 부진정 상사대리인(unechter Handelsvertreter)으로서 상사대리인특권은 인정되지 않고, 경쟁제한방지법 제1조가 적용될 것이다.[27]

Ⅲ. 경쟁제한성

1. 규범적 보호목적으로서의 경쟁

경쟁이란 대체로 경쟁제한방지법의 일반적인 목적으로 이해되고 있으나, 다른 입법례와 마찬가지로 경쟁제한방지법은 경쟁의 개념을 적극적으로 정의하지 않고 있다. 그런데 경쟁이란 무엇보다 공급자 또는 수요자로서 사업자의 경제활동의 '독립성'을 전제로 하며, 이러한 독립성은 또 다른 의미에서 유효경쟁의 핵심요건으로 이해되고 있다(이른바 Selbständigkeitspostulat).[28] 다만, 실무상 경쟁제한방지법을 적용하는 단계에서는 경쟁개념을 소극적으로 파악하여 경쟁제한행위나 경쟁제한상태를 어떻게 이해하는지가 중요하며, 독일에서는 대체로 경쟁의 자유 내지 경제활동의 자유라는 관점에서 경쟁제한을 이해하고 있다.[29]

경쟁제한방지법 제1조는 모든 형태의 경쟁을 보호하는바, 공급측면뿐만 아니라 수요측면의 경쟁을 보호하고, 현실적 경쟁뿐만 아니라 잠재적 경쟁까지 보호하기 때문에 동조의 보호범위에는 이미 시장에서 활동 중인 사업자뿐만 아니라 가까운 장래에 시장에 진입할 의사와 능력을 가진 사업자가 모두 포함된다. 제1조는 기존의 시장을 개방적으로 유지하여야 하기 때문이다. 다만, 경쟁제한방지법이 보호하고자 하는 경쟁은 언제나 '공정한' 경쟁이라는 점에 유의할 필요가 있다.[30] 무릇 모든 법질서 하에서 불공정한 경쟁에는 보호가치가 인정되지 않으며, 누구라도 불공정경쟁의 자유를 주장할 수 없기 때문이다.

연방대법원(BGH)에 따르면 제1조가 금지하는 경쟁제한이란 "개별 사업자가 법적인

---

27) Kling/Thomas, Kartellrecht, 2007, S. 519.
28) Lange/Pries, Einführung in das europäische und deutsche Kartellrecht, 2. Aufl., 2011, §3, Rn. 200.
29) BGH 19.10.1993, BB 1994, 95 "Ausschneidender Gesellschafter".
30) BGH 19.3.1991, NJW-RR 1991, 1067 "Warenproben in Apotheken".

의미에서 일정한 경제행위를 스스로 결정할 수 있는 자유를 누리고 있는바, 이러한 자유의 행사를 경제상 불이익과 결부시키는 계약상 또는 정관상의 구속을 발생시키는 행위"를 말한다.[31] 일방당사자만을 구속하는 행위도 제1조의 경쟁제한에 포함될 수 있음은 물론이다. 따라서 사업자에게 보장된 자유롭고 경쟁상 의미 있는 형성의 여지(Gestaltungsspielraum)를 제한하는 모든 행위가 원칙적으로 제1조가 금지하는 경쟁제한 행위에 해당한다. 그 당연한 결과로 경쟁상 행위의 자유가 없으면, 당연히 보호할만한 경쟁 자체가 없는 것이다. 이러한 원칙은 특히 규제산업의 카르텔에 대해서 중요한 의미를 가질 것이다.

2. 경쟁제한의 '상당성'

경쟁제한이라는 징표가 매우 폭넓게 해석되는 만큼 과거 독일의 카르텔금지는 불문(不文)의 금지요건으로서 어떤 경쟁제한행위가 시장관계에 '상당히'(erheblich) 영향을 미칠 우려가 있을 것을 요구하고 있었다. 경쟁제한행위가 시장에서 적어도 인식가능한 효과를 갖는 경우에 한하여 통상 시장에 미치는 영향의 상당성(spürbare Marktbeeinflussung)이 인정되었다. 그 결과 카르텔에 참가하는 사업자들이 자유롭게 경제활동을 수행할 여지가 합의 등으로 인하여 단지 미미하게 저해되는 경우에는 상당성(Spürbarkeit)이 인정되지 않았다. 이처럼 '상당성' 요건을 통해서 시장에서 중요성이 크지 않은 경쟁제한행위는 동조의 적용범위에서 제외되는 결과가 된다.

이와 같은 맥락에서 이른바 간이카르텔(Bagatellkartell)에 대해서도 독일 경쟁제한방지법 제1조는 적용되지 않는다. 간이카르텔의 개념 자체가 시장에 미치는 영향이 미미한 경우를 상정한 것이고, 법적 안정성의 관점에서 일종의 안전지대로 기능하게 된다. 간이카르텔의 세부기준에 대해서는 연방카르텔청이 2007년에 별도의 고시[32]를 마련한 바 있고, 그 내용은 위원회의 관련 고시와 대체로 유사하다.

한편, 카르텔이 경쟁을 실질적으로 제한할 것까지 요구되는 것은 아니다. 실무상 이 문제는 후술하는 중소기업카르텔과 결부되어 있는바, 결국 참가사업자들의 시장점유율이 크지 않은 카르텔은 오히려 경쟁촉진효과를 가져올 수 있기 때문이다. 그러나 가격이나 수량카르텔과 같이 중대한 경쟁제한성을 내포한 경우에는 '경쟁의 본질적 제

31) BGH 22.4.1980 - KZR 4/79 = NJW 1980, 2813 "Taxi-Besitzervereinigung".
32) BKartA, Bekanntmachung Nr. 18/2007(영문 부록 참조); Pfeffer/Wegner, BB, 2007, 1173.

한'(wesentliche Beschränkung des Wettbewerbs)을 판단함에 있어서 시장점유율은 그 의미가 적을 수 있다.[33] 그간 연방카르텔청의 실무에서는 시장점유율을 중심으로 해당 카르텔이 경쟁에 미치는 효과를 판단하는 방식이 자리 잡고 있다. 그에 따르면 카르텔에 참가한 사업자들의 시장점유율 합계가 10-15%인 경우가 경쟁의 본질적 제한을 가리는 한계치로 작용하고 있으며, 동 기준은 판매가격이나 리베이트 등 본질적인 경쟁요소에 관한 카르텔에 대해서도 적용된다. 반면, 상대적으로 중요성이 덜한 경쟁요소에 관한 카르텔에 대해서는 참가사업자들의 시장점유율 합계가 15%를 넘더라도 경쟁의 본질적 제한이 부인될 수 있다.[34] 다만, 향후에는 점차 유럽집행위원회가 마련한 간이고시가 중요한 기준으로 고려될 수밖에 없고, 그에 따라 연방카르텔청의 실무에도 일정한 변화가 나타날 수 있다. 가격카르텔에 대해서는 경쟁의 본질적 제한 여부를 묻지 않고 금지하는 것이 대표적인 예이다.

3. 경쟁제한의 '의도 또는 효과'

끝으로 합의나 결의, 동조적 행위는 경쟁의 방해, 제한 또는 왜곡을 목적으로 하거나(bezwecken) 그러한 효과를 야기하는(bewirken) 것이어야 한다. 이 또한 유럽기능조약 제101조 제1항을 그대로 본딴 것이다. 종래 독일에서는 경쟁제한과 합의의 관계를 둘러싸고 대상이론(Gegenstandstheorie), 목적이론(Zwecktheorie) 및 효과이론(Folgetheorie) 등 다양한 이론이 전개되었다. 그리고 판례는 대체로 목적이론으로 기울어 있었다.

그런데 1998년 유럽법과의 조화를 목적으로 개정된 경쟁제한방지법 제1조는 합의의 목적과 효과를 나란히 규정함으로써 이러한 논쟁에 종지부를 찍게 되었다. 그 결과 경쟁제한방지법 제1조에 따른 목적이나 효과는 거의 전적으로 유럽기능조약 제101조 제1항의 해석과 동일하게 이해되고 있다. 어떤 합의 등이 경쟁제한의 의도나 효과를 갖는 경우에는 모두 동법 제1조에 따라 금지되는 것이다.

Ⅳ. 수평적 경쟁제한의 대표적인 유형

독일 경쟁제한방지법상 수평적 경쟁제한의 다양한 수단에 대해서는 회원국간 거래를

---

33) WuW/E OLG 3663, 3670 "Mischguthersteller".
34) WuW/E BKartA DE-V 1142, 1146 "Hintermauerziegelkartell".

제한할 우려가 없더라도 내용적으로 유럽경쟁법상 마련된 기준이 폭넓게 적용된다. 따라서 대부분의 행위유형에 대해서는 유럽경쟁법의 관련 규정과 유럽집행위원회의 실무를 참조할 필요가 있다. 여기서는 독일법의 특성이 그나마 남아 있는 일부 행위유형에 대해서만 간략하게 소개하기로 한다.

1. 공동판매

(1) 의 의

경쟁은 무엇보다 상품의 판매단계에서 직접적으로 일어나는데, 이 단계에서 경쟁사업자들의 상품이 가격과 품질 등을 기준으로 거래상대방에 의해 선택되기 때문이다. 따라서 판매단계에서 경쟁사업자들의 협력은 R&D나 생산단계의 협력에 비하여 경쟁제한방지법상 특히 문제의 소지가 있는 것으로 이해되고 있다.

공동판매(gemeinsamer Vertrieb)는 합작기업이나 공동의 판매조직, 판매점포 또는 조합이나 독립적인 제3자 등을 통해서 이루어질 수 있고, 제조업자들이 각자 또는 공동으로 생산한 제품의 판매를 그 중 어느 한 제조업자에게 위탁하는 방식일 수도 있다. 어느 경우나 방식의 차이가 있을 뿐, 그것이 경쟁에 미치는 효과는 본질적으로 다르지 않다.

(2) 경쟁제한성

공동판매를 위한 합의는 참가사업자들이 해당 상품과 관련하여 현실적으로나 잠재적으로 경쟁관계에 있지 않거나 새로운 시장진입에 반드시 필요한 경우에는 원칙적으로 경쟁제한성을 인정할 수 없다. 물론 컨소시엄 형태의 판매로서 참가사업자들이 각자 혼자서는 수행할 수 없는 판매활동을 공동으로 수행할 목적으로 체결되는 합의 또한 경쟁을 제한할 우려는 없을 것이다.

그밖에 공동판매를 위한 합의는 일반적으로 참가사업자들이 가격을 조율하려는 의도나 그러한 효과를 가지게 된다. 경우에 따라서는 공동판매가 판매되는 상품군을 단순화함으로써 거래상대방의 선택가능성을 제한할 수도 있다. 이러한 경우에는 후술하는 예외가 인정되지 않는 한 원칙적으로 경쟁제한방지법 제1조가 요구하는 경쟁제한성이 충족된다. 판매가격을 규율하지 않는 공동판매협정은 여러 사정을 종합적으로 고려할 수밖에 없다. 이때에는 크게 두 가지의 가능성이 있는바, 하나는 참가사업자들이 공동판매를 통하여 서로 정보를 교환하게 될 가능성이고, 다른 하나는 참가사업자들이 비용을 조정할 가능성이다. 어느 경우에나 결과적으로 가격경쟁을 저해할 우려가 크다는 점에서 경쟁당국이 예의주시하게 된다.

(3) 예 외

공동판매협정이 경쟁을 제한하는 경우에도 경쟁제한방지법 제2조, 제3조의 요건을 충족하는 경우에는 금지되지 않는다. 자세한 내용은 후술한다.

2. 정보교환협정

경쟁사업자들 사이에 시장에 관련된 정보를 공동으로 수집하고, 이를 가공하여 전달하기로 하는 협정은 당해 시장의 구조와 정보교환의 범위 및 정도 등에 따라 경쟁에 미치는 효과가 달라질 수 있다. 이미 경쟁이 치열한 시장에서 정보교환(Informationsaustausch)을 통하여 시장의 투명성이 높아질 경우에는 경쟁이 더욱 촉진될 수 있는 반면, 고도로 집중된 과점시장에서의 정보교환은 기존 사업자들간의 경쟁을 더욱 제한할 소지가 크다. 또한 과점시장이 아니라도 사업자들이 경쟁사업자들에게 자신의 경쟁행위에 관하여 상세하게 알려주는 경우에는 이들 경쟁사업자들이 독립적으로 시장행위를 결정할 가능성이 상당히 감소하게 되고, 정보교환에 따른 비밀경쟁(Geheimwettbewerb)의 제거는 결국 경쟁요소의 조화 내지 병행행위(Parallelverhalten)의 가능성을 높이게 된다. 더구나 이미 카르텔이 존재하는 시장이라면 그만큼 참가사업자들이 카르텔의 이행 여부를 감시하기 쉬워진다.

이처럼 다양한 측면을 갖는 정보교환에 관하여 종래 독일의 실무와 판례는 두 가지 경우로 나누어 접근하는 태도를 보여 왔다. 하나가 실명의(identifizierend) 정보교환 Marktinformationsverfahren)이고, 다른 하나는 익명의(nichtidentifizierend) 정보교환이다. 전자는 자신의 상품이나 계약체결을 거래상대방이나 고객의 명단과 함께 통보함으로써 개별 거래의 내역이 공개되는 것을 말하며, 이러한 정보교환은 별도의 경쟁제한적 합의가 없더라도 일반적으로 비밀경쟁을 제한하기 때문에 경쟁제한방지법 제1조를 위반하는 것으로 판단된다. 판례에 따르면 실명의 가격통보시스템이 갖는 핵심적인 경쟁제한효과는 경쟁상황에 대한 불확실성이 제거되고 비밀경쟁 하에서 경쟁수단으로 가격을 활용하는 것이 더 이상 지속적인 경쟁상 메리트를 가져오지 않으며, 그 결과 가격경쟁이 현저히 감소한다는 데에 있다.[35] 반면, 후자는 개별 거래 내역을 알 수 없도록 가격관련 정보를 수집・조사하여 전달하는 것으로서 원칙적으로 경쟁제한방지법 제1조 위반으로 보지 않는다.

3. 입찰담합

입찰담합(Submissionsabsprache)이란 흔히 공공입찰과정에서 경쟁사업자를 배제하고 이를 통하여 보다 유리한 가격이나 거래조건으로 낙찰을 받기 위하여 경쟁사업자들이 비밀리에 응찰가격이나 낙탈자 등을 합의하는 것을 말한다. 입찰담합은 단독으로는 수행할 수 없는 프로젝트를 맡기 위하여 복수의 사업자들이 공동으로 응찰하는 것(Bietergemeinschaft)과 구별된다.

독일경쟁법상 입찰담합은 그 내용에 따라 가격담합이나 시장분할에 해당할 수 있고, 이 경우 당연히 경쟁제한방지법 제1조에 위반된다. 유럽의 실무와 달리 독일에서는 처음부터 입찰담합의 규제에 관하여 연방카르텔청이 중요한 역할을 수행하였다. 입찰담합이 적발되면 가격담합과 마찬가지로 막대한 벌금이 부과되는 것이 상례이다.[36] 이러한 맥락에서 독일에서 입찰담합은 오랫동안 단지 질서위반행위로만 규제되었는데, 형법 제263조가 정하는 사기죄(Betrug)의 관점에서 이를 처벌하자면 '재산상의 손해'(Vermögensschaden)가 입증되어야 하는 난점이 있던 점도 그 원인의 하나였다.

이러한 상황에 변화를 가져온 것이 바로 1992년의 연방대법원 판결[37]이었다. 그에 따르면 입찰담합으로 근거하여 경쟁가격보다 높은 가격으로 응찰자와 계약을 체결한 발주자(Auftraggeber)는 사기죄를 구성하는 재산상 손해를 입은 것으로 보아야 한다는 것이었다. 그리고 연방대법원은 이때의 손해를 증명하기 위해서는 입찰담합과 그에 따른 기만(Täuschung)이 없었더라면 발주자가 보다 낮은 가격으로 계약을 체결하였을 것이라는 고도의 개연성을 가진 정황증거로 족하다고 하였다.[38]

이러한 판례의 태도에도 불구하고 재산상 손해를 입증하기란 종종 어려웠기 때문에 1997년에 이른바 부패방지법(Gesetz zur Bekämpfung der Korruption)을 통하여 도입된 형법 제298조가 입찰담합을 새로운 형벌구성요건으로 규정하게 되었다. 그에 따라 입찰

---

35) BGH/E BGH 1337, 1341 f. 1975 "Aluminium-Halbzeug"; WuW/E OLG 745, 747, 1965 "Baumarktstatistik".

36) BGH 15.2.1962, WuW/E BGH 495, 497 "Ausschreibung für Putzarbeiten II"; BKartA 7.5.1997, WuW/E BKartA 2892 "Stromkabel".

37) BGH 8.1.1992, WuW/E BGH 2849 "Arbeitsgemeinschaft Rheinausbau".

38) BGH 31.8.1994, WuW/E BGH 2945 "Arbeitsgemeinschaft Rheinausbau II".

에 있어서 발주자로 하여금 일정한 청약을 받아들이도록 할 목적으로 체결된 위법한 합의에 따라 응찰하는 자는 벌금형이나 5년 이하의 자유형에 처할 수 있게 되었다. 그리고 그러한 합의는 경쟁제한방지법 제1조에 반하는 위법한 것이 된다. 형법 제298조는 어디까지나 경쟁사업자들 사이의 수평적 협정에만 적용되며, 이를테면 응찰자가 발주기관의 책임자와 일정한 수직적 합의를 한 경우에는 적용되지 않는다.[39] 형법 제263조와 달리 제298조는 위험범(Gefährdungsdelikt)으로서, 결과적으로 적절한 가격으로 낙찰이 이루어지더라도 카르텔참가자는 처벌을 받을 수 있다.

경쟁당국은 여전히 입찰담합에 대한 규제권한을 가지고 있으며, 참가사업자들에게는 벌금을 부과할 수 있다(GWB 제82조, OWiG 제30조). 그리고 입찰담합을 포함하여 범죄에도 해당하는 카르텔행위에 대해서 귀책사유 있는 자연인에게 벌금을 부과할 권한은 여전히 검찰(Staatsanwaltschaft)이 갖는다. 이 경우 형사절차와 벌금절차가 상이한데 따른 검찰과 경쟁당국의 협력에 관해서는 별도의 지침[40]이 마련되어 있으며, 그에 따른 협력절차에 대해서 연방카르텔청은 매우 긍정적인 것으로 알려져 있다.

제3절 | 카르텔금지의 예외

Ⅰ. 법률상 예외

어떤 합의가 경쟁제한방지법 제1조의 금지요건을 충족하더라도 제2조에 따라 카르텔금지의 예외로 인정될 수 있다. 독일 또한 유럽기능조약 제101조 제1항, 제3항 및 절차규칙 제2003-1호 제1조 제2항과 마찬가지로 법률상 예외(Legalausnahme)를 두고 있는 것이다.

먼저, 어떤 합의가 그로부터 예상되는 이익에 소비자가 적절하게 참가하는 상태에서 제품의 생산이나 판매의 개선 또는 기술적·경제적 발전에 기여하는 경우에는 제1조의

39) BGH 22.6.2004, WuW/E DE-R 1287 “Planungsbüro”.

40) Richtlinien für das Straf- und Bußgeldverfahren(RiStBV) Nr. 242 참조. 동호는 무엇보다 입찰담합의 경우에 상호 신뢰에 기초한 양 기관의 협조를 통하여 불필요한 업무의 중복과 모순되는 결정의 위험을 회피할 것을 규정하고 있다.

금지가 적용되지 않는다(GWB 제2조 제1항). 이때, 카르텔에 참가하는 사업자에게 이와 같은 목적 실현에 불가결하지 않은 어떤 제한도 부과되어서는 안 되며, 아울러 관련 상품의 상당 부분에 대하여 경쟁을 제거할 우려가 없어야 한다(동항 각호). 이러한 예외시스템은 종전의 경쟁제한방지법과 달리 다분히 유럽경쟁법과 마찬가지로 일반조항원칙(Generalklauselprinzip)을 폭넓게 받아들인 것으로서, 예외조항의 해석에는 유럽차원의 법리와 판례가 적절히 고려되지 않을 수 없다.

이와 같은 맥락에서 유럽집행위원회가 주로 수직적 거래제한과 관련하여 제정한 일련의 일괄예외규칙(Gruppenfreistellungsverordnungen; GVOen)은 유럽기능조약 제101조 제3항의 적용에 있어서 실무상 매우 중요한 의미를 가질 뿐만 아니라, 경쟁제한방지법 제2조 제2항은 이들 일괄예외규칙의 내용을 독일법에 그대로 준용하고 있다. 따라서 일괄예외규칙은 경쟁제한방지법 제1조와 제2조와 관련하여 직접 적용될 수 있게 되었다. 일괄예외규칙의 요건을 충족하는 경쟁제한행위는 경쟁제한방지법 제2조를 거쳐서 제1조의 카르텔금지로부터 직접 예외인정을 받을 수 있는 것이다. 아울러 어떤 합의나 동조적 행위를 통해서 역내시장의 경쟁이 저해되지 않고, 따라서 당해 행위가 유럽기능조약 제101조에 따라 금지되지 않는 경우에도 마찬가지로 독일의 카르텔금지는 적용되지 않는다.[41]

카르텔의 금지요건에 대한 입증책임은 유럽경쟁법의 경우와 마찬가지로 독일에서도 원칙적으로 법위반행위를 주장하는 당사자나 경쟁당국이 부담하게 된다. 반면, 경쟁제한방지법 제2조에 따른 예외요건이 존재하는지에 관한 입증책임은 민사소송의 경우에 이들 규정을 원용하는 사업자나 사업자단체가 부담한다.[42] 이와 달리 벌금절차나 행정절차에 있어서는 경쟁제한방지법 제57조에 따라 직권조사원칙(Amtsermittlungsprinzip)이 적용되며, 그에 따라 이들 절차에서는 예외요건에 대한 입증책임 또한 경쟁당국이나 법원에게 있다.

사 례 Duales System 사건

독일에서는 최근 폐기물처리산업과 관련하여 환경보호와 경쟁법의 관계가 문제되었다. 먼저, 쓰레기처리산업은 '재활용산업 및 폐기물법'(Kreislaufwirtschafts- und

41) 유럽의 일괄예외규칙이 독일 경쟁제한방지법의 법률상 예외시스템 하에서 어떠한 의미와 법적 성격을 갖는지에 대해서는 학설상 다툼이 있다. 이에 관해서는 Baron, WuW, 2006, S. 358; Bornkamm/Becker, ZWeR, 2005, S. 213, 222 ff.; Fuchs, ZWeR, 2005, S. 1.

42) Bornkamm/Becker, ZWeR, 2005, S. 213, 230 f.

Abfallgesetz; 이하 "폐기물재활용법"이라 한다)과 '포장규칙'(Verpackungsordnung), '전자제품법'(Elekro- und Elektronikgerätegesetz)상 일부 규정의 적용을 받고 있다. 이들 법령을 통하여 입법자가 의도한 것은 폐기물의 절대적인 물량을 감소시키고 희소한 자원의 고갈을 연장하기 위하여 폐기물의 발생량을 줄이고 재활용, 즉 리사이클링을 확대하려는 것이었다.

그런데 연방카르텔청은 1990년에 제정된 제품포장규칙을 시행하기 위하여 마련된 이른바 Der Grüne Punkt - Duales System Deutschland 유한회사(이하 "DSD"라 한다)의 시장지배적 지위와 시장행태를 계속해서 문제 삼아 왔다. 동 규칙에 따라 제조업자와 유통업자는 자신이 제조·판매한 제품을 사용한 뒤 남는 포장 내지 용기를 회수하고 이를 새로운 포장이나 기타 다른 용도로 사용할 직접적인 책임을 지고 있었다. 이를 흔히 '회수 및 재활용의무'(take-back and recycling obligation)라 한다. 그런데 사용한 포장 및 용기의 회수 및 재활용작업은 대부분의 제조업자나 유통업자들에게 시간적으로나 경제적으로 부담스러운 것이었고, 전국적으로 폐기물을 소비자로부터 수거하여 재활용하는 이른바 dual system에 참여함으로써 이들 업자는 직접적인 회수 및 재활용의무를 보다 손쉽게 이행할 수 있었다. 이를 위해 독일에서 처음으로 dual system 서비스를 제공하기 위하여 설립된 사업자가 바로 DSD이고, 1990년대 초 대부분의 제조업자들이 동 시스템에 가입하였다.

체계적인 회수 및 재활용을 위해서 DSD는 여러 사업자와 대표적으로 다음과 같은 3가지 종류의 계약을 체결하였다. 첫째, DSD 상표사용에 관한 계약, 즉 상표이용계약(Zeichennutzungsverträge)으로서 포장용기에 녹색점(green dot)을 표시할 수 있게 하고, 그 대가로 제조업자나 유통업자가 지불하는 이용료가 DSD의 주요 수입원이 된다. 이용료는 DSD의 서비스를 실제 이용하는 데에 따라 산정된다. 둘째, 급부계약 내지 (폐기물) 처리계약(Leistungs- oder Entsorgungsverträge)으로서 DSD가 위탁한 수거·처리기업의 폐기물 수거, 운송 및 분류를 규율하게 된다. 셋째는 담보계약(Garantieverträge)을 통해서 수거된 폐기물의 재활용을 규율하는 것이다. 여기서 담보사업자는 DSD가 수거한 폐기물을 적절히 재활용하는 업무를 수행하게 된다. 이들 사업자는 대체로 폐기물처리회사(그룹)이거나 제조업체와 연계된 회사들이다. 그런데 시간이 흐르면서 DSD가 수거업체가 수거한 폐기물을 직접 판매하는 것을 부분적으로 허용하거나 DSD가 직접 폐기물의 재활용사업에 참여하면서 이러한 담보계약은 그 중요성을 잃게 되었다.

이러한 계약시스템은 DSD의 소유구조와 결부되면서 처리서비스 수요를 묶는 결과를 가져왔다(bundling of demand). 2004년 말까지 DSD의 협력업체들은 주로 회수 및 재활용의무를 지던 제조업분야의 대기업이었고, 이들은 DSD의 이사회에서 라이선스료 등에 대하여 합의하였다. 그에 따라 협력업체들은 더 이상 처리서비스를 경쟁시장에서 수요하지 않게 되었고, 그 대신 DSD와 협력하였다. 그 당연한 결과로 그와 대체관계에 있는 dual system을 제공하는 사업자들은 관련시장에서 서비스를 제공할 기회를 거의 가질 수 없었을 뿐만 아니라, 처리산업 자체가 잠재적인 협력사인 DSD에 직접 이해관계를 갖게 되었다. 폐기물수거시스템을 복제하기도 거의 불가능하기 때문에, 다른 수거업체들은 어쩔 수 없이 DSD가 공급하는 수거설비를 사용하도록 강제되었다. DSD는 다른 dual system으로의 위탁을 방해하기 위하여 처리회사에 영향력을 행사하였고, 이들의 시장진입을 방해하였다.

DSD의 사업관행이 갖는 경쟁제한의 우려에도 불구하고, 연방카르텔청은 당초 동사의 활동이 포장규칙 제1조가 정하는 목표를 실행하기 위한 것이라는 맥락에서 문제 삼지 않고 있었다. 그러나 시간이 흐르면서, 동 시스템이 경쟁을 현저히 저해함이 명백해졌고, 대표적인 폐해가 바로 제조업체와 소매업체가 소비자에게 충분히 전가하고 있는 과도하게 높은 라이선스료였다. 처리업체에게 별다른 비용감소가 나타나지도 않았다. DSD의 경쟁업체나 자가관리시스템을 공급하는 업체들은 시장진입에 상당한 방해를 받았다.

2001년 연방카르텔청은 경쟁사업자에 대한 보이콧의 혐의로 DSD를 비롯한 일부 업체에 대한 행정벌절차를 개시하였다. 그러나 법원은 동건에 한하여 벌금부과결정을 취소하였는바, DSD가 서신을 발급한 것이 보이콧을 촉구하는 것이 아니라 자신의 사업상 이익을 보호하기 위한 정당한 수단이라고 보았다.

그럼에도 불구하고 연방카르텔청은 2002년에 DSD의 거래관행에 대해서 보다 공격적인 자세를 취하기 시작하였는데, 그때까지 DSD는 폐기물재활용법 제7조에 따른 카르텔금지에 대한 면제를 신청하지 않았다.

경쟁제한방지법 제7조는 제6차 개정으로 도입된 것으로서, 회수 및 처리의무를 이행할 목적으로 이루어지는 협력에 대해서 명시적으로 예외를 인정하고 있었다.[43] 그에 따라 회수 및 처리를 개선하는데 기여하고 소비자에게 그에 따른 이익이 공정하게 공유되도록 하는 협정이나 결의는 경쟁제한방지법상 카르텔금지에 대한 면제를 받을 수 있는바, 다음과 같은 세 가지 조건이 충족되어야 한다.

i) 참여사업자들에 의한 회수 및 처리의 개선이 다른 방법으로는 실현될 수 없을 것;

ii) 그에 따른 경쟁제한에 비추어 동 개선이 충분히 중요할 것; 그리고

iii) 그에 따른 경쟁제한이 시장지배적 지위의 형성 또는 강화를 가져오지 않을 것.

이러한 조건을 둔 취지는 무엇보다 경쟁정책과 환경정책이 충돌하는 경우에도 투명성과 법적 안정성을 충분히 제공하는 데에 있다.

DSD는 경쟁제한방지법상 카르텔금지를 피하기 위하여 광범위한 구조개편을 단행하였다. 우선, 폐기물관리분야 회사들에 대하여 보유하고 있던 지분을 대거 매각하였고, 감사

43) 동법 제7차 개정으로 제7조는 삭제되고, 그 내용은 현재 제2조 제1항에 규정되어 있다.

위원회 참여도 중단하였다. 2004년 12월에는 재무적 투자자가 DSD를 인수하였고, 종래 DSD 내에서 이해관계를 대변하던 제조업체 등도 협력사의 자격을 포기하였다. 그 결과 DSD의 카르텔 유사조직이 종식되었고, 연방카르텔청의 조사도 종료될 수 있었다.

이러한 조직개편의 결과 관련시장에서 경쟁상황이 개선되었고, 폐기물처리시스템을 선택함에 있어서 수요업체들이 순수하게 경제적 측면을 고려할 수 있게 되었으며, 신규진입의 기회가 확대되었다. 실제로 2005년 이후에는 2003년에 비하여 수거 및 처리비용이 약 20% 절감되는 등 약 2억 유로의 비용절감이 이루어졌다. 한편, 최근 2008년 8월 25일 DSD는 2009년 1월 1일부터 포장폐기물처리계약을 'Der Grüne Punkt'라는 표시의 사용과 연계하지 않기로 연방카르텔청에 약속하였다. 종래 DSD와 계약을 체결하지 않는 업체들은 자신의 제품에서 더 이상 'Der Grüne Punkt'라는 표시를 사용할 수 없었다. 이러한 부담을 피하기 위해서는 제조업체 등이 적어도 자신이 제조한 상품의 일부라도 그 회수 및 재활용을 DSD에게 위탁하지 않으면 안 되었던 것이다.

이러한 결합판매가 폐지되면 제조업체 등의 입장에서는 동 표시를 사용하기 위하여 DSD에게 재활용서비스를 위탁할 필요가 없어지게 된다. 그 결과 폐기물처리 및 재활용시스템시장의 경쟁조건이 개선될 것으로 기대된다. 이때 시장지배적 사업자인 DSD는 'Der Grüne Punkt'라는 표시의 이용과 관련하여 남용으로 나아갈 수 있는바, DSD는 연방카르텔청에 대하여 동 표시를 경쟁사업자의 고객에게도 자신의 고객과 동일한 조건으로 제공할 것을 약속하였고, 그 이용료를 부당하게 높게 책정해서도 안 된다. 반면 DSD의 고객이라도 앞으로는 자신의 제품에 반드시 "Der Grüne Punkt"라는 표시를 할 의무도 없게 된다.

이처럼 독일에서 경험한 DSD 사례는 환경규제가 경쟁법과 어떻게 조화될 수 있는지, 그리고 경쟁조화적인 방법으로 환경규제의 목표가 얼마나 효율적으로 달성될 수 있는지를 잘 보여주고 있다.

Ⅱ. 중소기업카르텔

1. 의 의

전술한 바와 같이 독일에서는 제7차 법개정으로 유럽경쟁법에 대한 폭넓은 조화가 이루어지면서 카르텔금지에 대한 일반조항과 법률상 예외가 도입되었다. 그 와중에 독일 고유의 예외요건으로서 중요한 개별예외가 단 하나 남게 되었는데, 그것이 바로 중소기업카르텔(Mittelstandskartelle)이다(GWB 제3조). 동 예외는 중소기업간의 협력이 비록 경쟁을 일정 부분 제한하더라도 회원국간의 거래를 제한할 우려는 없는데다가 국민경제상 유익하거나 경쟁촉진효과를 가질 수 있다는 인식을 반영한 것이다. 그에 따라 경쟁제한방지법 제3조 제1항의 요건이 충족되는 경우에 제2조 제1항에 따른 일반적인 예외요건은 당연히 충족되는 것이 된다.

2. 적용범위

경쟁제한방지법 제3조는 독일 고유의 특별한 예외조항으로서 과연 유럽경쟁법과 양립할 수 있는 것인지가 문제된다. 유럽의 절차규칙 제2003/1호 제3조 제1항에 따르면 회원국의 경쟁당국과 법원은 회원국간의 거래가 저해되는 경우에 유럽기능조약 제101조를 직접 적용해야 할 의무를 지기 때문에, 이러한 방법으로 유럽경쟁법이 역내시장 전반에 통일적으로 관철될 수 있게 된다. 그런데 독일 입법자는 경쟁제한방지법 제3조 제1항이 유럽경쟁법의 이와 같은 취지에 반하지 않는다고 판단하였고,[44] 무엇보다 중소기업카르텔이 대체로 역내시장에서 거래를 저해할 우려가 없는 한, 이러한 판단은 일응 타당할 수 있을 것이다.

한편, 유럽집행위원회는 이른바 간이고시(de minimis Notice)[45]에서 규정하고 있는 바와 같이 중소기업간의 합의가 회원국간의 거래를 상당히 저해할 우려가 있는 경우란 지극히 드물 것이라는 입장을 취하고 있다. 따라서 이러한 합의에 대해서는 회원국의 입법자들이 각자 고유한 규정을 둘 수 있는 여지가 있는 것이다. 반면, 예외적으로나마 중소기업카르텔이라도 이를테면 대기업이 함께 참여하는 등 회원국간의 거래에 영향을 미치는 경우에는 유럽기능조약 제101조 제3항만이 적용되며, 경쟁제한방지법 제3조는 적용될 수 없다.[46] 결국 유럽경쟁법의 우선적 지위는 이 경우에도 일정 부분 인정되는 것이다.

3. 예외요건

경쟁제한방지법 제3조에 따른 예외가 인정되기 위해서는 주관적 및 객관적 요건이 충족되어야 한다. 먼저, 주관적 요건으로서 해당 카르텔에는 중소기업들이 참여하고 있어야 한다. 동조의 예외는 오로지 수평적인 합의, 경쟁관계에 있는 중소기업들간의 협력

44) BT-Drucks. 15/3640, S. 21, 27 f.

45) Notice on agreements of minor importance which do not appreciably restrict competition under Article 101(1) of the Treaty on the Functioning of the European Union, OJ 2014 C 291/01.

46) Emmerich, Kartellrecht, 10. Aufl., 2006, §23, Rn. 8.

에 대해서만 인정될 수 있는바,[47] 이 경우에만 중소기업간의 협력이라는 수단을 통하여 대기업과의 경쟁상 약점을 상쇄하고 이들의 경쟁력을 강화한다는 동조의 목적이 실현될 수 있기 때문이다. 경쟁제한방지법은 예외카르텔이 인정될 수 있는 중소기업의 규모에 관하여 매출액이나 시장점유율 등의 아무런 수량기준을 명시하지 않고 있는바, 중요한 것은 개별 시장구조와 경쟁사업자들간의 균형이기 때문이다. 따라서 어떤 사업자가 중소기업인지 여부는 절대적인 규모가 아니라 언제나 상대적인 규모에 따라 판단된다. 다만, 어떤 기업이 중소기업인지 여부를 판단함에 있어서도 독일 주식법 제18조 제1항이 정한 콘체른은 하나의 사업자로 파악되기 때문에, 결국 콘체른에 속하는 어떤 회사가 아무리 규모가 작더라도 경쟁제한방지법 제3조 제1항의 적용을 받는 중소기업에 해당하기란 기대하기 어렵다.

이러한 맥락에서 눈에 띄는 것은 유럽의 간이고시에서는 시장점유율이 5%를 넘지 않고 매출액이 4천만 유로를 넘지 않는 사업자의 협정 등은 원칙적으로 회원국간 거래에 상당한 영향을 미치지 않는 것으로 본다고 규정하고,[48] 유럽집행위원회의 관련 권고에서는 중소기업의 요건으로서 종업원 수가 250인 미만이고 매출액이 5천만 유로를 넘지 않으며 연간 당기순이익이 4천3백만 유로를 넘지 않을 것을 규정하고 있는 점이다.[49] 그런데 지금까지 연방카르텔청은 유럽경쟁법의 이처럼 절대적인 수량기준을 수용하지 않고 있으며, 종전과 마찬가지로 관련시장에서 해당 기업이 갖는 상대적인 규모를 고려하여 판단하고 있는 것이다.[50]

이어서 객관적 요건의 하나로 중소기업카르텔은 적극적으로 기업간 협력을 통한 경제과정의 합리화(Rationalisierung wirtschaftlicher Vorgänge)를 목적으로 하여야 한다(GWB 제3조 제1항 전단). 또한 이처럼 합리화효과를 요구하는 결과, 중소기업카르텔은 참가한 중소기업의 경쟁력 강화를 가져와야 한다(GWB 제3조 제1항 2호). 경쟁력의 강화로 볼 수 있는 효과로는 흔히 생산량 증가, 품질개선, 품목확대, 인도기간의 단축, 구매 또는 판매조직의 합리화, 고비용 광고수단의 공동 활용 등을 들 수 있다.[51] 카르텔과 합리화효과 사이에 인과관계가 인정되지 않을 때에는 당연히 예외가 인정될 수 없다.

---

47) BT-Drucks. 15/3640, S. 21, 44.

48) Commission, De Minimis Notice, para. 4.

49) Commission, De Minimis Notice, Fn. 5; 중소기업의 세부기준에 대해서는 Commission Recommendation of 6 May 2003 concerning the definition of micro, small and medium-sized enterprises, OL L 2003 124/36 참조.

50) BKartA Merkblatt KMU, Tz. 14-19; Rißmann, WuW, 2006, S. 881, 887.

51) Lange/Pries, Einführung in das europäische und deutsche Kartellrecht, 2. Aufl., 2011, §3, Rn. 220.

끝으로, 당해 합의가 경쟁을 실질적으로 저해해서는 안 된다(GWB 제3조 제1항 1호). 이러한 소극적 요건은 중소기업간 협력을 예외적으로 허용할 것인지를 판단함에 있어서 결정적으로 중요한 의미를 갖는다. 중소기업간의 협력은 자신들의 구조적 약점을 보완하기 위한 것이고, 이것은 시장에서 유효경쟁을 배제할 정도의 지위를 가져오지 않는 한도에서만 가능할 것이기 때문이다. 연방카르텔청의 실무상 대체로 중소기업카르텔에 대한 허용한도는 시장점유율 기준으로 약 10-15%이다.[52)]

4. 예외사례

대표적으로 중소기업간의 구매협력(Einkaufskooperation) 내지 공동구매는 각자의 구매물량을 결합함으로써 대기업과의 관계에서 나타나는 구조적 약점을 보완할 수 있는 경우에 경쟁정책상 바람직한 것으로 평가할 수 있다. 이러한 형태의 협력은 소비자에게도 이익이 되는데, 구매협력을 통해서 얻은 이익이 후방의 거래단계에서 전개되는 경쟁과정에서 부분적으로나마 소비자에게 이전될 것이기 때문이다. 다만, 구매협력이라도 참가사업자에게 어떤 형태로든 구매를 강제(Bezugszwang)하는 경우에는 허용되지 않는다. 이러한 원칙은 전자상거래의 형식으로 구매협력이 이루어지는 경우에도 마찬가지로 적용된다.[53)]

공동의 연구·개발 프로젝트 또한 별도로 중대한 경쟁제한요소를 수반하지 않는 한 문제되지 않는다. 대표적으로 공동의 연구·개발 프로젝트에 참여하면서도 해당 중소기업들이 각자 고유한 연구·개발활동을 수행할 자유가 계속해서 인정되는 경우를 들 수 있다. 연구·개발비용이 막대하여 중소기업들이 공동으로 수행할 수밖에 없는 경우도 마찬가지이다. 그러나 공동의 연구·개발이 추후 시장에서의 구매 또는 판매활동과 결부되는 등 연구·개발 성과의 상업적 이용과 관련해서는 경쟁제한효과가 발생할 여지가 있다.

Ⅲ. 일정한 산업분야에 대한 특칙

경쟁제한방지법은 제28조와 제30조에서 특정 분야에 대한 카르텔금지의 예외를 규정하고 있다. 그에 따라 농산물 생산업자간의 합의나 생산자단체의 결의에 대해서는 카르

---

52) KG 10.7.1985, WuW/E OLG 3663, 3669 ff. "Mischguthersteller"; OLG Stuttgart 17.12.1982, WuW/E OLG 2807, 2810 "gebrochener Muschelkalkstein".

53) BKartA 29.6.2001, WuW/E DE-V 479, 482 "BuyForMetals/Steel24-7".

텔금지가 적용되지 않으며(GWB 제28조), 일정한 출판물에 대한 수직적 가격구속(vertikale Preisbindung)에 대해서도 예외가 인정되어 있다(GWB 제30조).

먼저, 동법 제28조는 동조 제3항에 나열된 농산물의 생산자 및 이들이 조직한 단체, 조합 등에 적용되며, 동조 제28조 제1항 2문에 따라 농산물 생산자로 법률상 의제되는 사업자도 마찬가지이다. 그리고 동법 제30조는 출판물 분야에 대한 추가적인 예외를 규정한 것으로서, 특히 수직적 가격구속에 관한 예외를 정하고 있다. 그에 따라 신문이나 잡지를 제작하는 사업자는 법적으로나 경제적으로 자신의 거래상대방에게 이들 출판물을 재판매함에 있어서 일정한 가격을 준수할 의무를 부과하거나 최종소비자에 재판매될 때까지 이들의 거래상대방에게 동일한 조건을 부과하도록 구속하는 이른바 수직적 가격구속을 하더라도 동법 제1조는 적용되지 않는다. 다만, 연방카르텔청은 직권으로 또는 거래상대방의 신고를 받아 가격구속이 남용되거나 가격을 인상할 우려가 있는 등 일정한 요건 하에 해당 가격구속을 무효로 선언하고 새로운 동종의 가격구속을 금지할 수 있다(GWB 제30조 제3항).

한편, 종래 신문·잡지를 제외한 도서류에 관한 가격구속에 대해서는 원칙적으로 사적자치에 맡겨져 있었다. 그런데 2002년 이후에는 새로 제정된「출판물의 가격구속규제에 관한 법률」(Gesetz zur Regelung der Preisbindung bei Verlagserzeugnissen), 일명 도서정가법(Buchpreisbindungsgesetz)이 적용되게 되었다. 동법에 따라 도서류의 가격구속이 의무화되었고, 종래 출판물의 가격구속을 규율하던 경쟁제한방지법의 관련 조항은 신문과 잡지에 국한되어 적용되게 되었다. 그 결과 독일경쟁법 전체로 볼 때에는 도서류에 대한 가격구속의무와 신문·잡지류에 대한 가격구속의 허용으로 이원화된 규제체계가 자리잡게 되었다.[54]

54) 동법의 자세한 내용에 대해서는 Kling/Thomas, Kartellrecht, 2007, S. 575 ff. 참조.

제4절 | 제재 및 사법적 효력

어떤 합의나 결의 또는 동조적 행위가 유럽기능조약 제101조에 위반하는 경우에도 그에 따른 법률효과가 오로지 유럽법에 따라 좌우되는 것은 아니다. 유럽기능조약 제101조 제2항은 그러한 합의 등의 사법상 무효를 규정하고 있을 뿐이며, 절차규칙 제2003/1호에서 그밖의 일부 법률효과를 담고 있다. 반면, 법위반행위에 따른 피해의 예방이나 구제와 관련하여 중요한 의미를 갖는 금지청구나 손해배상 등의 중요한 법률효과는 국내법인 경쟁제한방지법이 별도로 규정하고 있다, 따라서 카르텔금지에 따른 법률효과는 유럽법과 독일법을 종합적으로 살펴보아야만 완전하게 이해할 수 있다.

아래에서 다루게 될 배제 및 금지청구와 손해배상제도에 관한 설명은 시장지배적 지위남용을 포함한 경쟁제한방지법상 금지행위와 유럽기능조약 제101조 또는 제102조 위반행위에도 해당하므로, 뒤에서는 따로 기술하지 않기로 한다.

Ⅰ. 대표적인 제재유형

1. 중지명령

독일의 경쟁당국은 경쟁제한방지법이나 유럽기능조약 제101조, 제102조를 위반한 사업자나 사업자단체에 대하여 당해 법위반행위를 중지할 의무를 부과할 수 있다(GWB 제32조 제1항, 제2항). 이른바 중지명령(Abstellung)으로서 우리나라의 시정조치에 상응하는 것이다. 중지명령에는 행태적 조치뿐만 아니라 구조적 조치가 포함되며, 이들 조치는 법위반행위에 비례하는 수준이어야 하고, 법위반행위의 효과적인 중지에 필요한 것이어야 한다(동조 제3항). 자세한 내용은 후술한다.

2. 형사벌

경쟁제한방지법은 질서위반행위의 성격을 갖는 법위반행위에 대해서 형사벌적 성격을 갖는 제재로서 벌금을 규정하고 있다. 즉, 경쟁당국은 자연인 및 사업주에 대해서 100만

유로 이내의 벌금(Bußgeld)을 부과할 수 있다. 연방카르텔청은 추가로 법인인 사업자나 사업자단체에 대해서 매출액의 10% 이내의 벌금을 부과할 수 있다(GWB 제81조 제4항).

그밖에 경쟁을 침해하는 범죄행위에 대해서는 독일 형법(Strafgesetzbuch; StGB) 제298조 내지 제302조에서 규정하고 있는바, 그 중에서 가장 중요한 것은 이른바 입찰담합(Submissionsabsprachen)에 관한 제298조이다. 그에 따라 상품이나 용역에 관한 입찰에 있어서 특정 응찰자가 낙찰받도록 하는 위법한 합의에 근거하여 응찰하는 자는 형사처벌된다. 동조는 추상적인 위험범(Gefährdungsdelikt)을 규정한 것으로서, 그로부터 보호되는 법익은 발주자의 경제상 이익이 아니라 입찰에서의 자유경쟁 그 자체이다.

형법 제298조에 따라 경쟁에 반하는 합의에 기초하여 입찰에 참가하는 행위가 금지되기 때문에, 동조는 주로 사기행위(Betrug)의 이전 단계에 적용된다. 그럼에도 불구하고 이론상으로는 입찰담합에 형법 제263조 제1항에 따른 사기죄의 구성요건이 추가로 충족될 수 있다.[55] 다만, 전술한 바와 같이 사기죄에 요구되는 재산상 손해(Vermögensschaden)를 입증하기가 곤란하여 실무상 입찰담합에 형법 제263조를 적용한 예는 없었다. 더구나 입찰에 관한 합의에도 불구하고 결과적으로 적정한 가격에 낙찰이 이루어진 경우에는 통상 사기죄가 성립할 수 없다는 것도 난점으로 지적되고 있다.

3. 자신신고감면제도

카르텔이란 은밀하게 행해지는 것이어서, 일반적으로 적발이나 입증이 용이하지 않다. 이 문제를 해결하기 위하여 마련된 것이 바로 자진신고감면제도(leniency program)로서, 독일에서는 이를 증인규정(Kronzeugenregelung) 또는 보너스규정(Bonusregelung)이라 한다. 보너스규정은 실무상 카르텔을 적발하고 경우에 따라서는 이를 사전에 방지하는 데에 매우 효과적인 것으로 평가받고 있다. 무엇보다 자진신고를 하지 않고 있다가 적발되었을 경우에 사업자가 부담할 벌금이 매출액의 10%에 달한다는 것은 매우 강력한 억지효과(abschreckende Wirkung)를 가질 뿐만 아니라,[56] 카르텔에 참가한 사업자 중 누구라도 경쟁당국에 이를 신고하고 자기는 벌금을 면제받게 됨으로써 카르텔 자체의 안정성이 유지되기 어렵기 때문이다. 독일에서는 자신신고를 적절히 유인하기 위해서 최초의 신고자만 벌금 전액을 면제받으며, 그 뒤의 신고자는 벌금을 일정부분 경감받을 수

---

55) Achenbach, WuW, 1997, S. 958, 959; Klusmann, in: Wiedemann, Handbuch des Kartellrechts, 2. Aufl., 2008, §56, Rn. 26. 반면, 이에 관한 문제제기로는 Lange, ZWeR, 2003, S. 352, 355 ff.

56) Ackermann, ZWeR, 2010, S. 329, 336 ff.

있을 뿐이다(이른바 Windhundprinzip).

구체적으로 벌금을 전액 면제받기 위해서 최초로 신고한 사업자는 계속해서 무제한적으로 경쟁당국의 조사에 협력하여야 하며, 카르텔을 주도하거나 다른 사업자에게 이를 강요한 자이어서는 안 된다. 즉, 주도자나 강요자는 자진신고하더라도 벌금감면의 혜택을 받지 못한다. 경쟁당국이 이미 카르텔의 혐의를 갖게 된 시점에 신고가 이루어진 경우에는 신고자가 초기의 혐의수준을 넘어서 경쟁당국이 카르텔을 확실히 입증할 수 있도록 한 경우에만 벌금의 전액면제가 부여될 수 있다. 그밖에 벌금 전액을 면제받을 수 없는 후순위 신고자는 경쟁당국의 조사에 계속해서 무제한적으로 협력함으로써 벌금의 최대 50%를 감경받을 수 있다. 실제 감경수준은 협력을 통하여 카르텔의 입증에 얼마나 추가적으로 기여하였는지[57]와 신고접수의 순위에 따라 정해진다.

이처럼 벌금의 부과 여부나 감경범위가 신고의 순서에 따라 좌우되고, 카르텔에 참가한 사업자는 종종 신고에 필요한 완전한 정보를 보유하고 있지 않기 때문에 보너스규정은 일정 기간 순위를 보장하는 장치를 두고 있다. 이를 흔히 마커 제도(marker system)라고 한다. 이때, 자진신고를 하고자 하는 자는 경쟁당국에 협력의 의사를 표시하고 카르텔의 종류와 기간, 상품 및 지역시장, 다른 참가사업자가 누구인지 등에 관하여 진술하게 된다. 이어서 자진신고를 하고자 하는 자는 신고접수확인증(Eingangsbestätigung)을 받게 되고, 연방카르텔청의 경우에는 8주 이내에 객관적인 요건에 부합하도록 신고를 완료하여야 한다. 이 기한 내에 신고가 완료되면 당초의 순위가 보장되고, 그 사이에 접수된 다른 사업자의 신고는 후순위로 밀리게 된다.

Ⅱ. 카르텔약정의 사법적 효력

1. 절대적 무효

경쟁제한방지법 제2조, 제3조의 예외조항이나 유럽기능조약 제101조 제3항의 예외요건을 충족하지 못하는 합의나 결의 등은 금지되고 사법상 무효이다(조약 제101조 제2항, 규칙 제1조 제1항). 이때, 금지란 당해 합의나 결의가 무효임을 의미하며, 카르텔은 처음부터 법률상 절대적으로 무효이고, 그 당연한 결과로 당사자 사이에도 아무런 효력이 없

57) 후순위 신고자가 행한 협력의 부가가치(Mehrwert)를 어떻게 구체적으로 판단할 것인지에 대해서는 Mitteilung der Kommission über den Erlass und die Ermäßigung von Geldbußen in Kartellsachen, ABl. 2006, Nr. C 298, 17, Tz. 25.

을 뿐만 아니라 참가사업자는 합의를 근거로 제3자에게 대항할 수도 없다. 이러한 무효의 효력은 장래에 향해서 뿐만 아니라 과거에 소급하여 미친다. 또한 카르텔금지란 공공의 이익을 위한 것으로서, 누구라도 당해 합의의 무효를 주장할 수 있다.

반면, 경쟁제한방지법 제2조, 제3조의 예외조항이나 유럽기능조약 제101조 제3항이 적용되는 경우에는 카르텔금지에 근거한 모든 민사적 제재를 받지 않게 되고, 따라서 당해 합의나 결의가 무효로 되지 않을 뿐만 아니라 금지청구나 손해배상의 대상이 되지도 않는다. 다만, 예외를 인정받지 못하거나 예외인정기간이 경과하거나 예외처분이 취소[58] 된 때에는 예외요건을 충족하지 못하는 경우와 마찬가지로 해당 카르텔은 무효로 된다.

2. 무효의 범위

합의나 결의 중에서 경쟁제한방지법 제1조나 유럽기능조약 제101조 제1항에 위반되는 조항만이 무효로 되기 때문에(조약 제101조 제2항, 규칙 제1조 제1항), 언제나 합의의 일부무효(Teilnichtigkeit) 여부가 문제된다. 일부무효 여부는 특히 교환계약에 수반되는 수직적 경쟁제한에서 중요한 의미를 가지게 된다. 유럽경쟁법상으로는 합의나 결의 중 나머지 부분은 경쟁제한적인 조항과 실질적으로 분리될 수 없는 경우에만 무효로 될 뿐이라는 의미에서 민법상 일부무효에 대한 특례가 인정되고 있다.[59] 무효의 범위에 관한 기타의 사항은 회원국의 국내법에 따라 정해진다. 독일의 경우에는 민법 제139조 이하 및 제306조에 따라 나머지 계약조항이 경제적으로 독자적인 의미가 없는 경우에만 계약 전체가 무효로 된다는 의미에서 전부무효는 다분히 예외적이다.[60]

구체적으로 살펴보면, 경쟁제한방지법 제1조는 카르텔합의나 결의를 금지하고 있고, 독일 민법 제134조(강행법규 위반; Gesetzliches Verbot)에 따라 동법에 반하는 합의나 결의는 원칙적으로 무효이다. 나머지 계약부분의 사법상 효력에 대해서는 독일 민법 제139조(일부무효; Teilnichtigkeit)에 따라 정해지는바, 당사자의 의사가 무효인 조항이 없더라도 당해 계약을 유지하고자 할 것인지 여부에 따라 달라진다. 그런데 기업실무에서는 불확실성을 피하기 위하여 일반적으로 계약서에 이른바 보충조항(salvatorische Klauseln)을 기재한다. 보충조항에는 통상 개별 조항이 무효가 되더라도 계약 전체의 효력은 그

58) 일괄예외규칙이 적용된 어떤 합의가 더 이상 조약 제101조 제3항에 부합할 수 없게 된 때에는 위원회가 예외에 따른 법률상 이익을 박탈할 수 있다(규칙 제2003/1호 제29조 제1항). 연방카르텔청도 일괄예외를 박탈할 수 있는 권한을 갖는다(GWB 제32조d). 다만, 한번 예외로 인정된 합의가 추후 취소되는 경우란 지극히 이례적이다.

59) EuGH 28.2.1991, Slg. 1991 I-977, Tz. 40 “Delimitis/Henninger Bräu”.

60) BGH 21.2.1989, NJW-RR 1989, 998 f. “Kaschierte Hartschaumplatten”.

영향을 받지 않고 유지된다는 내용이 포함된다. 계약서에 보충조항이 포함된 경우에는 독일 민법 제139조를 따져볼 필요가 없다.[61] 그밖에 경쟁제한적인 합의가 약관에 포함된 경우에는 독일 민법 제306조에 따라 원칙적으로 해당 약관조항만 무효로 되고, 나머지 계약부분은 유효하게 존속하게 된다.

유럽이나 독일에서 모두 경쟁제한적인 합의를 실행하거나 그 내용을 확대 또는 강화하는 내용의 각종 이행계약(Ausführungsvertrag) 또한 금지되는 바, 대표적으로 문제되는 예가 라이선스계약이나 배타조건부구속이다. 이러한 이행계약은 경쟁제한의 결과에 불과한 제3자와의 계약을 가리키는 이른바 후속계약(Folgevertrag)과 구별된다. 후속계약의 경우 통상적으로 카르텔에 참가하지 않은 제3자와 체결되는 합의로서 거래의 안전을 고려하여 원칙적으로 유효한 것으로 이해되고 있다.

카르텔합의가 독일 상법 제105조 이하 및 민법 제705조 이하에 따른 회사계약(Gesellschaftsvertrag)의 형태로 체결되거나 사단법인의 정관인 경우에는 사법상 효력과 관련하여 특수한 난점이 발생한다. 인적 회사(Personengesellschaften)의 경우 경쟁제한방지법 제1조 위반은 민법 제134조에 따라 원칙적으로 회사계약 전체의 무효를 가져온다. 판례에 따르면 대외적으로나 대내적으로 '하자있는 회사의 법리'(Grundsätze der fehlerhaften Gesellschaft)가 적용될 여지는 전혀 없다.[62] 공공의 이익을 보호해야 할 법률상의 금지를 위반한 것이기 때문이다. 그런데 판례에 따르면 경쟁제한방지법 제1조에 반하는 회사계약은 처음부터(ex tunc) 무효로 되기 때문에, 원상회복에 있어서 적지 않은 문제를 야기할 수 있다. 따라서 다수설은 이 경우에도 하자있는 회사의 법리를 적용해야 한다고 한다.[63] 무엇보다 금지처분과 벌금을 통해서만 충분히 법위반행위의 실행을 막을 수 있다는 점이 그 이유이다. 그에 따르자면 유한책임회사나 주식회사 또는 조합의 정관은 경쟁제한방지법 제1조에 위반되더라도 무효로 되지 않게 된다. 이 경우 경쟁제한방지법 위반은 단지 주식법 제275조 이하, 유한책임회사법 제75조 이하, 조합법 제94조 이하, 가사절차법(FamFG; Gesetz über das Verfahren in Familiensachen und in den Angelegenheiten der freiwilligen Gerichtsbarkeit) 제393조 이하의 특별조항에 따라 형성의 소(Gestaltungsklage) 또는 직권말소절차나 직권취소절차(Amtslöschungs-bzw. Amtsaufhebungsverfahren)를 통해서 설립의 무효를 주장할 수 있는 근거가 될 뿐이다.

---

61) BGH 24.9.2002, WuW/E DE-R 1031 f. "Tennishallenpacht".
62) BGH 4.3.2008, WuW/E DE-R 2361; 13.11.1990, WuW/E BGH 2675, 2678 "Nassauische Landeszeitung".
63) Zimmer, in: Immenga/Mestmäcker, Kommentar zum Deutschen Kartellrecht, 4. Aufl., 2007, §1, Rn. 334.

Ⅲ. 배제 및 금지청구

유럽의 절차규칙 제2003/1호의 도입과 경쟁제한방지법 제7차 개정 과정에서 종래 경쟁당국의 처분을 통한 예외인정시스템(Administrativfreistellung)이 폐지되고, 그 대신 법률상 예외시스템(Legalausnahme)이 도입되었다. 그 결과 경쟁제한적 합의 등에 대한 행정적인 규제강도는 감소되었고, 그로 인한 경쟁보호의 약화를 방지하기 위하여 카르텔금지 위반의 경우 민사적 제재수단이 확대되었다.

구체적으로 경쟁제한방지법을 위반한 경우에 배제청구권(Beseitigungsabspruch)이 인정되고, 법위반행위가 반복될 우려가 있는 때에는 금지청구 역시 가능해졌다(GWB 제33조 제1항). 이때의 금지청구는 예방적인 것(vorbeugender Unterlassungsanspruch)을 포함하는 것으로서, 법위반의 우려가 있는 때에도 가능하다. 보호법규를 위반하였을 것은 금지청구권 행사의 요건이 아니다(동조 제1항 2문).

배제 및 금지청구를 할 수 있는 자는 원칙적으로 경쟁제한방지법 제33조 제1항 3문이 정하는 이해관계자(der Betroffene)이어야 하며, 이해관계자란 경쟁사업자나 기타 시장참가자로서 법위반행위로 인하여 자신의 이익이 저해될 우려가 있는 자를 말한다. 그 밖에 금지청구를 할 수 있는 자의 범위는 동법이 정하는 일정한 단체까지 확대되어 있다(GWB 제33조 제2항). 실무상 금지청구 등이 활용되는 대표적인 사례는 공급거절이나 필수설비에 대한 접근거절 또는 단체가입의 거부 등이다.

Ⅳ. 손해배상책임

1. 개 관

유럽법원은 일관되게 경쟁법을 통한 사인, 즉 개별 시장참가자의 이익보호를 강조하고 있다. 자신의 권한범위 내에서 공동체법을 적용해야 하는 회원국의 법원으로서는 유럽법이 제대로 작동하도록 보장하여야 하고 공동체법이 사인에게 부여한 권리를 보호하는데 만전을 기해야 한다. 그런데 유럽법원에 따르면 유럽기능조약 제101조와 제102조의 완전한 실효성(volle Wirksamkeit)은 무엇보다 카르텔 등으로 인하여 사인에게 발생한 손해를 충분히 배상받을 수 있는 경우에 가능하고, 그렇지 않을 경우 유럽경쟁법의 가치가 심각하게 저해될 수 있다.[64] 그런데 유럽공동체법, 구체적으로 유럽기능조약에는 경쟁법 위반에 따른 손해배상에 관한 규정이 없기 때문에, 유럽경쟁법의 직접적인 적용으로 인하여 사인에게 발생한 권리보호를 보장하는 것은 결국 회원국의 국내법에 달린 문제이다.

독일의 입법자는 경쟁제한방지법 위반을 비롯하여 유럽기능조약 제101조, 제102조 위반에 따른 손해배상에 대하여 이러한 유럽법원의 태도에 나름 부응하고자 노력하였다. 그 결과 경쟁제한방지법 제33조 제1항 3문은 동법 제1조나 제19조, 유럽기능조약 제101조나 제102조 등이 비록 특정 사인의 이익을 보호하기 위한 법규, 이른바 보호법규(Schutzgesetz)는 아니더라도 경쟁사업자 및 기타 시장참가자를 보호하여야 한다는 점을 분명히 하고 있다. 즉, 2005년 경쟁제한방지법 개정으로 법위반행위로 피해를 입은 자는 누구나 손해배상을 청구할 수 있게 되었고, 종전의 보호법규(Schutzgesetz) 요건은 삭제되었다(법 제33조 제3항 1문).[65] 그에 따라 법위반행위가 발생한 경우, 카르텔이든 시장지배적 지위남용과 같은 일방적 행위든 상관없이 그 전후의 거래단계에 있는 누구라도 금지청구나 손해배상청구를 할 수 있게 되었다. 다만, 법위반사업자와 직접 거래관계에 있는 자만이 손해배상을 청구할 수 있는지, 아니면 법위반행위로 인하여 간접적으로 피해를 입은 자도 손해배상을 청구할 수 있는지에 대해서는 동법에 명문의 규정이 없어 해석상 다툼의 소지가 있다.[66]

손해배상청구권의 소멸시효는 따로 정하지 않고 있는바, 독일 민법 제195조, 제197조가 준용되어 원칙적으로 3년, 예외적으로 30년의 소멸시효가 적용된다. 그러나 경쟁제한방지법은 소멸시효의 정지(Hemmung)에 관한 규정을 두고 있으며(GWB 제33조 제5항), 별도의 연체이자 지불의무를 규정하고 있다(GWB 제33조 제3항 4문).

한편, 경쟁정책적인 관점에서 유의할 것은 카르텔금지가 독일에서든 유럽에서든 오래전부터 주로 행정청에 의해서 집행되어 왔다는 점이다. 행정청이 일차적으로 법위반을

64) EuGH 20.9.2001, Slg. 2001 I-6297, Tz. 26 "Courage"; 13.7.2006 Slg. 2006 I-6619, Tz. 57 ff. "Manfredi".

65) 구법 하에서 손해배상청구가 거의 이루어지지 않은 이유의 하나로 "보호법규위반"이라는 요건이 지적되었다. 예컨대, 카르텔의 경우에도 그것이 일정한 거래상대방을 겨냥한 경우에만 그들이 손해배상을 청구할 수 있을 뿐이었고, 그 결과 카르텔의 효과가 불특정다수에게 미치는 경우에는 손해배상의무가 발생할 여지가 없었다. F. Bulst, Private Kartellrechtsdurchsetzung durch die Marktgegenseite, NJW, 2004, S. 2201 ff. 참조; Köhler, Haftung der Kartellteilnehmer gegenüber indirekten Abnegmern, GRUR, 2004, S. 99, 104.

66) 반면, 간접적인 거래상대방에 대하여 원고적격을 부인하는 견해로는 Kahlenberg/Haellmigk, Kartellverstöße, ihre Folgen und die Bußgeldbessung nach europäischem und deutschem Recht, BB, 2005, S. 1509. 반대로 원고적격을 폭넓게 인정하는 견해로는 J. Herrlinger, Änderung der 7. GWB-Novelle im Rahmen des Gesetzgebungsverfahrens, WRP, 2005, S. 1136 참조.

적발하여 조사하고 최종적으로 제재를 부과했던 것이다. 동일한 법위반행위에 대하여 벌금절차가 확정적으로 종료되지 않은 때에도 피해자는 손해배상을 청구할 수 있는바,[67] 비교적 최근에 와서야 사업자나 소비자와 같은 사인이 경쟁법의 집행을 어떻게 보완할 수 있는지가 논의되기 시작하였다. 주된 배경은 여기서도 법률상 예외시스템으로의 변화이다.[68] 이러한 변화를 모색하는 과정에서 유럽집행위원회의 우선적인 목표는 규제강도나 상당 수준의 억지력을 유지하기 위해서 처음부터 경쟁법의 집행에 대한 사인의 참여를 개선하고 이를 통하여 공적 집행의 감소를 상쇄하는 것이었다.

그간 유럽에서는 사적 집행(private enforcement)이라는 슬로건 하에 여러 가지 대안이 논의되어 왔으나, 대체로 경쟁법 위반에 대하여 사인에게 소를 제기할 상당한 유인을 제공하고 있는 미국의 예가 소개되어 왔다. 대표적인 제도가 3배배상(treble damage), 집단소송(class action), 그리고 사전개시절차(pretrial discovery)이다. 미국에서는 독점금지법 위반에 대한 사인의 손해배상청구가 1890년 셔먼법 제7조 및 1917년 클레이튼법 제4조에 따라 허용되어 왔고, 현재도 대부분의 독점금지사건은 사소로 해결되고 있으나, 유럽 내에서 이러한 시스템의 장·단점과 수용가능성에 대해서는 꾸준히 논란이 이어지고 있다.

끝으로, 손해배상청구권은 경쟁제한방지법 제33조 외에도 일반 불법행위를 근거로 인정될 수도 있다. 그러나 경쟁제한방지법 제33조 제3항은 민법 제823조 제2항(보호법규 위반에 대한 손해배상)에 대하여 원칙적으로 특별법(lex specialis)의 지위를 갖기 때문에 전자가 우선하여 적용된다.

(2) 손해배상청구의 요건

경쟁제한방지법 제33조에 따른 손해배상청구를 이해하기 위하여 살펴보아야 할 요건 내지 쟁점으로는 다음과 같은 네 가지를 들 수 있다. 먼저, 원고적격(Aktivlegitimation)으로서, 피해자인 원고는 경쟁사업자이거나 기타 시장참가자이어야 한다. 이어서 원고는 독점금지법 위반, 이를테면 경쟁제한방지법 제1조 위반의 사실을 증명할 수 있는 증거를 제출하여야 하고, 사업자에게 귀책사유가 인정되면 최종적으로 원고가 자신이 입은 손해를 상당인과관계의 범위 내에서 입증하여야 한다. 여기서는 원고적격과 귀책사유를 살펴보고, 나머지는 항을 바꾸어 다루기로 한다.

우리나라와 달리 독일법상 원고적격은 손해배상청구의 요건으로서 적어도 카르텔 등

67) OLG Düsseldorf 3.5.2006, WuW/E DE-R 1755, 1757 "Zementkartell".
68) 법률상 예외시스템에서는 카르텔약정 등에 대하여 별도의 예외인정절차가 존재하지 않는다.

경쟁제한행위가 문제되는 경우에는 그리 쉽게 충족되지 않는다. 경쟁제한방지법은 원고적격이 있는 자로서 법위반행위와 관련된 자, 이른바 이해관계자(Betroffenen)를 언급하면서, 경쟁사업자와 그밖의 시장참가자를 명시하고 있다(GWB 제33조 제1항 3문, 제3항). 경쟁사업자(Mitbewerber)란 카르텔이나 시장지배적 지위남용을 행한 사업자와 경쟁관계에 있는 모든 사업자를 말하고,[69] 그밖에 관련된 시장참가자(sonstiger Marktbeteiligter)로는 카르텔이나 남용행위로 인하여 자신의 이익을 침해받는 공급자나 구매자, 최종소비자를 들 수 있다.

그런데 당초 독일의 입법자는 관련성(Betroffenheit)이라는 기준을 통하여 잠재적인 원고의 범위를 의도적으로 넓히고자 하였다. 입법취지에 따르자면 심지어 금지되는 카르텔합의에 참가한 일방당사자가 다른 카르텔참가자를 상대로 손해배상을 청구하더라도 처음부터 민법 제242조(신의칙에 따른 급부이행; Leistung nach Treu und Glauben)가 말하는 신의칙 위반이라고는 볼 수 없게 되는 것이다. 그러나 유럽법원은 이와 달리 스스로 경쟁침해에 상당한 책임을 지는 자에게는 그와 같은 청구권이 허용되지 않는다고 판시한 바 있다.[70] 결국 독일에서도 카르텔에 참가한 사업자의 책임 정도를 적절히 고려하여 구체적인 사안에 따라 원고적격 판단이 달라질 것이다.

한편, 경쟁제한방지법 제33조 제3항의 손해배상청구는 가해자인 사업자의 귀책사유, 즉 고의나 과실을 요한다. 판례는 일찍이 귀책사유 없는 법률의 착오를 매우 엄격한 기준에 따라 제한적으로 판단하고 있다.[71]

(3) 법위반행위의 입증

원고인 이해관계자는 경쟁제한방지법 위반행위의 존재를 입증하여야 한다. 이른바 후속소송(Folgeklage)에서 이해관계자는 경쟁제한방지법 제33조 제4항을 원용할 수 있는바, 동항에 따라 동법 위반을 확인하는 경쟁당국의 확정된 처분은 피해자의 손해배상청구소송에서도 구속력을 갖는다. 즉, 동법 제33조 제4항은 후속소송에 대해서 법위반사실의 확인에 관한 한 구성요건적 효력(Tatbestandswirkung)을 갖는다. 다만, 외국 경쟁당국의 결정은 독일에서 발생한 손해에 대해서는 이와 같은 효력을 갖지 않는다.

그밖에 다른 요건, 특히 인과관계나 손해액의 산정은 법원의 자유심증(freie

---

69) Emmerich, in: Immenga/Mestmäcker, Kommentar zum Deutschen Kartellrecht, 4. Aufl., 2007, §33, Rn. 13 ff.
70) EuGH 20.9.2001 "Courage", Slg. 2001 I-6297, Tz. 30, 34-36.
71) BGH 16.12.1986, WuW/E BGH 2341, 2343-2345 "Taxizentrale Essen".

Beweiswürdigung)에 따른다. 그런데 피해자는 흔히 카르텔이나 남용행위의 존재, 구조, 기간 및 방식 등에 관하여 주장 및 입증상의 어려움을 겪게 된다.[72] 따라서 피해자는 통상 연방카르텔청의 벌금처분에 의지하게 되고, 실제로 당국의 조사가 이루어지지 않는 한 손해배상청구는 거의 제기되지 않는다.

(4) 손해 및 손해액의 입증

원칙적으로 피해자가 손해배상청구소송에서 자신이 법위반행위로 입은 피해를 입증하여야 함은 전술한 바와 같다. 예컨대, 카르텔합의로 인하여 거래상대방인 고객이 피해를 입은 경우에, 피해자는 그러한 카르텔이 시장을 왜곡하지 않았더라면 자신이 지불하였을 가격을 주장하여야 한다. 즉, 가설적 시장가격(hypothetischer Marktpreis)이 제시되어야 하는 것이다. 실무에서는 여러 가지 손해액 산정기법이 활용되고 있는바, 비교시장접근법(Vergleichsmarktanalyse)과 다중회귀분석법(multiple Regressionsanalyse)이 주로 사용된다.

이어서 독일 민사소송법 제287조에 따라 손해의 범위를 판단함에 있어서 가해 사업자가 카르텔이나 남용행위로 얻은 이익의 일정 부분(anteiliger Gewinn)이 고려될 수 있다(GWB 제33조 제3항 3문). 이것은 이른바 차액설에 따라 피해자의 손해액을 산정하기가 매우 곤란한 경우에도 손해배상을 용이하게 하려는 취지로 도입된 것이다.[73] 이때 피해자는 가해자가 얻은 이익이 자신의 구체적인 손해와 부합한다는 점까지 입증할 필요는 없다. 이러한 방법으로 손해액 산정의 기초로서 차액설에 따른 가설적 시장가격의 조사에 따르는 난점이 상당 부분 완화되어 있다. 가해자가 법위반행위로부터 얻은 이익은 원칙적으로 법위반기간에 발생한 매출액에서 생산비용과 운영비를 제하는 방법으로 산정한다. 법위반행위가 없었더라도 발생하였을 공통비용이나 기타 운영비는 공제하지 않는다. 복수의 피해자가 존재하는 경우에, 개별 피해자는 가해 사업자가 얻은 이익의 일정 비율을 청구할 수 있을 뿐이다.

끝으로, 상품이나 서비스의 구매자인 피해자는 그 다음 거래상대방에게 보다 높은 가격을 책정하는 방법으로 그 부담을 전가할 수 있었더라도 자신이 일차적으로 입은 손해액 전부를 청구할 수 있다(GWB 제33조 제3항 2문). 이는 미국 독점금지법상 전가의 항

---

72) Dreher, ZWeR, 2008, S. 325.

73) T. Lübbig, Die zivilprozessuale Durchsetzung etwaiger Schadensersatzansprüche durch die Abnehmer eines kartellbefangenen Produktes, WRP, 2004, S. 1254; T. Lettl, Zusammenfassung von "der Schadensersatzanspruch gemäß §823 Abs. 2 BGB i.V. mit Art. 81 Abs. 1 EG, ZHR, 2003, S, 473, 486.

변(passing on defence) 금지의 원칙에 상응하는 것이다. 즉, 2005년 개정법은 카르텔 등 법위반행위로 인하여 인상된 가격으로 구입한 상품이나 서비스가 그 다음 거래단계에서 재판매된 경우에도 당초의 손해가 배제되지 않음을 명시함으로써, 독일에서는 이른바 손해전가의 항변이 인정되지 않는다. 그에 따라 가해자는 청구되는 손해액을 줄이기 위하여 자신의 이익이 최종구매자의 손해배상청구로 인하여 상쇄될 것임을 주장할 수 없다. 다만, 이러한 입법태도는 카르텔 피해자에게 발생할 수 있는 다중이익(mehrfache Bereicherung), 즉 피해자집단에 따라 여러 번에 걸쳐 피해를 구제받는 상황을 어떻게 정당화할 수 있는지에 관한 근본적인 문제를 안고 있다.

독일의 사적집행시스템과 불공정거래 행위

독일에서 사적집행의 수단으로는 금지 및 배제청구, 손해배상을 들 수 있으며, 후술하는 부당이득환수 또한 비록 국고에 귀속되는 것이기는 하나 사인(일정한 사업자단체 및 소비자단체)이 법원에 소를 제기하는 형태라는 점에서 광의의 사적집행에 해당되는 것으로 이해할 수 있다.

종래 우리나라에서는 불공정거래행위(특히, 거래상 지위남용)가 사적 분쟁의 성격이 강한데 반하여 신고사건이 과다하여 공정거래위원회가 카르텔이나 시장지배적 지위남용 등 중대한 법위반사건에 역량을 집중하기 어렵다는 이유로 불공정거래행위를 중심으로 사적집행의 확대를 주장하는 견해가 적지 않았다. 그리고 불공정거래행위와 유사한 행위를 부정경쟁방지법에서 따로 규율하고 있는 독일의 입법례 또한 금지청구와 손해배상이라는 사적집행수단에 의지하고 있다는 점이 지적되기도 하였다.

그런데 여기에는 적지 않은 오해가 있어 보인다. 1896년 제정된 독일의 부정경쟁방지법은 당초 법위반행위에 대하여 형사벌을 정하고 있었고, 1909년에 개정되어 현재까지 금지청구나 손해배상 외에 일정한 법위반행위에 대해서 여전히 형사벌을 규정하고 있다. 지금도 허위광고나 피라미드판매를 비롯한 여러 법위반행위에 대해서 벌금과 자유형을 포괄하는 형사벌이 규정되어 있고, 제17조(영업비밀의 누설)와 제18조(거래상 취득한 도면이나 기술 등의 유용), 제19조(제17조, 제18조 위반행위의 교사 및 권유) 위반에 대해서는 피해자의 고소 없이도 예외적으로 특별한 공공의 이익을 이유로 기소가 가능한 반면, 나머지는 처음부터 친고죄에 해당하지도 않는다. 물론 부정경쟁방지법의 경우에는 경쟁제한방지법과 달리 별도의 관할 행정관청이 존재하지 않기 때문에, 법위반행위에 대한 행정처분이나 질서위반행위로서의 벌금이 부과될 수는 없으나, 소비자의 명시적인 사전동의 없이 이루어지는 위법한 전화광고(Telefonwerbung)에 대해서는 연방망규제청(Bundesnetzagentur; BNetzA)의 벌금과 더불어 부정경쟁방지법상 형사벌이 병과될 수 있다. 그밖에 최근 독일에서는 영국의 공정거래청(Office of Fair Trading)이나 미국의 연방거거래위원회 등을 염두에 두고, 연방카르텔청의 개입필요성을 주장하는 견해도 제시되고 있다.

이처럼 불공정거래행위라고 하여 전적으로 사적집행에 맡겨야 한다는 논리는 외국의 입법례에 적절히 부합하는 것도 아니며 그 자체가 이론적인 근거를 갖고 있는 것도 아니다. 이 문제에 관한 한 결국 불공정거래행위에 대한 문제인식과 법전통 등에 따라 각국마다 최선의 집행체제를 마련하고 있는 것으로 보인다. 우리나라에서도 사적집행의 활성화차원에서 손해배상을 활성화하는 등의 노력이 이루어졌고, 불공정거래행위를 중심으로 한국공정거래조정원을 통한 해결을 도모하고 있다. 다만, 이처럼 사적집행의 강화가 공정거래위원회 중심의 공적 집행을 대체하는 것은 아니며, 최근 공정거래법 개정을 통하여 전속고발권을 실질적으로 일부 완화한 데에서도 알 수 있듯이 공정거래위원회 외에 법원이나 검찰의 집행참여를 확대함으로써 공적집행을 강화하려는 노력 또한 이루어지고 있음에 유의할 필요가 있다.

제 4 장

수직적 경쟁제한

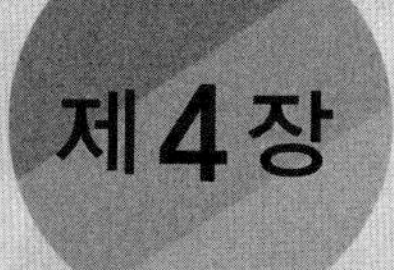

제4장 수직적 경쟁제한

제1절 총 설

I. 수직적 경쟁제한의 개념과 특성

1. 수직적 경쟁제한의 개념

수직적 경쟁제한 내지 수직적 거래제한(vertical restraints)이란 경쟁법·정책에 있어서 널리 사용되는 만큼이나 그 개념이 명확한 것은 아니다. 수직적 경쟁제한은 흔히 경쟁관계가 아닌 거래관계에 있는 사업자간에 행해지는 경쟁제한행위로 이해되기도 하고, 경쟁제한의 효과가 참가사업자가 속한 시장이 아니라 그 거래상대방이 속한 시장에 미치는 경쟁제한행위를 지칭하기도 한다.

그런데 '수직적'이라는 용어의 의미는 수평적 경쟁제한, 대표적으로 카르텔과 다른 고려요소로 흔히 제시되고 있는 이른바 '브랜드내 경쟁제한'(intra-brand restraints of competition)의 맥락에서 이해하여야 수직적 경쟁제한을 규제하는 경쟁법의 취지에 부합하면서 동시에 명확한 개념정의가 가능할 것이다. 이 경우 수직적 경쟁제한은 그 효과를 중심으로, 즉 경쟁제한효과가 수직적 거래관계에 있는 거래상대방이 속하는 시장에 나타나는 행위로 이해하는 것이 일응 타당할 것이다.

이때 브랜드내 경쟁제한은 '브랜드간 경쟁제한'(inter-brand restraints of competition)을 수반하지 않는 경우가 많고, 이를 수반하는 경우에는 별도의 법위반행위를 구성하게 된다. 예컨대, 어떤 제조업자가 판매업자에게 재판매가격유지의무를 부과하면서 동시에 다른 제조업자의 물품구입을 금지하는 경우에는 구속조건부거래가 추가로 문제될 수 있고, 시장지배적 사업자가 약탈적 가격을 효과적으로 실행하기 위하여 재판매가격유지의무를 부과하는 경우에는 시장지배적 지위남용이 함께 문제될 수 있을 것이다.

한편, 독일에서는 경쟁사업자간의 합의로 인하여 거래상대방의 경쟁이 직접 제한되는 경우에도 이를 수직적 경쟁제한으로 파악할 수 있는지가 문제된바 있다. 대표적으로 경쟁관계에 있는 사업자들이 자신들의 구매처를 특정 사업자로 제한하는 합의를 한 경우로서, 이른바 구입구속(Bezugsbindung)이 거래단계를 달리하는 상대방의 거래기회를 배제하는 경우를 상정할 수 있다. 공동구매 내지 공동조달도 종국에는 이러한 유형의 하나로 이해할 수 있을 것이다. 그러나 이때 거래상대방의 경쟁이 제한되는 원인은 바로 합의한 사업자들간에 이른바 수요경쟁(Nachfragewettbewerb)이 제한된 것에서 찾을 수 있다는 점에서 이와 같은 합의는 그 실질에 있어서 수평적 경쟁제한에 해당하게 된다.

2. 수직적 경쟁제한의 특성: 경제활동의 자유와 자유경쟁의 긴장관계

제조업자는 다양한 동기에 의하여 판매업자와 경쟁제한적인 사항을 합의하게 된다. 제조업자는 판매망을 확보하기 위하여 구입의무, 최소구매물량 등을 합의하게 되고, 특히 최소구매물량을 구입하도록 하는 경우에는 중소판매업자를 배제하는 방식으로 판매시스템의 합리화를 가져올 수도 있다. A/S를 비롯한 고객서비스를 제고하고자 하거나 제품이미지를 중시하는 제조업자는 오로지 일정한 자본, 시설, 전문인력 등의 요건을 갖춘 판매업자와 선택적으로 대리점계약을 체결할 수도 있다. 그리고 판매업자로서는 특정 제품의 판매전망이 좋고 브랜드내 경쟁으로부터 어느 정도 보호받을 수 있는 경우에 자신의 노력을 특정 제조업자의 제품에 집중할 유인을 갖게 될 것이다.

제조업자에게는 자신의 판매업자들간에 과도한 경쟁을 제한하려는 가격정책상의 유인도 존재할 수 있다. 일반적으로 브랜드내 경쟁이 치열해지면 판매업자는 해당 브랜드 제품에 대하여 가격인하의 압력을 받게 되고 경우에 따라서는 다른 브랜드의 제품으로 거래처를 전환할 유인을 갖게 되기 때문이다. 이처럼 다양한 유인에도 불구하고 제조업자는 일반적으로 경쟁법에 반하지 않으면서 최대한의 계약자유를 누릴 수 있도록 마케팅 전략을 수립하는 데에 관심을 가지게 된다.

판매방식을 정함에 있어서 제조업자와 판매업자의 이해관계가 언제나 일치하지는 않는다. 판매업자에게는 고객에게 어떤 제품을 공급하는지가 가장 중요하고, 일반적으로는 서로 경쟁관계에 있는 제조업자의 다양한 제품을 구비하여 고객이 폭넓게 선택할 수 있도록 하는 것이 자신의 매출증대에 보다 효과적이다. 반면, 제조업자의 입장에서는 판매업자가 오로지 자신의 제품판매에 집중해주는 것이 이상적일 것이다. 또한 제조업자로서는 판매업자가 고객서비스를 확대해주도록 기대할 것이지만 다른 판매업자는 이를 위한 비용을 부담하지 않는 대신 낮은 가격을 책정하는 식의 무임승차로 나아갈 수도 있다. 특정 브랜드를 취급하기 위한 투자 또한 마찬가지여서 판매업자로서는 독점판매권을 갖거나 적어도 당해 브랜드를 취급하는 판매업자의 수가 제한되는 식으로 투자비를 안정적으로 회수할 가능성이 보장되기를 바랄 것이지만, 이와 반대로 제조업자로서는 보다 많은 유통경로를 확보하고 싶어할 수 있다.

소비자의 이해관계 또한 그리 간단하지 않다. 대체로 소비자에게는 가격이나 품질 면에서 가능한 많은 선택가능성이 제공되는 것이 유리할 것이다. 그러나 개별 소비자에 따라서는 선택가능성이나 품질보다는 낮은 가격이 매력적일 수도 있고, 반대로 높은 가격이라도 A/S의 편의성에 비중을 두고 선택할 수도 있다. 그렇다면 소비자의 관점에서 수직적 경쟁제한은 다양한 상품과 서비스를 결합함으로써 보다 폭넓은 선택가능성을 제공하거나 유통합리화를 통하여 가격을 인하할 수 있는 경우에 일견 바람직할 수 있을 것이다. 반면, 브랜드내 경쟁이 제한됨으로써 일정한 제품을 저렴하게 구매할 수 없게 될 경우에는 소비자에게도 불리할 수 있다.

이처럼 제조업자, 판매업자, 그리고 소비자의 이해관계가 복잡하게 얽혀있기 때문에 수직적 경쟁제한을 경쟁정책적으로 평가하는 작업은 오래전부터 논란의 대상이 되었다. 경쟁법을 두고 있는 나라마다 수직적 경쟁제한에 대한 태도가 다른 이유도 바로 여기에 있다. 그리고 현재는 미국을 비롯하여 유럽, 독일 등 대다수 국가가 수직적 가격구속에 대한 원칙적인 금지에서 벗어나 이를 제한적으로 허용하는 방향으로 전환하였다.

Ⅱ. 경쟁제한방지법의 태도

1. 개 관

유럽경쟁법, 즉 유럽기능조약 제101조 제1항과 달리 경쟁제한방지법은 전통적으로 수직적 경쟁제한을 금지하는 일반조항을 두지 않고, 2005년 제7차 법개정 이전까지 대표적으로 몇 개의 조항을 명시하고 있었다.

첫째, 구법 제14조(1998년 제5차 법개정 이전에는 제15조)는 가격 및 거래조건에 대한 수직적 구속(vertikale Bindung)을 예외요건 없이, 개별 사건에서 상당한 경쟁제한효과와 무관하게 금지하고 있었다. 이와 관련하여 출판물에 대한 가격구속, 즉 재판매가격유지 행위는 예외적으로 허용되었다(1998년 제5차 법개정 이전에는 제16조). 반면, 구법 제16조(1998년 제5차 법개정 이전에는 제18조)는 거래상대방에 대한 사용, 구매, 판매, 끼워팔기 등의 구속을 원칙적으로 허용하되, 매우 제한적인 요건 하에서만 연방카르텔청의 남용감독을 받는 것으로 규정하고 있었다. 구법 제14조가 거래상대방의 재판매계약에 대한 내용적 구속을 규제하는 것이라면, 구법 제16조는 거래상대방이 임의의 공급자로부터 구매하거나 임의의 고객에게 판매할 자유를 제한하는 행위를 규제하는 것이었다.

이처럼 계약내용구속(Inhaltsbindung)과 계약체결구속(Abschlußbindung)에 대한 이원적 접근방법은 2005년 7월 1일자로 시행된 제7차 개정법에서 적어도 외관상 완전 폐기되었다. 앞서 살펴본 바와 같이 제7차 법개정은 경쟁제한방지법을 유럽경쟁법에 폭넓게 조화시키기 위한 것이었고, 회원국간 거래제한과 같이 국내법에서는 의미 없는 요건만 제외한 채 구 유럽공동체조약 제81조를 거의 그대로 수용하였다. 아울러 수직적 경쟁제한에 대한 예외인정과 관련해서도 유럽차원에서 제정된 일련의 일괄예외규칙이 준용된다(GWB 제2조 제2항). 그 결과 경쟁제한방지법에 달리 정함이 없는 한 수직적 경쟁제한의 해석・적용에 관하여는 유럽경쟁법의 내용이 폭넓게 원용된다.

2. 시장지배적 지위남용과의 관계

그런데 경쟁제한방지법상 수직적 경쟁제한에 대한 규제태도를 이해하기 위해서는 남용규제에 관한 동법의 특징을 먼저 살펴보지 않으면 안 된다. 왜냐하면, 경쟁제한방지법은 시장지배적 사업자뿐만 아니라 수직적 경쟁제한이 흔히 문제되는 상대적으로 지배적인 사업자(relative Marktmacht)나 경쟁사업자와의 관계에서 우월적인 지위에 있는 사업자(überlegene Marktmacht)의 남용을 모두 남용규제의 범주에 포섭하고 있기 때문이다. 그런데 이들 남용규제는 대부분 수직적 경쟁제한의 성격을 갖기 때문에, 결국 경쟁제한방지법상 수직적 경쟁제한은 주로 남용규제의 차원에서 다루어지고 있는 것이다.

시장지배적 사업자도 거래상대방, 즉 판매업자와의 관계에서 자신의 유통시스템을 원칙적으로 자유롭게 구축할 수 있다. 다만, 시장지배적 사업자가 이를테면 배타적 구속(Ausschließlichkeitsbindungen)[1]을 통하여 경쟁사업자나 판매업자에 대하여 시장진입장

---

1) 배타적 구속은 공정거래법상 배타조건부거래에 상응하는 개념으로서, 수직적 경쟁제한의 대표적인 유형에 해당

벽을 높임으로써 봉쇄효과를 야기할 수 있다는 점에서 경쟁법적 한계로부터 자유롭지 않다. 그런데 경쟁제한방지법상 남용규제에는 유럽기능조약 제102조에 해당하는 내용 외에도 수직적 관계에서 거래상대방의 형성의 자유, 즉 경제활동의 자유를 제약하는 행위에 대해서 동법 제20조 이하가 포함되어 있다.

그 결과 1998년 12월 31일까지는 경쟁제한방지법 제20조 이하가 수직적 경쟁제한을 규제하는 핵심수단으로 기능하였으며, 주로 특수한 형태의 판매방식을 합의하는 것이 문제되었다. 그런데 제5차 법개정을 통하여 방해·차별금지로부터 보호를 받는 사업자의 범위가 중소사업자에 명시적으로 한정되었고, 그 결과 그때까지 브랜드내 경쟁촉진의 관점에서 실무에서 주로 활용되던 국외자소송(Außenseiterklage),[2] 즉 배타조건부거래에 의해 시장접근의 제한(Zugangsbeschränkungen)을 받는 제3의 판매업자가 소를 제기하는 방식은 대폭 그 의미를 상실하게 되었다.

3. 동법의 접근방법

경쟁제한방지법 제1조가 비록 수평적 경쟁제한뿐만 아니라 수직적 경쟁제한을 모두 포섭하고 있더라도 양자에 대한 동법의 접근방법은 전혀 상이하다. 그 이유는 무엇보다 수직적 경쟁제한은 본질적으로 카르텔에 비하여 경쟁상 위험을 야기할 소지가 적기 때문이다. 개별 수직적 합의는 통상 개별 거래상대방의 경쟁상 자유를 제한하는 데에 그치고, 카르텔의 경우와 달리 경쟁을 완전히 제거하기란 생각하기 힘들다.[3] 수직적 합의가 관련시장의 경쟁을 전면적으로 제거하는 경우란 이를테면 하나의 제조업자가 서로 경쟁관계에 있는 다수의 판매업자에 대하여 가격이나 판매지역 등을 제한하는 합의를 함으로써, 결국에는 카르텔과 유사하게 이들 판매업자들간의 경쟁이 제한되는 상황뿐이다.

이러한 맥락에서 경쟁제한방지법은 유럽경쟁법과 마찬가지로 수직적 경쟁제한에 대하여 동법 제2조 및 유럽기능조약 제101조 제3항에 근거한 일괄예외규칙에서 폭넓은 예외를 인정하고 있는 것이다. 한 가지 유의할 점은 독일이나 유럽에서 수평적, 수직적 경쟁제한의 구분은 여전히 중요한 의미를 갖는 반면, 공동행위 내지 합의와 단독행위의 구분은 이론적으로나 실무상 별다른 의미를 갖지 않는다는 점이다. 그 결과 독일의 경우 수

한다.

2) 아직 시장에 진입하지 않은 판매업자가 기존의 시장지배적 사업자가 부과한 배타적 구속 등으로 인하여 해당 브랜드를 취급할 수 없게 되는 경우에 전형적으로 브랜드내 경쟁제한이 발생하게 된다. 재판매가격유지행위의 경우에는 동일한 브랜드 내에서 판매업자들간에 가격경쟁이 제한되는 점을 지적할 수도 있다.

3) Kling/Thomas, Kartellrecht, 2007, S. 563.

직적 경쟁제한의 대부분은 합의의 유무와 상관없이 대체로 시장지배적 지위남용 차원에서 규제되고 있다.

제2절 | 수직적 경쟁제한의 금지

Ⅰ. 대표적인 행위유형

1. 가격구속의 금지

유럽기능조약 제101조 제1항과 마찬가지로 경쟁제한방지법 제1조는 제3의 공급자, 주로 판매업자에 대하여 가격이나 거래조건을 정해주는 합의를 금지하고 있다. 이른바 재판매가격유지행위에 대해서는 유럽경쟁법의 경우와 원칙적으로 동일한 기준이 적용되며, 독일에 특징적인 부분으로는 신문과 잡지에 대한 가격구속의 경우를 들 수 있다(GWB 제30조 참조).

그밖에 제조업자가 광고용으로 포장된 상품을 통상의 포장상품과 동일한 가격으로 판매하도록 판매업자를 사실상 구속하는 행위도 가격구속의 금지에 반한다.[4] 이와 동일한 맥락에서 가맹본부(Franchisegeber)가 스스로 자신의 영업에 대하여 경제상 위험을 부담하는 가맹점사업자(Franchisenehmer)의 부담으로 돌아가게 될 가격광고(Preiswerbung)를 하는 행위도 금지된다.[5]

2. 끼워팔기

경쟁제한방지법 제1조 위반이 문제될 수 있는 끼워팔기(Kopplungsbindung)란 이를테면 제조업자가 자신의 거래상대방인 판매업자에게 원래 계약의 목적물인 주상품(Kopplungsprodukt) 외에 다른 부상품(gekoppeltes Produkt)을 구매하도록 의무를 지우는 행위를 말한다. 이때 제조업자는 판매업자가 이른바 부상품을 함께 구매하는 경우에

---

4) BGH WuW/E DE-R 1101, 1104 "1 Riegel extra".
5) BGHZ 140, 342, 347 "Preisbundung durch Franchisegeber I"; BGH WuW/E DE-R 1170, 1174 "Preisbindung durch Franchisegeber II".

만 주상품을 판매하는 방식으로 구속의 실효성을 담보하게 된다. 이와 같은 끼워팔기는 통상 시장지배적 사업자의 남용으로 문제되어 왔으나, 유럽기능조약 제101조, 경쟁제한방지법 제1조의 수직적 경쟁제한에도 해당될 수 있다.[6] 2005년 경쟁제한방지법 개정 이후 끼워팔기에 관한 특칙이 사라졌기 때문에, 본서에서도 후술하는 시장지배적 지위남용 부분에서 상술하기로 한다.

Ⅱ. 지적재산권의 행사와 수직적 경쟁제한

지식재산권과 경쟁법의 관계에 대해서는 최근 독일 및 유럽에서도 많은 논의가 진행 중에 있다. 이 문제는 지식재산권의 대상과 내용, 보호범위와 경쟁법적 규제의 상관관계를 모색하는 것이다. 그런데 지식재산권, 이를테면 특허권의 실시허락을 위한 계약은 특허권자와 실시권자가 최종 상품시장에서 경쟁관계에 있는지와 무관하게 그 성질상 수직적 합의이고, 라이선스를 경쟁제한의 수단으로 이용하는 경우에 바로 수직적 경쟁제한의 문제가 발생하는 것이다.

전술한 바와 같이 2005년 제7차 법개정으로 경쟁제한방지법이 유럽경쟁법에 폭넓게 조화되면서, 유럽기능조약 제101조와 경쟁제한방지법 제1조는 병렬적으로 적용가능하게 되었고, 특히 유럽의 일괄예외규칙이 폭넓게 준용된다(GWB 제22조). 그에 따라 유럽의 「기술이전에 관한 일괄예외규칙」[7]은 회원국간 거래제한이 문제되지 않는 한 독일에서도 그대로 적용된다. 자세한 내용은 추후 발간될 유럽경쟁법에서 자세히 다루기로 한다.

---

6) 자세한 내용은 Commission, Guidelines on Vertical Restraints, OJ 2010 C 130/01, para. 214 ff.

7) Commission Regulation (EU) No 316/2014 of 21 March 2014 on the application of Article 101(3) of the Treaty on the Functioning of the European Union to categories of technology transfer agreements, OJ L 93, 28.3.2014, pp. 17-23.

제 5 장
시장지배적 지위의 남용 금지

제 5 장

시장지배적 지위의 남용 금지

제1절 | 총　　설

Ⅰ. 남용금지의 의의

1. 개　　관

경쟁제한방지법상 시장지배적 지위남용의 금지(GWB 제19조 이하)는 경쟁제한적 합의 등의 금지(GWB 제1조 이하), 기업결합규제(GWB 제35조 이하)와 더불어 동법의 3대지주에 해당한다. 독일에서는 불공정한 경쟁에 대해서 일찍이 1876년 이후 부정경쟁방지법(Gesetz gegen unlauteren Wettbewerb; UWG)이 별도로 규율하고 있다.

독일에서 남용규제는 시장에서 절대적으로나 상대적으로 경제상 우월한 지위를 가진 사업자에 대한 규범적 통제의 의미를 가진다. 남용행위란 경제적 효율성이나 기술혁신에 따른 내부적 성장(internes Wachstum)과 구별되며, 착취나 방해와 같이 자신의 경제력을 부당하게 행사하는 경우에 한하여 금지된다. 국가는 이미 형성된 시장지배력을 제거하지 않는 대신 시장지배적 사업자가 제3자의 경제적 자유를 침해하는 데에 자신의 지배력을 남용하지 않도록 방지할 책무를 진다는 인식에서 독일법상 남용규제의 성격을 추론할 수 있다.

경쟁제한방지법상 남용규제는 사후적 폐해규제이자 개별적인 시정만 가능하다는 점에서 처음부터 커다란 한계를 안고 있었으나, 다른 대륙법계 국가들과 마찬가지로 과거 독일에서는 은행법(Kreditwesensgesetz; KWG)이나 보험감독법(Versicherungsaufsichtsgesetz; VAG)에 따라 금융기관이나 보험회사의 지분적격성 심사에 따라 분할명령을 내리는 지극히 예외적인 경우를 제외하고, 대기업에 대한 분할제도(Entflechtung)는 존재하지 않았다. 그리고 2007년 경쟁제한방지법 제7차 개정으로 유럽의 절차규칙 제2003/1호 제7조 제1항 2문, 3문과 동일하게 남용행위에 대하여 기업분할을 포함한 구조적 조치(strukturelle Eingriffe)가 도입되었다. 그러나 독일의 입법자가 경쟁당국에게 대기업에 대한 분할권한을 부여하려는 취지는 아니었던 것으로 이해되고 있는데, 그 이유는 스스로의 힘으로 성장한 시장지배적 지위 그 자체를 법적으로 부정할 수는 없다는 점이었다.[1] 즉, 독일법은 일단 형성된 지배력을 주어진 것으로 받아들이고, 이러한 힘이 시장관계나 경쟁에 부정적인 효과를 미치는 경우에 이를 문제 삼을 뿐이다.

이러한 맥락에서 시장지배적 사업자는 그 존재의 규범적 정당성을 인정받는 대신 그 지배력을 남용하여서는 안되는 책무를 부담한다. 즉, 시장지배적 사업자는 부정경쟁방지법을 비롯하여 경쟁관련 법령을 폭넓게 준수하여야 하고, 이들 법령을 위반하는 행위는 원칙적으로 남용에 해당할 수 있다. 경우에 따라서는 지배력이 없는 일반사업자에게는 허용되는 행위가 시장지배적 사업자에게는 금지될 수도 있는바, 이러한 태도는 다분히 독일경쟁법에 고유한 법리에 기초하는 것이다. 시장지배적 사업자에게 '특수한 책임'(Sonderverantwortung; special responsibility)을 인정하는 것이 바로 그것이다.

일찍이 유럽법원도 인정한 바 있는 '특수한 책임'의 법리는 이미 구조적으로 유효경쟁이 곤란한 시장에서 지배력을 갖는 사업자는 자신의 시장행위가 경쟁에 미치는 효과가 다른 사업자들에 비하여 월등히 크다는 점에서 지배력이 없는 사업자에 비하여 더 이상 경쟁조건을 악화시키지 아니할 보다 높은 수준의 주의의무(Sorgfaltspflicht) 내지 추가적 배려의무(zusätzliche Rücksichtnahmepflichte)[2]를 진다는 것이다. 달리 표현하자면, 특히 방해남용과 관련하여 일반사업자는 성과와 무관한(leistungsfremd) 경쟁을 하더라도 그것이 경쟁을 침해하지 않는 한 허용되는 반면, 시장지배적 사업자는 거래상대방과의 관계에서 적극적으로 경쟁원리에 부합하지 않거나 자신의 성과와 무관한 시장행위를 하지 않을 의무를 부담하고,[3] 이를 위반한 때에는 원칙적으로 남용에 해당한다는 것이다.

1) BT-Drucks. 15/3640. S. 33.
2) Wiedemann, in: Wiedemann, Handbuch des Kartellrechts, 2. Aufl., 2008, §23, Rn. 38.
3) 이것은 곧 성과경쟁의 의무(obligation to compete on the merits)로 이해할 수 있다.

2. 남용금지의 목적

경쟁제한방지법 제19조 제1항은 유럽기능조약 제102조와 마찬가지로 하나 또는 복수의 사업자에 의한 시장지배적 지위의 남용을 일반적으로 금지하는 한편, 동조 제2항에서 대표적인 남용행위의 유형을 예시하는 태도를 취하고 있다. 그 결과 우리나라 공정거래법상의 열거주의에 비하여 독일에서는 일반조항을 통해서 다양한 형태로 나타나는 남용행위를 매우 폭넓게 규제할 수 있고, 동시에 예시조항을 통해서 불특정개념인 '남용' 여부의 판단과 법적용을 용이하게 할 수 있다는 장점이 있다. 그럼에도 불구하고 '남용'(Missbrauch)의 개념은 여전히 불확실하고, 그 결과 남용금지에 관한 일반조항은 법적 안정성과 예측가능성을 위태롭게 할 우려가 있다. 여기서 제19조 제1항이 일반사업자에게는 허용될 수 있는 경쟁행위를 행위주체가 시장지배적 사업자라는 이유로 금지하기 위한 기준을 밝히는 것은 연방카르텔청과 법원의 중요한 과제로 여겨져 왔다.

독일의 학설과 실무는 남용금지의 목적을 무엇보다 경쟁제한방지법 제19조의 규범목적에서 찾고 있다. 남용 여부를 판단하는 기준은 결국 자유롭고 공정한 경쟁질서가 작동하는 방식으로부터 도출될 수밖에 없는바, 경쟁질서의 관점에서 법적 규제가 요구되는 행위를 구체적으로 규명하여야 하기 때문이다. 이러한 맥락에서 동법 제19조의 목적은 경쟁사업자나 거래상대방의 경제활동의 자유를 시장지배적 사업자가 억압하지 못하게 함으로써 경쟁과정이 가능한 자유롭게 전개될 수 있는 여지를 마련하는 데에 있는 것으로 이해되고 있다.

예컨대, 시장지배적 사업자가 오로지 자신의 시장지배력에서 비롯된 행위를 통하여 전·후방의 거래단계에서 활동하는 다른 사업자의 사업활동을 방해하는 행위는 남용에 해당된다. 이러한 방해행위는 결국 시장지배적 사업자의 지위를 자신의 성과 또는 능률과 무관하게 유지 또는 강화시킬 우려가 있고, 이것은 이미 독과점화되어 있는 시장을 개방적으로 유지하여 시간이 경과하면서 경쟁이 회복될 여지를 보장하려는 남용규제의 취지에 반하기 때문이다. 다른 한편으로 경쟁제한방지법 제19조 제2항에서는 착취남용에 대한 규제, 즉 시장성과규제(Marktergebniskontrolle)를 아울러 규정하고 있는바, 경쟁질서의 유지·보호라는 남용규제의 목적에 비추어볼 때 이것은 어디까지나 시장과 경쟁으로는 해결할 수 없는 상황에 대처하기 위한 비상수단(Notbehelfe)에 해당한다.[4]

4) BKartA TB 93/94, 22; 95/96, 19; 97/98, 21.

Ⅱ. 남용금지의 체계

경쟁제한방지법은 제18조 내지 제21조에서 시장지배적 사업자 및 거래관계상 '유력한' 지위를 갖는 사업자의 남용행위를 규제하고 있는바, 여기서는 주로 복수 사업자의 합의나 동조적 행위가 아닌 사업자의 일방적 행위(einseitiges Verhalten)를 포섭하고 있다.

동법상 남용규제는 유럽기능조약 제102조와 달리 여러 조항으로 이루어져 있다. 먼저, 동법 제18조 제4항과 제6항은 각각 시장지배적 지위를 정의하는 한편 점유율을 기준으로 시장지배적 사업자를 추정하고 있다. 그에 따르면 시장지배적 사업자란 특정 상품이나 서비스의 공급자나 수요자로서 관련 상품 및 지역시장에서 지배적 지위에 있는 사업자를 말하고, 한 사업자가 시장에서 40% 이상의 시장점유율을 가지고 있는 경우, 셋 이하의 사업자의 점유율의 합이 50%에 이르는 경우, 또는 다섯 이하의 사업자의 점유율의 합이 3분의 2 이상인 경우 이들 사업자가 모두 시장지배적 사업자로 추정된다.

구체적으로 남용금지를 규정하고 있는 것은 동법 제19조 제1항과 제2항인데, 제1항은 시장지배적 사업자의 남용행위를 일반적으로 금지하는 한편, 제2항에서는 대표적인 남용행위를 예시하고 있다. 제2항 각호 중에서 1호와 4호는 방해남용을, 2호와 3호는 착취남용을 금지하고 있다. 즉, 방해남용으로는 정당한 사유 없이 시장에서의 경쟁에 상당한 영향을 미치는 방법으로 다른 사업자의 경쟁가능성을 저해하는 행위(1호)와 필수설비에 대한 접근거절(4호)이 규정되어 있고, 착취남용으로는 유효경쟁 하에서 상당한 개연성으로 기대되는 수준을 넘는 가격이나 거래조건을 거래상대방에게 요구하는 행위(2호)와 정당한 사유 없이 비교가능한 시장에서 동종의 거래상대방에 대한 것보다 불리한 가격이나 거래조건을 요구하는 차별행위(3호)가 규정되어 있다.

다른 한편으로 경쟁제한방지법 제20조는 시장지배적 사업자의 부당한 사업활동방해 및 차별취급을 금지하고 있는바, 동조는 거래처 전환가능성이 충분하지 않아 자기에게 종속되어 있는 중소사업자와의 관계에서 유력한 지위에 있는 사업자(marktstarke Unternehmen)(이하 "유력사업자"라 한다) 내지 상대적 지배력(relative Marktmacht)을 가진 사업자에게도 적용된다(GWB 제20조 제1항, 제2항). 이 점에서 동법 제20조는 제18조보다 적용대상 사업자의 범위가 넓다고 할 수 있다.[5] 이때, 유력사업자는 중소사업자와

---

5) 반면, 규제되는 남용행위의 범위라는 관점에서 보자면 동법 제19조가 제20조 보다 넓다고도 할 수 있다. 제20조

의 거래관계에서 흔히 나타나는 지배·종속성 여부에 따라 판단한다. 중소사업자들이 종속관계에 있어야 하고, 여러 사정을 종합적으로 고려할 때 '충분하고도 기대가능한 전환가능성'(ausreichende und zumutbare Ausweichmöglichkeit)이 없어야 한다. 종속성에는 예컨대 상품 관련 종속성, 물량부족에 따른 종속성, 사업자 관련 종속성, 수요 관련 종속성 등을 들 수 있다.[6]

내용적으로 볼 때 경쟁제한방지법 제20조는 방해남용과 착취남용을 모두 포섭하는 것으로 이해되고 있다. 먼저, 방해남용으로서 시장지배적 사업자 또는 유력한 지위를 가진 사업자가 정당한 이유 없이 다른 사업자에 대하여 직·간접적으로 차별취급을 하거나 이들을 방해하는 행위가 금지된다(제1항). 이는 경쟁제한방지법이 시장접근의 자유를 확실히 보장하고 신규진입의 방해를 막기 위한 것이다.[7] 또한 경쟁관계에 있는 중소사업자에 대하여 우월한 지위를 가진 사업자(überlegene Marktmacht)가 직·간접적으로 이들 경쟁사업자를 부당하게 방해하는 행위도 금지된다(제3항). 실무에서는 종래 약탈적인 할인이나 리베이트를 제공하여 경쟁사업자를 방해 또는 배제하는 행위가 주로 문제되었다. 이와 달리, 착취남용으로는 유력한 지위에 있는 사업자가 자기에게 종속되어 있는 다른 사업자에게 정당한 이유 없이 이익을 제공하도록 요구하는 행위가 금지된다(제2항).

그밖에 2007년 12월 22일부터 「에너지, 식료품분야에서 가격남용의 방지에 관한 법률」(Gesetz zur Bekämpfung von Preismissbrauch im Bereich der Energieversorgung und des Lebensmittelhandels)이 시행됨에 따라 특정 산업에 대한 착취·방해행위가 보다 엄격하게 규제되기 시작하였다. 동법에 따라 경쟁제한방지법에 제29조와 제20조 제4항이 새로이 도입되었다. 개정법 제29조는 에너지사업자의 착취남용을, 제20조 제4항은 식료품판매업자의 약탈가격을 보다 용이하게 규제하기 위한 것이다. 경쟁제한방지법 제19조, 제20조의 남용규제 또한 이와 중첩적으로 적용될 수 있다. 개정법의 강화된 내용은 과잉규제를 우려하여 2012년 말까지 5년간 한시적으로 효력을 갖는 것이었는데, 2012년 5월 28일 제8차 법개정을 통하여 2013년 1월부터 또다시 5년간 연장되었다.

가 방해남용과 일부 착취남용에 적용될 수 있는 반면, 제19조는 모든 형태의 남용행위에 널리 적용될 수 있기 때문이다.

6) Rittner/Dreher/Kulka, Wettbewerbs- und Kartellrecht, 8. Aufl., 2014, §11, Rn. 1193 ff.

7) BGH 8.6.1967, WuW/E BGH 863 (867) "Rinderbesamung II".

Ⅲ. 유럽경쟁법과의 관계

시장지배적 지위남용에 관한 한 경쟁제한방지법 제18조 이하와 유럽기능조약 제102조는 병렬적으로 적용된다. 이른바 one stop shop에 따라 일정한 요건 하에 유럽법, 즉 유럽합병규칙(EC Merger Regulation)이 배타적으로 적용되는 기업결합규제와 다른 점이다. 따라서 남용규제의 경우 독일 연방카르텔청은 문제된 남용행위가 회원국간의 거래를 저해할 우려가 있는지 여부를 함께 살펴보아야 하고, 그러한 우려가 인정되는 경우에는 경쟁제한방지법 제18조 이하와 더불어 유럽기능조약 제102조를 동시에 적용할 수 있다.

물론 독일의 경쟁당국은 유럽기능조약 제102조의 적용이 가능한지 여부, 실제로 유럽집행위원회가 이미 제102조를 적용하였는지 여부와 무관하게 경쟁제한방지법 제19조를 적용할 수 있다. 이 점에서 남용규제에 관한 한 회원국의 국내법 적용을 배제한다는 의미에서 공동체법우선의 원칙을 논할 여지는 없다. 물론 연방카르텔청은 동법 제50조에 따라 유럽기능조약 제102조를 직접 적용할 수도 있으나, 설사 그에 따라 유럽기능조약 제102조 위반의 남용이 인정되는 경우에도 연방카르텔청이 직접 독일의 질서위반법에 따라 벌금(Bußgeld)[8]을 부과할 수는 없다. 연방카르텔청이 유럽의 절차규칙 제2003/1호에 따른 과징금(fine)을 부과할 수 없음은 물론이다.

한편, 유럽기능조약상 시장지배적 사업자의 일방적 남용행위는 오직 제102조를 통해서 규제되기 때문에, 시장지배력과 무관한 보이코트의 금지(GWB 제21조 참조)는 유럽경쟁법상 존재하지 않으며, 단지 제101조에 따른 동조적 행위로 파악하거나 합의 개념의 확대를 통하여 포섭할 수 있을 뿐이다. 또한 회원국은 보다 엄격한 남용규제를 자국의 독점금지법에 도입·운영할 수 있다. 남용 개념이 매우 불명확할 뿐만 아니라 남용규제에 내재된 철학과 가치에 있어서도 회원국 마다 차이가 있고, 시장상황이나 법전통이 상이한 점을 최대한 존중하기 위한 것으로서, 불공정거래행위에 대하여 유럽 차원의 강행규범이 존재하지 않고 각 회원국의 국내법에 맡겨져 있는 상황과 그 맥락을 같이 한다.[9] 이러한 의미에서 유럽의 시장지배적 지위남용 규제는 회원국에게 일종의 최소기준

8) 경쟁제한방지법상 연방카르텔청이 부과하는 벌금은 질서위반행위법에 따른 형사벌의 성격을 갖는 반면, 유럽기능조약에 따라 위원회가 부과하는 제재금은 행정벌로서 양자는 그 법적 성격을 달리 한다.

9) 유럽차원에서는 불공정거래관행에 관한 일련의 지침(Directive)을 통하여 회원국간 규제 차이를 해소하고 유럽 내의 모든 소비자에게 동일한 수준의 보호를 제공하고 있을 뿐이다. 예컨대, Directive 2005/29/EC of 11 May 2005 concerning unfair business-to-consumer commercial practices in the internal market and

(minimum standard)으로 기능하고 있는 것이다. 실제로 독일 경쟁제한방지법은 시장지배적 사업자의 추정, 유력사업자에 대한 방해·차별금지의 확대 적용, 착취남용에 관한 특수한 금지요건 등을 통하여 유럽보다 엄격한 남용규제를 정하고 있다.

제 2 절 | 시장지배적 사업자 등의 개념

Ⅰ. 개 관

경쟁제한방지법상 시장지배적 지위는 이론적으로나 법규범의 측면에서 가장 핵심적인 의미를 갖는 개념이다. 시장지배적 지위가 남용규제는 물론이고 경쟁제한적인 기업결합이나 카르텔을 규제하는 이론적 논거가 될 뿐만 아니라, 구체적으로 동법의 문언상 남용규제의 수범자를 정하거나 기업결합의 경쟁제한성을 판단하는 기준과 결부되어 있기 때문이다.

독일경쟁법상 시장지배적 지위남용의 규제는 유럽의 경우와 달리 사업자의 절대적 지배력(absolute Marktmacht)뿐만 아니라 대형유통업자의 수요지배력(Nachfragemacht)과 같이 거래관계에서 비롯되는 이른바 상대적 시장지위(relative Marktstellung), 나아가 동일 시장에서 규모의 격차가 현저한 상위사업자(überlegene Marktmacht)에게도 인정될 수 있다. 우리나라에서는 흔히 시장지배적 지위란 절대적 지위만을 가리키는 것으로 이해되고 있으나, 절대적 및 상대적 지배력의 개념 구분은 지배력의 원천을 설명하기 위한 수단일 뿐이고, 그로부터 양자를 다르게 규제해야 한다는 결론이 당연히 도출되는 것은 아니다. 나라마다 시장상황과 지배력 남용의 주된 양태가 상이한 만큼 절대적, 상대적 지배력을 어떻게 규제할 것인지는 다분히 입법정책적 결단을 요하는 문제이다.

amending Directives 84/450/EEC, 97/7/EC, 98/27/EC and 2002/65/EC and Regulation (EC) No 2006/2004 (Unfair Commercial Practices Directive).

Ⅱ. 관련시장의 획정

1. 개 관

(1) 시장획정의 의의

관련시장(relevanter Markt)의 획정은 주로 기업결합규제와 관련하여 경제이론의 영향을 가장 많이 받는 작업이다. 그러나 경쟁제한방지법의 해석·적용에 관한 한 시장획정은 경쟁제한성이나 부당성 등의 다른 불특정개념과 마찬가지로 다분히 규범적 평가과정(juristischer Bewertungsvorgang)이다.[10] 경제학상 시장획정의 기초가 되는 상품간 대체탄력성이란 이를 정확하게 산정하는 것 자체가 지극히 어렵기도 하지만, 두 상품간의 대체탄력성이 과연 어느 정도에 이르러야 이들을 하나의 관련시장으로 파악할 수 있는지에 대해서는 어떠한 경제분석방법도 해답을 줄 수 없기 때문이다. SSNIP나 임계매출감소분석 또한 시장획정에 유의미한 기준을 제공하기는 하나, 결국은 경쟁당국이나 법원이 규범적 판단에 기초하여 시장의 한계를 정해줄 수밖에 없는 것이다.

시장획정의 목적은 현실적·잠재적 경쟁관계를 파악하는 데에 있고, 이러한 작업은 원칙적으로 거래상대방의 관점에서 이루어진다(이른바, Bedarfsmarktkonzept; 수요시장관념). 관련시장이 공급자시장과 수요자시장으로 양분되고, 각기 시장지배적 사업자의 존부를 판단하는 것도 이러한 맥락에서 이해할 수 있다. 수요자 내지 고객이 직접 상품이나 서비스에 대한 구매결정을 내리지 않는 경우에는 실제로 그러한 결정을 내리는 자의 입장에서 관련시장을 획정하여야 한다. 전문의약품의 경우가 그러한데, 비록 수요자는 환자이나 실제 의약품을 선택하는 자는 처방전을 내리는 의사이기 때문에, 의사의 입장에서 효능이 유사한 의약품간에 수요의 합리적 대체가능성을 살펴보아야 하는 것이다.

이른바 양면시장이론(two-sided market theory) 또한 거래상대방의 관점에서 시장을 획정하는데 따른 당연한 것으로서, 이를테면 오픈마켓서비스사업자는 거래상대방 중에서 소비자의 관점에서는 다른 온라인쇼핑몰과 충분한 대체관계를 가질 수 있으나, 거래상대방 중에서도 오픈마켓에 입점한 판매업자의 관점에서는 대체가능성이 현저히 감소한다는 점에 착안하여 각기 온라인쇼핑몰과 오픈마켓서비스로 관련시장이 획정되고, 그에 따라

10) 시장획정의 방법론상, 실증적인 측면에서의 문제점에 대해서는 Lademann, WuW, 1988, S. 595 ff.; Traugott, WuW, 1998, S. 929 ff.

시장지배력의 유무가 달라질 수 있게 된다.

그런데 개별 시장들이 갖는 복잡한 상호의존성으로 인하여 단순히 경제분석만으로 시장획정작업이 완결될 수는 없으며, 실무상 중요한 것은 구체적인 시장상황 내지 사실관계에 부합하는 경쟁관계를 올바르게 파악하는 작업이다. 이때 사실에 부합하는 경쟁관계를 판단하는 것은 다분히 규범적 판단의 문제이며, 개별 사례마다 금지규범에 따라 적절한 시점에서 특정 사업자가 활동하고 있는 구체적인 사업분야에서 현실적인 경쟁관계와 잠재적인 경쟁관계[11]를 종합적으로 고려하여 시장을 획정하여야 한다.[12] 이처럼 포괄적이고 경험에 기초한 시장획정은 무엇보다도 어떤 사업자가 실질적인 경쟁이 기능하지 않는 상태에 맡겨져 있는지 여부에 대한 '규범적' 평가를 가능케 한다. 시장획정을 이와 같이 이해할 경우, 법적 안정성이라는 가치와는 일견 충돌하는 것으로 보일 수 있다. 왜냐하면 경제적 사실의 지나친 강조는 자칫 가치판단을 은폐하게 되며, 그만큼 시장획정 작업이 경쟁당국의 자의에 맡겨질 수 있기 때문이다. 이러한 문제를 해소하기 위해서는 종전보다 더욱 세밀하고 개별사례에 적용할 수 있는 기준에 입각하여 경쟁관계를 심사할 것이 요구된다.

(2) 시장획정의 다차원성

이론적으로 보자면 시장이란 통상 수요와 공급이 만나는 이상적인 장소를 말하며, 여기서는 다수의 공급자가 고객을 얻기 위해서 또는 다수의 수요자가 공급자를 찾기 위해서 노력하게 된다. 그리고 경쟁제한방지에 따르면 사업자는 일정한 상품시장과 지역시장에서 상품이나 용역의 공급자나 수요자로서 일정한 요건 하에 시장지배적 지위를 가진다(GWB 제19조 제2항). 즉, 사업자는 항상 공급자나 수요자로서 거래에 참여하는 경우에만, 그것도 일정한 종류의 상품이나 용역과 관련해서만 지배적 지위를 가질 수 있다. 그 결과 구체적인 사례에서 언제나 '관련시장'이 상품, 지역, 그리고 시간의 관점에서 우선

---

11) 실무는 잠재적인 경쟁에 대해서 신중한 태도를 취하고 있다; BGHZ 52, 65, 68 f. = WuW 1970, 71, 74 = WuW/E BGH 1027, 1030 "Sportartikelmesse"; BGHZ 67, 115 f. = WuW 1976, 783, 789 = WuW/E BGH 1435, 1441 "Vitamin B12".

12) 예컨대, GWB §22 4항에서는 남용행위가 이루어진 시점을 기준으로 한다; BGHZ 101, 100, 102 f. = WuW 1987, 1016 = WuW/E 2406 "Inter-Mailand-Spiel": 1. Bundesliga의 축구협회는 그 당시에 관중에게 경기장의 입장권을 판매함에 있어서 시장지배적인 사업자로서, 그 경기장에서 일반의 "눈에 띄는 관심을" 불러일으키는 국제적인 경기를 개최하였다. 이러한 극단적인 사건이 보여주는 바와 같이, 시장지배는 항상 일정한 시기에 주어진 상황을 전제로 하는 것이기 때문에, 빠르게 변화하는 시장현실에 근거하더라도 경쟁의 순간을 포착하기에는 충분하지 않다. 적절한 예로는 KG WuW 1991, 402, 406 = WuW/E OLG 4640, 4644 "Hamburger Benzinpreise".

적으로 결정되어야 한다.[13] 이처럼 관련시장은 거래대상이나 지역 또는 예외적으로 시간적인 차원에서 파악할 수 있다. 그렇다면 시장획정이란 개별 사례에서 시장의 이와 같은 여러 가지 차원을 가능한 한 종합적으로 파악하려는 시도에 다름 아니다.[14] 그에 따라 관련시장은 크게 상품시장, 지역시장, 그리고 시간적 관련시장으로 구별된다.

시장획정의 문제는 무엇보다 기업결합규제에서 중요하게 다루어지는바, 여기서는 그에 앞서 독일에서 현재까지 전개된 시장획정에 관한 논의를 간략하게 정리하기로 한다.

2. 상품시장의 획정

상품시장을 획정함에 있어서는 무엇보다 어떤 상품이나 용역이 하나의 시장에 속하는지가 문제된다. 어떤 상품이나 용역이 동일한 관련시장에 속한다는 것은 이들간에 상당한 경쟁관계가 존재하고, 그 결과 공급 또는 수요에 있어서 서로 영향을 줄 수 있음을 의미한다.

그러한 경쟁관계를 파악함에 있어서는 유럽에서와 마찬가지로 독일에서도 원칙적으로 이른바 수요시장관념(Bedarfsmarktkonzept)이 지배하고 있다. 그에 따르면 거래상대방의 관점에서 어떤 상품이나 용역이 대체가능한지 여부를 살피게 된다. 즉, 원칙적으로 수요자가 별다른 고려 없이, 그리고 특별한 추가부담 없이 자유롭게 선택할 수 있는 동종의 상품이 하나의 관련시장을 형성하게 된다.[15] 이때, 평균적이고 합리적인 소비자로서 이미 일정한 상품이나 용역을 선택한 자의 판단에 비추어 동일한 사용목적을 충족시키는 상품이나 용역이 동일한 시장에 포함되며, 오로지 현실적인 선택가능성만을 고려할 뿐이고, 불가피하게 일부 시장이 중첩되는 부분은 중요하지 않다.[16]

그러나 수요시장관념이 언제나 만족스러운 결과를 가져오는 것은 아니며, 지나치게 협소하거나 비현실적인 시장획정을 피하기 위하여 많은 경우에 보충적인 심사가 요구된다. 이를테면 지나치게 협소하여 비현실적인 시장획정을 피하기 위하여 사업자가 자신의

13) BGHZ 68, 23, 27 = WuW 1977, S, 255, 257 ff. = WuW/E BGH 1445, 1447 ff. "Valium"; BGH WuW 1978, 375 ff. = WuW/E BGH 1501 ff. "Kfz-Kupplungen" 참조. 이와 유사한 것으로는 Möschel, in: Immenga/Mestäcker, Kommentar zum Deutschen Kartellrecht, 4. Aufl., 2007, §22, Rn. 18 ff.

14) Emmerich, Kartellrecht, 10. Aufl., 2006, S. 319.

15) BGHZ 71, 102, 108 f. = NJW 1978 "Sachs/GKN"; BGHZ 82, 1, 4 f. = NJW 1982, 337 "Springer/MZV"; BGHZ 101, 100, 103 f. = NJW 1987, 3007 "InterMailand".

16) BGHZ 160, 321, 326 = NJW 2004, 3711 "Melitta/Schultink"; AG, 2005, 198, 199 f.

생산을 단기간 내에 다른 상품으로 전환할 수 있는지가 고려되기도 하며, 이 경우 시장획정에 있어서 제조업자의 공급대체성이 중요한 기준이 될 수 있다.[17] 이처럼 수요시장관념에 대한 수정이 이루어진다는 것은 기본적으로 시장획정에 있어서 거래상대방의 전환가능성이 아니라 실제로 시장지배력이 문제되는 사업자의 관점에서 어떤 사업자가 경쟁사업자의 범주에 속하는지, 그 결과 이들 경쟁사업자를 염두에 두고 있는지가 관건이라는 것을 의미한다. 왜냐하면 이러한 시장획정에 따를 경우에 비로소 어떤 사업자가 경쟁압력을 받지 않고 충분히 자유롭게 행위할 여지가 크다는 의미에서 시장지배력을 판단할 수 있기 때문이다. 그렇다면 수요시장관념은 경우에 따라서 단지 보조적 수단에 불과할 수도 있는 것이다.[18]

한편, 두 상품이 내용 면에서는 동일하더라도 서로 다른 관련시장에 속할 수도 있다. 예컨대, 동일한 내용의 상품이 서로 다르게 포장되어 소비자에게 제공되는 경우에, 해당 소비자들이 다른 포장의 상품으로 전환하기가 곤란할 수 있기 때문이다.[19] 아울러 비교대상 상품들이 상이한 가격대로 판매되는 경우에도 각각 별개의 관련시장이 성립할 수 있는바, 가격차가 크다는 것은 고객들 사이에 거래(arbitrage)가 불가능하다는 의미이기 때문이다.[20]

그밖에 어떤 상품이 용도에 있어서 다른 상품과 대체가능한 반면 그 밖의 측면에서는 경쟁관계와 무관한 경우에 독일의 실무는 이를 두 가지로 나누어 접근하고 있다. 먼저, 그다지 중요하지 않은 상품속성에 국한되어 대체가능성이 인정되는 경우에 그러한 특성은 시장획정에서 고려되지 않는 반면, 용도가 겹치는 부분이 매우 중요하여 사업자가 각각의 품목에 대하여 별도의 상이한 전략을 추구하는 때에는 각각의 품목이 하나의 독자적인 하위시장으로 인정될 수 있을 것이다.[21] 예컨대 석유와 천연가스 등 상이한 에너지원(Energieträger)이 서로 경쟁하는 경우에 소비자의 관점에서는 이들 에너지원을 합쳐서 하나의 열공급시장(Wärmemarkt)이 성립하지는 않는다. 일부 용도 면에서 에너지원간에 어느 정도 대체가능성이 존재하더라도 주거용 난방시설에 관한 한 매몰비용과 그에 따른 전환비용으로 인하여 별개의 하위시장을 인정할 만큼 소비자의 입장에서 전

17) BGHZ 160, 321, 326 = NJW 2004, 3711 “Melitta/Schultink”; BKartA WuW/E DEV 501 “DP/tof”.
18) BGH WuW/E DER 1681 = NJW-RR 2006, 836 “DB Regio/üstra”; BGHZ 156, 379, 383 ff. = GRUE 2004, 255 “Strom und Telefon I + II”.
19) WuW/E OLG 3577 “Hussel/Mara”; BGH NJW-RR 1986, 525 “Rheinmetall/WMF”; BGH WuW/E 2575 “Kampffmeyer/Plange”.
20) BKartA WuW/E DEV 385 ff. “Richemont/LMH”.
21) BGHZ 77, 279, 287 ff. = NJW 1980, 2583 “Mannesmann/Breuninghaus”.

환가능성은 실제로 크지 않기 때문이다.[22)]

그밖에 관련시장을 하위시장으로 세분하여 획정하는 대표적인 예는 바로 신문시장이다. 여기서 관련시장은 일단 구독자시장과 광고시장으로 나눌 수 있는데, 그 중 구독자시장은 정기구독신문, 가판신문, 일간신문, 일요신문, 정치적 성향의 주간신문 등으로 세분된다. 일간신문의 경우는 다시 지리적 관점에서 전국신문과 지역신문 등으로 나누어질 수 있다. 상이한 운송수단 또한 서로 대체가능하지 않은 것으로 판단되는데, 이를테면 철도와 항공은 각각 별도의 관련시장을 형성한다. 그리고 항공운송의 경우에도 다시 프랑크푸르트-베를린 등 노선별로 하나의 관련시장이 성립하는바, 이것은 노선별로 시장지배적 사업자가 상이할 수 있음을 의미한다.[23)]

3. 지역시장의 획정

관련 지역시장 또한 원칙적으로 상품시장과 동일한 기준에 따라 획정한다. 즉, 지역시장을 획정함에 있어서는 수요자의 관점에서 기능적 대체가능성이 가장 중요하다. 이때, 관련 지역시장은 어떤 사업자가 경쟁사업자에 의한 유효경쟁에 맡겨져 있고, 경쟁조건이 충분히 동질적이며 이 점에서 인접 지역과 명확하게 구분되는 지역을 포함한다.[24)]

관련 지역시장으로는 일차적으로 경쟁제한방지법의 적용범위인 독일 전역이 고려된다. 연방대법원의 판례와 연방카르텔청의 실무에 따르면 독일 전체의 국내시장은 관련 지역시장의 최대한도(Obergrenze)이다.[25)] 다만, 최근 연방카르텔청의 실무에서는 특히 기업결합규제와 관련하여 관련 지역시장이 경제적으로 독일 영토를 벗어나는 경우에 외국에서의 경쟁관계를 시장획정 판단에 포함시키려는 움직임이 눈에 띈다.[26)] 학설은 대체로 경쟁제한방지법의 적용에 있어서 국내를 넘어서는 국제적인 지역시장, 이를테면 유럽시장이나 세계시장을 긍정하고 있는바,[27)] 이때에도 국경을 넘는 경쟁의 추상적인 가능성만으로는 부족하며,[28)] 해외의 경쟁사업자가 언제나 국내에 영향을 미칠 수 있다는 의미

---

22) BGHZ 151, 274, 282 “Fernwärme für Börnsen”.

23) BGHZ 149, 239, 244 f. = NJW 2000, 76 “Lufthansa”; EuG, Slg. 1994, II-323, 353 = EuZW 1994, 534 “Air France II”; KG WuW/E DER 124, 126 “Lufthansa”.

24) BKartA WuW/E DEV 203 ff., 207 “Krautkrämer/Nutronik”; WuW/E DEV 235 ff “Dürr/Alstom”.

25) BGH WuW/E 3026, 3029 “Backofen”; KG WuW/E 4537, 4541 f. “Linde/Lansing”.

26) WuW/E DEV 235 ff. “Dürr/Alstom”; 275, 277 “Melitta”.

27) Monopolkommission, 4. Hauptgutachten 1980/81, Tz. 515, 527; Kleinmann, BB, 1983, 781 ff.; Dreher, JZ, 1996, S. 1025 ff.

28) BGH WuW/E 2731, 2734 f. “Inlandstochter”.

에서 국내시장에 참여하고 있어야 한다.

한편, 어떤 지역을 벗어나서는 객관적으로 경쟁이 이루어지지 않거나 현저히 곤란한 경우에 독일 연방보다 좁은 지역시장이 획정될 수도 있다. 이를테면 상품의 특성(신선식품과 같이 유통기간이 짧은 경우)[29]이나 판매형태(레미콘과 같이 특수차량을 통한 신속한 공급), 운송기간과 운송비,[30] 그리고 전기나 가스 등에 특수한 공급의 망구속성(Leitungsgebundenheit)[31] 등으로 인하여 독일의 국내시장 전체보다 좁은 지역시장이 인정될 수도 있다.

4. 시간적 시장획정

시간적 차원의 관련시장이란 흔히 경쟁관계를 고려하게 되는 기간을 의미하며, 실무상 중요성은 크지 않다. 일시적으로만 활동하는 사업자의 경우나 박람회 등 일정한 시기에만 제공되는 상품・용역의 경우에 시간적 시장획정이 고려된다.[32] 개별 축구리그 또한 시간적으로 별도의 관련시장을 형성한다.[33] 시간적 시장획정은 대체로 상품시장의 획정과 밀접하게 결부되어 있다.

5. 수요시장의 획정

경쟁제한방지법상 시장지배적 사업자는 공급측면뿐만 아니라 수요측면에서도 존재할 수 있다(GWB 제18조 제1항). 이른바 수요시장(Nachfragemarkt)에서 지배력의 유무를 판단하기 위해서는 공급시장에서와 마찬가지로 우선 '관련' 수요시장을 획정하지 않으면 안 된다. 관련시장 획정의 일반적 기준인 수요시장관념(Bedarfsmarktkonzept) 내지 합리적 대체가능성 기준에 따르면 수요시장에서는 판매업자(제조업자와의 관계에서는 수요자 내지 구매자)의 거래상대방인 제조업자의 관점에서 시장이 획정되어야 한다. 이 경우 수요시장이란 거래상대방, 즉 제조업자를 기준으로 그가 기술적으로나 경제적으로 의미 있게 생산을 전환할 수 있는 가능성(Umstellungsflexibilität)이나 제조업자의 입장에서 판매업자를 전환할 수 있는 가능성(Ausweichmöglichkeit)에 따라 그 범위가 정해지게 된

29) BKartA WuW/E 465 f. "Readymix".
30) KG WuW/E 5364, 5371 "HaGE Kiel".
31) OLG Hamburg WuW/E 3886.
32) BGHZ 56, 65 ff. "Sportartikelmesse"; OLG Frankfurt WuW/E 5027 ff. = GRUR 1989, 777 und GRUR 1992, 554 f. "Kunstmesse Art Frankfurt I und II".
33) BGH WuW/E 2406, 2408 f. "Inter-Mailand-Spiele".

다.[34] 따라서 제조업자의 입장에서 다른 상품이나 다른 판매업자로 용이하게 대체할 수 있다면 문제의 판매업자에게 수요지배력을 인정할 수 없게 될 것이다. 이 때 판매업자가 특정 제품의 수요를 다른 제품으로 전환할 수 있는지의 여부는 그다지 중요하지 않다.[35]

그런데 유통업자와 관련하여 시장획정을 하기란 매우 어렵다. 왜냐하면 유통업자들은 통상적으로 매우 많은 품목을 취급하기 때문이다. 오래 전부터 독일에서는 유통업자라도 공급측면, 즉 소비자와의 관계에서는 해당 소매업자가 취급하는 모든 품목을 묶어서 하나의 관련시장으로 파악해왔다(이른바, Sortimentsgedanke).[36] 그리고 연방카르텔청은 이러한 접근방법을 수요측면에도 확장하였다. 다시 말해서 소매업자의 수요시장 또한 제조업자의 관점에서 소매업자에게 공급하는 일련의 품목들이 하나의 관련시장을 형성하게 된다.[37]

그밖에 수요시장에서는 공급시장에서와 다른 특수성이 존재한다. 우선 상품시장과 관련해서는 제조업자가 상품이나 용역을 공급할 수 있는 판매업자들의 범위가 특히 중요한 의미를 가지는데, 제조업자에게는 자기가 생산할 수 있는 제품들 간의 전환보다는 기존의 판매업자를 다른 판매업자로 전환할 수 있는지의 여부가 더욱 중요하기 때문이다. 여기에는 다양한 종류의 상품이나 용역을 취급하는 판매업자와 상대적으로 몇 가지 제품에 전문화된 제조업자간에 존재하는 힘의 불균형이 수요지배력을 가져오는 근본적인 원인이라는 관념이 깔려 있다.

그리고 수요측면에서 지리적 관련시장은 공급시장에서와 마찬가지로 어떠한 지리적 범위 안에서 제조업자가 거래상대방인 판매업자에게 당해 상품이나 용역을 제공할 수 있는지의 여부를 통해 정해진다(지리적 대체가능성). 이때 고려할 요소로는 당해 제품의 물리적 특성, 제품의 보존기간이나, 운송비용 등을 들 수 있다. 그런데 시장개방에 따라 대부분의 공산품에 대하여 외국으로의 수출이 가능하기 때문에, 특별한 사정이 없는 한 외국판매업자의 수요도 고려되지 않으면 안 되며, 여기서 수요측면에서의 지역시장은 국

34) BGH ZIP 2000, 426 "Tariftreuerklärung"; BGH WuW/E 2483, 2487 f. = NJW-RR 1988, 1069 "Sonderungsverfahren"; KG WuW/E OLG 3577 = AG 1986, 196 "Hussel/Mara"; WuW/E OLG 3917 = AG 1987, 285 "Coop/Wandmaker". 그밖에 I. Schmidt, Relevanter Markt, Marktbeherrschung und Mißbrauch in §22 GWB und Art. 86 EWGV, WuW, 1965, S. 454 ff. 참조.

35) Möschel, in: Immenga/Mestäcker, Kommentar zum Deutschen Kartellrecht, 4. Aufl., 2007, §19, Rn. 72.

36) BGH NJW 1992, 2289 f. "Kaufhof/Saturn"; AG 1986, 288 "Metro/Kaufhof"; KG WuW/E OLG 3367 = AG 1985, 167 "Metro/Kaufhof".

37) BKartA WuW/E 2161 = AG 1984, 332 "Coop/Wandmaker"; WuW 1998, 687, 689 = TB 1997/98, 137 "Metro/allkauf". 이에 대하여 비판적인 태도로는 KG, AG, 1985, S. 167, 171 "Metro/Kaufhof"와 독점위원회의 제14차 특별보고서 참조.

내에 한정되지 않을 수 있다는 점에 유의할 필요가 있다.[38] 그밖에 지리적 시장획정에서는 판매업자의 공급구역이 중요한데, 전국적으로 상품을 공급하는 제조업자라도 한 지역의 상권을 지배하는 판매업자를 상실할 경우에는 그에 상응하는 다른 지역의 판매업자로 쉽게 거래처를 전환할 수 없기 때문이다.[39]

Ⅲ. 지배적 지위의 판단

시장지배력 내지 시장지배적 지위는 독일 경쟁제한방지법의 핵심개념으로서, 남용금지 및 차별·방해금지의 적용대상이자 합병 내지 기업결합의 금지요건과도 결부되어 있다. 우리나라와 마찬가지로 경쟁제한방지법은 개별 사업자에 의한 시장지배(GWB 제18조 제1항, 제4항)와 복수의 사업자에 의한 이른바 공동의 시장지배(GWB 제18조 제5항, 제6항)를 준별하고 있다.

경쟁제한방지법상 특징적인 것은 남용규제의 대상이 되는 지배력의 범위가 넓고 그 유형이 다양하다는 데에 있다. 즉, 동법은 시장지배적 사업자의 개념 및 추정요건을 비교적 광범위하게 규정하고 있을 뿐만 아니라, 경쟁사업자와의 관계에서 우월적 지위에 있는 사업자 및 중소규모의 거래상대방에 대하여 유력한 지위에 있는 사업자를 모두 방해남용의 규제대상으로 삼고 있다. 아울러 수요측면의 지배적 사업자를 염두에 둔 특칙도 주목할 만하다(GWB 제20조 제1항 2문).

한편, 남용규제 또한 사업자에게만 적용되는바, 사업자의 개념은 앞서 카르텔금지에서 설명한 것과 전혀 동일하다. 즉, 사업자의 개념은 기능적으로 해석되어야 하며, 그에 따라 그 자체로서 사업자인지가 아니라 문제된 행위 내지 활동을 기준으로 사업자 여부를 판단하게 된다. 이를 흔히 사업자성 내지 사업자적격(Unternehmenseigenschaft)이라 할 수 있다. 사업자는 영리목적 유무나 법적 형태와도 무관하다. 시장지배적 지위나 남용 여부를 판단함에 있어서는 특정 사업자가 속한 콘체른(Konzern)이 고려되며, 이때 콘체른은 경제적 동일체(eine wirtschaftliche Einheit)이자 동법상 하나의 사업자로 간주될 수

---

38) Wiedemann, in: Wiedemann, Handbuch des Kartellrechts, 2. Aufl., 2008, S. 982 ff. 참조. 그 결과 국내에 수요독점이 존재하는 경우에도 제조업자가 해외에서 상품을 판매할 수 있는 경우에는 시장지배적 지위가 부인될 수 있다.

39) Monopolkommission, Sondergutachten 14, 1985, Tz. 200; Köhler, Wettbewerbs- und kartellrechtliche Kontrolle der Nachfragemacht, 1979, S. 40; W. Benisch, “Bestimmung der Marktstellung bei Nachfragern”, WuW, 1977, S. 628 ff.

있다는 점에 유의할 필요가 있다. 콘체른 자체의 사업자성은 법위반행위에 대한 지배회사의 책임과 관련하여 실무상 매우 중요한 의미를 갖는다.

1. 독점, 준독점 및 과점

경쟁제한방지법은 어떤 사업자가 일정한 종류의 상품이나 서비스의 공급자나 수요자로서 경쟁사업자가 없거나 전혀 실질적인 경쟁에 맡겨져 있지 않은 경우 또는 자신의 경쟁사업자에 비하여 우월적인 지위(überlegene Marktstellung)를 가지는 경우에 그 사업자를 시장지배적 사업자로 정의하고 있다(GWB 제18조 제1항 각호). 즉, 개별 사업자의 시장지배력은 크게 독점·준독점과 우월적 지위로 나누어 살펴볼 수 있다. 아래에서는 먼저 독점, 준독점, 그리고 과점의 경우를 살펴보고, 독일법의 특성이 강하게 드러나는 우월적 지위는 항을 바꾸어 설명하기로 한다.

(1) 독 점

독점 형태의 시장지배란 경쟁사업자가 전혀 없이 하나의 사업자만 존재하는 경우를 말한다(GWB 제18조 제1항 1호). 독점의 지위는 사실상 또는 법적인 사유로 발생할 수 있으며, 대표적인 경우가 바로 자연독점(natürliche Monopole)이다. 규모의 경제를 특징으로 하는 자연독점산업에서는 전기통신망이나 전력망과 같은 네트워크설비 내지 애로설비(bottleneck-facilities)를 보유한 사업자가 장기간 독점적으로 서비스를 제공하게 된다. 자연독점사업자에 대해서는 통신법(Telekommunikationsgesetz; TKG)이나 에너지경제법(Energiewirtschaftsgesetz; EnWG)과 같은 특별법이 적용되며, 이들 법률은 연방망규제청(Bundesnetzagentur; BNetzA)과 같은 규제당국에게 해당 산업의 경쟁이슈에 관하여 특수한 관할권을 규정하고 있고, 해당 법률이 정하는 바에 따라 경쟁제한방지법에 우선하기도 한다. 그밖에 법률에 의해서 독점이 보장되는 경우란 대체로 일시적인 것으로서, 현재 독일에서는 그 예를 찾기 어렵다.[40)]

40) BGH 26.5.1987, KVR 4/86 WuW/E BGH 2406, 2407 “Inter Mailand-Spiel”. 그밖에 BGHZ 42, 318, 322 f. = WuW 1965, 317, 319 = WuW/E BGH 647, 649 “Rinderbesamung I”: 주법에 따라 특정 지역에서 독점적 지위를 보장받은 소의 인공수정조합(Rinderbesamungsgenossenschaft)이 문제된 사건; BGHZ 33, 259 = WuW 1961, 195 = WuW/E BGH 407 “Molkereigenossenschaft”, 낙농업은 우유 및 지방법 제1조 제1항에 따라 자신의 배타적인 구역에서는 시장지배적 사업자이다; 그리고 BGHZ 69, 59 = WuW 1978, 149 = WuW/E BGH 1493 “Medizinischer Badebetrieb”에서는 보험업자인 AOK의 시장지배적 지위가 문제되었다.

(2) 준독점(準獨占)

준독점(Quasi-monopol)에 의한 시장지배는 실질적인 경쟁(wesentlicher Wettbewerb)이 없는 상태를 말한다(GWB 제18조 제1항 2호). 구체적으로 어떤 사업자가 경쟁사업자, 구매자 또는 공급자를 고려할 필요 없이 독자적으로 자신의 시장행위를 결정할 수 있을 때, 비로소 그 사업자는 실질적인 경쟁에 맡겨져 있지 않은 것으로 인정된다.[41] 통상 80% 이상의 시장점유율을 가진 사업자는 준독점으로 추정되나, 이때의 추정은 거래상대방의 높은 시장점유율 등을 이유로 복멸될 수 있다.[42]

준독점인지 여부를 판단하기 위해서는 전체적인 경쟁관계에 대한 심도 있는 조사가 요구된다. 이때 관련시장에서 일정 수준의 시장점유율 자체는 준독점 여부를 판단함에 있어서 좀처럼 확실한 근거를 제공하지 못한다. 더구나 이른바 대체경쟁(Substitutionswettbewerb) 및 잠재적 경쟁의 유용성에 대한 의문은 준독점 여부에 대한 판단을 더욱 어렵게 한다. 그 결과 무엇보다 그 당시 시장관계의 기초 및 전개과정이 면밀하게 조사되어야 하고, 그밖에 관련 사업자가 어느 정도로 다른 시장참가자로부터 독립적으로 활동할 수 있는지를 제일 먼저 인식할 수 있는 시장참가자들의 현재 및 장래의 행위방식이 조사되어야 한다. 반면, 시장성과, 이를테면 당해 사업자가 책정한 가격 그 자체를 통하여 경쟁상태를 역으로 추론하는 것은 허용되지 않는다. 시장성과는 남용행위에 따른 효과 내지 결과로서 동법이 준독점 여부를 판단함에 있어서 예정하고 있는 고려범위를 벗어나는 것이기 때문이다.

실질적인 경쟁의 부존재는 비교적 드물게 인정될 수 있다. 법제도적인 측면에서 시장진입에 특별히 어려움이 없는 한, 사업자는 언제나 일시적으로만 시장에서 우위를 누릴 수 있기 때문이다. 준독점사업자는 종종 자신의 경쟁상 우위에 대항하여 적극적으로 경쟁을 하고자 하는 자로부터 위협을 받게 되며, 그 결과 많은 사례가 보여주는 바와 같이 사업자는 이러한 경쟁위협을 고려하여 당장의 지배력을 행사하지 못하기도 한다. 다만,

---

41) EG-Komm WuW 1972, 191, 192 = WuW/E EV 353, 354 "Continental Can"; 그밖에도 BGH WuW 1983, 123, 125 = WuW/E BGH 1949, 1951 "Braun=Alno"; BGHZ 88, 284, 290 "Texaco-Zerssen" 참조; KG WuW 1983, 793 = WuW/E OLG 2935 "BAT am Biggenkopf-Süd" 및 Fehl/Schmidtchen, Wettbewerbstheoretische Aspekte der Mißbrauchaufsicht auf Autobahntankstellen, WuW, 1986, S. 572, 576 ff. 참조.

42) BGH 18.12.1979, KVR 2/79 WuW/E BGH 1685, 1692 "Springer-Elbe Wochenblatt"; 29.6.1982, KVR 7/81 WuW/E BGH 1949, 1951 "Braun-Almo"; 25.10.1988, KVR 1/87 WuW/E BGH 2535, 2538 "Lüsterbehangsteine".

시장지배력을 판단함에 있어서 실무상 시장점유율이 매우 강조되기 때문에, 높은 점유율만으로도 실질적 경쟁의 부재가 인정되기 쉽다는 점은 부인하기 어렵다.[43)]

(3) 과 점

경쟁제한방지법 제18조 제5항은 둘 또는 그 이상의 사업자가 시장지배적 사업자로 인정되기 위한 요건을 규정하고 있다. 즉, 일정한 종류의 상품이나 서비스에 대하여 그들 사이에 실질적인 경쟁이 존재하지 않고, 그들이 전체로서 동조 제1항의 요건, 즉 개별적 지배력 요건을 충족하는 경우에는 이들 복수의 사업자가 모두 시장지배적 사업자로 된다. 즉, 과점사업자들간의 '내부관계'(Innenverhältnis) 뿐만 아니라 다른 경쟁사업자들과의 '외부관계'(Außenverhältnis)에서 경쟁이 전무하거나 실질적인 경쟁이 존재하지 않거나 또는 다른 경쟁사업자에 비하여 우월적인 지위에 있어야 한다.

동항의 해석상 내부관계에서는 오로지 과점을 형성하는 복수 사업자들간의 경쟁관계만이 중요한 의미를 갖는다. 따라서 과점사업자들간에 계약, 동조적 행위 등에 의하지 않더라도 사실상 실질적인 경쟁이 존재하지 않으면 족하다. 실질적인 경쟁이 작동할 수 없는 경우에는 국가의 고권적 개입에 의하여 그러한 경제력의 남용이 방지되어야 한다는 것은 동법의 기본사고에도 부합한다. 다른 한편으로 가격 이외에 다른 형태의 경쟁, 이를테면 과점사업자들간에 품질경쟁이나 서비스경쟁이 충분히 존재한다는 점은 과점에 의한 시장지배적 지위를 부인할 수 있게 한다.[44)]

과점사업자들의 내부관계에서 경쟁이 존재하지 않을 경우 외부관계에 대한 요건은 거의 언제나 쉽게 인정될 수 있다. 왜냐하면 내부적으로 실질적인 경쟁이 더 이상 기능하지 않는 사업자들의 집단은 전체로서 나머지 경쟁사업자들에 대하여 특별한 사정이 없는 한 우월적인 시장지위(überragende Marktstellung)를 가질 것이기 때문이다.[45)]

한편, 경쟁제한방지법 제18조 제5항은 후술하는 과점추정(Oligopolvermutung)의 경우와 달리 과점에 속하는 사업자의 수에 대해서는 전혀 개방적인 태도를 보이고 있다. 다만, 지배력의 유무가 고려되는 사업자의 수가 많으면 많을수록 일견 이들 사업자의 과점

---

43) Emmerich, Die höchstrichterliche Rechtsprechung zum GWB, 3. Teil: Die Mißbrauchsaufsicht über marktbeherrschende Unternehmen(§22 GWB), ZHR, Bd. 140, 1976, S. 97, 100 ff.

44) BGHZ 92, 223, 241 f. = WuW 1985, 314, 325 = WuW/E BGH 2112, 2123 "Gruner + Jahr/Zeit"; Koenigs, WuW, 1985, S. 876; Gamms, in: FIW(Hrsg.), Schwerpunkte des Kartellrechts, 1985/86, 1987, S. 18. 이와 다른 견해로는 Rittner, Wirtschaftsrecht, 1987, §19, Fn. 29 참조.

45) Monopolkommission, Sondergutachten 1, Anwendung und Möglichkeiten der Mißbrauchsaufsicht über marktbeherrschende Unternehmen seit Inkrafttreten der Kartellgesetznovelle, 1975, S. 27 f.

적인 상호의존성은 줄어들 것이고, 그 결과 유효경쟁이 기능할 수 있는 여지는 그 만큼 커질 것이다.[46)]

2. 시장지배력의 추정

(1) 도입경과

경쟁제한방지법상 시장지배력의 추정은 단독의 지배를 추정하는 경우와 공동의 지배를 추정하는 이른바 과점추정으로 나눌 수 있다. 법 제18조 제4항은 개별 사업자에 대한 단독의 지배력 추정으로서, 한 사업자의 시장점유율이 40% 이상인 경우에 성립한다. 그리고 동조 제6항은 다음 각호의 1에 해당하는 경우에 일련의 과점사업자 전체를 시장지배적 사업자로 추정하고 있다.

① 3 또는 그 이하의 사업자가 합계 50% 또는 그 이상의 시장점유율을 차지하고 있거나,

② 5 또는 그 이하의 사업자가 합하여 2/3 또는 그 이상의 시장점유율을 차지하고 있을 것.

독일에서는 남용감독과 기업집중, 즉 기업결합의 규제범위를 확대하기 위해서 1973년 제2차 개정 경쟁제한방지법이 구법 제22조 제3항(현행법 제18조 제6항)에 이른바 과점의 추정조항(Oligopolvermutung)을 처음으로 도입하였다. 추정요건은 무엇보다 시장점유율에 기초하며, 그 결과 시장지배력의 개념에 대하여 이론적으로 어려운 문제를 야기하게 된다.

(2) 추정의 법률효과

경쟁제한방지법상 추정의 특징은 우리나라와 마찬가지로 시장점유율이란 시장지배력을 판단하기 위한 고려요소의 하나에 불과함에도 불구하고 오로지 시장점유율만으로 추정을 하고 있다는 점이다. 1973년 제2차 법개정으로 처음 도입된 지배력 추정이 특히 입증책임과 결부되어 어떤 법적 성격을 갖는지는 다소 불명확한 부분이 있다. 종래 다수설에 의하면 동 추정은 민법상의 추정으로 보기 어렵고, 실체적인 입증책임원칙과 결부되어 단지 행정법상의 포착구성요건(verwaltungsrechtliche Aufgreiftatbestände)에 불과하다고 한다.[47)]

46) BGHZ 88, 284, 289 "Texaco-Zerssen".
47) Rittner/Dreher/Kulka, Wettbewerbs- und Kartellrecht, 8. Aufl., 2014, §11, Rn. 1166 ff.

그에 따르면 행정절차에서 경쟁당국은 종합적 접근방법의 틀 내에서 관련된 다른 요소들과 더불어 시장점유율의 의미를 평가하여 지배력의 유무를 판단하지 않으면 안 된다. 즉, 경쟁당국이 적극적으로 추정요건의 충족을 입증하여야 하고, 직권규제주의의 원칙에 따라 시장지배력이라는 실체적인 요건을 확정하여야 한다는 의미에서 형식적인 입증책임(formelle Beweislast)을 부담한다. 이 과정에서 경쟁당국은 시장지배력을 보여주는 요소뿐만 아니라 이를 부인하는 요소까지도 직권으로 조사하여야 한다. 그리고 경쟁당국이 모든 수단을 사용하여 증거 전체를 평가한 후에도 시장지배적 지위를 인정 또는 배제할 수 없는 경우에 비로소 해당 사업자가 지배력이 없음에 대한 실질적인 입증책임(materielle Beweislast)을 부담하게 된다. 따라서 연방카르텔청이 조사의무를 모두 이행한 후에도 여전히 시장지배적 지위를 확실히 증명할 수 없는 경우(non liquet)에 비로소 입증책임의 전환이라는 효력이 발생하는 것이다.

(3) 단독의 지배력 추정

가. 추정요건

한 사업자가 적어도 40% 이상의 시장점유율을 갖는 경우에 시장지배적 사업자로 추정된다(GWB 제18조 제4항). 구법에서는 단독의 지배력 추정을 위한 시장점유율 기준이 1/3이었으나, 2012년 법개정으로 기준이 상향되었다.

나. 추정의 복멸

후술하는 과점의 추정과 마찬가지로 해당 사업자가 반증을 제시함으로써 독점의 추정은 복멸될 수 있다.[48] 독점의 추정은 사업자의 시장점유율만을 기준으로 삼기 때문에 시장구조와 밀접하게 연결되어 있다. 그 결과 독점의 추정을 복멸하는 것 또한 원칙적으로 문제된 시장이 실질적 경쟁의 존속을 기대할 수 있게 하는 구조적 특성(strukturelle Besonderheiten)을 보이는 경우에만 가능하다. 따라서 과거 또는 현재의 기업행태는 상대적으로 그 중요성이 낮다. 예컨대, 수입으로 인하여 관련시장에 치열한 가격경쟁이 존재하는 경우에는 추정이 복멸될 수 있는 반면, 당해 사업자의 시장점유율이 경쟁사업자의 신규진입에도 불구하고 경쟁의 압력을 별로 받지 않은 채 꾸준히 상승하는 경우라면 추정이 복멸되기 어려울 것이다.[49]

---

48) BGH WuW/E 1749 ff., 1754 "Klöckner/Becorit"; WuW/E 2231, 2237 f. "Metro/Kaufhof"; Thomas, WuW, 2002, S. 470 ff.

49) BKartA WuW/E BKartA 1561, 1564 ff. "Hahn/Johnson".

(4) 공동의 지배력추정 내지 과점추정

가. 추정요건

관련시장에서 상위 3 이하의 사업자가 합하여 50% 이상의 점유율을 갖거나 또는 상위 5 이하의 사업자가 합하여 2/3 이상의 점유율을 갖는 경우에 이들 사업자가 전체로서 시장지배적 사업자로 간주된다(GWB 제18조 제6항).

나. 추정의 복멸

단독의 지배력 추정과 달리 과점의 추정에 대해서는 복멸사유가 명정되어 있다. 즉, 해당 사업자가 다음 중 어느 하나를 입증하는 경우에 추정은 복멸된다(GWB 제18조 제7항).

① 과점사업자들 사이의 경쟁조건에 비추어 실질적 경쟁을 기대할 수 있을 것; 또는

② 과점사업자들 전체가 나머지 경쟁사업자와의 관계에서 우월적인 시장지위를 갖지 않을 것

①은 과점사업자들 사이에 내부경쟁(Binnenwettbewerb)이 존재하는 경우이고, ②는 과점사업자들이 외부경쟁(Außenwettbewerb)의 압력을 받고 있는 경우를 말한다. 내부경쟁의 존재는 그에 상응하는 경쟁조건을 보여주는 증거를 통해서 입증될 수 있으므로, 외관상 과점의 존재에도 불구하고 실질적 경쟁을 가능케 하는 구조적 요건이 여전히 존재하는 경우에 비로소 추정이 복멸된다.

시장의 경쟁상황을 보여주는 구조적 징표로는 시장진입장벽, 잠재적 경쟁, 대체경쟁의 존부, 판매조건, 제품의 특성, 기술 및 혁신의 정도 등을 들 수 있다. 언제나 가격이나 품질경쟁이 효과적으로 작동하고 있는지를 보여주는 것이 중요한데, 이를테면 관련시장에서 치열한 가격경쟁 또는 고객확보경쟁이 전개되고 있는 경우, 또는 과점을 형성하는 상위집단의 구성이 오랫동안 끊임없이 변하는 경우에는 효과적인 경쟁을 인정할 수 있을 것이다.

(5) 추정 상호 간의 관계

좁은 과점(der enge Oligopol)의 경우에는 경쟁제한방지법 제18조 제4항과 제6항의 추정, 즉 독점의 추정과 과점의 추정이 중첩될 수 있다. 그러한 경우에 추정요건은 병렬적으로 충족될 수 있고, 이들 간에 우선순위란 존재하지 않는다.[50] 오히려 중요한 것은

---

50) KG WuW/E OLG 2234 = AG 1980, 228 "Tonolli/Metallgesellschaft"; KG WuW/E OLG 5549 = AG 1996, 268 "Fresenius/Schiwa".

특정 사안에서 핵심이 어디에 있는지, 다시 말해서 시장관계를 현실적으로 접근하였을 때 어느 쪽이 개연성이 더 큰지를 살펴보는 것이다.[51] 따라서 두 개의 추정요건이 모두 충족되더라도 예컨대 한 사업자의 시장점유율이 매우 크고 경쟁사업자와의 격차가 크다면 독점을 추정하게 되고,[52] 반면 다수의 사업자가 인적 또는 자본적 결부를 통하여 시장에 공동으로 등장하는 경우라면 과점의 추정을 적용하게 될 것이다.[53]

한편, 과점을 추정함에 있어서는 관련시장에서 가장 높은 시장점유율을 가진 사업자들만이 고려되며, 임의로 사업자를 선별하여 하나의 과점집단으로 구성해서는 안 된다. 또한 3 또는 그 이하의 사업자가 합하여 50% 이상의 시장점유율 요건을 충족하면 원칙적으로 지배력이 추정되지만, 해당 사업자들이 비슷한 수준의 시장점유율을 갖는 경우에는 오히려 추정이 부인될 수도 있다. 이 경우에는 과점사업자들간에 실질적인 경쟁이 존재할 수 있기 때문이다.

다른 한편으로 과점시장에서 상위 사업자들이 경제적 동일체로 인정될 때에는 달리 과점추정 내지 공동의 지배를 논할 실익이 없으며, 단독의 시장지배력이 성립할 수 있을 뿐이다.[54]

3. 우월적 시장지위

개별 사업자가 독점이나 준독점에 해당하지 않을 때에는 이어서 우월적 지위(überragende Marktstellung)에 해당하는지 여부를 따져보아야 한다. 다른 경쟁사업자에 비하여 우월적 지위에 있는 사업자 역시 경쟁제한방지법상 남용규제를 받기 때문이다. 독점·준독점과 우월적 지위가 선택적 관계인지 아니면 우월적 지위가 독점 등을 포함하는 광의의 개념인지는 명확하지 않다. 학설과 판례는 선택적 관계로 파악하고 있으며, 따라서 관련시장에서 경쟁이 실질적으로 작동하고 있는 경우에도 우월적 시장지위는 인정될 수 있다.[55] 우월적 지위란 어떤 시장에서 경쟁사업자 간에 규모의 차이가 크게 나타나는, 이른바 '비대칭적인 힘의 배분'(asymmetrische Machtverteilung)이 이루어진 상황을 포착하려는 취지로서, 그 중에서 선도적인 지위를 갖는 사업자는 실질적인 경쟁압

51) Emmerich, AG, 1988, S. 361.
52) BKartA WuW/E BKartA 1882 = AG 1981, 294 "Krupp/Total"; Schultz, WuW, 1981, S. 102, 108.
53) KG AG 1988, 306 = WuW/E OLG 4095 "Weiß/SW-Verlag".
54) 이와 다른 시각으로는 BKartA WuW/E BKartA 1475, 1479 "Haindl/Holtzmann".
55) BGHZ 119, 117, 131 = NJW 1993, 264 "Melitta"; BKartA AG 1990, 311, 312 = WuW/E BKartA 2437 "Kaufhof/Saturn".

력을 받지 않을 수 있기 때문이다.

경쟁사업자와의 관계에서 어떤 사업자의 시장지위를 판단함에 있어서는 다음과 같은 요소를 종합적으로 고려하여야 한다(GWB 제18조 제3항).

- 시장점유율
- 자금력
- 조달시장 및 판매시장에 대한 접근가능성
- 다른 사업자와의 결합관계(Verflechtungen)
- 다른 사업자의 시장진입에 대한 법률상 또는 사실상의 장벽
- 국내외 경쟁사업자에 의한 현실적 또는 잠재적 경쟁
- 공급 내지 설비의 전환가능성(Umstellungsflexibilität)[56]
- 거래상대방의 거래처전환가능성(Ausweichmöglichkeit)

그밖에 어떤 사업자의 우월적 시장지위를 보여주는 또 다른 징표는 경쟁사업자의 통상적인 경쟁수단, 이를테면 가격이나 품질을 통한 경쟁을 지속적으로 방해할 여지가 있는지 여부이다.[57] 따라서 시장 내에 다른 강력한 경쟁사업자나 수요자가 존재하더라도 반드시 특정 사업자가 우월적 지위를 가질 수 없는 것은 아니다.[58]

4. 보론 : 공동의 지배

(1) 개 관

이른바 경제적 동일체이론(eine wirtschaftliche Einheit; a single economic entity)은 법인격을 달리 하는 복수의 사업자를 지배관계를 기준으로 하나의 경쟁단위 내지 단일 사업자로 파악하는 것으로서 경쟁법의 목적에 충실한 기능적 사업자개념의 또 다른 표현이라 할 수 있다. 반면, 공동의 시장지배(gemeinsame Marktbeherrschung; collective dominance)[59]란 흔히 과점산업에서 경제적으로 독립적인 복수의 사업자들이 일정한 경제적 결부(economic links)를 통하여 시장지배력을 공동으로 '형성'하는 것을 말하고, 공동의

56) 이것은 1990년 개정법에서 수요측면의 지배력남용을 염두에 두고 추가한 부분이다.
57) BGHZ 77, 279, 291 f. = NJW 1980, 2583 "Mannesmann/Breuninghaus".
58) KG WuW/E OLG 2182, 2184 ff. "Klöckner/Becorit"; WuW/E OLG 4167 = AG 1988 311 "Kampffmeyes/Plange".
59) 이와 구별되는 개념으로 기업결합의 핵심요소인 당사회사간 지배관계의 일 유형으로서 합작기업의 경우에 나타나는 공동의 지배(joint control)가 있다. 전자는 복수의 회사가 시장을 지배한다는 의미인 반면, 후자는 복수의 회사가 다른 회사를 지배하는 경우를 가리킨다.

시장지배력을 반드시 공동으로 '행사'할 필요는 없다. 이러한 점에서 시장지배력을 공동으로 행사하는 경우에는 별도로 카르텔의 성립 여부가 문제될 수 있다. 또한 과점산업에서 일부 상위 사업자들이 경제적 동일체로 인정되는 경우에는 추가로 공동의 시장지배를 논할 실익이 없게 된다.[60] 이때에는 해당 상위 사업자들이 '하나의 사업자'로서 단독으로 시장지배력을 갖게 되기 때문이다.

앞서 살펴본 바와 같이 독일에서는 공동의 시장지배를 입법적으로 해결하고 있다. 즉, GWB 제18조 제5항에 따라 둘 이상의 사업자 상호간에 실질적인 경쟁이 존재하지 아니하고, 이들이 전체로서 대외적으로 실질적인 경쟁에 맡겨져 있지 않은 경우에는 이들이 모두 시장지배적 지위에 있는 것이 된다.[61] 그리고 공동의 시장지배를 구체적인 사건에서 입증하기가 곤란한 문제는 동조 제6항이 3 이하의 사업자의 시장점유율 합계가 50% 이상이거나 5 이하의 사업자의 시장점유율 합계가 2/3 이상인 경우 당해 사업자 전부가 시장지배력을 갖는 것으로 간주하는 방법으로 해결되고 있다. 아울러 동항 단서에 따라 시장지배력이 간주되는 사업자들간에 실질적인 경쟁을 기대할 수 있거나, 이들 사업자가 전체로서 다른 경쟁사업자와의 관계에서 우월적 지위에 있지 않음이 입증되는 경우에는 전술한 간주조항이 적용되지 않는다.

(2) 유럽경쟁법의 경우

유럽기능조약 제102조는 한 사업자뿐만 아니라 복수사업자에 의한 시장지배적 지위 남용을 명시적으로 금지하고 있으나, 독일 경쟁제한방지법 제18조 제5항과 달리 공동의 시장지배를 판단하는 구체적인 기준을 제시하지 않고 있다. 그 결과 유럽에서는 오래 전부터 공동의 시장지배가 성립하기 위한 요건을 둘러싸고 논의가 전개되었으나, 아직까지 불명확한 부분이 적지 않다.[62] 여기서 유럽기능조약 제102조상 공동의 시장지배 여부를 판단함에 있어서 GWB 제18조 제5항이 일응의 기준을 제시할 수 있는지 여부를 살펴볼 필요가 있다.[63]

종래 유럽경쟁법의 실무는 공동의 시장지배를 판단함에 있어서 다분히 독일법의 해석 방법론을 따르고 있었다. 다만, 유럽기능조약은 과점추정조항을 두지 않고 있기 때문에

60) Jones/Sufrin, EC Competition Law, 2. Ed., 2004, p. 839.
61) Wiedemann, in: Wiedemann, Handbuch des Kartellrechts, 2. Aufl., 2008, §23, Rn. 26.
62) Bergmann, in: Loewenheim/Meessen/Riesenkampff, Kartellrecht, Bd. 1, 2005, S. 306.
63) 기업결합에 관해서는 과점사업자에 의한 공동의 시장지배가 유럽합병규칙 제2조 제3항의 판단에 적극 고려되고 있다는데 이견이 없다. EuG 25.3.1999, Slg. 1999, II-1 Rn. 270 ff. "Gelcor/Kommission"; EuG 6.6.2002, Slg. 2002, II-2585 Rn. 55 ff. "Airtours/Kommission".

내부경쟁의 부재를 판단하기 위한 구체적인 기준이 유럽집행위원회와 유럽법원의 실무에서 정립된 반면, 다른 경쟁사업자에 대한 우월적 지위 여부는 달리 고려되지 않고 있는 것으로 보인다.

여기서 내부경쟁의 부재와 관련하여 제시된 기준이 바로 복수사업자간의 '경제적 결부'이다. 즉, 공동의 시장지배는 일반적으로 복수사업자가 경제적 결부를 통하여 밀접하게 연결되어 있어서 시장에서 경쟁보다는 동조적으로(abstimmungsmäßig) 행위할 수 있게 되는 경우에 인정된다. 구체적으로 유럽기능조약 제102조와 관련하여 공동의 지배를 처음으로 언급한 Italian Flat Glass 사건[64]에서 유럽집행위원회가 지적한 바와 같이 먼저 당해 사업자들이 경쟁사업자나 거래상대방 또는 소비자에 대한 관계에서 '공동의 단위'(eine kollektive Einheit)로 등장하고, 이러한 단위가 대외적으로 지배적 지위를 갖는지를 살펴보아야 한다. 이는 곧 공동의 시장지배가 인정되기 위해서는 당해 사업자들이 대내적인 관계에서 경쟁을 회피할 정도의 공통의 경제적 이해관계 갖고, 대외적인 관계에서는 하나의 집단으로 등장할 수 있도록 해당 사업자들 사이에 집단으로서 최소한의 규율(Mindestmaß an Gruppendisziplin)이 존재하여야 함을 의미한다.

(3) 유사개념과의 구분

공동의 시장지배에 관한 법리를 정확하게 이해하기 위해서는 콘체른, 카르텔 및 이른바 '좁은 과점'과의 관계를 살펴볼 필요가 있다.[65] 먼저, 복수의 사업자가 콘체른법상의 특수한 결합관계를 통하여 서로 연결되어 있는 경우에 이들의 경제력을 종합하여 일정한 시장지배력을 인정할 수는 있으나, 그것이 언제나 공동의 시장지배를 가져오지는 않는다. 왜냐하면 콘체른은 기능적 사업자개념에 따라 하나의 경제단위 내지 하나의 사업자로 다루어지는 경우가 많고, 하나의 경제적 단일체로서 시장지배적 지위를 가지는지 여부가 문제될 것이기 때문이다. 이때 콘체른이 하나의 사업자로 인정되기 위해서는 결합기업(verbundene Unternehmen)들이 각자의 시장행위를 자율적으로 결정할 수 없을 정도로 지배회사의 통제를 받고 있어야 한다.

한편, 경제적 동일체와 공동의 시장지배 사이에 모호한 영역이 존재할 수 있는 사례

64) Commission, OJ 1989 L 33/44, CFI, 1992 ECR II-1 403, para. 358. 이 사건에서 위원회는 3개 사업자의 카르텔과 더불어 이들이 공동의 시장지배력을 남용한 것으로 보아 조약 제81조와 제82조를 모두 적용하였다. 그런데 유럽1심법원은 지위남용부분을 파기하였는데, 그 이유는 위원회가 카르텔 입증에 제시된 사실들을 그대로 공동의 지배에 원용하고 있기 때문이었다. EuG Slg. 1996 II-1201, 1231 Rn. 64 "Compagnie maritime belge transports u.a./Komm.".

65) 자세한 내용은 Bergmann, in: Loewenheim/Meessen/Riesenkampff, Kartellrecht, Bd. 1, 2005, S. 307 ff. 참조.

를 보여주는 것이 Irish Sugar 사건[66]인데, 여기서 Irish Sugar사는 자신이 51%의 지분을 보유한 거래상대방인 회사의 경영활동을 실질적으로 지배하고 있지는 않다는 점을 들어 공동의 시장지배가 성립하지 않는다고 주장하였다. 그러나 유럽집행위원회는 이들 간의 임원겸임 등 경제적 결합관계와 공통의 이해관계를 근거로 공동의 시장지배를 인정하였다. 그밖에 일반적으로 경제적 결부의 유무를 판단하는 요소로는 각종의 협정, 전략적 제휴, 체계적 정보교환, 공동구매·생산·판매, 공동의 R&D, 교차라이선스, 지분교환(swapping), 임원파견이나 겸임 등을 들 수 있다.

또한 공동의 시장지배는 카르텔과 같이 해당 사업자들간의 내부경쟁과 다른 사업자와의 외부경쟁을 모두 제거하는 방법으로 발생할 수 있으나, 카르텔이 존재한다는 사실만으로 공동의 시장지배가 인정되는 것은 아니다. 카르텔이 성립하면 참가사업자들간에 내부경쟁이 일부 사라지게 되는 것은 사실이나, 공동의 지배에 이르기 위해서는 단순한 합의를 넘어서는 보다 견고한 결합관계, 다시 말해서 이들 사업자가 관련시장에서 공동의 시장전략을 구사할 수 있을 정도의 경제적 결부(economic links)가 존재하여야 한다. 예컨대, CEWAL 사건[67]에서 유럽법원은 해운동맹의 회원사들이 서아프리카의 여러 항구와 북해를 잇는 노선에 취항하면서 카르텔에 가입하지 않은 경쟁해운사를 상대로 공동의 전략을 채택하고 있음을 들어 이들이 공동으로 시장지배력을 가진다고 판시한 바 있다. 그밖에 유럽법원은 공동구매나 공동판매 및 약정요금의 강제 등에 대하여 공동의 시장지배를 인정한 바 있으며,[68] 이때 카르텔 참가사업자들이 동시에 공동의 시장지배력을 남용한 경우에는 유럽기능조약 제101조(카르텔금지)와 제102조(시장지배적 지위남용의 금지)가 중첩적으로 적용되었다.

그밖에 비록 유럽법원은 다소 소극적인 태도를 보이고 있으나, 이론상 '좁은 과점'에 속하는 사업자들간의 밀접한 상호의존성을 이유로 공동의 시장지배가 인정될 여지도 있다. 이 경우 공동의 시장지배 여부를 판단하기 위해서는 과점시장에서의 경쟁조건이 상당한 수준의 안정성(Stabilität)을 보임으로써 유효경쟁을 저해하고 이들 과점사업자가 제

66) Commission, OJ 1997 Nr. L 258/1 para. 111 "Irish Sugar plc.". 이 사건에서 Irish Sugar는 도매업자와 상관없이 아일랜드의 분말설탕시장에서 지배적 지위에 있었고, 중요한 것은 수직적 거래관계에 있는 도매업자도 제조업자와의 경제적 결부로 인하여 공동의 시장지배가 인정되었다는 점이다.

67) EuGH Slg. 2000, I-1365 Rn. 35 ff. "CMB/Komm."; EuG Slg. 1996 II-1201 Rn. 64 "Campagnie Maritime Belge Transports u.a./Komm.". 이 사건에서는 해운동맹의 회원사들이 비회원사인 경쟁사업자를 집단적으로 배제하는 행위가 문제되었다.

68) EuGH Slg. 1975, 1663 Rn. 421 ff. "Suiker Unie"; EuGH Slg. 1989, 803 Rn. 37 "Ahmed Saeed Flugreisen u.a."

3자에 대하여 상당 부분 독립적으로 행위할 수 있는지 여부가 관건이 된다.[69] 끝으로, 공동의 시장지배가 복수사업자들간의 경제적 관계를 통하여 도출된다 하더라도, 남용행위까지 공동으로 하여야 하는 것은 아니다. 즉, 공동의 시장지배가 인정되는 경우에도 공동의 남용과 개별적 남용이 모두 가능하다.[70]

제3절 | 남용행위의 금지

I. 체계 및 일반조항

1. 남용금지의 체계

경쟁제한방지법은 시장지배적 사업자의 지위남용을 규제함에 있어서 일반조항과 예시조항을 모두 두고 있다. 즉, 하나 또는 복수의 사업자에 의한 시장지배적 지위남용은 금지되고(GWB 제19조 제1항), 이러한 일반조항을 구체화하기 위하여 - 유럽법과 마찬가지로 - 대표적인 남용행위를 예시하고 있다(GWB 제19조 제2항 각호). 다른 사업자의 사업활동을 직·간접적으로 부당하게 방해하거나 정당한 이유 없이 차별하는 행위(1호), 유효경쟁에 부합하지 않는 가격이나 거래조건을 부과하는 행위(2호), 시장지배적 사업자가 비교시장에 비하여 불리한 가격이나 거래조건을 요구하는 행위(3호), 정당한 이유없이 필수설비의 접근을 거절하는 행위(4호) 및 정당한 이유없이 다른 사업자로 하여금 자기엑 경제상 이익을 제공하도록 요구하거나 제공하도록 교사하는 행위(5호)가 그것이다.

2. 일반조항 - 남용의 개념론

(1) 남용의 목적론적 해석

경쟁제한방지법이 담고 있는 남용개념은 무엇보다 동법 제19조의 목적을 통하여 구체화된다. 독일에서 남용규제의 목적은 무엇보다 시장지배적 사업자의 지배영역에서 제3

69) Mestmäcker/Schweitzer, Europäisches Wettbewerbsrecht, 2004, §16, Rn. 40.
70) Commission, OJ 1997 Nr. L 258/1 para. 66 “Irish Sugar plc.”.

자의 경제활동의 자유를 보호하고, 이를 통하여 경쟁과정이 제대로 기능할 수 있는 여지를 마련하는 데에 있다. 따라서 시장지배적 사업자가 오로지 자신의 지배력에 기초하고 유효경쟁 하에서는 가능하지 않은 방법으로 다른 사업자의 사업활동을 방해 또는 침해하는 경우에 원칙적으로 남용이 인정된다.[71] 이러한 맥락에서 남용규제의 목적은 무엇보다 이미 구조적으로 경쟁이 제한되어 있는 시장을 최대한 개방적으로 유지하고 시장지배력이 다른 제3의 시장으로 전이되는 것을 방지하는 데에 있다.

(2) 남용 개념의 객관화

경쟁제한방지법상 시장지배적 사업자의 남용은 다분히 '객관적인 개념'(objektiver Begriff)으로 이해되고 있다. 우리나라에서는 대체로 객관적 개념이라는 말을 남용판단에 주관적 요소를 고려해서는 안 된다거나 또는 오로지 시장지배적 사업자의 어떤 행위가 시장경쟁에 미치는 효과만을 기준으로 금지 여부를 판단하여야 한다는 취지로 이해하고 있는 것으로 보인다.

그런데 남용을 객관적 개념으로 이해하여야 한다는 인식은 대표적으로 Hoffmann-La Roche 사건[72]에서 유럽법원이 내린 판결에서 비롯된 측면이 있다. 유럽법원에 따르면 객관적 남용개념이란 시장지배적 사업자가 구 유럽공동체조약 제82조를 위반할 의도가 없더라도 남용이 성립할 수 있다는 것으로서, 의도가 비록 남용의 핵심요소는 아니라 할지라도 의도에 관한 증거는 구 조약 제82조 위반을 보여주는 구성요소 중 하나라는 것이다. 그리고 이러한 태도는 독일경쟁법상 남용개념의 이해와도 대체로 일치한다.

이러한 맥락에서 경쟁제한방지법상 남용 여부는 시장지배적 사업자의 어떤 행위가 비단 관련시장에서 경쟁제한효과만을 기준으로 판단되지 않으며, 남용 개념을 객관적으로 이해하여야 한다는 것이 효과 이외에 다른 사정, 특히 주관적 요소를 남용 판단의 고려요소에서 배제한다는 의미는 아닌 것이다.

(3) 위험구성요건으로서의 남용

독일의 시장지배적 지위 남용규제는 유럽경쟁법에 비하여 엄격한 것으로 알려져 있다. 이를테면 남용규제를 받는 사업자의 범위가 넓고, 방해남용에 요구되는 경쟁제한성

---

71) 이처럼 경제적 자유침해에 근거하여 남용을 이해한 대표적인 학자로는 Mestmäcker를 들 수 있다. 이러한 접근방법에 관한 그의 대표적 저술로는 Mestmäcker, Der Mißbrauch marktbeherrschender Stellung im deutschen, italienischen und europäischen Recht, 1969 S. 1 및 Medienkonzentration und Meinungsvielfalt, 1978, S. 107 ff.

72) ECJ Case 85/76 [1979] ECR 4611 [1979] 3 CMLR 211, para. 91.

의 잣대가 그리 높지 않으며, 남용에 관련된 특칙이 마련되어 있는 점이 그러하다. 통상 위험구성요건(Gefährdungstatbestand)이라 함은 어떤 행위가 구체적인 위험을 야기한다는 이유만으로 금지되는 경우를 지칭하는바, 경쟁법상 어떤 행위가 경쟁을 현실적으로 제한하지 않더라도 경쟁을 제한할 현실적 우려가 있는 것만으로도 금지되는 것을 의미한다.

그런데 독일에서 남용규제와 관련하여 위험구성요건을 강조하는 배경에는 이를테면 독점화를 가져오는 방해남용의 경우 일단 방해전략이 성공한 이후에는 원상회복이 매우 어렵다는 문제의식이 깔려 있다. 더구나 개별 사안마다 경쟁제한효과를 경제분석에 입각하여 입증할 것을 요구할 경우 서로 상충되는 경제분석결과의 신뢰성 문제는 차치하고라도 적절한 시점에 남용판단을 내리는 것이 거의 불가능에 가깝다. 따라서 연방카르텔청도 경험칙에 기초하여 경쟁을 제한할 개연성이 큰 행위유형을 폭넓게 금지하되, 정당한 이유를 적극 고려함으로써 비교형량을 하는 방식을 취하고 있는 것이다.

(4) 지배력과 남용의 인과관계

시장지배력에 기반한 행위가 아직 유효경쟁이 지배하는 제3의 시장(Drittmarkt)에 부정적 영향을 미치는 경우에는 해당 시장에서 시장지배적 사업자와 경쟁관계에 있는 사업자도 남용규제에 따른 보호를 받게 된다. 제3의 시장에서 다른 사업자의 사업활동을 방해하는 행위(Drittmarktbehinderung)에 대한 남용금지의 취지는 1965년 제1차 개정법에 그 취지가 드러나는데, 지배력이 존재하지 않는 시장에서는 남용행위가 발생할 수 없으나 그에 따른 방해효과는 지배력이 없는 제3의 시장에서 발생할 수도 있다는 것이다.[73]

제3의 시장에 대한 방해남용은 1998년까지 구법 제22조 제4항 1문에 따라 의문의 여지없이 가능하였다.[74] 그러나 현재는 동법 제19조 제1항의 일반조항의 해석을 통해서 이러한 남용행위가 규제되는바, 동항은 시장지배력이 존재하는 시장과 경쟁이 제한되는 제3의 시장을 구별하지 않고 있기 때문이다.[75] 유선전화와 인터넷의 끼워팔기가 문제되었던 사안에서 연방대법원은 지배력이 없는 시장에서 방해효과가 발생하는 경우

73) 시장지배적 지위가 존재하는 시장과 남용이 행해지는 시장이 반드시 동일하여야 한다는 의미에서 우리나라의 대법원 판결도 이와 마찬가지이다. 대법원 2008.12.11. 판결, "티브로드 강서방송" 사건.
74) KG WuW/E OLG 3124, 3129; BKartA WuW/E BkartA 2092, 2100 "Metro".
75) M. Stoll, Drittmarktbehinderungen, 2002; BGHZ 156, 379, 382 f. = GRUR 2004, 255 - WuW/E DER 1206 "Strom+Telefon I"; BGH GRUR 2004, 259 = WuW/E DER 1210 "Strom+Telefon II".

에도 동법 제19조 제1항이 폭넓게 적용될 수 있음을 밝힌 바 있다.[76] 다만, 지배력과 남용효과 사이에 인과관계(Kausalzusammenhang)가 존재하여야 한다는 데에는 이견이 없다.

Ⅱ. 부당한 사업활동방해

1. 개 설

(1) 시장지배적 사업자의 특수한 책임

시장지배적 사업자는 다른 사업자의 사업활동을 직·간접적으로 부당하게 방해해서는 안 된다(GWB 제19조 제2항 1호 전단). 여기서 동법이 시장지배적 사업자의 방해남용을 금지하는 목적은 일차적으로 다른 사업자의 경제활동의 자유를 제한함으로써 이미 독과점화되어 있는 시장을 더욱 봉쇄하거나 다른 시장을 독점화할 우려가 있는 행위를 미연에 방지하는 데에 있다. 이를 통하여 시장지배적 사업자의 경쟁사업자나 거래상대방이 남용행위로부터 보호됨은 물론이다.[77] 시장지배적 사업자의 방해행위는 지배력을 갖는 시장뿐만 아니라 지배력을 갖지 않는 제3의 시장에서도 존재할 수 있으며, 다만 방해를 받는 사업자는 시장지배적 사업자와 경쟁관계에 있어야 한다.[78]

경쟁제한방지법상 방해남용은 후술하는 착취남용의 경우와 달리 유효경쟁 하에서라면 가능하였을 행위를 기준으로 판단하지 않는다는 점에 유의하여야 한다. 즉, 시장지배적 사업자에게는 거래상대방이나 경쟁사업자와의 관계에서 이른바 '추가적인 배려의무'(zusätzliche Rücksichtnahmepflicht)가 인정되는 바, 그에 따라 시장지배적 사업자는 경쟁조건의 악화를 막기 위하여 경쟁에 부합하지 않는, 효율성 내지 성과와 무관한 시장행위를 하지 않을 의무를 지게 된다.[79]

그밖에 경쟁제한방지법 제20조 제1항과 제3항에서도 2개의 방해남용유형을 추가로 찾을 수 있다. 동조 제1항은 상대적 시장지배력을 가진 사업자가 다른 사업자의 사업활동을 부당하게 방해하거나 정당한 이유 없이 차별취급하는 행위를 금지하고 있고, 동조

76) BGH 30.3.2004, WuW/E DE-R 1283 "Der Oberhammer".
77) BGHZ 81, 322, 328 f. = WuW 1981, 871, 874 = WuW/E BGH 1829, 1832 "Original-VW-Ersatzteile".
78) Möschel, in: Immenga/Mestäcker, Kommentar zum Deutschen Kartellrecht, 4. Aufl., 2007, §19, Rn. 11; OLG Düsseldorf WuW 2013, 296, 299 f. = WuW/E DE-R 3788, 3791 f.
79) Bechtold, Kartellgesetz Kommentar, 2002, §19, Rn. 62.

제3항은 다른 중소 경쟁사업자에 비하여 우월적 지위(überlegene Marktmacht)에 있는 사업자가 이들 경쟁사업자를 부당하게 방해하는 행위를 금지하면서 대표적으로 대규모판매업자를 염두에 두고 다음과 같은 세 가지 행위를 정당한 이유가 없는 한 금지되는 것으로 예시하고 있다.

1. 생필품을 구입원가(Einstandspreis) 이하로 판매하는 행위
2. 다른 상품이나 용역을 계속해서 구입원가 이하로 판매하는 행위
3. 후방시장에서 경쟁관계에 있는 중소사업자에게 상품이나 용역을 공급하면서 자기의 판매가격보다 높은 가격을 요구하는 행위

경쟁제한방지법 제20조 제1항, 제3항에 상정하고 있는 방해행위의 유형들은 내용적으로 제19조 제1항 1문과 중첩될 수 있다. 이들 조항 간에 실질적으로 아무런 차이가 없다는 견해도 있으나,[80] 종래 베를린고등법원(KG)은 일관되게 양자를 준별하는 태도를 취해왔다. 그에 따르면 경쟁사업자간의 수평적 관계에서 발생하는 방해행위에 대해서는 주로 제20조 제1항이 적용되었으며, 이러한 의미에서 경쟁제한방지법 제20조 제1항은 제19조 제2항 1호의 하위유형에 해당한다. 그 결과 동법 제19조 제2항 1호가 규정하는 방해남용의 판단기준은 원칙적으로 제20조 제1항에도 적용된다는 것이 지배적인 견해이다.[81]

(2) 남용행위과 정상적인 경쟁행위의 구별

구체적인 사례에서 시장지배적 사업자의 어떤 경쟁행위가 방해남용에 해당하는지 여부를 판단하기란 매우 어렵다. 외부적 성장(externes Wachstum)의 대표적인 예인 기업결합과 달리 어떤 사업자가 내부적 성장(internes Wachstum)을 통하여 시장지배적 지위에 이르거나 그러한 지위를 유지 또는 강화하는 것 자체를 문제 삼을 수는 없기 때문이다. 즉, 시장지배적 사업자도 자유롭게 자신의 효율성에 기초한 경쟁행위나 경쟁수단을 선택할 수 있고, 그것이 설사 제3자에게 이른바 방해효과(Behinderungseffekt)를 갖는다고 할지라도 그 이유만으로 남용으로 볼 수는 없다. 시장지배적 사업자라고 해서 시장구조나 경쟁사업자의 존속을 보장하여야 할 일반적인 책임을 지는 것은 아니기 때문이다.[82] 시장지배적 사업자의 방해행위가 모두 금지되는 것은 아니며, 그것이 부당한 경우

80) Emmerich, Kartellrecht, 10. Aufl., 2006, S. 337.
81) Möschel, Oligopolmißbrauch nach §22 GWB, DB, 1973, S. 206 ff.; K. Schmidt, Kartellverfahrensrecht, 1977, S. 225.
82) Möschel, Die Idee der rule of law und das Kartellrecht heute, ORDO, 1979, S. 295, 308 ff.

에만 금지될 뿐인 것이다. 따라서 관건은 시장지배적 사업자의 정상적인 경쟁행위와 부당한 남용행위를 어떤 기준으로 준별할 수 있는지에 있다.

이때 부당성 판단을 위한 기준은 결국 남용규제의 규범목적(Normzweck)인 경쟁보호에서 찾을 수밖에 없고, 따라서 어떤 경쟁수단이 이미 상당히 집중된 시장구조에 미치는 부정적인 효과를 일차적인 기준으로 삼지 않으면 안 된다. 즉, 방해남용의 판단에는 시장지배적 사업자의 어떤 경쟁수단이 관련시장에서의 경쟁에 미치는 효과를 고려하되, 다만 특정 행위를 둘러싼 시장지배적 사업자의 이익과 그로부터 사업활동이 방해되는 사업자의 이익을 적절히 비교형량하지 않으면 안 된다. 단순히 어떤 행위가 경쟁제한효과를 야기할 우려가 있다는 이유만으로 남용이라는 행위무가치(Handlungsunwert)를 도출할 수는 없기 때문이다.[83]

그런데 남용규제에서 요구되는 이익형량은 어디까지나 경쟁보호에 기초하는 것이기 때문에, 양 당사자의 경제적 이익을 단순히 비교하는 것이 아니다. 이를테면, 시장지배적 사업자의 지배력이 강하면 강할수록 방해행위로 인하여 침해되는 경쟁사업자의 이익은 보다 중대한 것으로 평가된다. 아울러 남용규제에 수반되는 이익형량(Interessenabwägung)에도 비례의 원칙이 적용되며, 따라서 시장지배적 사업자는 경쟁과정에서 가능한 한 경쟁을 덜 제한하는 수단을 선택하여야 한다.[84]

2. 끼워팔기

끼워팔기는 시장지배적 지위를 갖는 급부를 상대적으로 그 지위가 약한 급부와 결합하여 판매하는 것을 말한다. 이때 결합은 시장지배적 사업자가 강제하는 경우도 있고(Zwangskopplung), 가격할인이나 리베이트 등을 통하여 유인된 것일 수도 있다. 어느 경우나 경쟁제한방지법상 당연히 남용에 해당하지는 않으며, 지배력이 없는 시장에서 경쟁사업자를 방해할 목적으로 끼워팔기를 지렛대로 활용하는 경우에 금지될 수 있을 뿐이다.[85]

방해의 우려가 있는 끼워팔기라도 정당한 이유가 인정되는 경우에는 금지되지 않는바, 이를테면 두 개의 급부가 기능적으로 밀접한 보완관계에 있거나 관련 업계의 관행으

83) 이른바 효과주의(effects-based approach)라고 하더라도 경쟁제한효과만을 이유로 특정 행위를 금지하는 것을 의미하지는 않으며, 금지행위의 유형과 특성에 따라 다양한 정당화요소를 고려하게 된다.
84) K. Markert, Immenga/Mestmäcker, Kommentar zum deutschen Kartellrecht, 2007, §20, Rn. 172 ff.
85) BKartA 2003 "Strom+Telefon I".

로 정착된 경우를 들 수 있다. 후자의 예로서 자동차와 바퀴를 끼워파는 행위는 남용에 해당하지 않는바, 바퀴 없이 인하된 가격으로 자동차를 판매하는 경우란 거래관행상 기대할 수 없기 때문이다.

한편, 끼워팔기는 2004년 개정된 부정경쟁방지법상 제3조의 일반조항 외에 제4조 1호, 즉 압력이나 부당한 영향력 행사 등을 통하여 소비자나 기타 시장참가자의 결정의 자유(Entscheidungsfreiheit)를 침해하는 행위로 규제될 수 있으며, 이때 위법성의 핵심징표는 바로 개별 상품의 가격을 제시하지 않거나 이를 은폐하는데 따른 소비자의 합리적 선택권 침해에서 찾고 있다. 우리나라 공정거래법상 끼워팔기의 본질을 살펴봄에 있어서도 시사하는 바가 적지 않을 것이다.

사 례 **Strom+Telefon II 사건**

이 사건에서는 직접 가스와 수도를, 자회사를 통해서는 전기를 공급하는 Stadtwerke S. 유한회사[86]와 동사가 최대주주인 통신사가 함께 'R. power'라는 브랜드로 전기와 통신서비스를 결합하여 12개월 약정의 경우 120-300 마르크까지 할인해주는 상품을 광고 및 판매하기 시작한데 대하여 Deutsche Telekom(주)이 구 경쟁제한방지법 제19조 제1항, 제4항 1호(다른 사업자의 경쟁가능성에 대한 현저한 침해 금지) 및 구 부정경쟁방지법 제1조(현재는 제3조) 위반을 이유로 도르트문트 지방법원(Landgericht)에 금지청구를 한 것이 다루어졌다.

경쟁제한방지법 위반과 관련해서는 관련시장에서 지배적 지위를 갖고 있던 Stadtwerke S. 유한회사가 문제의 결합판매를 통하여 그 지배력을 통신시장으로 전이하였는지가 관건이 되었다. 뒤셀도르프 고등법원은 통신시장에서 원고인 Deutsche Telekom(주)이 압도적으로 독점적인 지위를 차지하고 있어 전기고객의 상당수가 위 결합판매로 옮겨가더라도 통신시장에서 상당한 방해효과가 나타나지 않았음을 들어 청구를 기각하였다.

연방대법원 또한 비록 원심이 경쟁가능성의 침해 여부를 통신시장에서 활동하고 있는 통상의 사업자가 아니라 동 시장에서 독점적 지위를 가진 Deutsche Telekom(주)만을 기준으로 판단한 점에 오류가 있기는 하나, 결론적으로는 원심의 판단을 지지하였다. BGH 4. 11. 2003-KZR 38/02 아울러 끼워팔기 자체가 불공정한 경쟁에 해당하지는 않는다는 전제에서 소비자에게 유리한 결합조건을 제공하는 것은 나름 정당화될 수 있다고 지적하였다.

86) 동사는 자기 지분의 75.34%를 S.시가 보유하고 있다는 의미에서 해당 지방자치단체의 공기업적 성격을 띠고 있었다.

이와 동일한 맥락에서 연방대법원은 부정경쟁방지법 위반 여부와 관련하여 끼워팔기의 경우 전체 가격만 제시되고 이를 구성하는 개별 상품의 가격이 알려지지 않을 경우에 다른 사업자가 제공하는 개별 상품과의 가격비교가 곤란해짐으로써 소비자의 합리적 선택을 저해할 수 우려가 있다는 점에서 단일가격의 투명성 결여를 지적하였다. 다만, 결론 면에서 연방대법원은 이 사건에서 환불액이 제시되고 있기 때문에 소비자로서는 직접 다른 사업자가 제시하는 개별가격과 비교하는 노력은 수인될 수 있다고 보아 마찬가지로 법위반을 전제로 한 금지청구를 받아들이지 않았다.

3. 약탈가격

(1) 의 의

경쟁제한방지법상 시장지배적 사업자 또는 우월적 시장지배력(überlegene Marktmacht)을 가진 사업자가 과도하게 낮은 수준으로 가격을 책정하는 행위는 부당한 사업활동방해의 하나로 금지되고 있다(GWB 제19조 제2항 1호, 제20조 제3항). 사업자에게 가장 중요한 경쟁요소(Wettbewerbsparameter)는 바로 가격이다. 따라서 사업자가 누리는 가격결정의 자유에 대한 국가의 개입은 원칙적으로 경쟁과정의 본질에 반하기 때문에 바람직하지 않을 수 있다.

이러한 이유로 경쟁제한방지법 제19조 제2항 1호는 비교적 명확한 남용사례에 한하여, 다시 말해서 매우 엄격한 요건을 충족하는 경우에 한하여 시장지배적 사업자의 가격결정상 자유에 한계를 설정하고 있을 뿐이다. 동호가 적용되는 대표적인 예가 바로 경쟁사업자를 배제하려는 의도(Vernichtungsabsicht)로 행해지는 약탈가격(Kampfpreisunterbietung; predatory pricing)인 것이다.

(2) 약탈가격의 요건

약탈전략은 통상 시장지배력을 전제로 하며, 원가 이하의 가격책정을 통하여 새로이 시장에 진입한 경쟁사업자를 배제하거나 기존의 경쟁사업자를 견제하거나 또는 조만간 시장에 진입할 의사와 능력이 있는 제3의 잠재적 경쟁사업자에 대하여 시장진입을 차단하는 효과가 있다는 점에서 시장지배적 사업자로서는 합리적인 전략일 수 있으나, 당해 시장에서의 유효경쟁에는 심각한 위협이 될 수 있다.[87]

경쟁제한방지법상 약탈가격을 판단하는 기준은 매우 높아서 원가 이하의 가격책정이

87) BKartA 18.2.2002, B9-144/01 "Deutsche Lufthansa/Germania".

라도 언제나 남용에 해당하지는 않으며, 시장지배적 사업자가 가격을 통하여 경쟁사업자를 배제하려는 시도 자체는 성과경쟁의 수단으로서 당연히 무가치판단의 대상으로 오인되어서는 안 된다. 시장지배적 사업자에게 단기적으로 손실을 가져올 수도 있는 모든 형태의 가격경쟁이 금지되는 것은 아니며, 문제된 행위의 의도 및 경쟁에 미치는 효과 등을 종합적으로 고려하여 남용 여부를 가리게 된다.

어떤 약탈가격이 경쟁이론상 합리적인 전략인지 여부와 상관없이 시장지배적 사업자가 특정 경쟁사업자를 배제할 목적으로 원가 이하로 가격을 책정하는 행위는 남용에 해당하게 된다.[88] 예컨대, 독일의 메이저 여행사인 TUI가 특정 지역의 여행상품에 특화된 중소 경쟁사를 제거하기 위하여 이들 지역에 대하여 원가보다 현저히 낮은 가격을 책정하는 행위가 남용으로 인정된 바 있다.[89] 그밖에 시장지배적 지위에 있는 신문사가 특정 지역신문사를 배제하기 위하여 해당 지역에서만 정기구독요금을 현저히 인하한 행위도 마찬가지로 남용으로 인정된 바 있다.[90]

그밖에 독일법상 특징적인 부분으로는 약탈가격이 남용에 해당하는지 여부를 판단함에 있어서는 가격과 그에 대한 반대급부를 전체적으로 평가할 필요가 있다는 점을 들 수 있다, 즉, 어떤 가격이 명목상 경쟁사업자의 가격보다 높더라도 이를테면 다수의 결합상품을 제공함으로써 경제적으로 볼 때 다른 경쟁사업자보다 낮다고 평가되는 경우에는 약탈가격에 해당할 수 있다는 것이다.[91]

(3) 우월적 사업자의 약탈가격

경쟁제한방지법은 경쟁관계에 있는 중소사업자에 대하여 우월적인 시장지위를 가진 사업자가 경쟁사업자의 사업활동을 직·간접적으로 부당하게 방해하는 행위를 금지하면서, 대표적인 유형으로서 생필품을 구입원가(Einstandspreis) 이하로 판매하는 행위, 다른 상품이나 용역을 계속해서(nicht nur gelegentlich) 구입원가 이하로 판매하는 행위 및 후방시장에서 경쟁관계에 있는 중소사업자에게 상품이나 용역을 공급하면서 자기의 판매가

88) BGHZ 129, 203, 210 ff. = NJW 1995, 2293 "Hitlisten"; KG WuW/E OLG 1767 = BB 1977, 569 "Kombinationstarife"; OLG Düsseldorf, WuW/E OLG 2647 ff.; OLG Düsseldorf, WuW/E DE-R 867, 869 f. "Lufthansa/Germania"; OLG Karlsruhe, WuW/E OLG 5395, 5398 f.

89) BKartA TB 1975, 76 f.; TB 1976, 81 f.

90) BKartA TB 1993/1994, S. 120. 이러한 경우에 GWB 제19조 제4항 3호의 차별취급에도 해당됨은 후술하는 바와 같다.

91) OLG Düsseldorf, WuW/E DE-R 867, 871 "Lufthansa/Germania". 이러한 방식이 경제학적 비용개념에 따라 다분히 도식적인 해결을 모색하는 유럽집행위원회의 접근방법에 비하여 타당하다는 견해로는 Kling/Thomas, Kartellrecht, 2007, §18, Rn. 225.

격보다 높은 가격을 요구하는 행위를 남용으로 보아 금지하고 있다(GWB 제20조 제3항). 이러한 행위 또한 그 성격은 약탈가격으로 이해되고 있다.

이와 같은 염매행위가 배제전략 내지 방해전략에 해당하는지 여부를 판단함에 있어서 가장 어려운 문제는 경쟁에 대응하기 위한(meeting the competition) 염매행위와 경쟁사업자를 배제하기 위한 남용행위를 어떻게 구별할 것인지 여부이다.[92]

그밖에 부정경쟁방지법 제3조는 불공정거래행위를 일반적으로 금지하는 한편, 제4조에서 대표적인 유형을 예시하고 있는 바 그 중에서 '경쟁사업자 방해'의 일 유형으로 경쟁사업자를 배제하기 위한 염매가 금지되는 것으로 이해되고 있다.

그러나 시장지배적 지위를 가지지 않은 사업자가 배제전략의 일환으로 행하는 염매 내지 약탈가격은 실무상 거의 찾아보기 어렵다.[93]

(4) 이윤압착

이윤압착(Kosten-Preis-Schere; margin or price squeeze)이란 가격을 통하여 경쟁사업자를 배제하기 위한 전략의 하나로서 수직통합된 사업자가 후방의 소매시장에서 경쟁관계에 있는 거래상대방에게 도매가격을 높게 책정하여 결과적으로 소매시장에서 이윤을 축소시키는 방법으로 경쟁을 제한하는 행위를 말한다. 거래상대방인 경쟁사업자가 적정한 이윤을 누릴 수 없거나 당해 수직통합된 사업자와 경쟁할 수 없게 되어 결국 시장에서 배제될 우려가 있다는 점이 이윤악착을 남용으로 규제하는 취지이다. 예컨대, 직영주유소와 자영주유소 모두에 공급하는 정유회사가 자영주유소에 매우 불리하게 비싼 가격으로 석유제품을 공급함으로써 최종소비자를 대상으로 하는 소매시장에서 자영주유소가 경쟁할 수 없게 되는 경우에 남용이 성립할 수 있는 것이다.[94] 다만 시장지배적 사업자라도 최종소비시장에서 경쟁관계에 있는 사업자가 유리한 조건으로 석유제품을 구매함으로써 경쟁력을 갖출 수 있도록 배려하여야 할 의무는 없다.

아직까지 연방카르텔청이나 연방대법원이 이윤압착을 남용으로 규제하기 위한 원칙과 기준을 명시적으로 밝힌 사례는 없고, 이론적으로도 이윤압착이 방해남용의 독자적인 유형인지 여부 또한 확실치 않다. 결국 이윤압착으로 보이는 외관이 존재하는 개별 사례마

---

92) 위 결정에서 이러한 문제는 이른바 대항염매의 성립 여부를 둘러싸고 언급되고 있으나, 대항염매가 위법성을 조각하는 사유에 해당되는지에 대해서는 명확한 언급이 없다.

93) Rittner, Wettbewerbs- und Kartellrecht, 1999, §2, Rn. 60, 62.

94) WuW/E DE-V 289 "Freie Tankstellen"; OLG Düsseldorf 13.2.2002, WuW/E DE-R 829 "Freie Tankstellen".

다 핵심요소가 무엇인지에 따라 달리 판단할 수 있을 것이다. 예컨대, 시장지배적 사업자가 후방시장에서 경쟁사업자를 배제할 목적으로 원가 이하의 가격을 책정하는 경우라면 전술한 약탈가격이 문제될 수 있고, 전방시장에서 경쟁에 반하도록 과도하게 높은 가격이 책정되는 경우라면 착취가격이 다투어질 수 있으며, 그밖에 경우에 따라서는 적정한 조건으로의 거래를 거절하는 행위로 파악될 수도 있을 것이다.

사 례 Deutsche Lufthansa 사건

1. 사건의 개요

이 사건은 프랑크푸르트-베를린 노선을 운항하던 독일의 기존 메이저 항공사인 Lufthansa와 동 노선에 새로 진입한 Germania간의 요금경쟁에서 비롯되었다. 먼저 Germania는 2001년 11월 12일 위 노선에 대하여 편도요금으로 99 유로(왕복요금은 198 유로)를 받기 시작하였고, 이에 대응하여 Lufthansa는 종래의 485 유로 대신 베를린-프랑크푸르트 노선에 88 유로, 프랑크푸르트-베를린 노선에 66 유로짜리 요금을 도입하기로 하였고, 이때 각종 승객수수료를 포함하면 편도당 요금은 종전보다 약 60% 인하된 100 유로 수준이었다. 그 후 2002년 1월 1일자로 Lufthansa는 베를린-프랑크푸르트 노선에 105.11 유로 및 프랑크푸르트-베를린 노선에 105.31 유로의 새로운 요금체계(M-Fly-OW; 이코노미석 편도요금 기준)를 도입하였고, 이를 통하여 그에 앞서 도입되었던 평균 100 유로 요금체계를 대체하였다. 그에 따라 위 노선의 왕복요금은 210.42 유로로서, 편도기준으로는 105.21 유로였다.

연방카르텔청은 Lufthansa의 100 유로요금이나 105.21 유로의 M-Fly-OW 요금전략에 대하여 원가 이하의 요금을 통하여 의도적으로 손실을 감수하면서, 새로 프랑크푸르트-베를린 노선에 취항한 경쟁사업자인 Germania를 시장에서 배제하려고 하였다는 이유로 경쟁제한방지법(Gesetz gegen Wettbewerbsbeschränkungen; GWB) 제19조의 남용을 인정하였다.[95] 연방카르텔청은 프랑크푸르트-베를린간 항공노선에서 그의 경쟁사인 Germania의 요금수준보다 편도 기준으로 최소한 35 유로 이상 비싼 요금을 받아야 하고(이때 이들 항공사가 왕복티켓을 판매하는 경우에는 왕복요금의 절반을 편도요금으로 본다), 또한 Germania가 99 유로 이상으로 요금을 인상하는 경우에도 Lufthansa는 134 유로 이상의 요금을 받아서는 안 된다는 내용의 시정조치를 내렸다. 이러한 요금책정상의 의무는 예약사항을 변경할 수 없거나 최소체류기간(최소한 이틀 이상 또는 Sunday rule)

95) BKartA 18.2.2002, 9. Beschlussabteilung B9-144/01.

의 제한이 있거나 또는 주말탑승에 한정되는 요금에 대해서는 적용되지 않으며, 동 시정조치는 2년간 적용되는 것이었다.

2. 결정의 요지

(1) 시장획정 및 Lufthansa의 시장지배적 지위

시장지배적 지위의 남용을 문제 삼기 위해서는 먼저 관련시장(relevant market)을 획정한 다음, 그 시장에서 당해 사업자가 지배적 지위를 갖고 있는지를 살펴야 한다. 이 사건에서 연방카르텔청은 프랑크푸르트-베를린간의 항공노선을 별개의 상품관련시장으로 보았는데, 이 두 도시간의 교통수단으로서 항공기는 자동차나 기차 등의 다른 교통수단에 의해서 사실상 대체될 수 없기 때문이었다. 그리고 비록 이 노선에서 각 사의 여객운송물량은 영업비밀에 해당하여 결정문에 구체적으로 적시되지는 않았으나, 당시 Germania는 동 노선에서 총 승객의 10%에 미치지 못하는 승객만을 운송한 것으로 파악되었고, 그밖에 동 노선을 운항하는 항공사로는 Lufthansa밖에 없었으므로 비교적 쉽게 Lufthansa의 시장지배적 지위가 인정될 수 있었다.

(2) 시장지배적 지위의 '남용'

가. 배제전략(Verdrängungsstrategie)으로서의 가격남용

연방카르텔청은 결정문의 상당부분을 이른바 약탈적 행위의 의미에 대해서 할애하고 있다. 그에 따르면 약탈전략은 일반적으로 막강한 자본력을 기초로 한 시장지배력을 전제로 하며, 새로 시장에 진입한 경쟁사업자를 배제하거나 기존의 경쟁사업자를 견제하거나 또는 조만간 시장에 진입할 의사와 능력이 있는 제3의 잠재적 경쟁사업자에 대하여 시장진입을 주저하게 하는 효과가 있다는 점에서 적어도 당해 시장지배적 사업자로서는 합리적인 전략이나, 당해 시장에서의 경쟁에는 심각한 위협이 될 수 있다. 이때 사용되는 약탈가격은 통상 현재의 이득을 잠정적으로 포기하는 형태로 이루어지는데, 향후 경쟁사업자가 시장에서 배제된 이후에 그 이상의 보상을 기대할 수 있는 경우에 비로소 실현가능한 것이다. 그런데 이 같은 배제전략의 존부를 판단함에 있어서 어려운 문제는 경쟁에 적절히 대응하기 위한 전략(meeting the competition)과 지위남용을 어떻게 구별할 것인지의 여부이다. 여기서 배제전략을 규제하고 있는 독일 경쟁제한방지법(GWB) 제19조 제1항은 시장지배적 사업자에게 손실을 가져올 수 있는 모든 형태의 가격경쟁을 금지하는 것이 아니며, 문제의 가격책정행위를 종합적으로 판단하여 남용여부를 가리게 되어 있다.

나. 약탈가격의 판단

연방카르텔청은 Lufthansa가 도입한 편도요금 100 내지 105.21 유로 상당의 요금이 명목상 Germania의 99 유로에 비하여 높은 수준이라 하더라도 그 요금은 이른바 약탈가격에 해당한다고 보았다. 즉, 동 요금체계는 Germania가 그간 Lufthansa가 독점하던 프

랑크푸르트-베를린 노선에 저가요금으로 진입한데 따른 대응수단으로서, Lufthansa의 원가요소를 분석하였을 때 105.21 유로의 요금은 부가가치세나 여행사 수수료 등을 제하면 승객 1인당 평균비용에도 미치지 못하는 것이고, 문제의 노선과 비교할 만한, 그리고 Lufthansa의 유일한 경쟁사인 Deutsche BA가 취항하고 있는 베를린-뮌헨 노선의 요금(이른바 비교가격 내지 경쟁가격)은 이코노미석 기준으로 왕복요금이 441 유로에 달하여 문제된 노선 요금의 2배 이상에 달하였다.

더구나 Lufthansa의 100 내지 105.21 유로 요금에는 체크-인 서비스나 단골고객에 대한 마일리지제공을 비롯한 각종 특별프로그램 등 Germania의 요금에는 포함되어 있지 않은 추가적인 급부가 포함되어 있었다는 점에서 연방카르텔청은 사실상 Lufthansa의 요금은 Germania에 비하여 훨씬 낮은 수준이라고 보았다. 그리고 Lufthansa가 계속 이 요금을 고수할 경우에 Germania가 당해 노선에서 계속 영업을 수행하기를 기대하기 어렵고, 이는 향후 동 노선에 신규진입하려는 제3자에게는 초기에 상당한 수준의 출혈을 감수해야 할 것이라는 신호로 작용할 것이라는 점도 고려되었다.

다. 경쟁사업자배제의 의도 내지 효과

그렇다면 Lufthansa의 요금체계가 과연 경쟁사업자를 배제하려는 의도 내지 효과를 갖는가? 이 문제는 결국 각종 정황증거 내지 간접증거에 의해서 입증될 수밖에 없다. 우선 연방카르텔청은 손실을 감수하면서 실질적으로 요금을 경쟁사업자보다 현저히 낮춘 행위가 Germania를 시장에서 배제할 우려가 있고 객관적인 상황을 고려할 때 이러한 가격전략은 배제하고자 하는 특정 사업자, 여기서는 Germania를 목표로 이루어졌다는 사실로부터 경쟁사업자배제 이외의 다른 의도를 찾을 수 없다고 보았다. 실제로 Lufthansa는 ① Germania가 취항한 프랑크푸르트-베를린 노선에서만 문제의 특별요금제를 도입하였고, ② Lufthansa로서는 기존에 이코노미 요금 및 각종 할인요금제를 탄력적으로 이용하고 있었기 때문에 빈 좌석의 활용차원에서도 별도로 문제의 요금체계를 도입할 필요가 없었으며, ③ Lufthansa가 새로운 요금체계를 도입한 시점은 언제나 Germania의 요금변동 직후였고, ④ Lufthansa는 이전에도 저가항공사인 Go-fly나 Ryanair에 대하여 마찬가지로 약탈가격을 사용하여 유럽집행위원회로부터 금지명령을 받은 바 있기 때문이었다.

경쟁사업자배제의 효과와 관련해서 연방카르텔청은 ① Lufthansa가 종래 동 노선에서 활동하던 Eurowings가 퇴출된 이후 독점적 지위를 누리고 있었기 때문에 이제 막 진입한 Germania 마저 시장에서 축출할 경우 예전의 지위를 계속 유지할 수 있다는 점, ② 비록 Germania의 요금보다 외견상 조금 높은 수준의 요금이라도 가격에 민감한 고객들은 항공사를 변경하는 경향이 있고, Lufthansa의 다소 높아 보이는 요금에는 Germania와 같이 저가항공표를 판매하는 사업자들은 제공하지 못하는 각종 부대서비스가 포함되어 있기 때문에 결국에는 경쟁사업자를 배제하기에 족하다는 점, ③ 원래 남용규제는 경쟁을 보호하는 것이지 개개의 경쟁사업자를 보호하는 것은 아니지만 경우에 따라서는 양자의 보호가 모두 이루어지는 경우를 배제할 수 없다는 전제 하에 Germania처럼 제3자의 시장진입이 자유롭도록 장기적으로 경쟁구조를 보호할 필요가 있다는 점, ④ Lufthansa 측에서 문제의 저가요금을 정당화할 만한 아무런 사유를 제시하지 못하였다는 점을 들어 최종적으로 남용행위를 인정하였다.

(4) 시정조치

연방카르텔청은 시정조치로서 이른바 '가격인상명령'을 내렸는데, 그 하한선을 정함에 있어서 Lufthansa가 추가로 제공하는 급부의 가치를 최소한 35 유로로 파악하여, Germania의 요금보다 최소한 35 유로 이상의 요금을 받을 것을 명함으로써 저가요금의 경쟁사업자 배제효과를 완화시키고자 하였다. 그러나 이처럼 최소요금차를 유지하도록 하는 조치가 Germania를 무제한적으로 보호하는 것은 아니어서, Germania가 요금을 인상할 경우에도 Lufthansa는 134 유로 이상으로 요금을 인상할 수 없기 때문에 두 회사간의 요금격차가 줄어들게 되어 그만큼 Germania로서는 고객을 놓칠 것이기 때문이다.

끝으로, 연방카르텔청이 동 시정조치의 효력을 2년으로 제한한 것은 현재로서는 유일한 경쟁사업자인 Germania가 이 기간 동안 전술한 35 유로의 최소요금차를 이용하여 당해 노선에서 정착할 수 있게 됨으로써 프랑크푸르트-베를린 노선의 경쟁이 충분히 보호될 수 있고, 향후 새로운 경쟁사업자가 진입하여 자리를 잡거나 동 시정조치로 경쟁사업자 배제효과가 약화될 경우에는 계속해서 이러한 요금차이를 강제로 유지할 필요도 없었기 때문이었다.

4. 배타적 거래의무

배타적 거래의무 내지 배타적 구속(Ausschließlichkeitsbindung)이란 시장지배적 사업자가 거래상대방에게 자기하고만 거래할 의무 내지 구속을 부과하는 행위를 말한다. 흔히 장기간에 걸쳐서 자기의 상품만을 공급받도록 하는 의무(Alleinbezugsverpflichtung)가 문제되는바, 경쟁사업자는 관련시장에서 고객을 확보하기가 곤란해진다는 점에서 시장봉쇄(Marktabschottung; market foreclosure)가 야기되고, 그만큼 시장지배적 사업자의 지위는 유지 또는 강화된다는 점에서 경쟁법상 관심을 갖게 된다.

장기공급계약이나 배타적 거래 그 자체가 언제나 봉쇄를 야기하는 것은 아닌데, 계약기간 이후에는 거래처의 자유로운 선택이 가능해지기 때문이다.[96] 따라서 봉쇄효과의 발

96) BGH 14.3.1990, WuW/E BGH 2627, 2635 "Sportübertragungen".

생 여부는 개별 사례마다 판단하여야 하는바, 중요한 것은 배타적 구속을 받게 되는 물량과 계약기간이다. 또한 봉쇄효과를 판단함에 있어서는 시장진입장벽이나 잠재적 경쟁의 유무와 정도를 함께 고려하여야 하고, 이러한 요소는 해당 사업자의 시장점유율에 반드시 드러나는 것이 아니기 때문에 시장점유율을 절대적 기준으로 볼 수는 없다.[97]

그밖에 오로지 고객의 거래처전환을 곤란하게 할 목적으로 제공되는 충성리베이트나 기타 유인시스템을 통해서도 봉쇄효과가 발생할 수 있다. 그런데 이 경우에 남용을 인정함에 있어서는 신중을 요하는바, 리베이트란 중요한 경쟁요소이자 경쟁과정에서 나타나는 바람직한 결과일 수 있기 때문이다. 더구나 리베이트 산정을 위한 기간(Referenzperiode)이 짧다면 더더욱 문제가 없을 것이다. 다만, 일정한 높은 수준의 구매량과 결부된 이른바 목표리베이트는 해당 기준을 충족하지 못할 경우 리베이트를 전혀 제공받지 못한다는 점에서 구속성이 크고, 따라서 남용에 해당할 소지가 크다.[98] 한편, 충성리베이트는 리베이트의 차별적인 제공을 수반할 수밖에 없는바, 경우에 따라서 부당한 차별취급에 해당할 수 있을 것이다(GWB 제20조 제1항 참조).[99]

끝으로, 배타적 거래관계를 이용하여 거래상대방에게 불이익을 가하는 행위는 별개의 남용에도 해당할 수 있다. 예컨대, 가맹점사업자에게 프랜차이즈에 필요한 전체 상품군에 대하여 배타적 구입의무를 부과하는 것 자체는 문제되지 않을 수 있으나, 그로부터 가맹본부가 얻게 되는 대량구매상의 이익을 가맹점사업자에게 배분하지 않는 행위는 경쟁제한방지법 제20조 위반에 해당할 수 있는 것이다.[100]

Ⅲ. 가격 및 거래조건 차별

1. 의 의

시장지배적 사업자가 다른 사업자를 동종의 다른 사업자에 비하여 상이하게 취급하는 행위, 즉 차별취급(Diskriminierung)은 남용의 하나로서 금지된다(GWB 제19조 제2항 1호 후단). 다만, 정당한 사유가 있는 경우에는 그러하지 아니하다. 차별취급의 금지는 무엇보다 시장지배적 사업자에게 납품하는 사업자나 시장지배적 사업자가 판매하는 사업자를

97) Kling/Thomas, Kartellrecht, 2007, §18, Rn. 231.
98) OLG Düsseldorf 13.2.1990, WuW/E OLG 4601, 4610 "Interlining".
99) BKartA TB 1985/86 "Triumph Adler".
100) BKartA 8.5.2006, WuW/E DE-V 1235 "Praktiker".

이들의 경쟁사업자에 비하여 불리하게 취급하는 행위로부터 보호하기 위한 것으로 이해되고 있다.[101] 차별취급의 수단으로는 아예 특정 거래상대방에 대하여 거래관계를 거절하거나 상대적으로 불리한 가격이나 거래조건을 부과하는 것을 들 수 있다.

우리나라와 비교할 때 주목할 부분은 독일경쟁법상 차별취급은 흔히 착취남용의 일 유형으로 설명되기도 하고,[102] 일부 방해남용으로 이해되기도 한다는 점이다. 불리하게 취급받는 사업자의 입장에서는 직접적으로 착취남용이 문제될 수 있는 반면, 불리한 취급으로 인하여 차별받는 사업자가 자신이 속한 시장에서의 경쟁지위가 저해되는 측면을 강조하자면 방해남용이 성립할 수도 있는 것이다. 다만, 연방대법원은 차별취급(Ungleichbehandlung)이 거래상대방의 경쟁상 지위에 불리하게 영향을 미칠 것을 요구하고 있다는 점에서 원칙적으로 방해남용에 초점을 맞추고 있는 것으로 보인다.[103]

2. 차별금지의 요건

차별취급이 남용에 해당하기 위해서는 먼저 가격이나 거래조건의 차별이 존재하여야 하고, 이어서 차별을 정당화할 만한 사유가 없어야 한다.

먼저, 가격차별 여부를 확인하기 위해서는 가격비교가 이루어져야 하는바, 착취남용 판단을 위해 개발된 접근방법이 여기에도 적용된다. 다만, 여기서는 하나의 시장지배적 사업자가 경쟁의 정도가 각기 상이한 시장에서 부과한 가격을 비교하게 된다. 비교한 결과 시장지배적 사업자가 자신이 지배력을 보유한 시장보다 경쟁이 심한 다른 시장에서 상대적으로 낮은 가격을 책정하고 있다면 다른 정당한 이유가 없는 한 원칙적으로 남용이 성립한다. 정당한 이유에 대한 입증책임은 시장지배적 사업자가 부담한다.

구체적으로 비교대상 사업자는 동종의 사업자(gleichartige Unternehmen)이어야 하는바, 경쟁과정에서 당해 사업자가 수행하는 경제적 기능이 핵심적인 판단요소이다. 그에 따르자면 예컨대 전문도매상(Fachgroßhandel)은 셀프도매상(Selbstbedienungsgroßhandel)과 동종의 사업자로 이해될 수 있다.[104] 반면, 시장지배적 사업자와 지배관계를 통하여 결합되어 있는 사업자는 원칙적으로 차별당하는 사업자와 동종의 사업자로 볼 수 없으며, 다만 계열회사와 비계열회사의 동등한 취급이 법률상 명시적으로 의무화되어 있는

101) Rittner/Dreher/Kulka, Wettbewerbs- und Kartellrecht, 8. Aufl., 2014, §11, Rn. 1206.
102) Gamm, Kartellrecht, 1978, §22, Rn. 44.
103) BGH WuW 2012, 72, 77 = WuW/E DE-R 3446, 3451 "Grossistenkündigung". 이와 다른 견해로는 Bach, NJW, 2012, S, 728, 731 f. 참조.
104) BGH WuW 1982, 457, 459 = WuW/E BGH 1885, 1887 "adidas".

경우에는 그러하지 아니하다.[105)]

가격구조상 이미 남용요소가 내포된 이른바 가격구조남용(Preisstrukturmissbrauch) 또한 법 제19조 제2항 1호에 위반된다. 예컨대, 독일의 자동차시험·검사기관인 TÜV가 실제 비용은 얼마 되지 않음에도 불구하고 일률적으로 높은 수준의 검사비를 책정한 행위[106)]나 에너지사업자가 다른 저렴한 방법이 있음에도 불구하고 전기를 상당히 비싸게 만드는 산정방법을 적용한 행위[107)] 등을 들 수 있다. 이러한 경우 실질적으로 시장지배력에 기초하여 거래상대방의 이익을 착취하는 성격이 명백한 것으로 이해되고 있다.

그러나 많은 경우에 시장지배적 사업자의 차별취급은 방해남용, 그 중에서도 약탈가격의 성격을 아울러 갖게 된다. 예컨대, 독일 국적항공사인 루프트한자(Lufthansa)가 British Airways와 경쟁하는 베를린-뮌헨 노선과 저가항공사인 Germania와 경쟁하는 베를린-프랑크푸르트 노선 등 경쟁의 압력을 받는 국내노선의 항공요금을 대폭 인하한 경우를 들 수 있다.[108)]

정당한 사유가 없는 차별취급만이 금지된다는 것은 방해남용의 경우에 요구되는 '부당성'과 마찬가지로 이익형량이 이루어져야 함을 의미한다.[109)] 예컨대, 시장지배적 사업자가 자신의 가맹점사업자를 경쟁관계에 있는 다른 판매업자에 비하여 유리하게 취급하는 경우에는 정당한 사유가 인정될 수 있다.[110)]

경쟁제한방지법 제19조 제2항 1호 전단(부당한 방해)과 후단(정당한 사유 없는 차별)에서 전자는 개별 사례마다 부당성이라는 무가치판단을 전제로 하는 반면, 후자는 정당한 사유가 인정되는 경우에만 금지로 이어지지 않는다. 이러한 차이는 직권규제주의를 취하는 독일법상 연방카르텔청의 실무에서는 별다른 의미를 갖지 않는다. 다만, '부당하게'나 '정당한 사유없이'라는 요건은 금지청구나 손해배상 등의 민사절차에서는 입증책임을 정하는 준칙으로 작용하게 된다. 따라서 민사소송에서 예컨대 차별취급이 문제되는 경우에는 법위반이 문제되는 사업자가 정당한 사유를 입증하여야 하는 반면, 방해의 부당성에

---

105) BGH WuW 2012, 72 = WuW/E DE-R 3446 "Grossistenkündigung"; BGH WuW 2012, 501 = WuW/E DE-R 3549 "Werbeanzeigen". 이른바, 콘체른특권에 대해서는 Ostendorf/Grün, WuW, 2008, S. 950 ff.

106) BKartA TB 1977, S. 23 f., 76 f.; WRP 1976, 344.

107) WuW/E BGH 655 "Zeitgleiche Summenmessung".

108) 법원은 베를린-프랑크푸르트 노선의 경우 최종적으로 남용이 성립한다고 판단하였으나, 베를린-뮌헨 노선의 경우 루프트한자의 요금이 비교대상 노선 어디에서도 비용에 미치지 못하는 수준이 아니거나 경쟁사인 British Airways가 오로지 베를린-뮌헨 노선에서만 공격적인 요금정책을 시도하는 한 가격남용은 성립할 수 없다고 판시하였다. OLG Düsseldorf, WuW/E DER 867 "Germania"; BKartA TB 2001/2002, 31.

109) Zwecker/Berghofer, WuW, 2011, S. 257 ff.

110) OLG Düsseldorf WuW 2009, 655 = WuW/E DE-R 2585 "DVR-Galopprennen".

대한 입증책임은 방해를 받는 사업자가 부담하게 된다.[111]

3. 소극적 차별

어떤 사업자가 적극적으로 다른 사업자를 차별하는 것뿐만 아니라 다른 사업자로 하여금 정당한 이유 없이 자기에게만 일정한 이익을 제공하도록, 즉 자기에게만 유리하도록 차별해줄 것을 요구하는 행위가 바로 소극적 차별(Passive Diskriminierung)로서 마찬가지로 남용에 해당한다(GWB 제19조 제2항 5호). 이처럼 수요지배력을 가진 사업자에 대하여 차별취급을 금지하는 조항은 1980년 제4차 개정법에서 도입되었고, 제2005년의 제7차 개정법에서 일부 변경되었다. 그리고 2007년 12월 12일 제정된 「에너지공급과 생필품 판매분야의 가격남용 규제에 관한 법률」(Gesetz zur Bekämpfung von Preismissbrauch im Bereich der Energieversorgung und des Lebensmittelhandels)[112]을 통하여 종래 중소사업자에 보호대상을 한정하고 있던 구법 제20조 제3항의 금지요건이 모든 종속관계에 확대되었다. 그리고 제8차 개정법으로 해당 금지는 이제 동법 제19조 제2항 5호에 규정되어 있다. 소극적 차별금지의 수범자는 시장지배적 사업자뿐만 아니라 우월적 지위에 있는 사업자, 그리고 예외적으로 허용되는 카르텔이다.

소극적 차별을 금지하는 일차적인 취지는 수평적 관계에서 시장지배적 사업자의 경쟁사업자, 이를테면 시장지위가 상대적으로 약하여 거래처로부터 특별한 이익을 얻지 못하는 사업자를 보호하는 데에 있다.[113] 당초 입법자는 거래처 내지 납품업자에게 일정한 서비스나 상품, 금전등의 제공을 요구하던 백화점의 거래관행을 염두에 두었다고 하나,[114] 그렇다고 하여 그러한 급부제공요구가 언제나 금지되는 것은 물론 아니다.

끝으로 소극적 차별이라도 정당한 이유가 있는 경우에는 남용에 해당하지 않는바, 입법취지에서 비롯되는 급부의 정당성(Leistungsgerechtigkeit)이라는 관념은 실무상 별 도움이 되지 못한다. 결국 일반적인 차별금지를 참고하여 개별 사례마다 살펴볼 수밖에 없을 것이다. 소극적 차별금지 위반에 대해서는 손해배상 등이 가능하나, 실무상 동호는 지금까지 거의 활용되지 않고 있다. 흥미로운 사례로는 Metro 사건[115]을 들 수 있는데, 여기서 Metro 그룹은 Allkauf 그룹을 인수한 후 동 그룹이 자신보다 유리하게 일련의

111) Rittner/Dreher/Kulka, Wettbewerbs- und Kartellrecht, 8. Aufl., 2014, §11, Rn. 1210.
112) BGBl. 2007 I, S. 2966.
113) P. Ulmer, WuW, 1980, S. 474; Köhler, WRP, 1986, S. 139 ff.
114) Rittner/Dreher/Kulka, Wettbewerbs- und Kartellrecht, 8. Aufl., 2014, §11, Rn. 1213.
115) BGH WuW 2003, 56 = WuW/E DE-R 984 "Konditionenanpassung".

상품을 구매해왔음을 알고나서 납품업자들에게 이제는 Metro에게 보다 유리하도록 거래조건을 조정해줄 것을 요구한 행위가 소극적 차별로서 금지된 바 있다.

Ⅳ. 착취남용

1. 개 설

경쟁제한방지법 제19조 제2항 2호는 유럽기능조약 제102조 2문 1호에 비하여 매우 구체적으로 착취남용, 즉 유효경쟁에 반하는 가격이나 거래조건의 책정에 관하여 규정하고 있다. 동호에 따라 시장지배적 사업자가 유효경쟁 하에서 성립할 수 있는 것과 다른 가격이나 거래조건을 요구하는 행위는 착취남용으로서 금지된다.

착취남용 여부를 판단함에 있어서는 무엇보다 유효경쟁이 지배하는 비교시장에서 사업자들의 가격책정행태가 우선적으로 고려된다. 즉, 연방카르텔청은 이른바 비교시장기준(Vergleichsmarktkonzept)을 일관되게 선호하고 있다.[116] 그런데 경쟁제한방지법상 착취남용을 금지하는 조항에서 나타나는 특징 은 '부당성'이나 '불공정성'과 같이 가치판단을 요하는 불특정개념을 사용하지 않고 있고, 공급비용이나 원가의 산정을 전제로 삼지도 않으며, 유효경쟁 수준의 가격보다 '현저히' 높을 것을 명시적으로 요구하지 않는다는 점이다. 다만, 판례는 법문과 무관하게 가격남용의 경우에도 정당한 사유의 유무를 판단하도록 함으로써 방해남용의 경우와 마찬가지로 이익형량의 여지를 남겨두고 있을 뿐이다.

한편, 주목할 만한 것으로서 2007년 개정된 경쟁제한방지법 제29조(에너지산업)가 일부 규제산업에 대한 착취가격규제를 대폭 강화하였다는 사실을 빼놓을 수 없다.[117] 동조에 따르면 전기나 액화천연가스의 공급자로서 시장지배적 지위를 갖는 사업자는 다른 에너지사업자나 비교시장에서 활동하는 다른 사업자보다 불리한 대가나 거래조건을 요구하거나 부적절한 방법으로 비용을 초과하는 대가를 요구함으로써 지위를 남용해서는 안 된다. 전자의 경우, 에너지사업자가 문제된 가격차이를 달리 정당화할 수 있는 사유를 입증하는 경우에는 남용으로 보지 않는다.[118]

---

116) 다만, 연방카르텔청이 착취남용 여부를 조사하는 과정에서 경쟁수준에 비하여 현저하게 높지 않은 가격이 걸러질 수 있을 뿐이다.

117) 2007년 법개정에 따라 2008년 1월 연방카르텔청에는 전기, 가스 및 열공급에 있어서 착취남용사건을 전담하는 심결부(B 10)를 새로 설치하였다.

118) 동 개정조항은 2012년 12월 31일까지 한시적으로 적용된다. 보다 상세한 내용은 Faustmann/Raapke, Zur Neuregelung des Preismissbrauchs im Energie- und Lebensmittelsektor - Fortschritt für den

이러한 법개정은 무엇보다 자연독점산업에서 자유화가 진행된 이후에도 여전히 유효경쟁이 충분히 작동하지 못하고 있다는 비판을 받아온 전기시장과 가스시장에서 과도하게 높은 수준의 요금을 용이하게 규제하려는 취지에서 이루어졌다. 이를 위하여 법 제29조는 전통적인 비교시장접근방법을 용이하게 적용할 수 있도록 금지요건을 단순화하였고, 비용의 적절성을 심사하는 법적 근거를 마련하였으며, 과도하게 높은 가격을 정당화할 사유에 대한 입증책임을 에너지사업자에게 명시적으로 전가하고 있다는 점에 특징이 있다.

이와 같은 법개정 이후 연방카르텔청은 곧바로 약 35개의 가스사업자를 대상으로 가스요금의 남용 여부에 관한 조사에 착수하였고, 2008년 12월 그 중에서 33개 가스사업자에 대하여 환불 등을 내용으로 하는 시정조치를 내린 바 있다.[119] 동법 제29조는 5년 시한으로 도입되어 당초 2012년 12월 31일 실효(失效)될 예정이었으나, 에너지시장의 경쟁상황이 눈에 띄게 나아지지 않은 점 등을 고려하여 2012년 제8차 법개정시 5년에 한하여 추가로 연장되었다.

2. 착취남용 규제의 양면성

그런데 시장지배적 사업자의 착취가격을 폭넓게 규제할 경우에는 가격경쟁력이 약한 다른 중소사업자의 사업기회를 악화시킴으로써 자칫 시장지배적 사업자가 속한 시장의 경쟁구조를 오히려 악화시킬 우려가 있다는 점에 유의할 필요가 있다. 무엇보다 시장지배적 사업자가 남용규제를 피하기 위하여 비교적 낮은 가격을 책정하여야 할 경우에 그와 경쟁관계에 있으면서 상대적으로 효율성이 떨어지는 중소사업자로서는 이윤을 내기 어려운 수준으로 가격을 함께 낮추지 않을 수 없을 것이기 때문이다.

또한 수요측면에서 지배력을 가진 판매업자와 납품업자의 관계에서는 착취가격이 현저히 낮은 수준의 구매가격으로 나타나기 때문에, 이를 엄격히 규제하는 경우에 수요지배력이 없는 중소 판매업자로서는 결과적으로 더 높은 수준의 구매가격을 지불하게 됨으로써 마찬가지로 대규모 판매업자와의 소매경쟁에서 사업기회가 박탈될 우려가 있다는 점도 간과해서는 안된다. 다만, 수요지배력을 이용한 착취가격에 대한 규제가 강화될 경우에는 그만큼 납품업자가 적정 가격으로 공급하게 됨으로써 사업기회를 확대할 수 있

Wettbewerb?, WRP, 2008, S. 67. 한편, 경쟁의 관점에서 개정법 제29조의 도입에 대한 반대론으로는 Sondergutachten der Monopolkommission, Preiskontrollen in Energiewirtschaft und Handel?, 2007.

119) BKartA 1.12.2008, B10-18/08 “Harz Energie”, 21/08 “RheinEnergie”.

다는 점에서, 결국 시장지배적 사업자가 속한 시장의 중소 판매업자와 거래상대방인 중소 납품업자의 이익을 적절히 비교형량하는 작업이 중요하게 된다.

3. 착취남용의 요건

독일에서 착취가격 여부의 판단은 유효경쟁 상태에서 성립하였을 가격, 즉 가상의 경쟁가격(Als-ob Wettbewerbspreis)이라는 기준에 따라 이루어진다.[120] 이를 위해서는 먼저 비교시장이 분석되어야 한다. 문제의 가격수준이 과연 독과점적인 시장지위에서 비롯된 것인지, 아니면 경쟁가격과 별 차이가 없는 것인지의 여부를 판단하기 위해서는 비교시장의 가격수준을 고려하지 않으면 안 되기 때문이다. 이때 통상적인 비용변동분을 넘는 가격인상이 경쟁수준 이상의 가격인지, 경쟁수준 이상의 가격을 설정하는 경우에는 언제나 부당성을 인정할 수 있는지에 대해서 의문이 있었다. 이와 관련하여 연방대법원(BGH)은 일찍이 Valium 판결[121]에서 경쟁수준으로 추론되는 가격을 상회하는 것만으로 시장지배적 지위의 남용이 성립할 수는 없다는 점을 분명히 밝히는 한편, 문제된 가격이 시장지배적 지위를 통해서만 실현될 수 있는 것이라는 점을 추론하기 위해서는 경쟁가격을 '현저히' 초과할 것을 요구한 바 있다.

그밖에 시장지배적 사업자의 가격책정이 착취남용에 해당하기 위해서는 정당한 사유가 없어야 한다. 예컨대, 시장지배적 사업자가 단지 자신의 경쟁사업자의 가격에 맞추기 위하여 자신의 가격을 책정하였거나(일종의 경쟁대응항변),[122] 비교대상인 인접시장의 가격이 유력한 경쟁사업자의 공격적인 가격손실전략에 따라 이미 낮게 책정되어 있던 경우에는 경쟁수준 이상의 가격이라도 착취남용을 인정하기 어려울 수 있다.[123]

독일에서도 착취남용을 금지한 사례는 많지 않다. 비교시장을 통한 남용 판단이 여전히 용이하지 않고, 연방카르텔청으로서도 가격규제에 대한 부정적인 인식을 의식하지 않을 수 없기 때문이다. 그럼에도 불구하고 독일에서는 꾸준히 착취남용이 문제되어 왔다. 이를테면, 2007년 9월 26일에 연방카르텔청은 독일의 전력시장에서 시장지배적 사업자인 E.ON과 RWE가 전력요금의 산정과 관련하여 경쟁제한방지법 제19조 제2항 2호의 남용을 하였다고 판단하였다.[124] 독일에서 탄소배출권거래는 2005년 1월 1일자로 교토의정

120) 자세한 내용은 Möschel, in: Immenga/Mestäcker, Kommentar zum Deutschen Kartellrecht, 4. Aufl., 2007, §19, Rn. 154 ff.
121) WuW/E BGH 1445, 1454 = BGH 68, 23, 38; BGH 76, 142 = NJW 1980, 1164 "Valium II".
122) KG WuW/E OLG 2616.
123) BGHZ 142, 239 = NJW 2000, 500, 501 "Lufthansa".

서가 발효되면서 시작되었고, 이를 위해서 제정된 유럽공동체의 지침 제2003/87호를 국내법으로 전환한 것이 "온실가스배출권거래에 관한 법률"이었다. 탄소배출권거래는 최대한 적은 비용으로 탄소배출을 줄일 수 있는 사업자에게 배출가스감소에 대한 경제적 유인을 보장해준다는 데에 의미가 있었다. 연방카르텔청은 배출권거래에 관하여 여러 차례 신고를 받은 바 있는데, 그 주된 내용은 전력시장에서 지배적 사업자인 E.ON이나 RWE 등이 탄소배출권의 현물시장가격을 전기요금에 전가하고 있다는 것이었다. 즉, 이들 전기사업자가 탄소배출권거래를 악용하여 특히, 배출권할당법(ZuG)[125]에 따라 연방환경청 산하의 독일배출권거래소(Deutsche Emissionshandelsstelle)가 무상으로 할당한 배출권까지도 실제비용에 산입하여 비용을 계산함으로써 부당한 이득을 얻고 있다는 것이었다.[126] 이 사건에서는 탄소배출권과 관련하여 E.ON과 RWE가 자신들이 구매한 탄소배출권의 현물시장가격을 전기요금에 반영하는 과정에서 무엇보다도 무상으로 제공되는 탄소배출권까지도 실제비용으로 산입하여 비용을 계산함으로써 그만큼 원가를 부풀리는 방법으로 전기요금을 인상한 행위가 문제되었다. 이에 대하여 연방카르텔청은 무상으로 할당된 탄소배출권은 실제의 전기생산비용과는 전혀 무관한 것으로서 이와 같이 의도적으로 잘못된 비용산정에 기초한 요금책정은 전력시장에 실질적인 경쟁이 존재하지 않기 때문에 비로소 가능하다고 판단하여 착취남용을 인정하였다.

V. 거래거절 및 필수설비의 접근거절

1. 의 의

시장지배적 사업자의 부당한 거래거절(Lieferverweigerung) 내지 공급차단(Liefersperre)은 방해남용의 대표적인 예로서 경쟁제한방지법 제19조 제2항 1호 전단 또는 제20조 제1항에 의해서 금지된다. 경쟁제한방지법은 시장지배력이 없는 사업자의 부당한 거래거절을 명시적으로 금지하는 조항을 두지 않고 있으나, 동법 제20조 제3항을 통하여

124) BKartA 26.9.2007, 8. Beschlussabteilung B8-88/05-2.

125) Gesetz über den nationalen Zuteilungsplan für Treibhausgas-Emissionsberechtigungen in der Zuteilungsperiode 2005 bis 2007. 배출권의 무상할당은 비유럽계 외국기업에 비하여 독일기업이 비용 면에서 불리한 지위에 놓이고 그로 인하여 경쟁력이 약화되는 것을 방지하기 위한 것이었다.

126) 실제 WWF(World Wide Fund for Nature)의 조사에 따르면 무상으로 제공된 배출권으로 인하여 E.ON, RWE, Vattenfall, EnBW, Steag 등 독일의 5개전기사업자가 매년 모두 38-80억 유로의 추가이득을 누리고 있다고 한다. http://www.wwf.de/imperia/ md/content/klima/14.pdf

시장지배적 사업자뿐만 아니라 중소의 거래상대방과의 관계에서 유력한(marktstarke Unternehmen),[127] 다시 말해서 상대적으로 지배력이 있는 사업자에게도 적용된다.

한편, 부당한 경쟁수단을 주로 규율하는 부정경쟁방지법(Gesetz gegen den unlauteren Wettbewerb; UWG)은 거래거절을 구체적으로 규정하지 않고 있으나, 부정경쟁행위를 포괄적으로 금지하고 있는 동법 제3조(불공정한 거래행위의 금지)의 일반조항을 통하여 거래거절을 비롯한 부당한 방해행위를 포섭할 수 있다. 시장지배적 사업자의 부정경쟁방지법 위반행위는 원칙적으로 경쟁제한방지법상의 남용에 해당될 수 있기 때문이다.[128]

GWB 제20조 제1항이 적용되는 거래거절에는 크게 기존의 거래관계를 일방적으로 종료하는 경우와 새로운 경쟁사업자와 거래관계의 개시를 거절하는 경우를 들 수 있으며, 특히 후자의 예로는 거래거절의 사유에 따라 유력사업자의 일반적인 영업정책에서 비롯되는 경우와 유력사업자가 일방적으로 정한 기준에 따라 거래상대방을 제한하는 경우(예컨대, 선택적 판매) 및 거래상대방의 특수한 사정을 이유로 하는 경우 등을 생각할 수 있다.

경제적・기술적인 이유로 사업활동에 필수적인 원재료 등을 직접 생산 또는 조달할 수 없는 사업자로서는 특정 시장에 진입하여 활동하는 것 자체가 다른 사업자로부터 원재료 등을 공급받는 것에 좌우되기 때문에 이 경우의 거래거절은 경쟁정책상 매우 중요한 의미를 갖게 된다.[129]

2. 거래거절의 부당성

거래거절의 부당성을 판단함에 있어서는 무엇보다도 시장진입에 대한 방해(Marktzugangsbehinderung) 여부가 중요하며, 무엇보다 당해 사업자의 구체적인 시장지배력과 현실적 또는 잠재적인 거래상대방의 대체적 구입가능성을 고려하게 된다. 그에 따라 우선 특정 제품의 공급자로서 개별 수요자가 경제적으로 의미 있는 다른 대체적인 구입처를 갖지 못한다는 의미에서, 이들에 대하여 '유력한' 지위를 갖는 사업자는 특별

---

127) GWB 제20조 제3항이 규정하고 있는 우월적 지위(überragende Marktstellung)란 공정거래법상 거래상 지위와 달리 특정 거래관계와 무관하게 다른 경쟁사업자에 비하여 시장에서 일정한 지배력을 가지는 지위로서 동조에서는 (준)독점과 마찬가지로 이를 시장지배적 지위의 일 유형으로 규정하고 있다.

128) 이것은 연방카르텔청의 태도이고(BKartA 28.11.1972 WuW/E 1433 "DFB"), UWG 위반과 남용의 관계를 다소 제한적으로 해석하려는 견해로는 Möschel, in: Immenga/Mestäcker, Kommentar zum Deutschen Kartellrecht, 4. Aufl., 2007, §19, Rn. 230 참조.

129) K. Markert, in: Immenga/Mestmäcker, Kommentar zum Deutschen Kartellrecht, 4. Aufl., 2007, §20, Rn. 151.

히 중대한 사유가 없는 한 공급을 거절해서는 안 된다. 특히 당해 제품에 대하여 독점적 지위를 갖는 사업자는 원칙적으로 그와 경쟁관계에 있는 거래상대방에게 공급할 의무를 지며,[130] 이때의 거래거절은 달리 중대한 사유가 없는 한 남용에 해당할 소지가 매우 크다.

이처럼 독일의 실무에서 시장지배적 사업자의 거래거절을 비교적 엄격하게 금지하는 것은 시장을 개방적이고 경쟁적으로 유지하려는 데에서 남용금지의 일차적인 규범목적을 찾는 데에서 비롯된다. 전·후방시장에서 경쟁압력을 제거하기 위한 거래거절에 대해서는 당해 사업자의 시장지위가 강한 만큼 보다 엄격한 기준이 적용되는 것이다. 이러한 맥락에서 연방대법원은 오로지 자신 또는 자신의 계열회사에게만 부품을 공급하여 정비업무가 가능하도록 하고 다른 사업자에게는 이의 공급을 거절하거나,[131] 유명 영화필름을 특정 영화관에만 대여하는 것을 거절하는 행위[132]를 부당한 공급거절로서 남용에 해당한다고 판시한 바 있다.

이때, 거래거절이 부당한 것으로서 남용에 해당하려면 실제로 방해효과가 발생하여야 하는 것은 아니다. 1980년 법개정으로 현재의 GWB 제19조 제2항 1호가 도입되기 이전에, 베를린고등법원(KG)는 일찍이 성과 내지 능률[133]과 무관한 행위로 인하여 시장구조가 현저히 악화되는 경우에 대하여 남용을 인정한 바 있다.[134] 이러한 판례의 태도에 대해서는 방해행위가 성공한 경우에만 부당성이 입증될 수 있는 경우를 포함하여 여러 가지 문제가 제기되었다. 그 후 관련 규정은 법개정을 통하여 다른 사업자의 경쟁가능성(Wettbewerbsmöglichkeiten)을 현저하게 저해하는 것으로 족한 것으로 규정되었다가 현재는 부당한 방해를 포괄적으로 금지하는 형식으로 변경되었다.[135]

한편, 거래거절은 시장지배적 사업자의 객관적 또는 주관적 사정이 존재하는 경우에

130) BGH 3.3.1969, WuW/E BGH 1027 = BGHZ 52, 65 “Sportartikelmesse II”; BGH 7.3.1989, WuW/E BGH 2584 = BGHZ 107, 373 “Lotterievertrieb”; BGH 21.2.1995, WuW/E BGH 2919 = BGHZ 129, 53 “Importarzneimittel”.

131) BGH 23.2.1988, WuW/E BGH 2479, 24102 “Reparaturbetrieb; BGH 27.4.1999, WuW/E DE-R 357, 360 “Feuerwehrgeräte”.

132) OLG München, 7.5.1992, WuW/E OLG 4990 “Herr der Gezeiten”.

133) 여기서 ‘성과’란 가격이나 생산량 등 시장성과(market performance)와 달리 특정 사업자가 보유하고 있는 장점이나 능률을 말하며, 흔히 성과 내지 능률경쟁은 장점에 기초한 경쟁(competition on the merits)과 동일한 의미로 사용된다.

134) KG WuW/E 1767, 1773 “Kombinationstarif”.

135) Bechtold, Kartellgesetz Kommentar, 2002, §19, Rn. 64.

정당화될 수 있다. 객관적 정당화사유로는 흔히 공급상의 애로가 있는 경우가 언급되는데, 이 경우에도 시장지배적 사업자는 최종제품의 생산을 위하여 필요한 최소한의 원재료를 확보하기 위한 한도에서만 자가수요를 우선적으로 충당할 수 있으며,[136] 그 밖의 나머지 물량에 대해서는 종래 거래관계가 없던 자를 포함하여 거래 상대방에게 차별 없이 일정한 비율로 공급하여야 한다.[137] 주관적 정당화사유로는 신용거래로 공급이 이루어지는 데 거래상대방의 신용부족이 발생한 경우 또는[138] 거래상대방의 중대한 계약위반이나 기타 공급자의 영업활동을 저해하는 행위가 존재함으로 그로 인하여 계속적 거래관계에 요구되는 신뢰가 손상된 경우[139] 등을 들 수 있다.

다만 이러한 사유가 존재하는 경우에도 거래거절은 언제나 비례의 원칙에 부합하여야 하며,[140] 특히 거래거절의 사유가 중대한 것이 아니거나 거래관계에 특별히 신뢰가 요구되지 않음에도 불구하고 장기에 걸쳐 계속되는 공급거절행위는 원칙적으로 비례의 원칙에 반하는 것으로 본다.[141]

3. 필수설비의 접근거절

거래거절의 특수한 유형으로 들 수 있는 것이 바로 1998년 경쟁제한방지법 제6차 개정[142]에 따라 새로이 도입된 필수설비에 대한 접근거절이다(GWB 제19조 제2항 4호). 동호는 해당 설비 등을 이용하지 않고는 다른 사업자가 전·후방시장에서 당해 설비 등을 보유한 시장지배적 사업자의 경쟁사업자로서 진입하여 경쟁하는 것이 법률상 또는 사실상의 이유로 불가능해지는 경우에 있어서, 그러한 망(網)이나 기타 인프라설비(Infrastruktureinrichtungen)의 제공을 거절하는 행위를 방해남용의 특수한 유형으로 규정하고 있다.[143] 이것은 미국의 판례법에서 유래한 필수설비이론(essential facilities

136) KG 5.12.1986, WuW/E OLG 3957, 3962 "Straß".
137) KG 9.7.1974, WuW/E OLG 1507, 1512 "Chemische Grundstoffe II"; OLG Stuttgart, 30.4.1981, WuW/E OLG 2700, 2703 "Modelleisenbahnen".
138) OLG Frankfurt 4.8.1983, WuW/E OLG 3149, 3150 "Messe-Dauerstandplatz"; OLG Stuttgart 3.8.1984, WuW/E OLG 3343, 3346 "Skibindungen".
139) BGH 24.9.1979, WuW/E BGH 1629, 1633 "Modelbauartikel II"; BGH 23.2.1988, WuW/E BGH 2491, 2496 "Opel-Blitz".
140) BGH 12.5.1976, WuW/E BGH 1423, 1425 "Sehhilfen".
141) KG 5.9.1979, WuW/E OLG 2213, 2214 "Haushaltsnähmaschinen"; OLG Düsseldorf 4.12.1979, WuW/E OLG 2167, 2169 "Nordmende".
142) 개정법은 1999년 1월 1일부터 발효되었다. 우리나라에서도 2001년 3월에 시행령을 개정하여 부당한 사업활동방해와 부당한 신규진입방해의 일 유형으로서 필수요소에 대한 접근거절이 규정되었으나, 아직까지 적용사례는 존재하지 않는다.
143) 자세한 내용은 Bechtold, Kartellgesetz Kommentar, 2002, §19, Rn. 80 이하.

doctrine)을 명문의 규정으로 입법화한 것이다. 유럽기능조약 제102조는 필수설비의 접근거절을 남용행위의 유형으로 예시하지 않고 경쟁당국과 법원의 해석론에 맡기고 있는 바, 실무상 동 법리를 유형의 설비뿐만 아니라 무형의 지식재산권까지 확장하는 등 법적용의 탄력성이 발휘되고 있다.

GWB 제19조 제2항 4호에 따르면, 시장지배적 사업자가 다른 사업자에 대하여 '적정한 대가(angemessenes Entgelt)'로 자기의 망이나 인프라설비에 접근하는 것을 거부하는 경우 다른 사업자가 그러한 설비를 공동으로 이용하지 못하고는 법률상 또는 사실상의 이유로 당해 시장지배적 사업자와 경쟁할 수 없다면 이는 남용행위에 해당한다. 다만, 시장지배적 사업자가 영업상의 이유로 그러한 공동이용을 허용할 수 없거나 공동이용에 대한 기대가능성이 없음을 입증한 경우에는 그러하지 아니하다.

2004년 말까지 연방카르텔청이 필수설비조항을 적용한 사례로는 전력망[144]과 항구[145]가 대표적이다. 독일에서 필수설비조항은 국가독점산업의 민영화와 시장개방을 촉진하기 위한 수단적 성격이 강하고, 산업규제법에 대한 보완적 성격이 강하다는 특징을 갖는다. 이와 달리 망이나 인프라설비를 제외한 상품이나 서비스, 라이선스 등의 거절행위의 경우에는 동법 제19조 제1항의 일반적 남용금지조항과 종래의 거래거절법리로 해결하고 있다.

사 례 **Stadtwerke Mainz 사건**

이 사건은 민영화와 경쟁도입에도 불구하고 여전히 유효경쟁이 자리 잡지 못하고 있는 전력시장에서 시장지배적 사업자의 착취가격이 다투어진 대표적인 사례이다. 여기서 연방카르텔청은 지역에너지사업자로서 배전망을 보유한 Stadtwerke Mainz가 자신의 배전망을 이용하고자 하는 다른 전기사업자에게 부과한 망이용대가(Netznutzungsentgelte)가 과도하다는 점을 들어 착취가격과 부당한 사업활동방해, 즉 방해남용을 모두 인정하였다. 연방카르텔청은 가격의 부당성을 판단하면서 RWE Net AG가 전력망 1Km당 얻은 매출액과 비교하여 Stadtwerke Mainz가 1년에 1천만 유로 이상의 요금감액가능성이 있다는 점을 고려하였다.

뒤셀도르프 고등법원이 동 처분을 취소한 후[146] 이어진 상고심에서 연방대법원은 원심

144) BKartA WuW/E DE-V 149 "Berliner Stromdurchleitung".
145) BKartA WuW/E DE-V 253 "Puttgarden".
146) OLG Düsseldorf 17.07.2003, Kart 18/03.

을 파기하고 연방카르텔청의 판단을 대체로 존중하는 취지의 판결을 내렸다.[147] 즉, 연방카르텔청이 가격남용을 규제하는 과정에서 적정한 가격수준을 결정하더라도 그것이 경쟁제한방지법의 허용한도를 넘는 가격규제는 아니며, 비교시장접근법의 타당성을 전제로 그 비교대상이 하나의 사업자일 수도 있고, 다만 문제된 실제가격(표준가격이 아니라 실제로 할증이나 할인이 적용된 가격)이 비교가격과 현저하게 차이가 날 경우에만 남용에 해당될 수 있다는 것이다.

Ⅵ. 수요지배력의 남용

1. 규제의 경과

독일에서 수요지배력(Nachfragemacht)의 문제는 1970년대 중반 이후 중소 제조업자가 대규모유통업자에 대하여 금지청구의 소(Unterlassungsklage)와 손해배상청구를 빈번히 제기하기 시작하면서 논란의 대상이 되었다. 그런데 적어도 1957년에 경쟁제한방지법을 제정할 당시 입법자의 관심은 오로지 제조업자가 공급측면에서 갖는 시장지배력을 규제하는 데에 맞추어져 있었고, 이러한 태도는 당시의 경제현실과도 대체로 부합하는 것이었다. 그런데 그 후 제조업자가 수요지배력을 가진 대규모유통업자와 거래함에 있어서 여러 가지 이익을 제공하도록 부당하게 강요받는 것이 판매업자들간의 성과경쟁(Leistungswettbewerb) 내지 능률경쟁(competition on the merits)[148]에 반한다는 비판이 제기되기 시작하였다. 이와 동시에 판매시장에서의 집중도 급격히 심화되면서,[149] 판매업자가 수요측면에서 자신의 영향력을 강화하면서 이들에게 납품하는 제조업자에 대하여 그 지위를 남용할 위험도 더욱 커지기에 이르렀다.

1957년의 제정법상 남용을 금지하던 제22조(현재는 제19조)는 수요자로서의 사업자를 남용규제대상에 명정하지 않았으나, 1976년 제2차 개정법 제22조는 지금과 같이 수요측면의 사업자 역시 시장지배적 사업자로서 남용규제를 받을 수 있도록 명문으로 규정하였다. 이어서 1980년 제4차 개정법은 수요지배력의 남용과 판매시장에서의 집중에 대한

147) BGH 28.6.2005, KVR 17/04.

148) '성과경쟁'이 무엇인지는 여전히 모호하며, 남용 여부를 판단하는 기준으로서 적합한지에 대해서도 의문이 제기되고 있다. G. Exner, Der Mißbrauch von Nachfragemacht durch das Fordern von Sonderleistungen nach deutschem Recht, 1984, S. 84; Köhler, Wettbewerbs-und kartellrechtliche Kontrolle der Nachfragemacht, 1979, S. 26.

149) 독일 판매시장의 집중과정에 대한 분석으로는 Monopolkommission, Sondergutachten 14, Die Konzentration im Lebensmittelhandel, 1985. 참조.

규제를 강화하였는데, 구법 제22조와 별도로 제26조 제3항(현 제19조 제2항 5호)을 추가하여 소극적 차별취급을 금지하고[150] 같은 해 1월 1일자로 연방카르텔청은 수요지배력을 전담하는 심결부(Beschlußkammer)[151]를 설치·운영하였다.

우리나라에서도 최근 들어 대규모유통업자가 납품업자나 점포임차업자에 대하여 자신의 거래상 지위를 남용하는 행위가 사회적으로 문제되었고, 2013년에는 「대규모유통업에서의 거래공정화에 관한 법률」이라는 특별법이 제정되기도 하였다. 독일에서 수요지배력 남용을 규제하는 방식과 법리는 향후 대규모유통업법의 해석·적용상 참고할만한 부분이 많으므로, 아래에서 상술하기로 한다.

(2) 수요지배력의 남용 금지

가. 수요시장의 획정

수요측면에서의 지배력 유무를 판단하기 위해서는 공급측면과 마찬가지로 우선 관련된 수요시장(Nachfragemarkt)을 획정하여야 한다. 동일한 상품의 경우에도 공급시장과 수요시장이 언제나 중첩되지는 않는데, 시장획정의 일반적 기준인 이른바 수요시장관념(Bedarfsmarktkonzept) 내지 합리적 대체가능성 기준에 따르자면 수요시장에서는 판매업자의 거래상대방인 '제조업자'의 관점에서 대체가능성이 판단되어야 하기 때문이다. 이 경우 수요시장이란 거래상대방, 즉 제조업자를 기준으로 그가 기술적으로나 경제적으로 의미 있게 상품의 생산을 전환할 수 있는 가능성(Umstellungsflexibilität)이나 제조업자의 입장에서 판매업자를 전환할 수 있는 가능성(Ausweichmöglichkeit)에 따라 그 범위가 정해지는 것이 원칙이다.[152] 따라서 제조업자의 입장에서 다른 상품이나 다른 판매업자로 즉각적으로 용이하게 전환할 수 있다면 문제의 판매업자에게 수요지배력을 인정할 수 없게 되며, 이 때 판매업자가 특정 상품의 수요 내지 조달을 다른 상품으로 전환할 수 있는지의 여부는 중요하지 않다.[153] 그런데 수요시장에서는 공급시장에서와 다른 몇

---

150) P. Ulmer, Der Begriff "Leistungswettbewerb" und seine Bedeutung für die Anwendung von GWB- und UWG-Tatbeständen, GRUR, 1977, S. 474 ff.

151) 동 심결부의 소관사항으로는 정부조달에 있어서의 수요지배력, 중소의 납품 내지 원재료조달사업자에 대한 제조업자의 수요지배력, 그리고 제조업자에 대한 판매업자의 수요지배력이었다. Arbeitsbericht des Bundeskartellamtes 1979/80, WuW 1980, S. 591 f. 그 후 심결부가 산업별로 완전히 재편되었고, 현재는 수요지배력을 전담하는 심결부가 따로 존재하지 않는다.

152) I. Schmidt, Relevanter Markt, Marktbeherrschung und Mißbrauch in §22 GWB und Art. 86 EWGV, WuW, 1965, S. 454 ff.

153) Monopolkommission, Sondergutachten 7, Mißbräuche der Nachfragemacht und Möglichkeiten zu ihrer Kontrolle im Rahmen des Gesetzes gegen Wettbewersbeschränkungen, 1977, Tz. 669.

가지 특성이 존재한다.

우선 상품시장과 관련해서는 제조업자의 입장에서 이들 상품이나 용역을 공급할 수 있는 판매업자들의 범위가 중요한 의미를 가지는데, 왜냐하면 현실적으로 제조업자에게는 자기가 생산할 수 있는 제품들간의 전환보다는 기존의 판매업자를 다른 판매업자로 전환할 수 있는지의 여부가 더욱 중요한 의미를 가지기 때문이다. 다양한 종류의 상품이나 용역을 취급하는 판매업자와 상대적으로 몇 가지 제품에 전문화된 제조업자 사이에 존재하는 힘의 불균형이 수요지배력을 가져오는 근본적인 원인이라고 보는 까닭이다.

그런데 다수의 제조업자 중에서 어떤 제조업자를 기준으로 거래처 전환가능성을 판단해야 할 것인지는 여전히 확실치 않다. 예컨대, 독점위원회는 '수요시장 관념'을 그대로 원용하여 '합리적인 공급자'를 기준으로 판단해야 한다고 본다. 그러나 공급시장에서 평균적인 소비자를 기준으로 대체적인 구매가능성을 판단하는 경우와 달리, 수요시장에서 평균적인 제조업자라는 추상적이고 막연한 개념은 별 도움이 되지 못한다. 특히 제품차별화를 특징으로 하는 산업에서는 구체적으로 문제된 상품을 제공하는 개별 제조업자의 관점에서 거래처 전환가능성이 판단되지 않으면 안 될 것이다.[154)]

한편, 수요측면에서 지리적 관련시장은 공급측면과 마찬가지로 어떠한 지리적 범위 안에서 제조업자가 거래상대방인 판매업자에게 상품이나 용역을 제공할 수 있는지를 통해서 정해진다(지리적 대체가능성). 이때 고려할 요소로는 당해 제품의 물리적 특성, 제품의 보존기간이나, 운송비용 등을 들 수 있다. 그런데 시장개방에 따라 대부분의 공산품이 외국으로 수출될 수 있기 때문에, 특별한 사정이 없는 한 외국판매업자의 수요도 고려되지 않으면 안 된다. 그 결과 수요측면에서의 지역시장은 국내에 한정되지 않을 수 있다.[155)]

끝으로 지리적 시장획정에서는 무엇보다 판매업자의 실질적인 공급구역이 중요하게 고려될 수 있는데, 전국적으로 상품을 공급하는 제조업자라도 한 지역의 상권을 지배하는 판매업자를 상실할 경우에는 그에 상응하는 다른 지역의 판매업자로 쉽게 거래처를 전환할 수 없기 때문이다.[156)] 예컨대, 1997년 연방카르텔청은 베를린 주(州)에서 발주하

154) Hölzler/Satzky, Wettbewerbsverzerrungen durch markmtmächtige Handelsunternehmen, 1980, S. 88 참조. 이에 대해 비판적인 견해로는 Köhler, Wettbewerbs- und kartellrechtliche Kontrolle der Nachfragemacht, 1979, S. 38 ff. 참조.

155) Wiedemann, in: Handbuch des Kartellrechts, 2. Aufl., 2008, §23, Rn. 15. 그 결과 국내에 수요독점이 존재하는 경우에도 제조업자가 해외에서 상품을 판매할 수 있는 경우에는 시장지배적 지위가 부인될 수 있다.

156) Monopolkommission, Sondergutachten 14, 1985, Tz. 200; Köhler, Wettbewerbs- und kartellrechtliche

는 도로건설공사의 경우에 지리적 수요시장을 베를린 주로 국한하였는데, 그 근거는 당해 도로건설공사와 관련해서 건설업자들은 다른 지역으로 거래처를 전환할 수 없다는 점이었다.[157)]

나. 수요지배력의 판단

공급측면에 비하여 수요측면의 시장지배력을 판단하기란 더욱 어렵다. 독일 경쟁제한방지법 역시 우리나라와 마찬가지로 수요측면에서의 지배력을 판단하기 위한 기준을 별도로 규정하지 않고 있다.

앞서 살펴본 바와 같이 경쟁제한방지법은 일찍이 시장지배적 사업자 여부에 대한 판단을 용이하게 하기 위하여 추정조항을 두고 있다. 2013년 제8차 개정법은 종래의 추정기준을 다소 엄격하게 변경하여, 한 사업자의 시장점유율이 40% 이상을 차지하는 경우에는 시장지배력을 법률상 추정하고, 3 이하의 사업자의 시장점유율의 합계가 50%이상이거나 또는 5 이하의 사업자의 시장점유율의 합계가 2/3 이상을 차지하는 경우에는 당해 사업자들이 전체로서 시장지배적 지위를 가진 것으로 추정한다(GWB 제18조 제4항, 제6항).[158)] 문제는 수요시장에서의 지배력을 판단함에 있어서 이와 같은 상품별 시장점유율은 적합하지 않으며, 수요시장의 획정기준이 명확하지 않은 상태에서 시장점유율을 근거로 한 추정은 이론적으로도 근거가 없다는 점이다.[159)] 그 결과 위와 같은 추정조항은 오로지 공급측면에서의 시장지배력에 대해서만 적용되는 것으로 이해되고 있다.[160)]

수요시장에서의 지배력을 판단함에 있어서는 수요측면에서 경쟁이 갖는 특수성을 고려하지 않으면 안 되며, 수요시장의 구조 내지 집중도보다는 개별 제조업자와 판매업자의 관계가 더욱 중요한 의미를 갖는다. 이러한 측면을 고려하여 1980년 제4차 개정법에서 제20조 제3항과 함께 도입된 것이 바로 동조 제2항 2문의 수요측면에서의 '상대적인 시장지배력'(relative Marktmacht)에 관한 추정조항이다(현재는 제20조 제1항 2문). 그에 따르면 일정한 상품이나 용역의 수요자가 거래관행상 일반적인 수준의 가격할인이나 기타의 대가와 별도로 동종의 다른 수요자에게는 제공되지 않는 특수한 이익(besondere

---

Kontrolle der Nachfragemacht, 1979, S. 40; Benisch, Bestimmung der Marktstellung bei Nachfragern, WuW, 1977, S. 628 ff.

157) 자세한 내용은 Vieth, Praxis der Bundeskartellamtes 1997, in: Schwerpunkte des Kartellrechts 1997, 1998, S. 38 ff.

158) 다만 당해 사업자들이 경쟁조건상 그들간에 실질적인 경쟁을 기대할 수 있거나 또는 그들 전체가 다른 경쟁사업자와의 관계에서 우월적인 시장지위를 갖지 않음을 입증한 때에는 그러하지 아니하다(동조 제3항 2문 단서).

159) Möschel, Recht der Wettbewerbsbeschränkungen, 1983, S. 317, 324.

160) Monopolkommission, Sondergutachten 7, 1977, Tz. 47.

Vergünstigungen)을 통상적으로 제공받는 경우에 당해 공급자는 그 수요자에게 종속되어 있는 것으로 추정되고,[161] 이 때 당해 수요자 또한 자신의 지위를 남용해서는 안 된다(GWB 제20조 제2항).

그밖에 1989년 제5차 개정법은 공급측면과 수요측면의 지배력에 공통적으로 적용될 수 있는 기준을 정하는 한편, 수요지배력의 판단시 고려하여야 할 요소로서 설비대체성(Umstellungsflexibilität)과 거래처 전환가능성(Ausweichsmöglichkeit)을 종합적으로 고려하도록 규정하였다(GWB 제18조 제3항 7호, 8호). 그에 따라 대규모유통업자는 납품업자와의 관계에서 법률상 추정요건에 현저히 못 미치는 시장점유율을 갖더라도 시장지배적 지위가 인정될 수 있게 되었다.[162]

다. 남용행위의 판단

경쟁제한방지법상 '남용'의 해석에 관한 다수설과 판례는 남용금지의 목적인 경쟁의 자유보호와 시장의 개방성 유지를 일차적으로 고려하면서 사업자들의 이익을 비교형량(Interessenabwägung)하도록 요구하고 있다. 이때, 비교형량은 결국 어떤 남용행위에 정당한 사유가 있는지를 판단하는 과정이며, 정당한 사유에 해당하는지를 판단하는 중요한 척도의 하나는 어떤 행위가 과연 시장지배적 사업자의 지배력에서 비롯된 것인지, 아니면 효율성을 비롯한 시장성과에 따른 것인지 여부에 관한다.[163] 종래 수요측면에서 대규모유통업자의 남용은 당해 수요시장에서 자기보다 열악한 지위에 있는 경쟁 판매업자보다 경쟁상 유리한 조건을 성과와 무관하게 얻어낸다는 데에 그 본질이 있는 것으로 이해되고 있다. 여기서 경쟁당국, 즉 연방카르텔청은 경쟁보호라는 차원에서 판매업자와 제조업자의 경제적 이익을 비교형량하게 되는 것이다.[164]

1980년 개정법이 대규모유통업자의 지배력 남용을 염두에 두고 도입한 제20조 제3항의 소극적 차별취급(passive Diskriminierung)[165]이란 외관상으로는 납품업자에 의해 차별행위로써 이루어지나 그 실질에 있어서는 대규모유통업자의 요구나 강요에 의한 것이

---

161) 동 추정의 실효성에 대하여 회의적인 견해로는 Köhler, Die Abhängigkeitsvermutung des §26 Abs. 2 S. 3 – Taugliches mittel zur Erfassung von Nachfragemacht", DB, 1982, S. 313.

162) Monopolkommission, Sondergutachten 14, 1985, Tz. 200; WuW/ E BGH 2483, 2489 = WuW 1988, 785, 791, "Sonderungsverfahren".

163) 성과경쟁의 개념과 그것이 독일 경쟁제한방지법(GWB) 및 부정경쟁방지법(UWG)에 대해서 갖는 경쟁정책상의 중요성에 대해서는 일찍이 P. Ulmer, Der Begriff "Leistungswettbewerb" und seine Bedeutung für die Anwendung von GWB- und UWG-Tatbeständen, GRUR, 1977, S. 565 ff. 참조.

164) Schultz, in: Langen/Bunte, Kommentar zum deutschen und europäischen Kartellrecht, 1998, §26, Rn. 228 ff.

165) 자세한 내용은 Kling/Thomas, Kartellrecht, 2007, S. 652 ff. 참조.

다. 대규모유통업자가 경쟁관계에 있는 다른 판매업자와의 관계에서 경쟁상의 이점을 얻기 위하여 자신에게만 특별히 유리한 취급을 요구하고, 이것이 결국 상대적으로 열악한 지위에 있는 판매업자의 사업활동을 방해하는 결과를 가져올 우려가 있기 때문에, 이러한 행위는 금지되었던 것이다. 이는 반드시 '중소' 규모의 납품업자에게 행해질 필요가 없으며, 대규모유통업자에게 사실상 종속되어 있는 것으로 족하다. 대규모 납품업자들도 대규모유통업자에 사실상 종속되어 사업활동을 방해 받을 수 있기 때문이다.

한편, 종래 독일에서는 수요측면에서 시장지배적 지위의 남용규제가 별다른 실효성을 갖지 못하였다. 특히, 수요지배력의 남용과 관련하여 구법 제20조 제3항을 적용한 사례는 전무하다. 그 이유를 살펴보면, 수요지배력의 남용을 성과경쟁이라는 다분히 모호한 개념과 결부시킬 경우에는 그에 대한 입증이 실무상 매우 어렵고,[166] 거래처 상실의 위험으로 인하여 제조업자가 문제제기에 소극적인 태도를 보일 수밖에 없다. 판매업자의 거래거절이 문제되어 경쟁당국이 금지처분을 내린 경우에도 당해 판매업자에게 특정한 제조업자와 계약을 체결할 의무는 원칙적으로 인정되지 않았다.[167] 이 때문에 이러한 법적용상의 난점으로 인하여 종래 경쟁당국의 실무는 남용규제가 아니라 기업결합 규제나 -지금은 삭제된- 구법 제4조 제2항의 공동구매(Einkaufsgemeinschaft)에 대한 카르텔금지의 예외를 엄격하게 해석·적용하는 등을 통하여, 수요시장에서 경쟁구조를 유지함으로써 남용행위가 발생할 여지를 사전에 막는 데에 초점을 맞추고자 하였다. 그리고 2013년 제8차 개정법에서는 구법 제20조 제3항이 삭제되기에 이르렀다.

Ⅶ. 상대적 지배력 및 우월적 시장지위의 남용과 중소사업자 보호

1. 상대적 지배력

(1) 상대적 지배력과 남용규제

상대적인 지배력(relative Marktmacht), 즉 거래관계에서 비롯되는 지배력의 남용을 금지하는 것은 독일 경쟁제한방지법이 유럽이나 미국의 경쟁법과 다른 특징 중의 하나이다. 상대적으로 지배력을 갖는 사업자에게 일반적으로 남용, 즉 차별취급을 비롯한 방

---

166) 남용(Missbrauch) 개념을 주관적 개념으로 파악하는 견해로는 Immenga, Schwerpunkte der vierten Novelle zum Gesetz gegen Wettbewerbsbeschränkungen, NJW, 1980, S. 1423 참조.

167) Rittner, Wettbewerbs- und Kartellrecht, 1999, §10, Rn. 78; U. Kirschner, Die Erfassung der Nachfragemacht von Handelsunternehmen, 1988, S. 224.

해행위를 금지하는 것은 적지 않은 경우에 계약의 자유, 특히 체결의 자유와 내용결정의 자유, 상대방 선택의 자유가 제대로 기능하지 못하게 하고, 궁극적으로 경쟁을 저해하게 마련이다. 어떤 의미에서 다른 사업자를 방해하지 않고서 계약이나 경쟁이란 생각할 수 없을 것이기 때문이다.

이처럼 상대적 지배력의 남용을 폭넓게 금지하는 것은 거래관계에 대한 경쟁당국이나 법원의 광범위한 고권적 규제를 수반하는바, 이들 기관은 사업자의 판매활동이나 가격정책에 대하여 지속적인 감독을 수행하게 되고, 이러한 방식으로 경쟁질서는 경쟁당국과 법원의 남용철학에 따라 규제되고 감독되는 제도로서 유지된다. 그 결과 경제적 경쟁의 본질에 속하는 개방성이 일정 부분 훼손되는 점은 불가피하다. 특히, 계약자유에 대한 과도한 불신과 국가개입에 대한 맹목적인 신뢰가 지배할 경우, 시장경제질서는 상대적 지배력의 남용에 대한 포괄적인 금지로 인하여 위태로워질 수 있다.

이러한 맥락에서 상대적 지배력에 대한 남용금지는 일정한 산업정책을 수행하기 위한 수단으로 사용될 수 있으며, 차별금지의 경우 그 위험은 더욱 크다.[168] 만약 상대적 지배력의 남용금지를 도입하면서 국가가 특정한 산업구조의 실현을 염두에 두고 있어야 하는지도 어려운 문제이며, 질서자유주의의 열향을 강하게 받아온 독일에서는 전통적으로 경쟁법이 산업정책의 수단으로서 적합하지 않다는 데에 비교적 폭넓은 공감대가 형성되어 있다.

그럼에도 불구하고 독일의 입법자는 일찍이 상대적으로 지배력을 갖는 사업자에 대한 일반적인 방해 및 차별금지를 경쟁제한방지법에 도입하였고(구법 제26조 제2항), 이러한 금지는 정치적 영향에 따라 제2차, 제4차, 제5차 개정법에서 더욱 강화되었다. 이러한 금지는 모든 사업자에 적용되는 것이 아니라, 어디까지나 비록 상대적일지라도 일정한 지배력을 가지고 있는 사업자에 대해서만 적용된다는 점에서 일정 부분 제한되고 있다. 따라서 상대적 지배력의 남용금지에 관한 한 수범자의 정의가 매우 중요하다. 상대적 지배력을 넓게 파악할수록 그에 대한 남용규제는 절대적 지배력과의 관계를 모호하게 할 뿐만 아니라, 자칫 남용규제의 실질적인 정당성을 전반적으로 약화시킬 수 있다는 점에 유의하여야 한다.

168) 남용과 관련하여 성과경쟁 내지 능률경쟁이라는 명제에 대한 비판으로는 Markert, in: Immenga/Mestmäcker, Kommentar zum Deutschen Kartellrecht, 4. Aufl., 2007, §26, Rn. 59-68.

남용규제의 목적과 법치국가원리

상대적 지배력에 의한 남용을 금지하는 것이 어떤 목적을 갖는지가 명확하게 밝혀지지 않을 경우에는 경쟁제한방지법 제20조 제1항의 해석 여하에 따라서 경쟁당국이 갖는 규제권한의 범위가 좌우되게 마련이다. 동법이 경쟁당국의 개입권한에 대하여 구체적인 목표와 지침을 제공하지 않을 경우, 결국 경쟁당국이나 법원이 하위규정을 제정하거나 판결을 내리는 방식으로 이와 같은 목표나 지침을 구체화할 수밖에 없는 바, 이러한 방식은 근본적으로 법치국가원리(Rechtsstaatlichkeit)에 부합하기 어렵다. 경쟁당국의 개입이 형식적으로는 개별사건에 국한된 것이기는 하나, 해당 사업자나 관련 산업의 거래관행에 중대한 변화를 가져올 수 있기 때문이다. 이를테면, 거래거절이나 차별취급을 폭넓게 남용으로 금지할 경우에는 업계 전반에 구체적인 거래조건과 공급의무를 발생시킬 수 있고, 그 자체로는 계약자유 및 자유경쟁을 제약하는 결과를 가져올 수 있는 것이다.

우리나라에서도 일반적인 남용금지나 대규모유통업법 등 특별법상의 각종 금지에 관하여 그 목적이 무엇인지가 입법과정에서 또는 법문에 명확하게 제시되지 않을 경우, 결국 공정거래위원회나 법원이 개별 사건에서 각자의 가치관념(Wertvorstellungen)이나 목적의식을 전제로 사안을 판단할 수밖에 없다. 그러나 공정거래위원회나 법원이 염두에 두고 있는 규제목적이 당연히 법률의 해석·적용에 따른 결과에 내용적 정당성을 보장하는 것은 아니며, 정권이 교체될 때마다 경쟁정책이나 산업정책적 시각이 변화할 경우 결국 법집행이 함께 바뀔 수 있다는 점에서 법치국가원리나 법적 안정성이 충분히 보장되기 어려울 것이다.

(2) 상대적 지배력의 판단기준

1973년의 제2차 개정법에 의해 삽입된 이 규정[169]은 1990년의 제5차 개정법 이후 중소사업자와의 관계에 한정되어 적용되고 있다.[170] 상대적 종속성은 실무상 비교적 쉽게 인정될 수 있는데, 예를 들어 자동차제조업자와 같은 완제품사업자와 부품공급업자의 관계, 백화점이나 슈퍼체인과 같은 연쇄점과 의류, 식료품 등을 납품하는 중소 제조업자의 관계, 유명브랜드의 제조업자와 이를 판매하는 소매상업자의 관계에서 흔히 찾아볼 수 있다.

그런데 현대경제에 있어서는 모든 사업자가 하나 또는 그 이상의 다른 사업자들에게 의존적이며, 경쟁법적 의미에서는 종속적이기 때문에, 상대적 지배력을 폭넓게 인정할

169) Bericht des Ausschusses für Wirtschaft des Bundestages, BT-Drucks. 7/765, S. 9 zu §26 Abs. 2; Heuchert, Die Normadressaten des §26 Abs. 2 GWB, 1987.

170) BGH WuW 1993, 941, 944 = WuW/E BGH 2875, 2878 "Herstellungsleasing".

경우에는 자칫 경쟁제한방지법 제20조 제1항의 방해·차별금지가 거의 무제한적으로 적용될 위험이 있다. 이러한 법적용은 자칫 자발적인 선택에 의하여 종속적 지위에 있게 된 사업자들을 동법의 보호 아래 놓게 될 수 있는 것이다.

따라서 상대적 종속성의 핵심요소인 거래상대방의 충분하고도 기대가능한 전환가능성(ausreichende und zumutbare Ausweichmöglichkeit) 여부를 개별 사안마다 판단함에 있어서는 매우 신중을 요한다.[171] 대표적으로 상대적 종속관계를 가져오는 네 가지 유형은 다음과 같다.

가. 상품관련종속성

상품관련종속성(sortimentsbedingte Abhängigkeit)은 무엇보다 브랜드가 중요한 상표품(Markenartikel)에서 인정된다. 종래 연방대법원은 유명상표품의 제조업자에게 비교적 폭넓게 상대적 지배력을 인정하였다.[172] 예컨대, Oberbayern에 있는 유명한 스포츠용품점은 Rossignol과 같이 세계적으로 유명한 스키제조업자와의 관계에서 다른 사업자와 거래할 수 있는 충분하고도 기대할 수 있는 가능성이 존재하지 않는다는 이유로 종속성이 인정되었다. 여기서 Rossignol의 시장점유율은 불과 8% 정도에 그치고 있었고, 자신의 스키생산량 중에서 해당 스포츠용품점에 공급하는 물량 또한 이 비율에도 미치지 못하였으나, 1위 사업자에 대한 종속성(Spitzenstellungsabhängigkeit)이 인정되었던 것이다. Asbach Uralt와 같이 유명한 상표는 주류도매상의 입장에서 볼 때 중요한 경쟁조건에 속하며,[173] 주류도매상으로서는 이러한 경쟁조건, 즉 유명상표를 사용할 수 없게 되면 기존의 시장지위를 유지하지 못할 우려가 있다는 점에서 마찬가지로 동 상표에 대한 주류도매상의 종속성이 인정된 바 있다.[174]

그러나 얼마 후 연방대법원은 상품관련종속성을 다소 좁게 해석하는 경향을 보인 바

171) BGH WuW 1979, 772, 775 = WuW/E BGH 1620, 1623 "Revell Plastics".

172) BGH WuW 1976, 249 = WuW/E BGH 1391 "Rossignol"; BGH WuW 1976, 777 = WuW/E BGH 1429 "Asbach-Fachgroßhändlervertrag"; BGH WuW 1979, 773 = WuW/E BGH 1620 "Revell Plastics"; BGH WuW 1980, 127 = WuW/E BGH 1629 "Modellbauartikel II"; BGH WuW 1980, 133 = WuW/E BGH 1635 "Plaza SB-Warenhaus"; BGH WuW 1980, 415 = WuW/E BGH 1671 "robbe-Modellsport"; BGH WuW 1982, 457 = WuW/E 1885, 1886 "adidas"; BGH WuW 1981, 547, 549 = WuW/E 1793, 1795 "SB-Verbrauchermarkt"; BGH WuW, 1981, 722, 725 = WuW/E BGH 1814, 1817 "Allkauf-Saba"; BGHZ 81, 322, 329, 331 "Original-VW-Ersatzteile".

173) 연방대법원은 약 3,500여개의 독일 주류상에 대하여 상품관련 종속성이 있다고 판결을 내린 바 있다.

174) OLG München WuW 1978, 410 = WuW/E OLG 1931 "SABA": 이른바 녹색상품 중에 개개의 시장은 일반에게 교환가능한 것으로 간주되고 있기 때문에, 남부 바이에른에서 가장 큰 전자상 역시 하나의 특정한 시장에 의지하는 것이 아니다.

있다. 이를테면 Hi-Fi 제품의 전문판매부서를 두고 있는 대규모 전자제품 소매업자가 제조업자들을 상대로 제기한 소송에서 연방대법원은 이들 제조업자가 당해 시장에서 가장 강력한 상위그룹에 속해 있었음에도 불구하고 청구를 기각하였다. 여기서 연방대법원은 상대적 지배력을 가져오는 종속성이란 "단지 예외적인 경우에 인정될 수 있는 특수한 상황"으로서, 원고인 전자제품 소매업자가 이들 제조업자의 모든 상표품에 대하여 종속되어 있는 경우에만 상대적 지배력의 남용을 주장할 수 있다고 판시하였다.[175]

나. 사업자관련종속성

사업자관련종속성(unternehmensbedingte Abhängigkeit)이란 무엇보다 장기에 걸친 거래관계로 인하여 자신의 영업이 지나치게 다른 사업자에 의존하는 결과 현저한 경쟁상의 불이익을 감수하지 않고서는 제3의 사업자로 거래처를 변경할 수 없는 경우에 인정된다.[176] 사업자관련종속성은 언제나 개별사례에서만 판단될 수 있으며, 상사대리계약이나 맥주공급계약 등 일정한 거래유형에서 통상적으로 인정되는 것은 아니다.[177]

대표적인 예가 자동차제조업자와의 관계에서 부품제조업자 및 판매대리점들에게 인정되는 종속성으로서, 이들은 특정 제조업자의 수요에 맞추어 적지 않은 투자를 하게 되는데, 계약관계가 갑자기 종료될 경우 투자금의 회수나 다른 자동차제조업자로의 거래처전환이 매우 어렵기 때문이다.[178] 다만, 이러한 종속성에 기초한 상대적 지배력의 남용금지가 계약자유나 경쟁 그 자체를 저해하거나 단순한 계약상의 분쟁해결에 개입하는 방식으로 집행되어서는 안 될 것이다.[179]

다. 물량부족관련종속성

물량부족 내지 희소성에 따른 종속성(mangel- oder knappheitsbedingte Abhängigkeit)이란 수직적으로 통합된 사업자가 그 중 한 단계에서만 활동하는 경쟁사업자에게 원재료 등 투입재(input)을 공급하는 관계에서 전형적으로 발생할 수 있다. 이 경우 경쟁제한방지법이 금지하고자 하는 행위는 무엇보다 수직통합된 사업자가 원재료 부족시 자신과

---

175) BGH WuW 1985, 489 = WuW/E BGH 2125 "Technics"; BGH WuW 1987, 662 = WuW/E BGH 2360 "Freundschaftswerbung"; BGH WuW 1987, 1009 = WuW/E BGH 2399 "Krankentransporte".

176) BGH WuW 1988, 793, 795 = WuW/E BGH 2491, 2493 "Opel-Blitz".

177) Markert, in: Immenga/Mestmäcker, Kommentar zum Deutschen Kartellrecht, 4. Aufl., 2007, §26, Rn. 25.

178) BGH WuW/E BGH 2875 "VW-Leasing"; BKartA WuW/E DER 1621, 1623 "Mercedes/Benz"; OLG Düsseldorf WuW/E OLG 4511, 4514 "Ford".

179) Rittner, WuW, 1993, S. 592, 600 f.; BGH WuW 1995, 733 = WuW/E BGH 2983, 2988 f. "Kfz.-Vertragshändler".

계열관계에 있는 제조회사나 판매회사에게 우선적으로 공급하고, 자기와 경쟁관계에 있는 비통합사업자에 대한 공급을 제한하는 경우이다.[180] 제1－2차 석유파동 당시 수직통합된 석유사업자가 공급물량을 제한한 경우에도 마찬가지로 물량부족에 기인한 종속성이 문제된 바 있다.

이와 같은 경우에 경쟁제한방지법은 거래거절을 남용금지 차원에서 폭넓게 금지함으로써 수직통합된 사업자에게 높은 수준의 의무를 부과한 셈인데, 그 이유는 이를테면 상대적으로 지배력을 갖는 사업자는 위기 시에도 현재의 거래관계에서 종래 통상적으로 공급하던 중소사업자에게 계속해서 공급할 의무를 지기 때문이다. 이때 공급을 받게 되는 중소사업자들은 평등하게 취급되어야 하고, 그 결과 부족한 물량이 적절히 분배되어야 한다.[181]

라. 수요관련종속성

수요관련종속성(nachfragebedingte Abhängigkeit)이란 1970년대 이후 오랫동안 수요지배력이라는 현상과 관련하여 논의되었던 것으로, 종래 실무에서는 부품의 수요가 소수의 완성차업체에게 집중되어 있는 경우의 자동차제조업자 또는 백화점과의 관계에서 이들을 유통경로로서 포기하기 어려운 중소납품업자에게 인정되어 왔다. 이것은 사업자관련종속성의 일 유형으로도 파악할 수 있다. 예컨대 정형외과용 보조기구를 수요하는 입장에 있는 사회보험회사와 같이, 고권적으로 규제되고 있는 과점시장에서 80% 정도의 수요를 차지하는 사업자가 존재하는 경우에 보조기구를 제조하는 사업자는 종속적인 관계에 놓여 있게 되는 것이다.[182] 한편, 수요관련종속성이 인정된다고 하여 중소사업자에게 곧바로 어떠한 청구권이 발생하는 것은 아니다.

2. 상대적 지배력의 추정

상대적 지배력을 개별 사건에서 입증하기란 쉽지 않다. 경쟁제한방지법은 입증상의 곤란을 해소하기 위하여 추정조항을 두고 있다(GWB 제20조 제1항 2문). 그에 따라 수요자가 일정한 상품이나 용역의 공급자에게 거래상 통상적인 가격할인(verkehrsübliche Preisnachlässe)이나 기타 반대급부 외에 동종의 수요자에게는 제공되지 않는 특수한 이

180) KG WuW 1974, 767, 770 = WuW/E OLG 1497, 1499 “AGIP II”.
181) Emmerich, Kartellrecht, 10. Aufl., 2006, §29, Rn. 25.
182) BGH WuW 1994, 663 = WuW/E BGH 2919 “Orthopädisches Schuhwerk”.

익을 계속적으로 요구하는 경우에 그 공급자는 해당 수요자에게 종속되어 있는 것으로 추정된다. 대표적으로 판매업자가 납품업자에게 입점비나 광고비, 기념할인, 진열비 등을 요구하는 경우가 이에 해당할 수 있다.

이러한 이익제공은 일정한 기간에 걸쳐서(über einen längeren Zeitraum) 요구되어야 한다는 의미에서 계속성이 있어야 하며, 그렇지 않을 경우에는 추정조항이 적용될 수 없다. 또한 상대적 지배력이 추정되기 위해서는 거래에 통상 제공되는 가격할인 등이 아니어야 하는 바, 다른 납품업체와 달리 일부 업체에게만 경제상 이익제공을 요구하는 경우가 여기에 해당할 것이다.

그런데 추정조항을 적용함에 있어서 문제된 이익제공이 정상적인 가격할인과 다른 것인지를 판단하기란 쉽지 않으며, 가격할인에 대한 막연한 부정적 인식은 오늘날 많이 사라지고 있다. 종래 가격할인을 이유로 상대적 지배력을 추정할 이론적 근거 또한 취약하다는 점이 지적되면서,[183] 현재 동 추정조항은 실무상 거의 활용되지 않고 있다.

사 례 **Orange-Book 판결**

산업표준을 둘러싼 특허침해소송에서 강제라이선스의 항변

유럽공동체조약 제82조; 경쟁제한방지법 제20조 제1항; (독일) 민법 제242조

주 문

1. 특허침해를 이유로 소를 제기당한 피고는 원고인 특허권자(Lizenzgeber)의 금지청구에 대하여 특허권자가 피고와 비차별적이고 방해적이지 않은 조건으로 특허실시계약의 체결을 거절하는 경우에 특허권자가 시장지배적 지위를 남용하고 있다는 항변을 할 수 있다.

2. 그러나 피고가 특허권자에 대하여 차별금지나 방해금지를 위반함이 없이는 거절할 수 없는 구속력이 있는 실시계약체결에 대하여 무조건적인 청약을 하고, 피고가 특허의 대상을 이미 이용하고 있는 동안 향후 체결할 실시계약상 실시대상의 이용과 결부된 의무들을 준수하고 있는 경우에 한하여 특허권자는 남용을 한 것이다.

3. 피고가 특허권자가 요구하는 실시료를 남용에 해당할 정도로 높다고 판단하거나 특허권자가 실시료를 특정하기를 거절하는 경우에는, 특허권자가 실시료의 수준을 적절한 재량에 따라 정하는 내용으로 라이선스계약의 체결을 청약하는 것으로 무조건적인 청약의

183) K. Schmidt, ZRP, 1979, S. 38, 43 ff.

요건을 충족하기에 족하다.

(독일) 연방대법원 2009.5.6.판결 – KZR 39/06 (칼스루에 고등법원) (오렌지북 표준)

사실관계

원고는 독일연방공화국에서 효력을 갖는 것으로 부여된 유럽특허 325330(Klagepatent, 본건 소송의 대상이 되는 특허; 이하 "본건 특허"라 한다)의 보유자이며, 동 특허권은 1989년 1월 7일자로 등록되었고 상소심절차(Revisionsverfahren)가 진행 중에 기간의 경과로 효력을 상실하였다.

본건 소에서 주장된 특허관련 청구 1, 2는 다음과 같다:

1. 광학적으로 기록할 수 있는, 기록 층(6)으로 이루어진, 새기는 형태의 기록(1) 저장장치로서, 광학적으로 탐지가능한 기록 표지의 정보패턴을 기록하기 위한 것이며, 기록저장장치(1)에는 서보 트랙(4)이 갖추어져 있는데, 이것은 정보기록을 위한 영역에서 정보패턴과는 구별할 수 있는 주기적인 트랙 모듈을 나타내며, 트랙 모듈의 주파수가 위치 싱크로 신호(11)와 함께 번갈아 가면서 나타나는 위치코드 신호(12)로 구성된 위치정보 신호와 부합하도록 모듈화된다.

2. 청구 1에 주장된 것과 같은 광학적으로 기록할 수 있는 기록저장장치로서, 위치코드 신호(12)는 변조표지로 모듈화된 신호로서 위치 싱크로 신호(11)는 이 같은 변조표지로 모듈화된 신호와 구별되는 신호 웨이브형식을 갖는다는 점에 특징이 있다.

연방대법원은 피고 4의 특허무효소송을 2007년 4월 3일자 판결(X ZR 36/04, BeckRS 2007, 10348)로 기각하였다.

피고 4는 피고 6의 영업을 수행하는 피고 5가 무한책임사원으로 활동하고 있는 바, 유럽에서 한번 또는 반복기록이 가능한 광학데이터저장장치(CD-R과 CD-RW)를 판매하고 있다. 피고 4는 무엇보다 피고 7로부터 CR-R을 공급받고 있으며, 피고 3과 6은 피고 7의 무한책임사원의 대표들이고, 피고 8은 피고 7의 전신인 회사의 대표였다.

지방법원은 피고 3-8(이하 "피고"라 한다)에 대하여 원고의 동의 없이 거래에 유통된 CD-R과 CD-RW을 제조하거나 공급하거나 거래에 제공하거나 사용하거나 또는 정해진 목적으로 수입 또는 점유하는 것을 금지하였다. 나아가 지방법원은 피고에게 자료제출 및 결산서류의 제출을 명함과 동시에 피고가 점유하고 있는 CD-R과 CD-RW를 폐기목적으로 법원의 집행관(Gerichtsvollzieher)에게 제공하도록 판시하는 한편, 피고에게 손해배상의무를 인정하였다. 피고의 항소는 대부분 성과 없이 끝났다(칼스루에 고등법원, InstGE 8, 14 = GRUR-RR 2007, 177 – 오렌지북 표준).

원심(고등법원)은 이해의 편의를 위하여 피고 3, 7, 8에 대한 판시내용을 CD-R에 관련된 행위에 국한되도록 판결문을 정리하였다. 연방대법원의 합의부가 상고를 허락함에 따라 피고는 원고의 청구를 기각할 것을 계속해서 주장하고 있다.

원고는 금지청구 대신에 이 사건에 관한 본안소송이 종료되었다는 사실의 확인을 구하는 방식으로 상고에 이의를 제기하고 있다.

피고의 상고를 기각한다.

이 유

[8] 허가받은 상고를 기각한다.

[9] 원심이 법적인 하자 없이 인정한 바에 따르면, 피고 4가 판매하고 피고 7이 일부 취득한 쓰기 가능한 CD의 경우 본건 특허의 특허청구 1, 2의 모든 특징을 그대로 실현하는 (통상적인) 저장매체라는 점에서 피고 4-7은 문제된 행위를 통하여 특허법 제9조에 위반하여 본건 특허의 대상을 이용하였다.

[10] 원심이 설시한 바에 따르면 본건 특허는 광학적으로 읽고 쓸 수 있는 데이터 기억매체(Datenträger), 특히 쓰기가능한 콤팩트 디스크(CD)에 관한 것이다. 그러한 기억매체는 아무런 이용정보 없이 제조되고, 최종구매자가 적절한 레코더에서 레이저 광선을 통하여 데이터를 기록하게 된다. 이를 위하여 저장매체(Aufzeichnungsträger)는 빛에 민감한 층을 갖고 있는데, 이들 층의 반사성은 저발산 레이저 광선에 의해서 선택적으로 영향을 받게 된다. 데이터는 트랙 위에 레코드표지(Aufzeichnungsträger)로 기록되는데, 이때 트랙은 저장매체의 중심으로부터 회전하며 저장매체의 외부측면(Servospur, 서보 트랙) 방향으로 피트와 랜드(pits and lands), 즉 반사되는 영역과 반사되지 않는 영역이 연속을 이루는 방법으로 작동한다. 저장매체 위의 정보는 연속되는 데이터 비트가 EFM 모듈(8부터 14까지의 모듈, 자세한 내용은 BGH, GRUR 2005, 749 [750] - Aufzeichnungsträger 참조)을 통하여 일련의 채널 비트로 전환될 수 있는 방식으로 인코딩된다. 통상 알려진 데이터 기억장치의 경우에 서보 트랙은 정주파(konstante Frequenz)를 가진 트랙모듈을 나타내는데, 그로부터 기록 또는 스캐닝을 조절하기 위한 클록신호(Taktsignal)가 도출된다. 서보 트랙은 (이용정보의 기록에 쓰이는) 정보기록영역과 그 중간에 존재하는 싱크로나이즈영역으로 나누어진다. 싱크로영역에는 인접한 정보저장영역의 주소라는 형태로 위치관련정보(Positionsinformationen)가 포함되며, 그로부터 스캐닝의 방법으로 저장매체 중 읽혀지는 정보를 가져오게 된다. 이와 같은 방법으로 신속하고 정확하게 디스크의 특정 부분을 찾을 수 있게 된다.

[11] 정보저장영역이 싱크로 영역에 의해서 방해받는다는 것이 통상 알려진 저장매체의 단점은 특히 EFM 방식으로 인코딩된 정보의 경우에 특히 불편한 것으로서, 발명에 기초한 데이터 기억장치를 통해서 극복될 수 있는 바, 해당 발명의 특징들은 원심이 특허

관련 청구 2에 따라 구현된 형태를 참고하여 다음과 같이 세분하고 있다:

1. 광학적으로 읽고 쓸 수 있는 저장매체.

2. 저장매체는 광학적으로 탐색할 수 있는 레코드 표지로부터 정보의 패턴을 기록하기 위한 저장 층(Aufzeichnungsschicht)으로 이루어져 있다.

3. 저장매체에는 정보저장을 위해 정해진 영역에서 정보의 패턴과 구별되는 주기적인 트랙 모듈을 보여주는 서보 트랙(servo track)이 있다.

4. 트랙 모듈은 위치정보신호에 맞추어 조절된다.

5. 위치정보 신호는 서로 번갈아 이뤄지는 위치싱크로 신호와 위치코드 신호로 이루어진다.

6. 위치코드 신호는 주파수 변조 표지(biphase-mark)로 모듈화된 신호이다.

7. 위치싱크로 신호는 주파수 변조 표지(biphase-mark)로 모듈화된 신호와는 구분되는 시그널 형태를 갖고 있다.

[12] 그러한 데이터 기억장치는 주소정보가 트랙 모듈에 포함되는 장점이 있어, 정보저장영역을 방해할 수 있는 싱크로 영역이 전혀 필요하지 않게 된다.

[13] 원심이 추가로 인정한 바에 따르면 본건에서 문제된, 상업적으로 이용가능한 CD-R과 CR-RW는 위 특징 3에 따른 트랙모듈(Spurschwingung; 트랙 워블)을 보여준다. 이 같은 트랙 워블, 즉 회전운동은 위치정보신호에 맞도록 주파수로 조절된다(위 특징 4). 이를 위해서는 트랙 워블의 주파수가 위치정보신호의 현재 상태와 상관없이 변경될 필요가 있다. 모듈화될 정보는 76개의 채널 비트로 구성된 위치코드신호(Positionscodesignal)이고, 이것은 38개의 코드 비트로 이루어진 위치코드의 변조표지모듈을 통해서 형성된다. 본건 특허에서 언급된 평균적인 전문가라면 위치정보 신호를 모듈화하는데 사용되는 주파수 스캐닝(Frequenzumtastung)을 이해할 것인데, 스캐닝 과정에서는 본건 특허상 주파수 모듈로서 모듈화할 신호가 0 또는 1이라는 논리적인 상태를 나타내는지에 따라 단지 두 개의 상이한 주파수가 나타나는데(채널 비트가 1일 때에는 23.05 KHz, 채널 비트가 0일 때에는 21.05 KHz), 그 이유는 그러한 주파수 스캐닝은 특허청구서에 기재되어 있고 본건 특허 9번에 제시되어 있기 때문이다.

[14] 이와 같은 원심 판결에 대한 상고를 기각한다.

[15] a) 상고이유에서 피고는 원심이 피고가 판매한 쓰기 가능한 CD(CD-RW)가 정보패턴이 아니고 따라서 정보패턴과는 구별가능한 주기적인 트랙 모듈에 해당하지 않음을 보여주고 있기 때문에 피고에게는 기껏해야 간접적인 특허침해를 문제 삼을 수 있을 뿐이고, 정보패턴은 오히려 CD-R에 쓰여질 때 적용될 수 있다는 점을 간과하고 있다고 주장하고 있다. 나아가 문제된 제품의 경우 위 특징 4와 같은 주파수 모듈이 사용되지 않고 있다고 한다. 이것은 현재의 (위치코드라는 의미에서) 이진법적인 주소신호(Adresssignals)의 논

리가치가 트랙 워블의 현재 주파수로부터 어디에서나 도출될 수 있을 것을 요구하는바, 본건 특허는 종래 유럽의 등록특허 265 695의 대상과 실질적인 차이를 보이고 있다; 그런데 원심은 이러한 부인(disclaimer), 즉 특허대상으로부터 해당 기술이 제외된다는 점을 간과하였다는 것이다.

[16] b) 원심은 본건 특허를 적절하게 해석하였다. 연방대법원 민사10부가 특허무효소송에서 확인한 것(판결 - 3. 4. 2007. X ZR 36/04, BeckRS 2007, 10348, Rn. 21 ff.)에 부합하는 보호범위 안에 있는 기술이론(technische Lehre)에 대한 이해에 당원은 동의한다.

[17] 피고가 판매한 쓰기 가능한 CD의 경우 이용자가 CD에 기록을 한 경우에 비로소 본건 특허의 징표 3이 실현되는 것이라는 상고인의 주장은 이유 없다. 본건 특허는 일단 정보가 기록된 데이터 기억장치가 아니라 기록 가능한 데이터 기억장치, 즉 적합한 기록매체를 통하여 정보패턴이 쓰여지게 되는 서보트랙을 가진 데이터 기억장치를 보호하는 것이다. 정보패턴과 구별되는 주기적인 트랙모듈은 그 구조상 - 추후에 기록될- 정보패턴과 구별되는 것이다. 특허청구는 이 점을 명확하게 보여주고 있다. 특징 2에 따르면 기록매체에는 정보패턴을 가진 '기록 층'(Aufzeichnungsschicht)이 없으며 단지 정보패턴을 기록하기 위한 기록 층("intended for recording an information pattern")만이 있을 뿐이다. 그에 따라 서보트랙은 징표 3이 나타내고 있는 바와 같이 정보패턴의 기록을 위한 영역에서 트랙모듈을 함께 보여준다. 그 결과 트랙모듈은 기록 층 위에 CD를 기록함에 있어서 CD-레코더로 사용되는 방식에 따라 기록되는 정보패턴과는 구별되어야 한다. 원심은 문제된 제품의 경우에 위와 같은 사정이 있음을 아무런 법적 하자 없이 확인하였고, 상고인도 이를 다투지 않고 있다.

[18] 상고이유에서 피고는 트랙모듈의 경우에 주파수 모듈이 징표 4가 정하는 방법으로 사용되고 있다는 점에 의문을 제기하고 있으나, 이러한 주장은 받아들일 수 없다. 모듈화할 정보는 76개 채널비트로 구성된 위치코드신호일 수 있고, 이러한 위치정보시그널을 모듈화하는데 사용되는 주파수 스캐닝이 징표 4에서 말하는 주파수 모듈이라는 점은 연방대법원이 실질적으로 원심과 같은 취지에서 이미 무효소송에서 본건 특허의 기술서(Beschreibung)로부터 도출한 바 있다(BGH, BEckRS 2007, 10348, Rn. 26). 상고인은 이와 다른 판단을 정당화할 수 있는 아무런 근거를 제시하지 않고 있다. 상고인 주장의 핵심으로 제기된 부인(disclaimers)의 의미에 대해서는 의문이 없다; 특허청구나 기술서 어느 것도 그러한 주파수 스캐닝을 특허청구의 대상에서 제외하지 않고 있다; 기술서는 오히려 주파수 스캐닝을 명시적으로 보여주고 있다.

[19] II. 상고이유에서 피고는 원심이 피고에게 특허법 제139조 제1항에 따라 본건 특허의 침해에 따른 원고의 금지청구에 대하여 원고가 피고 4와 7에 대하여 본건 특허를

라이선스할 의무를 진다는 항변으로 대항하는 것을 거절하였다는 점을 다투고 있으나, 결론적으로 이러한 주장은 받아들일 수 없다.

[20] 1. 원심이 인정한 바에 따르면 원고는 경쟁제한방지법 제20조 제1항이 정한 차별취급의 금지에 위반하지 않았다. 다만 원고가 제출한 자료에 따르면 통상 거래에 제공되는 CD-R과 CD-RW를 생산하는 자라면 누구나 그러한 데이터 기억장치에 적용되는, 이른바 오렌지 북에 열거된 명세(Spezifikationen)에 따른 표준을 준수하여야 하고, 그 결과 반드시 본건 특허를 이용하게 되기 때문에, 원고는 동법의 수범자에 해당된다; 따라서 본건 특허에 대한 라이선스 교부(Lizenzvergabe)는 실제로 원고가 유일한 공급자로서 지배하고 있는 하나의 고유한 시장을 형성한다. 또한 라이선스 교부는 동종의 사업자들이 통상적으로 접근할 수 있는 거래관계를 나타내는 바, 원고가 이미 여러 차례 라이선스를 교부한바 있기 때문이다. 그러나 원고는 동종의 다른 사업자에 비하여 피고를 불평등하게, 즉 차별적으로 취급하지 않고 있다. 피고는 자신이 적절한 수준이라고 판단했던 이른바 순수한 판매가격(Nettoverkaufspreis)의 3%로 라이선스료 지불을 규정한 라이선스계약을 원고와 체결한 실시자(Lizenznehmer)가 없거나 없었다는 주장을 하지 않았다. 오히려 피고는 포괄적으로 원고가 자신이 체결한 라이선스계약의 이행을 충분히 통제하지 않고, 자신의 청구권을 행사하지 않고 있으며, 단지 사후보상(Rückvergütungen)을 받고, 라이선스상 의무로 정해진 것보다 적게 생산량 및 공급량을 과소신고하는 행위(underreporting)를 수인함으로써, 결국 판매된 공 CD 1개당 합의한 최소 라이선스료조차 결국 지불되지 않고 있다는 사실을 주장하고 있다. 그러나 원심은 피고의 주장으로부터 그와 다른 조건으로 이미 체결된 라이선스계약을 사실상 상호 합의하에 순수 판매가격의 3%만 원고에게 지불되는 식으로 처리하게 되었다는 사실을 추론할 수 없다고 보았다.

[21] 2. 원심의 이와 같은 판결에 대한 피고의 문제제기에 대해서는 달리 설명할 필요가 없는 바, 피고가 이미 다른 이유로 본건 특허에 대한 원고의 라이선스 허락의무를 주장할 수 없기 때문이다.

[22] a) 반면, 특허침해소송을 제기당한 피고는 원칙적으로 원고가 특허라이선스계약의 체결을 거절하는 방법으로 부당하게 동종의 사업자가 통상 접근할 수 있는 거래관계에서 자신을 방해하였다거나 다른 사업자에 대해서 자신을 차별취급하였고, 이로써 원고가 자신의 시장지배적 지위를 남용하였다는 항변을 통하여 특허권자의 금지청구에 대항할 수 있다.

[23] aa) "Standard-Spundfass" 판결(BGHZ 160, 67, 81 ff. = GRUR 2004, 966 = NJW-RR 2005, 269)에서 연방대법원은 유럽공동체조약 제82조와 결부하여 경쟁제한방지법 제33조 제1항이나 동법 제19조, 제20조에 따른 청구가 특허법 제129조 제1항에 따른 금지청구에 대항할 수 있는지 여부에 대해서는 명확한 입장을 밝히지 않았다. 하급심 판

결이나 학설에서도 이 문제는 계속 다투어지고 있다.

[24] '카르텔법상 강제라이선스의 항변'이 허용되는 한도에서(이에 찬성하는 견해로는 뒤셀도르프 지방법원 WuW/E DE-R 2120, 2121; Heinemann, ZWeR, 2005, S. 198, 200 ff.; Kühnenm in: Tilmann 기념논문집, 513면, 523면; Schulte/Kühnen, PaG(제8판), §24, Rn. 66 이하; Meinberg, Zwangslizenzen im Patent- und Urheberrecht als Instrument der Kartellrechtlichen Missbrauchsaufsicht im deutschen und europäischen Recht, 2006, 196면; Benkard/Scharen, PaG(제10판), §9, Rn. 73; Wirtz/Holzhäuser, WRP, 2004, 683, 693면 이하.), 그러한 항변은 라이선스를 구하는 자(Lizenzsucher)가 특허권자의 동의 없이 해당 특허를 위법하게 이용하는 경우에도 특허권자가 금지청구를 할 수 없는데, 이는 금지청구를 통하여 곧바로 (라이선스 교부의 형태로) 다시 허락하여야 할 것을 금지시켜 줄 것을 요구하는 것이기 때문에(dolo petit, qui petit quod statim redditurus est) 이른바 신의성실의 원칙(민법 제242조)에 반하여 위법하다는 고려를 기초로 하고 있다.

[25] 반대견해(뒤셀도르프 고등법원, InstGE 2, 168 Rn. 27; 드레스덴 고등법원, GRUR, 2003, 601, 603 면 이하 = NJW-RR 2003, 1128 "체약강제"; Jaecks/Dörmer, in: Säcker 기념논문집, 97면, 106면 이하; Maaßen, Normung, Standardisierung und Immaterialgüterrechte, 2006, 257면 이하; Graf von Merveldt, WuW, 2004, 19면; Rombach, in: Günter Hirsch 기념논문집, 311, 321면 이하)에 따르면, 강제라이선스의 항변은 특허침해소송에서 허용되지 말아야 하는데, 민법 제229조에 따른 자력구제법(Selbsthilferecht)의 요건이 충족되지 않고, 특허법 제24조의 경우와 마찬가지로 라이선스의 교부는 장래에 대해서만 효력을 발휘하기 때문이다; 라이선스를 구하는 자가 자신의 라이선스 청구권을 소나 반소의 방법으로 주장하지 않는 한, 그 자는 침해행위를 중지할 의무를 지는 것이다. 나아가 지적재산권의 통상관련 측면에 관한 협정(TRIPs 협정) 제31조는 강제라이선스의 부여를 위하여 고권적 행위를 요구하고 있다.

[26] bb) 원칙적으로 첫 번째 견해에 동의한다.

[27] 시장지배적 사업자가 자신에게 요청된 특허라이선스계약의 체결을 거절함으로써 동종의 다른 사업자가 통상 접근할 수 있는 사업거래에 있어서 라이선스를 구하는 사업자를 차별하거나 부당하게 방해하는 경우에 특허법상 금지청구를 하는 행위 또한 시장지배적 지위남용에 해당한다. 왜냐하면 시장지배적 사업자는 그러한 라이선스 거절을 통하여 다른 사업자에게 라이선스계약의 체결을 통하여 개방할 의무가 있는 시장진입을 방해하는 것이기 때문이다. 따라서 금지청구권을 행사하는 것은 향후 그러한 금지청구를 소멸시키게 될 라이선스계약의 체결거부와 마찬가지로 금지된다.(역자 주: 라이선스계약의 체결 거부가 경쟁법 위반으로 금지될 경우 특허권에 기한 금지청구권도 결국 강제라이선스

에 의해서 그 근거가 사라진다는 점에서 어느 것이나 허용될 수 없다는 취지이다.) 그럼에도 불구하고 카르텔법상 금지되는 행위를 법원이 명할 수는 없는 것이다.

[28] TRIPS 협정 제31조로부터 그와 다른 결론이 도출되지도 않는다. 왜냐하면 동 조항은 원칙적으로 특허대상의 이용허가 여부를 개별 사례의 상황에 따라 심사하게 되는 한도에서 특허권자의 동의 없이 특허대상의 이용권 승인을 허용하고 있기 때문이다. 특허대상을 이용하고자 하는 자가 사전에 라이선스를 받고자 노력하였으나 적정한 통상의 조건으로 특허권자의 동의를 얻는 데에 실패하였어야 한다는 또 다른 요건(제31조 b호)은 사법절차나 행정절차에서 확인된 경쟁제한행위를 중지시키기 위하여 그러한 이용이 허락되는 경우(역자 주: 라이선스거절이 경쟁법에 반하는 행위인 경우 이를 중지시키기 위해서 강제라이선스가 인정되는 경우를 말함)에는 제31조 k호에 따라 회원국에 대해서 구속력이 없다. 더구나 본건 특허를 침해한 자가 해당 특허기술을 이용하기 전에 차별없는 조건으로 라이선스를 받기 위해 노력하였다면, 그러한 요건은 충족된다. 원고가 Rombach(in: Günter Hirsch 기념논문집, 311, 312면)의 주장에 근거하여 동 협정 제31조 a호, i호로부터 상고이유를 도출하고자 하는 것과 마찬가지로, 동 협정이 회원국들에게 카르텔법상 정당한 이용권이 고권적 행위를 통해서 부여될 것을 요건으로 하는지 여부는 중요하지 않은데, 어떤 경우에나 발명의 이용자에게 라이선스 허락을 구할 수 있는 청구권을 인정할 것인지, 어떤 요건하에 인정할 것인지에 관하여 구속력 있는 결정이 내려지기 위해서는 특허침해절차에서 법원의 심사만으로 족하기 때문이다.

[29] b) 자신의 특허에 기초하여 금지청구를 행사하는 특허권자는 피고에게 본건 특허에 대한 라이선스 허락을 구할 청구권이 인정되는지 여부와 무관하게, 다음 두 가지 요건이 갖추어진 경우에만 자신의 시장지배적 지위를 남용하여 신의칙에 반하여(treuwidrig) 행위한 것이 된다: 첫째, 라이선스를 구하는 자가 특허권자에게 라이선스계약의 체결에 대한 조건 없는 청약을 하였어야 하고, 특허권자는 라이선스를 구하는 자를 부당하게 방해하거나 차별금지에 반하지 않고는 그러한 청약을 거절할 수 없는 것이어야 하며, 라이선스를 구하는 자로서는 스스로 자신의 청약에 구속되어 이를 준수하여야 한다. 둘째, 특허권자가 청약을 수락하기 전에 이미 해당 특허대상을 이용한 경우에 라이선스를 구하는 자가 향후 체결할 라이선스계약에 따라 실시대상인 기술발명의 이용에 수반되는 의무를 준수하여야 한다. 이는 특히 라이선스를 구하는 자가 동 계약에 따른 실시료를 지불하거나 지불을 담보하여야 함을 의미한다.

[30] aa) 특허권자가 당해 실시자를 다른 동종의 사업자에 비하여 정당한 사유 없이 차별적으로 취급하거나 부당하게 방해하지 않고는 거절할 수 없는 계약조건으로 승낙할 수 있는 청약을 라이선스를 구하는 자가 하였어야 한다는 요건은 일반적으로 승인되어 있다. 시장지배적 특허권자 역시 발명의 이용을 허락하여야 할 의무를 지지는 않는다; 그

러한 사업자가 방해나 차별없는 조건으로 계약체결을 구하는 청약을 거절하는 경우에만 시장지배적 지위를 남용한 것이 된다. 시장지배적 특허권자라도 라이선스계약을 그러한 조건으로 체결할 의사가 없는 사업자가 자신의 특허를 이용하는 행위를 수인하여야 하는 것은 아니다.

[31] 본 사건에서는 그러한 라이선스 청약에 구체적으로 어떤 조건이 포함되어야 하는지에 관하여 상세하게 설명할 필요가 없다. 라이선스를 구하는 자가 통상의 조건으로 청약을 하였으나 특허권자가 자신의 카르텔법상 의무와 부합하는 범위에서 다른 조건을 제시하는 경우에만 개별 계약조건을 수락하지 않아도 무방하다는 점을 주장하여 특허권자는 당해 청약을 거절할 수 있다.

[32] 전술한 바로부터 실시권자가 조건부로 라이선스 청약을 하는 경우, 이를테면 법원이 문제된 실시방법을 통하여 본건 특허의 침해가 있었음을 인정하는 경우에 한해서 계약체결을 청약하는 경우에는 시장지배적 지위의 남용이 인정될 수 없다는 결론이 도출된다. 특허권자로서는 그러한 (조건부) 라이선스청약에 대해서 신경쓸 필요가 없다; 따라서 이와 같은 경우 특허권자의 금지청구에 강제라이선스항변으로 대항할 수 없는 것이다.

[33] bb) 그러나 곧바로 승낙할 수 있는 상태에 있는(annahmefähig), 조건 없는 라이선스계약의 청약만으로 특허권자의 금지청구에 대하여 '강제라이선스의 항변'을 관철하기엔 충분하지 않다. 모든 라이선스의 교부는 원칙적으로 미래에 향해서만 효력을 갖는다(Rombach, in: Günter Hirsch 기념논문집, 311, 322면). 라이선스를 구하는 자에게 실시권이 부여되는 경우에만 비로소 실시권자는 라이선스계약의 대상을 이용할 수 있는 권리를 갖는다; 동시에 특허대상을 이용할 때마다 (이용과 무관한 반대급부가 합의되지 않은 경우에 한하여) 특허권자에게는 계약상의 반대급부, 본건과 같이 전형적으로 판매량이나 매출액을 기준으로 한 실시료를 청구할 권리가 발생한다. 자신에게 라이선스가 부여될 것이라는 기대하에 본건 특허를 이용하기 시작한 자는 자신의 계약상 권리뿐만 아니라 계약상 의무 역시 기대하여야 한다. 라이선스를 구하는 자는 특허권자에게 거절할 수 없는 청약을 하고 나아가 특허권자가 자신의 청약을 이미 승낙한 것처럼 행위하는 경우에만 dolo-peiti 항변으로 금지청구에 대항할 수 있는 것이다. 이러한 경우에 라이선스를 구하는 자는 특허의 대상을 이용할 권리를 가질 뿐만 아니라 통상적으로 그 이용에 대하여 정산을 하고 특허권자에게 그에 따른 실시료를 지불할 의무를 함께 지게 된다. 다른 한편으로 특허권자가 실시권자의 이용권을 주장하면서도 실시권자(Lizenznehmer)가 차별이나 방해 없는 라이선스계약에 따라 지급하여야 할 의무가 있는 반대급부를 지불하지 않는 자에 대하여 특허에 기한 청구권을 행사하는 경우에 특허권자는 남용을 하거나 신의칙에 반하여 행위한 것이 아니다.

[34] 일찍이 연방대법원으로 하여금 저작권법상 금지청구에 대해서는 (침해자의) 라이

선스 청구권을 근거로 부당한 권리행사의 항변으로 대항할 수 없다고 판시하게 한 사정도 함께 고려한다. 연방대법원이 이와 같이 판시한 이유는 무엇보다 이 경우에는 저작권법상의 강제라이선스보다 저작권자에게 더욱 불리한 이른바 법률에 의한 라이선스를 가져올 것이라는 우려에서 찾을 수 있다. 왜냐하면 후자의 경우 저작권자는 자신이 받아야 할 보상(금)의 지불 여하에 따라 라이선스 여부를 결정할 수 없고, 그 대신 당해 작품이 이미 이용된 후에 그에 따른 보상청구권만을 행사하여야 하기 때문이다(BGHZ 148, 221, 231 이하 = GRUR 2002, 248 = NJW 2002, 896 "SPIEGEL-CD-ROM", 마찬가지로 Jaecks/Dörmer, in: Säcker 기념논문집, 97, 108면 이하).

[35] 라이선스를 구하는 자의 '계약에 충실한'(vertragstreu) 행위의무, 즉 라이선스를 구하는 자로서도 자신의 조건없는 청약의 내용을 신의칙에 따라 준수하여야 할 의무를 진다는 점에 대하여는 라이선스에 따른 반대급부(실시료)가 제공되지 않은 것이 계약체결을 거부한 특허권자만의 책임이라는 주장으로 항변할 수 없다(Kühnen, in: Tilmann 기념논문집, 513, 523면. 그러나 그는 이용자가 급부제공의 의사뿐만 아니라 지불능력이 있어야 한다는 점을 아울러 주장하고 있다). 우선 침해의 비난에 대하여 침해 자체가 인정되지 않아서 완전히 청구가 기각되는 결과가 되도록 방어하는 것이 라이선스를 구하는 자에게 어려운 것과 마찬가지로 특허권자가 무엇보다 특허에 기한 금지청구를 행사하였는데 침해가 인정되고 법원이 시장지배적 지위나 남용을 부인함으로써 청구를 인정받는 것도 어려울 수 있다. 그러나 단지 특허권자가 자신에게 그러한 권리가 있다고 믿고 제안된 라이센스계약을 거절하였다는 사실만으로 라이선스를 구하는 자가 결과적으로 계약상의 급부와 반대급부 사이의 상반관계에 주의를 기울이지 않아도 되도록 함으로써 (정상적인) 실시권자(Lizenznehmer) 보다 라이선스를 구하는 자를 특별히 우대하는 것은 부당하다. 특허권자가 의무적인 라이선스를 허락한 것처럼 행위하여야 하는 것과 마찬가지로, 라이선스를 구하는 자 또한 자신에게 라이선스가 허락된 것처럼 행위하여야 하는 것이다.

[36] 이것은 한편으로 라이선스를 구하는 자가 차별 없는 계약조건으로 자신의 이용행위의 범위를 예측하여야 한다는 점, 그리고 다른 한편으로 그가 정산에 따른 지불의무를 이행하여야 한다는 점을 의미한다. 그러나 이때 라이선스를 구하는 자가 반드시 특허권자에게 지불하여야 하는 것은 아니며, 민법 제372조 1문에 따라 반환청구권을 포기한 상태에서 실시료를 공탁할 수도 있다. 왜냐하면 특허권자가 라이선스계약의 체결을 거절하는 행위는 특허권자가 제공된 금전을 수령할 의사가 없든(민법 제293조) 또는 금전을 지불받을 의사는 있으나 라이선스 제공이라는 반대급부를 제공할 의사가 없든(민법 제298조) 그에 상관없이 채권자지체에 관한 조항의 준용을 정당화하기 때문이다. 이와 함께 사안에 따라 침해의 부존재로 소가 기각되는 경우에 대비하여 라이선스를 구하는 자가 이미 지불한 실시료의 반환을 구할 청구권을 보장받을 이익을 고려한 결과이다.

[37] c) 그 액수와 관련하여 실시료 및 라이선스를 구하는 자의 급부의무는 카르텔법상 문제의 소지가 없는 계약에서 상정할 수 있는 금액에 한정된다.

[38] 라이선스를 구하는 자가 위 금액을 산정하는 것이 쉽지 않다는 사실이 그에게 부당하게 부담을 주는 것은 아닌데, 라이선스 청구의 요건과 관련하여 원칙적으로 라이선스를 구하는 자가 주장 및 입증책임을 지기 때문이다.

[39] 그러나 라이선스를 구하는 자가 특허권자의 실시료청구를 남용에 따른 과다한 것이라고 판단하거나, 특허권자가 본건 특허의 라이선스를 어떤 경우든 거절할 권리가 있는 것으로 판단함으로써 실시료를 제시하기를 거절한 경우에, 라이선스를 구하는 자에게는 그 대가와 관련하여 일정한 실시료율이 아니라 특허권자가 정당한 재량에 따라 정한 실시료에 따라 라이선스계약을 체결할 것을 청약할 권리가 부여되어야 한다. 그렇지 않고 라이선스를 구하는 자가 스스로 적절하다고 판단한 금액보다 높은 금액을 공탁한 것은 당초 그와 같은 적절한 금액 수준으로 라이선스 청약이 이루어지지 않는 한 그에게 불리한 판결을 막을 수 없을 것이다. ‘안전을 위하여’(sicherheitshalber) 높은 금액으로 이루어진 청약은 특허권자에게 이러한 청약을 승낙함으로써 경우에 따라서는 보다 높은 실시료를 보장받을 수 있는 가능성을 제공하게 된다. 이것은 단지 부당할 뿐만 아니라, 방해나 차별 없는 실시료의 정확한 수준을 산정하는 과제와 더불어 회피가능한 범위에서 특허침해소송에 부담을 주게 된다. 왜냐하면 라이선스를 구하는 자에게 (추후) 특허권자가 과다한 수준으로 실시료를 정한 것이 부당하다는 – 원칙적으로 라이선스를 구하는 자가 주장 및 입증책임을 지는 – 항변을 차단하지 않으면, 라이선스를 구하는 자로서는 오히려 자신이 보기에 카르텔법상 적절한 금액을 넘는 과다한 금액을 공탁할 의사가 있을 것이기 때문이다. 다른 한편으로 특허권자는 실시료를 결정함에 있어서 완전히 자유롭다; 그의 결정은 카르텔법상의 한계를 위반하거나 실시권자를 부당하게 방해하거나 다른 실시권자에 비하여 차별을 하는 경우에만 부당하다.

[40] 저작권대리행사법(Urheberrechtswahrnehmungsgesetz; WahrnG) 제11조 제2항의 규정에 따라 지불해야 할 금액이 아직 확정되지 않았다는 점은 실시료의 공탁에 중요하지 않다. 즉, 이 경우에 그 금액은 민법 제315조에 따라 급부의 특정(Leistungsbestimmung)에 좌우된다. 충분한 금액이 공탁된 경우에 법원은 언제나 ‘강제라이선스 항변’의 그밖의 요건이 존재하는 한 특허권자에게 라이선스계약의 청약을 승낙하고 정당한 재량에 따라 실시료를 산정할 의무를 부과하는 데에 만족할 수 있다.

[41] d) 그에 따라 원심은 원고가 3%의 실시료로 라이선스 계약을 체결할 것을 거절함으로써 시장지배적 지위를 남용하였다는 피고의 항변을 받아들이지 않았고, 이 점은 정당하다. 왜냐하면 원심은 – 피고의 계약청약에 포함된 그밖의 내용에 대해서도 아무런 자세한 확인을 하지 않은 점을 제외하고는 – 피고가 자신의 의사에 따라 부담해야 할 실시

료를 산정하여 그 금액을 공탁하였다는 사실을 인정하지 않았기 때문이다.

[42] III. 그에 따라 피고에게 일정한 금전의 지불을 명하고 손해배상의무를 확인하는 판단 부분 역시 정당하다.

[43] 1. 원심은 이에 관하여 다음과 같이 판시하였다: 피고의 손해배상의무의 확인을 구하는 원고의 청구에 대하여 피고는 권리남용의 항변으로 대항할 수 없다. 왜냐하면 피고는 비록 원고에게 라이선스 교부를 청구할 권리를 갖는 경우에도 손해배상의무가 있는 것처럼 행위하여야 하기 때문이다. 이러한 청구권이 있다고 해도 피고가 원고의 양해 없이 그의 보호권(Schutzrecht)을 이용하였고 그에 따라 위법하게 행위하였다는 점에는 아무런 변화가 없다. 피고는 무상의 라이선스를 청구하지 않고 3%의 실시료 지불을 대가로 라이선스의 교부를 구하였기 때문에, 원고에게는 피고와 그에 따른 라이선스계약을 체결하였을 경우에 청구할 수 있었을 금액만큼 손해가 발생하는 것이다. 피고가 다툼의 여지 없이 CD-R을 제조 및 판매하였기 때문에 피고가 제출한 자료를 기초로 원고에게 최소한의 피해가 발생하였다는 사실을 인정할 수 있다. 이것으로 원고의 확인청구를 유지하기에 충분하다.

[44] 이와 같은 당원의 근거가 모든 쟁점에서 유지될 것인지는 중요하지 않다. 왜냐하면 원고가 II 2에서 진술한 바에 따라 집행가능한 금지청구권을 가지기 때문에, 원심이 아무런 법적 하자 없이 그의 유책한 행위를 인정한 바 있는 피고로서는 특허법 제139조 제2항에 따라 원고에게 피고가 특허법 제9조에 반하여 특허받은 기술을 이용함으로써 발생한 손해를 배상할 의무를 지게 되기 때문이다.

[45] IV. 위와 같은 판단은 원심이 마찬가지로 인정한 청구, 즉 특허법 제140조a 제1항에 따라 위법하게 제조된 데이터 기억매체의 폐기를 구하는 청구에도 적용된다.

참고문헌

위 판결에 관한 평석으로는 Jestaedt, GRUR - Instruktive zur Frage der Renaissance der Zqangslizenzen im Urheberrecht; Hilty, GRUR, 2009, S. 633 - Zum kartellrechtlichen Zwangslizenzeneinwand gegenüber einem Patentpool 참조. 아직 확정되지 않은 판결로는 뒤셀도르프 지방법원의 판결, BecksRS 2008, 24140 = GRUR-RR 2009, 119 “MPEG2-Standard-Lizenzvertrag” 참조.

Ⅷ. 그밖의 금지행위

1. 단체가입의 거부

(1) 의 의

사업자단체 내지 업종단체(Wirtschafts- und Berufsvereinigungen)에 회원으로 가입한다는 것은 사업자에게 경우에 따라서 사업활동의 수행에 결정적으로 중요한 의미를 가질 수 있다. 따라서 제국법원 시절부터 판례는 일찍이 민법 제826조(양속에 반하는 불법행위)에 근거하여 어떤 단체가 법률상 또는 사실상 독점적 지위를 갖고 가입이 거부된 자가 자신의 직업 또는 경제활동을 수행하기 어려울 정도의 손해를 입을 우려가 있는 경우에 사업자에 국한하지 않고 보다 일반적으로 해당 단체에 대한 가입청구권(Anspruch auf Aufnahme)을 인정하여 왔다.[184]

이러한 맥락에서 경쟁제한방지법 제20조 제5항은 정당한 이유 없이 차별취급에 해당하고 경쟁관계에 있는 사업자에게 부당하게 불이익을 야기할 우려가 있는 경우에 사업자단체, 업종단체 또는 품질표시조합(Gütezeichengemeinschaft)는 당해 사업자의 회원가입을 거절해서는 안 된다고 규정하고 있다. 동항은 비록 연방카르텔청의 실무에서는 별다른 역할을 하지 못하고 있으나, 오히려 회원가입을 원하는 사업자가 민사상 동법 제33조에 근거한 가입청구권을 행사할 수 있다는 데에 의미가 있다.

(2) 금지요건

먼저, 경쟁제한방지법 제20조 제5항은 사업자단체, 직업단체 또는 품질표시조합을 수범자로 명정하고 있는바, 이러한 단체에 해당하기 위해서는 회원들의 사업활동이나 직업활동에 있어서 공동의 이익을 추구하고 대외적으로 회원을 대표하는 등 포괄적인 지원활동(umfassende Förderung)을 하고 있어야 한다. 따라서 콜택시조합(Funktaxizentralen)과 같이 공동으로 광고 또는 판촉활동을 수행하는 등 특정한 사업목적만을 추구하는 단체는 동조의 단체에 해당하지 않는다.[185] 그밖에 가입의무가 고권적으로 규율되고 있는

184) RGZ 60, 94 "Feingoldschlägervereinigung"; BGH WuW 1979, 777 = WuW/E BGH 1625 "Anwaltsverein".

185) OLG Düsseldorf WuW 1965, 137 = WuW/E OLG 685 "Funktaxibesitzerverein"; BGH WuW 1980 = WuW/E BGH 1707, 1708 "Taxi-Besitzervereingung".

공법상의 경제단체, 이를테면 상공회의소(Industrie- und Handelskammer)나 수공업자단체(Handwerkskammer) 등에 대해서도 동항이 적용될 여지는 없을 것이다.

가입거부는 관련 사업자에 대하여 두 가지 요건을 충족하여야 한다. 첫째, 가입거부는 객관적으로 정당화할 수 없는 차별취급에 해당하여야 한다. 이러한 요건은 동법 제19조 제2항 1호가 규정하는 차별금지와 유사하나, 가입거부의 경우에 법적용이 보다 확실한 측면이 있다. 통상 단체의 정관에 가입요건이 명확하게 규정되어 있기 때문이다. 물론 경우에 따라서는 정관에 규정된 거부사유가 객관적으로 정당한지를 살펴볼 필요가 있을 것이다.[186] 둘째, 가입거부는 경쟁관계에 있는 사업자를 부당하게 방해하거나 불이익을 주는 것이어야 한다.

2. 보이코트의 금지

(1) 의 의

보이코트(Boykott)는 전형적인 방해경쟁의 유형에 해당하고, 따라서 일찍이 부정경쟁방지법 제3조에 따라 금지되어 있다. 비록 입법자가 경쟁제한방지법에 보이코트의 금지를 규정하는 것이 유용하다고 판단하기는 하였으나, 제2차 및 제4차 법개정으로 요건이 확대된 이후에도 실무상 보이코트는 여전히 부정경쟁행위의 영역에서 다루어졌다. 다수설은 경쟁제한방지법 제21조 제1항이 보이코트를 금지할 실익에 대해서 회의적이다.[187]

(2) 금지요건

동법 제21조 제1항이 규정하는 보이코트는 기본적으로 3자간의 관계에서 발생한다. 즉, 사업자 또는 사업자단체(행위자)가 다른 사업자 또는 사업자단체(상대방)에게 특정 사업자(보이코트를 당하는 자)와의 관계에서 공급 또는 구매를 봉쇄하도록 요구해서는 안 되며, 이때 행위자에게는 특정 사업자를 부당하게 방해하려는 의도가 있어야 한다.

보이코트는 특정 사업자에 대한 것이면 족하고, 굳이 행위자와 경쟁관계에 있는 사업자일 필요는 없다. 보이코트의 내용은 공급 또는 구매의 봉쇄이며, 이때 봉쇄란 통상의 영업거래에서 전부 또는 일부 배제되는 것을 말한다.[188]

한편, 보이코트의 금지를 제약하는 실무상 가장 중요한 요건이 바로 경쟁과 관련되어

186) BGH WuW 1980, 827 = WuW/E BGH 1725 "Deutscher Landseer Club"; BGHZ 142, 304 ff. "Fußballverband".
187) Rittner/Dreher/Kulka, Wettbewerbs- und Kartellrecht, 8. Aufl., 2014, §11, Rn. 1256.
188) BGH WuW 1968, 377 = WuW/E BGH 893 "Hörgeräte".

있는 주관적 의도(subjektive Absicht) 부분이다. 즉, 행위자에게 특정한 경쟁사업자를 부당하게 방해하려는 의도가 있어야 하는 것이다. 그런데 무릇 모든 봉쇄란 상대방을 방해하는 것이고 그러한 의도는 개별 사례에서 무엇보다 입증의 문제이기 때문에, 실무에서는 대체로 의도된 방해가 부당한지를 평가하는 데에 초점을 맞추고 있다.

보이코트란 그 자체가 부정적인 행위로 평가되는 것이 아니라 의도된 방해가 추가적인 부정적 가치판단을 받는 경우에만 비로소 금지되는 것이다. 이때, 보이코트의 부당성을 판단하는 작업은 바로 행위자와 보이코트를 당하는 자의 이익을 후자에게 부적절하고 기대할 수 없는 불이익을 가하는지 또는 경쟁의 자유를 침해하는지의 관점에서 비교형량하는 것이다.[189)]

3. 교사행위의 금지

사업자나 사업자단체는 경쟁제한방지법에 따라서 또는 유럽기능조약 제101조 또는 제102조에 따라서 유럽집행위원회나 독일의 경쟁당국이 내린 처분에 따라서 계약상 구속의 대상으로 삼을 수 없는 행위를 하게 하기 위해서 다른 사업자에게 불이익을 가하거나 불이익을 가할 것으로 위협하거나 이익을 제공하거나 제공할 것을 약속해서는 안 된다(GWB 제21조 제2항). 이를 흔히 부당한 교사행위(unerlaubte Veranlassung)라 하며, 그 수단은 결국 위협(Drohung)이나 유인(Lockung)이다.

경쟁제한방지법 제21조 제2항이 금지하는 행위는 카르텔과 유사한 행위를 강제하는 점에서 동법 제1조가 금지하는 동조적 행위와 일견 유사하다. 그밖에 위협이나 유인을 통하여 위법한 수직적 가격구속이나 판매구속을 실행하는 행위도 동항에 위반될 수 있다.[190)]

4. 강요행위 등의 금지

전술한 교사행위와 달리 경쟁제한방지법 제21조 제2항은 동법이 금지하지 않는, 다시 말해서 동법상 허용되는 행위를 강제하는 것을 금지하고 있다. 즉, 사업자나 사업자단체는 다른 사업자로 하여금 법 제2조, 제3조 또는 제28조의 합의나 결의에 참가하도록 강요하거나, 다른 사업자와 법 제37조의 기업결합을 하도록 강요하거나 또는 경쟁을 제한

---

189) Markert, in: Immenga/Mestmäcker, Kommentar zum Kartellgesetz, 2007, §21, Rn. 37 ff.

190) BGH WuW 1966, 80 = WuW/E BGH 690 “Brotkrieg II”; BGH WuW 1981, 208 = WuW/E BGH 1736 “markt-intern”.

할 의도로 시장에서 병행행위를 하도록 강요해서는 안 된다. 이를 흔히 부당한 강요행위(unerlaubter Zwang)라 한다.

강요행위의 금지는 위의 세 가지 차원에서 사업자에게 비록 허용되어 있으나 다분히 경쟁제한적인 행위에 참여하지 않을 자유를 보장하기 위한 것으로 이해되고 있다. 이때, 강요란 물리적 강제 외에 특히 위협을 통하여 상대방의 의사를 굴복시키는 모든 형태를 포함한다(Willensbeugung).[191]

IX. 특정산업에 대한 남용규제

1. 식료품소매업에서의 약탈가격 금지

종래 경쟁제한방지법은 우월적인 지위에 있는 사업자, 즉 중소의 경쟁사업자에 비하여 우월한 시장지배력을 가진 사업자의 약탈가격을 금지하면서, 계속해서 원가 이하로 판매하는 행위를 금지하고 있었다. 그런데 2007년의 개정법은 제20조 제3항 중 식료품소매업에 적용되는 1호에서 대규모유통업자의 약탈가격행위를 보다 효과적으로 규제하기 위하여 종래의 '계속해서'(nicht nur gelegentlich)라는 요건을 삭제하였다. 그 결과 식료품판매업자는 다른 분야의 판매업자보다 더욱 엄격한 약탈가격규제를 받게 되었는데, 동 개정의 목적은 식료품소매업시장에서 발생하는 파괴적 경쟁(ruinous competition)과 그로 인하여 식료품의 품질에 미칠 수 있는 부정적 효과로부터 식료품소매시장을 보호하려는 것이었다.

그에 따라 중소의 경쟁사업자에 대하여 우월적 지위에 있는 식료품판매업자는 비록 일회성일지라도 식료품을 구입원가(Einstandspreis) 이하로 판매하는 것이 금지되고, 그 밖의 상품이나 용역의 경우에는 이를 '계속하여' 구입원가 이하로 판매해서는 안 된다(GWB 제20조 제3항 2호). 이와 같은 일종의 염매행위는 경쟁관계에 있는 다른 중소 판매업자의 사업활동을 방해할 우려가 있기 때문에 금지되는 것이며, 무엇보다 대규모유통업자의 저가전략으로부터 중소 판매업자를 보호한다는 취지가 강조되고 있다.[192]

이때, 우월적 사업자는 구입원가 이하의 판매행위에 대하여 정당한 사유를 주장할 수 있으나, 식료품 판매업자의 경우에 한하여 2007년 법개정으로 그 사유가 대폭 제한되었

191) BGH WuW 1981, 212, 217 = WuW/E BGH 1740, 1745 "Rote Liste".

192) 동항을 중소사업자에 대한 방해행위(Mittelstandsbehinderung)로 이해하는 것도 이러한 맥락에서 이해할 수 있다. Kling/Thomas, Kartellrecht, 2007, S. 654.

다. 즉, 종전에는 경제적 필요에 따른 상황이나 신제품의 출시가 객관적 사유로 주장될 수 있었으나, 개정 후에는 상품이 변질되거나 판매가 불가능해질 우려가 있어 적시에 판매할 필요가 있거나 그에 상응하는 필요가 있는 경우에만 예외적으로 원가 이하의 판매가 가능하도록 하였다(GWB 제20조 제3항 4문). 다만, 식료품이 공공시설에서 본래의 업무수행을 위하여 판매되는 경우에는 염매를 통한 부당한 방해가 성립하지 않는다(GWB 제20조 제3항 5문).

동 조항의 실효성에 대해서는 여전히 논란이 있으나, 2013년 제8차 개정법은 식료품 소매업에 대한 강력한 규제가 여전히 필요하다고 판단하여 동 조항의 효력을 그대로 내용상의 수정 없이 5년간 연장하였다.

사 례 **Wal-Mart 판결: 구입원가 이하로 판매하는 행위의 정당화사유**
– 2001년 12월 19일 뒤셀도르프 고등법원, Kart 21/00(V)

판결요지:

1. 경쟁사업자의 가격에 단순히 편승하는 행위는 통상적으로 정당한 사유가 있는 시장반응으로 볼 수 있는 반면, 가장 낮은 경쟁가격보다도 낮은 가격으로 공급하는 행위는 일반적으로 원가 이하의 판매를 정당화할 수 없으며, 이때에는 낮은 가격에 따른 소비자의 이익 이외에 해당 가격전략이 개별 경쟁사업자를 염두에 둔 것인지, 그러한 가격전략이 자신의 시장지위를 공고하게 하거나 확대하기 위한 것인지를 함께 고려하여야 한다.

2. 구입원가 이하로 판매하는 행위는 다른 경쟁사업자의 경쟁법에 반하는 가격책정에 대한 대응으로서 자신의 판매가격을 일회적으로 완전하게 일정한 가격수준에 맞추는 것이 아니라 단지 기존의 판매가격을 유지하는 경우에 언제나 그 정당성이 인정된다.

3. 경쟁사업자의 경쟁적대적인 행위에 대한 대응으로 행해지는 구입원가 이하의 판매는 경쟁제한방지법 제20조 제4항 2문에 따라 금지되지 않는다.

4. 복수의 사업자도 중소규모의 경쟁사업자에 대한 관계에서 경쟁제한방지법 제20조 제4항이 정하는 우월적 시장지위를 가질 수 있다.

5. 경쟁제한방지법 제20조 제4항 2문의 금지요건은 1999년 1월 이후 적용되는 개정법에 따라 경쟁관계를 상당히 저해할 우려라는 불문(不文)의 구성요건에 의해 보충되어야 한다.

판결이유:

I. 원고(Wal Mart Germany GmbH & Co. KG)는 Wal Mart Stores Inc./USA(이하 "WM")의 자회사이다. WM은 1962년에 설립되었고 지금까지 세계에서 가장 큰 소매 콘체른이다. 1999년에 WM은 3,380억 마르크의 매출을 올렸고(그 중 약 2,570억 마르크는 미국 내의 매출액임), 세후 이익이 115억 마르크에 달하였다. 원고를 통하여 WM은 독일시장에서도 활동하고 있다. 독일시장에 대한 진입은 WM이 1998년 21개의 Wertkauf-SB 체인을 인수하면서 이루어졌고, 이어서 1999년에는 Spar AG의 70개 이상에 달하는 대규모 할인점을 인수하였다. 당시 원고는 독일에서 95개의 SB 체인점을 보유하고 있었다. 그로부터 원고는 1999년에 약 50억 마르크의 매출을 올렸다. 원고가 취급하는 품목은 대략 7만여개에 달한다. 원고의 매출액과 취급품목의 약 절반 정도는 식료품부문에서 이루어졌다. 2000년 5월 이후 원고는 "Smart Price"라는 표시 하에 모든 지역에서 자사 브랜드를 특별히 염가로 판매하였다. 그 외에도 원고는 일정한 품목에 대하여 "Great Value"라는 프리미엄 브랜드를 사용하고 있다. "Smart Price"의 일부와 몇몇 "Great Value Prices"는 그때까지 경쟁사업자, 이를테면 Aldi Einkauf GmbH&Co. oHG(이하 "Aldi Nord")의 판매가격 보다 낮은 수준이었다. 연방카르텔청은 본건에서 문제된 결정을 통해서 원고가 고지방 우유(1.5%의 유지방 및 3.5%의 유지방/1리터), 식물성 마가린, 식물성 지방 및 설탕(정제설탕과 각설탕/1킬로그램)을 구입원가 이하의 가격으로 판매하는 것을 금지한 바 있다.

II. 연방카르텔청의 금지처분에 대한 불복소송은 주된 청구에 있어서 이를 인용한다; 본건에서 다투어진 결정을 취소한다.

A. 주된 청구는 전체적으로 이유 있다. 연방카르텔청의 견해와 달리 금지처분은 경쟁제한방지법 제71조 제2항 2문의 확인청구만이 고려될 수 있을 정도로 아직 (부분적으로) 종료되지 않았다.

1. 문제된 처분이 더 이상 아무런 법적 효력을 가질 수 없고, 따라서 그 대상이 없어짐으로써 원고의 불복사유가 없어질 경우에 금지처분은 종료되는 것이다.

2. 현재 금지처분은 종료되지 않았다. 원고는 보다 상세하게 표시된 6개의 품목을 원가이하로 판매하는 것이 무기한 금지되었고, 이 점에서 전과 마찬가지로 불복의 여지가 존재한다.

(현재 진행 중인) 불복청구가 원고에게는 금지처분 1호의 명백한 문언에 따라 이따금씩 행해지는 원가 이하의 판매가 금지된 반면, 금지처분을 정당화하기 위해서 원용된 동법 제20조 제4항 1문 및 2문의 규정이 이처럼 그때그때 행해진 원가 이하의 판매를 금지하지는 않는다는 점을 고려할 때 처분의 정당성 여부는 확실치 않다. 설사 결정이유서에 제시된 기준에 따라 금지처분을 어느 정도 계속적으로 행해지는 이상의 원가 이하의 판매만이 - 연방카르텔청의 견해에 따르면 3주 이상의 기간에 걸친 판매를 말함 - 금지된

다는 식으로 제한하여 해석하더라도, 원고의 불복사유는 여전히 존재한다. 단지 다투어지는 결정의 기초가 된 사정, 즉 원고가 원가 이하의 가격을 책정하게 된 사정이 일시적으로만 존재하였고 그것이 반복될 것으로 예상되지 않는 경우에는 불복사유가 인정되지 않을 것이다. 그러나 본건은 그러한 경우에 해당되지 않는다.

a) 볼복의 사유를 살펴보면 고지방 우유, 식물성 지방 및 식물성 마가린의 경우 원가 이하의 판매는 경쟁사업자인 Aldi Nord가 원고에 물품을 공급하는 업체에 대하여 시장가격에 맞지 않는 수준으로 판매가격을 올리도록 사주한 데에서 비롯된다. 이러한 행위의 반복을 막을 만한 사정은 존재하지 않는다. 이러한 맥락에서 원고가 2000년 10월 이후 적어도 식물성 지방과 식물성 마가린에 대하여 자신의 판매가격 보다 낮은 가격에 물건을 공급해줄 새로운 공급업체를 발견하였다는 사실은 중요하지 않다. 왜냐하면 당해 공급업체나 향후 원고에게 물품을 공급할 어떤 다른 공급업체라도 Aldi Nord에 의해서 공급가격을 인상하도록 충분히 종용받을 수 있기 때문이다.

b) 설탕의 경우 원고는 공급업체를 바꾸고 그 결과 기존의 재고를 모두 팔아치워야 하기 때문에 원가 이하로 판매하였던 것이다. 마찬가지로 그 점에서 이러한 행위가 반복될 가능성은 없다.

B. 주된 청구 역시 이유 있다.

1. 원고는 문제된 결정이 1리터 팩의 고지방 우유판매(1.5% 및 3.5%의 유지방)를 금지하고 있는 점에 대하여 다투고 있다.

여기서는 원고가 경쟁제한방지법 제20조 제4항의 수범자인지가 먼저 다루어질 수 있다. 그밖에 연방카르텔청이 근거로 삼은 원고의 구입가격인 0.76 마르크(판매가격: 0.73 마르크)와 0.90 마르크(판매가격: 0.86 마르크)가 GWB 제20조 제4항 2문이 정하는 '구입원가'인지, 아니면 불복사유에서 지적되는 바와 같이 이러한 구입원가가 경쟁사업자인 Aldi Nord에 의해서 부당한 방법으로 영향을 받은 것인지, 따라서 0.71 마르크와 0.85 마르크라는 가설적인 경쟁가격에 의해서 대체될 수 있는 것인지는 결정되지 않은 채 남아 있을 수 있다. 왜냐하면 원고가 고지방 우유를 원가 이하로 판매한 행위는 확실히 GWB 제20조 제4항 2문에 따라 사실상 정당한 사유가 있기 때문이다.

a) 어느 정도 계속적인 원가 이하의 판매가 내용적으로 정당화될 수 있는지의 여부는 경쟁의 자유라는 경쟁제한방지법의 목적을 기준으로 한 이익형량에 따라 결정된다. 공급자의 측면에서 그가 원가 이하의 판매로 추구하고자 하는 목적이 고려될 수 있다. 이때 경쟁사업자를 공격하려는 전략은 대체로 부정적으로 평가될 수 있다. 반면, 방어전략은 긍정적으로 평가될 수 있다. 그에 따라 연방카르텔청도 경쟁사업자의 가격에 단순히 편승하는 행위는 통상적으로 정당한 사유가 있는 시장반응인 반면, (가장 낮은) 경쟁가격보다도 낮은 가격으로 공급하는 행위는 일반적으로 원가 이하의 판매를 정당화할 수 없다고 보

고 있다. 이때 비교형량에는 당해 가격전략이 개개의 경쟁사업자를 염두에 둔 것인지, 나아가 그러한 가격전략이 자신의 시장지위를 공고히 하거나 확대하기 위한 것인지를 함께 고려하여야 한다. 끝으로 낮은 가격과 그것이 갖는 경쟁효과에 의해 대체로 이득을 보게 되는 소비자의 이익을 아울러 고려하여야 한다.

b) 이러한 법원칙에 따라 고지방 우유를 원가 이하로 판매한 행위는 내용적으로 정당화될 수 있다. 이러한 법적 판단에 기초가 된 것은 2000년 5월 이후의 가격책정에 관한 불복사유이다. 그에 따르면 2000년 5월부터 10월까지 원고의 구입 및 판매가격의 추이는 다음과 같다:

제품	기간	구입가격	판매가격
1.5%의 고지방 우유	2000.6.30. 까지	0.71 마르크	0.73 마르크
	2000.7.1. 이후	0.76 마르크	0.73 마르크
	2000.9. 중순 이후	0.76 마르크	0.794 마르크
3.5%의 고지방 우유	2000.6.30. 까지	0.85 마르크	0.86 마르크
	2000.7.1. 이후	0.90 마르크	0.86 마르크
	2000.9. 중순 이후	0.90 마르크	0.888 마르크

연방카르텔청은 불복에 대한 반박자료에서 이러한 자료의 정확성을 확인할 수도 없고, 부인할 수도 없다고 밝혔다. 그 결과 결정문에서는 원고가 2000년 7월 1일부터 비로소 고지방 우유를 원가 이하로 판매하기 시작하였다고 전제하고 있다. 이 시점과 관련하여 – 다투어지고 있는 처분에서와 같이 2000년 6월 중순이 아니라 – 원가 이하의 판매가 내용적으로 정당한지를 판단할 수 있다.

aa) 다툼이 없는 연방카르텔청의 사실인정에 따르면 고지방 우유의 시장가격은 다음과 같이 전개되었다: 늦어도 2000년 6월 초 원고는 판매가격을 0.73 마르크(1.5%의 고지방 우유)와 0.86 마르크(3.5%의 고지방 우유)로 조금 인하하였다. 원고의 이러한 가격은 – 반증의 여지 없이 주장하는 바와 같이 – 여전히 구입원가를 상회하고 있었기 때문에 이러한 가격인하는 경쟁제한방지법 제20조 제4항 2문에 비추어 아무런 법위반의 혐의가 없고 그 결과 카르텔법상 의미가 전혀 없는 것이다. 이어서 원고의 강력한 경쟁사업자인 Aldi Nord와 Lidl이 원고의 이러한 가격인하에 대응하여 자신들의 고지방 우유 판매가격을 0.70 마르크(1.5%의 고지방 우유)와 0.83 마르크(3.5%의 고지방 우유)로 인하하였다. Aldi Nord는 이러한 가격인하를 2000년 6월 20일자로 단행하였고, Lidl이 2000년 6월 26일 이를 뒤따랐다. 연방카르텔청이 Aldi Nord와 Lidl에 대해서 나란히 내린 금지처분에서 밝힌 사실인정에 따르면, 이들 두 경쟁사업자는 당시 자신의 구입원가인 0.74

마르크(1.5%의 고지방 우유)와 0.89 마르크(3.5%의 고지방 우유) 이하로 판매한 것이었다. 원고는 이에 대하여 2000년 7월 1일자로 구입원가가 0.76 마르크(1.5%의 고지방 우유)와 0.89 마르크(3.5%의 고지방 우유)로 인상되었음에도 불구하고 판매가격을 변함없이 0.73 마르크(1.5%의 고지방 우유)와 0.86 마르크(3.5%의 고지방 우유)로 유지하였고, 그 결과 처음으로 구입원가 이하로 판매하기에 이르렀다.

bb) 이러한 상황에서 고지방 우유를 원가 이하로 판매한 행위는 그 정당성이 인정된다. 원고는 - 연방카르텔청이 문제된 결정에서 인정한 바와 같이 - 2000년 7월 1일부터 원가 이하의 판매를 통하여 경쟁적인 가격인하에 돌입하게 되었다. 원고는 오히려 단지 먼저 행해진 대규모 경쟁사업자인 Aldi Nord와 Lidl의 카르텔법에 반하는 부당염매에 동참한 것이다. 이때 원고는 2000년 6월 20일 및 26일부터 시행된 0.70 마르크(1.5%의 고지방 우유)와 0.83 마르크(3.5%의 고지방 우유)라는 낮은 가격에 한번도 완전히 대응한 것이 아니라, 단지 기존의 판매가격인 0.73 마르크(1.5%의 고지방 우유)와 0.86 마르크(3.5%의 고지방 우유)를 유지한 데에 불과하였다. 그러한 경우에는 확실히 원가 이하의 판매는 사실상 정당화된다. 원고는 오로지 경쟁사업자의 카르텔법에 반하는 가격책정에 대응하였을 뿐이다. 이때 원고는 먼저 이루어진 가격인하를 한번도 완전히 이용하지(ausnutzen) 않았고, 단지 종래의 판매가격을 유지하였다. 원고는 적어도 자신의 고객에 대하여 신뢰성 있게 저가정책을 내세우고 종래 자신의 시장점유율을 지키기 위해서 이러한 행위가 필요했다고 주장하고 있으며, 이는 정당하다. 원고가 경쟁사업자의 부당염매를 따라하지 못하게 할 경우, 결과적으로 원고는 경쟁사업자의 카르텔법에 반하는 가격정책에 무방비상태로 방치될 것이다. 이러한 맥락에서 카르텔당국이 개입할 가능성을 지적할 수는 없다. 왜냐하면 통상적으로 카르텔청의 조사에 상당한 시일이 걸리는 점을 고려할 때 카르텔청이 개입하기 이전에 경쟁사업자의 염매정책으로 인한 경제적 손실은 일반적으로 이미 발생할 것이기 때문이다.

이러한 모든 사실에도 불구하고 원고가 2000년 7월 1일부터 원가 이하의 판매를 통하여 Aldi Nord가 아직 사업을 하지 않고 있는 (총 56개 중에서) 30개 지역시장에서도 가격전쟁을 시작하였다는 사실은 부인할 수 없다. 동시에 진행된 Lidl에 대한 남용절차에서 연방카르텔청이 확인한 바에 의하면 동사는 독일 전역에서 소매업을 수행하고 있다. 그 결과 원고는 적어도 Lidl이 2000년 6월 26일자로 시행한 가격인하에 대하여 - 그리고 원고가 활동하고 있는 모든 지역시장과 관련하여 - 경쟁사업자의 앞서 행해진 카르텔법에 반하는 가격에 단지 대응하였을 뿐이라는 주장을 할 수 있다.

2. 식물성 지방과 식물성 마가린의 원가 이하 판매에 대한 금지처분에 관해서도 불복은 이유 있다.

a) 연방카르텔청도 의문을 제기하지 않고 있는 불복에 제시된 사실관계와 증인 L.의

진술에 의하면 2000년 5월부터 10월 사이 원고의 이들 제품에 관한 구입가격과 판매가격은 다음과 같이 전개되었다:

제품	기간	구입가격	판매가격
식물성 마가린	2000.7.31. 까지	0.735 마르크	0.78 마르크
	2000.8.1. 이후	0.905 마르크	0.78 마르크
	2000.10. 초 이후 (공급자 변경)	0.765 마르크	0.78 마르크
식물성 지방	2000.7.31. 까지	1.765 마르크	1.86 마르크
	2000.8.1. 이후	2.015 마르크	1.86 마르크
	2000.10. 초 이후 (공급자 변경)	1.761 마르크	1.86 마르크

그 결과 원고는 2000년 8월 1일부터 10월 초까지 판매가격을 유지함에 있어서 단지 이 기간 식물성 마가린의 구입가격이 0.735 마르크에서 0.905 마르크로, 식물성 지방의 경우 1.765 마르크에서 2.015 마르크로 급격히 인상되었기 때문에 계산상 원가 이하로 판매한 것이 되었을 뿐이다.

b) 원고는 불복사유에서 이러한 구입가격보다 낮게 판매하는 행위는 경쟁제한방지법 제20조 제4항 2문에 따라 부당한 방해행위와 결부되지 않는다고 주장하고 있으며, 이 점은 타당하다. 왜냐하면 원고가 2000년 8월 1일부터 식물성 지방과 식물성 마가린의 구입에 지불해야 할 가격이 특히 경쟁사업자인 Aldi Nord의 영향으로 인위적으로 인상되었고, 따라서 위 구입가격은 동항 2문의 구입원가에 해당되지 않는다.

aa) 동항 1문에 따라 시장지배적 사업자는 자신의 지배력을 이용하여 중소사업자의 사업활동을 부당하게 방해해서는 안 된다. 동항 2문은 가격설정의 영역에 대하여 이러한 금지요건의 적용예를 규정하고 있다. 동조에 따르면 기존의 시장지배력을 이용하여 이루어진 부당한 방해행위는 어떤 사업자가 정당한 이유 없이 계속해서 상품이나 용역을 원가 이하의 가격으로 제공하는 경우에 인정된다. 이러한 내용으로 동항 2문은 동항 1문의 금지요건을 구체화하고 있다. 그 결과 원가 이하의 판매 중에서도 가치판단에 비추어 동항 1문의 구성요건에 귀속될 수 있는, 즉 시장지배력의 남용에 의한 중소 경쟁사업자의 사업활동방해에 해당되는 경우만이 2문에 포섭될 수 있다. 구체적인 사례에서 그밖에 어떤 요건이 충족되어야 하는지에 대해서 본건에서 확정적으로 판단할 필요는 없다. 적어도 원가 이하의 가격이 경쟁사업자의 경쟁적대적인 행위에서 비롯되는 경우에는 동항 2문이 적용되지 않는다. 이러한 유형의 사례에서 구입원가 이하로 판매하는 사업자는 그 자신이 성과경쟁에 거스르는 행위의 희생자이고, 원가 이하의 가격을 이용하여 경쟁관계에 있는 중소 사업자를 부당하게 방해하기 위하여 우월적 시장지위가 악용되었다고 보는 것은 정당화될 수 없다.

우월적 시장지위와 부당한 방해 사이에 단지 '규범적인' 인과관계가 존재하고 '악용'이라는 개념이 (추가적인) 가치판단을 요하는 의미를 내포하고 있다는 사정으로 인하여 이러한 판단이 바뀔 수는 없다. 이는 단지 시장지배력과 방해행위 간의 인과적 연결로 족하고, 수범자의 행위가 보호받는 경쟁사업자를 부당하게 방해하는 경우에는 언제나 금지영역에 속한다는 의미에 불과하다. 따라서 원가 이하의 가격이 경쟁사업자의 경쟁에 반하는 행위로 인하여 구입가격이 인위적으로 인상된 데에서 비롯된 것이라면 시장지배력과 부당한 방해 사이에 인과관계가 결여되는 것이다.

bb) 불복절차에서 제시된 증거를 종합한 결과 본 합의부는 2000년 8월 1일부터 적용된 식물성 지방(2.015 마르크)과 식물성 마가린(0.905 마르크)에 대한 참고인 구입가격에서는 이러한 의미에서 조작된 구입원가(manipulierte Einkaufspreise)가 문제된다고 확신한다.

이처럼 열악한 수익상황과 특히 원료가격의 인상을 고려할 때 2000년에는 판매가격을 인상할 요인이 존재하였다. 2000년 5월 초 이러한 이유로 원고도 2000년 하반기에는 가격을 인상하여야 한다는 요구를 받았다. 이러한 맥락에서 표출된 첫 번째 가격인상요구는 2000년 5월 29일 철회되었다. 이어서 두 번째 가격인상요구는 원고에 대한 판매가격의 상당한 인상을 가져왔다. ...

이처럼 연방카르텔청의 문제제기에는 근거가 없다. 왜냐하면 Aldi Nord가 원고의 구입가격책정에 미친 영향이 카르텔법상 결과적으로 아무런 의미가 없고 2000년 8월 1일 이후 원고의 구입가격이 Aldi Nord의 개입 없이 참고인의 판매가격(식물성 마가린: 0.78 마르크; 식물성 지방: 1.86 마르크)을 상회하는 수준으로 상승하였다고 볼 만한 아무런 주장이나 증거를 찾을 수 없기 때문이다. 2000년 7월 31일까지 원고의 구입가격과 판매가격 간에 현저한 격차가 존재하였고(식물성 마가린: 0.735마르크와 0.78 마르크; 식물성 지방: 1.765 마르크와 1.86 마르크) 원고가 2000년 10월 초 공급처를 전환한 이후에도 이들 두 제품을 다시 자신의 판매가격에 (부분적으로는 현저히) 못 미치는 가격으로 구입할 수 있었다는 점을 고려할 때, 오히려 연방카르텔청과 전혀 다른 결론이 나온다.

c) 원고가 새로운 공급관계를 통하여 원가 이하의 판매를 중단하기 위하여 취할 수 있는 다른 조치를 하지 않았다면 그에 대하여 경쟁제한방지법 제20조 제4항 2문을 적용할 수 있는지는 확실치 않다. 다투어지고 있는 처분은 법적으로 그러한 참고인의 부작위를 문제삼고 있지 않다. 연방카르텔청은 이와 관련하여 아무런 사실확인도 한 바 없다. 따라서 원고가 2000년 10월 이전에 이미 식물성 지방과 식물성 마가린을 가격보다 유리한 공

급업체로부터 구입할 수 있었는지, 그리고 이러한 새로운 공급관계가 시간적으로 너무 이르게 구축될 수 있어서 2000년 10월초까지 계속적인 원가 이하의 판매를 금지하는 것이 정당화될 수 있는지의 여부도 확실치 않다.

3. 설탕(정제설탕과 각설탕)의 원가 이하 판매에 대한 금지처분에 관해서도 불복사유 또한 마찬가지로 이유 있다.

a) 연방카르텔청은 원고가 경쟁제한방지법 제20조 제4항의 수범자라고 파악하고 있으며, 이 점은 타당하다.

aa) 여기서 다투어지고 있는 결정에서 시장획정은 올바르게 이루어졌는데, 상품측면에서 음식을 제외한 비중이 20%에 달하는 가게를 포함하고 (제과점, 생선가게 등) 특수한 품목만을 취급하는 소매상을 제외한 생필품소매시장이, 그리고 지리적 측면에서는 원고가 판매점을 운영하고 있는 지역의 중심에서 반경 20 킬로미터 내지 자동차로 20분 걸리는 지역시장이 문제된다; 시장획정에 대해서는 불복절차에서는 다투어지지 않고 있다.

bb) 연방카르텔청은 동항이 정하는 중소 경쟁사업자를 독립적인(그 결과 Edeka 콘체른이나 Spar 콘체른에 속하지 않는) Edeka와 Spar의 소매상점들이라고 보았다. 이 점은 확실히 그럴 듯하며 설득력이 있다; 불복사유에서도 이 부분에 대하여 아무런 의문을 제기하지 않고 있다.

cc) 독립적인 Edeka와 Spar의 소매점과 같은 경쟁사업자들에 대하여 원고가 우월적인 시장지배력을 갖는다는 사실은 원고가 56개 지역의 모든 시장에서 6개의 대규모 매장과 7만여개의 품목을 취급하여 그곳에서 경쟁하고 있는 Edeka와 Spar의 소매점보다 그 규모가 현저히 크고, 원고가 속한 콘체른이 전세계에서 수천억 마르크의 매출액(1999년: 약 3,380억 마르크)과 세후 수백억 마르크에 이르는 순이익(1999년: 약 115억 마르크)을 고려할 때 개개의 Edeka와 Spar의 소매점에 비하여 막강한 자금력을 보유하고 있으며, 끝으로 원고는 협상결과로 나온 조건을 자신의 지점에 그대로 이전할 수 있는 일괄사업자라는 점에서 비롯된다. 이러한 구조적 이점을 이유로 연방카르텔청은 원고가 Edeka와 Spar의 개별 소매점에 비하여 특수한, 경쟁에 의해서 충분히 제어되지 않는 행위의 여지 - 그와 함께 결과적으로 동항의 우월적 시장지위 - 를 갖게 된다고 결론지었다.

이러한 결론에 반하는 반박사유는 받아들일 수 없다.

(1) 원고는 자신의 시장점유율이 56개 지역을 평균하여 5%에도 못 미친다고 주장하고 있다. 그에 따르면 불과 2곳의 시장에서 시장점유율이 10%를 넘을 뿐이다; 22개 시장에서는 5 내지 10%, 31개 시장에서는 기껏해야 5%, 그리고 10개 시장에서는 최대한 2%의 점유율에 불과하다고 한다. 뿐만 아니라 34개 시장에서는 단지 하나의 점포만을 가지고 있으며, 17개 시장에서는 두 세개의 점포를 가지고 있다고 주장한다; 단지 4개의 지역시장에서만 4-6개의 점포를 가지고 있다. 그러나 이러한 사실로 인하여 원고의 우월적 시장

지위에 의문을 제기할 수는 없다. 왜냐하면 56개의 모든 지역시장에 대하여 원고가 그 취급품목이나 압도적인 자금력, 그리고 공급조건을 다른 지점에 이전할 수 있는 가능성에 기초하여 그의 중소 경쟁사업자에 대한 관계에서 우월적인 시장지위를 보유하고 있기 때문이다.

(2) 그밖에 원고는 독일 내 대규모 소매회사(Aldi, Rewe, Metro, Edeka, Tengelman, Lidl)가 벌어들이는 매출액의 일부만을 차지할 뿐이라고 지적하고 있다. 이러한 배경에서 원고는 중소 경쟁사업자와의 관계에서도 확연히 미약한 시장지위, 특히 전술한 대규모 소매회사보다 현저히 열악한 수요지배력을 갖는데 불과하다고 한다. 그러나 이러한 주장 역시 문제의 본질과는 관계없다. 시장지배력의 경우와 달리 복수의 사업자도 서로 독립적으로 어느 한 시장에서 중소 경쟁사업자와의 관계에서는 경쟁제한방지법 제20조 제4항이 정하는 우월적 시장지위를 가질 수 있다. 따라서 참고인 이외에도 다른 많은 – 더구나 그 지위가 보다 강력한 – 사업자가 존재한다는 지적은 원칙적으로 원고의 수범자적격을 의심하기에 적절치 않다.

(3) 마찬가지로 개별 공급업체에 자신이 종속되어 있다는 원고의 주장도 의미가 없다. 공급업체의 고지방 우유, 식물성 지방 및 식물성 마가린에 대한 가격인상에 양보할 수밖에 없다는 점은 원고에게 시장지배력이 없다는 증거라는 것이다. 그러나 이러한 주장도 타당하지 않다. 왜냐하면 여기서는 원고가 공급업체에 대한 수요자로서 – 즉 수요시장에서 – 시장지배력을 갖는지가 문제되는 것이 아니다; 중요한 것은 오로지 원고가 생필품의 공급자로서 – 즉 공급시장에서 – 우월적인 시장지위를 갖는지의 여부이다. 그리고 본 건에서 다투어지고 있는 결정에서 적절히 그 근거를 제시하고 있는 바와 같이 원고는 이 점에서 우월적 지위를 갖는 것이다.

b) 원고는 정제설탕뿐만 아니라 각설탕(각기 1킬로그램 포장)을 계속해서 원가 이하로 판매하였다. 원고가 이들 제품을 2000년 5월 중순부터 여러 달 동안 원가 이하의 가격으로 제공하였다는 사실에는 다툼의 여지가 없다. 정제설탕의 경우 구입가격은 1.56 마르크인 반면 판매가격은 1.53 마르크였다; 각설탕은 2.05 마르크에 구입하여 1.85 마르크에 판매하였다.

c) 이처럼 수개월에 걸친 원가 이하의 판매는 내용적으로도 정당화될 수 없었다.

aa) 원고가 2000년 5월 중순에 단지 경쟁사업자의 가격에 편승하였음을 확인할 수 없다. 실제 원고는 이를 근거로, Aldi Nord와 Lidl이 이미 2000년 5월초에 – 연방카르텔청이 다투어지고 있는 결정에서 근거로 삼은 2000년 6월 20일, 26일이 아니라 – 정제설탕의 판매가격을 1.48 마르크로, 각설탕의 가격을 1.76 마르크로 인하하였다고 주장한다. 그러나 이러한 상황은 생각할 수 없다; 따라서 이와 관련하여 사실관계를 설명할 수 있는 근거가 전혀 없는 것이다. 원고의 절차상 대리인은 2001년 11월 21일 본 합의부의 변론

기일에 심문에 대하여 그의 주장이 구매협동조합인 Markant의 직원인 H.씨의 정보에 근거한 것이라고 진술하였다; 이를 설명하기 위하여 대리인은 자신의 보고서에 근거가 된 H.씨가 원고에게 보낸 2001년 7월 30일자 이메일(..) 사본을 제출하였다. 그러나 이 서류는 원고의 사실관계주장을 뒷받침하기에 적합하지 않다. 왜냐하면 거기에는 2000년 6월까지의 기간에 대해서 원고가 주장한 1.48 마르크와 1.76 마르크라는 판매가격이 아니라 1.59 마르크와 1.89 마르크라는 가격이 명시되어 있기 때문이다. 어떤 경우에도 경쟁사업자인 Aldi Nord와 Lidl의 이러한 가격이 H.씨가 제출한 이메일에 의해서 설득력 있게 주장되지 못하고 있다. 따라서 원고는 자신이 원가 이하로 설탕을 판매한 행위를 정당화하기 위하여 경쟁사업자들의 가격을 원용할 수 없다. 왜냐하면 이들의 가격은 원고가 판매가격(정제설탕: 1.53 마르크; 각설탕: 1.85 마르크)을 통하여 경쟁사업자에 편승한 것이 아니라 오히려 경쟁사업자의 가격보다 낮은 가격으로 판매한 것이기 때문이다.

bb) 설탕은 그것이 갖는 흡습성으로 인하여 부패할 수 있는 제품이고 공급업체의 전환으로 인하여 재고를 처분할 필요가 있었다는 주장 역시 원고가 원가 이하로 판매한 행위를 그다지 정당화하지 못한다.

연방카르텔청이 생각하는 것처럼 설탕은 하나의 동질적인 제품으로서 정해진 규격의 포장으로 공급되고 별다른 품질상의 차이가 없어서 새로운 공급업체의 제품이 품목에 들어오기 전에 나머지 재고를 모두 처분할 필요는 없기 때문에 원고의 원가 이하 판매가 정당화될 수 없는지의 여부에 의해서만 판단할 수는 없다. 경쟁제한방지법 제20조 제4항 2문의 정당화는 확실히 그와 다른 근거로 부인된다.

동조의 문언에서 알 수 있는 바와 같이 사업자는 구체적인 사례에서 원가 이하의 판매가 정당화된다는 점을 주장·입증할 책임을 진다. 그 결과 원고가 창고의 수용능력이 부족하여 공급업체를 바꾸기 전에 기존의 설탕(정제설탕과 각설탕) 재고를 원가 이하의 판매로 짧은 기간 내에 모두 처분하지 않을 수 없었다는 점을 구체적이고 설득력 있게 주장하는 것은 원고의 몫이다. 그런데 법적인 판단에 중요한 문제에 대해서는 아무런 충분한 진술이 없기 때문에 원고의 그러한 주장은 위의 요건에 충분치 않다. ...

d) 그러나 정제설탕과 각설탕을 원가 이하로 판매한 행위가 경쟁관계를 감지가능한 정도로 제한하지 않기 때문에 동항 2문의 금지요건은 충족되지 않는다.

aa) 구법 제26조 제4항(현재의 GWB 제20조 제4항 1문)에 관하여 연방최고법원은 원가 이하의 판매에 있어서 카르텔법 위반은 엄격한 요건 하에서만 고려된다고 판시한 바 있다. 중소의 경쟁사업자를 위하여 경쟁을 보호한다는 동조의 목적과 자유로운 가격결정의 원칙을 고려하여 연방최고법원은 배제의 의도를 가지고 행해지거나 - 그러한 의도가 없는 경우에는 - 중소 경쟁사업자의 사업활동을 방해함으로써 유효경쟁을 위한 구조적 조건을 지속적으로 저해할 우려가 있는 행위가 이루어질 것을 요구하였다. 그 후 경쟁제한방지법 제6차 개정 과정에서 제20조 제4항의 문언이 새로 작성되었고 동항 2문에서 원가 이하의 판매를 명시적으로 규정한 이후, 이러한 엄격한 요건은 더 이상 유지될 수 없다. 연방정부의 초안이유서에서 알 수 있는 바와 같이 동항 2문에 따른 카르텔법위반을 인정하기 위해서는 '지속적인 경쟁효과' 내지 '일정한 경쟁상의 상당성'만으로 족하고 – 입법과정에서 정부가 제안했던 것처럼 – 배제의 의도나 계속적인 경쟁제한의 우려는 더 이상 요구되지 않는다. 본 합의부의 견해로는 동항 2문의 금지요건이 이제는 감지가능한 경쟁제한의 우려라는 불문의 요건에 의해 보충되는 방법으로 이러한 입법자의 의지를 염두에 둘 수 있다. 이러한 불문의 요건에 의해 판단의 대상이 된 원가 이하의 판매가 개별 사례의 구체적인 사정, 특히 관련 제품의 종류와 수, 판매기간과 범위 및 각각의 시장관계를 고려하였을 때 경쟁상 중대한 효과를 가져올 것이 요구된다. 이때 통상적으로 보호받는 중소 경쟁사업자가 시장점유율을 상실하거나 그들이 장기적으로는 감당할 수 없는 대응전략을 강요받는 경우에 비로소 감지가능성의 한계를 넘는 것으로 볼 수 있다.

bb) 이러한 법원칙에 비추어 원고가 정제설탕과 각설탕을 원가 이하로 판매한 행위는 동항 2문의 금지요건을 충족하지 못한다. 왜냐하면 그러한 판매는 중소 경쟁사업자의 부담으로 경쟁관계를 감지가능하도록 저해할 우려가 없기 때문이다.

원고는 1킬로그램 포장의 정제설탕과 각설탕을 상당한 기간동안 – 즉, 확실히 3개월의 유효기간에 걸쳐서 – 원가 이하의 가격으로 판매하였다. 그러나 정제설탕의 경우 원고는 기껏해야 2% 정도의 미미한 수준으로 원가보다 낮은 가격을 책정하였다. 이러한 배경에서 원고가 제공하는 상품가격의 저렴함과 관련하여 소비자에게는 이러한 원가 이하의 판매가 별다른 시그널작용을 하지 못한다고 볼 수 있다. 각설탕의 경우 원가 이하의 가격은 10% 정도로 훨씬 낮은 것이었다. 그러나 여기서는 각설탕이 현재의 시점에서 더 이상 일상적인 수요에 충족하는 생필품에 속하지 않는다는 점을 고려하여야 한다. 정제설탕과 달리 각설탕은 주민의 일부만이 이용하고 있고, 통상적으로 어쩌다가 구입될 뿐이다. 따라서 일반적인 생활경험에 비추어 소비자의 일부만이 원고가 3개월 간 각설탕을 매우 저렴한(원가 이하의) 가격으로 판매하였다는 사실을 알고 있었다고 볼 수 있다. 따라서 소비자 전체의 관점에서 각설탕의 원가 이하 판매는 매우 제한적인 시그널작용을 갖는데 불과하다.

이러한 사실관계에 비추어 경쟁관계를 감지가능할 정도로 제한한다고 확인할 수 없다. 본 합의부의 견해에 따르면 정제설탕을 구입원가에 조금 못 미치는 가격으로 판매한 행위, 그리고 소비자의 지극히 일부에게만 중요한 각설탕의 염가판매가 경쟁상 심각한 효과를 가져오고 상당수의 소비자로 하여금 그들의 생필품수요를 더 이상 Edeka나 Spar의 개별 소매점이 아니라 이제는 원고로부터 충족케 할 것이라고 인정할 수 없다.

자료출처: WuW 2002년 2월호, 151-160

2. 에너지산업에서의 착취가격 금지

2007년에 새로 도입된 경쟁제한방지법 제29조는 제19조와 법 제20조 외에 에너지산업에서 발생하는 착취남용 금지를 용이하게 하기 위하여 마련되었다. 그에 따라 단독으로 또는 다른 사업자와 함께 시장지배적 지위에 있는 전기사업자 또는 망(網)을 이용하여 가스를 제공하는 사업자는 정당한 이유 없이 같은 시장의 다른 사업자 또는 비교가능한 시장의 다른 사업자보다 불리한 요금이나 거래조건을 요구해서는 안 되며, 부적절한 방법으로 공급비용을 초과하는 요금을 요구해서도 안 된다.

경쟁제한방지법 제29조는 에너지산업에 대한 새로운 형태의 가격통제(Preiskontrolle)를 도입한 것이 아니라, 수년에 걸친 독일 정부의 자유화시책에도 불구하고 여전히 에너지산업을 좌우하고 있는 시장지배적 사업자에 대하여 제19조와 제20의 남용규제를 용이하게 하기 위하여 보다 완화된 규제기준을 경쟁당국에 제시하기 위한 것이었다. 이와 같은 맥락에서 제29조가 법 제19조 및 제20조와 중복하여 적용될 수 있음은 물론이다. 제29조를 도입한 배경에는 에너지산업에 대한 연방카르텔청의 착취가격조사에 대하여 연방대법원이 종종 높은 소비자가격과 경쟁제한효과 사이의 관계를 입증하도록 요구한 데에 따른 어려움을 해소하기 위한 의도 또한 자리 잡고 있었다.

이와 같이 특정 산업에 고유한 남용규제가 도입된 직후인 2008년 1월에 연방카르텔청은 전기, 가스 및 열공급에 있어서 착취남용사건을 전담하는 심결부(B 10)를 새로 설치하였다. 실제로 2008년부터 2012년까지 연방카르텔청의 남용규제에 관한 집행은 대부분 전력산업과 가스산업에 집중되었고,[193] 35개의 가스사업자를 대상으로 가격남용 여부 조사에 착수하여, 2008년 12월에는 33개 가스사업자에 대하여 시정조치를 내린 바 있다.[194]

비교적 최근에도 연방카르텔청은 2007년부터 2009년 사이에 가정용 또는 소규모 영업을 위한 난방설비를 사용하는 고객들에 대하여 전기요금을 과도하게 인상하였다는 이유로 전기사업자에게 구조적 시정조치와 함께 과도한 가격에 대해서는 환급을 명하였다.[195] 문제된 전기사업자는 경쟁제한방지법 제19조와 제29조에 따라 가정용 또는 소규

193) 2008년에는 총 13건 중 12건이 천연가스에 관한 사건이었다. 2009년에는 7건 중 4건이 천연가스에 관한 사건이었다. 2010년에는 난방설비를 위한 에너지 공급 관련 사건이 13사건 중 11건에 달했다. 다른 1건 역시 천연가스에 관한 것이었다. 2011년에는 4건 중 3건이, 2012년에도 3건 중 2건이 에너지에 관한 사건이었다.

194) BKartA 1.12.2008, B10 - 18/08 "Harz Energie", 21/08 "RheinEnergie".

195) BKartA 19.3.2012, 8. Beschlussabteilung B10-16/09.

모 영업용 난방설비에 대한 전기공급시장에서 지배력을 가지고 있다고 판단되었다. 해당 전기사업자의 시장점유율은 약 90%에 달하였고, 동 시장에 대한 진입장벽은 상당히 높았다. 그런데 이들 전기사업자는 유효경쟁 상황에 비하여 높은 가격을 설정하여 구법 제19조 제4항 2호(현재는 GWB 제19조 제2항 2호)에 따른 남용행위 외에도 동법 제29조 제1항 1호에 따른 다른 사업자들보다 불리한 가격을 요구하는 행위를 하였다고 판단되었다.

당초 입법자는 에너지산업에서의 과도한 요금책정관행을 동 시장에서 유효경쟁이 정착될 경우에 자연스럽게 사라질 수 있는 과도기적인 문제로 보았고, 따라서 동조를 2012년 12월 31일까지만 적용하도록 규정하였다. 그러나 에너지산업의 경쟁질서가 구조적으로 정착되기에는 미흡하다는 판단에 따라 입법자는 2013년 법개정 당시 동조를 또 다시 5년간 연장하였다.[196)]

제4절 | 법률효과 및 제재

Ⅰ. 행정적 제재

남용금지를 위반한 시장지배적 사업자, 상대적 지배력을 가진 사업자 및 우월적 사업자에 대해서 연방카르텔청을 비롯한 경쟁당국은 법위반행위의 중지를 명할 수 있다(GWB 제32조 제1항)[197)] 원칙적으로 어떤 방법으로 남용행위를 배제할 것인지는 법위반 사업자에게 맡겨져 있고, 과거 연방대법원은 경쟁당국이 특정한 행위, 이를테면 거래상대방에 대한 공급 등을 적극적으로 명할 수는 없는 것으로 해석하였다.[198)] 이러한 판례의 태도는 무엇보다 법치국가원리에 기초한 것으로서, 경쟁당국이 경쟁과 시장구조에 대한 자신의 관념과 철학을 직접 실현하고자 하는 것을 방지할 수 있다는 점에서 의미가

196) Ritter/Käseberg, Der Regierungsentwurf zur 8. GWB-Novelle, WuW, 2012, S. 662 ff.

197) 경쟁당국은 기속재량에 따라 처분을 내린다. BGH WuW 1984, 620, 621 f. = WuW/E BGH 2058, 2050 f. "Internord" 참조. 불특정한 구성조건징표와 관련해서는 좀처럼 벌금절차가 개시되지 않는다.

198) BGH WuW 1975, 479 = WuW/E BGH 1345 = NJW 1975, 1282 "Polyester-Grundstoffe II". 다만 그러한 요구의 이행을 위해서 단 하나의 행위만을 생각할 수 있는 경우에는 그러하지 아니하다. BGH WuW 1994, 454 = WuW/E BGH 2906 "Lüdenscheider Taxen" 참조.

있었다.

그런데 2005년 제7차 개정법은 연방카르텔청에 구조적 시정조치를 내릴 수 있는 근거를 마련하였다. 즉, 연방카르텔청은 법위반행위와 비례의 원칙에 부합하고 법위반행위의 효과적인 중지에 필요한 모든 행태적, 구조적 조치를 내릴 수 있게 되었다. 다만, 구조적 조치는 동일한 정도로 유효한 행태적 조치가 마땅치 않거나 행태적 조치가 구조적 조치에 비하여 당사회사에게 더 큰 부담이 되는 경우에만 부과될 수 있다(GWB 제32조 제2항 2문). 연방카르텔청이 중지명령을 내림에 있어서 당사회사의 고의나 과실은 요구되지 않으며, 이와 같은 귀책사유는 벌금을 부과하기 위한 요건일 뿐이다(GWB 제81조 제2항, 제3항).

한편, 법위반행위의 중지를 명함에 있어서 연방카르텔청은 법위반행위로 얻은 경제상 이익, 이른바 부당이득의 반환을 함께 명할 수 있다(GWB 제32조 제2a항). 연방카르텔청은 정당한 이익이 있는 때에는 법위반행위가 종료한 뒤에도 법위반사실을 확인하는 조치를 내릴 수 있다(GWB 제32조 제3항).

Ⅱ. 민사적 제재

경쟁제한방지법 제19조, 제20조, 제21조를 위반한 자에 대해서 이해관계자는 법위반상태를 배제하기 위하여 배제청구(Beseitigungsanspruch)를, 법위반이 반복될 우려가 있는 경우에는 이를 막기 위하여 금지청구(Unterlassungsanspruch)를 할 수 있다(GWB 제33조 제1항). 경쟁사업자 또는 그밖의 시장참가자로서 법위반으로 인하여 자신의 이익이 침해되는 자가 바로 이해관계자로서 금지 또는 배제청구권을 갖는다, 금지청구권은 법위반의 우려가 있는 때에도 발생한다. 특정한 계약의 체결을 요구할 수 있는 청구권은 단지 예외적으로만 허용된다.[199]

고의 또는 과실로 법위반행위를 한 자는 그로 인하여 발생한 손해를 배상할 책임을 진다(GWB 제33조 제3항 1문). 상품이나 용역이 과도하게 비싼 가격으로 판매된 경우에도 당해 상품이나 용역이 재판매되었음을 이유로 손해발생이 배제되지는 않는다(GWB 제33조 제3항 2문). 즉, 이른바 미국 판례법상 논의되는 손해전가의 항변(passing on

199) BGHZ 36, 91, 100 = WuW 1962, 284, 290 = WuW/E BGH 442, 448 “Gummistrümpfe”; BGHZ 49, 90, 98 f. = WuW 1968, 304, 310 = WuW/E BGH 886, 892 “Jägermeister”.

defence)에 대한 수용 여부에 관하여 독일에서는 입법으로 이를 금지하는 방식의 해결을 명정하고 있는 것이다.

경쟁제한방지법에 특징적인 내용으로는 손해의 범위를 정하는 문제에 관한 특칙이다. 법위반으로 인한 손해를 직접 산정하기 어려울 경우에 대비하여 법위반사업자가 얻은 이익으로부터 일정한 손해를 추산하는 방식이 그것이다. 그에 따라 손해의 범위를 정함에 있어서 법원은 민사소송법(Zivilprozessordnung) 제287조 제1항[200]에 따라 법위반행위를 통하여 당해 사업자가 얻은 이익의 일정비율(der anteilige Gewinn)을 고려할 수 있다(GWB 제33조 제3항 3문).

200) 독일 민사소송법 제287조 제1항에 따르면 당사자 사이에 손해의 발생 여부, 손해액, 전보되어야 할 이익의 정도에 관하여 다툼이 있는 때에는 법원이 자유심증주의에 따라 모든 정황을 종합적으로 평가하여 결정하되, 직권으로 전문가감정을 명할지 여부 등은 법원의 재량에 맡겨져 있다.

제 6 장

기업결합규제

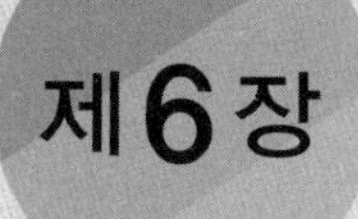

제6장 기업결합규제

제1절 총 설

Ⅰ. 개 관

독일에서는 1973년 경쟁제한방지법의 제2차 개정을 통하여 기업결합규제가 도입되면서 종래의 카르텔 금지, 시장지배적 지위남용 금지와 더불어 경쟁법의 3대 지주를 갖추게 되었다. 적어도 1957년 경쟁제한방지법을 제정할 당시에는 기업결합에 대한 신고와 시장의 감시만으로도 규제가 충분하다는 인식이 지배하고 있었다.

기업결합규제의 핵심적인 과제는 결합을 통하여 한 사업자의 단일한 지휘 하에 경제력이 과도하게 집중되는 것을 방지하는 데에 있다(법 제36조 제1항). 즉, 외부적 성장(externes Wachstum)을 통하여 시장지배력이 형성 또는 강화되는 것을 방지하는 것이 기업결합규제의 관건이며, 제2차 법개정으로 기업결합과정에 직접 관여할 수 있도록 규정을 도입한 것은 시장지배적 지위의 남용을 금지하는 사후적 규제만으로는 독과점을 적절히 통제하기에 충분하지 않다는 인식에 따른 것이었다.[1] 이때 기업결합은 원칙적으로 허용되는 것이지만, 독일의 경쟁법은 외부적 성장에 의한 시장지배력의 형성 또는 강화에 대하여 일정한 규범적 한계를 설정한다는 의미에서 '예방적 합병규제'(präventive Fusionskontrolle)를 규정하게 되었다.

예방적 합병규제란 기업결합에 참가하는 사업자가 이를 완료하기 이전에 연방카르텔청에 그 계획을 신고(Anmeldung), 즉 '사전신고'하여야 함을 의미한다. 이때의 신고는

1) 독일의 기업결합규제 역사에 대해서는 Rittner/Dreher/Kulka, Wettbewerbs- und Kartellrecht, 8. Aufl., 2014, §13, Rn. 22 ff.

연방카르텔청의 승인을 구하는 의사표시로서, 법위반행위의 신고와는 법적 성격을 달리한다. 사업자가 신고를 한 때에는 이행금지의무(Vollzugsverbot)가 발생하며(GWB 제41조 제1항), 이행금지를 위반하는 법률행위는 사법상 무효이다(GWB 제41조 제1항 2문). 다만, 연방카르텔청은 개별 사안에서 이행금지의무를 면제할 수 있다.

이처럼 기업결합규제를 도입하는 과정에서 나타난 입법자의 취지는 무엇보다 적정한 시장구조를 유지하기 위하여 과도한 기업집중을 방지하는 것이었다.[2] 즉, 동 규제는 시장의 과도한 집중을 막기 위한 것으로서, 이른바 구조규제의 성격을 갖는다. 따라서 경쟁의 지속적인 작용이 담보될 수 없을 정도로 관련시장의 경쟁조건을 변경시킬 우려가 있는 기업결합은 사전에 금지된다.[3] 이 점은 후술하는 바와 같이 기업결합의 위법성을 판단하는 기준에도 그대로 영향을 미치게 된다. 기업결합규제는 원칙적으로 모든 산업에 적용되며, 정부규제가 폭넓게 이루어지는 산업에서도 마찬가지이다.

Ⅱ. 경제력집중의 개념과 기업결합

1. 경제력집중의 개념

경제영역에서의 집중 또는 경제규모의 집중현상이라고 간단하게 정의할 수 있는 경제력집중(wirtschaftliche Konzentration)은 부의 집중, 소득의 집중, 재산의 집중 또는 힘의 집중과 같이 매우 여러 가지 맥락에서 이해할 수 있다. 자유시장경제에서 경제력집중은 한편으로는 보편적인 현상이기도 하고, 다른 한편으로는 매우 특이한 현상이기도 하다. 경제력집중의 다양한 양태와 상관없이 어떠한 형태로든 집중은 그 자체로서 시장경제에 의구심을 야기한다. 만인의 자유와 평등에 기초하고 이를 중요한 가치로 강조하는 사회에서 경제영역에서의 집중은 그 양태와 정도를 불문하고 언제나 개인이나 특정한 집단에게는 의문의 여지를 남길 수밖에 없다. 집중 그 자체에서 나타나는 분배상의 불평등 문제는 근본적으로 자유에서 비롯된다. 즉, 자유는 필연적으로 강력한 전체주의국가만이 이를 저지할 수 있는 여러 가지 불평등의 문제를 야기하며, 이는 자칫 국가의 손에 권력을 극도로 집중시키는 대가를 치르게 된다.

자유가 평등을 희생시키면서 경제력집중을 지나치게 조장하는지의 여부에 대한 의문은

---

2) BT-Drucks. 6/2520, 14 ff.
3) BGH 18.12.1979, BGHZ 76, 55, 64 “Untersagung einer Pressefusion”.

1950년대 말 서독에서 제기되었다. 이미 1960년 12월 31일에 제정된 「경제력집중의 조사에 관한 법률」(BGBI. I. 1961, S.9)은 이 문제를 기업집중(Unternemenskonzentration)에 국한하였으며, 이를 통하여 특별경제법으로의 전환이 이루어졌다. 통일적인 관리 하에 경제력이 상대적으로 집중되는 것을 의미하는 기업집중은 무엇보다 기업법 및 경쟁제한방지법과 관련된다. 위 법률에 따라 설치된 조사위원회는 기업이 시장에서 차지하는 지위와 여러 경제영역에서 기업의 규모가 확장되는 과정을 밝혀내는 임무를 맡고 있었다.[4)]

2. 기업의 규모인가 시장지위인가?

기업집중은 상이한 두 가지 측면에서 바라볼 수 있다. 즉 단지 기업규모의 확장으로만 볼 수도 있고, 기업의 상대적인 시장지위의 강화로 볼 수도 있다.[5)] 전자는 기업의 규모(bigness) 그 자체에 착안하는 것이고, 후자는 기업의 독점력(monopoly power)에 주목하는 것이다. 이들 두 가지 관점 모두 기업집중을 문제 삼는 점에서는 동일하다. 대기업은 국내적으로나 국제적으로 자기가 보유한 힘을 통하여 시장뿐만 아니라 국가권력이나 사회에 대하여 상당한 영향력을 행사한다. 전통적인 사회주의자들은 대기업을 사회주의로 나아가는 전단계로 파악하였기 때문에 규모 그 자체를 문제로 보지는 않았다. 그러나 시장주의자들의 관점에서 대기업은 그 자체로서 힘의 분산을 통한 자유로운 시장경제, 이른바 분권화된 경제(decentralized economy)에 커다란 위협이 될 수 있다. 이들에게 대규모공급자나 대규모수요자에 의하여 지배되는 시장이 이상적인 것으로 받아들여질 수는 없는데, 대기업은 시장에서의 경쟁을 비교적 쉽게 제한할 수 있을 것이기 때문이다.

위와 같은 두 가지의 기업집중은 확실히 자유 및 이를 근간으로 하는 경쟁질서와 긴장관계에 있다. 영업의 자유와 경쟁의 자유가 독일의 경제발전을 특징지어온 만큼이나 독일의 경제사(Wirtschaftsgeschichte)는 이러한 두 종류의 집중에 대하여 풍부한 역사를 갖고 있다. 그 결과 독일의 경제발전은 어떤 의미에서는 집중의 역사로 볼 수도 있다.[6)] 그리고 지금까지 독일의 경제발전경험에 의하면 여러 면에서 기업집중을 단순히 부정적인 것으로 볼 수만은 없다. 그간 경제발전과정에서 많은 대기업이 생겨났으며, 중소기업에서 출발하여 단기간에 대기업으로 성장한 기업들이 증가하는데 대한 우려도 일부 있었던 것

4) BT-Drucks. 4/2320 05.06.1964.
5) Willeke, BB, 1981, S. 2017; Rittner, DB, 1970, S. 669, 672 f.
6) 반면, 이른바 경합시장이론(contestable market theory)에 따르면 산업집중이란 시장경제에 대한 위험요소가 아니라 자유로운 경쟁과정의 산물일 뿐이다. Baumol/Panzar/Willig, Contestable Markets and the Theory of Industry Structure, 1982.

이 사실이다. 그러나 기술발전 및 경제발전이 진행될수록, 국민경제 차원의 성과는 매우 만족스러운 것으로 평가되었다. 이와 함께 사적자치에 따른 자유가 오히려 사적자치의 전제조건을 제거할 위험은 다분히 이론상의 우려라는 인식이 폭넓게 확산되고 있다.[7)]

3. 내부적 성장과 외부적 성장

기업집중은 '내부적 성장'과 '외부적 성장'을 통하여 실현된다. 기업이 자기의 생산능력을 점점 증대시키고 이를 통하여 다른 기업에 비하여 빨리 성장하는 것은 전혀 놀라운 일이 아니다. 왜냐하면 이와 같은 지속적인 성장은 다른 데 원인이 있는 것이 아니라 바로 당해 기업의 시장성과에 그 원인이 있기 때문이다. 따라서 법률이 어느 선에서 성장의 한계를 정할 것인가라는 해결할 수 없는 문제를 제외하고 나면, 이러한 내부성장에 대하여 법률로 한계를 정해야 한다는 근거는 전혀 없다. 왜냐하면 기업의 최적규모는 누구도 객관적으로 특정할 수 있는 것이 아니기 때문이다.

반면, 외부적 성장은 내부적 성장과 달리 입법자가 개입하는데 별다른 어려움이 없다. 대체로 외부적 성장은 한 기업이 다른 기업을 지배함으로써 종래 다른 기업에 속하던 자원을 취득회사에게 이전시키는 법률행위와 관련된다. 이때, 입법자가 그러한 외부적 성장과정에 어떤 근거로 개입할 것인지 여부는 매우 어려운 법정책적 판단의 문제이다. 그리고 독일의 입법자는 다른 입법례가 그러하듯 외부성장을 통한 기업집중만을 문제 삼고 있다. 즉, 경쟁제한방지법은 기업집중, 그 중에서도 상대적인 시장지위의 강화를 억제하기 위하여 내부적 성장과 외부적 성장에 대한 규범적 평가를 달리하는 것이다.

이처럼 기존의 시장구조를 보호하기 위하여 마련된 기업결합이라는 개념은 가능한 모든 형태의 외부적 성장을 포섭하여야 하고, 이들이 동법의 규제를 받도록 하여야 한다(GWB 제37조 제1항 4호 참조). 그밖에 기업결합의 허용 여부는 그것이 경쟁에 미치는 효과, 다시 말해서 시장지배적 지위의 형성 또는 강화를 기준으로 좌우되며, 여기서 이론상 상이한 세 가지 유형의 기업결합이 도출된다. 동일시장에서의 집중인 수평적 결합에서는 시장성과가 비교적 쉽게 밝혀질 수 있다. 전·후방의 거래가 관련되는 형태인 수직적 결합은 언제나 기업의 효율성을 향상시키는 것도 아니지만, 경우에 따라서 경쟁사업자를 시장에서 봉쇄할 우려가 있다. 끝으로 혼합결합은 통상적으로 당사회사에게 총체적

7) 특히 마르크시즘 하에서 커다란 역할을 하고 있는 불가피성이론에 대해서는 Rittner, Konzentrationsbegriff und Unvermeidbarkeitsdogma in wirtschaftsrechtlicher Sicht, 1965, S. 533 ff. 참조.

인 자원의 확대를 가져오고, 그 결과 주로 기업의 규모 그 자체가 지나치게 커지는 문제를 야기하게 된다.[8)]

제2절 | 적용범위

Ⅰ. 개 관

1. 적용범위 개관

연방카르텔청이 기업결합을 심사하기 위해서는 먼저 문제된 행위가 경쟁제한방지법상 기업결합규제의 적용범위에 해당되어야 한다. 기업결합에 관한 한 유럽합병규칙(ECMR)의 적용범위가 배타적으로 규정되어 있기 때문에, 유럽법과 독일법의 중첩적용은 발생하지 않는다. 동법의 적용을 받기 위해서는 다음과 같은 네 가지 요건이 충족되어야 한다.

① 법 제37조가 정하는 기업결합에 해당할 것

② 법 제35조의 매출액 기준을 초과할 것

③ 법 제35조 제3항에 따른 유럽합병규칙의 적용을 받지 않을 것.

①-②의 요건은 항을 바꾸어 자세히 설명하기로 하고, 여기서는 ③의 요건만을 간략하게 살펴보기로 한다.

경쟁제한방지법 제35조 제3항은 유럽합병규칙과 독일 기업결합규제의 관계를 규정하고 있다. 여기에서 독일의 입법자는 단지 유럽합병규칙이 미리 정한 동 규칙의 우선적 효력을 그대로 반영하고 있을 뿐이다. 다만, 유럽합병규칙의 적용기준(threshold)이 상당히 높기 때문에 전과 다름없이 독일의 기업결합규제는 독일 내에서 경쟁제한효과를 야기할 수 있는 결합행위를 규제함에 있어서 매우 중요한 역할을 수행하고 있다. 이 점은 경쟁제한방지법상 연방카르텔청이 기업결합을 규제함에 있어서도 합병규칙에 관한 유럽의 실무를 준수하여야 함에도 불구하고 마찬가지이다.[9)]

8) 혼합결합에 내재된 특수한 문제에 대해서는 Monopolkommission, 5. Hauptgutachten 1982/83, 1984, Tz. 697 ff. 미국에서의 혼합결합에 관한 논의에 대해서는 A. Grimm, Motive konglomerater Zusammenschlüsse, 1987; Dreher, Konglomerate Zusammenschlüsse, Verbotsvermutungen und Widerlegungsgründe, 1987.

9) OLG Düsseldorf 15.6.2005 WuW/E DE-R 1504, Tz. 3. "National Geographic".

독일 경쟁제한방지법은 다른 회원국의 국내경쟁법과 마찬가지로 오로지 국내시장에서의 경쟁을 보호하는 것으로 이해될 수도 있다. 그런데 세계경제의 글로벌화와 그에 따른 국제거래의 확대, 다국적 기업의 증가로 인하여 구체적인 사례에서 국내시장에서 경쟁을 보호하는 것만으로는 충분하지 않을 수 있다. 그에 따라 독일에서는 경쟁제한방지법의 적용범위를 역외적용과 관련하여 비교적 폭넓게 규정하고 있다. 즉, 경쟁제한방지법은 비록 외국에서 행해졌더라도 국내에 효력을 미치는 모든 경쟁제한행위에 적용된다(GWB 제130조 제2항). 이를 흔히 효과주의(Auswirkungsprinzip)라 한다. 그리고 어떤 기업결합이 국내에 영향을 미치기 위해서는 일정한 국내관련성(Inlandsbezug), 즉 국내시장과의 관련성이 인정되어야 한다. 구체적으로 당해 기업결합이 국내시장에서 경쟁을 '직접적으로' '상당히' 저해하여야 한다.[10] 이러한 요건에 따라 오로지 외국사업자만이 참여하는 기업결합이라도 일정한 요건을 충족하는 경우에는 법 제39조에 따라 연방카르텔청에 신고하여야 하고, 연방카르텔청의 심사를 거쳐 금지될 수 있는 것이다.

예컨대, 미국의 담배제조업체인 필립모리스(Philip Morris)가 영국의 경쟁 담배제조업체인 로트만스(Rothmanns)의 지분을 30.8% 취득하고자 하였고, 두 회사는 모두 자회사를 통하여 독일의 담배시장에서 활동하고 있었다. 동 기업결합이 유럽합병규칙의 적용범위에 해당하지 않고 경쟁제한방지법상 매출액기준을 충족하지 못하였음에도 불구하고 연방카르텔청은 법 제130조 제2항을 근거로 조사하여 시정조치를 부과한 바 있다.[11]

2. 당사회사

(1) 개 관

기업결합은 기업실무상 매우 중요한 거래로서, 다른 통상적인 기업간 거래와 마찬가지로 계약자유의 지배를 받는다. 많은 기업결합에서 경영권의 이전이나 지배구조의 중대한 변동이 수반되기 때문에 당사자 사이의 합의가 무엇보다 중요한 것이다. 비록 경쟁보호를 위하여 규제가 필요하더라도 모든 기업결합이 그 대상이어야 할 필요는 없다. 유럽과 마찬가지로 경쟁제한방지법상 기업결합은 당해 결합에 참가하는 사업자, 즉 당사회사(beteiligte Unternehmen)가 일정한 매출액 기준을 충족하는 경우에 한하여 규제대상이 된다.

---

10) BGH 25.9.2007, KVR 19/07, WM 2007, 2343, Tz. 18 f. WuW/E DE-R 801 ff. "Brüsseler Buchhandlung"; K. Meessen, WuW, 2005, S. 1115, 1119.

11) 자세한 내용은 BGH 29.10.1985, KVR 1/84 WuW/E BGH 2211. "Philipp Morris/Rothmans".

기업결합이 후술하는 매출액 기준을 충족하지 못하거나 경쟁제한방지법 제35조 제2항(간이결합)의 예외에 해당되는 경우에는 관련시장에 미치는 효과가 미미한 것으로서, 이러한 기업결합은 연방카르텔청에 신고할 의무도 없다. 이때, 당사회사의 매출액기준(Umsatzschwelle)은 연방카르텔청이 처음부터 경쟁상 그 효과가 미미한 기업결합을 다루지 않도록 함으로써 사건처리의 부담을 경감시키고 기업결합 심사절차의 효율화를 도모하는 데에 목적이 있다. 아울러 경미한 기업결합의 경우에는 당사회사가 번거로운 심사절차를 거치지 않도록 함으로써 불필요한 비용을 절감시키는 의미도 있다.

동법상 기업결합규제를 적용하기 위한 기준인 매출액은 당해 기업결합에 참가하는 사업자, 즉 당사회사의 매출액을 말하는 바, 동법은 당사회사의 개념을 따로 정의하지 않고 있다. 이 문제는 결국 해석에 맡겨져 있는 바, 먼저 기업결합에 참가하는 자는 경쟁제한방지법상 사업자이어야 한다. 이때에도 기능적 사업자개념을 기초로 판단하게 되며, 동법은 사업자는 아니지만 어떤 사업자의 과반수 지분을 보유하고 있는 등 실질적으로 사업자로 볼 수 있는 자연인이나 사단을 사업자에 포함시킴으로써 적어도 기업결합규제의 경우에 사업자 개념을 다소 확대하고 있다(GWB 제36조 제3항). 따라서 예컨대, 특정 자연인이나 그의 가족이 어떤 사업자에게 결정적인 영향력을 보유하면서 이들이 통일적으로 행위하는 점이 인정될 때에는 이들도 기업결합규제에 있어서는 사업자로 된다.[12] 이 부분은 우리나라의 경우 동일인, 즉 총수를 중심으로 다수의 회사가 계열관계로 얽혀 있는 상황과 관련하여 자연인인 총수의 사업자성을 인정할 수 있는지를 논의함에 있어서 매우 중요한 참고가 될 수 있을 것이다.

이어서 단순히 절차상 형식적으로만 기업결합에 참가하는 자는 당사회사에 포함되지 않는다. 즉, 해당 기업결합에 관하여 실질적인 권한을 가진(materiell berechtigt) 사업자만이 법적인 신고의무(Anmeldepflicht)를 지며, 계획된 기업결합은 이들 사이에서만 실행되어야 한다. 누가 실질적으로 정당한 권한을 가진 사업자인지는 개별 기업결합요건에 따라 판단한다(GWB 제36조 제2항, 제37조).[13] 경쟁제한방지법은 한 가지 기준을 예시하고 있는 바, 동법 제37조 제1항 1호에 따른 자산취득의 경우에 매각하는 사업자의 시장점유율과 매출액은 오로지 매각되는 자산에 상당하는 만큼의 매출액이나 시장점유율만을 고려하여 산정한다(GWB 제38조 제5항).

---

12) KG 12.6.1991, Kart. 16/90 "WAZ/IKZ", WuW/E OLG 4835, 4843 ff.; BKartA 17.11.2000, B10-101/00, WuW/E DE-V 408, Tz. 5. "Abfallwirtschaft".

13) Rittner/Dreher/Kulka, Wettbewerbs- und Kartellrecht, 8. Aufl., 2014, §13, Rn. 112.

(2) 매출액 기준

가. 기본원칙

경쟁제한방지법상 기업결합규제는 해당 기업결합에 참가하는 사업자의 전년도 전 세계 총 매출액이 5억 유로 이상이고, 국내시장에서 참가사업자 중 어느 하나가 2천 5백만 유로 이상, 다른 참가사업자는 국내시장에서 5백만 유로 이상의 매출액을 갖고 있는 경우에 적용된다.[14] 이처럼 전 세계시장에서의 매출액과 국내시장에서의 매출액이 모두 일정 기준을 충족하는 기업결합에 대해서만 연방카르텔청이 심사관할권을 갖게 된다.

나. 예외

어떤 기업결합이 전술한 매출액 기준을 충족하더라도 다음과 같은 몇 가지 경우에는 예외적으로 경쟁제한방지법상 기업결합규제가 적용되지 않는다(GWB 제35조 제2항). 이 경우에는 기업결합을 심사할 이유가 처음부터 존재하지 않는 이른바 광의의 간이결합이 인정되는 것이다.

첫째, 중소사업자간의 기업결합(GWB 제35조 제2항 1문 1호)으로서, 흔히 간이조항(de-minimis Klausel)이라 한다. 그에 따라 직전 사업연도 전 세계 매출액이 1천만 유로 미만인 기업결합에는 경쟁제한방지법이 적용되지 않는다. 이른바 협의의 간이결합이 여기에 해당하며, 중소사업자의 기업결합을 통한 구조조정을 용이하게 하기 위한 취지에서 마련된 것이다. 독립적인 중소사업자만이 여기에 해당될 수 있고, 콘체른에 속한 사업자는 규모와 상관없이 동조의 적용을 받지 않는다.[15]

둘째, 시장에 미치는 효과가 경미한 경우로서, 흔히 간이시장조항(Bagatellmarktklausel)이라 한다(GWB 제36조 제1항 2문 2호). 그에 따라 비록 유효경쟁이 현저히 저해될 우려가 있더라도 직전연도에 관련시장의 총 매출액이 1천 5백만 유로 미만인 경우에는 금지되지 않는다. 당사회사가 속한 시장의 규모 자체가 국민경제상 충분히 크지 않은 경우가 여기에 해당된다.[16] 종래 시장규모가 미미한 기업결합도 협의의 간이결합과 마찬가지로 기업결합규제의 적용을 받지 않았으나, 제8차 법개정으로 적용범위에서 실체적인 금지조항으로 그 위치가 변경되었다. 동 조항에 따라 관련시장의 비중이 충분히 크지 않은 경

14) 이른바 상대방 기업의 매출액이 5백만 유로 이상이어야 한다는 규정은 2009년 3월 25일자로 시행된 이른바 제3차 중소기업부담경감법(Mittelstandsentlastungsgesetz; BGBl. 2009 I, S. 550)을 통하여 도입된 것으로서, 중소기업에 대한 M&A를 용이하게 하려는 취지이다.

15) KG 18.5.1979, Kart. 13/77, WuW/E OLG 2120, 2121. “Mannesmann/Breuninghaus”.

16) KG 18.5.1979, Kart. 13/77, WuW/E OLG 2120, 2121. “Mannesmann/Breuninghaus”.

우에 국내법에 따른 기업결합규제를 배제한다는 의미이다.

셋째, 신문이나 잡지를 발간하는 언론사간의 합병(Pressefusion)에 대해서는 매출액의 8배, 방송사간의 합병에 대해서는 매출액의 20배를 기업결합규제를 위한 매출액으로 삼는다(GWB 제38조 제3항). 당초에는 언론사에 대해서도 매출액의 20배를 곱하여 기업결합규제의 적용 여부를 판단하였고, 이러한 태도는 신문이나 방송의 다양성을 보호하기 위하여 가급적 이들 사업자의 M&A를 억제하려는 취지에서 비롯된 것이었다. 그리고 제7차 법개정 당시 불황에 시달리는 언론사의 구조조정을 용이하게 하려는 연방정부의 시도가 학계와 여론의 반대로 무산된 이후 제8차 법개정으로 종래 언론사에 대해서도 매출액에 20배를 곱하던 것을 8배로 낮추게 되었다. 이로써 결과적으로 중소 언론사에 대한 기업결합이 규제를 받지 않을 여지는 전보다 훨씬 커지게 되었다.[17]

한편, 경쟁제한방지법 제35조 제1항, 제2항 및 제36조 제1항이 정하는 매출액은 법 제38조에 따라 산정되고, 그 결과 상법(Handelsgesetzbuch; HGB) 제277조 제1항에 따른 매출액 산정방식이 그대로 적용된다. 그에 따라 전체 매출액에서 결합회사(verbundene Unternehmen)의 내부매출액(Innenumsatzerlöse)과 소비세는 공제하게 된다. 그밖에 경쟁제한방지법에는 상품의 판매나 금융기관의 경우 해당 산업의 특성을 매출액산정에 고려하기 위하여 별도의 특칙이 마련되어 있다(GWB 제38조 제2항, 제4항).

Ⅱ. 지리적 적용범위와 역외적용

1. 관할권의 기본원칙

경쟁제한방지법 제130조 제2항은 독일 국내에 영향을 미치는 모든 경쟁제한행위에 적용된다. 외국회사가 외국에서 행한 경쟁제한행위에 대하여 독일의 국내법인 경쟁제한방지법을 적용한다는 의미에서 역외적 관할권은 동법이 독일의 국내시장에서 경쟁을 보호할 목적을 갖고 있다는 데에서 도출되는 것으로 이해되고 있다.[18] 동조는 강행규정으로서 국제법상 일반적으로 승인된 관할권원칙에 우선하여 적용된다.[19]

독일에 소재한 사업자의 기업결합이나 외국회사의 독일회사에 대한 지분취득은 언제나 경쟁제한방지법의 규제를 받는다는 데에 이견이 없다. 오로지 외국회사에 대한 지분

17) 자세한 내용은 Rittner/Dreher/Kulka, Wettbewerbs- und Kartellrecht, 8. Aufl., 2014, §14, Rn. 1483.
18) Richter, in: Wiedemann, Handbuch des Kartellrechts, 2. Aufl., 2008, §19, Rn. 7.
19) Bechtold, Kartellgesetz Kommentar, 2002, §130, Rn. 13.

참여를 목적으로 독일에 지주회사를 설립하는 경우에도 동법의 규제를 받게 된다.[20)]

한편, 국내시장에 영향을 미치는 기업결합이라 하더라도 그 영향이 미미하거나 다분히 이론적으로 가능한 것에 불과한 경우에는 경쟁제한방지법상 규제를 받지 않는다. 즉, 국내시장에 미치는 영향은 기업결합규제의 보호목적을 고려하여 해석되어야 하고, 크게 보아 기업결합 신고와 심사의 목적을 구분하여 접근할 필요가 있다.

경쟁제한방지법은 당사회사가 기업결합을 실행한 경우에 이를 사후적으로 연방카르텔청에 신고할 의무를 부과하고 있는 바(GWB 제39조 제6항), 이때의 신고의무(Anzeigepflicht)는 그 자체가 고유한 정보제공기능을 갖기 때문에 경쟁제한성 유무와 상관없이 발생하게 된다.[21)] 반면, 동법 제39조 제1항의 사전적 신고의무(vorherige Anmeldepflicht)가 발생하기 위해서는 당해 기업결합이 관련 국내시장의 경쟁관계에 직접적인 영향을 미칠 가능성이 입증되지 않으면 안 된다. 이때 요구되는 것이 바로 영향의 '상당성'인데, 학설과 판례는 대체로 이를 느슨하게 판단하고 있다. 특히, 연방카르텔청의 경우 규제권한이 축소될 것을 우려하여 국내시장에 미치는 상당한 영향을 매우 쉽게 인정하는 경향이 있다.[22)]

2. 역외적용을 위한 접촉점

문제는 외국회사들간에 외국에서 행해진 기업결합이다. 이러한 기업결합에 대해서 경쟁제한방지법을 적용하기 위해서는 국내에 영향을 미치는 접촉점(Anknüpfungspunkt)이 필요하게 된다. 이와 관련하여 먼저 외국의 당사회사가 독일 내에 자회사를 보유하고 있는 경우에는 국내의 기업결합으로 간주된다.[23)] 또한 외국의 두 당사회사가 기업결합 이전에 이미 국내에서 직접 또는 자회사나 지사 또는 대리점을 통하여 활동하고 있던 경우에도 연방카르텔청은 언제나 국내에 미치는 영향을 인정하고 있다.[24)]

이때 국내에 미치는 영향이 과연 상당한 수준인지 여부는 별개의 문제인데, 통상 피취득회사가 국내에서 어느 정도의 매출액을 올리고 있는지, 취득회사가 어느 정도의 시장점유율을 추가로 얻게 되는지, 취득회사의 국내적 지위가 어느 정도 강력한지 여부 등을 고려하여 판단한다.

---

20) Bechtold, 위의 책, §130, Rn. 20.
21) BGH WuW/E 1613, 1615 "Organische Pigmente".
22) 이러한 태도에 비판적인 견해로는 Barthelmeß/Schultz, WuW, 2003, S. 129, 132 f.
23) KG WuW/E OLG 3051 "Morris/Rothmans"; Bach, WuW, 1997, S. 291 ff.
24) BKartA WuW/E 1716 f. "Kartoffelstärke".

한편, 영향이론이란 오로지 동법의 효력범위 즉 국내시장에만 결부되는 것이기 때문에, 독일의 기업결합 규제를 적용하기 위해서는 독일의 국경을 넘는 관련시장에 미치는 경쟁상의 영향으로는 족하지 않고, 반드시 관련시장 중에서 독일이라는 지리적 한계 내에서 상당한 영향이 입증되어야 한다.[25]

3. 역외적용과 시정조치

다분히 이론적인 측면이 강하기는 하나, 독일에서는 외국회사들 간의 기업결합이 문제된 경우에 연방카르텔청이 당해 기업결합 전부를 금지해야 하는지, 아니면 당사회사의 독일 내 자회사나 사업부 등에 한하여 일부금지(Teiluntersagung)만을 할 수 있는지가 다투어졌다. 연방카르텔청은 종래 당해 기업결합이 불가분의 것인지 여부를 기준으로 판단하되, 대체로 불가분이라고 보아 전부금지를 원칙으로 삼아왔다. 그 연장선상에서 연방카르텔청은 기업결합에 따른 경쟁제한효과의 핵심적인 부분이 국내 또는 외국 중 어디에 존재하느냐에 따라 전부 또는 일부금지를 할 수 있고, 이를테면 경쟁제한효과의 주된 부분이 명백하게 외국에 존재하는 경우에는 일부금지를 고려할 수 있다는 태도를 취하고 있다. 이와 같은 연방카르텔청의 실무와 달리 다수설은 국내에 경쟁제한효과를 가져오는 사업부문이나 경제활동에 대해서만 일부금지를 내릴 수 있을 뿐이고, 이때에도 일부금지란 해당 기업결합이 국내 및 외국에 영향을 미치는 부분을 구분할 수 있는 때에만 고려될 수 있다고 한다.[26]

한편, 외국회사들 간의 기업결합이 해당 외국의 경쟁당국에 의해서 승인되거나 오히려 권장되는 경우에 연방카르텔청이 당해 기업결합 전체를 금지하는 것은 국제법 위반에 해당될 소지가 있다는 점에도 유의하여야 한다.[27] 이것은 기업결합규제의 역외적용시 전부금지에 대한 또 다른 한계에 해당하기도 하고, 통상 여러 나라에 관할권이 발생하는 국제적 M&A의 경우에 심사기준과 절차가 국제기준에 충실히 부합할 필요가 더욱 크다는 점을 시사한다.

---

25) Richter, in: Wiedemann, Handbuch des Kartellrechts, 2. Aufl., 2008, §19, Rn. 13.
26) KG WuW/E OLG 3051, 3063 “Morris/Rothmans”; Richter, FIW, Heft 125, 1987, S. 6.
27) KG WuW/E OLG 2419, 2420 “Synthetischer Kautschuk II”.

제3절 | 기업결합의 개념

Ⅰ. 개 관

유럽의 합병규칙과 달리 독일의 경쟁제한방지법 제37조 제1항은 기업결합의 개념에 관하여 일반조항을 두지 않고, 기업결합의 유형을 그 결합강도에 따라 크게 자산의 취득(영업양수를 포함)과 지배력의 획득, 지분의 취득 및 기타 경쟁상 상당한 영향력의 획득이라는 네 가지로 열거하고 있다. 그 중에서 지배력의 획득이라는 결합유형은 1998년 법개정을 통해서 도입된 것으로서 25% 미만의 지분취득을 비롯하여 규제대상인 기업결합의 범위를 대폭 확대하였다.

기업결합은 정지조건부 법률행위 또는 해제조건부 법률행위에 기초할 수 있는 바, 양자의 구별은 기업결합의 성립 내지 신고의무의 발생시기와 관련하여 중요한 의미를 갖는다. 즉, 정지조건부 법률행위의 경우 향후 조건 발생시 신고의무가 발생하는 반면, 해제조건부 법률행위의 경우 당해 법률행위 시 곧바로 기업결합규제가 적용된다. 따라서 예컨대 스톡옵션의 경우 아직 주식취득에 해당하지는 않으며 행사조건의 충족 시에 기업결합 및 그에 따른 신고의무가 발생하게 된다.[28] 또한 경쟁제한방지법상 규제를 받게 되는 기업결합은 단순히 채무를 부담하는 행위로는 족하지 않고, 그 이행행위로서의 물권행위이어야 한다. 단순한 인수계약의 체결만으로는 피취득회사에게 아무런 영향력을 행사할 수 없기 때문이다. 따라서 주식이나 자산의 양수도계약만으로는 신고의무 등 아무런 법률효과를 가져오지 않는다. 이 점은 물권행위와 채권행위를 준별하는 독일 민법의 특성에 따른 것이다.

Ⅱ. 기업결합의 유형

1. 자산의 취득

다른 기업의 자산의 전부 또는 그 주요부분을 취득하는 경우에 기업결합이 성립한다

28) Bechtold, Kartellgesetz Kommentar, 2002, §37, Rn. 2.

(GWB 第37조 제1항 1호). 이때 자산취득(Vermögenserwerb)의 방법으로는 대표적으로 합병(신설합병 및 흡수합병을 포함)을 들 수 있다. 회사법상 합병이란 다른 기업의 모든 자산을 인수하는 것으로서 언제나 기업결합에 해당된다. 반면, 단순한 조직변경(Umwandlung)의 경우에는 그 과정에서 주주 및 지분구조에 중대한 변화가 없는 한 동법 제37조 제2항(지배관계의 강화)에 의할 경우 기업결합의 성립이 부인될 것이다. 이에 관한 상세한 내용은 아래 III. 참조. 그밖에 경쟁보호에 흠결이 없도록 자산이라는 개념은 폭넓게 해석되며,[29] 거래대상이 될 수 있는 한 금전적 가치가 있는 모든 재화와 권리를 포함한다.

이때 자산의 '주요부분'이 무엇을 의미하는지는 확실치 않으나, 당초의 입법취지는 기업결합규제의 회피 내지 면탈(Umgehungen)을 막는 데에 있었다. 반면, 일찍이 연방대법원(BGH)은 이를 다르게 접근하여 왔다. 그에 따르면 '주요 부분'이란 처분되는 자산이 양도기업의 전체 재산에 비추어 산술적으로 현저히 큰 비중을 차지하는 경우를 의미한다고 한다.[30] 그러나 동조에서 '주요부분'의 취득이라고 규정하고 있는 것은 모든 자산취득이 언제나 기업결합으로 포착되는 것을 막기 위한 것이고, 자칫 기업결합의 성립 여부가 양도 기업의 전체 자산규모에 따라 좌우될 수 있다는 문제점이 제기되었다.

이러한 비판에 따라 연방카르텔청은 실무상 '양도자산의 실질적인 중요성'이라는 기준을 아울러 고려하게 되었는데, 이를테면 기업결합신고를 비롯한 규제의 목적을 고려하여 관련시장에서 양도회사의 지위에 상당한 영향을 미칠 수 있었는지 여부를 기준으로 양도자산이 경제적으로 중요한 하나의 기능단위(Funktionseinheit)를 구성하는 경우 또는 양수회사의 경제적 및 경쟁상의 지위에 상당히 중요한 의미를 가지는 경우, 나아가 관련시장에서 양도회사의 지위를 좌우할 수 있는 핵심적인 것으로서 금전적 가치가 인정되는 자산이나 권리의 취득이 이루어지는 경우에 주요자산의 양도가 이루어진 것으로 보고 있다.[31] 반면, 매각자산의 절대적인 규모는 중요하지 않다.[32]

---

29) BGH 7.7.1992, KVR 14/91, BGHZ 119, 117, 125 f. "Melitta/Kraft".
30) BGH 12.2.1980, KVR 4/79, WuW/E BGH 1763, 1771 "Bituminöses Gemisch"; BGHZ 65, 269, 271 "Zementmahlanlage I".
31) Emmerich, Kartellrecht, 10. Aufl., 2006, §33, Rn. 6; Richter, in: Wiedemann, Handbuch des Kartellrechts, 2. Aufl., 2008, §19, Rn. 81; BGH, WuW/E BGH 1763, 1771 "bituminöses Mischgut".
32) BGHZ 65, 296 "Zementmahlanlage I"; BGHZ 74, 172 "Nähmaschinen"; BGHZ 119, 117 "Melitta/Kraft"(Frapan).

2. 지배력의 획득

유럽의 합병규칙이 지분율이나 지배력 획득의 수단과 상관없이 개별 사례마다 법적, 사실적인 제반 사정을 종합적으로 고려하여 '지배관계'의 형성 여부에 따라 기업결합의 성립 여부를 판단하도록 하는 반면, 전술한 바와 같이 독일 경쟁제한방지법은 처음부터 기업결합을 다분히 형식적인 열거방식으로 정의하고 있었다. 그 후 1998년의 제6차 법개정을 통해서 '지배력의 획득'(Kontrollerwerb)이라는 다분히 일반조항적 성격을 갖는 유형이 도입되었는데, 이것은 다분히 유럽 합병규칙 제3조 제1항 b호를 모델로 한 것이었다(GWB 제37조 제1항 2호).[33] 이와 함께 경쟁제한방지법 제37조 제1항 2호가 '지배력'이라는 폭넓은 개념을 사용함으로써 그밖에 3호와 4호는 기업결합의 포착요건으로서 독자적인 의미를 거의 상실하게 되었다.

한편, 2호의 문언은 매우 모호하고 복잡한 것인데, 연방카르텔청이 지배력의 획득을 해석함에 있어서는 유럽집행위원회의 실무와 고시, 나아가 유럽법원의 판례가 매우 중요한 의미를 가질 수밖에 없다. 그에 따르자면 통상 기업결합의 일 요건으로서 지배력이란 다른 기업의 사업활동에 대하여 결정적인 영향력을 행사할 수 있는 가능성을 의미하며, 피취득회사의 의사결정권이 전부 또는 부분적으로 취득회사에게 이전되어 피취득회사의 의사결정이 더 이상 자율적으로 이루어질 수 없는 경우에 인정된다. 여기서 지배력은 그 행사가능성만으로 족하고, 연방카르텔청이 개별 사례마다 그러한 영향력이 사실상 행사되고 있음을 입증할 필요는 없다. 이때 결정적인 영향력의 행사가능성은 피취득회사의 이사회나 감사회 등 회사의 기관을 통해서 간접적으로 존재할 수도 있고, 취득회사가 직접 피취득회사의 경영자에게 지시를 내리는 방식으로 나타날 수도 있다. 취득회사가 단독으로 또는 다른 기업과 함께 지배력을 행사하는지 여부는 중요하지 않다.

끝으로, 유럽의 경우와 마찬가지로 경쟁제한방지법은 지속적으로 기업조직 및 시장구조에 변화를 수반하는 기업결합만을 규제대상으로 삼고 있다. 따라서 결정적인 영향력의 행사가능성 역시 지속적으로(auf Dauer) 보장된 것이어야 한다.[34] 따라서 영향력을 행사할 가능성이 일시적인 상황이나 주주들 간의 유동적인 제휴에 따라 좌우되는 경우에는 시장구조의 변화를 기대할 수 없고, 그 결과 지배관계 역시 인정되지 않는다. 특히, 장기

33) Emmerich, Kartellrecht, 10. Aufl., 2006, §33, Rn. 9; Rittner, Wettbewerbs- und Kartellrecht, 6. Aufl., 1999, §13, Rn. 36, 54.

34) Bechtold, Kartellgesetz, 3. Aufl., 2002, §37, Rn. 11.

적인 공급관계에서와 같이 계약에 기초한 사실상의 종속관계만 존재하는 경우에 그러한 관계란 언제든지 해소 가능하다는 의미에서 일시적인 것이며, 따라서 영향력행사의 계속성을 인정할 수 없을 것이다.[35] 지배력 획득의 대표적인 수단을 살펴보면 다음과 같다.

(1) 지분취득에 의한 지배

다른 기업의 지분을 25% 또는 50% 이상 취득하는 경우에도 기업결합이 성립한다. 지분율 산정시 취득회사가 이미 보유하고 있던 지분은 포함되나, 의결권 없는 주식은 고려되지 않는다. 경쟁제한방지법 제37조 제1항 3호 a, b에서 명확하게 25% 또는 50%의 지분취득이라고 규정하고 있기 때문에, 여기에 해당되지 않는 지분취득은 모두 2호에서 정하는 지배력의 획득에 해당될 수 있을 뿐이다.

예컨대, 과반수의 지분을 보유하지 못하더라도 예컨대 주식이 분산되어 있는 경우에는 상대방회사에 대한 결정적인 영향력을 획득할 수 있으며, 지분율을 25%에서 40%로 확대함으로써 비로소 결정적인 지배력을 획득한 경우에도 마찬가지로 2호의 기업결합에 해당될 수 있다. 또한 2호는 지배력의 '획득'(Erwerb)을 명정하고 있기 때문에 지분취득을 통하여 기존의 지배력이 단지 강화되는 경우, 예컨대 51%의 지분을 100%로 증가시키는 행위는 후술하는 바와 같이 동조 제2항의 요건에 따라 별도의 기업결합에 해당될 수 있다.

(2) 기업계약 등에 의한 지배

기업결합은 독일 주식법(Aktiengesetz)상의 계약에 의해서도 성립할 수 있으며, 대표적으로 주식법 제18조에서 정하고 있는 콘체른계약을 들 수 있다. 동조에 따라 콘체른을 형성하거나 또는 기존의 콘체른을 확대하는 내용의 계약은 기업결합에 해당하며, 종속형 콘체른의 경우와 같이 이른바 지배계약이 체결되는 경우는 물론이고, 참가기업 상호간에는 지배·종속관계가 없고 이들이 모두 하나의 단일한 지배 하에 놓이게 되는 이른바 대등형 콘체른계약도 기업결합에 해당된다.

그밖에 경영위임계약이나 이윤이전계약, 영업의 전부 또는 주요부분의 임대 및 위임계약도 마찬가지이다. 한편, 소수주주라도 회사와의 약정에 따라 경쟁상 의미 있는 전략적 의사결정을 내림에 있어서 비토권(Vetorecht)을 행사할 수 있는 경우에는 지배력의

---

35) Emmerich, Kartellrecht, 10. Aufl., 2006, S. 268; Richter, Wettbewerbs- und Kartellrecht, 6. Aufl., 1999, §19, Rn. 77, 92.

획득에 의한 기업결합이 성립할 수 있다. 그러나 정관변경이나 증자 또는 감자(減資)를 할 시에 인정되는 거부권만으로는 족하지 않으며, 경우에 따라서 동항 4호(기타의 영향력 획득)에 해당될 수 있을 뿐이다.

(3) 기타의 방법에 의한 지배

전술한 방법에 의한 지배관계 판단상의 흠결을 막기 위하여 경쟁제한방지법 제37조 제1항 2호는 특별한 권리나 계약의 유무와 상관없이 지배관계를 인정할 수 있는 경우를 규정하고 있는데, 그중 대표적인 것이 바로 인적인 결합인 임원겸임(Personengleichheit)이다. 즉, 감사회, 이사회 기타 회사의 기관을 구성하는 임원의 절반 이상이 겸임되는 경우에도 기업결합이 성립된다. 동 규정은 겸임되는 임원의 명칭에서 알 수 있듯이 일차적으로 주식회사를 염두에 두고 있으며, 당사회사의 통일적인 지배를 가능케 할 수 있어야 한다는 의미에서 이사와 감사 및 그에 상응하는 임원의 겸임에 한정하고 있다. 따라서 주식회사가 아닌 경우에는 과연 어떤 기관(Organ)이 경영관리 또는 감독의 업무를 수행하고 있는지가 먼저 판단되어야 한다.

한편, 임원의 절반 이상이 당사회사 모두에서 겸임되어야 하는지, 아니면 피겸임회사의 기관에서만 절반 이상을 차지하면 족한지 여부는 확실치 않은데, 해석상으로는 양자 모두 기업결합에 해당할 수 있다. 그런데 연방카르텔청은 일방적인 인적 동일성만으로 족하다고 하며, 그 근거로서 종속관계의 틀 내에서 그 정도의 결합 역시 통일적인 관리를 위한 주요수단으로 기능할 수 있다는 점을 들고 있다.[36] 다른 한편으로 기관구성원의 절반 이상이 겸임되지 않더라도 인적 결합을 통해서 경쟁상 상당한 영향력을 행사할 수 있는 가능성이 인정되는 경우에는 동항 4호의 기업결합에 해당될 수 있을 것이다.

그밖에 장기적인 공급관계, 라이선스계약 또는 자금대차관계에서 비롯되는 순수한 경제적 종속성만이 존재하는 경우에도 지배력의 취득에 의한 기업결합을 인정할 수 있는지의 여부가 문제된다. 이는 특히 거래상대방의 경제활동의 자유가 통상적으로 계약의 범위를 넘어서 지속적이고도 실질적으로 제한되는 경우에 문제된다. 그런데 이러한 경우에는 무엇보다 기업결합에 요구되는 '구조적으로 형성된 지속적인 지배가능성'을 입증하기가 사실상 매우 곤란하다는 점을 고려할 때, 실무상 필요할 때에는 시장 지배력취득보다 동항 4호의 '경쟁상 상당한 영향력'에 따른 기업결합으로 파악하게 될 것이다.

---

36) WuW/E BKartA 1475 "Haindl/Holtzmann".

(4) 공동의 지배관계 - 합작기업의 경우

기업결합의 성립에 요구되는 직·간접적인 지배관계는 복수의 기업에 의해서 공동으로 형성될 수도 있다. 단독의 지배와 마찬가지로 이 경우에도 복수의 기업이 공동으로 종속기업의 경쟁행위에 대하여 영향력을 행사할 수 있는지의 여부, 즉 지배기업과 종속기업의 경쟁상 이익을 공동으로 그리고 지속적으로 조정할 수 있는지의 여부가 중요하다. 복수의 지배기업들간에 영향력행사의 구체적인 방식에 관한 합의가 존재하는지는 중요하지 않다. 다른 회사에 대하여 복수의 회사가 병렬적으로 지분참여를 한다는 것만으로는 이들 간에 기업적 이해관계가 동일하다고 보기에 충분치 않을 것이다.

한편, 기업결합규제의 실무에서 공동의 지배관계가 문제되는 대표적인 예는 바로 합작기업(Gemeinschaftsunternehmen; GU)을 설립하는 경우이다. 경쟁제한방지법상 합작기업의 설립은 지분취득에 의한 기업결합의 한 유형으로 규정되어 있으며, 복수의 기업이 동시 또는 순차적으로 다른 기업의 지분을 전술한 25 내지 50% 취득하는 경우에 이들 참가기업들 간에 기업결합이 성립하는 것으로 보고 있다. 이때 취득회사의 수, 각각의 지분율이나 지분취득의 목적은 기업결합의 성립 여부와 무관하며, 오로지 복수의 취득회사와 피취득회사 사이에 지배관계가 형성되는지의 여부가 중요한 의미를 갖는다. 50:50의 지분비율로 합작회사를 설립한 후 일방이 타방의 지분을 전부 인수하여 단독 자회사로 변경하는 등, 공동의 지배에서 단독의 지배로 조직변경이 이루어지는 경우에도 새로운 기업결합으로 규제되며, 그 반대도 마찬가지이다.[37]

합작기업의 경쟁법상 지위

(1) 의 의

경쟁제한방지법상 기업결합규제에서 경쟁사업자들이 함께 합작기업을 설립하는 행위는 실무상으로도 매우 중요한 의미를 갖는다. 합작기업의 설립은 당해 합작기업이나 모회사의 시장지배적 지위를 형성 또는 강화할 수 있을 뿐만 아니라 모회사간의 경쟁을 제한할 우려가 있다는 특성을 갖는다.

유럽의 합병규칙이 합작기업에서 특히 문제되는 모회사간의 이른바 집단효과(Gruppeneffekt)를 특유의 복잡한 규정으로 포섭하고 있는 반면, 독일의 경쟁제한방지법은 그와 다른 길을 택

37) Bechtold, Kartellgesetz Kommentar, 2002, §37, Rn. 1.
38) Emmerich, Kartellrecht, 10, Aufl., 2006, §33, Rn. 33.

하였다. 동법상 합작기업의 설립은 명문으로 지배력의 획득이라는 기업결합의 일유형에 해당할 수 있는 것이다(GWB 제37조 제1항 2호 1문). 그에 따르면 두 개의 기업(모회사)이 합작기업(자회사)를 설립하는 경우에 해당 자회사가 활동하게 될 시장에서는 이들 모회사 간에 수평결합이 발생하게 된다(GWB 제37조 제1항 3호 3문). 즉, 경제적인 관점에서 볼 때 공동으로 자회사를 설립하는 것은 모회사 간에 직접 지분취득이 이루어지는 것과 동일한 효과를 가질 수 있다는 것이다.

따라서 합작기업의 경우에 법적으로는 두 가지 기업결합이 포착되는 결과가 된다. 첫째, 자회사에 대한 지분취득은 이에 참가하는 모회사와의 관계에서 수직결합에 해당되고, 둘째로 자회사가 활동하게 될 시장에서는 이들 모회사 간에 수평결합이 발생하게 되는 것이다. 후자의 경우에는 합작기업이 활동하게 될 시장에서 모회사간에 사실상 일부합병(Teilfusion)이 성립하게 된다.[38] 그 결과 회사법적으로는 하나의 행위가 두 가지의 기업결합으로 포착되는 것이다.

(2) 공동의 지배관계

합작기업의 설립이란 복수의 기업이 다른 하나의 기업에 대하여 지배력을 획득하는 행위이다. 이때, 복수의 모회사는 해당 합작기업의 사업활동에 결정적인 영향력을 행사할 수 있는 가능성을 공동으로 갖게 되어야 한다. 이러한 의미에서 '공동의 지배관계'를 요구하는 것은 유럽의 합병규칙 제3조 제1항 b호를 모델로 한 것이다.

복수의 기업이 다른 기업의 지분을 취득하는 행위는 전술한 바와 같이 해당 취득회사들 간에 기업결합, 특히 수평결합을 가져온다. 여기서는 합작기업이 활동하게 될 시장을 기준으로 하며, 해당 시장에서 모회사들의 시장점유율이 합산된다. 그밖에 모회사 간의 지분취득이 아니라 합작기업과 모회사 간의 수직결합이 성립할 수 있는 바, 이를 위해서는 모회사가 각각 합작기업의 지분을 25% 이상 취득하여야 한다.

(3) 카르텔금지의 적용 여부

합작기업의 설립에 대한 경쟁법적 판단에 있어서 그러한 행위가 카르텔의 요건을 아울러 충족할 수 있음에 유의하여야 한다. 논란의 초점은 합작기업의 설립에 언제나 카르텔금지가 적용되는지, 아니면 예외적인 경우에만 카르텔금지를 적용할 수 있는지 여부이다. 이러한 쟁점은, 카르텔은 원칙적으로 금지되는 반면 기업결합은 시장지배적 지위를 형성 또는 강화하는 등 유효경쟁을 현저히 저해하는 경우에만 예외적으로 금지된다는 점에서, 실무상으로도 매우 중요하다.

독일에서는 흔히 집중우선의 원칙(Konzentrationsprivileg)에 따라 합작기업에 대해서는 기업결합규제만을 적용하고 카르텔금지를 배제하여야 한다는 견해도 유력하나, 판례는 이를 명시적으로 거부한 바 있다.[39] 즉, 연방대법원은 이른바 이원설 내지 이중기준이론(Zweischrankentheorie)에 따라 카르텔금지와 기업결합규제가 병렬적으로 적용된다는 입장을 취하고 있다. 그에 따라 기업결합에는 이중통제(Doppelkontrolle)가 이루어질 수 있는 바, 합작기업의 설립약정으로 인하여 모회사 간의 경쟁제한이 우려되는 경우에는 경쟁제한방지법 제1조가 추가로 적용될 수 있는 것이다.[40)]

합작기업에 카르텔금지를 적용하는 것은 무엇보다 협동적 합작기업(kooperative GU)의 경우에 중요한 의미를 갖는다. 전술한 이중통제가 이루어지는 경우도 바로 협동적 합작기업의 경우로서, 이때에는 기업결합규제로 인하여 경쟁제한방지법 제1조의 적용이 배제되지 않는 것이다. 이때, 협동적 합작기업에 내재된 카르텔의 요소는 바로 모회사들이 합작기업의 범주를 벗어나서 자신들의 경쟁행위를 상호 조정하거나 나아가 합작기업과의 경쟁행위를 조정할 위험이다. 이러한 효과를 흔히 파급효과(spill-over-Effekt)라 한다. 여기서 협동적 합작기업인지 여부를 판단함에 있어서는 무엇보다 모회사들이 결합 후에도 합작기업과 동일한 시장에서 여전히 사업활동을 계속하는지 여부가 중요하다.

반면, 모회사가 각자 합작기업에 대해서 지분을 나눠가질 뿐이고 자신들의 경쟁상 행위를 제약하지 않는, 다시 말해서 합작기업이 시장에서 '독립된 계획단위'(selbständige Planungseinheit)로 등장한다는 의미에서 집중적 합작기업(konzentrative GU)은 통상 관련시장에 지속적인 구조변화를 수반하게 된다. 여기서는 기업결합에 고유한 특징이 지배적으로 나타나기 때문에, 원칙적으로 경쟁제한방지법 제1조의 카르텔금지는 적용되지 않으며 오로지 기업결합의 관점에서만 심사가 이루어진다.

3. 지분 내지 주식의 취득

지분 내지 주식의 취득(Anteilserwerb)은 실무상 기업결합 중에서 가장 빈번하게 행해지는 유형에 해당한다. 제4차 법개정이 있기까지는 다른 회사의 의결권 있는 주식을 25 내지 50% 취득하는 경우만을 기업결합으로 보았고, 그 결과 자본회사가 아닌 인적회사의 경우나 지분취득과 무관하게 의결권을 보유하게 되는 경우는 기업결합에 포섭되지 못하였다. 그 후 제5차 법개정을 통해서 자본금액 내지 의결권의 25% 내지 50%를 취득하는 경우를 기업결합으로 포섭하게 되었다(GWB 제37조 제1항 3호). 여기서 25 내지 50%의 자본금액 또는 의결권의 취득은 각 단계마다 별도의 기업결합으로 인정되기 때문에, 그와 같은 자본금액 또는 의결권의 취득은 연방카르텔청에 신고해야 하며, 각각에 대하여 새로이 기업결합 규제절차가 개시된다.[41)] 지분취득을 통한 기업집중 및 그에 따

39) BGH 13.1.1998, KVR 40/96 WuW/E DE-R 115 "Carpartner"; BGH 8.5.2001, KVR 12/99 BGHZ 147, 325, 331 "Ost-Fleisch".
40) BKartA 9.8.2006, B1-116/04, WuW/E DE-V 1277, Tz. 72 ff. "Nord-KS/Xella".
41) BGH 19.4.1983, KVR 1/82 WuW/E BGH 2013 ff. "VEW/Gelsenwasser".

른 경쟁제한효과는 자본참가의 정도에 따라 달리 파악되어야 하기 때문이다.

한편, 50%의 지분취득을 기업결합으로 간주하는 데에는 의문이 없으나, 25% 정도의 지분취득으로는 반드시 지배주주의 의사결정을 봉쇄할 수 있는 정도의 소수주주(Sperrminorität)라고 볼 수 없기 때문에(주식법 제179조 제2항; 유한회사법 제53조 제2항) 일견 기업결합으로 보기 어려운 측면이 있다. 그런데 당초 경쟁제한방지법 제37조 제1항 3호의 취지가 바로 동항 2호의 지배관계에는 미치지 못하는 지분취득을 포섭하기 위하여 25% 이상의 지분취득을 규제대상에 포함시키려는 것이었음에는 의문이 없다. 그밖에 예컨대 이미 피취득회사의 지분을 30% 보유하고 있던 회사가 추가로 18%를 취득하여 총 48%의 지분을 취득하게 되는 경우를 상정해보자. 이때, 18%의 지분을 추가로 취득하더라도 50% 지분율 기준은 충족되지 않고, 동 회사는 이미 25% 이상을 보유하고 있었기 때문에 동항 3호에 따른 신고의무는 여전히 발생하지 않는다. 다만, 이 경우에도 연방카르텔청은 동항 2호의 지배력 획득이라는 요건이 충족되는지 여부에 대해서는 여전히 심사하게 된다.

4. 기타 경쟁상 상당한 영향력의 획득(Erwerb sonstigen wettbewerblich erheblichen Einflusses)

경쟁제한방지법 제37조 제1항 4호는 1989년 제5차 법개정으로 도입되었는데, 그 취지는 다른 기업에 대한 지배적인 영향력을 통해서 형성될 수 있는 기업결합의 가능한 모든 형태를 포섭하는 데에 있다.[42] 동호는 유럽경쟁법과의 전반적인 조화를 꾀한 1998년의 제6차 개정에도 불구하고 독일식 합병규제 방식을 고수한 부분으로 알려져 있다. 따라서 동호는 구체적으로 다른 기업의 중요한 정책에 지배적인 영향력을 행사할 수 있는 모든 과정을 포섭하며,[43] 그 방법이나 법적 수단은 동호의 요건 충족에 있어서 중요하지 않다. 그 결과 회사법상 주주의 영향력 내지 지배력에 변화를 가져오는 행위, 예컨대 채권은행이 지배주주로서 경영권을 행사하게 되거나 감자(減資)하는 과정에서 지배구조가 변화하는 경우에도 기업결합에 해당될 수 있게 된다.

이러한 일반조항은 실무상 동항 3호 2문에서 정하고 있는 요건에 해당되지 않는 합

---

42) Mestmäcker, in: Immenga/Mestmäcker, Kommentar zum Kartellgesetz, 1992, §23, Rn. 224 참조. 1989년 동 구성요건을 도입할 때 가장 염두에 둔 것은 경쟁사업자의 지분을 24.9% 취득하는 형태의 이른바 탈법행위를 막는 것이었다.

43) BGH 21.12.2004, KVR 26/03, WuW/E DE-R 1419, Tz. 3 "trans-o-flex"; Görner, ZWeR, 2005, S. 299 ff.

작기업을 기업결합으로 파악함에 있어서도 매우 중요한 의미를 갖는다. 즉, 합작기업의 설립에 4 이상의 기업이 참여하여 각기 25% 미만의 지분을 취득하지만, 이들이 공동으로 합작기업에 대하여 지배적인 영향력을 행사할 수 있는 경우가 그러하다. 이때의 기업결합은 참가사업자와 합작기업 사이에 성립하는 것으로 본다.

이처럼 다분히 일반조항의 성격을 갖는 동항 4호의 기업결합유형은 어디까지나 전술한 세 가지 유형에 대하여 보충적인 지위를 갖는다는 점에 유의하여야 한다. 즉, 다수설에 의하면 동항 각호에 규정된 기업결합의 유형은 단순히 예시적인 것이 아니라 한정적인 열거로 보아야 하고, 이들 기업결합의 유형은 서로 중첩될 수 있는데 그에 따른 불필요한 이중통제를 피하기 위해서라도 이러한 보충성이 요구된다고 한다. 반면 연방카르텔청의 입장과 같은 소수설은 동호에 보충적인 의미만을 부여하려는 해석은 가능한 모든 기업결합수단을 빠짐없이 심사에 포섭하려는 동호의 취지에 반한다는 입장에서, 열거된 기업결합 유형들은 아무런 제한 없이 병렬적으로 적용 가능하다고 한다.[44]

사 례 **B2B 합작과 경쟁제한성: Goodyear/Michelin 사건**

(1) 사건의 개요

이 사건은 2000년 10월 5일 타이어제조업체인 미국의 굿이어(Goodyear Tire & Rubber Company, Ohio)와 프랑스의 미셰린(Compagnie Générale des Établissements Michelin, Clermond-Ferrand)이 'RubberNetwork.com'이라는 이름의 B2B 합작기업 설립계획을 독일 연방카르텔청에 신고하면서 개시되었다.[45] 굿이어와 미셰린은 고무가공산업, 특히 자동차타이어시장에서 활동하는 다국적기업으로서, 1999년도 매출액이 각각 150억 ECU에 달하고, 각사가 유럽공동체 회원국 및 독일에서 올린 매출액도 10억 ECU를 넘었다.

RubberNetwork.com은 미국 델라웨어에 본사를 두고, 전세계적으로 타이어 및 고무제조업체와 이들의 거래선을 연결하는 이른바 e-commerce 시장으로 운영될 예정이었다. 동 합작회사에는 굿이어와 미셰린이 각각 33.3%(이들의 지분은 향후 지분개방을 통해서 25% 미만으로 유지될 예정이었음), 콘티넨탈이 13.3%, 쿠퍼, 피렐리 및 스미토모가 각각

44) Emmerich, Kartellrecht, 10. Aufl., 2006, S. 282; Mestmäcker, in: Immenga/Mestmäcker, Kommentar zum Kartellgesetz, 1992, §23, Rn. 230 ff.

45) 동 합작기업에는 그밖에도 독일의 Continental AG, 미국의 Cooper Tire & Rubber Company, 이탈리아의 Pirelli Pneumatic S.p.A. 및 일본의 스미토모 고무공업이 참여하기로 되어 있었다.

6.7%의 지분을 갖기로 되어 있었다. 동 합작회사는 타이어 및 고무산업에 필요한 원재료, 중간제품, 완제품 및 서비스의 구매 및 판매를 목적으로 하였는데, 종래 이들 제품 등은 공급자와의 직거래나 중간판매상, 개별업체와의 인터넷거래 등 여러 경로를 통해서 거래되어 왔다. 그런데 동 합작회사의 설립을 통해서 사업자들은 관련 제품 및 서비스를 전자카탈로그를 통해서 선택하고, 경매를 통하여 구매·판매하거나, 온라인상의 개별협상을 통하여 계약을 체결할 수 있게 된다.

다른 한편으로 동 B2B합작에 참가한 타이어 및 고무제조업체들은 공동구매를 통하여 특정 제품 등에 대한 자신들의 수요를 묶을 수 있게 되지만(Nachfragebündelung), 이러한 가능성은 이들 참가사업자 및 동 플랫폼을 이용하는 다른 모든 사업자에 공통적으로 적용되는 '운영지침'을 통해서 제한되어 있었다. 즉, 동 지침에 따르면 지분참여한 기업이 제조한 타이어 및 고무제품와 직접 관련되는 모든 제품 및 서비스 그리고 타이어 및 고무산업에 특수한 모든 제품 및 서비스는 '전략적'인 것으로서 공동구매의 대상으로 할 수 없으며, 지분참여 여부와 상관없이 동 합작회사를 거래에 이용하는 자는, 누구나 자기의 최종제품에 직접 사용되는 또는 당해 산업에 특수한 제품 및 서비스와 관련하여, 공동구매를 할 수 없도록 되어 있었다. 그 결과 원칙적으로 RubberNetwork.com을 통한 거래는 개별적으로 이루어지며, 각 사업자의 가격, 거래조건 및 성사된 거래가액 등 특정 기업에 고유한 정보는 공유되지 않게 되어 있다. 동 합작기업의 수입은 모든 참가사업자(공급자 및 수요자)의 회비와 거래수수료로 이루어진다.

(2) 쟁점

동 합작회사의 설립은 그 참가사업자들의 매출액합계가 독일 경쟁제한방지법 제35조 제1항의 요건, 즉 참가사업자의 전세계 매출액 합계가 10억 마르크를 넘고, 그중 적어도 한 사업자의 독일 내의 매출액이 5천만 마르크를 넘어야 한다는 요건을 충족하므로, 독일의 기업결합통제가 적용된다. 동조 제3항에 따르면 어떤 기업결합이 동시에 유럽 기업결합통제규칙 제1조가 정한 매출액요건을 충족시키고, 그 결과 유럽법의 우선적 관할권이 인정될 경우 그것은 전속관할권이기 때문에 연방카르텔청은 그에 대한 관할권을 행사할 수 없게 되어 있다. 그러나 본 건의 경우 유럽 합병통제규칙 제3조의 기업결합에 대한 실체적 요건 중에서 '지배력의 획득'이 존재하지 않는다고 판단되었기 때문에 유럽 경쟁법은 적용되지 않고, 따라서 동 합작기업의 설립과 그에 따른 33.3%의 지분획득은 독일 경쟁제한방지법 제37조 제1항 3호 b 및 동호 3문의 기업결합에 해당되어 참가사업자는 동법 제39조 제1항에 따라 연방카르텔청에 신고하게 되었다. 신고된 기업결합은 동법 제36조 제1항에 따라 '관련시장'에서 '시장지배적 지위가 형성 또는 강화'될 우려가 있는지의 여부에 따라 금지여부가 결정된다.

가. 시장획정

연방카르텔청은 이 사건에서 문제되는 시장을 크게 (i) B2B e-marketplace로서의 플랫폼 그 자체와 (ii) 여기서 거래되는 제품 및 서비스시장으로 양분하고, 후자를 다시 생산공정에 소요되는 기계류, 엔지니어링 서비스를 비롯하여 최종제품에 직접 사용되는 제품 및 서비스시장과 그밖에 당해 시장에 국한되지 않고 대기업들이 일반적인 유지·보수 활동에 필요로 하는 MRO제품 및 서비스시장으로 나누었다.[46] 그리고 참가사업자들의 생산거점은 유럽을 포함하여 전세계에 걸쳐 있었기 때문에, 이들 모든 제품 및 서비스시장에 지리적으로 독일의 국내시장이 포함됨에는 의문의 여지가 없다.

나. 경쟁제한성

연방카르텔청은 위에서 획정된 온라인 및 오프라인시장에 대하여 차례로 경쟁제한성을 판단하였다. 우선 e-market에서 시장지배력이 형성 또는 강화될 우려가 있는가? 통계적으로 볼 때 고무관련산업에서 2000년 6월 현재 세계적으로 1천여 개 이상의 e-market이 존재하며, 1999년 10월부터 2000년 6월까지의 기간 중에만 그 수가 332개에서 1042개로 증가하였다. 그중 약 748개는 미국에서, 133개는 독일에서 설립되었다. 이처럼 e-market의 설립은 매우 동태적이며, 굿이어와 미셰린은 그 밖의 어떤 다른 e-market에 대해서도 직접 지분을 가지고 있지 않고 그 결과 시장집중을 문제 삼을 수 없다는 이유로 연방카르텔청은 경쟁제한성이 없다고 보았다.[47]

이어서 당해 분야에 특수한, 최종제품에 직접 사용되는 제품 및 서비스시장에서 참가사업자의 구매액과 그에 기초한 시장구조 및 시장점유율의 분석은 경쟁제한성을 판단함에 있어서 그다지 중요한 의미를 갖지 못하였다. 왜냐하면 이들 제품에 대해서는 운영지침상 공동구매가 허용되지 않기 때문이다. 그 결과 참가사업자들은 RubberNetwork.com에서 이들 제품을 언제나 개별적으로 거래하게 되며, 다른 플랫폼이용자의 개별거래에 관한 세부정보 역시 공유되지 않는다. 따라서 이들 제품시장에서 B2B플랫폼은 단지 거래의 체결을 위한 매개체로서 이용될 뿐이며, 그 결과 이들 사업자의 수요측면에서의 점유율 또한 합산될 이유가 없으므로 결국 경쟁제한성이 부인되었다.

끝으로 기타 MRO제품 및 서비스시장에 대해서 연방카르텔청은 관련 수요시장의 규모를 확정하기가 어렵기는 하지만 참가사업자들이 활동하는 타이어 및 고무산업은 독일 전체 제조업에서 1%를 차지하는데 불과하고, 이들 제조업체들은 모두 유지·보수를 위한 제품 및 서비스의 잠재적인 수요자가 될 수 있기 때문에, 결국 당해 시장에서 참가사업자들이

46) 이때 MRO제품 및 서비스시장은 관련제품의 이질성과 다양성에 따라 다시 여러 개의 하위제품시장으로 세분될 수 있으나, 연방카르텔청은 시장을 세분하는 경우에도 금지요건은 충족되지 않을 것이기 때문에 그러한 세분 자체가 불필요하다고 보았다.

47) 연방카르텔청은 동 B2B합작의 목적이 종래 타이어, 고무제품 및 그 원재료가 화학 및 자동차 등의 관련 산업분야에서 설립된 다른 플랫폼을 통해서 거래될 수밖에 없었던 상황에 따른 거래상의 종속성을 감소시키기 위한 것이라고 언급하고 있으나, 이러한 동기가 경쟁제한성 판단에 어떠한 영향을 미쳤는지에 대해서는 확실히 설명하지 않고 있다.

차지하는 수요시장점유율이란 기껏해야 1%에 불과하다고 보아, 비록 이들 제품에 대해서는 공동구매가 가능하더라도 시장지배력이 형성 또는 강화될 여지가 없다고 보았다.

끝으로 전술한 사실을 종합할 때 문제의 B2B플랫폼은 설립기업을 포함하여 사업자들이 거래정보의 비밀을 유지하면서 서로 독립하여 이용하는 '거래의 장(場)'에 불과하다는 이유로 연방카르텔청은 그밖에 카르텔금지에 관한 동법 제1조를 적용할 여지가 없으며, 다만 RubberNetwork.com의 추후 운영실무에 대해서는 계속 지켜볼 필요가 있다고 밝혔다.

Ⅲ. 보론 : 계열회사간 기업결합과 지배관계의 강화

1. 콘체른 내부의 기업결합

전술한 바와 같이 경쟁제한방지법은 기업결합의 개념에 관한 일반조항을 두지 않고 결합의 유형과 그 강도에 따라 크게 자산의 취득, 지배력의 획득, 지분의 취득 및 경쟁상 상당한 영향력의 획득이라는 네 가지 유형을 열거하고 있다(GWB 제37조 제1항 각호). 그 중에서 다른 회사의 자산의 전부 또는 주요부분을 취득하는 경우의 대표적인 예가 바로 합병이다.

그런데 여러 회사들이 계약상 또는 사실상 지배관계로 얽혀있는 콘체른 내지 기업집단 내부에서 조직변경의 수단으로 특정 소속 회사들 간에 합병이 이루어지는 경우에 대해서는 경쟁제한방지법 제37조 제2항의 이른바 '강화조항'(Verstärkungsklausel)이 이를 해결하고 있다. 그에 따르면 이미 지배관계가 존재하는 다른 계열회사의 지분을 추가로 취득함으로써 당해 기업결합이 기존 결합관계의 실질적 강화를 가져오는 경우에는 이미 당사회사 사이에 결합관계가 형성되어 있는 경우에도 별도의 기업결합이 성립하고, 그에 따른 심사를 받게 된다. 예컨대, A사가 B사와 지배계약을 체결하고 46%의 지분을 보유하고 있는 상태에서 지분율을 80%로 올리는 경우를 상정할 수 있다.

이때 결합관계의 강화란 그것이 추가적인 기업결합규제를 정당화할 정도로 '실질적'인 것이어야 하고, 추가적으로 해당 기업결합을 규제할 필요가 있는지 여부는 신고의무 등 기업결합 규제의 목적에 비추어 개별적으로 판단하여야 한다. 기존의 결합상태가 실질적으로 강화되지 않는 경우에는 사전신고의무도 발생하지 않으며, 이때에는 기업결합의 성립요건이 존재하지 않는 것이기 때문에 통계목적의 사후신고의무 또한 발생하지 않는다.[48] 따라서 강화조항은 결합의 정도가 실질적으로 강화되지 않는 지분취득 등에 대해서는 기업결합규제를 하지 않는다는 소극적인 의미를 함께 가지게 된다.

강화조항의 취지는 무엇보다 콘체른관계에서 소속회사들간의 관계가 더욱 밀접해진다고 해도 그것을 기업결합의 본질, 즉 '외부적 성장을 가져오는 행위'(Akt externen Wachstums)로 볼 수 없다는 데에서 찾을 수 있다. 그런데 이미 콘체른관계가 성립되어 있는 특정 회사들 간에 일견 기업결합이 추가로 발생하는 경우, 이를테면 모회사의 지시로 100%의 자회사 두 개가 서로 합병하는 경우라면 이때에는 처음부터 동법 제37조 제2항은 필요하지 않다. 이들 회사에는 동조 제1항 각호의 기업결합 요건 중에서 '다른 기업'(andere Unternehmen)이 처음부터 존재하지 않기 때문이다. 따라서 지배관계의 강화 여부를 확정하는 작업은 콘체른의 특성 없이 기업간 결합관계(Unternehmensverbindung)가 존재하는 경우에 의미를 갖게 되는 것이다.[49]

2. 공정거래법상 계열회사 사이의 기업결합

우리나라에서도 2009년 KT/KTF 합병시 계열회사 간의 기업결합을 어떻게 파악할 것인지가 다투어진 바 있고, 공정거래위원회는 사전신고를 받은 후 심사를 거쳐 경쟁제한성이 없다고 판단한 바 있다.

이와 관련하여 공정거래법상 기업결합 신고에 관한 한 계열회사간 기업결합에 대한 특칙은 존재하지 않으며, 자산총액 또는 매출액의 규모가 1천억원 이상인 회사가 200억원 이상인 회사와 기업결합을 하는 경우에는 계열관계의 유무와 상관없이 신고의무를 지게 된다(영 제18조 제1항, 제2항). 이때 신고대상 기업결합으로는 다른 회사의 발행주식총수의 20%(상장법인의 경우 15%) 이상을 소유하게 되거나, 위 비율 이상으로 소유한 자가 당해 회사의 주식을 추가로 취득하여 최다출자자가 되거나, 임원겸임(대규모회사의 경우에 한함), 합병, 영업양수를 하는 경우, 그리고 새로운 회사설립에 참여하여 그 회사의 최다출자자가 되는 경우가 있다(법 제12조 제1항 각호).

여기서 문제는 일단 기업결합 신고가 이루어진 후, 이미 계열관계에 있는 회사들 사이의 합병에 대해서도 공정거래법상 간이심사가 아닌 실질적인 심사가 가능한지 여부이다. 먼저 '기업결합 심사기준'[50]에 따르면 당사회사가 공정거래법상 특수관계인에 해당하

48) Richter, in: Wiedemann, Handbuch des Kartellrechts, 2. Aufl., 2008, §19, Rn. 131.
49) Richter, 위의 책, Rn. 132.
50) 공정거래위원회 고시 2015.6.30. 제2015-3호.

는 경우 간이심사대상 기업결합에 해당하고, 간이심사대상 기업결합은 경쟁제한성이 없는 것으로 추정하며, 원칙적으로 신고내용의 사실여부만을 심사하여 적법한 신고서류의 접수 후 15일 이내에 심사결과를 신고인에게 통보하도록 규정하고 있다(심사기준 II 1, III 1). 이와 같은 간이심사제도는 특수관계인의 경우 이미 동일인을 중심으로 지배관계가 형성되어 있기 때문에, 이들 간에 형식적으로 기업결합의 요건이 성립하더라도 원칙적으로 추가적인 경쟁제한의 우려가 없을 것이라는 전제에서 마련된 규정이다.

다만, 간이심사제도와 경쟁제한성 부존재 추정의 취지를 합목적적으로 해석하지 않을 경우 자칫 기업결합규제에 공백을 초래할 수 있다는 점에서 유의할 필요가 있다. 공정거래법상 '특수관계인'이란 동일인, 동일인관련자(영 제11조)로서, 언제나 기업결합 당사회사 사이에 직접적인 지배관계를 수반하는 것은 아니고, 동일인관련자의 대표적인 예인 계열회사의 경우에도 동일인 내지 총수의 사실상 지배를 받는 회사에 불과하기 때문에 기업결합에 참여하는 당사회사 사이에 계열관계가 존재한다고 해서 이들 간에 직접적인 지배관계를 일률적으로 도출하기 어렵다. 따라서 심사기준을 계열회사 간 기업결합에 대하여 일률적이고 예외없는 심사면제를 규정한 것으로 해석해서는 곤란할 것이다.

예컨대, 기업결합 당사회사가 특수관계인의 지위에 있더라도 이들을 하나의 사업자로는 볼 수 없는 경우, 이들 간에 현실적·잠재적 경쟁관계가 존재하는 경우, 그리고 이들 간에 이미 결합관계가 존재하더라도 추가적인 지분취득 등으로 인하여 결합의 강도가 현저히 높아지는 경우 등에 대해서는 경쟁제한의 부존재를 추정하지 않고, 실질심사를 진행할 수 있는 것으로 해석하는 것이 타당할 것이다.

한편, 공정거래법에는 독일 경쟁제한방지법 제37조 제2항에 상당하는 조항이 없으나, 기업결합 규제의 취지가 결합관계의 형성 또는 강화로 인한 경쟁제한효과 내지 시장집중효과를 심사하는 것이고, 결합관계의 형성이나 강화의 경우 경쟁에 부정적으로 영향을 미칠 수 있다는 점에서 실질심사 자체의 필요성을 부인하기는 어려워 보인다. 결합관계의 강화가 관련시장의 경쟁에 어떤 영향을 미칠 것인지는 결국 실질심사를 통해서만 가능할 것이기 때문이다.

끝으로 공정거래법 제12조가 정하고 있는 신고대상 기업결합은 일견 서로 중첩될 수 있는 바, 예방적 합병통제의 취지에 비추어 이들 중 어느 하나의 방법으로 이미 결합된 기업이라도 다른 방법으로 결합관계를 강화하는 경우에는 공정거래위원회에 신고하도록 하고 아울러 심사대상에 포함시키려는 취지라고 이해할 수 있을 것이다. 이러한 관점에서 볼 때 동조 제1항 1호(20% 이상 지분취득), 2호(최다출자자), 4호(합병)는 단계적으로 결합관계가 강화되는 경우를 상정하고 있는 바, 이는 결합관계의 강화가 경쟁에 새로운 영향을 미칠 수 있음을 의미하는 것이고, 실무상 결합관계의 실질적 강화가 없는 경우에만 심사면제를 할 수 있는 것으로 해석하는 것이 목적론적 해석의 관점에서도 타당할 것이다.

제4절 | 금지요건

Ⅰ. 개 관

1. 기업결합 심사의 특성

연방카르텔청은 경쟁제한방지법 제36조가 정하는 요건에 따라 기업결합에 대한 심사를 진행한 뒤, 시장지배적 지위의 형성 또는 강화 등 유효경쟁이 현저히 저해될 우려가 있다고 판단하는 경우에는 해당 기업결합을 금지할 의무를 진다. 다만, 해당 기업결합을 통하여 경쟁조건의 개선이 이루어지고 이러한 개선이 시장지배력에 따른 폐해를 능가할 것이라는 점을 당사회사가 입증한 때에는 예외가 인정될 수 있다.

여기서 짐작할 수 있는 바와 같이 기업결합에 대한 실체적 심사는 대체로 해당 기업결합으로 인하여 장래에 시장구조가 어떻게 전개될 것인지에 관한 예측(Prognose)을 전제로 한다. 이러한 예측의 기간은 대략 3-5년이다. 따라서 어느 정도 확실하게 해당 기업결합으로 인하여 직접 발생할 것으로 예상되는 효과와 그 후에 막연하게 발생할 지도 모르는 효과는 구별되어야 한다.[51] 아울러 문제될 만한 시장구조의 변화가 해당 기업결합으로 인하여 발생하는 것이어야 한다는 의미에서 기업결합과 경쟁제한효과 사이에는 인과관계가 인정되어야 한다. 시장구조의 변화는 여러 가지 다른 요인에 의해서 발생할 수도 있기 때문에, 해당 기업결합이 시장구조에 변화를 가져오는 유일한 원인은 아니더라도 또 다른 원인으로는 작용한다는 점이 인정되어야 한다.[52]

---

51) BGH 6.3.2001, KVR 18/99 WuW/E DE-R 668, 670 “WerraRundschau”.
52) BGH 15.10.1991, KVR 3/90 BGHZ 115, 354 ff. “Stormaner Tageblatt”.

2. 시장구조의 우선원칙

유효경쟁의 중대한 제한(significant impediment of effective competition; SIEC)이라는 기준을 채택하고 있는 유럽의 합병규제와 달리 독일의 경쟁제한방지법은 일찍이 시장지배력 기준을 유일한 실체적 금지기준으로 명정하고 있었다(GWB 제36조 제1항). 그러다가 2013년 제8차 개정법을 통하여 이른바 SIEC 테스트가 명시적으로 도입되었고, 종래 '시장지배력의 형성 또는 강화'(Begründung oder Verstärkung einer marktbeherrschenden Stellung)의 경우는 법문상 유효경쟁이 실질적으로 저해되는 대표적인 양상으로 규정되었다. 따라서 계획된 기업결합이 장래에 관련시장에서 시장지배적 지위를 형성 또는 강화할 우려가 있는지 여부가 여전히 해당 기업결합의 금지 여부를 판단함에 있어서 관건이 된다. 시장지배력의 개념과 기준, 추정요건에 대해서는 경쟁제한방지법 제18조가 원용될 수 있다.

기업결합규제와 관련하여 시장지배력을 이론적으로 파악함에 있어서는 크게 시장구조주의(Marktstrukturansatz)와 시장행태주의(Marktverhaltensansatz)를 구별할 필요가 있다. 독일의 실무에서는 시장구조주의가 무엇보다 우선하며, 구체적인 사례에서 드물지 않게 행태기준을 배제하기도 한다. 그 이유는 기업결합규제에 있어서 가장 중요한 것은 바로 당사회사가 관련시장에서 차지하게 될 지위라는 점에서 찾을 수 있다. 즉, 기업결합을 규제하는 목적 자체가 관련시장에서 유효경쟁이 기능할 수 있는 구조를 유지하는 데에 있기 때문에, 금지 여부 또한 시장구조 및 이와 직결될 수밖에 없는 시장지배력의 형성 또는 강화에 초점을 맞추어야 한다는 것이다. 이와 같은 시장구조주의는 구체적인 심사기준에도 영향을 미치게 된다. 반면, 남용규제의 경우에는 기왕의 시장지배적 사업자가 보여준 과거의 행태가 심사의 관건이 된다는 점이 다르다.

이처럼 기업결합규제에서는 시장구조의 변화가 현재의 경쟁사업자나 장래에 나타날 새로운 경쟁사업자의 시장지위에 어떤 영향을 미칠 것인지가 관건이기 때문에,[53] 상품시장 및 지역시장을 획정하는 것이 첫 번째로 중요한 단계이다. 관련시장이 넓게 획정될수록 해당 기업결합이 시장지배적 지위를 형성 또는 강화할 개연성은 줄어들게 될 것이다. 결합되는 사업자의 절대적 및 상대적인 시장점유율 또한 지배력 판단에 중요한 기준이 된다.

---

53) BGH 4.10.1983, KVR 3/82 BGHZ 8, 284, 287 "Texaco-Zerrsen".

Ⅱ. 구체적인 판단기준

1. 개 관

종래 독일의 기업결합심사는 시장구조주의에 기초하여 해당 기업결합이 시장지배력을 형성 또는 강화하는지, 법 제18조에 따른 시장지배력의 개념 및 추정요건에 해당하는지, 그밖에 당사회사의 자금력, 설비전환가능성, 조달 및 판매시장에 대한 접근가능성이나 혁신잠재력 등을 고려하게 되며, 이러한 작업을 통하여 관련시장이 장래에 어떻게 변화할 것인지를 예측하게 된다.

경쟁제한방지법상 시장지배력의 형성 또는 강화 여부만을 기준으로 삼던 태도는 2013년 제8차 개정법에 따라 SIEC 테스트, 즉 '유효경쟁의 상당한 저해'라는 기준으로 전환되었다. 이와 같은 개정은 무엇보다 독일의 기업결합규제를 유럽합병규칙에 조화시키고 아울러 기업결합의 경제적 효과를 보다 충실히 고려하기 위한 것이었다. 동 개정이 구체적으로 기업결합 심사기준에 어떠한 변화를 가져올 것인지는 확실하지 않으나, 시장지배력 기준이 여전히 핵심적인 역할을 수행할 것이라는 데에는 별다른 이견이 없다. 아래에서는 시장지배력 기준을 중심으로 기업결합에 대한 경쟁제한 방지법상 금지요건을 살펴보기로 한다.

시장지배력의 유무는 하나 또는 여러 개의 시장에 대하여 조사할 수 있다.[54] 시장지배적 지위는 당해 기업결합을 통해서 형성 또는 강화되어야 하며, 이를 통하여 기존의 경쟁관계가 악화될 우려가 있어야 한다. 경쟁제한방지법 제1조(경쟁제한적 합의의 금지)의 해석과 달리 연방대법원은 기업결합의 경쟁제한성 판단에 있어서 명시적으로 '상당성'(Spürbarkeit; appreciability)을 요구하지 않으며, 그밖에 지배력의 실질적인 변화를 인정하기 위한 추가적 요건에 대해서 언급하지 않고 있다.[55] 단지 해당 기업결합으로 인하여 관련시장에서 예상되는 경쟁관계의 변경이 경미한 경우에는 이를 금지하지 않을 뿐이다.[56] 아울러 기업결합에 참가하지 않은 다른 사업자의 시장지배적 지위가 강화되는 경우에는 기업결합통제가 적용되지 않는다.[57]

---

54) 예컨대, BGHZ 76, 55; BGH WuW 1980, 813; BGHZ 92, 223.

55) BGHZ 71, 102, 125 "Kfz-Kupplungen"; BGHZ 82, 1, 8 "Zeitungsmarkt München"; BGHZ 115, 354 "Stormarner Tageblatt".

56) BGH WuW 1980, 527, 533 f. 여기서는 1.3%의 시장점유율증가만으로도 족하다고 하였다.

57) BKartA WuW 1987, 343, 347 = WuW/E BKartA 2251, 2255 "Hamburger Wochenblatt/Schlei-Verlag";

한편, 독일에서 기업결합에 의하여 시장지배적 지위가 '형성'되는 경우란 실제로는 좀처럼 찾아보기 어렵다. 기업결합규제를 받을만한 대부분의 사업자는 이미 독일 내에서 시장지배적 지위를 차지하고 있는 경우가 많기 때문이다. 이와 달리, 대부분의 사례에서 중요한 의미를 갖는 시장지배적 지위의 '강화'는 시장지배력을 좌우하는 정도의 커다란 변동을 의미하며, 시장지배력을 중화시키는 경쟁효과가 기업결합 이전보다 훨씬 더 제약된다는 것을 의미한다.[58] 이러한 맥락에서 연방카르텔청이 단지 시장점유율의 변동만 고려하는 것은 아니며, 관련시장에서 당해 기업결합이 실질적인 경쟁사업자와 잠재적인 경쟁사업자에게 미치는 효과 등을 아울러 살펴보게 되는 것이다.[59]

2. 시장지배력의 형성

어떤 기업결합이 시장지배적 지위를 형성하는지 여부를 심사함에 있어서 관건은 그로 인하여 당사회사가 과도한 시장지위를 갖는 등 시장구조가 악화되고 당사회사에게 경쟁으로부터 충분히 통제되지 않는 행위의 여지(Verhaltensspielraum)가 과도하게 발생하는지 여부이다.

과도한 시장지위를 갖게 되는지 여부를 판단함에 있어서는 시장구조에 대한 장기적인 접근이 필요하며, 시장상황에 관련된 모든 요소가 고려되어야 한다.[60] 이때 시장구조기준, 특히 시장점유율기준이 핵심적인 역할을 차지하게 된다. 그밖에 시장에서의 힘이 얼마나 비대칭적으로 배분되는지(asymmetrische Verteilung der Marktmacht) 여부도 시장지배력의 형성을 판단하는데 중요하다. 이를테면 당사회사와 경쟁사업자 사이에 규모 내지 시장점유율 차이가 매우 큰 경우에는 설사 당사회사의 시장점유율 합계가 절대적으로는 크지는 않더라도 규모면에서 현저한 격차 그 자체가 시장지배적 지위를 보여주는 강력한 간접증거(Indiz)로 될 수 있다.

그 결과 독일에서는 당사회사가 불과 20% 정도의 합계 시장점유율을 가졌음에도 불구하고 나머지 경쟁사업자들이 매우 적은 시장점유율을 보유하고 있는 경우에 예외적으로 시장지배적 지위가 인정된 바 있다.[61] 반면, 기업결합으로 50% 이상의 시장점유율을

BGHZ 92, 223, 235 "Gruner+Jahr/Zeit".

58) BGHZ 82, 1, 9 "Zeitungsmarkt München"; BGH WuW 1980, 527, 533 = WuW/E BGH 1685, 1691 "Springer/Elbe Wochenblatt I".

59) BGHZ 71, 102, 119; BGHZ 82, 1, 10; BGH WuW 1984, 57, 59 = WuW/E BGH 2013, 2015 "VEW-Gelsenwasser"; BGH WuW 1985, 974, 980 = WuW/E BGH 2150, 2156 "Edelstahlbestecke".

60) BGH NJW 1992, 2289 f. "Kaufhof/Saturn".

가진 사업자가 등장하는 경우에는 통상 시장지배적 지위가 인정되며, 30% 이상의 시장점유율을 갖게 되는 경우에는 시장지배적 지위가 추정될 소지가 크다(GWB 제18조 제4항, 제6항 참조). 물론 이때의 추정에는 복멸이 가능하며(widerlegbar), 법기술상으로는 입증책임의 전환으로 작용한다.[62]

당사회사의 시장점유율 외에도 기업결합 이후에 나타날 시장구조를 조사하기 위해서는 당사회사의 자금력이나 생산의 전환가능성, 조달 및 판매시장에 대한 접근가능성, 혁신잠재력 등을 고려하여야 한다. 수직결합에서 시장지배적 사업자가 해당 기업결합을 계기로 다른 사업자에게 장기에 걸쳐 상품을 공급할 수 있게 될 경우에는 봉쇄를 통하여 시장지배력이 더욱 강화될 소지가 있을 것이고,[63] 혼합결합의 경우에는 기업결합으로 인한 자금력의 강화가 경쟁제한효과를 야기할 수 있을 것이다. 또한 기업결합심사에는 언제나 결합 이후 시장구조의 전개에 관한 추론과 예측이 요구되는 바, 특히 잠재적 경쟁의 가능성은 매우 중요한 의미를 갖는다. 이러한 맥락에서 잠재적 경쟁사업자에 대한 진입장벽의 유무 및 정도는 시장지배력 판단에 결정적인 요소로 작용할 수 있다.[64]

3. 시장지배력의 강화

독일에서는 어떤 기업결합이 당사회사가 기존에 보유하고 있는 시장지배력을 더욱 강화할 우려가 있는 경우에도 금지된다. 이것은 주로 이미 구조적으로 집중된 시장에서 남아있는 경쟁, 이른바 잔존경쟁(Restwettbewerb)을 보호하려는 취지이다. 시장지배력의 강화는 기업결합으로 인하여 시장구조나 기업지배구조에 변화가 일어나고, 이를 통하여 '경쟁의 지배력중화기능'(machtneutralisierende Wirkung des Wettbewerbs)이 그 전에 비하여 약화되는 경우에 인정된다.[65] 이러한 판단은 현재의 경쟁상태와 계획된 기업결합 이후 예상되는 경쟁상태를 비교하는 방법으로 이루어진다. 그 결과 시장지배력이 강화되는 것으로 족하며, 그것이 반드시 상당한(spürbar) 정도에 이르러야 하는 것은 아니다.

이처럼 연방카르텔청의 실무상 시장지배력의 강화에 상당성을 요구하지 않음으로써 기업결합규제를 엄격히 적용하려는 태도는 무엇보다 다음과 같은 취지에서 이해할 수

---

61) BKartA 13.1.1999, B9-184/98 WuW/E DE-V 122, 123 f. "Witass",
62) BGH 21.2.1978, KVR 4/77 WuW/E BGH 1501, 1504. "Kfz-Kupplungen",
63) BGH 15.7.1997, KVR 33/96, WuW/E DE-R 24, 29 f. "Stromversorgung Aggertal".
64) BKartA 11.4.2007, B3-578/06 WuW/E DE-V 1365, Tz. 259 ff. "Phonak/GN Store Nord".
65) BGH 29.9.1981, KVR 2/80, BGHZ 82, 1, 8 f. "Zeitungsmarkt München"; 18.12.1979, KVR 2/79, BGHZ 76, 55, 73. "Springer/Elbe Wochenblatt",

있다. 즉, 기업결합에 참가하는 사업자의 시장지배력이 크면 클수록, 잔존경쟁의 보호가치가 더 커진다는 점이다. 연방대법원 또한 고도로 집중된 시장에서는 당사회사가 기존에 보유한 시장지배력이 미미하게 강화되는 것만으로도 금지하기에 족하다는 태도를 일관되게 유지하고 있다.[66]

물론 이때 당사회사의 시장점유율이 증가하는 것이 결정적으로 중요한 기준은 아니다. 오히려 시장구조의 변화로 인하여 당사회사들이 시장에서 경쟁의 제약을 받지 않고 결정할 수 있는 행위의 여지(Verhaltensspielraum)가 넓어지는지 여부가 관건이며, 특히 자원의 결합이나 자금력의 강화로 현실적 또는 잠재적 경쟁사업자에 대하여 위하효과(Abschreckung)가 발생하는지를 고려하게 된다.[67]

이와 관련된 대표적인 사례가 Henkel 사건[68]이다. Henkel 그룹은 압도적인 우위로 특정 가격대의 세제제조분야에서 시장지배력을 보유하고 있고, 가장 유력한 경쟁사업자는 대규모 생필품체인의 PB제품이었다. Henkel은 PB용 세제제조업자를 인수하고자 하였으나, 연방카르텔청은 이 경우 Henkel의 자유로운 행위여지가 더욱 넓어지고 경쟁사업자에 대한 위하효과가 더욱 커질 우려가 있다는 이유로 동 기업결합을 금지하였다.

4. 형량조항

기업결합이 오로지 경쟁에 부정적인 효과만을 갖는 경우란 생각하기 어렵다. 기업결합은 가격이나 품질 등 개별 경쟁조건을 개선할 수 있다. 따라서 경쟁제한방지법은 기업결합의 긍정적, 부정적 효과를 비교형량하여 최종적인 금지 여부를 판단할 수 있도록 이른바 형량조항(Abwägungsklausel)을 규정하고 있다(GWB 제36조 제1항 2문). 그에 따라 비록 시장지배력을 형성 또는 강화시키는 등 유효경쟁을 저해할 우려가 있는 기업결합이라도 해당 기업결합으로 인하여 경쟁조건이 구조적으로 개선되고 이러한 개선이 시장지배력에 따른 폐해보다 더 크다는 점을 당사회사가 입증하는 경우에는 예외적으로 허용된다. 비록 경쟁조건의 개선에 대한 입증책임은 이를 주장하는 당사회사가 부담하는 것으로 되어 있으나, 연방카르텔청은 실무상 형량과정을 기업결합심사의 일부로 취급하고 있다. 다만, 유럽의 합병규칙에는 형량조항이 따로 없고, 독일에서도 동 조항은 지금

---

66) BGH 7.2.2006, KVR 5/05 BGHZ 166, Tz. 49 ff. "DB Regio/üstra"; OLG Düsseldorf 2.11.2005, VI-KArt 30/04 (V) WuW/E DE-R 1625, 1629 f. "Rethmann/GfA".
67) BGH 21.12.2004, KVR 26/03 NJW-RR 2005, 474, 476 f. "DPAG/tof".
68) BKartA 20.9.1999, B3-24511-U-20/99 WuW/E DE-V 177, Tz. 50 ff. "Henkel/Luhns".

까지 실무상 그다지 중요하지 않았다.[69)]

한편, 기업결합으로 인한 경쟁조건의 개선은 구조적인 성격을 가진 것이어야 하며, 무엇보다 관련시장 외에 다른 시장에서 예상되는 개선효과를 고려하게 된다.[70)] 관련시장에서의 개선효과는 시장지배력의 형성 또는 강화 여부를 심사하는 단계에서 이미 고려될 것이기 때문이다. 개선효과가 발생할 제3의 시장에서 당사회사가 시장지배적 지위에 있어야 하는 것은 아니다.[71)] 연방카르텔청은 기업결합을 통해서 야기되는 부정적인 효과와 긍정적인 효과 사이의 형량 자체를 매우 어려운 과제로 여기고 있다. 무엇보다 긍정적 효과와 부정적 효과의 형량이란 매우 자의적이고 불확실한 것이어서, 심리과정에서 연방카르텔청과 당사회사들의 입장 사이에 현저한 괴리가 발생하고, 실질적인 심사는 제대로 진행되기 어렵다.[72)] 그 결과 사업자가 오로지 기업결합을 통해서만 경쟁조건의 개선이 기대될 수 있다는 점을 비교적 명확하게 입증하지 못한 경우에는 언제나 경쟁당국의 개입이 가능하게 된다.[73)]

경쟁조건의 개선은 그것이 해당 기업결합으로 인한 것이어야 한다는 점에서 양자 간에 인과관계가 인정되는 경우에만 고려될 수 있다. 달리 표현하자면, 경쟁조건의 개선 또한 '해당 기업결합에 특수한'(merger specific) 것이어야 한다. 기업결합이 다른 요소와 함께 경쟁조건의 개선을 가져오는 것(Mitursächliehkeit)으로도 족하다. 경쟁조건의 개선이 기업결합 이후 곧바로 발생하여야 하는 것도 아니다.

한편, 연방카르텔청은 종래 지배력이 약하던 경쟁사업자의 지위를 시장주도자로 끌어올리는 기업결합, 이른바 '지위강화의 기업결합'(Aufholfusionen)을 예외적으로 허용하기 위해서도 형량조항을 사용한 바 있다. 그러나 연방 카르텔청이 경쟁의 동태적인 측면보다는 시장구조를 우선적으로 고려하고, 서로 대칭상태에 있는 과점의 장점을 경쟁법상 과대평가하고 있다는 측면에서 이러한 실무의 태도는 비판을 받기도 한다.[74)]

끝으로, 형량과정에서는 관련시장이 국민경제에서 차지하는 비중과 동법의 일반적인 목적을 감안하여 전체적인 접근(Gesamtbetrachtung)이 이루어지게 된다.

---

69) Bechtold, BB, 1997, S. 1853, 1856.
70) BKartA 30.9.2005, B9-50/05 WuW/E DE-V 1113, 1124 ff. "Railion".
71) OLG Düsseldorf 18.10.2006, VI-KArt 2/05 WuW/E DE-R 1845, 1850 ff. "SES/DPC".
72) Preußen Elektra/Braunschweigische Kohlenbergwerke사건에 대해서는 Monopolkommission, 7. Hauptgutachten, 1988, Tz. 388 ff. 참조.
73) BGHZ 73, 65, 79 ff. "Erdgas Schwaben".
74) Monopolkommission, 2. Hauptgutachten, 1976/77, Tz. 630 ff.

5. 도산기업의 합병

도산기업의 합병이란 흔히 파산에 임박한 기업을 재무상태가 건전한 기업이 인수하는 것을 말한다. 도산기업의 인수는, 일단 유효경쟁을 현저히 저해할 우려가 인정될 것을 전제로 하여 그로 인한 장점이 예외적으로 경쟁제한의 폐해를 능가하는 경우에 한하여, 전술한 형량조항에 따라 허용될 수 있다. 어떤 산업에 속하는 모든 회사가 마찬가지로 겪고 있는 구조적 어려움이 도산의 주된 원인인 경우에는 도산기업에 대한 예외를 논할 여지가 없다.[75] 연방카르텔청의 실무상 도산기업합병에 대한 예외가 인정되기 위해서는 다음과 같은 요건이 누적적으로 충족되어야 한다.[76]

① 당해 기업결합이 없는 한 피취득회사가 더 이상 존속할 수 없을 고도의 개연성이 있을 것;

② 문제된 취득회사가 인수하는 외에 그보다 덜 경쟁제한적인 다른 대안이 없을 것. 따라서 예컨대 1위 사업자가 도산기업을 인수하는 경우에는 일반적으로 형량조항의 요건을 충족하기 어렵게 된다.[77] 기업결합이 아니라 취득회사나 제3자와 협력을 함으로써 부실기업을 회생시킬 수 있는 경우도 마찬가지이다.[78]

③ 피취득회사가 도산할 경우 그 회사의 시장점유율이 취득회사에게 이전되어 결과적으로 당해 기업결합이 허용될 경우와 마찬가지로 취득회사의 시장지배적 지위가 강화될 것. 기업결합이 없더라도 유효경쟁이 유지될 수 있는 경우에는 도산기업에 대한 예외가 인정될 여지가 없다. 따라서 예컨대 부실기업이 퇴출되면서 그의 시장점유율이 다른 경쟁사업자에게로 분산될 것으로 예상되는 경우에는 당해 기업결합을 허용하기보다 그대로 퇴출시키는 것이 낫다.

도산기업의 결합이 금지될 경우 모든 당사회사가 시장에서 퇴출될 수밖에 없는 경우와 같이 당해 기업결합을 허용함으로써 오히려 보다 많은 독립회사가 존속할 수 있는 경우라면 일응 예외가 인정될 수 있을 것이다.[79]

---

75) BKartA AG 1993, 571, 574 "HaGe Kiel/RHG Hannover".

76) BKartA WuW/E DEV 777, 784 "Ajimoto/Orsan"; BKartA WuW/E DEV 1087, 1102 f. "Röhnklinikum/Landkreis Röhn-Grabfeld".

77) KG WuW/E OLG 1989 "Hansa Zement/Klöckner"; KG WuW/E OLG 2109 "Springer/Elbe Wochenblatt".

78) BKartA WuW/E BKartA 1657 "Thyssen/Hüller Hille".

79) BKArtA WuW/E BKartA 1571, 1581 f. "Kaiser/VAW"; BKartA WuW/E BKartA 1657 "Thyssen/Hüller Hille".

사 례 **Liberty / VIOLA 기업결합 사건: 경쟁조건의 현저한 개선이 결여되었음을 이유로 기업결합을 금지한 사례**

- 2002년 2월 22일 연방카르텔청의 결정, B7-168/01

판결요지:

1. 독일 통신법(Telekommunikationsgesetz; TKG)에 망접근을 청구할 수 있는 법적 근거가 없는 경우 경쟁제한방지법 제19조 제4항 4호에 따른 개입이 전적으로 허용된다.

2. 형량조항의 적용은 도식적인 계량화로 되는 것이 아니라 시장규모의 비교 이외에 질적인 요소, 특히 새로운 시장의 창출에 있어서 당해 기업결합의 역할을 고려하여야 하며, 이때 예측기간은 통상 3년을 넘지 않아야 한다.

3. 자금력이 뛰어난 기업이 마찬가지로 자금력이 우수한 기업을 인수함에 있어서 취득기업이 피취득기업을 위하여 자신의 자금력을 이용하는 데에 매각기업보다 더 큰 경제상 이익을 갖는 경우에는 피취득기업의 자금력 증대를 가져올 수 있다.

4. 참가기업이 현재의 합리적인 경제행위와 일반적인 경제상의 경험칙에 비추어볼 때 장래의 행위와 시장관계에 대한 고도의 개연성이 추론될 수 있다는 사실을 입증하는 경우에는 행위관련 개선 역시 형량조항의 해석근거로 사용될 수 있다.

참조조문: GWB 제19조 제4항 4호, 제35조 제1항, 제36조.

사실관계:

I. 2001년 9월 4일자 서면으로 신고된 본건 기업결합은 1번참가인(Liberty)이 3번참가인(DTAG)으로부터 2번참가인(VIOLA)에 대한 과반수지분을 취득하는 것으로서 이를 금지한다.

결정사유:

I. 절차: 1. Liberty/KDG

1. 2001년 9월 5일 접수된 서면을 통하여 Liberty Media Corp.(Englewood, USA)는 지주회사인 VIOLA 케이블유한회사(Bonn, Germany)의 지분 95%를 취득하고 도이체텔레콤(주), 즉 DTAG로부터 나머지 5%의 지분취득에 대한 옵션을 보유할 의사를 신고하였다. 위 지주회사는 직·간접적으로 다음과 같은 자산을 보유하고 있었다.

- DTAG가 직접 보유한 6개 지역회사와 KDG(Kabel Deutschland GmbH)가 간접적으로 보유하고 있는 지역회사에 대한 모든 지분으로서, 이들 지역회사는 망차원 3의 지역광대역케이블망을 운영하고 있다.
- 여러 자회사를 포함하여 DeTeKabel Service 유한회사(Bonn; DeTeKS)의 지분

전부

- MSG MediaServices 유한회사(München; MSG)의 지분 전부

위 지주회사는 직접 또는 자회사를 통하여 추가로 DTAG로부터 MediaVision이라는 사업부문의 일정 지분과 핵심기능을 갖는 KDG의 일정한 자산을 취득할 예정이다.

2. Liberty/TeleColumbus: 7. 나아가 2001년 11월 13일에 접수된 서면을 통하여 Liberty는 도이체방크(주), 즉 DBAG와 DB 산업지주회사(DBIH)로부터 간접적으로 6개 KDG 지역회사들의 구역에서 활동하고 있는 TeleColumbus 유한회사의 자회사들을 취득할 것을 신고하였다. 연방카르텔청에 B7-213/01(TeleColumbus-신고)으로 분류되어 있는 동 기업결합계획은 광대역케이블망의 망차원(Netzebene; NE) 3과 4를 자신의 구역 내에서 통합하고자 하는 Liberty의 전략 중 일부이다. 여기서 심사하게 될 DTAG의 신고 사건(B7-168/01)과 TeleColumbus-신고 사건은 상호 밀접한 관계를 맺고 있는 하나의 경제단위를 구성한다. 따라서 DTAG가 신고한 기업결합의 이행은 연방카르텔청이 TeleColumbus의 거래 역시 승인한다는 조건하에서 가능하다. 그에 따라 TeleColumbus 기업결합의 이행은 DTAG가 신고한 기업결합의 승인을 조건으로 이루어졌다(2001년 11월 13일 TeleColumbus-신고서 4면 이하). 본 심결부는 참가인이 서로 다르고 그 기한이 상이한 점을 고려하여 이들 두 계획을 별도의 절차에서 심사하고 있으나, 어느 한 계획이 다른 계획에 미치는 경제적 효과를 함께 고려하게 될 것이다.

II. 당사자 및 보조참가인: 1. 당사자: Liberty/Media Corporation:

8. Liberty는 국제적으로 미디어, 오락, 기술 및 정보통신업을 영위하는 사업자이다. Liberty의 자회사인 Liberty Media International(LMI)의 수많은 지분참가를 통하여 Liberty는 유럽에서 특히 케이블망과 미디어콘텐츠부문에서 활동하고 있다. Liberty의 매출액은 2000년 ... 십억 유로(영업비밀)에 달하였다. ...

9. Liberty는 유럽 여러 나라와 일본, 라틴아메리카의 케이블망사업자에 대한 지분을 보유하고 있다. 그밖에도 Liberty는 UnitedGlobalCom, Inc. Denver/USA(UGC)의 지분 76%를 보유하고 동 기업을 설립자와 함께 지배하고 있다.

10. UGC는 다시 United Pan-Europe Communications N.V. 암스텔담, 네덜란드(UPC)에 대하여 독자적인 지배가 가능할 정도의 지분을 보유하고 있다. UPC는 UPC Deutschland의 지배주주에 해당하는 지분을 보유하고 있는 바, UPC Deutschland는 그의 자회사인 EWT 유한회사(아우구스부르크)를 통하여 약 645,000 가구가 연결된 망차원 4의 광대역케이블망을 운영하고 있다. UPC는 마인츠에 본사를 둔 PrimaCom(주)의 지분 약 25%를 보유하여 동사의 최대주주이자 그 기업에 이해관계를 갖는 유일한 주주이다. 지난 두 차례의 주총에서 출석률이 저조했던 결과 PrimaCom에 대한 UPC의 지분만으로도 주총의 다수를 차지하였다; Liberty는 PrimaCom에 대하여 상당한 경쟁상의 영향력을

행사할 의도를 가지고 있으며 그간 직접 PrimaCom의 주식 일부를 취득한 바 있다. PrimaCom은 마찬가지로 망차원 4에 대한 광대역케이블망을 부분적으로 운영하고 있으나 자신이 직접 보유한 play-out 센터를 통하여 망차원 3의 광대역케이블망도 운영하고 있다; PrimaCom은 제한적이기는 하지만 유료TV와 광대역 인터넷접속사업자로도 활동하고 있다. 전체적으로 1백만의 가구가 PrimaCom의 망에 접속하고 있다.

11. Liberty는 그가 지분을 보유한 여러 회사를 통하여 콘텐츠제공자로서 활동하고 있다. UPC는 UPCtv로 일련의 전문채널을 제공하고 있는 바, 그중 일부는 비록 기술상 협대역이기는 하나 독일 내에서도 방송되고 있다. 나아가 Liberty는 미국에서 Pay-TV 채널을 보유하고 있는 사업자인 Starz Encore와 Discovery Comminications, News Corp., QVC 및 USA NEtworks의 일부지분을 소유하고 있다. 또한 Liberty는 AOL Time Warner, Vivendi Universal Entertainment 및 Viacom의 일부 지분(각기 5% 미만의 지분)을 보유하고 있다.

b) VIOLA 케이블회사(독일; 지주회사):

12. 위 회사는 새로 설립된 지주회사로서, 여기에 Liberty가 취득한 회사들이 통합되어 있다. 여기에는 특히 6개의 지역회사가 속해 있는데, 이는 DTAG가 Schleswig Holstein/Hamburg/Mecklenburg-Vorpommern, Niedersachen/Bremen, Berlin/Brandenburg, Sachsen/Sachsen-Anhalt/Türingen, Rheinland-Pfalz/Saarland 및 Bayern 지역의 망차원 3의 케이블망사업을 합친 것이다. 그밖에 지주회사에는 아래의 자산이 출자되어 있다:

- 망차원 4에서 케이블망을 운영하고 있는 Deutsche Telekom Kabel Service 유한회사의 일부
- 망차원 4에서 케이블망을 운영하고 있는 몇몇 합작회사에 대한 DeTeKS의 지분
- 기술운영, 마케팅과 함께 KDG의 망에 디지털로 연결되어 있는 채널의 일부와 그에 필수적인 기술적 플랫폼을 운영하는 Media Services GmbH(MSG)의 일부
- 일련의 디지털 라디오채널을 운영하는 DTAG의 Media Vision 사업부문

13. 2000년에 동 사업자는 ... 유로의 매출을 올렸다.

IV. 관련시장, 경쟁평가

31. 심결부의 견해에 따르면 동 기업결합에서 아래의 상품관련시장이 고려될 수 있다.

(1) 라디오방송시그널을 최종소비자에게 공급하는 시장(최종소비자시장)

(2) 광대역케이블망에 시그널을 입력(Einspeisung)하는 시장(입력시장)

(3) 망차원 4의 망사업자가 시그널을 공급하는 시장(시그널공급시장)

32. 반면, 이해관계인은 시장지배력의 폐해를 능가하는 경쟁조건의 개선이 그밖의 다른 시장에서 나타날 수 있다는 주장을 피력하고 있다.

1. 최종소비자시장

a) 시장획정

상품시장의 획정: 33. 최종소비자시장에서 케이블사업자는 공급자로서, 일반 가정은 수요자로서 서로 마주하고 있다. 경우에 따라서는 NE4의 망사업자뿐만 아니라 망차원 3의 망사업자도 공급자가 될 수 있으며, 이는 특히 가정이 NE3을 통하여 광대역케이블망과 연결되는 경우에 그러하다.

34. 케이블사업자와 최종소비자간의 관계는 케이블접속의 제공과 적어도 제한된 수의 송출자를 위하여 TV 및 라디오신호를 공급하는 것이다(기본패키지). 이들 상품의 구성에 따라서 그밖에 광고영업을 위한 프로그램, Pay-TV 및 pay-per-view 상품이나 데코더의 제공과 같은 패키지가 추가될 수 있다. 몇몇 케이블사업자가 제공하는 인터넷과 전화상품은 여기서 심사할 시장이 아니라 (광대역) 인터넷접속과 음성통화시장에 속한다. 광대역케이블을 통한 전자상거래(텔레쇼핑)와 그밖에 통신서비스를 통해서 얻어지는 매출은 관련시장에 포함되지 않는다.

35. 지상파나 위성을 통한 라디오전송은 관련시장에 속하지 않는다. ...

지리적 시장획정: 44. 지리적인 관점에서 일반적으로 모든 망은 특수한 지역시장을 형성하고 있는데, 일단 특정 사업자의 망에 접속된 가정은 다른 망사업자로 용이하게 전환할 수 없기 때문이다. 지금은 문제되지 않지만, 여러 망사업자 중에서 선택할 가능성이 있는 경우에는 사정이 달라질 것인데 ... 전기공급시장의 상황이 이와 비슷하다. 연방카르텔청은 여러 전기공급자 간에 실질적인 경쟁이 존재하는 경우에는 독일 전체를 지역시장으로 보고 있다. 그렇지 않은 경우 모든 망은 하나의 특수한 지역시장을 구성하게 된다.

b) 시장지배력

45. 위와 같이 좁게 획정된 시장에서는 실질적인 경쟁이 존재하지 않기 때문에 각각의 망사업자는 언제나 시장지배적이다(GWB 제19조 제2항 1호). 단지 최종소비자가 예외적으로 둘 이상의 케이블사업자 중에서 선택할 수 있는 경우에만 사정이 달라질 수 있다. 그러나 본 사건에서와 같이 단지 일시적으로 최종소비자의 일부에 대해서만 그러한 선택이 가능한 경우는 해당되지 않는다. 동 기업결합에 관련된 최종소비자 시장에서는 확실히 소비자에게 다른 대안이 존재하지 않는다.

46. 참가사업자를 포함하여 케이블사업자의 독점적 지위는 지속적으로 보장되지 않는다. 우선 케이블사업자의 사업활동에는 주택소유자의 허락을 요하기 때문에 확실한 - 비록 충분하지는 않더라도 - 경쟁상의 통제가 이루어진다. 그러한 허락은 (잔존)경쟁이 가능하도록 주기적으로 새로 행해진다. 최종소비자 시장에서 케이블사업자는 잠재적 경쟁에 의해서도 확실히 경쟁의 압력에 직면해 있다. 잠재적 경쟁은 해당 인프라의 구축과 망설

비의 이용을 통해서 가능하다. 그러나 이러한 두 가지 잠재적 경쟁의 가능성은 다분히 이론적인 성격의 것이어서 적어도 지금까지는 현실화되지 못하고 있다.

허락계약의 종료시 잔존경쟁

51. 위에 언급된 최종소비자 시장에서의 잔존경쟁과 관련하여 두 가지 상황을 구별하여야 한다.

52. 우선 이러한 경쟁이 동일한 NE3 사업자로부터 신호를 구입하는 공급자들 간에 이루어지는 경우를 생각할 수 있다. 이 경우에 경쟁은 가치사슬의 마지막 단계에만 영향을 미치는데, 한 집안 내에서 케이블을 연결하고, 대기 및 정산을 포함한 최종고객과의 관계와 관련해서만 경쟁이 가능하게 되는 것이다. 반면, 최종소비자는 언제나 동일한 상품(동일한 프로그램)을 제공받기 때문에 이러한 상황에서 경쟁은 그 밖의 요소, 특히 콘텐츠와는 무관하다. 이 상황은 상거래단계에서의 경쟁('브랜드 내의 경쟁')과 비교할 수 있다.

53. 경쟁이 여러 공급처로부터 신호를 구입하는 NE4 사업자들 간에 이루어지거나 통합된 NE3/NE4 사업자들이 서로 경쟁관계에 있는 경우에는 보다 눈에 띄는 경쟁상황이 연출된다. 이 경우 경쟁은 망사업자가 활동하는 가치사슬의 모든 단계와 관련된다. 여기서 경쟁은 콘텐츠(프로그램, 프로그램패키지, 추가 서비스) 및 Liberty가 중요하게 여기는 마케팅, 고객관리, 망품질 및 상표유지를 포괄하며, 일반적으로 경쟁상 그 의미가 더욱 큰 '브랜드간 경쟁'의 모습을 띠게 된다. ... 단지 NE4 사업자들만 기술적, 사업적 서비스를 둘러싸고 경쟁하는 것이 아니라 직접 자신의 기술 및 마케팅플랫폼을 보유한 사업자들이 부분적으로 상이한 콘텐츠를 가지고 경쟁하는 것이다. 실제로 공공채널과 광고수입을 받는 채널 및 판매채널이 PrimaCom과 KDG의 상품에 포함되어 있다. 그밖에 KDG의 고객들은 이탈리아의 공급자인 Sitcom의 몇몇 채널(예컨대 Nuvolari나 Alice)을 수신하고 Premiere World를 시청할 수 있다. 반면, PrimaCom의 최종소비자는 이러한 채널을 수신할 수 없으나, 몇몇 다른 프로그램, 예컨대 UPC-프로그램인 Extreme Sports와 Prima Life의 패키지나 6개의 음악채널을 포함한 MTV-패키지를 수신할 수 있다. 그밖에 PrimaCom의 고객에게는 케이블을 통한 광대역 인터넷접속이 제공되고 음성전화서비스가 계획되어 있다. 이들 패키지는 다시 기술적 특성에 따라 세분될 수 있는데, 이는 각기 고유한 기술플랫폼(중앙송출국, 암호화체계, 데코더 등)을 가진 별도의 망을 통해서 제공되기 때문이다. 따라서 이 경우 비록 허락계약의 갱신단계에 국한되더라도 케이블사업자간의 경쟁이 NE4 차원에서만 이루어지지 않는 드문 경우가 발생하게 된다.

55. 결론적으로 피취득기업(KDG/DeTeKS)뿐만 아니라 EWT와 PrimaCom은 NE4의 광대역케이블사업자로서 경쟁제한방지법 제19조 제2항 1호의 시장지배적 지위를 갖는 것이 된다. 대체적인 망설치의 가능성과 인접한 망공급자를 통하여 프로그램신호를 전송받을 가능성에 의하여 잠재적 경쟁이 발생한다. ... 그러나 현존하는 잠재적 경쟁과 잔존경

쟁은 각각의 망사업자의 활동여지를 효과적으로 제한할 수 없고, 그 결과 실질적인 경쟁의 존재를 부인하지 않을 수 없다.

망이용을 둘러싼 잠재적 경쟁

56. 나아가 참가사업자를 포함한 케이블사업자는 다른 케이블사업자들이 망의 공동이용을 요구하는 방식으로 잠재적 경쟁에 직면해 있다. 독일 통신법(TKG) 제37조는 정보통신망사업자에 대하여 통신망을 공동으로 이용케 할 의무를 지우고 있다. 광대역통신망의 운영은 TKG 제3조 19호의 공공을 위한 정보통신서비스를 의미한다. ... 끝으로 TKG 제33조, 제35조에 근거하여 망이용을 청구하는 것도 가능하다. 아울러 경쟁제한방지법 제19조 제4항 4호를 근거로 시장지배력을 가진 케이블사업자의 망을 공동으로 이용할 것을 청구할 수도 있다. 전술한 여러 가지 이유로 NE4의 케이블사업자는 자신이 서비스하는 구역이나 건물이 그밖에 다른 인프라에 의해서는 제공되지 않는 경우에 비로소 시장지배력이 있는 것으로 간주될 수 있다. 사실상 또는 법률상의 이유로 망을 공동으로 이용하지 않고는 케이블서비스의 후방시장(무엇보다 라디오신호와 인터넷접속 및 음성전화)에서 케이블사업자의 경쟁자로 활동하는 것이 다른 케이블사업자로서는 불가능한 경우에 당해 케이블망은 동조가 말하는 '필수설비'에 해당될 수 있다. 그러나 Liberty의 주장에 따르면 특별법인 TKG의 우선적용에 따라 TKG로부터 아무런 청구권이 도출될 수 없는 경우에는 망이용이나 공동이용을 구하는 경쟁제한방지법상의 청구권도 배제된다고 한다. 그러나 이러한 견해에 따를 수 없다. TKG는 청구권을 위한 아무런 근거조항을 두지 않고 있고, 따라서 일반법인 경쟁제한방지법, 즉 동법 제19조 제4항 4호가 완전히 적용되는 것이다.

제2차 인프라구축을 통한 잠재적 경쟁

57. 끝으로 잠재적 경쟁은 - 비록 제한된 범위이기는 하지만 - 병렬적인 인프라를 추가로 구축함으로써 가능해진다. 이러한 방법으로 경쟁이 발생하기 위한 요건은 수신이 이루어지는 집 내부에 제2차 실내케이블, 즉 평행적인 NE4가 구축되고, 이 통신망이 신호의 발신처와 연결되는 것이다. 이것은 공동의 안테나설비, NE4를 운영하는 다른 사업자 또는 NE3의 통신망일 수 있다. 적어도 한 건물 내에서 개별 가정이 송신받을 수 있는 두 번째 연결점이 설치될 필요가 있는 것이다.

58. 그러한 '연결설비'는 일반적으로 기술상 가능하나 사업상 수지는 거의 맞지 않는 것으로 여겨지고 있다. 종종 그러한 연결설비는 허락계약상의 배타적 조건에 의해 법적인 제약을 받기도 한다. ...

60. 심결부의 입장에서 볼 때 의문스러운 점은 허락계약을 체결할 때 통상적으로 배타적 조건을 약정하는 현재의 관행이 앞으로도 어느 정도 계속 유지될 것인지의 여부이다. 주택건설업자들은 종종 허락권자의 동의 없이는 케이블사용의 대가를 인상하지 않는다는

확약에 대한 반대급부로 배타적 조건을 제공한다. 그러나 그러한 조항은 경쟁제한방지법 제14조에 반하는 것이고, 따라서 무효라는 점은 이미 연방대법원의 판결에서 확인된 바 있다. 배타조건에 대한 반대급부로서의 가격구속이 무효로 된다면, 이는 현재의 계약에 대해서도 배타조건을 인정할 행위기초가 사라졌음을 의미하는 것이다. 그러나 확실히 장래에는 건설업체가 배타조건을 확약할 이유가 없을 것이다. 따라서 앞서 언급한 연방최고법원의 판례가 법령에 반영되고 계약체결에 고려될수록 배타성의 구속이 없는 허락계약이 지배적으로 자리잡을 것으로 보인다.

61. 그밖에 배타적 조건을 약정하는 것이 동법 제16조 2호의 규정에 해당될 것인지를 고려할 필요가 있다. 그러한 조건이 미치는 범위에 비추어 이런 저런 상품시장에서의 경쟁이 실질적으로 저해될 경우 카르텔당국은 그러한 약정을 무효로 선언할 수 있다. 동조의 적용에 있어서 카르텔당국은 포괄적으로 이익을 형량하여야 한다. 한편으로는 무엇보다 케이블사업자가 투자금 회수의 확보에 대하여 갖는 이익이 고려되어야 하고, 다른 한편으로는 임차인과 건물소유자가 보다 많은 경쟁 및 케이블서비스의 공급에 관한 보다 넓은 선택가능성에 대하여 갖는 이익이 고려되어야 한다. 이러한 맥락에서 특히 장기적으로(통상 12-25년) 소비자의 선택가능성이 완전히 배제되는 경우에는 케이블사업자에게 불리하게 작용할 것이다. 허락계약상의 배타성은 비록 소규모 지역에 국한되더라도 케이블사업자의 독점을 가져온다. 동법 제16조의 적용범위 내에서 형량을 함에 있어서 이러한 사실은 카르텔당국에 의한 배타적 구속의 무효선언을 가능케 할 수 있다. 건물소유주와 허락권자가 직접 공동안테나설비를 갖추지 않고 허락을 받은 자와 경쟁할 의무는 지는 한도에서 동법 제1조에 따라 동 규정이 무효로 될 수 있다. 그러나 이러한 무효 내지 무효선언의 가능성은 법원에 의해서 확인된바 없다는 점을 강조할 필요가 있다. 확실히 (지금까지) 실무는 배타조건에 관한 약정을 무효로 보지 않고 있다. 따라서 제2차 인프라설비에 기초한 경쟁은 그다지 의미 있는 정도로 현실화되지 않고 있다.

c) 시장지배적 지위의 강화

62. 기업결합에 의해 특히 6개 지역회사와 DeTeKS, EWT 및 PrimaCom의 시장지배적 지위가 여러 측면에서 강화될 것으로 예상된다:

- NE4의 망사업자로서 EWT와 PrimaCom에 의한 잔존경쟁의 약화
- 통합 케이블사업자로서 PrimaCom에 의한 잔존경쟁의 약화
- 전용데코더의 광범위한 보급에 따른 자금력 및 시장봉쇄효과의 강화
- Liberty와 결합관계에 있는 사업자의 콘텐츠에 대한 이용개선과 콘텐츠제공자와의 배타적 협정체결가능성과 결부된 구매력의 향상을 통한 콘텐츠에 대한 접근개선
- 데코더에 관한 구매력의 강화

NE4의 운영자로서 EWT와 PrimaCom에 의한 잔존경쟁의 제거

63. 본건 기업결합은 피취득기업의 망을 EWT 및 PrimaCom의 NE4 망과 통합하는 결과를 가져온다. 이 점에서 본건 기업결합은 피취득기업과 EWT 및 PrimaCom의 NE4 사이의 잔존경쟁을 이들이 서로 경쟁관계에 있는 지역에서 완전히 배제하거나 적어도 현저히 약화시키는 효과를 갖는다.

64. 기업결합 이후에는 더 이상 DeTeKS/KDG와 EWT/PrimaCom이 건물주와의 허락계약을 둘러싸고 경쟁할 것으로 기대할 수 없다. 그 결과 허락을 둘러싼 경쟁을 통하여 가능해지는, 허락을 받고자 하는 사업자들에 대한 경쟁압력은 감소하게 된다. 이는 잠재적인 망이용경쟁 및 망접속경쟁에 대해서도 마찬가지이다.

통합 망사업자인 PrimaCom에 의한 경쟁제한

65. 그밖에 본건 기업결합은 피취득기업의 망과 PrimaCom의 NE3와 NE4를 포괄하는 망을 연결시키는 결과를 가져온다. PrimaCom은 라이프찌히에서 play-out센터를 갖춘 현대식 중앙송출국을 보유하고 있으며, 여기에는 862 MHz의 케이블망을 통하여 10만 가구 이상이 접속되어 있다. 이러한 케이블망을 통하여 아날로그 및 디지털TV와 광대역 인터넷접속이 제공되고 있다; 음성전화서비스는 현재 계획 중이다. 이는 자신의 위성중계국을 통하여 제공되는 PrimaCom의 다른 망의 경우에도 마찬가지이다.

66. 이같은 망이 깔려 있는 구역에서 PrimaCom과 피취득기업(통합된 NE3/NE4 사업자나 NE4 사업자인 제3의 기업과 NE3 사업자) 사이에 직접적인 경쟁이 존재한다. 그러한 경쟁은 단지 따로 NE4를 통하여 제공되는 서비스와 관련되는 것이 아니라 케이블사업자의 전체 가치사슬에 미치고, 그 결과 콘텐츠와 Liberty가 중요하게 여기는 마케팅, 고객관리, 망품질 및 상표유지를 포괄하게 된다.

자금력의 강화

67. 나아가 본건 기업결합은 피취득기업의 자금력강화를 가져온다. 실제로 매각자인 DTAG는 상당한 자금력을 보유하고 있다. DTAG는 Liberty보다 훨씬 많은 매출액을 올리고 있다(약 409억 유로). 그러나 DTAG는 종래 광대역케이블망의 소유자로서 여러 가지 이유로 광대역케이블사업에 투자할 준비가 되어 있지 않다. 광대역케이블사업은 도이체 텔레콤의 주력사업에 속하지 않는다. 또한 DTAG는 유럽집행위원회로부터 특히 케이블망의 여력을 DTAG와 경쟁관계에 있는 음성통신 및 정보통신에 이용할 수 있도록 광대역케이블을 분리하도록 압력을 받아 왔다. 그 결과 DTAG는 케이블망에 투자하는 대신 다른 투자계획(국제적 팽창, UMTS-망)을 우선적으로 추진하였다. 반면 Liberty는 광대역케이블사업에 막대한 투자를 할 예정이다. Liberty의 계획에 따르면 투자자금은 주로 망구축, 콘텐츠조달 및 데코더의 구입에 쓰일 것이라고 한다. 당해 투자가 성공적일 경우

다른 케이블사업자와의 관계에서 Liberty의 매력이 높아질 것이다. 이는 다시 허락계약을 둘러싼 경쟁에서 다른 망사업자의 기회가 줄어드는 것을 의미한다.

68. 자금력의 강화는 다음과 같은 이유에서도 Liberty의 지위를 공고히 할 것이다: Liberty는 데코더의 구입에 상당한 자금을 사용할 계획이고, 이는 디지털 서비스를 구매하는 최종소비자로 하여금 추가비용 없이 제공된다. Pay-TV나 정보서비스를 구매하는 고객뿐만 아니라 단지 디지털 기본패키지를 구매하는 고객도 데코더를 지급받게 된다. ...

콘텐츠에 대한 접근의 용이

72. 본건 기업결합은 아울러 다른 망운영자에 비하여 피취득기업이 Liberty와 결합된 기업 및 기타 다른 기업의 콘텐츠를 고려할 때 콘텐츠에 대한 접근이 보다 개선되는 결과를 가져올 것이다. 이를 통하여, 그리고 배타적 공급계약의 체결을 통하여 허락계약을 둘러싼 경쟁에서 Liberty의 지위가 개선될 것이다.

데코더의 구매력 강화

84. 구매력의 강화는 데코더를 비롯하여 케이블망의 운영에 필요한 기술의 구매와 관련되어 있다. 총 4천만 이상의 가정을 연결하는 망에 대한 기술제공가능성과 모토로라에 대한 8%의 지분은 Liberty에게 기술제공자에 대한 강력한 구매력을 제공한다. 이러한 구매력은 기술제공자로부터 유리한 조건을 얻어내기 위하여 이용될 수 있다. 그 결과 이미 언급한 투자자회의에서 필요한 기술의 구매에 있어서 규모의 경제가 있음이 지적되고 있다. 이러한 이점은 (부분적으로) 고객에게 전가될 수 있으며, 이것은 마찬가지로 지역회사들과 DeTeKS의 지배적 지위를 확고히 할 수 있다. 나아가 구매력은 Liberty에게 구매한 기술의 이용에 영향을 미칠 수 있는 가능성을 제공한다.

V. 형량조항의 적용

102. GWB 제36조 제1항 후문의 이른바 형량조항에 따라 기업결합은 시장지배적 지위의 발생 또는 강화가 예상되더라도 참가사업자들이 당해 기업결합에 의해서 경쟁조건의 개선도 이루어지고 아울러 그러한 개선효과가 시장지배의 폐해를 능가함을 입증하는 경우에 예외적으로 허용될 수 있다. 이 점에서 당사자들은 자신들이 보기에 경쟁조건의 개선이 이루어질 일련의 시장을 제시하고 있다.

103. 참가사업자들은 개선효과가 아직 독과점화되지 않은 시장에서 발생하는 경우에도 이를 고려하여야 한다고 주장한다. 이에 대하여 심결부의 견해로는 기업의 이익을 위하여 시장지배력이 존재하는 시장만이 형량심사의 대상이 되어야 한다고 본다. 이러한 결론은 오로지 시장지배적 지위 여부만을 기준으로 삼고 있는 합병통제의 의미에서 비롯되는 것이다. 이러한 기준은 형량조항에서도 그 기초를 이루고 있다. 따라서 개선효과는 그것이

시장지배적 지위를 제거하거나 적어도 약화시킬 수 있는 경우에만 시장지배력의 폐해를 능가하는 것으로 볼 수 있다. 개선효과가 나타나는 시장에서 아무런 지배력을 요구하지 않을 경우 경쟁조건의 개선이 무엇을 의미하는지가 모호해질 것이다. 어떤 시장지배적 지위도 존재하지 않는 경우 동법은 보다 낫거나 열악한 시장구조나 경쟁조건을 구분하지 않는다. 구조상 경쟁적인 시장에서 시장참가자 수의 증가나 시장규모의 확대가 선험적으로 경쟁조건의 개선을 의미하지는 않는다. 이러한 개선은 원자화된 시장에서 참가자의 수가 이를테면 100개에서 101개로 증가되는 경우뿐만 아니라 시장지배적이지는 않은 과점상태에서도 인정될 수 있다. 또한 시장참가자, 예컨대 TV-콘텐츠의 수요자가 3개에서 4개로 증가하는 것은 위 3개 참가자들 간에 경쟁이 지배하고 있는 경우에는 아무런 경쟁조건의 개선을 의미하지 않는다. 그러한 경우에는 단지 시장구조에 기초하여 '과점적 경향'이 존재한다거나 경쟁조건이 보다 많은 시장참가자들이 존재하는 시장구조에 비하여 바람직하지 않다고 말할 수 있을 뿐이다. 끝으로 동조의 예외조항으로서의 성격을 고려하여야 한다. 동조를 폭넓게 해석할 경우에는 특히 여러 개의 시장이 관련되는 혼합결합에 있어서 합병통제의 약화를 초래할 수 있다. 시장지배력과 무관한 다른 기준을 고려하는 것은 합병통제에 있어서 구속력 있는 결정을 내려야 하는 연방카르텔청의 과제와 부합하지 않을 것이다. 금지를 피하기 위하여 연방카르텔청이 임의로 여러 시장에서의 개선효과를 종합할 수 있는 경우에 시장지배적 지위의 형성 또는 강화를 가져오는 기업결합에 대한 입법자의 기본적 결단은 효력을 잃게 된다. 특히 강조할 것은 경쟁과 무관한 개선효과는 형량과정에서 전혀 고려될 수 없다는 점이다. 이 점은 망 및 Pay-TV서비스의 확대에서 기대되는 디지털화를 고려하더라도 마찬가지이다. 서비스공급의 확대와 시장의 확대 그 자체는 그러한 상품확대가 전과 다름없이 각 지역에서 개별 사업자에 의해 제공되는 경우에 한하여 당해 기업결합의 국민경제적 효과를 판단함에 있어서 긍정적으로 평가될 수 있을 지도 모르지만, 연방카르텔청이 수행해야 할 순수하게 경쟁과 관련된 심사에서는 이러한 점이 고려될 수 없다.

104. 판례에서는 개선효과가 이미 독과점화되지 않은 시장에서도 발생할 수 있다는 내용을 찾을 수 없다. 기업결합 참가사업자들이 인용한 Türinger Gas/Westerland 사건과 Erdgas Schwaben 사건에서도 이에 반하는 판시내용은 없다. Türinger Gas/Westerland 사건에서 다루어진 사실관계는 오히려 전체 난방시장에서 80%의 점유율을 차지하는 난방유의 지배적 공급자가 Sylt지역에 존재하고 있었다는 점이 특징이었다. 마찬가지로 Erdgas Schwaben 사건에서도 그와 다른 견해는 도출될 수 없다.

105. 본 심결부는 개선효과가 광대역 인터넷접속시장에서만 입증되었다고 보고, 다만 이러한 개선효과가 최종소비자에 대한 케이블서비스시장, 망차원 4의 망사업자에 대한 신호공급시장 및 광대역케이블망을 통한 라디오방송프로그램시장에서 본건 기업결합으로 나

타날 지배력 강화효과보다 크지 않다고 본다.

7. 비교형량/개선효과의 우위

170. 심결부의 견해에 따르면 인터넷접속시장에서 경쟁조건의 개선이 최종소비자 시장, 신호제공 시장 및 프로그램 시장에서 시장지배력에 따른 폐해보다 크지 않은 것으로 보인다.

171. 형량조항은 참가사업자들이 시장지배에 따른 폐해를 능가하는 경쟁조건의 개선효과를 입증할 것을 요건으로 정하고 있다. 따라서 형량조항을 적용함에 있어서 한편으로는 각각의 관련시장에 미치는 효과를 평가하고, 다른 한편으로는 경쟁조건의 개선과 악화를 모두 고려한 질적인 접근이 이루어져야 한다. 이때 단지 (그 당시 또는 예측기간의 말미에 예상되는) 시장규모 및 기업결합으로 예견되는 가격인상이나 인하효과만을 염두에 둔 순수하게 계량적인 판단은 허용되지 않는다.

172. 심결부는 본 절차에서 참사사업자들이 제안한 바와 같이 기업결합에 따른 경쟁조건의 개선과 악화를 계산하는 것이 적합하지 않다고 판단한다:

173. 그에 따르면 우선 구조가 악화되는 시장의 규모를 정하게 된다. 두 번째 단계에서는 악화의 정도가 평가된다; 이때 당해 기업결합으로 형성 또는 강화될 우려가 있는 시장지배력이 어느 정도의 영향을 미치는지를 따지지 않으면 안 된다. 시장규모가 예컨대 2억 유로이고 당해 기업결합이 시장지배력의 형성 또는 강화를 통하여 해당 시장지배적 사업자가 10% 정도 가격을 인상할 수 있는 지위를 가능케 할 경우, 기대되는 독점이윤과 악화의 정도는 2천만 유로로 계량화할 수 있을 것이다. 이는 시장구조의 개선을 계량화하는 데에도 마찬가지로 유효하다. 마지막 단계에서 종합적인 고찰이 이루어진다. 그러나 이와 같은 '수학적' 모델은 시장구조의 개선과 악화의 정도를 적절히 평가하기에 적합하지 않다. 특히 악화의 측면에서 잔존경쟁과 잠재적 경쟁을 제거함으로써 시장지배적 지위를 공고히 하는 부분이 제대로 포섭될 수 없다. 반대로 개선의 측면에서도 독점이윤이 제거되는 것과 무관한 개선효과는 고려될 수 없게 된다. 이 점은 본 사건에서도 중요한 의미를 갖는다: DTAG가 원가 이하의 요금으로 인터넷접속시장에서 자신의 지배적 지위를 남용하는 것이 문제될 때(여기서 확인할 수 있는 것은 본 절차의 대상이 아니다), 경우에 따라서 나타날 수 있는 경쟁조건의 개선은 가격의 추가적 인하로 나타나지 않는다.

174. 나아가 각각의 시장이 갖는 중요성을 파악하기 위하여 현재가 아니라 예측기간의 말미에 예상되는 시장규모를 염두에 둘 경우, 그러한 예측의 불확실성이라는 문제가 발생한다. 본 사건에서 이용자의 수가 불확실한 것은 마찬가지로 불확실한 이용자 당 평균수익에 의하여 그 불확실성이 배가될 수밖에 없다. 이러한 수치에 근거해서는 Liberty와 같이 장기간의 예측기간을 설정하더라도 매우 신중한 예측이란 거의 불가능하다.

175. 그러나 시장규모로 나타나는 관련시장의 국민경제적 중요성이 형량조항을 적용함에 있어서 출발점이 되어야 한다는 점은 타당하다; 경쟁관련 기준이 문제되는 한 질적인

기준이 보충적으로 고려되어야 한다. 그럼에도 불구하고 개선효과의 의미에 관한 한 질적인 접근만이 이루어질 수 있다.

a) 관련시장의 중요성

176. 관련시장의 중요성에 관하여 심결부는 기본적으로 다음과 같은 점을 고려하고 있다: ...

b) 개선 및 악화효과의 의미

199. 기업결합에 따른 개선 및 악화효과를 질적으로 평가함에 있어서 심결부는 다음과 같은 점을 고려한다:

aa) 구조가 악화되는 시장

200. 시장지배적 지위가 강화되는 것과 관련하여 잔존경쟁이란 그 개념상 특별히 경쟁에 의한 통제를 가져오지 않기 때문에 심결부가 단순한 잔존경쟁 및 잠재적 경쟁의 제거로부터 파악한 지위의 강화는 전혀 중요하지 않다는 식의 주장은 받아들일 수 없다. 오히려 카르텔청의 실무와 판례상 잔존경쟁이야말로 독과점시장, 특히 망구조를 가진 시장에서 보호할 필요가 있는 것이다. 기존의 지배적 지위가 강할수록 추가적인 경쟁구조의 악화는 심각하게 받아들여져야 하기 때문이다. 따라서 본 사건과 같이 독점적 시장이 문제되는 경우에는 잠재적 경쟁이나 잔존경쟁의 제거를 통한 지배적 지위의 공고화와 같은 미미한 강화효과도 특히 중요하게 고려되어야 한다.

201. 프로그램콘텐츠 시장에서도 마찬가지로 잔존경쟁을 특별히 보호할 필요가 있어 보이는 독과점 시장이 문제되고 있다. 이 점은 신호제공 시장에서도 마찬가지이다.

bb) 인터넷시장

202. 본건 기업결합은 앞서 설명한 바와 같이 광대역 인터넷접속 시장뿐만 아니라 광대역인터넷이용 시장에서도 경쟁을 촉진하는 효과를 가질 것이다; 그러나 온라인서비스 시장에서의 개선효과는 주장된바 없다. 이때 두 가지 개선효과가 즉시 발생한다; 즉 잠재적 경쟁자로서 Liberty의 등장과 베를린, 라이프찌히에서 KDG-선발프로젝트의 인수가 그것이다. 반면 현실적 경쟁자로서 Liberty가 실제 진입하는 것은 망설비를 (적어도 부분적으로나마) 갖추는 시점 이후에나 기대할 수 있다.

예상된 개선효과의 발생가능성

203. 참가사업자들이 주장하는 인터넷접속시장(망연결 및 이용 포함)에서의 경쟁개선효과와 관련하여 (별 의미가 없는 개선효과는 차치하고) 실질적인 개선효과는 본건 기업결합 자체에 의해서 발생하는 것이 아니라 Liberty측의 투자를 전제로 한다. 당시 존재하는 DTAG의 지배적 지위가 심각하게 위협받고, 동사로 하여금 경쟁에 대한 대응을 하지 않을 수 없게 하기 위해서는 시장에서 Liberty가 확실하게 성공할 것이 요구된다. 이는 다

시 망설비에 대한 투자가 계획적으로 이루어질 것을 전제로 한다.

204. 여기서 당사자들이 제출한 증거에 어떤 요구가 추가되어야 하는지의 문제가 발생한다. 참고인의 일부는 기업결합 파트너의 행위를 근거로 기대되는 개선효과를 일반적으로 비교형량에 포함시킬 수 없다는 견해를 피력한 바 있다. 형량조항은 구조개선효과가 직접적으로 발생할 수 있는 경우에만 적용될 수 있다는 것이다. 형량조항을 적용함에 있어서 경쟁제한방지법 제36조 제1항 전문에 따라 시장구조의 악화의 근거가 된 것과 동일한 구조적 징표를 그 기초로 삼아야 한다고 한다. 특히 부담이나 조건에 의해 강제될 수 있는 시장행위란 이들 조건 등이 지속적인 행위통제를 가져올 수 있기 때문에 고려되어서는 안 된다고 한다.

205. 이러한 견해와 달리 본 심결부는 시장행위라는 측면에서의 개선이 형량조항에서 전혀 그 기초가 될 수 없다는 입장은 아니다. 이 점에서 심결부는 참가사업자들이 합리적인 경제행위와 일반적인 경제상의 경험칙에 비추어 고도의 개연성을 가지고 장래의 행위와 장래의 시장관계를 추론할 수 있는 현재의 객관적 사실을 입증하는 것으로 충분하다는 점에서 당사자들과 견해를 같이 한다. 동법 제36조 제1항에서는(동항 1문뿐만 아니라 형량조항에서도) 예측에 따른 판단이 내려지기 때문에 완전한 증명이 요구될 수 없다. 예측기준은 바로 '고도의 개연성'이며, 예상되는 개선효과가 '확실성에 가까운 정도의 개연성'(an Sicherheit grenzende Wahrscheinlichkeit)을 가지고 발생할 것이 요구되지는 않는다.

206. 심결부는 본 사건에서 아무런 불확실성이 없다고 본다. ...

예측기간의 범위

209. Liberty는 광대역 인터넷접속시장에서 본건 기업결합이 미치는 효과를 심사함에 있어서 예측기간(Pronosezeitraum)이 지나치게 길다고 주장한다. 그 이유는 Liberty가 당해 시장에 진입할 수 있기 위해서는 초기에 막대한 투자를 하여야 하기 때문이라고 한다. 또한 다른 망구조와 관련된 시장에서의 경험이 보여주는 바와 같이, 제2차 인프라설비의 구축에 따른 긍정적인 효과는 점차적으로 나타나게 된다. 정보통신시장의 신규진입자로서 케이블사업자는 폭넓은 고객의 신뢰를 얻지 않으면 안 된다. 그리고 망산업에 속하는 시장으로서 정보통신시장의 경우 원칙적으로 장기적으로만 변화되는 정태적 시장이 문제될 뿐이라고 한다.

210. 예측기간을 산정함에 있어서 각 개별 시장의 전개상황에 대한 예측가능성이 고려되어야 한다. 따라서 인터넷시장에서의 경쟁개선 여부를 판단함에 있어서는 당해 시장의 동태적 성격과 그와 결부된 예측상의 불확실성 때문에 장기에 걸친 예측기간이 적합하지 않을 수도 있다; 마찬가지로 서로 다른 여러 시장에 대해서 동일한 예측기간이 반드시 요구되는 것도 아니다. 이때의 난점은 예상되는 시장의 성장을 고려할 때 이미 나타난다. 본 심결부는 당사자의 주장 및 이들이 광대역 인터넷접속시장의 장래 전개상황에 관하여 제출한 연구보고서와 마찬가지로 시장규모가 급격히 확대될 것을 전제로 하고 있다. 그러

나 이를테면 2010년 광대역 인터넷의 이용자수를 신빙성 있게 특정하기란 불가능해 보인다. 더구나 장래의 가격변화는 더욱 불확실하여, 이용자수와 고객당 평균수익을 곱한 결과로 시장규모를 확정하기란 더욱 어렵다. 마찬가지로 장래의 경쟁조건 역시 평가하기 어렵다. 여기서 Liberty가 제출한 보고서에서는 WLL이나 Powerline과 같은 새로운 기술이 광대역 인터넷접속시장에서 상당한 점유율을 차지하게 될 것이라고 보고 있다. 반면 Liberty는 광대역 케이블을 제외하고 다른 대체적인 접속기술이 광대역 인터넷이용에 있어서는 전혀 의미가 없을 것이라고 전제하고 있다. 끝으로 이를테면 참가자접속망에 공동으로 접속하는 것을 고려하였을 때 규제범위의 변경이 정보통신서비스의 재판매나 공급여력에 어떤 영향을 미칠 것인지도 확실치 않다.

211. 따라서 본 심결부는 광대역 인터넷접속시장에 관해서는 보다 짧은, 예컨대 2004년 말까지인 3년간의 예측기간이 적절하다고 본다. 2005년을 포함한다 하더라도 판단에는 별다른 변화가 없을 것이다. 예측기간이 길어질수록 예측의 불확실성은 커지고, 본건 기업결합에서 기대되는 개선효과가 폐해보다 클 것이라는 고도의 개연성은 인정되기 어려울 것이다.

예상되는 개선효과의 평가

212. 본건 기업결합이 관련시장에 미치는 효과를 판단함에 있어서는 두 개의 관련시장에서 상이하게 나타나는 경쟁의 강도를 고려하여야 한다:

213. 광대역 인터넷접속시장에서 DTAG는 T-DSL 상품을 통하여 독점적 지위(전화접속 및 지역통화시장과 비교하여)를 갖고 있다; 당사자가 제출한 Booz Allen Hamilton의 의견서에 따르면 시장점유율이 93%에 이른다고 한다; 규제당국(RegTP)의 수치에 따르면 DTAG의 점유율은 더 높아진다. 따라서 동 시장에서 나타나는 경쟁의 개선효과는 형량조항의 적용범위 내에서 상대적으로 중요하게 고려되어야 한다. 케이블사업자들 간의 경쟁이 자신들의 인프라구조에 기초함에 따라서, 임차한 인프라설비에 기초하여 서비스를 제공하는 공급자에 의한 경쟁보다 지속적이라는 점 또한 긍정적으로 평가되어야 한다.

214. 다른 한편으로 여기서는 형성된 지 얼마 안 되어, 몇몇 사업자들이 이미 활동하고 있고 자신의 사업활동을 확대하고자 하는 시장이 문제되고 있다는 점도 고려되어야 한다. 특히 예상되는 시장확대, 그리고 광대역 인터넷접속을 기반으로 그 밖의 서비스가 제공될 수 있기 때문에 시장진입은 매우 흥미로운 것이다. 따라서 위 시장은 - 비록 도이체 텔레콤의 사실상 망독점에 따른 시장진입장벽에도 불구하고 - 새로운 시장참가자를 끌어들일 것으로 예상할 수 있다. 일반적으로 새로운 경쟁자의 진입을 확실히 기대할 수 있는 '새롭고도 앞으로 번창할 시장'에서 나타날 경쟁조건의 개선은 이미 성숙된 시장에서의 개선효과보다 그 의미가 적다. 나아가 제3의 사업자에 의한 점유율 확대와 그에 따른 경쟁촉진을 기대할 만한 확실한 경쟁상의 징후가 존재한다는 점도 고려하여야 한다. 이

점은 특히 DTAG가 2001년 1월 이후 참가자접속망에 대한 공동의 접속을 허용할 의무를 부담하고 있다는 점과 통신상품의 재판매를 고려할 때 그러하다. 나아가 다른 케이블사업자들도 마찬가지로 인터넷서비스를 제공하고 있다는 점도 간과해서는 안 된다.

215. 끝으로 이러한 맥락에서 광대역 인터넷접속을 위한 다른 매체를 간과할 수 없다. 예컨대 Powerline, WLL, 위성을 통한 DSL이나 FTTH를 들 수 있다. 본 심결부는 이러한 기술로부터 아마 어떠한 경쟁상의 자극도 기대할 수 없다는 당사자의 의견과 견해를 같이 한다. 그러나 이들 기술의 어느 하나가 향후 몇 년 내에 확실한 중요성을 가지게 될 가능성을 전혀 배제할 수는 없다. 당사자가 인용한 연방경제성의 위탁에 따른 WIK의 연구보고서에 따르면, 예컨대 2004년경에는 약 90만개의 Powerline 접속과 63.7%의 성장률이 기대된다고 한다. 위 보고서에 따르면 "단기적으로 접속망의 차원에서 경쟁이 심화될 것이다. 이용자는 다수의 장거리망접속 사업자뿐만 아니라 기술적으로 상이한 망플랫폼 간에 선택하게 될 것이다. 이는 확실히 가격과 신기술의 전파속도에 영향을 미칠 것이다"라고 한다. 본 심결부는 이들 필자의 낙관주의에 공감하지 않으며, 다만 그러한 전개상황을 완전히 배제할 수는 없다고 본다. 여기서 그 불확실성에 따른 의문은 입증책임을 지는 당사자의 부담으로 돌아간다.

216. 인터넷접속시장에서 경쟁조건의 개선을 판단하기 위해서는 개선효과를 사실상 기대할 수 있는 예측기간의 설정이 요구된다. Liberty에 의하면 이 기간은 5년 내지 8년이 적당하다고 하고, 연방최고법원이 Stromversorgung Aggertal 사건에서 취한 19년의 예측기간을 원용하고 있다. 이때 보다 짧은 예측기간을 기초로 할 경우 기업결합에 따른 경쟁촉진효과의 대부분이 고려되지 않게 되는 결과를 가져올 것이라고 보았다.

217. 본 사건절차에서 의견서를 제출한 Weizsäcker 교수의 이와 같은 견해는 타당하며, 그에 따르면 Liberty가 정보통신시장에서 단기간 내에 어느 정도의 시장점유율을 차지할 수 있는지는 결정적으로 중요하지 않을 수 있다고 한다. 오히려 Liberty의 진입으로 비로소 시장지배적 사업자인 DTAG의 행위의 여지가 광범위한 인프라구조를 가진 경쟁사업자에 의해서 직접 영향을 받게 된다는 것이다. 단지 이 점에서 Weizsäcker 교수는 시장점유율과 상관없이 영향을 받게 될 DTAG의 행위의 여지에 대한 영향을 찾고 있다. 그는 예측기간이 적어도 2010년까지로 정해져야 한다고 주장하고 있다.

218. 그러나 사실상 정보통신 시장에서는 장래의 전개과정이 무엇보다도 규제당국의 결정에 의해서 좌우될 수 있는 매우 고도의 동태적인 성격이 지배하고 있다. 시장은 개방되는 추세에 있고, 그 결과 2010년 음성전화 시장의 상태에 대하여는 예측을 불허한다. 독점위원회는 최근 정보통신 및 우편시장에서의 경쟁과정에 대한 특별의견서에서, 현재의 관점에서 2003년에 정보통신 시장의 경쟁조건이 어떤 모습을 보일 것인지를 판단하기란 불가능해 보인다는 의견을 피력하고 있다. 독점위원회가 보기에 이에 관한 평가는 정보통

신 시장의 동태적 성격을 고려할 때 곤란하다는 것이다. 따라서 본 심결부는 예상되는 시장상황에 기초하여 3년 이상에 걸친 예측은 충분한 신뢰성을 가질 수 없다는 전제하에 2004년 말까지의 예측기간만을 고려하기로 한다.

219. 현재의 시장규모에 비추어 보다 중요한 의미를 갖는 두 번째 시장에서 T-Online은 시장지배적 지위를 갖고 있다. 그럼에도 불구하고 DTAG가 제공하는 인프라의 도움으로 다른 서비스사업자들 역시 동 시장에 상대적으로 미약하게나마 참여할 수 있다(따라서 상황은 장거리통화의 경우와 비견된다). 따라서 DT-콘체른의 지위는 인터넷을 통한 서비스공급과 마찬가지로 매우 대단한 것은 아니다. 특히 보다 많은 ISP가 시장에 진입하고 이미 시장에서 활동하고 있는 사업자들도 그 점유율을 늘려갈 것으로 기대할 수 있다. 변함없이 AOL과 함께 전 세계적으로 유력한 ISP가 동 시장에서 활동하고 있다. 따라서 위 시장에서 나타날 개선효과는 비교형량에 포함되어야 하지만, 그 중요성은 상대적으로 떨어진다.

220. 인터넷시장에서 예상되는 개선효과의 일부가 광대역 인터넷접속시장이 아니라 협대역 인터넷접속시장에 귀속되는 경우에도 이러한 평가에는 변화가 없다. 실제로 Liberty가 단지 광대역 서비스만을 제공하는 것이 아니라 협대역의 서비스를 아울러 제공할 것으로 예상되기 때문이다. 그 결과 순수한 계량적 접근에 있어서 그밖에 추가적인 개선효과가 나타나는 시장을 포함시키게 되고, 이와 함께 전체적으로 개선효과가 나타나는 시장의 규모가 명백하게 커지게 된다는 점은 사실이다. 그러나 그러한 접근방법은 오해의 소지가 있다. 왜냐하면 개선효과의 일부가 DTAG/T-Online이 지배하는 광대역 인터넷접속시장과 광대역 인터넷이용시장에 관련되는 것이 아니라 아마도 T-Online의 시장지배적 지위가 인정될 수 있으나 그 정도가 그다지 심하지 않고 따라서 형량조항의 범위 내에서 그 중요성이 상대적으로 적은 협대역의 인터넷접속시장과 관련된다고 해서 참가사업자들에게 유리하도록 판단이 바뀔 수는 없기 때문이다. 그 결과 본 심결부가 개선효과가 광대역 서비스시장에 대하여 완벽하게 영향을 미칠 것이라고 판단한다면, 이는 단지 당사자의 이익을 위한 것이다. ...

c) 결론

221. 결론적으로 폐해가 나타나는 시장(최종소비자 시장, 케이블TV, 케이블콘텐츠제공시장 및 신호공급 시장)과 개선효과가 기대되는 시장(인터넷시장)들이 갖는 경제적 중요성을 비교함에 있어서 현재 폐해가 나타나는 시장의 규모(약 10억 유로)가 개선효과가 기대되는 시장의 규모(약 7억 유로; 중소사업자에 대한 공급비중이 추가될 수 있음)보다 전체적으로 더 크다고 볼 수 있다. 그러나 2004년까지의 예측기간 중 인터넷시장의 현저한 성장(Liberty의 추산에 의하면 26억 유로)이 고려되어야 한다. 그밖에 비교대상 시장들의 경제적 중요성을 평가함에 있어서 질적인 관점이 고려되어야 한다. 실제로 경쟁제한방지

법의 입법자는 팩터 20의 매체다양성을 유지하는 것을 고려하여 다른 시장보다 라디오방송 프로그램의 판매시장을 보다 높게 평가하고 있다(GWB 제38조 제3항). 이러한 시장에는 확실히 라디오방송신호를 최종소비자에게 전송하는 케이블 시장과 신호공급 시장이 포함된다. 따라서 심결부는 개선효과가 기대되는 시장은 그것이 갖는 경제적 의미에 비추어 폐해가 나타나는 시장보다 중요하다고 판단하는 바, 이는 특히 매체의 다양성이라는 관점에서 콘텐츠 제공시장 역시 매우 중요한 의미를 가지기 때문이다. 이들 시장이 전·후방시장에도 특별한 의미를 가질 있다는 관점(핵심시장)을 고려하더라도 이와 다른 결론이 도출되지는 않는다. 왜냐하면 개선효과가 기대되는 시장이나 폐해가 나타날 시장 모두 마찬가지로 핵심시장이기 때문이다.

222. 본건 기업결합에 의해서 나타날 경쟁상의 개선효과와 악화우려를 비교할 때 동 기업결합 계획이 독과점시장에서 잔존경쟁 및 잠재적 경쟁을 더욱 악화시킬 것으로 볼 수 있다. 폐해가 예견되는 시장에 새로운 경쟁자의 진입을 곤란하게 할 시장진입장벽이 존재하기 때문에 이 점은 특히 중요하다. 반면 인터넷 시장은 경쟁의 악화가 예상되는 시장에서보다도 경쟁의 심화가 예견되는 신생시장이자 성장시장이다. 그러나 DTAG는 단기간 내에 광대역 인터넷접속시장에서 당연히 규제할 수는 없는 독점적 지위를 얻게 되었는데, 이는 대부분의 경쟁사업자가 DSL-기술을 기반으로 인터넷접속서비스를 제공하고 있고, 이들은 DTAG의 인프라 제공에 사활을 걸고 있기 때문이다. 따라서 Liberty가 광대역케이블망과 함께 스스로 DTAG의 원거리망과 독립된 인프라설비를 갖추게 될 것이라는 사실을 고려할 때 Liberty의 시장진입은 대단히 중요한 의미를 가지게 된다. 우선 Liberty가 의도하고 있는 450 MHz에서 510 MHz로 광대역케이블망을 확충할 경우 조만간 클러스터의 감축이든 862 MHz 망구축이든 케이블망의 추가건설이 이루어질 것이다. 이와 관련하여 본 심결부는 Liberty가 실제로 고도의 개연성을 가지고 성과에 적합한 인터넷서비스를 공급할 목적으로 케이블망을 추가로 갖출 것인지에 대해서 의문을 가지고 있다. 광대역케이블망은 시장선도자가 이용하는 기술 이외에 완전히 독립적인 인프라구조이기 때문에, 이러한 망의 경쟁잠재력이 현재로서는 경쟁이 지배하지 못하고 있는 시장에서 가능한 폭넓게 활용될 것인지의 여부가 관건이 된다. 결국 본 심결부의 견해로는 인터넷시장에서 Liberty에 의해 경쟁조건의 개선이 이루어질 것으로 보인다. 다만, Liberty가 실제로 이들 시장에서 경쟁의 요구에 완전히 순응할 것인지의 여부에 관한 불확실성을 고려할 때, 현재로서는 폐해보다 경쟁조건의 개선이 더 크다고 판단할 수 없다. 따라서 마찬가지로 경쟁조건이 개선 또는 개악되는 시장의 경제적 중요성을 함께 고려하였을 때 개선효과가 시장지배에 따른 폐해보다 크다고 볼 수 없다.

자료출처: WuW 2002년 6월호, 632-646 면.

제5절 | 기업결합 규제절차

Ⅰ. 신고의무

1. 개 관

연방카르텔청의 기업결합 규제절차는 주로 경쟁제한방지법 제39조 내지 제43조에서 정하고 있다. 그밖에 필요한 경우에는 동법의 절차조항이 적용된다.

유럽의 합병규제와 마찬가지로 독일의 기업결합규제 역시 사전적 규제로 되어 있으며, 이를 위하여 일정한 요건을 충족하는 모든 기업결합은 그 완료 이전에 연방카르텔청에 신고(Anmeldung)하여야 한다(GWB 제39조 제1항). 기업결합신고는 전자서명이 이루어진 문서를 통하여 연방카르텔청이 개설한 이메일주소로 신청할 수도 있다. 신고의무를 부담하는 자는 기업결합에 참가하는 사업자이고, 지분이나 자산취득의 경우에는 그밖에 지분이나 자산을 매각하는 자도 신고의무를 진다(GWB 제39조 제2항 1호, 2호). 한편, 이른바 결합조항(Verbundklausel)에 따라 당사회사가 주식법 제17조에 따른 지배·종속회사이거나 주식법(Aktiengesetz) 제18조에 따른 콘체른회사인 경우에는 이들 결합된 회사들이 모두 하나의 사업자로 간주되어 신고의무를 진다(GWB 제36조 제2항).

신고서에는 기업결합의 형식이 표시되어야 하며, 당사회사에 관하여 사명(社名), 사업범위, 국내와 유럽연합 및 세계 차원의 매출액, 시장점유율, 주식취득의 경우 취득할 주식의 수와 그로 인하여 보유하게 되는 주식의 총수, 국내대리인 등을 기재하여야 한다(GWB 제39조 제3항). 신고의무는 공공의 이익을 위한 것이므로 당사회사의 영업비밀유지를 이유로 제한되지 않는다.[80] 심사에 필요한 모든 자료가 제출된 때에 비로소 완전한 신고가 이루어진 것이 되고, 동법 제40조에 따른 심사기한이 개시된다.[81] 당사회사가 추후 새로이 신고를 할 경우에는 새로운 기한이 적용된다.[82] 기업결합심사는 처분주의에

80) BKartA Tätigkeitsbericht 1978, 23.
81) OLG Düsseldorf 30.10.2002, Kart 40/01 (V), WuW/E DE-R 1033 ff. "Sanacorp/Anzag".
82) BGH 20.4.2010, KVR 1/09 WuW/E DE-R 2905, Tz. 22 ff. "Phonak/GN Store".

따르는 바, 신고요건이 더 이상 충족되지 않게 된 때에 당사회사는 언제든지 신고를 철회할 수 있고 그에 따라 절차는 종료된다.

경쟁제한방지법 제39조 제1항에 반하여 허위 또는 불완전한 신고를 한 자에 대해서는 질서위반행위를 이유로 벌금이 부과된다(GWB 제81조 제2항 3호). 연방카르텔청은 이른바 이행강제금(Zwangsgeld)을 부과하는 방법으로 신고의무를 독촉할 수도 있다(GWB 제86조a).

한편, 동법상 기업결합 신고의무에 대한 유일한 예외는 유럽집행위원회가 자신이 신고받은 기업결합에 대하여 이송결정을 내리고(FKVO 제9조), 연방카르텔청에 관련 자료가 독일어버전으로 제출된 경우이다(GWB 제39조 제4항).

2. 이행금지의무

기업결합 계획을 신고한 사업자는 심사절차가 진행 중인 동안에, 다시 말해서 동법 제40조 제1항 1문이 정하는 1개월의 통지기한과 동조 제2항 2문이 정하는 4개월의 심사기한이 경과하기 전에 당해 기업결합을 완료하거나 그에 조력해서는 안 된다(GWB 제41조 제1항 1문). 이를 '이행금지의무'(Vollzugsverbot)라 한다. 이를 위반한 자는 질서위반행위로서 처벌된다(GWB 제81조 제1항 1호). 이를 통하여 일단 완성된 기업결합을 사후에 해소하는데 따른 어려움을 피할 수 있게 된다.

여기서 이행금지란 말 그대로 신고의무를 발생시키는 기업결합의 '원인행위'와 구별되는 이행행위를 금지하는 것이다. 따라서 일정한 자산이나 주식에 대한 매매계약을 체결하거나 정관을 제·개정하는 행위는 허용되며, 반면 자산이나 주식의 소유권을 이전하거나 제·개정된 정관에 따라 취득회사가 피취득회사에게 일정한 지시를 내리는 등의 행위는 금지된다.

이행금지의무에 반하는 법률행위는 그 자체가 무효이다(GWB 제41조 제1항 2문). 다수설에 의하면 해당 법률행위는 유동적 무효(schwebende Unwirksamkeit)로서, 이를테면 연방카르텔청이 당사회사에게 문제된 기업결합을 금지하지 않을 것임을 통지하는 등의 방법으로 사후에 치유될 수 있다.[83] 그밖에 경쟁제한방지법은 법적 안정성을 고려한 세 가지 예외를 다음과 같이 명시적으로 규정하고 있다(GWB 제41조 제1항 3문), 다만, 이러

83) BGH WuW/E BGH 1556 "Bayer/Metzeler". 보다 자세한 내용은 Richter, in: Wiedemann, Handbuch des Kartellrechts, 2. Aufl., 2008, §21, Rn. 39 참조.

한 경우에도 연방카르텔청이 해당 기업결합을 금지하는 때에는 이미 완료된 기업결합에 대한 해소절차(Auflösung)가 고려될 수 있다.

① 부동산에 관한 계약으로서 등기부에 기재됨으로써 법률상 효력을 갖게 된 경우

② 회사의 설립이나 편입(Eingliederung), 조직변경(Umwandlung) 등에 관한 계약으로서 상업등기부(Handelsregister) 등에 일정한 등록을 거쳐 법률상 효력을 갖게 된 경우

③ 그밖의 법률행위로서 이행 후 기업결합이 신고되었으나 금지요건이 충족되지 않거나 장관허가가 내려지는 등의 사유로 기업결합 해소절차가 진행되지 않는 경우

한편, 연방카르텔청은 당사회사나 제3자의 중대한 손해를 방지하는 등 중대한 사유가 인정되는 경우에는 신청에 따라 이행금지의무를 면제할 수 있다(GWB 제41조 제2항 1문). 대체로 도산기업합병의 경우에 이러한 면제를 생각할 수 있는데, 도산에 임박한 회사로서는 종종 이행금지기간을 적절히 감내할 수 없기 때문이다. 즉, 이행금지기간 내에 종국적 도산에 빠지는 것을 막기 위하여 면제가 필요할 수 있는 것이다.[84)]

3. 유럽합병규칙과의 관계

공동체차원에서 중요성이 없는 모든 기업결합은 회원국의 국내경쟁법에 맡겨져 있다. 그러나 유럽집행위원회가 특정 기업결합에 대하여 심사절차를 개시하게 되면, 기업결합 규제에 관한 국내법은 원칙적으로 배제된다. 유럽합병규칙 제21조에 따른 이른바 차단효과가 바로 그것이다. 따라서 특정 기업결합에 대한 유럽과 회원국 차원의 이중규제는 원칙적으로 발생하지 않고, 이러한 의미에서 이른바 'one stop shop'이 마련되어 있다.

그런데 유럽 차원에서 합병규제가 상당한 수준으로 조화되었음에도 불구하고 여전히 회원국의 경쟁당국은 유럽집행위원회에 비하여 비교적 엄격하게 기업결합을 심사·규제하고 있다. 이처럼 법문상 금지요건이 유사함에도 불구하고 유럽집행위원회의 실무상 유럽경쟁법의 적용을 받는 대규모합병이 국내법의 규제를 받게 되는 수많은 소규모 기업결합에 비하여 허용되기 쉽다는 것은 법정책적으로 납득하기 어렵다는 지적도 있다.[85)]

---

84) BT-Drucks. 13/9720, S. 16.
85) Bach, WuW, 1992, S. 571.

Ⅱ. 심사절차

독일의 기업결합 심사절차는 두 단계로 나누어 진행되는 유럽과 달리 비교적 단순하다고 할 수 있다. 그러나 연방카르텔청의 절차도 나름 두개의 상이한 절차로 구분할 수 있다.

연방카르텔청은 완전한 신고가 접수된 날로부터 1개월 이내에 신고의 접수 및 완전성을 확인하게 된다. 이 과정에서 추가적인 심사가 필요하다고 판단되는 경우에 연방카르텔청은 동일한 기간 내에 당해 기업결합에 대해서 본안심사절차(Hauptprüfungsverfahren)가 개시될 것임을 신고사업자에게 통지하여야 한다(GWB 제40조 제1항; 이를 흔히 'Monatsbrief'라 한다.). 이러한 통지에는 아무런 이유나 근거를 제시할 필요가 없기 때문에, 통지는 취소불가능한 절차상의 결정에 해당한다. 연방카르텔청이 본안심사절차 개시 여부에 관하여 적시에, 즉 신고접수일로부터 1개월 이내에 아무런 결정을 내리지 않는 경우에 해당 기업결합은 더 이상 금지할 수 없게 된다(GWB 제40조 제1항 1문).[86] 따라서 연방카르텔청은 1개월 이내에 해당 기업결합이 의문의 여지없이 경쟁제한의 우려가 없는지, 아니면 추가적인 심사가 필요한지 여부를 판단하여야 하는 것이다.

연방카르텔청은 신고받은 기업결합이 시장지배력을 형성 또는 강화할 소지가 있다고 판단할 경우에 1개월 이내에 그 사실을 통지하여야 하고, 이어서 곧바로 본안심사절차를 진행한다(GWB 제40조 제1항 2문). 본안심사절차에서 연방카르텔청은 당해 기업결합이 금지 또는 허용될 것인지를 결정하는 바, 완전한 신고를 접수한 날로부터 4개월 이내에 그러한 처분을 내려야 한다. 동 기한은 일정한 경우에 한하여 연장될 수 있다(GWB 제40조 제2항 4문).

연방카르텔청이 4개월의 기한 내에 아무런 결정을 내리지 않은 경우, 해당 기업결합은 허용된 것으로 간주된다(GWB 제40조 제2항 2문). 이처럼 짧은 기한 내에 결정을 내려야 하기 때문에 연방카르텔청은 매우 중요한 쟁점에 국한하여 심사를 진행할 수밖에 없다. 연방카르텔청이 본안심사절차에서 금지 또는 허용의 결정을 내리는 경우에는 처분의 형식으로 하여야 한다(GWB 제40조 제2항, VwVfG 제35조).

본안심사절차에서 연방카르텔청은 법 제54조 제2항이 정하는 공식적인 절차참가자,

86) Schulte, AG, 1998, S. 297, 300.

즉 절차개시를 신청한 자, 기업결합 당사회사, 신청을 통해 보조참가한 자, 자산취득이나 지분취득을 통한 기업결합의 경우에는 매도기업(Veräußerer)에게 의견진술의 기회를 부여하여야 한다(GWB 제56조). 제3자의 보조참가(Beiladung Dritter) 신청이 있을 경우에 이를 허용할지 여부에 대해서는 연방카르텔청이 자유재량으로(nach freiem Ermessen) 결정한다(GWB 제54조 제2항 3호 전단).[87)]

Ⅲ. 연방카르텔청의 처분

1. 금지처분

신고된 기업결합이 시장지배력을 형성하거나 강화하는 등 유효경쟁을 현저히 저해할 우려가 있는 경우에 연방카르텔청은 해당 기업결합계획을 전면적으로 금지하여야 한다. 당초 계획된 기업결합의 일부만을 금지하는 이른바 일부금지를 명하는 처분(Teiluntersagung)은 허용되지 않는다.

연방카르텔청은 금지처분을 내리는 대신 보다 완화된 수단으로서 조건과 부담(Bedingungen und Auflagen)을 붙여 해당 기업결합을 승인할 수도 있다(법 제40조 제3항). 금지처분과 마찬가지로 조건부 승인 또한 그 법적 성질은 행정행위이고, 이들 모두 법원과 유사한 절차에 따라 내려진다는 점에서 통상 의결 내지 심결(Beschluß)로 불린다. 금지처분은 그 근거가 명시되어야 하고 행정송달법(Verwaltungszustellungsgesetz; VwZG)의 규정에 따라 법 제40조 제2항이 정한 기한이 경과하기 전에 당사회사에게 송달되어야 한다(GWB 제40조 제2항 2문, 제61조 제1항 1문). 조건과 부담은 관련시장에서 해당 기업결합이 가져올 경쟁제한요소를 제거하면서 동시에 당사회사가 지속적인 행태규제를 받지 않는 방식으로 정해져야 한다.[88)] 조건부 승인을 포함한 연방카르텔청의 허용결정은 그것이 허위의 자료에 근거하여 내려졌거나 당사회사가 부과된 조건을 위반한 경우에는 추후에라도 철회 또는 변경될 수 있다(GWB 제40조 제3a항).

신고된 기업결합이 경쟁상 아무런 문제가 없다고 판단하는 경우에도 연방카르텔청은 행정행위인 처분을 통하여 공식적으로 허용결정을 내려야 한다. 이는 연방카르텔청의 규제실무상 투명성을 제고하기 위한 것으로서, 유럽합병규칙 제8조를 참고하여 도입한 것이다.

---

87) BGH 7.11.2006, KVR 37/05 BGHZ 169, 370, Tz. 11 ff. “pepcom”; 7.11.2006, KVR 38/05 WuW/E DE-R 2029, Tz. 10 ff. “iesy/Ish”; Bien, ZWeR, 2007, S. 533.

88) Veelken, WRP, 2003, S. 692, 703 ff.

2. 이행된 기업결합의 해소

연방카르텔청이 기업결합을 승인하면, 비로소 당사회사는 당해 기업결합을 완전히 이행 및 완료할 수 있다. 당사회사가 기업결합을 완료한 때에는 연방카르텔청에 지체 없이 그 사실을 통지하여야 한다(GWB 제39조 제6항). 금지요건이 충족됨에도 불구하고 완료된 기업결합은 후술하는 연방경제성장관의 허가가 없는 한 해소(Auflösung)되어야 한다(GWB 제41조 제3항). 즉, 연방카르텔청이 금지하였으나 장관이 예외적으로 허용하지도 않은 기업결합은 어떤 사유로도 이행되어서는 안 되며, 이미 기업결합이 실현된 경우에는 이를 해소하여야 한다. 이때, 기업결합의 해소란 반드시 기업결합 이전 상태로의 원상회복을 의미하지는 않는다. 기업결합의 해소에 있어서도 비례의 원칙(Verhältnismäßigkeitsgrundsatz)이 준수되어야 하기 때문이다.

다만, 1998년 이후 기업결합에 대하여 사전규제가 일반화되면서, 이처럼 금지 우려가 큰 기업결합이 연방카르텔청의 처분이 내려지기도 전에 이행되는 경우란 거의 생각하기 어렵다. 예외적으로 생각할 수 있는 대표적인 경우로는 ① 연방카르텔청에 신고조차 하지 않고 기업결합을 이행한 경우, ② 신고 후 이행금지의무를 위반하여 기업결합을 이행한 경우, ③ 법 제41조 제2항에 따라 이행금지의무가 면제된 후 기업결합을 이행한 경우, ④ 조건부 승인 이후 기업결합을 해소해야 할 조건이 발생한 경우,[89] ⑤ 연방카르텔청이 법 제40조 제3a항에 따라 승인결정을 철회한 경우 및 ⑥ 불복절차에서 법원이 연방카르텔청의 승인처분을 취소한 경우를 들 수 있다.

당사회사는 법 제41조 제3항 1문에 의하여 직접 이행된 기업결합을 해소할 의무를 지게 된다. 그런데 당사회사가 동 해소의무를 이행하지 않는 때에도 아무런 제재를 가할 수 없다. 당사회사가 자발적으로 동 의무를 이행하지 않는 경우에 연방카르텔청은 당해 기업결합의 해소에 필요한 조치를 명할 수 있을 뿐이다(GWB 제41조 제3항 2문). 이때 해소명령 그 자체만으로는 사법상 법률관계에 아무런 영향을 미치지 않으며, 연방카르텔청은 해소명령을 집행하기 위하여 구체적으로 의결권 행사의 제한이나 수탁관재인의 임명 및 이행강제금 부과 등의 조치를 내릴 수 있다(GWB 제41조 제1항 2호, 3호, 제86조a 참조). 연방카르텔청의 해소명령에 대해서는 해당 사업자가 관할 고등법원에 불복의 소

89) 조건부 승인이 내려지는 경우 이행금지의무가 없으며, 추후 일정한 지분매각과 같은 조건이 이행되지 않으면 승인이 취소되고, 그 결과 이미 이행한 기업결합은 다시 해소되지 않으면 안 되는 것이다.

를 제기할 수 있다.

3. 국제적 M&A에 대한 조치

국내시장에 영향을 미치는 국제적인 기업결합은 여전히 해결하기 어려운 문제 중의 하나이다. 국제행정법과 국제공법의 규범과 일반원칙이 국내 경쟁당국의 개입가능성을 제한하고 있기 때문이다. 경쟁제한방지법 제130조 제2항의 효과주의원칙(Auswirkungsprinzip)은 특히 기업결합규제에 있어서 훨씬 더 집행상의 난점을 안고 있다.

예컨대, Morris-Rothmans 사건은 국제적 기업결합에 대한 규제의 좋은 예인데, 이 사건에서 연방카르텔청은 문제의 지분취득, 즉 미국의 필립 모리스사가 남아프리카의 로스만스사의 지분을 취득하는 것이 독일회사인 필립모리스 유한책임회사와 마틴 브린크만 주식회사 사이의 기업결합에 해당된다고 판단하여 관할권을 행사하였고, 심사결과 이를 금지하였다.[90] 고등법원은 이를 부분적으로 파기하였으나, 원칙적으로는 두 독일회사 간의 기업결합에 대한 금지입장을 재확인하였다. 여기서 국제법상의 문제는 간과되었고, 아울러 그러한 금지처분이 가져올 현실적인 문제들도 간과되었다.[91] 국제적으로 커다란 주목을 받았던 이 사건에서는 불복절차가 진행되는 동안 문제의 지분취득이 축소되었고,[92] 그 결과 기업결합구성요건이 더 이상 존재하지 않게 되었기 때문에, 법원의 최종적인 판단이 내려질 수 없었다.[93]

Ⅳ. 불복 및 장관의 허가

1. 불복의 소

연방카르텔청의 금지처분에 대하여 결합의 당사회사는 뒤셀도르프 고등법원에 '불복의 소'(Beschwerde)를 제기할 수 있다(GWB 제63조). 아울러 경쟁제한방지법 제54조 제2항, 제3항이 정하는 바에 따라 연방카르텔청의 심사절차에 공식적으로 참가한 모든 자는 불복의 소를 제기할 권리를 갖는다(GWB 제63조 제2항). 불복의 소는 형식적으로나 실질적인 면에서 일정한 불이익 내지 부담(Beschwer)이 있을 것을 전제로 하며,[94] 연방카르르

90) BKartA WuW/E 1943.
91) OLG WuW/E 3051.
92) Gerber, AJIL, 1983, S. 736; Kunig, WuW, 1984, S. 700.
93) BGH WuW 1986, 481 = WuW/E BGH 2211; BKartA WuW 1988, 915 = WuW/E BKartA 2295.

텔청의 결정을 통해서 자신의 경제상 이익이 침해되는 것으로 족하다. 그에 따라 연방카르텔청의 처분으로 자신의 이익에 현저히 영향을 받은 제3자 또한 불복의 소를 제기할 수 있다(GWB 제54조 제2항, 제3항, 제63조 제2항).

법원은 '구두변론의 종결'(letzte mündliche Verhandlung) 당시에 확인된 사실관계와 법률관계를 기초로 판결을 내리기 때문에, 법원으로서는 연방카르텔청이 처분을 내린 시점 이후에 확인되는 경제상황의 변화 또한 충분히 고려할 수 있다.

사업자가 불복의 소를 제기하였다는 이유만으로 연방카르텔청이 내린 처분의 효력이 정지되지는 않으며, 법 제64조 제1항이 정한 일정한 요건이 충족되는 경우에만 효력정지(aufschiebende Wirkung)가 인정된다. 따라서 당사회사로서는 법 제65조 제3항에 따라 필요시 집행정지(Aussetzung der Vollziehung)의 신청을 별도로 하지 않으면 안 된다.

제3자가 불복의 소를 제기한 경우에 법원은 원고적격(Beschwerdebefugnis) 여부를 먼저 심사하게 된다. 예컨대 연방카르텔청의 심사절차에 보조참가한 제3자가 추후 해당 기업결합에 대한 승인결정의 취소로 인하여 손해를 입는 때에는 원칙적으로 불복소송의 원고적격이 인정된다(GWB 제54조 제2항, 제3항, 제63조 제2항). 또한 경쟁사업자는 따로 보조참가를 하지 않았더라도 자신의 이익이 연방카르텔청의 처분으로 현저히 영향을 받게 되고, 따라서 연방카르텔청이 그를 보조참가시킬 수 있었다면 여전히 불복의 소를 제기할 수 있다.[95]

2. 장관의 예외적 허가

독일의 연방경제성장관, 보다 정확하게는 '연방경제·기술성장관'(Bundesminister für Wirtschaft und Technologie; BMWi)은 기업결합에 참가하는 사업자의 신청이 있는 경우 연방카르텔청이 이미 금지한 기업결합을 예외적으로 허가할 수 있다(GWB 제42조). 연방카르텔청의 금지처분에 대하여 사업자는 불복의 소를 제기하거나 연방경제성장관에게 예외적 허가 신청을 할 수 있다. 불복절차와 허가절차는 서로 별개의 것이기 때문에, 사업자는 불복절차가 진행 중인 동안에도 연방경제성장관의 허가를 구하는 신청을 할 수 있다.

이러한 허가는 해당 기업결합의 경쟁제한효과가 그에 따른 국민경제상의 이익

94) OLG Düsseldorf 6.9.2006, VI-Kart 13/05 (V) "Dt. Börse/LSE", WuW/E DE-R 1835, 1836 f.
95) BGH 7.11.2006, KVR 37/05 "pepcom", BGHZ 169, 370, Tz. 16.

(gesamtwirtschaftliche Vorteile)에 의해서 상쇄되거나 해당 기업결합이 '보다 우월한 공공의 이익'(überragendes Interesse der Allgemeinheit)에 의해서 정당화되는 경우에 내려질 수 있다(GWB 제42조 제1항 1문). 당사회사의 국제경쟁력 강화 여부도 고려될 수 있다. 경쟁제한방지법이 이와 같은 '장관허가'(Ministererlaubnis)제도를 규정한 이유는 1973년 당시부터 입법자가 동법 제36조 제2항의 형량조항을 통하여 합병사례에서 공공의 이익에 부합하는 최적의 결정이 내려질 수 있을 것인지에 대해서 우려하였기 때문이었다.[96] 여기서도 허가의 두 가지 요건과 경쟁제한 사이에 비교형량이 이루어지는 바, 대체로 관련시장의 집중도가 높을수록 예외요건을 충족하기란 어려워지게 된다.

한편, 기업결합의 경쟁제한효과가 매우 커서 시장경제질서를 위태롭게 할 우려가 있는 경우에는 연방경제성장관도 이를 허가할 수 없다(GWB 제42조 제1항 3문). 장관이 허가 여부를 고려함에 있어서는 공공의 이익이 기업결합규제가 추구하는 경쟁보호라는 목적보다 우위에 선다. 그리고 예컨대 가스사업자인 Ruhrgas(주)가 마찬가지로 에너지기업인 E.ON을 인수한 사례[97]에서 알 수 있는 바와 같이, 연방경제성장관이 기업결합을 예외적으로 허가하기 위해서 구체적으로 입증된 중요한 근거를 제시할 필요도 없다.

연방경제성장관의 허가는 사업자의 신청이 있는 경우에만 내려질 수 있다(GWB 제42조 제1항). 장관의 허가 또한 조건 및 부담부로 내려질 수 있으나, 그로 인하여 당사회사가 지속적인 행위통제를 받아서는 안 된다. 연방경제성장관은 적어도 명시적으로 허가 여부에 대한 재량을 갖지 않으며, 일단 기업결합의 장점이 경쟁제한의 폐해를 상회하고 경쟁을 덜 제한하는 다른 효과적인 대안이 없다고 판단될 경우에는 반드시 허가를 하여야 한다.

그런데 지금까지 장관의 예외적 허가제도에 관한 독일의 경험은 그리 만족스럽지 못한 것으로 평가받고 있다. 거의 모든 사례에서 일자리(Arbeitslpätze) 유지의 필요성이 제시되었으나, 시간이 흐르면서 그러한 주장이 잘못된 것이었음이 입증되었다. 대표적으로 부패의 혐의가 짙은 허가사례로서 앞서 살펴본 E.ON/Ruhrgas 사건이 언급되는데, 이때의 허가는 법 제42조 제1항 3문에 명백하게 반하는 것이었고, 독일의 가스시장 및 전력시장에 독점화가 고착되는 결과를 가져왔다.[98]

---

96) BT-Drucks. 6/2520, S. 31.

97) BMWi, 5.7.2002, 22 08 40/129 WuW/E DE-V 573 "E.ON/Ruhrgas".

98) 당시 허가를 내주었던 장관은 얼마 후 에너지기업의 대표이사로 자리를 옮기는 방법으로 보상을 받았다. 동 허가에 대한 비판적인 글로는 Dreher, WuW, 2002, S. 828; Möschel, BB, 2002, S. 2077.

제 7 장

경쟁제한방지법의 집행

제1절 독일의 경쟁당국
제2절 행정절차
제3절 법위반행위에 대한 제재
제4절 불복절차 등

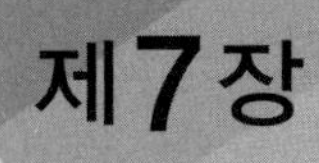

제7장 경쟁제한방지법의 집행

제1절 | 독일의 경쟁당국

Ⅰ. 개 관

독일에서 경쟁당국이란 연방카르텔청과 연방경제성, 그리고 주법에 따라 권한을 부여받은 관청을 말한다(GWB 제48조 제1항). 먼저, 연방카르텔청은 경쟁제한행위의 효과가 특정 주의 영역을 벗어나는 경우에만 주의 경쟁당국을 대신하여 권한을 행사하게 되어 있으나(GWB 제48조 제2항), 실무에서는 연방카르텔청이 관할권을 행사하는 경우가 오히려 원칙이라고 할 수 있다. 특별이첩(Sonderzuweisung)에 관한 규정이 마련된 2005년 이후에는 법위반행위에 대한 조사를 개시한 경우 서로 통지하도록 하고 상호 간에 사건의 이첩을 가능케 하는 방법으로 연방카르텔청과 주의 경쟁당국 간에 협력시스템이 마련되어 있다.

연방카르텔청은 연방망규제청(Bundesnetzagentur; BNetzA)과 마찬가지로 연방경제성(Bundesministerium für Wirtschaft und Technologie) 소속이며, 법원에 준하는 독립성을 갖춘 연방상급관청이다(GWB 제51조 제1항). 따라서 연방카르텔청은 다른 통상의 행정기관과 달리 엄격한 위계질서를 갖춘 조직체계를 갖추고 있지 않다. 구체적인 사건에 대한 의결은 현재 12개인 심결부(Beschlußabteilungen)에서 이루어지며(GWB 제51조 제2항 1문), 이중 10개 심결부의 소관사항은 통신이나 화학, 운송 등 경제분야 내지 산업별로 정해져 있고, 나머지 2개 심결부는 산업과 무관하게 가격이나 시장분할 등을 내용으로 하는 경성카르텔을 담당하고 있다. 그밖에 정부조달에 관한 심결을 담당하는 3개의 합의부(Vergabekammer)와 사무국(Referate)이 있다.

이어서 각 주의 경쟁당국은 통상 주의 경제성(Landeswirtschaftsministerium)에 속해 있으며, 조직 면에서는 연방카르텔청과 비교할 수 없을 정도로 행정관청의 성격이 강하다. 주의 경쟁당국은 경쟁제한행위의 효과가 자신의 주를 벗어나지 않는 경우에만 법위반행위를 조사할 수 있음은 물론이다(GWB 제48조 제2항). 다만, 2005년 이후에는 각 주의 경쟁당국 또한 이른바 유럽경쟁당국네트워크(ECN; Netzwerk der europäischen Wettbewerbsbehörden)[1]의 틀 속에서 유럽경쟁법, 즉 조약 제101조와 제102조를 적용할 수 있는 권한을 갖고 있다(GWB 제50조 제1항, 제2항).

끝으로, 연방경제성은 법위반행위의 조사 및 제재에 관한 한 아무런 고유한 권한이 없으며, 연방카르텔청이 경쟁제한적이라고 판단한 기업결합에 대하여 예외적으로 장관이 허가를 내릴 수 있을 뿐이다(GWB 제42조). 그밖에 연방경제성은 연방카르텔청의 상급관청으로서 불특정 다수의 사건처리를 위한 일반적인 지시를 하거나 법령의 해석지침(Auslegungsrichtlinien)을 내리는 방식으로 연방카르텔청을 감독하고 있다. 다만, 연방경제성이 내리는 일반적 지시는 법적 안정성과 법적 투명성을 담보하기 위하여 연방관보(Bundesanzeiger)에 공고하여야 한다(GWB 제52조). 반면, 연방경제성이 특정 사건에 대해서 연방카르텔청에 지시를 할 수 있는지에 관하여 경쟁제한방지법에 명문의 규정은 없으나, 다수설은 연방카르텔청의 독립성을 보장한다는 차원에서 이를 부정하고 있다.[2]

한편, 5인으로 구성되는 독점위원회(Monopolkommission)는 경쟁제한방지법상 나름의 임무를 갖고 있으나, 본래의 의미에서 행정관청은 아니다. 왜냐하면 독점위원회는 동법 제59조에 따른 자료제출요구권이나 조사권을 갖지 않고, 전문가위원회(sachverständiges Gremium)로서 단지 경제정책상의 문제에 대하여 자문역할(Beratungsfunktion)을 담당하기 때문이다. 물론 독점위원회는 자신의 소관사무를 처리하기 위하여 필요한 범위에서 연방카르텔청이 취득한 서류나 영업비밀, 임·직원의 인적 사항 등을 열람할 수 있으나(GWB 제46조 제2항a), 이러한 행위 자체는 규제의 성격을 갖지 않는다. 독점위원회가 갖는 자문기능의 대표적인 것이 바로 2년마다 자신의 활동에 관한 정기보고서(Hauptgutachten)를 공표하고, 재량이나 연방정부의 위탁을 받아 일정한 주제에 관하여 특별보고서(Sondergutachten)를 작성하는 일이다.

1) 우리나라에는 ECN(European Competition Network)으로 더 잘 알려져 있다.
2) Emmerich, Kartellrecht, 10. Aufl., 2006, §41, Rn. 4; Kling/Thomas, Kartellrecht, 2007, §22, Rn. 4. 이와 다른 견해로는 Klaue, in: Immenga/Mestmäcker, Kommentar zum Deutschen Kartellrecht, 4. Aufl., 2007, §51, GWB Rn. 11 이하. 이러한 점에서 연방경제성과 연방카르텔청의 관계는 연방법무성과 연방검찰청의 경우와 본질적으로 유사하다.

Ⅱ. 연방카르텔청

1. 권 한

연방카르텔청은 일정한 기업결합에 한하여 배타적인 관할권을 갖고, 그밖에는 경쟁제한행위의 효과가 주의 범위를 넘는 경우에 관할권을 갖는다(GWB 제48조 제2항). 연방카르텔청과 각 주의 관할권은 경쟁제한방지법 제130조 제2항의 경우와 마찬가지로 이른바 영향이론(Auswirkungsprinzip; effects doctrine)에 입각하고 있다.

연방카르텔청의 권한이 축소된 경우와 확대된 경우가 있는데, 전자의 경우 그 원인은 독일 외부적 요인과 내부적 요인을 들 수 있다. 규칙 제2003/1호가 제정되면서 수십 년간 연방카르텔청이 유지하던 실무상 중요성은 대폭 감소하는 대신 유럽집행위원회의 역할이 그만큼 강화되었다. 특히, 유럽집행위원회는 유럽경쟁당국네트워크를 설립하고 이를 컨트롤하는 한편, 일정한 매출액 기준을 충족하는 기업결합에 대해서 배타적 관할권을 갖고 있기 때문이다. 반면, 이같은 외부적 환경변화 외에도 연방카르텔청이 베를린에서 본으로 이전함에 따라 야기된 대변혁은 귄터(Eberhard Günther)와 카르테(Wolfgang Kartte)[3] 등 초기 연방카르텔청장이 구축한 경쟁정책의 연속성에도 적지 않은 부담을 가져오고 있다. 그밖에 통신과 에너지분야에서 연방카르텔청은 연방망규제청과 경쟁하게 된 점도 연방카르텔청의 기능을 약화시키는 방향으로 작용하고 있다.

한편, 후자의 경우에도 독일의 외부, 내부적 요인이 존재한다. 먼저, 규칙 제2003/1호에 따라 유럽기능조약 제101조 제3항의 예외조항을 회원국의 경쟁당국이 직접 적용할 수 있게 된 점은 연방카르텔청의 기능약화를 상쇄하였다. 아울러 연방카르텔청은 시장을 모니터링할 수 있는 권한을 새로이 갖게 되었고, 2012년 12월에는 '연료부문의 시장투명성담당국'(Markttransparenzstelle für Kraftstoffe)이 연방카르텔청 내에 설치되었고, 이곳은 연료와 관련된 가격담합이나 이윤압착, 약탈가격 등의 법위반을 담당하고 있다. 주유소업자들은 연료가격의 변동을 이곳에 신고할 의무를 지고(GWB 제47조k 제2항), 이러한 정보는 다시 소비자정보국(Verbraucher-Informationsdienste)에 제공되어 주유소분야의 경쟁을 촉진하는데 기여하고 있다.

---

3) 카르테는 귄터에 이어 1976년부터 1992년까지 무려 16년에 걸쳐서 연방카르텔청장을 역임하였고, 그 후임자가 디터 볼프(Dieter Wolf)이다. 독일의 경쟁정책이 일관성을 가질 수 있었던 주요 요인 중 하나는 바로 연방카르텔청장의 오랜 임기 덕분이라고도 할 수 있을 것이다.

2. 조직과 활동

(1) 조 직

연방카르텔청[4]은 연방경제성장관 소속의 독립적인 상급관청으로서 1958년 베를린에 설치되었다가, 독일이 다시 통일된 후 본(Bonn)으로 이전하였다(GWB 제51조 제1항). 연방카르텔청은 다른 대부분의 관청과 달리 위계적으로 조직되어 있지 않으며, 주로 사실판단의 권한을 가지는 여러 심결부로 나누어져 있다(GWB 제51조 제2항 1문). 그에 따라 연방카르텔청장은 개별 사건에 관한 한 별다른 권한을 갖지 않으며, 그 권한은 주로 행정업무에 한정되어 있다.[5]

연방카르텔청은 1명의 주심과 2인의 부심으로 구성된 심결부(Beschlussabteilung)에서 법원과 유사한 절차에 따라 의결을 내리게 된다(GWB 제51조 제3항). 부장과 배석은 모두 종신공무원이며, 법관 또는 고위행정직 자격을 가진 자여야 한다(GWB 제51조 제4항). 그리고 이들은 기업의 이사회나 감사회(Aufsichtsrat), 카르텔, 경제단체 또는 직업단체의 구성원이 될 수 없다(GWB 제51조 제5항). 심결부에는 법률가만이 아니라 경제학자도 참여하고 있는데, 심결부의 주심은 주로 판사가 맡아 왔으나 반드시 그래야 하는 것은 아니다(GWB 제51조 제4항). 연방카르텔청의 의결은 비록 형식적으로는 독일 행정절차법(Verwaltungsverfahrensgesetz; VwVfG) 제35조에 따른 행정기관이 내리는 행정행위(Verwaltungsakt)이지만, 연방카르텔청에 속한 심결부의 독립성과 준사법기관으로서의 지위(gerichtsähnliche Stellung)는 철저하게 보장되어 있다.[6]

독일에서 경쟁당국을 이처럼 이례적인 형태로 조직한 것은 연방카르텔청의 결정에 있어서 법치국가원리를 고도로 보장하기 위하여, 즉 준사법적 절차를 보장하기 위해서였다. 만약 그러하지 않았다면, 조사권한·기소권한·본안결정권한을 모두 가지는 그러한 복합체는 아마도 법치국가원리라는 측면에서 정당화할 수 없었을 것이다. 이와 같은 연방카르텔청의 모델이 된 것은 일찍이 일부 사법기능을 가지고 있던 보험감독법

---

4) 연방카르텔청의 조직과 활동에 관한 내용은 다음을 참조: K. Weber, Geschichte und Aufbau des Bundeskartellamtes, in: Zehn Jahre Bundeskartellamt, 1968, S. 263 ff.; Geberth, Das Spannungsfeld zwischen Wirtschafts- ministerium und Kartellamt, AG, 1991, S. 295; Redegra, Zum Problem aufsichtsfreer Verwaltung durch das Bundeskartellamt, 1992.

5) BGHZ 43, 307, 314 f. = WuW 1966, 70 = WuW/E BGH 680 "Linoleum III"; Rittner, Das Ermessen der Kartellbehörde, in: Festschrift für Heinz Kaufmann, 1972, S. 307 ff., 315 ff.

6) 이 점은 연방망규제청의 경우에도 마찬가지이다.

(Versicherungsaufsichtsgesetz; VAG)상의 심판부(Beschlußkammer)였는데, 이것이 권한과 조직법상 지위의 측면에서 연방카르텔청의 심결부 조직에 투영되고 있다. 따라서 연방카르텔청의 심결부도 보험감독법상의 심판부처럼 원칙적으로 준사법적 기관으로서 실질적 독립성을 가지고 법위반행위에 대하여 결정을 내린다.

연방카르텔청의 독립성에 대해서는 주로 학계에서 다투어진 바 있으나,[7] 이는 실무상으로 반세기에 걸쳐 점차 확립되어 온 것이다. 그밖에 입법자는 1993년에 연방조달감독위원회에 대하여 이와 매우 유사한 해결방안을 찾아냈는데, 동 위원회는 유럽지침의 요구를 충족시키기 위하여 연방카르텔청에 '독립적인 기관'으로 설립되었다(재정기본법 제57조c 제7항 참조).

(2) 활 동

연방카르텔청은 자신이 속하는 연방경제성장관의 일반적 지시(allgemeine Anweisungen)에 종속된다. 처분의 집행 또는 금지에 대한 장관의 일반적 지시는 연방관보에 공표하여야 한다(GWB 제52조). 이것은 심결부의 실무기준을 정하는 것으로, 그 기준은 사업자 또는 사업자단체의 사업활동에 나름의 방향을 제시하게 된다. 다만, 연방경제성장관이 일반적 지시를 내리는 경우란 지극히 드물다.

연방경제성장관은 독립적인 연방상급관청, 즉 연방카르텔청에 대하여 개별적인 지시를 내릴 수도 있다. 이는 의회가 연방경제성장관에 대하여 책임을 묻는 근거가 된다.[8] 그러나 연방경제성장관도 입법자가 매우 주의 깊은 고려에 기하여 심결부에 부여한 준사법적 지위를 인정하여야 한다. 따라서 연방경제성장관과 연방카르텔청장은 심결부에 대하여 특정절차에 있어서 어떤 처분을 내리도록 지시할 수는 없다.[9] 심결부는 그의 결정에 있어서 법률에만 근거하여야 한다. 그 결과 심결부의 결정은 전적으로 사법심사의 대상이 된다. 연방경제성장관은 직권조사주의, 특히 질서위반법 제47조가 적용되는 범위 내에서, 연방카르텔청에 대하여 처분의 중지를 요구할 수 있다.[10]

---

7) W. Kartte, Wettbewerbspolitik im Spannungsfeld zwischen Bundeswirtschaftsministerium und Bundeskartellamt, in: Festschrift für Günther, 1976, S. 47 ff., 54.

8) 이는 연방카르텔청을 다른 기관으로부터의 지시를 받지 않는 연방기구로 조직을 변경하자는 제안과도 부합한다; Gutzler, Festschrift für Günther, 1976, S. 175.

9) Rinck/Schwarck, Wirtschaftsrecht, 6. Aufl., 1986, S. 338; Emmerich, Kartellrecht, 10. Aufl., 2006, S. 498.

10) 완전히 개별적이더라도 지금까지는 그러한 경우에만 개개의 지시가 중요한 역할을 해왔다; 수입의 제한을 위한 자기구속적 협정에 대해서는 Immenga, Politische Instrumentalisierung des Kartellrechts?, 1976, S. 13 f. 참조.

연방카르텔청은 2년마다 자신의 활동과 소관사항의 현황에 관하여 일종의 백서와 같은 활동보고서(Tätigkeitsbericht)를 공표한다(GWB 제53조 제1항 1문). 활동보고서는 연방의회의 간행물로 공간(公刊)되며, 실무와 학계에 매우 중요한 정보를 제공하고 방향을 제시하기 때문에 많은 주목을 받고 있다.[11] 아울러 연방카르텔청은 팜플렛(Merkblätter) 등을 통하여 사건처리절차의 기본원칙을 공표함으로써 실무에 대한 정보를 제공하고 심결부를 구속하는데, 그중 일부는 고시, 규정취지해설(Merkblatt) 또는 요강(Leitbrief)으로 불리기도 한다(GWB 제53조 제1항 3문). 그밖에 연방카르텔청은 연방망규제청(Bundesnetzagentur)과 같은 다른 행정기관, 유럽연합 회원국의 경쟁당국 및 유럽집행위원회와 집행절차에 있어서 협력을 할 수 있다(GWB 제50조a, 제50조c).

연방카르텔청은 활동보고서 이외에도 적극적인 홍보활동을 수행하고 있는데, 이를 통하여 특별히 중요한 의미가 있는 개별절차에 대한 정보를 제공한다. 이때에도 연방카르텔청은 심결부의 준사법적 지위에 부합하도록 객관성과 사실성, 자제력을 유지하도록 노력하여야 한다.[12] 연방카르텔청의 초대 청장인 귄터(Eberhard Günter)가 1965년에 창설한 카르텔법연구회(Arbeitskreis Kartellrecht)에는 카르텔법 및 경쟁정책에 관련된 학자와 고위 법관 및 행정관료가 포괄적으로 참여하고 있다. 동 연구회는 현재까지 1년에 한 번씩 정기적으로 개최되고 있다.

Ⅲ. 연방경제성장관

연방경제성장관은 그가 각료로서 갖는 정치적 성격 때문에, 경쟁제한방지법의 집행에 관한 한 매우 제한적인 권한만을 갖고 있다. 과거 경쟁당국의 하나로서 연방경제성장관은 카르텔의 예외적 허용과 순수한 수출카르텔에 대한 감독, 기업결합의 예외적 허가라는 세 가지 권한을 가지고 있었으나, 현재는 기업결합에 관한 사항을 가진다.[13]

장관의 결정에 대해서는 의회가 책임을 물을 수 있고, 이러한 책임추궁은 주로 정치적 관점에서의 이익형량에 의하여 이루어진다. 장관은 폭넓은 재량을 갖고 있으나, 경쟁

11) Rinck, WuW, 1977, S. 149 ff.; Baur/Ehlers, WuW, 1977, S. 683 ff.; Bechtold, WuW, 1978, S. 741 ff.; Bunte, WuW, 1987, S. 982.

12) Rittner, Publizitätsprobleme bei der Zusammenschlußkontrolle, in: Festschrift für von Caemmerer, 1978, S. 623 ff., 628 f.; Knemeyer, NJW, 1984, S. 2241; Vorbrugg, Öffentliche Namensnennung als Nebenstrafe in der Bußgeldpraxis des Bundeskartellamts, WuW, 1984, S. 371.

13) Rittner, Das Ermessen der Kartellbeörde, FS Heinz Kaufmann zum 65. Geburtstag, 1971, S. 321 f.

제한방지법 제42조의 사안에서는 그러한 재량이 독점위원회의 특별의견서에 의하여 사실상 현저하게 제한될 수 있다. 그 결과 법원은 연방경제성장관의 허가결정에 있어서 재량하자의 유무에 대해서만 심사할 수 있을 뿐이다.

Ⅳ. 주(州)의 경쟁당국

주의 경쟁당국은 연방경제성장관이나 연방카르텔청의 전속관할에 속하지 않고 관련된 주의 당해 지역을 넘어서 시장에 효과를 미치지 않는 모든 경우에 대하여 관할권을 갖는다(GWB 제48조 제2항). 연방카르텔청의 신청이 있는 경우에 주의 경쟁당국은 자신의 관할에 속하는 사안이라도 그 성격상 필요한 때에는 해당 사건을 연방카르텔청에게 이첩할 수 있다(GWB 제49조 제3항). 연방카르텔청과 주의 경쟁당국이 관할권에 관하여 합의를 할 수 있음은 물론이다. 주의 경쟁당국은 유럽경쟁법, 즉 유럽기능조약 제101조와 제102조를 직접 적용할 권한도 갖는데(GWB 제50조 참조), 경제적으로 중요한 의미를 갖는 기업결합 사건에 대해서는 관할권이 없다.

주의 경쟁당국은 주법에 따라 권한을 행사하는 주의 상급관청(oberste Landesbehörde)이다. 이는 주의 경제성장관과 상원의원으로 구성된 이들 당국은 모두 카르텔보고서를 작성하며, 각 부 단독조직의 일부로서 기능한다. 따라서 조직법상의 지위보장의 정도는 확실히 연방카르텔청보다 뒤진다. 그러나 장관은 동법을 적용함에 있어서 연방카르텔청의 심결부와 마찬가지로 재량의 여지가 별로 없다. 즉, 장관의 결정 또한 아무런 제한 없이 법원의 사후심사를 받게 된다.

연방카르텔청은 활동보고서에서 부분적으로 주의 경쟁당국의 활동에 대해서도 알려준다. 바이에른주(1973년 이래)와 북부라인-베스트팔렌주(1975년 이래)의 경쟁당국은 각각 자기의 연간활동보고서를 발행하며, 이들 보고서는 이해관계자들에게 교부된다.

V. 독점위원회[14)]

1. 조　직

독점위원회는 5인의 위원으로 구성되며, 위원은 국민경제, 경영, 사회정책, 기술 또는 경제법에 관하여 특별한 학식과 경험을 갖춘 자이어야 한다(GWB 제45조 제1항). 위원은 연방정부의 추천을 받아 연방대통령이 원칙적으로 4년의 임기로 임명하며, 중임(Wiederberufung)도 가능하다(GWB 제45조 제2항). 연방정부는 새로운 위원을 추천하기 전에 독점위원들의 의견을 들어야 한다. 위원장은 위원 중에서 호선한다. 독점위원회는 그 활동에 있어서 독립적이며, 법률이 정한 그의 임무에만 구속된다(GWB 제44조 제2항). 위원회의 결의에는 적어도 3인의 위원의 동의를 요한다(GWB 제46조 제1항).

독점위원회의 사무소는 본(Bonn)에 위치하며, 연방카르텔청이나 연방경제성에 속하지 않는다. 독점위원회는 개별 사업자나 사업자단체 또는 개인에 대하여 조사권을 갖지 않으며, 대체로 경쟁당국 및 기타 그밖에 행정관청이 보유하고 있는 정보에 의존하고 있다. 독점위원회는 질문서나 개별적인 질의를 통하여 직접 조사를 할 수도 있으나, 이에 응할지 여부는 해당 사업자나 사업자단체의 임의에 맡겨져 있다.

2. 활　동

독점위원회는 단지 자문역할(gutachtliche Aufgaben)만을 담당한다. 즉, 위원회는 정기적으로 독일 내에서 기업집중의 전개에 대하여 폭넓은 의견을 제시하게 되는데, 이를 통하여 기업집중의 상황 및 특히 경쟁정책적 관점에서 그러한 집중추세를 예상하고, 법 제35조 내지 제43조의 적용을 평가하며, 그밖에 경쟁정책적 현안 문제에 대한 의견을 제시한다(GWB 제44조 제1항).

독점위원회는 매 2년마다 직전 두 해의 전체적인 시장상황을 다룬 이른바 주요의견서(Hauptgutachten)를 작성하여야 한다(GWB 제44조 제1항 1문, 2문). 그밖에 연방정부는 이른바 특별의견서(Sondergutachten)를 요청할 수 있으나, 독점위원회가 자신의 재량으

14) Mestmäcker, Funktionen und bisherige Tätigkeit der Monopolkommission, in: Schwerpunkte des Kartellrechts 1974/75, 1976, S. 43 ff.; Kantzenbach, Die Monopolkommission - Gesetzlicher Auftrag und erste Erfahrungen. in: Volkswirtschaftliche Korrespondenz der Adolf-Weber-Stiftung, Nr. 8, 1977; ders., 10 Jahre Monopolkommission, WuW, 1984, S. 1.

로 특별의견서를 작성할 수도 있다(GWB 제44조 제1항 3문, 4문). 연방경제성장관은 법 제42조에 따라 경쟁제한적 기업결합에 대한 예외결정을 내려야 하는 경우에 독점위원회의 의견을 구하여야 한다(GWB 제42조 제3항 3문). 주요의견서 및 특별의견서는 이를 공표한다(GWB 제44조 제3항 3문).

이러한 과정에서 독점위원회는 경쟁당국의 정책결정에 필요한 가능한 한 객관적인 근거를 제공하여야 한다. 그러나 위원회는 그 이상으로 카르텔법의 실무에도 영향을 미치고 있다. 즉, 독점위원회는 연방경제성과의 관계에서 단순한 심의기관이 아니라 일종의 통제기관(Kontrollinstanz)으로서 기능하는 바, 이러한 기능은 특히 법 제44조 제1항 4문에 따라 자신의 재량으로 특별의견서를 제출하는 방법을 통하여 이루어진다.[15] 더구나 특별히 요청된 의견서나 의견제시는 일반에 공표되기 때문에, 연방경제성장관의 판단 여지를 상당히 제약하게 된다. 연방경제성장관이 위원회의 의견에 반하는 결정을 내릴 수 있는 경우는 매우 드문데, 그러한 경우에 장관은 그만큼 정치적 책임을 지게 되기 때문이다.

그밖에 독점위원회는 연방카르텔청과 주의 경쟁당국의 활동에도 직접적인 영향을 미치는데, 이것은 주로 구체적인 사례에 대한 경쟁당국의 결정에 대하여 비판을 가하거나, 적극적인 조치를 촉구하거나 또는 지금까지 간과되었던 경쟁정책상 문제를 지적하는 방식으로 이루어진다. 이처럼 독점위원회는 공식적인 경쟁당국과 여기저기서 충돌하는 '비공식적인 경쟁당국'(informelle Kartellbehörde)으로서 경쟁법의 형성에 함께 작용하고 있다.[16]

제2절 | 행정절차

Ⅰ. 개 관

경쟁제한방지법상 절차는 크게 행정절차와 벌금절차, 그리고 민사절차의 세 가지로 나눌 수 있다. 여기서는 주로 행정절차를 중심으로 살펴보고, 벌금절차는 필요한 부분에

15) Rittner/Dreher/Kulka, Wettbewerbs- und Kartellrecht, 8. Aufl., 2014, §15, Rn. 1605.
16) Rittner/Dreher/Kulka, 위의 책, §15, Rn. 1605.

서만 간략하게 소개하기로 한다. 민사절차는 손해배상을 중심으로 아래의 제재부분에서 다루기로 한다.

연방카르텔청의 공식적인 행정절차는 법적 안정성을 보장하기 위하여 사법절차와 매우 유사하게 마련되어 있다. 이른바 경쟁제한방지법상 준사법절차는 경쟁당국의 처분으로 종료되는 모든 행정사건에 적용된다. 그런데 실무상 '공식적인 행정절차'(förmliches Verwaltungsverfahren)에 앞서 일반적으로 '비공식적인 예비절차'(formloses Vorverfahren)가 진행되며, 여기서 경쟁당국은 공식적인 절차를 개시할 필요가 있는지 여부를 심사하게 된다. 그밖에 법 제60조에 따른 이른바 임시중지명령(Einstweilige Anordnungen)은 무엇보다 기업결합 규제절차에서 의미를 갖는다.

1. 비공식절차

비공식절차를 통해서도 경쟁당국은 사실관계에 대한 해명을 통하여 경쟁상 우려를 불식시킬 수 있고, 사업자가 해당 심결부와 협의를 거쳐서 문제된 행위를 스스로 포기하거나 변경할 수도 있다. 그런데 공식적인 행정절차에는 보호필요성이 있는 당사자가 확정되어야 하고 그에 상응하는 증거가 수집되어야 하는 등의 난점이 있기 때문에 경쟁당국의 입장에서는 비공식적인 예비절차가 유용한 측면이 있다.[17] 반면, 공식적인 절차에서만 경쟁당국은 자료제출명령권 등 조사권을 갖는다는 점은 비공식 절차가 가진 불리한 측면이다.

사업자의 입장에서도 공식절차에 수반되는 구술심리나 공고, 보도자료 등을 통하여 원치 않게 사안이 일반이 공개되는 것을 피할 수 있다는 점에서 비공식절차가 유리할 수 있다. 반면, 사업자에게는 공식절차에서만 절차상 권리보호가 가능하다는 점도 감안하지 않으면 안 된다.

2. 공식절차

공식적인 행정절차는 크게 '직권에 의한 절차'(Amtsverfahren; 직권절차로 약칭함)와 '신고에 의한 절차'(Antragsverfahren; 신고절차로 약칭함)로 구분할 수 있다.

먼저, 직권절차는 신고에 의하지 않은 모든 절차를 가리키며, 원칙적으로 경쟁당국이 공식적인 처분을 내리기 위한 준비에 해당한다. 직권절차에는 이른바 직권규제주의

17) K. Schmidt, in: Immenga/Mestmäcker, Kommentar zum GWB, 2007, Vor §54, Rn. 14.

(Offizialmaxime)[18]가 지배하며, 경쟁당국은 기속재량에 따라 절차의 전반을 결정하게 된다(VwVfG 제22조). 경쟁제한행위로 인하여 피해를 입은 자라도 경쟁당국의 처분을 구할 주관적 공권은 인정되지 않는다. 경쟁제한방지법상 어떤 절차에 직권규제주의가 적용되는지 여부는 구체적인 사례에서 매우 중요한 의미를 가질 수 있다. 예컨대, 독일에서 기업결합규제절차에는 신고절차가 아니라 직권절차가 적용되는 것으로 이해되고 있는 바,[19] 신고가 철회되더라도 연방카르텔청은 심사절차를 계속 진행할 수 있다. 마찬가지로 연방카르텔청이 해당 기업결합에 대하여 일단 내린 처분은 설사 철회시점에 아직 확정되지 않았더라도 신고의 철회로 인하여 무효로 되지 않는다.

반면, 신고절차는 2005년의 제7차 법개정 이후 경쟁제한방지법에서 대거 삭제되었고, 현재는 기업결합에 대한 이행금지의 예외(GWB 제41조 제2항), 장관의 예외적 허가(GWB 제42조)와 (사업자단체의) 경쟁규칙 등록(GWB 제24조 제3항) 및 보조참가(GWB 제54조 제2항 3호)에 대해서만 신고가 규정되어 있다. 이들 신고는 경쟁당국에게 특정한 처분을 구하는 것으로서, 문서로 행해져야 하고, 철회 또한 가능하다.[20] 따라서 직권절차에서와 달리 신고에 따라 경쟁당국의 처분이 내려지고 아직 확정되지 않은 상태에서 신고가 철회되는 경우에, 해당 처분은 무효 또는 위법한 것이 된다. 신고를 받고도 경쟁당국이 아무런 처분을 내리지 않을 경우, 신고인은 부작위위법확인소송(Untätigkeitsbeschwerde)을 제기할 수 있다(GWB 제63조 제3항).

한편, 주로 신고절차에서 활용될 수 있는 것으로서 경쟁당국은 조사할 이유가 존재하지 않는다는 내용의 결정, 이른바 무혐의결정(Pisitivenyscheidung)을 내릴 수도 있다(GWB 제32조c). 이 또한 제7차 개정법에 도입된 것으로서, 종래 독일에는 존재하지 않던 '공식적인 적법확인'(förmliche Negativatteste)절차를 유럽의 규칙 제2003/1호 제10조를 본따 만든 것이다.

---

18) Offizialmaxime이란 원래 형사소추는 국가의 공권력, 구체적으로 검찰의 의무라는 의미로서, 피해를 입은 자가 주체가 되는 당사자주의(Parteimaxime)에 대비된다.

19) KG WuW/E OG 4737, 4743 "Pinneberger Tageblatt"; Bechtold, Kartellgesetz Kommentar, 2002, §54, Rn. 2.

20) 신고를 철회하는 것은 기본적으로 소를 취하하는 것과 유사하나, 경쟁당국은 다른 신고권자의 신고가 있거나 직권으로 절차를 속행할 수 있다. Klose, in: Wiedemann, Handbuch des Kartellrechts, 2. Aufl., 2008, §53, Rn. 41.

Ⅱ. 절차의 개시와 당사자 등

연방카르텔청이 행정기관이나 경쟁사건을 처리하는 절차는 다분히 사법절차와 유사하다. 동 절차에 대해서는 경쟁제한방지법이 상세한 규정을 두고 있으나, 그밖에 동법에서 정한 외에는 행정절차법(VwVfG)이 보충적으로 적용된다. 예컨대, 서류열람(Akteneinsicht)에 대해서는 행정절차법 제29조가 적용된다.

1. 절차의 개시

전술한 바와 같이 절차는 이해관계자의 신고 또는 연방카르텔청의 직권으로 개시된다(GWB 제54조 제1항). 경쟁당국이 공식절차를 개시함에 있어서 반드시 별도의 처분, 즉 절차개시처분(Einleitungsverfügung)을 요하지 않는다. 그 결과 사전조사와 공식절차는 경우에 따라서 구분하기가 쉽지 않다. 연방카르텔청은 실무상 공식절차가 개시된다는 통지를 함으로써 이를 구분하고 있다. 그러한 통지가 절차개시처분의 형태로 행해진 경우에도 통지를 취소하는 것은 허용되지 않는다. 또한 절차개시처분은 불복의 대상이 되는 처분이 아니기 때문에, 연방카르텔청이 절차개시의 이유를 명시할 필요도 없다.

중지명령을 비롯한 침익적 행정처분을 수반하는 절차의 개시는 원칙적으로 연방카르텔청이 직권으로 개시할 수 있는 반면, 사업자가 수익적 행정처분을 구하는 절차, 이를테면 기업결합의 승인을 구하는 절차는 당사자의 신고(Antrag)를 전제로 심사절차가 진행된다.[21] 제3자에 대하여 조사절차의 개시를 구하는 신고(Beschwerdeführung)를 받은 경우에 경쟁당국은 직권으로 조사를 개시할지 여부에 대하여 판단할 수 있고, 그 점에서 조사개시에 관하여 재량을 갖는다. 따라서 연방카르텔청은 요청이 있는 경우에 신고인의 보호를 위하여 직권으로 조사를 개시할 수 있으며(GWB 제54조 제1항 2문), 이와 같은 맥락에서 절차개시 시점에 신고인의 신원이 명확하지 않은 상태에서도 절차를 개시할 수 있게 된다.

경쟁당국은 조사절차를 개시하려는 의사를 대외적으로 문서를 통해서 밝힐 필요는 없으나, 일단 절차를 개시한 후에는 그것이 대외적으로 영향을 미치는 경우, 이를테면 제3

21) 경쟁제한방지법상 종래 중소기업카르텔에 대한 예외를 구하는 신고제도가 있었으나(구법 제32조c), 2009년 6월 30일자로 폐지되었다. 이로써 독일의 카르텔금지 제도는 유럽기능조약 제101조의 경우와 거의 유사한 모습이 되었다.

자의 권리에 영향을 미치는 경우에는 이를 공표하여야 한다(VwVfG 제9조). 많은 경우에 비공식적인 사전조사와 공식적인 조사의 경계가 모호하나, 경쟁당국이 일정한 사안을 조사하고 있음을 관련 사업자에게 통지한 때에는 확실히 공식적인 조사가 시작된 것으로 본다.

한편, 경쟁당국이 조사절차를 개시하게 되는 특수한 경우가 바로 카르텔사건이다. 카르텔약정은 통상 고도의 비밀을 요하는 것이어서, 참가사업자들은 합의가 이루어진 후에 통상 관련 서류 등 가능한 증거를 은닉하거나 신속히 폐기하게 마련이다. 따라서 경쟁당국으로서는 금지된 카르텔을 적발하여 최종적으로 벌금을 부과하기까지 필요한 증거를 수집하고 법위반행위를 입증하기란 지극히 어려운 작업이다. 더구나 경쟁당국이 벌금을 부과하는 경우에는 최종적으로 법원의 사법심사에 대비하지 않으면 안 된다. 카르텔을 효과적으로 제재하기 위해서는 카르텔 내부에서 경쟁제한적인 약정을 노출하도록, 즉 카르텔에 참가한 자가 경쟁당국과 협력하도록 유인을 제공하는 것이 필요하다.[22] 이를 위한 수단이 바로 이른바 자진신고감면제도(Kronzeugen- bzw. Bonusregelung)로서, 1996년 유럽경쟁법에 도입된 이후 2000년에는 독일에도 도입되었는데, 이 제도는[23] 벌금의 감면을 통하여 법위반행위자와 경쟁당국 간의 협력을 도모하는 것이다.

자신신고제도 외에도 경쟁당국은 경쟁사업자나 소비자 등으로부터, 비공식적인 대화나 공식적인 심문, 인터넷, 부분적으로는 익명을 통하여 카르텔에 관한 제보를 받기도 한다. 경쟁당국은 행정절차 및 벌금절차와 관련하여 다양한 조사권한을 갖고 있으며, 그에 관하여 각각 별도의 근거조항을 두고 있다. 이는 독일에서는 별도의 독자적인 카르텔소추법(Kartellverfolgungsrecht)이 없다는 의미이기도 하다. 따라서 행정절차는 경쟁제한방지법 제54조 이하의 규정이 적용되고, 질서위반행위로서 벌금절차는 질서위반행위법(Gesetz über Ordnungswidrigkeiten; OWiG)과 형사소송법(Deutsche Strafprozessordnung; StPO)의 관련 조항이 적용된다. 경쟁당국은 나름의 검찰권(Befugnisse der Staatsanwaltschaft)을 가지며(OWiG 제46조 제2항), 직접 또는 경찰을 통하여 필요한 모든 조사를 할 수 있다(StPO 제161조 제1항).[24]

22) Bronett, EWS, 2011, S. 8, 14.
23) 정확한 명칭은 「카르텔사건에서 벌금의 부과 및 감경에 관한 고시」(BKartA, Bekanntmachung Nr. 9/2006 über den Erlass und die Reduktion von Geldbußen in Kartellsachen, 2006.)이다.
24) 자세한 내용은 Töllner, EWS, 2011, S. 21, 23 ff. 참조.

2. 당사자

경쟁제한방지법상 당사자(Beteiligte)란 공식적인 절차에 참가하는 자로서(GWB 제54조 제2항), 절차에 참가하는 자의 범위는 수익적(受益的) 절차와 침익적(侵益的) 절차에 따라 달라진다. 전자의 경우에는 신고인이나 신청인, 후자의 경우에는 처분의 대상이 될 수 있는 사업자나 사업자단체이다. 침익적 처분의 대상이 되는 자는 별도의 신청이나 허가 없이 당연히 심사절차에 참가할 수 있다. 통상적인 기업결합 심사절차에는 해당 결합에 참가한 모든 당사회사가 당사자로 될 수 있다. 기업결합에 참가하는 회사를 지배하는 회사는 절차에 참가할 수 없으며, 필요시 보조참가(Beiladung)를 신청할 수 있을 뿐이다.[25] 당사회사의 자회사도 마찬가지이다.

주(州)의 경쟁당국이 진행하는 모든 절차에는 연방카르텔청도 참가한다(GWB 제54조 제3항). 이는 연방 및 주의 경쟁당국 간에 통일적인 실무를 위한 것이다. 이러한 실무상의 조정에는 연방카르텔청과 주의 경쟁당국 간 연석회의와 같은 정기적인 접촉도 중요한 역할을 하고 있다.

3. 보조참가(자)

(1) 신청 및 기한

경쟁당국의 처분으로 자신의 이해관계에 상당한 영향을 받는 자는 신청을 거쳐 절차에 참가할 수 있다(GWB 제54조 제2항 3호). 보조참가를 신청할 수 있는 자는 자연인이나 법인, 기타 사단(Personenvereinigungen)으로서 반드시 사업자일 것을 요하지 않는다. 이를테면 차별취급을 받은 자, 방해를 받은 자 등 시장지배적 지위남용으로 영향을 받게 되는 자는 물론이고 기업결합으로 자신의 지위에 영향을 받게 되는 경쟁사업자나 전·후방시장에서 활동하는 사업자, 그리고 당사회사를 지배하는 사업자 등을 상정할 수 있다. 가처분절차에도 보조참가가 허용된다.[26]

보조참가는 행정절차가 진행 중인 동안에만, 즉 행정처분이 확정되거나 그밖에 절차가 종료되기 이전까지만 가능하다. 처분이 확정되기 전까지 보조참가가 가능하므로, 처분을 받은 사업자가 취소소송을 제기할 때까지는 경쟁당국에 보조참가를 신청할 수 있

25) BGH WuW/E 2150 ff. “Edelstahlbestecke”.
26) KG WuW/E 1548 f. “SABA”; WuW/E 3730, 3731.

으나,27) 일단 취소소송이 제기된 후에 법원이 직접 보조참가를 허용할 수는 없다.28) 이와 같은 맥락에서 경쟁당국이 진행하는 행정절차에서 허용된 보조참가가 당연히 추후의 불복소송에서도 계속되는 것은 아니며, 행정절차에서 보조참가를 신청하였으나 기각된 자는 추후 불복절차에 참가할 가능성도 없게 된다.

(2) 보조참가의 요건: 상당한 이해관계

경쟁당국의 심사절차에 보조참가를 원하는 자는 앞으로 내려질 처분에 상당한 이해관계(erhebliche Interessenberührung)를 갖고 있어야 한다. 이해관계는 경제상 이해관계만으로 충분하며,29) 이 점에서 법 제54조 제2항 3호는 행정절차법 제13조 제2항 1문보다 넓게 해석된다. 보조참가인이 절차에 참가할 수 있게 되는 경우를 살펴보면, 예상되는 처분의 결과가 보조참가를 원하는 사업자의 경쟁상태를 현저히 악화시킬 우려가 있고, 그에 따라 법적 대응이 필요한 경우가 있다.30) 간접적인 관련성이라도 그것이 상당한 경우에는 보조참가가 허용된다.31) 그러나 경쟁당국이 결정을 내리기 위한 선결문제(Vorfrage)에 대해서 이해관계를 갖는 것만으로는 보조참가를 인정하기에 충분하지 않다. 예컨대, 경쟁당국이 남용절차를 진행하면서 시장지배적 지위 여부와 관련하여 과점사업자 중 하나인 남용이 문제된 사업자가 아닌 제3자를 고려하였다는 이유만으로 그 제3자가 보조참가를 할 수는 없다.32)

한편, 단체(Verband)에게도 보조참가가 허용되는지가 문제된다. 경쟁당국은 단체가 직접 상당한 이해관계를 가진 경우는 물론이고, 스스로 이해관계가 없더라도 회원의 이익을 대변할 권한을 가진 때에는 회원의 이익관련성을 고려하여 참가 여부를 판단한다. 후자의 경우 모든 회원의 이해관계와 관련되어야 하는 것은 아니며, 회원 일부의 이해관계만으로도 족하다.33)

(3) 보조참가결정의 재량성

보조참가 여부에 대한 결정은 경쟁당국의 기속재량에 속한다. 따라서 원칙적으로 경

---

27) Kevekordes, WuW, 1987, S. 365, 367 f.
28) KG WuW/E 4363, 4364 “Wieland/Langenberg”.
29) KG WuW/E 2686 ff.; BGHZ 41, 61 ff., 64 “Zigaretten”; BGH WuW/E 2077 ff., 2081 “Coop/Supermagazin”.
30) WuW/E 5849, 5851 f. “Großverbraucher”.
31) KG WuW/E 3730 ff. OLG Düsseldorf WuW/E DE-R 523 ff. “SPNV”.
32) KG WuW/E 2970 ff. “Coop/Supermagazin”; BKartA WuW/E 2221 ff. “Linde/Agefko”.
33) KG WuW/E 1071 ff. “Triest-Klausel”.

쟁당국은 법률상의 요건이 충족되고 보조참가인이 사안의 해명에 기여할 수 있는 경우에는 참가신청을 허가하여야 한다. 이때 경쟁당국은 본안절차에 참가하는 당사자는 물론이고 보조참가를 신청한 자와 절차의 경제 등을 종합적으로 비교형량하여야 한다. 보조참가를 신청한 자가 다수로서 이들이 동일한 이해관계를 갖는 경우에는 경쟁당국이 그 중 참가할 자를 선택할 수도 있다.[34] 그밖에 다수의 이해관계가 상이한 경우에는 절차상 각기 상반된 이해관계를 대표하는 자를 보조참가시키는 것이 원칙이다.[35]

보조참가로 인하여 절차의 진행과정에서 다른 당사자의 영업비밀이 침해될 우려가 있을 수 있으나, 경쟁당국은 영업비밀에 해당되는 사항을 보조참가인에게 공개하지 않을 의무를 지기 때문에, 영업비밀의 보호를 이유로 보조참가를 거절할 수는 없다. 또한 절차에서 배제되는 것(Verfahrensausgang)이 제3자에게 권리형성적 효력(rechtsgestaltende Wirkung)을 갖는 경우에는 행정절차법 제13조 제2항 2문을 준용하여 보조참가에 대한 청구권이 발생하게 된다.[36] 이 경우 경쟁당국은 그 사실을 관계자에게 통지하여야 한다.

경쟁당국의 보조참가 허가결정에 대해서는 다른 당사자가 그 취소를 구할 수 있다(GWB 제63조). 정식의 보조참가를 거치지 않고도 경쟁당국은 사업자나 개인을 사실상 절차에 참여시킬 수도 있다. 물론 이러한 방식으로 절차에 참여한 자는 별다른 법적 지위를 갖지 않으며, 무엇보다 보조참가인에게 인정되는 이의신청권(Beschwerdebefugnis)이 없다.[37]

Ⅲ. 조사와 증거의 평가

1. 조사권

경쟁당국은 필요하다고 판단되는 모든 조사를 할 수 있고 이를 통하여 필요한 모든 증거를 수집할 수 있다(GWB 제57조 제1항). 그러나 경쟁사건에 관한 행정절차에도 조사의 기본원칙이 준수되어야 함은 물론이다. 따라서 경쟁당국은 일반적인 석명의무를 지고, 개별 조항의 금지요건을 조사하지 않으면 안 된다. 즉, 경쟁당국은 원칙적으로 금지요건의 존재에 관한 실체적 입증책임을 부담하게 되는 것이다.

34) KG WuW/E 2356 ff., 2359 “Sonntag Aktuell”.
35) KG WuW/E 2021 ff. “Bahnhofsbuchhandel”.
36) KG WuW/E 2193 “Basalt-Union”; 4753 ff., 4759 “VW-Leasing”.
37) KG WuW/E OLG 3137 ff. “Rheinmetall-WMF”; BGH WuW/E 2150 ff. “Edelstahlbestecke”.

경쟁당국의 입장에서 어떤 조사수단이 유용한지에 관한 판단은 기속재량(pflichtmäßiges Ermessen)에 속한다. 그중 대표적인 조사수단은 바로 '자료제출의 요구'(Auskunftsverlangen)이다. 구체적으로 경쟁당국은 자료제출요구권과 자료열람 및 심사권(Einsichts- und Prüfungsrecht)을 가지며, 지방법원판사(Amtsrichter)의 결정을 받아 수색을 할 수 있는 권한(Durchsuchungsrecht)을 갖는다(GWB 第59조). 경쟁당국은 증거로서 조사할 필요가 있는 물건을 압류(Beschlagnahme)할 수도 있다(GWB 제58조). 그밖에 경쟁당국은 법 제32조e에 따라 개별 산업분야와 일정한 유형의 약정에 대한 조사를 할 수 있다.

한편, 벌금절차가 개시되기 전에 경쟁당국은 법위반의 혐의가 있는 개인이나 사업자에 대하여 수색(Durchsuchung)을 할 수 있다(GWB 제59조 제4항; StPO 제102조). 수색을 하기 위해서는 그 대상이 특정되어야 하고, 경찰관서에 필요한 도움을 요청할 수 있으며, 관할 법원에 일종의 수색영장(Durchsuchungsbeschlüsse)을 청구하여야 한다. 조사대상과 범위에 따라 투입되는 인력이 정해진다. 연방카르텔청에 따르면, 대규모인력이 투입된 20건의 조사에 연방카르텔청과 경찰당국의 인력 50명~921명이 참가하였다고 한다.[38)]

카르텔에 가담한 혐의가 있는 사업자의 사무실에서 일정한 증거가 발견되면, 경쟁당국은 이들 증거를 보전하고 압류할 수 있다. 이때, 카르텔이 있었음을 보여줄 수 있는 서류는 물론이고 벌금산정에 고려될 수 있는 서류 또한 증거로서 중요한 의미를 갖는다. 그런데 영업을 중대하게 방해하지 않고는 통상 현장에서 완전한 조사를 할 수 없기 때문에 경쟁당국은 조사과정에서도 마땅히 비례의 원칙(Grundsatz der Verhältnismäßigkeit)을 준수하여야 한다.

경쟁당국이 카르텔을 입증함에 있어서 언제나 중요한 것은 전자의 형태로 저장되거나 이메일로 교환된 문서이다. 추후의 조사절차에 필요한 전자 자료에 한하여 이를 복사할 수 있으며, 이들 자료는 일시적으로 보전된 후 감식을 위한 전문 소프트웨어를 통해 처리하게 된다. 따라서 카르텔조사에는 특수한 교육을 받은 IT전문가가 점점 더 필수적으로 요구된다.

경쟁당국의 조사직원은 사무실이나 주거공간을 조사할 수 있을 뿐만 아니라 증인이나 기타 관련자를 심문할 수도 있다. 조사 결과 카르텔의 혐의가 커진 경우, 경쟁당국은 사업자나 임·직원에게 서면으로 법위반사실을 통지하고, 이들에게 의견진술의 기회

38) Informationsbroschüre des BKartA zur Kartellverfolgung, Juli 2010, S. 21.

(Gelegenheit zur Stellungnahme)를 부여하게 된다(GWB 제59조). 한편, 경쟁당국의 전 조사과정에는 자기부죄금지(Selbstbelastungsverbot)의 원칙이 적용된다. 즉, 카르텔의 혐의가 있는 사업자나 임·직원은 경쟁당국에 협력할 의무는 없다.[39)]

조사방해 등에 대한 제재

유럽집행위원회는 독일의 에너지 분야의 기업에 대하여 봉인훼손을 이유로 자그마치 3천 8백만 유로의 과징금을 부과하였다(규칙 제2003/1호 제23조 제1항 2호). 2006년 5월 위원회는 유럽의 몇몇 가스회사 및 전기회사에 대하여 조사를 시작하였고, 독일 기업은 그 중 하나였다. 당시 유럽집행위원회와 연방카르텔청의 직원들은 저녁에 그날 수합한 서류를, 다음 날 계속해서 조사하기 위하여, 한 공간에 보관하고, 이를 봉인하였다. 다음 날 직원은 봉인이 훼손된 것을 발견하였는데, 봉인을 떼었다가 다시 붙인 것이 확인되었던 것이다.[40)]

2. 증거의 평가

조사가 종료된 후 경쟁당국은 확보한 증거를 기초로 절차를 종료할 것인지 아니면 벌금을 포함한 제재절차를 진행할 것인지를 결정한다. 이러한 결정을 준비하는 과정에서 이루어지는 '증거의 평가'(Beweiswürdigung)는 형사절차와 동일한 기준에 따른다. 즉, 경쟁당국이 벌금을 부과할 때에는 사업자의 법위반행위에 대한 확신이 있어야 한다.[41)] 이러한 '주관적 확신'(subjektive Gewißheit)이란 법위반행위에 대하여 의심이 별로 남지 않는 상태로서, 상당한 의심이 존재하는 경우에는 '의심스러울 때는 피고인의 이익으로'(in dubio pro reo)라는 원칙에 따라 절차의 진행을 자제하여야 한다.

특히, 벌금절차에서 경쟁당국은 여러 증거를 뭉뚱그려 평가해서는 안 되며, 경쟁법에서 흔히 발견되는 '일련의 행위'(Serientaten)에 관한 증거를 평가함에 있어서도 행위별로 접근하지 않으면 안 된다.[42)] 그리고 경쟁제한방지법상 개개의 행위에 관한 증거수단을 평가하기 위한 아무런 특별한 증거법칙(Beweisregeln)이 명시되어 있지 않다. 논리와 경험칙, 거래관행과 경제이론 등이 증거평가에 활용될 수 있다는 점에 대해서는 대체로 이

39) Töllner, EWS, 2011, S. 21, 23.

40) Commission, 30.1.2008, C (2008) 377 endg., ABl. 2008 Nr. C 240, 6; EuG, 15.12.2010, Rs. T-141/8 WuW EU-R 1835 "E.ON Energie/Kommission".

41) BGHSt 10, 208 f.

42) Klusmann, WuW, 1995, S. 271, 280 f.

견이 없을 뿐이다. 다만, 경쟁법상 증거평가는 다른 법영역에서 종종 발견되는 통계적인 경험치나 '일응의 추정'(prima facie)에 따른 증거법칙과 같이 단순한 추정이나 추정과 유사한 증거평가와는 구별되어야 한다. 예컨대, 독일법상 담합의 혐의가 있는 두 사람이 주기적으로 전화를 주고받았더라도 통화내용이 무엇인지 모르는 한 그러한 통화사실만으로는 카르텔합의를 증명하기에는 충분하지 않고, 일정한 사람들이 여행경비를 정산하였다고 하더라도 해당 모임의 위법한 합의내용이 입증되지 않는 한 그들이 담합을 하였다는 추론은 가능하지 않다.[43)]

이와 같은 원칙은 특히 자진신고와 관련해서 중요한 의미를 갖는다. 대표적으로 자진신고자는 벌금을 부과받을 우려가 없기 때문에 조사과정에서 종종 부정확하거나 과장된 진술을 하게 된다. 이때, 그러한 진술은 그 내용이 다른 방법으로도 입증될 수 없는 경우에는 다른 카르텔참가자에 불리한 증거로 평가되어서는 안 되는 것이다. 유럽집행위원회의 과징금 실무 또한 판례를 통하여 이와 같은 입장을 따르고 있다.[44)]

제3절 | 법위반행위에 대한 제재

Ⅰ. 개 관

경쟁제한방지법 제7차 개정으로 독일의 경쟁당국은 사업자나 사업자단체에 대하여 동법 또는 유럽기능조약 제101조나 제102조 위반행위를 시정하도록 명할 수 있게 되었다 (GWB 제32조 이하; 규칙 제2003/1호 제7조 제1항 1문). 시정명령에는 법위반행위의 중지(Unterlassung)가 포함된다. 또한 경쟁당국은 직권으로(von Amts wegen) 긴급한 필요에 따라 가처분조치(einstweilige Maßnahme)를 내릴 수 있다(GWB 제32조a 제1항). 한편, 경쟁당국은 법 제32조에 따른 처분을 내리는 대신 관련 사업자가 제시한 이른바 의무확약(Verpflichtungszusage)에 구속력을 부여하는 형태의 결정을 내릴 수도 있다(GWB 제32조

43) KG WuW/E OLG 4885, 4888 f. "Branche Heizung/Klima/Lüftung".
44) EuG Slg. 1998 II-1571 Tz. 91 "Enso-Gutzeit Oy/Kommission"; EuG Slg. 2004 II-2501 Tz. 219 "JFE Engineering/Kommission".

b 제1항). 연방카르텔청은 처분의 원활한 집행을 위하여 행정집행법(Verwaltungsvollstreckungsgesetz)에 따라 적게는 1천 유로에서 많게는 1천만 유로에 이르는 이행강제금(Zwangsgeld)을 부과할 수 있다(GWB 제86조a).

경쟁당국의 조사 결과 경쟁제한방지법 제1조, 제19조 내지 제21조 또는 유럽기능조약 제101조나 제102조 위반의 사실이 확인되지 않은 때에는 경쟁당국은 절차를 진행할 이유가 없음을 의결할 수 있다(GWB 제32조c, 제61조). 이 또한 처분으로서 경쟁당국의 기속재량(pflichtgemäßes Ermessen)에 속하며, 경쟁당국이 사업자에게 이익이 되도록 내릴 수 있는 유일한 처분형식이다. 경쟁제한방지법 제1조나 유럽기능조약 제101조 제1항에 위반되는 행위라도 동법 제3조나 조약 제101조 제3항에 따라 허용되는 경우도 마찬가지이다(규칙 제2003/1호 제5조 3문 참조). 이러한 처분은 경쟁당국의 자기구속(Selbstbindung)을 가져오며, 제3자에게는 아무런 효력을 갖지 않기 때문에 문제된 행위에 대해서 제3자는 여전히 손해배상이나 금지청구 등의 민사소송을 제기할 수 있다.[45)]

규칙 제2003/1호 제29조 제2항과 유사하게 연방카르텔청은 구체적인 사례에서 어떤 합의나 결의 등이 유럽기능조약 제101조 제2항이나 경쟁제한방지법 제2조 제1항에 부합할 수 없는 부정적인 효과를 갖는 경우에는 일괄예외규칙에 따른 법적 이익을 박탈할 수 있다(GWB 제32조d). 물론 그러한 효과가 독일 일부 지역에서 발생하는 경우에, 그러한 지역에 한하여 연방카르텔청이 예외를 철회할 수 있을 것이다. 아래에서는 경쟁당국이 내릴 수 있는 대표적인 몇 가지 처분유형을 살펴보기로 한다.

Ⅱ. 중지명령

1. 의의와 법적 성격

경쟁당국은 사업자 또는 사업자단체에 대하여 경쟁제한방지법이나 유럽기능조약 제101조, 제102조를 위반하는 행위을 중지할 의무를 부과할 수 있는 바, 이를 흔히 중지명령(Abstellungsverfügung)이라 한다(GWB 제32조 제1항). 중지명령은 행정절차법 제35조가 정하는 행정행위로서, 행정절차법 제37조에 따른 명확성의 요구(Bestimmtheitserfordernis)에 부합하여야 한다. 즉, 중지명령은 완전하고, 분명하며, 다의적이지 않아야 한다. 명확성 원칙을 통하여 처분을 받는 자는 자신이 이행하여야 할 의무를 분명하게 알 수 있을 뿐

45) Lange/Pries, Einführung in das europäische und deutsche Kartellrecht, 2. Aufl., 2011, §3, Rn. 651.

만 아니라, 당해 처분을 강제집행하기 위한 중요한 근거가 마련될 수 있다.[46)]

민사상 손해배상청구나 벌금의 부과와 달리 경쟁당국이 중지처분을 내리기 위하여 법위반사업자에게 귀책사유가 요구되지 않는다. 따라서 중지명령절차는 다분히 객관적인 절차(objektives Verfahren)로 이해되고 있다. 예방적 금지청구의 경우와 마찬가지로 경쟁제한방지법을 위반할 우려가 있거나 법위반을 반복할 우려가 있는 것으로도 중지명령을 내리기에 충분하다.[47)] 그밖에 필요한 경우에 경쟁당국은 법위반행위가 종료된 이후에도 정당한 이익(ein berechtigtes Interesse)이 있는 때에는 사후에 법위반행위를 확인하는 명령을 내릴 수 있다(GWB 제32조 제3항; 규칙 제2003/1호 제7조 제1항 3문). 입법취지에 비춰보면 동항은 법위반행위가 반복될 우려가 있는 경우를 염두에 둔 것이다.[48)]

중지명령절차를 개시할지 여부에 대한 결정은 경쟁당국의 재량에 맡겨져 있으며, 이 또한 직권규제주의(Opportunitätsprinzip)의 중요한 구성요소이다. 제3자는 원칙적으로 경쟁당국의 중지명령을 청구할 권리를 갖지 않으나, '재량의 영으로의 수축'(Ermessensreduzierung auf Null)이 발생할 여지는 있다.

중지명령이 내려지면 민사법원은 경쟁제한방지법 제32조에 따라 내려진 처분의 효력을 준수하여야 한다. 이를테면 경쟁당국이 동법에 반하는 계약의 이행을 금지한 경우, 관련사업자에게 그러한 계약의 이행을 명하는 판결을 내려서는 안 되는 것이다. 다른 한편으로 경쟁제한방지법이나 유럽기능조약 제101조, 제102조 위반을 이유로 손해배상이 청구된 경우, 민사법원은 경쟁당국의 법위반확인에 구속된다(GWB 제33조 제4항). 이처럼 독일에서는 경쟁당국의 중지명령에는 이른바 확인적 효력(Feststellungswirkung)이 명문으로 인정되어 있다. 중지명령의 집행은 행정집행법(Verwaltungsvollstreckungsgesetz; VwVG)에 따른다. 확정된 처분을 이행하지 않는 행위는 그 자체가 질서위반행위에 해당한다(GWB 제81조 제2항 2호).

경쟁제한방지법 제32조 외에 기업결합규제와 관련해서는 경쟁당국이 별도의 금지처분을 내릴 수 있다(GWB 제40조). 기업결합의 경우에는 금지처분의 집행을 위한 특수한 강제수단, 이를테면 의결권 행사의 금지 또는 제한이나 기업결합 해체를 위한 수탁자(Treuhänder)의 임명 등이 규정되어 있다(GWB 제41조 제4항).

---

46) BGH 29.9.1988, WuW/E DE-R 195 f. "Apothekerkammer".
47) BGH 16.12.1976, WuW/E BGH 1474, 1481 "Architektenkammer".
48) BT-Drucks. 15/3640, S. 51.

2. 적극적 작위명령

구법상 경쟁당국은 일정한 법위반행위에 대해서 중지명령을 내릴 수 있을 뿐이었다. 그 결과 법위반사업자에게 '적극적인 작위'(ein positives Tun)를 명하는 처분은 원칙적으로 허용되지 않았다. 이러한 원칙에 대한 예외는 법위반행위의 중지가 특정한 하나의 행위를 요구하는 경우에 이를테면 위법한 거래거절이 오로지 작위로서의 공급행위로만 중지될 수 있는 경우에만 허용되어 왔다.[49]

이러한 태도는 제7차 법개정 과정에서 포기되었고, 경쟁당국은 유럽의 규칙 제2003/1호 제7조의 예를 따라 단순한 금지처분 외에 적극적인 내용의 처분을 내릴 수 있게 되었다(GWB 제32조 제2항 1문). 이때 적극적 작위명령은 무엇보다 비례의 원칙을 준수하여야 하는데, 경쟁당국이 특히 구조적 조치와 같이 기업의 본질에 개입하는 경우에는 더욱더 비례의 원칙이 중요한 의미를 갖게 된다. 따라서 구조적 조치는 오로지 해당 법위반행위를 배제하기 위하여 효과는 동일하면서도 그 강도는 약한 행태적 조치가 가능하지 않은 경우에만 고려될 수 있다(GWB 제32조 제2항 2문). 반면, 경쟁당국이 구체적인 법위반행위의 중지를 벗어나서 법률과 유사하게 장래에 향하여 사업자의 행태에 관한 규율을 제시하는 것은 경쟁 그 자체를 규제하는 것으로서 허용되지 않는다.[50]

Ⅲ. 가처분조치

경쟁에 대한 심각하고도 회복할 수 없는 침해가 존재하는 경우에 경쟁당국은 가처분조치(einstweilige Maßnahme)를 내릴 수 있는데, 이를 위해서는 적어도 일응의 추정(prima facie)에 따라 법위반행위를 확인할 수 있어야 한다.[51] 가처분조치는 어디까지나 경쟁을 보호하기 위한 것이고, 개별 사업자의 이익보호와는 무관하다(유럽 규칙 제2003/1호 제8조 제1항).

가처분조치에는 반드시 기한이 정해져야 하며, 그 기한은 1년을 초과할 수 없다(GWB 제32조 제2항, 규칙 제2003/1호 제8조 제2항). 가처분조치를 위반하는 행위에 대해서도 벌금이 부과된다.

---

49) Bechtold, Kartellgesetz Kommentar, 2002, §32, Rn. 2.
50) Kling/Thomas, Kartellrecht, 2007, §21, Rn. 13.
51) Immenga, in: Lange, Handbuch des europäischen und deutschen Kartellrechts, 2. Aufl., 2006, S. 705.

Ⅳ. 의무확약

경쟁당국은 법 제32조에 따른 처분, 즉 중지명령을 대신 관련사업자의 의무확약에 대하여 구속력을 부여하는 처분을 내릴 수도 있다(GWB 제32조b). 유럽의 규칙 제2003/1호 제9조를 본딴 것으로서, 미국의 동의명령(consent order)이나 우리나라의 동의의결에 상응하는 제도이다. 이러한 처분을 내리기 위해서는 먼저 경쟁당국이 관련사업자의 특정행위가 경쟁을 제한할 우려가 있다는 의문(Bedenken)을 충분히 설명하고, 해당 사업자가 그러한 의구심을 제거하기에 적절한 의무, 즉 시정방안을 제시하여야 한다. 대표적인 예로 경쟁제한방지법 제32조 제2항이 정하는 구조적 조치를 이행하겠다는 의무를 들 수 있다. 경쟁당국이 벌금을 부과할 의도를 갖고 있는 경우에 의무확약은 적절하지 않다.[52]

의무확약의 경우에는 경쟁당국의 확정적인 판단이 내려지는 것이 아니며, 경쟁당국의 개입재량을 제한한다는 의미에서 그것은 '자기구속적 처분'(selbstbindende Verfügung)에 해당한다. 이러한 맥락에서 민사법원이나 제3자는 의무확약에 구속되지 않는다. 제32조b 제2항에 따라 심지어 일정한 경우에는 경쟁당국이 조사절차를 재개할 수도 있는 바, 동조는 행정절차법 제48조 이하의 행정행위의 철회에 관한 일반적인 조항들에 우선하여 적용된다. 의무확약을 위반하는 행위에 대해서도 벌금이 부과된다.

Ⅴ. 경제적 제재

경쟁제한방지법상 법위반행위로 인한 경제상 이익, 즉 부당이득은 대표적으로 연방카르텔청이 부과하는 벌금(법 제81조 제5항), 피해자의 손해배상청구(법 제33조), 질서위반행위법 제29조a에 따른 부당이득환수와 동법 제34조에 따른 부당이득환수의 방법으로 회수된다. 이를 경쟁당국의 행정제재라는 관점에서 살펴보면 다음과 같다.

1. 벌금의 부과

경쟁제한방지법상 경쟁당국은 법위반사업자에게 형사벌의 성격을 갖는 벌금을 부과할 수 있으며, 유럽기능조약 제101조나 제102조 위반에 대해서도 벌금을 부과할 수 있다.

52) BT-Drucks. 15/3640; Hirsbrunner/Rhomberg, EWS, 2005, S. 61 ff.

동법 제81조 이하 및 질서위반행위법(Ordnungswidrigkeitengesetz)이 필요한 절차를 규정하고 있다.

당초 2005년 개정되기 전의 경쟁제한방지법 제81조 제2항의 벌금과 관련하여 질서위반행위법 제17조는 그 금액에 관하여 정하고 있었다. 그에 따르면 벌금은 종래 우리나라의 학설 및 판례와 유사하게 이미 발생한 법위반행위에 대한 제재의 기능과 불법행위로 얻은 경제상 이익의 회수기능을 갖는 부당이득 환수의 기능으로 이해되었다(GWB 제2조, 제17조 제3항).[53] 무엇보다 질서위반행위법 제17조 제4항은 현재까지도 벌금부과의 기본원칙으로서 "벌금은 행위자가 질서위반행위로 얻은 경제상 이익을 상회하여야 한다"고 규정하고 있다.

질서위반행위법 제17조 제4항은 동법 제30조 제3항에 따라 사업자나 사업자단체에 대한 벌금 부과에 대해서도 준용된다. 그 결과 경쟁제한방지법 위반에 대해서는 행위자인 자연인을 비롯하여 법인에게도 벌금이 부과될 수 있는 것이다. 그리고 부당이득의 완전한 회수라는 벌금산정의 기본원칙은 연방카르텔청이 벌금을 부과함에 있어서 질서위반행위법 제47조에 따라 부여된 결정재량을 행사하는 경우에도 원칙적으로 적용되는 것이어서, 벌금 부과가 당해 사업자의 경제적 존립을 위태롭게 하는 경우와 같이 일정한 예외사유가 인정되는 경우에만 벌금을 통한 경제상 이익의 완전한 환수를 포기할 수 있을 뿐이었다.[54]

이와 같이 1999년의 경쟁제한방지법은 법위반행위로 얻은 부당이득이라는 일견 명확해 보이는 금액을 기준으로 벌금을 부과할 수 있도록 규정하고 있었으나, 2005년의 제7차 개정법은 이를 변경하여 중대한 법위반행위에 참가한 이사 등 자연인에 대해서는 최대 1백만 유로, 사업자(단체)에 대해서는 그 이상의 벌금, 즉 직전 사업연도 총 매출액의 10%를 한도로 벌금을 부과할 수 있도록 규정하였다(법 제81조 제2항, 제4항 1문).[55] 자연인의 경우 행위의 중대성과 행위자의 특성을 감안하여 벌금액이 정해지며,[56] 법인의 경우에는 법위반행위의 중대성과 기간을 고려하여 정해지고, 상한을 정하는 매출액이란 해

---

53) Achenbach, Bußgeldverhängung bei Kartellordnungswidrigkeiten nach dem Ende der fortgesetzten Handung, WuW, 1997, S. 393 ff.

54) Achenbach, 위의 글, S. 402 ff. 이 점에서 구법은 법위반행위로 인한 부당이득을 벌금의 최저 내지 하한으로 정하고 있었다.

55) 제5차 개정법에 관해서는 A. Fuchs, Die 7. GWB-Novelle – Grundkonzeption und praktische Konsequenzen, WRP, 2005, S. 1384; M. Lutz, Schwerpunkte der 7. GWB-Novelle, WuW, 2005, S. 718. 참조.

56) Barth/Budde, WRP, 2009, S. 1357, 1361; Mundt, WuW, 2007, S. 458, 469.

당 기업이 속한 콘체른의 전세계 연간 매출액을 말한다(GWB 제81조 제4항 2문). 이러한 변경은 무엇보다 유럽경쟁법의 개혁과정에서 종전의 규칙 제17호를 대폭 수정한 규칙 제2003/1호 제23조 제2항 2문을 수용한 것으로 알려져 있다. 그에 따라 금액 면에서는 사실상 상한이 없는 벌금부과가 가능하게 되었다.[57] 그밖에 벌금이 주로 제재적 성격을 갖는 경우에는 그 금액 산정시 연방카르텔청은 불법적으로 얻은 이익을 적절히 고려할 수 있다.[58]

벌금부과결정에 대해서 사업자나 자연인이 이의를 제기하는 경우에는 일차적으로 연방카르텔청이 당해 결정의 변경 또는 취소 여부를 심사하게 된다. 벌금부과처분을 변경 또는 취소할 이유가 없다고 판단하는 경우에 연방카르텔청은 사건을 뒤셀도르프 검찰청(Generalstaatsanwaltschaft)에 이첩하고, 여기에서 심사를 거친 후에 뒤셀도르프 고등법원으로 넘어가게 된다. 그리고 동 법원에서 연방카르텔청의 벌금결정은 비로소 공소장(Anklageschrift)으로 변경된다. 기소에 대한 허가가 이루어지면 뒤셀도르프 검찰청 외에 연방카르텔청이 함께 참가하는 본안심리(Hauptverhandlung)에서 법위반에 대한 증거가 제출된다. 본안심리에서 제출된 자료 등을 기초로 뒤셀도르프 고등법원은 판결로서 경쟁제한방지법 위반 여부에 대하여 결정하며, 경우에 따라서는 이미 부과된 벌금액을 변경할 수도 있다.

한편, 독일에서도 법위반사업자와 경쟁당국 간에 일종의 화해(Vergleich; settlement)를 통하여 벌금절차를 종료시킬 수 있는 장치(einvernehmliche Verfahrensbeendigung)가 비교적 최근에 도입되었다.[59] 경쟁당국은 이 경우 약식벌금결정(Kurzbußgeldbescheid)을 내리게 되는데(OWiG 제66조), 최대 10% 범위 내에서 벌금의 감경이 이루어진다. 동 제도의 취지는 법위반행위에 대한 조사의 효율성을 높이고 경쟁당국의 자원을 절약하여 다른 중대한 사건에 집중할 수 있도록 하는 데에 있다. 동 절차의 구체적인 내용은 유럽경쟁법의 예와 대체로 동일하다.

---

57) 일견 상한이 없는 벌금조항이 기존의 질서위반행위법과 부합하지 않을 수 있고, 나아가 헌법에 위반될 소지가 있다는 비판으로는 Bach/Klumpp, Nach oben offene Bußgeldskala – erstmals Bußgeldleitlinien des Bundeskatellamts, NJW, 2006, S. 3524 참조.

58) 그럼에도 불구하고 제7차 개정법 정부초안은 질서위반행위법 제17조 제4항이 앞으로도 원칙적으로 적용될 것이고, 그에 따라서 벌금을 통해서 부당이득을 회수할 수 있을 것이라고 명시하고 있다. BT-Drucks. 15/3640, S. 67.

59) Pressemitteilung des BKartA 9.6.2010, “Kaffeeröster/Außer-Haus-Vertrieb”; BKartA 10.6.2010, “Brillenglashersteller”.

2. 부당이득환수

2005년 개정법은 피해자가 손해배상을 청구하지 않는 많은 사안에서 법위반으로 인한 이득이 사업자에게 유보되지 않도록 부당이득환수(Vorteilsabschöpfung)를 대폭 강화하였다. 그에 따라 경쟁당국은 사업자가 경쟁제한방지법, 유럽기능조약 제101조, 제102조 또는 경쟁당국의 처분에 위반한 경우에 그에 따른 경제상 이익의 환수를 명할 수 있다(GWB 제34조). 일정한 단체를 통한 부당이득환수도 가능하다(GWB 제34조a). 이때의 부당이득환수는 그 자체가 형벌이 아니라 사업자에게 법위반으로 얻은 부당이득이 남지 않도록 하기 위한 행정 제재벌의 성격을 갖는다.[60)]

회수대상인 경제상 이익의 개념은 질서위반행위법 제17조 제4항에 관한 법원칙에 따라 매우 폭넓게 해석되며, 그에 따라서 비단 금전상의 이익뿐만 아니라 경쟁사업자를 배제하는 등의 방법으로 법위반사업자의 시장지위가 강화되거나 그밖에 경제적 비용의 절감이나 이윤획득의 가능성 제고 등과 같은 무형의 이익도 고려된다.[61)] 이러한 이유로 실무상 부당이득의 금액을 산정하기란 매우 어려운 작업임을 알 수 있다. 경쟁제한방지법은 이러한 점을 고려하여 경제상 이익의 금액을 추산할 수 있도록 규정하고 있다(GWB 제34조 제4항). 그럼에도 불구하고 동법상 사업자에 대한 벌금의 부과한도가 매출액의 10%로서 매우 높기 때문에(GWB 제81조 제4항 2문), 이처럼 복잡한 제도의 실효성은 더욱 제한되는 측면이 있다.[62)]

경쟁당국에 의한 부당이득환수는 사업자가 고의 또는 과실로 법위반행위를 하거나 경쟁당국의 처분을 위반하여 경제상 이득을 얻은 경우에 이루어진다. 경쟁제한방지법 법 제34조에 따른 부당이득환수는 벌금이나 손해배상 등을 통해서 문제의 경제상 이익이 모두 회수되지 않은 경우에만 가능하다(GWB 제34조 제2항 1문). 그 당연한 결과로 부당이득이 모두 환수된 이후에 손해배상의 이행이 이루어진 때에는 경쟁당국이 앞서 회수한 금액만큼을 사업자에게 반환하여야 한다(GWB 제34조 제2항 2문).

부당이득을 환수하는 또 하나의 방법은 바로 일정한 사업자단체가 부당이득의 회수를 청구하는 것이다(GWB 제34조a). 이 방법은 사업자가 고의로 법위반행위를 하고 이를 통

60) BT-Drucks. 15/3640, S. 55; Lange/Pries, Einführung in das europäische und deutsche Kartellrecht, 2. Aufl., 2011, §3, Rn. 654.
61) BT-Drucks. 15/3640, S. 55.
62) Achenbach, ZWeR, 2010, S. 237, 249.

하여 다수의 거래상대방으로부터 경제상 이익을 얻은 경우에 활용될 수 있다. 환수되는 부당이득은 연방의 국고로 귀속된다. 이때의 부당이득환수는 전술한 경쟁당국의 환수조치에 대하여 보충적인 성격을 갖는데, 연방카르텔청이 환수를 위한 조치를 취하지 않는 경우에 비로소 사업자단체가 청구할 수 있기 때문이다. 당초 일정한 소비자단체에도 청구권을 부여하려는 시도가 있었으나, 입법과정에서 삭제되었다.[63]

3. 보론 : 부정경쟁방지법상 경제적 제재

(1) 제도의 개관

독일에서 공정한 경쟁을 보호하는 기본법인 부정경쟁방지법(Gesetz gegen unlauteren Wettbewerb; UWG)은 경쟁제한방지법과 달리 주로 부정경쟁행위로 피해를 입거나 입을 우려가 있는 자의 사소(私訴)를 통하여 집행되며, 과징금이나 벌금 등의 공적 제재는 오인유발광고나 영업비밀의 침해, 타인의 기술 등의 유용 등에 한하여 부과될 수 있다. 법위반사업자에 대한 부당이득환수는 경쟁제한방지법 외에 부정경쟁방지법에도 규정되어 있는 바, 그 내용을 살펴보면 아래와 같다.

먼저, 부정경쟁방지법 제8조 제3항 2호 내지 4호에 따라 금지청구를 할 수 있는 자는 동법 제3조 내지 제7조가 금지하고 있는 일련의 부정경쟁행위를 고의로 위반하여 다수 고객으로부터 이득을 취한 자에 대하여 그러한 부당이득을 국고에 납부하도록 청구할 수 있다(UWG 제10조 제1항). 법위반행위자가 동법 위반을 이유로 제3자나 국가에 제공한 급부는 부당이득의 금액을 산정함에 있어서 고려되며, 법위반행위자가 부당이득 환수청구에 따라 이를 국고에 납부한 후에 손해배상 등의 급부를 제공한 때에 국가는 그만큼 이미 환수한 부당이득을 법위반행위자에게 반환하여야 한다(UWG 제10조 제2항).

이와 같은 부당이득환수청구권은 치열한 논쟁과 법률안에 대한 수차례의 수정을 거쳐 2004년 개정법으로 도입되었다. 연방상원은 동 규정이 아직 설익은 아이디어 수준에 불과하여 현실성이 없다고 비난하였고,[64] 부당이득환수청구가 과연 성공적으로 관철될 수 있을 것인지에 대해서도 회의론이 만만치 않았다.[65] 더구나 '고의' 요건이 동 청구권의

63) Hartog/Noack, WRP, 2005, S. 1405.
64) BT-Drucks. 15/1487, S. 34.
65) Köhler, UWG-Reform und Verbraucherschutz, GRUR, 2003, S. 265. 그밖에 법치국가의 이념에 맞지 않는다는 비판으로는 Stadler/Micklitz, Der Reformvorschlag der UWG-Novelle für eine Verbandsklage auf Gewinnabschöpfung, WRP, 2003, S. 559; R. Schaub, Schadensersatz und Gewinnabschöpfung im Lauterkeits- und Immaterialgüterrecht, GRUR, 2005, S. 918 등 참조.

행사에 중대한 장애가 될 것이라는 지적도 있었다.[66]

그러나 부당이득환수청구권이 존재하는 것만으로도 고의로 부정경쟁행위를 하는 자에 대한 위하적 내지 일반예방적 효과(generalpräventive Funktion)를 기대할 수 있다는 점에서 동 규정의 도입 자체를 포기할 이유는 없었고, 이와 같은 맥락에서 경쟁제한방지법 제34조a에도 이에 상응하는 규정이 잇달아 도입되었던 것이다. 다만, 그 요건을 확대해석하는 등의 방법으로 동 규정이 비례의 원칙에 반하는 정도의 제재를 야기하지 않도록 하는 것이 중요할 뿐이었다.

부정경쟁방지법상 부당이득환수제도는 다른 나라에서 입법례를 찾을 수 없고, 독일의 법체계에 비추어 보더라도 매우 특이한 제도로서, 굳이 이와 유사한 예를 들자면 스웨덴의 시장유통법상 시장왜곡부과금(Marktstörungsabgabe)이나 그리스의 소비자보호법상 일정한 단체의 손해배상청구권과 부분적으로 유사할 뿐이다.[67]

(2) 부당이득환수청구권의 내용

독일의 부정경쟁방지법상 부당이득환수청구권은 중대한 부정경쟁행위에 대한 민사적 제재를 확대하는 것으로서, 구법상 소액다수의 피해(Streuschäden)에 대한 권리보호의 흠결을 메우는 역할을 한다. 종래 오인유발적 광고에 따른 계약체결이나 부가통신서비스의 요금에 대한 기만 등의 경우에 피해자는 사업자가 그로 인하여 부당한 이득을 취하였다는 사실을 모르거나 알더라도 소액의 피해구제를 위하여 비용과 수고를 들이려고 하지 않았던 것이다. 이 경우 경쟁사업자는 당초 직접적인 손해를 입지 않기 때문에 손해배상을 청구할 수 없었다. 따라서 법위반사업자는 그로부터 얻은 이득을 온전히 유지할 수 있었던 것이다.

이러한 맥락에서 동법 제10조의 부당이득환수청구권은 법위반사업자와 거래상대방인 피해자간의 이해관계를 조정하려는 것이 아니라 처음부터 중대한 법위반행위를 예방하려는 취지에서 비롯되었다. 사업자가 부당이득을 향유할 수 없음을 알게 될 경우, 그 만큼 법위반행위를 억지할 수 있을 것이기 때문이다. 따라서 동 제도는 중대한 법위반행위에 따른 부당한 경제적 효과를 중화하는 데에 그치지 않는다.[68] 아울러 일정한 단체가 소권

---

66) LG Bonn GRUR-RR 2006, S. 111; H. Beuchler, Das Schreckgespenst §10 UWG: mehr Gespenst als Schrecken, WRP, 2006, S. 1288.

67) Köhler, in: Köhler/Bornkamm, Gesetz gegen unlauteren Wettbewerb, 28. Aufl., §10, Rn. 1.

68) 따라서 부당이득환수청구권이 헌법상 국가의 형벌독점에 반하지 않는다는 이유로 위헌의 소지가 없다는 판결로는 OLG Stuttgart WRP, 2007, 350, 352.

행사를 통해서 사실상 공정한 경쟁이나 유효경쟁이라는 공공의 이익을 수호하는 역할을 담당하는 것은 독일 경쟁법의 특징 중 하나라고 할 수 있다.

이처럼 부정경쟁방지법 제10조는 부정경쟁행위가 법위반사업자에게는 이익이 될 수 있는 문제를 효과적으로 해결하는 기능을 갖는다.[69] 이러한 문제는 미국의 집단소송(class action)제도로도 완전히 시정되기 어려운데, 부정경쟁행위가 발생한 때에도 적지 않은 경우에 사업자가 이익을 편취한 모든 거래상대방을 파악하여 이들을 하나의 원고집단으로 조직하는 것은 매우 어려운 일이기 때문이다.[70] 반면, 독일법상 부당이득환수청구권의 경우 누가 구체적으로 피해를 입었는지를 고려할 필요 없이 주장할 수 있다는 데에 고유한 장점이 있다. 입법 과정에서는 환수된 이득이 최종적으로 누구에게 귀속되는지가 부차적으로 논의되었는데, 소를 제기한 단체에 귀속시킬 경우 남소(濫訴)의 우려가 있어 결국 국고에 귀속하도록 규정하였으며, 별도의 재단에 귀속시키는 방안은 법개정 과정에서 고려되었으나, 곧바로 폐기되었다.[71]

한편, 독일에서 부정경쟁방지법 제10조의 청구권은 사법의 전통적인 청구권의 범주에 포함되지 않는 것으로 이해되고 있다. 동 청구권은 손해배상청구권도 아니고, 부당이득반환청구권도 아닌 그 자체가 하나의 '고유한 청구권'(Anspruch sui generis)에 해당한다는 것이다. 즉, 동법상 부당이득환수청구권은 '고의에 따른 법위반행위'를 요건으로 한다는 점에서 손해배상청구권과 유사하나, 거래상대방이 입은 손해의 전보를 내용으로 하지 않는다는 점에서 그와 구별된다. 또한 부당이득환수청구권은 그 법률효과 면에서 부당이득반환청구권과 유사하나, 고의라는 귀책사유를 요한다는 점에서 그와 다르다. 더구나 부당이득이 그것을 제공한 자, 즉 부당하게 손실을 입은 자에게 반환되는 것도 아니라는 점도 특징이다.

Ⅵ. 산업분석

연방카르텔청은 유럽집행위원회와 마찬가지로 산업분석(Sektoruntersuchung)을 수행할 수 있으며(GWB 제32조e, 규칙 제2003/1호 제17조), 여기서는 특정 산업분야에서 발생할 수 있는 경쟁제한행위뿐만 아니라 특정한 유형의 합의나 거래관행에 대한 분석이 이

69) C. Alexander, Marktsteuerung durch Abschöpfungsansprüche, JZ, 2006, S. 890, 893.
70) Stadler/Micklitz, WRP, 2003, S. 559, 562.
71) UWG 2004 zu §10 Abs. 4, BT-Drucks. 15/1487, 25.

루어진다.

특정 산업분야에서 경쟁이 제한되거나 왜곡되어 있다는 추정이 분석에 착수하는 근거가 될 수 있으며, 산업별 분석을 개시하는 데에 구체적인 법위반의 혐의가 요구되는 것은 아니다. 따라서 이 경우 해당 산업 전반에 대한 조사와 분석이 행해질 뿐이고, 특정 사업자에 대한 조사는 이루어지지 않는다. 이러한 산업분석은 연방카르텔청의 권한을 보충하는 의미를 갖게 되는데, 무엇보다 경쟁제한방지법 제59조에 따른 자료제출요구(Auskunftsverlangen)에는 특정 법위반행위에 대한 구체적인 혐의가 요구되기 때문이다.

제4절 | 불복절차 등

Ⅰ. 개　　관

경쟁사건에 대한 행정소송절차는 경쟁제한방지법 제63조 이하에서 규정하고 있다. 연방카르텔청을 비롯한 경쟁당국은 법위반사건을 처리하는 절차에서 다분히 행정관청으로서 작용한다는 점에서 경쟁사건처리절차는 행정절차의 성격을 갖는다. 그런데 경쟁당국이 내리는 처분이나 결정에 대한 불복에 대해서는 행정법원법(Verwaltungsgerichtsordnung; VwGO)이 적용되지 않고, 경쟁제한방지법은 사업자의 불복을 위한 소송절차를 별도로 규정하고 있다. 경쟁제한방지법의 용어만 보자면 임의재판적에 따른 불복절차(Beschwerdeverfahren der freiwilligen Gerichtsbarkeit)와 유사하나, 그 내용면에서는 행정법원법상 소송절차와 더욱 유사하다.

경쟁제한방지법 제63조는 대표적으로 취소소송(Anfechtungsbeschwerde)과 의무이행소송(Verpflichtungsbeschwerde)만을 명정하고 있으나, 독일의 통설은 이를 단순한 열거조항(numerus clausus)으로 이해하지는 않고 있다. 이들 두 가지 수단만으로는 충분하고도 포괄적인 권리보호가 보장될 수 없기 때문이다. 따라서 다른 유형의 소제기도 폭넓게 허용되나, 이 경우에도 일반적인 행정법원의 보충적인 관할권이 인정되는 것은 아니다. 오히려 경쟁제한방지법이 규정한 특정 법원이 경쟁사건에 관한 모든 행정쟁송에 대하여 전속관할권을 가진다. 여기에는 경쟁사건에 관한 행정쟁송을 일반 행정법원에 맡길 수 없다는 인식과 더불어 경쟁관련 모든 행정사건을 특정 법원에 집중함으로써 절차의 경제와 전문성 제고를 도모하려는 의도가 깔려 있다.

경쟁제한방지법상 불복시스템은 언제나 경쟁당국을 상대로 하는 소만을 허용하기 때문에, 예컨대 기업결합과 관련하여 연방카르텔청이 일종의 동의명령 즉, 사업자의 의무확약 위반을 이유로 소를 제기하는 경우와 같이 공법상 계약에서 비롯된 청구에는 동법상 소송절차가 적용되지 않는다. 이때, 연방카르텔청은 일반 행정법원에 소를 제기해야 하는 것이다.

Ⅱ. 2심제

1. 항소절차

경쟁당국의 처분에 대하여 사업자는 소가(訴價; Streitwert)와 상관없이 불복의 소(Beschwerde)를 제기할 수 있다. 불복의 소에 대해서는 해당 경쟁당국의 소재지를 관할하는 연방고등법원(Oberlandesgericht; OLG)이 전속관할권을 가지며, 따라서 연방카르텔청의 처분에 대해서는 연방카르텔청이 소재하는 본(Bonn)을 관할하는 뒤셀도르프 고등법원이 전속관할권을 갖는다. 연방고등법원에는 카르텔전담부(Kartellsenat)가 구성되어 있으며, 불복소송 외에 경쟁법 위반에 관련된 민사사건의 항소심을 맡고 있다(GWB 제91조). 불복의 소는 보통재판적에 속하는데, 그 실질에 있어서는 경쟁당국의 고권적 조치가 다투어진다는 점에서 행정소송에 해당한다.

항소의 구체적인 절차에 관하여는 행정법원법(Verwaltungsgerichtsordnung; VwGO)의 일반적인 조항에 우선하는 일련의 특칙이 경쟁제한방지법 제63조 이하에 규정되어 있다. 예컨대, 불복의 소를 담당하는 고등법원의 경우 사업자에게는 변호사강제주의(Anwaltszwang)를 적용하는 반면, 경쟁당국은 소속 직원으로 하여금 대리하게 할 수 있다(GWB 제68조).

연방고등법원은 전술한 바와 같이 경쟁당국이 내린 처분에 대한 취소소송(GWB 제63조 제1항), 경쟁당국의 처분을 구하는 의무이행소송(GWB 제63조 제3항) 외에도 불복의 소제기를 이유로 한 효력정지를 구하는 확인소송(Feststellungsbeschwerde; GWB 제65조 제3항 3문), 취소된 처분이 이미 종료된 경우에도 당해 처분이 위법함을 구하는 확인소송(GWB 제71조 제2항 2문, 제3항), 그리고 경쟁제한방지법에 명문의 규정은 없으나 경쟁당국에 대하여 주관적 공권이 존재하는 경우에 이해관계자의 권리보호를 위한 일반적인 급부소송(Leistungsbeschwerde)을 담당한다.

불복의 소는 처분을 송달받은 날로부터 1개월 이내에 처분을 내린 경쟁당국에 청구하여야 하며, 마찬가지로 처분을 송달받은 날로부터 2개월 이내에 불복의 사유를 제출하여야 한다(GWB 제66조 제1항 1문, 제3항 1문). 불복의 소를 제기할 수 있는 자는 바로 경쟁제한방지법 제54조 제2항과 제3항에 따라 경쟁당국의 절차에 참가한 자이다(GWB 제63조 제2항). 판례는 불복소송의 원고적격을 다소 확장하고 있는데, 대표적으로 보조참가의 주관적 요건을 갖추었으나 오로지 절차의 경제를 이유로 신청이 각하된 자[72]나 처분의 통지를 받지 못하여 보조참가신청을 적시에 할 수 없었던 자[73]로서 불복의 대상인 처분으로 인하여 자신의 경제상 이익이 직접적으로 영향을 받는 경우[74]에도 원고적격을 인정한 바 있다.

그밖에 불복의 소에 참가하는 자로는 소를 제기한 사업자, 처분이 다투어지는 경쟁당국, 그리고 당해 처분으로 인하여 이해관계에 중대한 영향을 받는 자로서 경쟁당국이 신청을 받아 절차에 참여시킨 보조참가인(die Beigeladenen)이 있다(GWB 제67조). 이들에게는 일정한 범위에서 서류열람권(Akteneinsichtsrecht)이 보장되어 있다(GWB 제72조). 여기서 유의할 점은 기업결합 규제의 경우 다분히 예외적으로 제3자의 불복소송(Drittbeschwerde)도 가능한데, 일정한 요건 하에 경쟁당국이 사전에 소송참가를 요청하지 않은 자도 불복의 소를 제기할 수 있다는 사실이다. 또한 다수설은 절차참가의 계속성이라는 관점에서 행정절차에 참가한 당사자도 불복의 소에 참가할 수 있다고 해석하고 있는데, 예컨대 특정 기업결합을 허용하는 결정에 대해서 동 절차에 참가했던 제3자가 해당 결정의 취소를 구하는 경우를 상정할 수 있다.

항소법원은 문제된 처분에 대하여 비단 재량상의 하자에 국한되지 않고 그 적법성을 전체적으로 심사한다. 심사결과 경쟁당국의 처분이 위법하거나 합리적인 근거를 결여한 경우에 항소법원은 해당 처분을 취소하게 된다(GWB 제71조 제2항). 이에 대한 예외가 경쟁제한적 기업결합에 대한 연방경제성장관의 예외결정인데, 이 경우 국민경제상의 이익에 관한 판단은 사법심사의 대상에서 제외되기 때문이다(GWB 제71조 제5항 2문).

---

72) BGH WuW 2007, 153 = WuW/E DE-R 1857 “pepcom”.
73) BGH WuW 2009, 409 Rn. 16 = WuW/E DE-R 2535 “citiworks”.
74) BGH WuW 2008, 62, Rn. 14 = WuW/E DE-R 2138 “Anteilsveräußerung”.

2. 상고절차

불복의 소에 대하여 항소법원이 내린 판결에 대해서 당초 소를 제기하였던 자는 연방대법원에 상고(Rechtsbeschwerde)할 수 있다(GWB 제74조). 상고는 해당 항소법원의 허가를 얻어야 한다. 항소법원은 처분에 근본적인 의문이 있거나 법질서의 통일을 기하기 위하여 필요하거나 '절차상의 중대한 하자'(Verfahrensmängel)가 존재하는 등 필요한 경우에 상고를 허가하게 된다. 허가가 거절된 경우에 사업자는 연방대법원에 불허가결정의 취소를 구하는 소(Nichtzulassungsbeschwerde)를 제기할 수 있다(GWB 제75조 제1항).

상고는 항소법원의 판결이 송달된 날로부터 1개월 이내에 해당 연방고등법원에 제기하여야 한다(GWB 제76조 제3항). 상고이유서를 제출하는 기간은 마찬가지로 2개월이다(GWB 제66조 제3항, 제76조 제5항). 상고가 허가된 경우에는 연방대법원의 카르텔전담부가 해당 사건을 담당하게 된다(GWB 제94조). 이때 상고는 순수한 법률심(reine Rechtsinstanz)으로서(GWB 제76조 제2항 1문), 새로운 사실관계를 주장하는 것은 원칙적으로 허용되지 않는다.

Ⅲ. 불복의 효력

금지처분을 취소하거나 기업결합에 대한 연방경제성장관의 예외적 허가에 대한 철회 또는 변경을 구하는 등의 불복의 소가 제기된 경우 당해 처분의 효력은 정지된다(GWB 제64조 제1항). 이를 이른바 '연기적 효력'(aufschiebende Wirkung)이라 한다. 경쟁당국은 공공의 이익이나 당사자의 보다 우월한 이익이 인정되는 때에는 해당 처분의 즉시이행(sofortige Vollziehung)을 명할 수 있다(GWB 제65조 제1항). 다만, 항소법원은 즉시이행의 요건이 더 이상 존재하지 않거나 처분의 적법성에 관하여 심각한 의문이 있는 경우에 당사자의 신청을 받아 처분의 전부 또는 일부에 대한 효력정지를 명할 수 있다(GWB 제65조 제3항).

불복의 소에 따른 효력정지가 인정되지 않거나 연방카르텔청이 즉시이행을 명한 경우에 소를 제기한 자는 효력정지를 구하는 소를 해당 연방고등법원에 제기할 수 있다(GWB 제65조 제3항).

부 록

부록 1 경쟁제한방지법
부록 2 간이심사고시
부록 3 중소사업자의 협력에 관한 지침
부록 4 자진신고감면고시
부록 5 전문가의 경제분석의견에 관한 고시
부록 6 과징금고시
부록 7 벌금사건에서 연방카르텔청의 중재절차에 관한 지침
부록 8 합병규제에 있어서 국내적 영향에 관한 지침

Gesetz gegen Wettbewerbsbeschränkungen (GWB)

GWB

Ausfertigungsdatum: 26.08.1998

Vollzitat:

"Gesetz gegen Wettbewerbsbeschränkungen in der Fassung der Bekanntmachung vom 26. Juni 2013 (BGBl. I S. 1750, 3245), das zuletzt durch Artikel 2 Absatz 78 des Gesetzes vom 7. August 2013 (BGBl. I S. 3154) geändert worden ist"

Stand: Neugefasst durch Bek. v. 26.6.2013 I 1750, 3245;
zuletzt geändert durch Art. 2 Abs. 78 G v. 7.8.2013 I 3154

Änderung durch Art. 20 Nr. 1 G v. 9.12.2004 I 3220 war nicht ausführbar, da zu diesem Zeitpunkt keine amtliche Inhaltsübersicht existierte

Fußnote

(+++ Textnachweis ab: 1.1.1999 +++)

Das G wurde als Artikel 1 G 703-4/1 v. 26.8.1998 I 2521 (WettbewGÄndG 6) vom Bundestag mit Zustimmung des Bundesrates beschlossen. Es ist gem. Art. 4 dieses G am 1.1.1999 in Kraft getreten.

Inhaltsübersicht

Erster Teil
Wettbewerbsbeschränkungen

Erster Abschnitt
Wettbewerbsbeschränkende Vereinbarungen, Beschlüsse und abgestimmte Verhaltensweisen

§ 1 Verbot wettbewerbsbeschränkender Vereinbarungen

Vereinbarungen zwischen Unternehmen, Beschlüsse von Unternehmensvereinigungen und aufeinander abgestimmte Verhaltensweisen, die eine Verhinderung, Einschränkung oder Verfälschung des Wettbewerbs bezwecken oder bewirken, sind verboten.

§ 2 Freigestellte Vereinbarungen

(1) Vom Verbot des § 1 freigestellt sind Vereinbarungen zwischen Unternehmen, Beschlüsse von Unternehmensvereinigungen oder aufeinander abgestimmte Verhaltensweisen, die unter angemessener Beteiligung der Verbraucher an dem entstehenden Gewinn zur Verbesserung der Warenerzeugung oder -verteilung oder zur Förderung des technischen oder wirtschaftlichen Fortschritts beitragen, ohne dass den beteiligten Unternehmen

1. Beschränkungen auferlegt werden, die für die Verwirklichung dieser Ziele nicht unerlässlich sind, oder
2. Möglichkeiten eröffnet werden, für einen wesentlichen Teil der betreffenden Waren den Wettbewerb auszuschalten.

(2) Bei der Anwendung von Absatz 1 gelten die Verordnungen des Rates oder der Europäischen Kommission über die Anwendung von Artikel 101 Absatz 3 des Vertrages über die Arbeitsweise der Europäischen Union auf bestimmte Gruppen von Vereinbarungen, Beschlüsse von Unternehmensvereinigungen und aufeinander abgestimmte Verhaltensweisen (Gruppenfreistellungsverordnungen) entsprechend. Dies gilt auch, soweit die dort genannten Vereinbarungen, Beschlüsse und Verhaltensweisen nicht geeignet sind, den Handel zwischen den Mitgliedstaaten der Europäischen Union zu beeinträchtigen.

§ 3 Mittelstandskartelle

Vereinbarungen zwischen miteinander im Wettbewerb stehenden Unternehmen und Beschlüsse von Unternehmensvereinigungen, die die Rationalisierung wirtschaftlicher Vorgänge durch zwischenbetriebliche Zusammenarbeit zum Gegenstand haben, erfüllen die Voraussetzungen des § 2 Absatz 1, wenn

1. dadurch der Wettbewerb auf dem Markt nicht wesentlich beeinträchtigt wird und
2. die Vereinbarung oder der Beschluss dazu dient, die Wettbewerbsfähigkeit kleiner oder mittlerer Unternehmen zu verbessern.

§§ 4 bis 17 (weggefallen)

Zweiter Abschnitt
Marktbeherrschung, sonstiges wettbewerbsbeschränkendes Verhalten

§ 18 Marktbeherrschung

(1) Ein Unternehmen ist marktbeherrschend, soweit es als Anbieter oder Nachfrager einer bestimmten Art von Waren oder gewerblichen Leistungen auf dem sachlich und räumlich relevanten Markt

1. ohne Wettbewerber ist,
2. keinem wesentlichen Wettbewerb ausgesetzt ist oder

3. eine im Verhältnis zu seinen Wettbewerbern überragende Marktstellung hat.

(2) Der räumlich relevante Markt im Sinne dieses Gesetzes kann weiter sein als der Geltungsbereich dieses Gesetzes.

(3) Bei der Bewertung der Marktstellung eines Unternehmens im Verhältnis zu seinen Wettbewerbern ist insbesondere Folgendes zu berücksichtigen:

1. sein Marktanteil,
2. seine Finanzkraft,
3. sein Zugang zu den Beschaffungs- oder Absatzmärkten,
4. Verflechtungen mit anderen Unternehmen,
5. rechtliche oder tatsächliche Schranken für den Marktzutritt anderer Unternehmen,
6. der tatsächliche oder potenzielle Wettbewerb durch Unternehmen, die innerhalb oder außerhalb des Geltungsbereichs dieses Gesetzes ansässig sind,
7. die Fähigkeit, sein Angebot oder seine Nachfrage auf andere Waren oder gewerbliche Leistungen umzustellen, sowie
8. die Möglichkeit der Marktgegenseite, auf andere Unternehmen auszuweichen.

(4) Es wird vermutet, dass ein Unternehmen marktbeherrschend ist, wenn es einen Marktanteil von mindestens 40 Prozent hat.

(5) Zwei oder mehr Unternehmen sind marktbeherrschend, soweit

1. zwischen ihnen für eine bestimmte Art von Waren oder gewerblichen Leistungen ein wesentlicher Wettbewerb nicht besteht und
2. sie in ihrer Gesamtheit die Voraussetzungen des Absatzes 1 erfüllen.

(6) Eine Gesamtheit von Unternehmen gilt als marktbeherrschend, wenn sie

1. aus drei oder weniger Unternehmen besteht, die zusammen einen Marktanteil von 50 Prozent erreichen, oder
2. aus fünf oder weniger Unternehmen besteht, die zusammen einen Marktanteil von zwei Dritteln erreichen.

(7) Die Vermutung des Absatzes 6 kann widerlegt werden, wenn die Unternehmen nachweisen, dass

1. die Wettbewerbsbedingungen zwischen ihnen wesentlichen Wettbewerb erwarten lassen oder
2. die Gesamtheit der Unternehmen im Verhältnis zu den übrigen Wettbewerbern keine überragende Marktstellung hat.

§ 19 Verbotenes Verhalten von marktbeherrschenden Unternehmen

(1) Die missbräuchliche Ausnutzung einer marktbeherrschenden Stellung durch ein oder mehrere Unternehmen ist verboten.

(2) Ein Missbrauch liegt insbesondere vor, wenn ein marktbeherrschendes Unternehmen als Anbieter oder Nachfrager einer bestimmten Art von Waren oder gewerblichen Leistungen

1. ein anderes Unternehmen unmittelbar oder mittelbar unbillig behindert oder ohne sachlich gerechtfertigten Grund unmittelbar oder mittelbar anders behandelt als gleichartige Unternehmen;
2. Entgelte oder sonstige Geschäftsbedingungen fordert, die von denjenigen abweichen, die sich bei wirksamem Wettbewerb mit hoher Wahrscheinlichkeit ergeben würden; hierbei sind insbesondere die Verhaltensweisen von Unternehmen auf vergleichbaren Märkten mit wirksamem Wettbewerb zu berücksichtigen;
3. ungünstigere Entgelte oder sonstige Geschäftsbedingungen fordert, als sie das marktbeherrschende Unternehmen selbst auf vergleichbaren Märkten von gleichartigen Abnehmern fordert, es sei denn, dass der Unterschied sachlich gerechtfertigt ist;

4. sich weigert, einem anderen Unternehmen gegen angemessenes Entgelt Zugang zu den eigenen Netzen oder anderen Infrastruktureinrichtungen zu gewähren, wenn es dem anderen Unternehmen aus rechtlichen oder tatsächlichen Gründen ohne die Mitbenutzung nicht möglich ist, auf dem vor- oder nachgelagerten Markt als Wettbewerber des marktbeherrschenden Unternehmens tätig zu werden; dies gilt nicht, wenn das marktbeherrschende Unternehmen nachweist, dass die Mitbenutzung aus betriebsbedingten oder sonstigen Gründen nicht möglich oder nicht zumutbar ist;
5. seine Marktstellung dazu ausnutzt, andere Unternehmen dazu aufzufordern oder zu veranlassen, ihm ohne sachlich gerechtfertigten Grund Vorteile zu gewähren.

(3) Absatz 1 in Verbindung mit Absatz 2 Nummer 1 und Nummer 5 gilt auch für Vereinigungen von miteinander im Wettbewerb stehenden Unternehmen im Sinne der §§ 2, 3 und 28 Absatz 1, § 30 Absatz 2a und § 31 Absatz 1 Nummer 1, 2 und 4. Absatz 1 in Verbindung mit Absatz 2 Nummer 1 gilt auch für Unternehmen, die Preise nach § 28 Absatz 2 oder § 30 Absatz 1 Satz 1 oder § 31 Absatz 1 Nummer 3 binden.

§ 20 Verbotenes Verhalten von Unternehmen mit relativer oder überlegener Marktmacht

(1) § 19 Absatz 1 in Verbindung mit Absatz 2 Nummer 1 gilt auch für Unternehmen und Vereinigungen von Unternehmen, soweit von ihnen kleine oder mittlere Unternehmen als Anbieter oder Nachfrager einer bestimmten Art von Waren oder gewerblichen Leistungen in der Weise abhängig sind, dass ausreichende und zumutbare Möglichkeiten, auf andere Unternehmen auszuweichen, nicht bestehen (relative Marktmacht). Es wird vermutet, dass ein Anbieter einer bestimmten Art von Waren oder gewerblichen Leistungen von einem Nachfrager abhängig im Sinne des Satzes 1 ist, wenn dieser Nachfrager bei ihm zusätzlich zu den verkehrsüblichen Preisnachlässen oder sonstigen Leistungsentgelten regelmäßig besondere Vergünstigungen erlangt, die gleichartigen Nachfragern nicht gewährt werden.

(2) § 19 Absatz 1 in Verbindung mit Absatz 2 Nummer 5 gilt auch für Unternehmen und Vereinigungen von Unternehmen im Verhältnis zu den von ihnen abhängigen Unternehmen.

(3) Unternehmen mit gegenüber kleinen und mittleren Wettbewerbern überlegener Marktmacht dürfen ihre Marktmacht nicht dazu ausnutzen, solche Wettbewerber unmittelbar oder mittelbar unbillig zu behindern. Eine unbillige Behinderung im Sinne des Satzes 1 liegt insbesondere vor, wenn ein Unternehmen

1. Lebensmittel im Sinne des § 2 Absatz 2 des Lebensmittel- und Futtermittelgesetzbuches unter Einstandspreis oder
2. andere Waren oder gewerbliche Leistungen nicht nur gelegentlich unter Einstandspreis oder
3. von kleinen oder mittleren Unternehmen, mit denen es auf dem nachgelagerten Markt beim Vertrieb von Waren oder gewerblichen Leistungen im Wettbewerb steht, für deren Lieferung einen höheren Preis fordert, als es selbst auf diesem Markt

anbietet, es sei denn, dies ist jeweils sachlich gerechtfertigt. Das Anbieten von Lebensmitteln unter Einstandspreis ist sachlich gerechtfertigt, wenn es geeignet ist, den Verderb oder die drohende Unverkäuflichkeit der Waren beim Händler durch rechtzeitigen Verkauf zu verhindern sowie in vergleichbar schwerwiegenden Fällen. Werden Lebensmittel an gemeinnützige Einrichtungen zur Verwendung im Rahmen ihrer Aufgaben abgegeben, liegt keine unbillige Behinderung vor.[1]

(4) Ergibt sich auf Grund bestimmter Tatsachen nach allgemeiner Erfahrung der Anschein, dass ein Unternehmen seine Marktmacht im Sinne des Absatzes 3 ausgenutzt hat, so obliegt es diesem Unternehmen, den Anschein zu widerlegen und solche anspruchsbegründenden Umstände aus seinem Geschäftsbereich aufzuklären, deren Aufklärung dem betroffenen Wettbewerber oder einem Verband nach § 33 Absatz 2 nicht möglich, dem in Anspruch genommenen Unternehmen aber leicht möglich und zumutbar ist.

(5) Wirtschafts- und Berufsvereinigungen sowie Gütezeichengemeinschaften dürfen die Aufnahme eines Unternehmens nicht ablehnen, wenn die Ablehnung eine sachlich nicht gerechtfertigte ungleiche Behandlung darstellen und zu einer unbilligen Benachteiligung des Unternehmens im Wettbewerb führen würde.

1 § 20 Absatz 3 gilt gemäß Artikel 2 in Verbindung mit Artikel 7 Satz 2 des Gesetzes vom 26. Juni 2013 (BGBl. I S. 1738) ab 1. Januar 2018 in folgender Fassung:

„(3) Unternehmen mit gegenüber kleinen und mittleren Wettbewerbern überlegener Marktmacht dürfen ihre Marktmacht nicht dazu ausnutzen, solche Wettbewerber unmittelbar oder mittelbar unbillig zu behindern. Eine unbillige Behinderung im Sinne des Satzes 1 liegt insbesondere vor, wenn ein Unternehmen

1. Waren oder gewerbliche Leistungen nicht nur gelegentlich unter Einstandspreis anbietet oder
2. von kleinen oder mittleren Unternehmen, mit denen es auf dem nachgelagerten Markt beim Vertrieb von Waren oder gewerblichen Leistungen im Wettbewerb steht, für deren Lieferung einen höheren Preis fordert, als es selbst auf diesem Markt anbietet,

es sei denn, dies ist jeweils sachlich gerechtfertigt."

§ 21 Boykottverbot, Verbot sonstigen wettbewerbsbeschränkenden Verhaltens

(1) Unternehmen und Vereinigungen von Unternehmen dürfen nicht ein anderes Unternehmen oder Vereinigungen von Unternehmen in der Absicht, bestimmte Unternehmen unbillig zu beeinträchtigen, zu Liefersperren oder Bezugssperren auffordern.

(2) Unternehmen und Vereinigungen von Unternehmen dürfen anderen Unternehmen keine Nachteile androhen oder zufügen und keine Vorteile versprechen oder gewähren, um sie zu einem Verhalten zu veranlassen, das nach folgenden Vorschriften nicht zum Gegenstand einer vertraglichen Bindung gemacht werden darf:

1. nach diesem Gesetz,
2. nach Artikel 101 oder 102 des Vertrages über die Arbeitsweise der Europäischen Union oder
3. nach einer Verfügung der Europäischen Kommission oder der Kartellbehörde, die auf Grund dieses Gesetzes oder auf Grund der Artikel 101 oder 102 des Vertrages über die Arbeitsweise der Europäischen Union ergangen ist.

(3) Unternehmen und Vereinigungen von Unternehmen dürfen andere Unternehmen nicht zwingen,

1. einer Vereinbarung oder einem Beschluss im Sinne der §§ 2, 3 oder 28 Absatz 1 beizutreten oder
2. sich mit anderen Unternehmen im Sinne des § 37 zusammenzuschließen oder
3. in der Absicht, den Wettbewerb zu beschränken, sich im Markt gleichförmig zu verhalten.

(4) Es ist verboten, einem Anderen wirtschaftlichen Nachteil zuzufügen, weil dieser ein Einschreiten der Kartellbehörde beantragt oder angeregt hat.

Dritter Abschnitt
Anwendung des europäischen Wettbewerbsrechts

§ 22 Verhältnis dieses Gesetzes zu den Artikeln 101 und 102 des Vertrages über die Arbeitsweise der Europäischen Union

(1) Auf Vereinbarungen zwischen Unternehmen, Beschlüsse von Unternehmensvereinigungen und aufeinander abgestimmte Verhaltensweisen im Sinne des Artikels 101 Absatz 1 des Vertrages über die Arbeitsweise der Europäischen Union, die den Handel zwischen den Mitgliedstaaten der Europäischen Union im Sinne dieser Bestimmung beeinträchtigen können, können auch die Vorschriften dieses Gesetzes angewandt werden. Ist dies der Fall, ist daneben gemäß Artikel 3 Absatz 1 Satz 1 der Verordnung (EG) Nr. 1/2003 des Rates vom 16. Dezember 2002 zur Durchführung der in den Artikeln 81 und 82 des Vertrages niedergelegten Wettbewerbsregeln (ABl. EG 2003 Nr. L 1 S. 1) auch Artikel 101 des Vertrages über die Arbeitsweise der Europäischen Union anzuwenden.

(2) Die Anwendung der Vorschriften dieses Gesetzes darf gemäß Artikel 3 Absatz 2 Satz 1 der Verordnung (EG) Nr. 1/2003 nicht zum Verbot von Vereinbarungen zwischen Unternehmen, Beschlüssen von Unternehmensvereinigungen und aufeinander abgestimmten Verhaltensweisen führen, welche zwar den Handel zwischen den Mitgliedstaaten der Europäischen Union zu beeinträchtigen geeignet sind, aber

1. den Wettbewerb im Sinne des Artikels 101 Absatz 1 des Vertrages über die Arbeitsweise der Europäischen Union nicht beschränken oder

2. die Bedingungen des Artikels 101 Absatz 3 des Vertrages über die Arbeitsweise der Europäischen Union erfüllen oder
3. durch eine Verordnung zur Anwendung des Artikels 101 Absatz 3 des Vertrages über die Arbeitsweise der Europäischen Union erfasst sind.

Die Vorschriften des Zweiten Abschnitts bleiben unberührt. In anderen Fällen richtet sich der Vorrang von Artikel 101 des Vertrages über die Arbeitsweise der Europäischen Union nach dem insoweit maßgeblichen Recht der Europäischen Union.

(3) Auf Handlungen, die einen nach Artikel 102 des Vertrages über die Arbeitsweise der Europäischen Union verbotenen Missbrauch darstellen, können auch die Vorschriften dieses Gesetzes angewandt werden. Ist dies der Fall, ist daneben gemäß Artikel 3 Absatz 1 Satz 2 der Verordnung (EG) Nr. 1/2003 auch Artikel 102 des Vertrages über die Arbeitsweise der Europäischen Union anzuwenden. Die Anwendung weitergehender Vorschriften dieses Gesetzes bleibt unberührt.

(4) Die Absätze 1 bis 3 gelten unbeschadet des Rechts der Europäischen Union nicht, soweit die Vorschriften über die Zusammenschlusskontrolle angewandt werden. Vorschriften, die überwiegend ein von den Artikeln 101 und 102 des Vertrages über die Arbeitsweise der Europäischen Union abweichendes Ziel verfolgen, bleiben von den Vorschriften dieses Abschnitts unberührt.

§ 23 (weggefallen)

Vierter Abschnitt
Wettbewerbsregeln

§ 24 Begriff, Antrag auf Anerkennung

(1) Wirtschafts- und Berufsvereinigungen können für ihren Bereich Wettbewerbsregeln aufstellen.

(2) Wettbewerbsregeln sind Bestimmungen, die das Verhalten von Unternehmen im Wettbewerb regeln zu dem Zweck, einem den Grundsätzen des lauteren oder der Wirksamkeit eines leistungsgerechten Wettbewerbs zuwiderlaufenden Verhalten im Wettbewerb entgegenzuwirken und ein diesen Grundsätzen entsprechendes Verhalten im Wettbewerb anzuregen.

(3) Wirtschafts- und Berufsvereinigungen können bei der Kartellbehörde die Anerkennung von Wettbewerbsregeln beantragen.

(4) Der Antrag auf Anerkennung von Wettbewerbsregeln hat zu enthalten:

1. Name, Rechtsform und Anschrift der Wirtschafts- oder Berufsvereinigung;
2. Name und Anschrift der Person, die sie vertritt;
3. die Angabe des sachlichen und örtlichen Anwendungsbereichs der Wettbewerbsregeln;
4. den Wortlaut der Wettbewerbsregeln.

Dem Antrag sind beizufügen:

1. die Satzung der Wirtschafts- oder Berufsvereinigung;
2. der Nachweis, dass die Wettbewerbsregeln satzungsmäßig aufgestellt sind;
3. eine Aufstellung von außenstehenden Wirtschafts- oder Berufsvereinigungen und Unternehmen der gleichen Wirtschaftsstufe sowie der Lieferanten- und Abnehmervereinigungen und der Bundesorganisationen der beteiligten Wirtschaftsstufen des betreffenden Wirtschaftszweiges.

In dem Antrag dürfen keine unrichtigen oder unvollständigen Angaben gemacht oder benutzt werden, um für den Antragsteller oder einen anderen die Anerkennung einer Wettbewerbsregel zu erschleichen.

(5) Änderungen und Ergänzungen anerkannter Wettbewerbsregeln sind der Kartellbehörde mitzuteilen.

§ 25 Stellungnahme Dritter

Die Kartellbehörde hat nichtbeteiligten Unternehmen der gleichen Wirtschaftsstufe, Wirtschafts- und Berufsvereinigungen der durch die Wettbewerbsregeln betroffenen Lieferanten und Abnehmer sowie den

Bundesorganisationen der beteiligten Wirtschaftsstufen Gelegenheit zur Stellungnahme zu geben. Gleiches gilt für Verbraucherzentralen und andere Verbraucherverbände, die mit öffentlichen Mitteln gefördert werden, wenn die Interessen der Verbraucher erheblich berührt sind. Die Kartellbehörde kann eine öffentliche mündliche Verhandlung über den Antrag auf Anerkennung durchführen, in der es jedermann freisteht, Einwendungen gegen die Anerkennung zu erheben.

§ 26 Anerkennung

(1) Die Anerkennung erfolgt durch Verfügung der Kartellbehörde. Sie hat zum Inhalt, dass die Kartellbehörde von den ihr nach dem Sechsten Abschnitt zustehenden Befugnissen keinen Gebrauch machen wird.

(2) Soweit eine Wettbewerbsregel gegen das Verbot des § 1 verstößt und nicht nach den §§ 2 und 3 freigestellt ist oder andere Bestimmungen dieses Gesetzes, des Gesetzes gegen den unlauteren Wettbewerb oder eine andere Rechtsvorschrift verletzt, hat die Kartellbehörde den Antrag auf Anerkennung abzulehnen.

(3) Wirtschafts- und Berufsvereinigungen haben die Außerkraftsetzung von ihnen aufgestellter, anerkannter Wettbewerbsregeln der Kartellbehörde mitzuteilen.

(4) Die Kartellbehörde hat die Anerkennung zurückzunehmen oder zu widerrufen, wenn sie nachträglich feststellt, dass die Voraussetzungen für die Ablehnung der Anerkennung nach Absatz 2 vorliegen.

§ 27 Veröffentlichung von Wettbewerbsregeln, Bekanntmachungen

(1) Anerkannte Wettbewerbsregeln sind im Bundesanzeiger zu veröffentlichen.

(2) Im Bundesanzeiger sind bekannt zu machen

1. die Anträge nach § 24 Absatz 3;
2. die Anberaumung von Terminen zur mündlichen Verhandlung nach § 25 Satz 3;
3. die Anerkennung von Wettbewerbsregeln, ihrer Änderungen und Ergänzungen;
4. die Ablehnung der Anerkennung nach § 26 Absatz 2, die Rücknahme oder der Widerruf der Anerkennung von Wettbewerbsregeln nach § 26 Absatz 4.

(3) Mit der Bekanntmachung der Anträge nach Absatz 2 Nummer 1 ist darauf hinzuweisen, dass die Wettbewerbsregeln, deren Anerkennung beantragt ist, bei der Kartellbehörde zur öffentlichen Einsichtnahme ausgelegt sind.

(4) Soweit die Anträge nach Absatz 2 Nummer 1 zur Anerkennung führen, genügt für die Bekanntmachung der Anerkennung eine Bezugnahme auf die Bekanntmachung der Anträge.

(5) Die Kartellbehörde erteilt zu anerkannten Wettbewerbsregeln, die nicht nach Absatz 1 veröffentlicht worden sind, auf Anfrage Auskunft über die Angaben nach § 24 Absatz 4 Satz 1.

Fünfter Abschnitt
Sonderregeln für bestimmte Wirtschaftsbereiche

§ 28 Landwirtschaft

(1) § 1 gilt nicht für Vereinbarungen von landwirtschaftlichen Erzeugerbetrieben sowie für Vereinbarungen und Beschlüsse von Vereinigungen von landwirtschaftlichen Erzeugerbetrieben und Vereinigungen von solchen Erzeugervereinigungen über

1. die Erzeugung oder den Absatz landwirtschaftlicher Erzeugnisse oder
2. die Benutzung gemeinschaftlicher Einrichtungen für die Lagerung, Be- oder Verarbeitung landwirtschaftlicher Erzeugnisse,

sofern sie keine Preisbindung enthalten und den Wettbewerb nicht ausschließen. Als landwirtschaftliche Erzeugerbetriebe gelten auch Pflanzen- und Tierzuchtbetriebe und die auf der Stufe dieser Betriebe tätigen Unternehmen.

(2) Für vertikale Preisbindungen, die die Sortierung, Kennzeichnung oder Verpackung von landwirtschaftlichen Erzeugnissen betreffen, gilt § 1 nicht.

(3) Landwirtschaftliche Erzeugnisse sind die in Anhang I des Vertrages über die Arbeitsweise der Europäischen Union aufgeführten Erzeugnisse sowie die durch Be- oder Verarbeitung dieser Erzeugnisse gewonnenen Waren, deren Be- oder Verarbeitung durch landwirtschaftliche Erzeugerbetriebe oder ihre Vereinigungen durchgeführt zu werden pflegt.

§ 29 Energiewirtschaft

Einem Unternehmen ist es verboten, als Anbieter von Elektrizität oder leitungsgebundenem Gas (Versorgungsunternehmen) auf einem Markt, auf dem es allein oder zusammen mit anderen Versorgungsunternehmen eine marktbeherrschende Stellung hat, diese Stellung missbräuchlich auszunutzen, indem es

1. Entgelte oder sonstige Geschäftsbedingungen fordert, die ungünstiger sind als diejenigen anderer Versorgungsunternehmen oder von Unternehmen auf vergleichbaren Märkten, es sei denn, das Versorgungsunternehmen weist nach, dass die Abweichung sachlich gerechtfertigt ist, wobei die Umkehr der Darlegungs- und Beweislast nur in Verfahren vor den Kartellbehörden gilt, oder
2. Entgelte fordert, die die Kosten in unangemessener Weise überschreiten.

Kosten, die sich ihrem Umfang nach im Wettbewerb nicht einstellen würden, dürfen bei der Feststellung eines Missbrauchs im Sinne des Satzes 1 nicht berücksichtigt werden. Die §§ 19 und 20 bleiben unberührt.

§ 30 Preisbindung bei Zeitungen und Zeitschriften

(1) § 1 gilt nicht für vertikale Preisbindungen, durch die ein Unternehmen, das Zeitungen oder Zeitschriften herstellt, die Abnehmer dieser Erzeugnisse rechtlich oder wirtschaftlich bindet, bei der Weiterveräußerung bestimmte Preise zu vereinbaren oder ihren Abnehmern die gleiche Bindung bis zur Weiterveräußerung an den letzten Verbraucher aufzuerlegen. Zu Zeitungen und Zeitschriften zählen auch Produkte, die Zeitungen oder Zeitschriften reproduzieren oder substituieren und bei Würdigung der Gesamtumstände als überwiegend verlagstypisch anzusehen sind, sowie kombinierte Produkte, bei denen eine Zeitung oder eine Zeitschrift im Vordergrund steht.

(2) Vereinbarungen der in Absatz 1 bezeichneten Art sind, soweit sie Preise und Preisbestandteile betreffen, schriftlich abzufassen. Es genügt, wenn die Beteiligten Urkunden unterzeichnen, die auf eine Preisliste oder auf Preismitteilungen Bezug nehmen. § 126 Absatz 2 des Bürgerlichen Gesetzbuchs findet keine Anwendung.

(2a) § 1 gilt nicht für Branchenvereinbarungen zwischen Vereinigungen von Unternehmen, die nach Absatz 1 Preise für Zeitungen oder Zeitschriften binden (Presseverlage), einerseits und Vereinigungen von deren Abnehmern, die im Preis gebundene Zeitungen und Zeitschriften mit Remissionsrecht beziehen und mit Remissionsrecht an Letztveräußerer verkaufen (Presse-Grossisten), andererseits für die von diesen Vereinigungen jeweils vertretenen Unternehmen, soweit in diesen Branchenvereinbarungen der flächendeckende und diskriminierungsfreie Vertrieb von Zeitungs- und Zeitschriftensortimenten durch die Presse-Grossisten, insbesondere dessen Voraussetzungen und dessen Vergütungen sowie die dadurch abgegoltenen Leistungen geregelt sind. Insoweit sind die in Satz 1 genannten Vereinigungen und die von ihnen jeweils vertretenen Presseverlage und Presse-Grossisten zur Sicherstellung eines flächendeckenden und diskriminierungsfreien Vertriebs von Zeitungen und Zeitschriften im stationären Einzelhandel im Sinne von Artikel 106 Absatz 2 des Vertrages über die Arbeitsweise der Europäischen Union mit Dienstleistungen von allgemeinem wirtschaftlichem Interesse betraut. Die §§ 19 und 20 bleiben unberührt.

(3) Das Bundeskartellamt kann von Amts wegen oder auf Antrag eines gebundenen Abnehmers die Preisbindung für unwirksam erklären und die Anwendung einer neuen gleichartigen Preisbindung verbieten, wenn

1. die Preisbindung missbräuchlich gehandhabt wird oder
2. die Preisbindung oder ihre Verbindung mit anderen Wettbewerbsbeschränkungen geeignet ist, die gebundenen Waren zu verteuern oder ein Sinken ihrer Preise zu verhindern oder ihre Erzeugung oder ihren Absatz zu beschränken.

Soweit eine Branchenvereinbarung nach Absatz 2a einen Missbrauch der Freistellung darstellt, kann das Bundeskartellamt diese ganz oder teilweise für unwirksam erklären.

§ 31 Verträge der Wasserwirtschaft

(1) Das Verbot wettbewerbsbeschränkender Vereinbarungen nach § 1 gilt nicht für Verträge von Unternehmen der öffentlichen Versorgung mit Wasser (Wasserversorgungsunternehmen) mit

1. anderen Wasserversorgungsunternehmen oder mit Gebietskörperschaften, soweit sich damit ein Vertragsbeteiligter verpflichtet, in einem bestimmten Gebiet eine öffentliche Wasserversorgung über feste Leitungswege zu unterlassen;
2. Gebietskörperschaften, soweit sich damit eine Gebietskörperschaft verpflichtet, die Verlegung und den Betrieb von Leitungen auf oder unter öffentlichen Wegen für eine bestehende oder beabsichtigte unmittelbare öffentliche Wasserversorgung von Letztverbrauchern im Gebiet der Gebietskörperschaft ausschließlich einem Versorgungsunternehmen zu gestatten;
3. Wasserversorgungsunternehmen der Verteilungsstufe, soweit sich damit ein Wasserversorgungsunternehmen der Verteilungsstufe verpflichtet, seine Abnehmer mit Wasser über feste Leitungswege nicht zu ungünstigeren Preisen oder Bedingungen zu versorgen, als sie das zuliefernde Wasserversorgungsunternehmen seinen vergleichbaren Abnehmern gewährt;
4. anderen Wasserversorgungsunternehmen, soweit sie zu dem Zweck abgeschlossen sind, bestimmte Versorgungsleistungen über feste Leitungswege einem oder mehreren Versorgungsunternehmen ausschließlich zur Durchführung der öffentlichen Versorgung zur Verfügung zu stellen.

(2) Verträge nach Absatz 1 sowie ihre Änderungen und Ergänzungen bedürfen der Schriftform.

(3) Durch Verträge nach Absatz 1 oder die Art ihrer Durchführung darf die durch die Freistellung von den Vorschriften dieses Gesetzes erlangte Stellung im Markt nicht missbraucht werden.

(4) Ein Missbrauch liegt insbesondere vor, wenn

1. das Marktverhalten eines Wasserversorgungsunternehmens den Grundsätzen zuwiderläuft, die für das Marktverhalten von Unternehmen bei wirksamem Wettbewerb bestimmend sind, oder
2. ein Wasserversorgungsunternehmen von seinen Abnehmern ungünstigere Preise oder Geschäftsbedingungen fordert als gleichartige Wasserversorgungsunternehmen, es sei denn, das Wasserversorgungsunternehmen weist nach, dass der Unterschied auf abweichenden Umständen beruht, die ihm nicht zurechenbar sind, oder
3. ein Wasserversorgungsunternehmen Entgelte fordert, die die Kosten in unangemessener Weise überschreiten; anzuerkennen sind die Kosten, die bei einer rationellen Betriebsführung anfallen.

(5) Ein Missbrauch liegt nicht vor, wenn ein Wasserversorgungsunternehmen sich insbesondere aus technischen oder hygienischen Gründen weigert, mit einem anderen Unternehmen Verträge über die Einspeisung von Wasser in sein Versorgungsnetz abzuschließen, und eine damit verbundene Entnahme (Durchleitung) verweigert.

§ 31a Wasserwirtschaft, Meldepflicht

(1) Verträge nach § 31 Absatz 1 Nummer 1, 2 und 4 sowie ihre Änderungen und Ergänzungen bedürfen zu ihrer Wirksamkeit der vollständigen Anmeldung bei der Kartellbehörde. Bei der Anmeldung sind für jedes beteiligte Unternehmen anzugeben:

1. Firma oder sonstige Bezeichnung,
2. Ort der Niederlassung oder Sitz,
3. Rechtsform und Anschrift sowie
4. Name und Anschrift des bestellten Vertreters oder des sonstigen Bevollmächtigten, bei juristischen Personen des gesetzlichen Vertreters.

(2) Die Beendigung oder Aufhebung der in § 31 Absatz 1 Nummer 1, 2 und 4 genannten Verträge ist der Kartellbehörde mitzuteilen.

§ 31b Wasserwirtschaft, Aufgaben und Befugnisse der Kartellbehörde, Sanktionen

(1) Die Kartellbehörde erteilt zu den nach § 31 Absatz 1 Nummer 1, 2 und 4 freigestellten Verträgen auf Anfrage Auskunft über

1. Angaben nach § 31a und
2. den wesentlichen Inhalt der Verträge und Beschlüsse, insbesondere Angaben über den Zweck, über die beabsichtigten Maßnahmen und über Geltungsdauer, Kündigung, Rücktritt und Austritt.

(2) Die Kartellbehörde erlässt Verfügungen nach diesem Gesetz, die die öffentliche Versorgung mit Wasser über feste Leitungswege betreffen, im Benehmen mit der Fachaufsichtsbehörde.

(3) Die Kartellbehörde kann in Fällen des Missbrauchs nach § 31 Absatz 3

1. die beteiligten Unternehmen verpflichten, einen beanstandeten Missbrauch abzustellen,
2. die beteiligten Unternehmen verpflichten, die Verträge oder Beschlüsse zu ändern, oder
3. die Verträge und Beschlüsse für unwirksam erklären.

(4) Bei einer Entscheidung über eine Maßnahme nach Absatz 3 berücksichtigt die Kartellbehörde Sinn und Zweck der Freistellung und insbesondere das Ziel einer möglichst sicheren und preisgünstigen Versorgung.

(5) Absatz 3 gilt entsprechend, soweit ein Wasserversorgungsunternehmen eine marktbeherrschende Stellung innehat.

(6) § 19 bleibt unberührt.

Sechster Abschnitt
Befugnisse der Kartellbehörden, Sanktionen

§ 32 Abstellung und nachträgliche Feststellung von Zuwiderhandlungen

(1) Die Kartellbehörde kann Unternehmen oder Vereinigungen von Unternehmen verpflichten, eine Zuwiderhandlung gegen eine Vorschrift dieses Gesetzes oder gegen Artikel 101 oder 102 des Vertrages über die Arbeitsweise der Europäischen Union abzustellen.

(2) Sie kann ihnen hierzu alle erforderlichen Abhilfemaßnahmen verhaltensorientierter oder struktureller Art vorschreiben, die gegenüber der festgestellten Zuwiderhandlung verhältnismäßig und für eine wirksame Abstellung der Zuwiderhandlung erforderlich sind. Abhilfemaßnahmen struktureller Art können nur in Ermangelung einer verhaltensorientierten Abhilfemaßnahme von gleicher Wirksamkeit festgelegt werden, oder wenn letztere im Vergleich zu Abhilfemaßnahmen struktureller Art mit einer größeren Belastung für die beteiligten Unternehmen verbunden wäre.

(2a) In der Abstellungsverfügung kann die Kartellbehörde eine Rückerstattung der aus dem kartellrechtswidrigen Verhalten erwirtschafteten Vorteile anordnen. Die in den erwirtschafteten Vorteilen enthaltenen Zinsvorteile können geschätzt werden. Nach Ablauf der in der Abstellungsverfügung bestimmten Frist für die Rückerstattung sind die bis zu diesem Zeitpunkt erwirtschafteten Vorteile entsprechend § 288 Absatz 1 Satz 2 und § 289 Satz 1 des Bürgerlichen Gesetzbuchs zu verzinsen.

(3) Soweit ein berechtigtes Interesse besteht, kann die Kartellbehörde auch eine Zuwiderhandlung feststellen, nachdem diese beendet ist.

§ 32a Einstweilige Maßnahmen

(1) Die Kartellbehörde kann in dringenden Fällen, wenn die Gefahr eines ernsten, nicht wieder gutzumachenden Schadens für den Wettbewerb besteht, von Amts wegen einstweilige Maßnahmen anordnen.

(2) Die Anordnung gemäß Absatz 1 ist zu befristen. Die Frist kann verlängert werden. Sie soll insgesamt ein Jahr nicht überschreiten.

§ 32b Verpflichtungszusagen

(1) Bieten Unternehmen im Rahmen eines Verfahrens nach § 30 Absatz 3, § 31b Absatz 3 oder § 32 an, Verpflichtungen einzugehen, die geeignet sind, die ihnen von der Kartellbehörde nach vorläufiger Beurteilung mitgeteilten Bedenken auszuräumen, so kann die Kartellbehörde für diese Unternehmen die Verpflichtungszusagen durch Verfügung für bindend erklären. Die Verfügung hat zum Inhalt, dass die Kartellbehörde vorbehaltlich des Absatzes 2 von ihren Befugnissen nach den § 30 Absatz 3, § 31b Absatz 3, §§ 32 und 32a keinen Gebrauch machen wird. Sie kann befristet werden.

(2) Die Kartellbehörde kann die Verfügung nach Absatz 1 aufheben und das Verfahren wieder aufnehmen, wenn

1. sich die tatsächlichen Verhältnisse in einem für die Verfügung wesentlichen Punkt nachträglich geändert haben,
2. die beteiligten Unternehmen ihre Verpflichtungen nicht einhalten oder
3. die Verfügung auf unvollständigen, unrichtigen oder irreführenden Angaben der Parteien beruht.

§ 32c Kein Anlass zum Tätigwerden

Sind die Voraussetzungen für ein Verbot nach den §§ 1, 19 bis 21 und 29, nach Artikel 101 Absatz 1 oder Artikel 102 des Vertrages über die Arbeitsweise der Europäischen Union nach den der Kartellbehörde vorliegenden Erkenntnissen nicht gegeben, so kann sie entscheiden, dass für sie kein Anlass besteht, tätig zu werden. Die Entscheidung hat zum Inhalt, dass die Kartellbehörde vorbehaltlich neuer Erkenntnisse von ihren Befugnissen nach den §§ 32 und 32a keinen Gebrauch machen wird. Sie hat keine Freistellung von einem Verbot im Sinne des Satzes 1 zum Inhalt.

§ 32d Entzug der Freistellung

Haben Vereinbarungen, Beschlüsse von Unternehmensvereinigungen oder aufeinander abgestimmte Verhaltensweisen, die unter eine Gruppenfreistellungsverordnung fallen, in einem Einzelfall Wirkungen, die mit § 2 Absatz 1 oder mit Artikel 101 Absatz 3 des Vertrages über die Arbeitsweise der Europäischen Union unvereinbar sind und auf einem Gebiet im Inland auftreten, das alle Merkmale eines gesonderten räumlichen Marktes aufweist, so kann die Kartellbehörde den Rechtsvorteil der Gruppenfreistellung in diesem Gebiet entziehen.

§ 32e Untersuchungen einzelner Wirtschaftszweige und einzelner Arten von Vereinbarungen

(1) Lassen starre Preise oder andere Umstände vermuten, dass der Wettbewerb im Inland möglicherweise eingeschränkt oder verfälscht ist, können das Bundeskartellamt und die obersten Landesbehörden die Untersuchung eines bestimmten Wirtschaftszweiges oder - Sektor übergreifend - einer bestimmten Art von Vereinbarungen durchführen.

(2) Im Rahmen dieser Untersuchung können das Bundeskartellamt und die obersten Landesbehörden die zur Anwendung dieses Gesetzes oder des Artikels 101 oder 102 des Vertrages über die Arbeitsweise der Europäischen Union erforderlichen Ermittlungen durchführen. Sie können dabei von den betreffenden Unternehmen und Vereinigungen Auskünfte verlangen, insbesondere die Unterrichtung über sämtliche Vereinbarungen, Beschlüsse und aufeinander abgestimmte Verhaltensweisen.

(3) Das Bundeskartellamt und die obersten Landesbehörden können einen Bericht über die Ergebnisse der Untersuchung nach Absatz 1 veröffentlichen und Dritte um Stellungnahme bitten.

(4) § 49 Absatz 1 sowie die §§ 57, 59 und 61 gelten entsprechend.

§ 33 Unterlassungsanspruch, Schadensersatzpflicht

(1) Wer gegen eine Vorschrift dieses Gesetzes, gegen Artikel 101 oder 102 des Vertrages über die Arbeitsweise der Europäischen Union oder eine Verfügung der Kartellbehörde verstößt, ist dem Betroffenen zur Beseitigung und bei Wiederholungsgefahr zur Unterlassung verpflichtet. Der Anspruch auf Unterlassung besteht bereits dann, wenn eine Zuwiderhandlung droht. Betroffen ist, wer als Mitbewerber oder sonstiger Marktbeteiligter durch den Verstoß beeinträchtigt ist.

(2) Die Ansprüche aus Absatz 1 können auch geltend gemacht werden von

1. rechtsfähigen Verbänden zur Förderung gewerblicher oder selbstständiger beruflicher Interessen, wenn ihnen eine erhebliche Zahl von betroffenen Unternehmen im Sinne des Absatzes 1 Satz 3 angehört und sie insbesondere nach ihrer personellen, sachlichen und finanziellen Ausstattung imstande sind, ihre satzungsmäßigen Aufgaben der Verfolgung gewerblicher oder selbstständiger beruflicher Interessen tatsächlich wahrzunehmen;
2. Einrichtungen, die nachweisen, dass sie eingetragen sind in
   a) die Liste qualifizierter Einrichtungen nach § 4 des Unterlassungsklagengesetzes oder
   b) das Verzeichnis der Europäischen Kommission nach Artikel 4 Absatz 3 der Richtlinie 2009/22/EG des Europäischen Parlaments und des Rates vom 23. April 2009 über Unterlassungsklagen zum Schutz der Verbraucherinteressen (ABl. L 110 vom 1.5.2009, S. 30) in der jeweils geltenden Fassung.

(3) Wer einen Verstoß nach Absatz 1 vorsätzlich oder fahrlässig begeht, ist zum Ersatz des daraus entstehenden Schadens verpflichtet. Wird eine Ware oder Dienstleistung zu einem überteuerten Preis bezogen, so ist der Schaden nicht deshalb ausgeschlossen, weil die Ware oder Dienstleistung weiterveräußert wurde. Bei der Entscheidung über den Umfang des Schadens nach § 287 der Zivilprozessordnung kann insbesondere der anteilige Gewinn, den das Unternehmen durch den Verstoß erlangt hat, berücksichtigt werden. Geldschulden nach Satz 1 hat das Unternehmen ab Eintritt des Schadens zu verzinsen. Die §§ 288 und 289 Satz 1 des Bürgerlichen Gesetzbuchs finden entsprechende Anwendung.

(4) Wird wegen eines Verstoßes gegen eine Vorschrift dieses Gesetzes oder gegen Artikel 101 oder 102 des Vertrages über die Arbeitsweise der Europäischen Union Schadensersatz gefordert, ist das Gericht an die Feststellung des Verstoßes gebunden, wie sie in einer bestandskräftigen Entscheidung der Kartellbehörde, der Europäischen Kommission oder der Wettbewerbsbehörde oder des als solche handelnden Gerichts in einem anderen Mitgliedstaat der Europäischen Union getroffen wurde. Das Gleiche gilt für entsprechende Feststellungen in rechtskräftigen Gerichtsentscheidungen, die infolge der Anfechtung von Entscheidungen nach Satz 1 ergangen sind. Entsprechend Artikel 16 Absatz 1 Satz 4 der Verordnung (EG) Nr. 1/2003 gilt diese Verpflichtung unbeschadet der Rechte und Pflichten nach Artikel 267 des Vertrages über die Arbeitsweise der Europäischen Union.

(5) Die Verjährung eines Schadensersatzanspruchs nach Absatz 3 wird gehemmt, wenn ein Verfahren eingeleitet wird

1. von der Kartellbehörde wegen eines Verstoßes im Sinne des Absatzes 1 oder
2. von der Europäischen Kommission oder der Wettbewerbsbehörde eines anderen Mitgliedstaats der Europäischen Union wegen eines Verstoßes gegen Artikel 101 oder 102 des Vertrages über die Arbeitsweise der Europäischen Union.

§ 204 Absatz 2 des Bürgerlichen Gesetzbuchs gilt entsprechend.

§ 34 Vorteilsabschöpfung durch die Kartellbehörde

(1) Hat ein Unternehmen vorsätzlich oder fahrlässig gegen eine Vorschrift dieses Gesetzes, gegen Artikel 101 oder 102 des Vertrages über die Arbeitsweise der Europäischen Union oder eine Verfügung der Kartellbehörde verstoßen und dadurch einen wirtschaftlichen Vorteil erlangt, kann die Kartellbehörde die Abschöpfung des wirtschaftlichen Vorteils anordnen und dem Unternehmen die Zahlung eines entsprechenden Geldbetrags auferlegen.

(2) Absatz 1 gilt nicht, soweit der wirtschaftliche Vorteil abgeschöpft ist durch

1. Schadensersatzleistungen,
2. Festsetzung der Geldbuße,
3. Anordnung des Verfalls oder
4. Rückerstattung.

Soweit das Unternehmen Leistungen nach Satz 1 erst nach der Vorteilsabschöpfung erbringt, ist der abgeführte Geldbetrag in Höhe der nachgewiesenen Zahlungen an das Unternehmen zurückzuerstatten.

(3) Wäre die Durchführung der Vorteilsabschöpfung eine unbillige Härte, soll die Anordnung auf einen angemessenen Geldbetrag beschränkt werden oder ganz unterbleiben. Sie soll auch unterbleiben, wenn der wirtschaftliche Vorteil gering ist.

(4) Die Höhe des wirtschaftlichen Vorteils kann geschätzt werden. Der abzuführende Geldbetrag ist zahlenmäßig zu bestimmen.

(5) Die Vorteilsabschöpfung kann nur innerhalb einer Frist von bis zu fünf Jahren seit Beendigung der Zuwiderhandlung und längstens für einen Zeitraum von fünf Jahren angeordnet werden. § 33 Absatz 5 gilt entsprechend.

§ 34a Vorteilsabschöpfung durch Verbände

(1) Wer einen Verstoß im Sinne des § 34 Absatz 1 vorsätzlich begeht und hierdurch zu Lasten einer Vielzahl von Abnehmern oder Anbietern einen wirtschaftlichen Vorteil erlangt, kann von den gemäß § 33 Absatz 2 zur Geltendmachung eines Unterlassungsanspruchs Berechtigten auf Herausgabe dieses wirtschaftlichen Vorteils an den Bundeshaushalt in Anspruch genommen werden, soweit nicht die Kartellbehörde die Abschöpfung des wirtschaftlichen Vorteils durch Verhängung einer Geldbuße, durch Verfall, durch Rückerstattung oder nach § 34 Absatz 1 anordnet.

(2) Auf den Anspruch sind Leistungen anzurechnen, die das Unternehmen auf Grund des Verstoßes erbracht hat. § 34 Absatz 2 Satz 2 gilt entsprechend.

(3) Beanspruchen mehrere Gläubiger die Vorteilsabschöpfung, gelten die §§ 428 bis 430 des Bürgerlichen Gesetzbuchs entsprechend.

(4) Die Gläubiger haben dem Bundeskartellamt über die Geltendmachung von Ansprüchen nach Absatz 1 Auskunft zu erteilen. Sie können vom Bundeskartellamt Erstattung der für die Geltendmachung des Anspruchs erforderlichen Aufwendungen verlangen, soweit sie vom Schuldner keinen Ausgleich erlangen können. Der Erstattungsanspruch ist auf die Höhe des an den Bundeshaushalt abgeführten wirtschaftlichen Vorteils beschränkt.

(5) § 33 Absatz 4 und 5 ist entsprechend anzuwenden.

Siebenter Abschnitt
Zusammenschlusskontrolle

§ 35 Geltungsbereich der Zusammenschlusskontrolle

(1) Die Vorschriften über die Zusammenschlusskontrolle finden Anwendung, wenn im letzten Geschäftsjahr vor dem Zusammenschluss

1. die beteiligten Unternehmen insgesamt weltweit Umsatzerlöse von mehr als 500 Millionen Euro und
2. im Inland mindestens ein beteiligtes Unternehmen Umsatzerlöse von mehr als 25 Millionen Euro und ein anderes beteiligtes Unternehmen Umsatzerlöse von mehr als 5 Millionen Euro

erzielt haben.

(2) Absatz 1 gilt nicht, soweit sich ein Unternehmen, das nicht im Sinne des § 36 Absatz 2 abhängig ist und im letzten Geschäftsjahr weltweit Umsatzerlöse von weniger als 10 Millionen Euro erzielt hat, mit einem anderen Unternehmen zusammenschließt. Absatz 1 gilt auch nicht für Zusammenschlüsse durch die Zusammenlegung öffentlicher Einrichtungen und Betriebe, die mit einer kommunalen Gebietsreform einhergehen.

(3) Die Vorschriften dieses Gesetzes finden keine Anwendung, soweit die Europäische Kommission nach der Verordnung (EG) Nr. 139/2004 des Rates vom 20. Januar 2004 über die Kontrolle von Unternehmenszusammenschlüssen in ihrer jeweils geltenden Fassung ausschließlich zuständig ist.

§ 36 Grundsätze für die Beurteilung von Zusammenschlüssen

(1) Ein Zusammenschluss, durch den wirksamer Wettbewerb erheblich behindert würde, insbesondere von dem zu erwarten ist, dass er eine marktbeherrschende Stellung begründet oder verstärkt, ist vom Bundeskartellamt zu untersagen. Dies gilt nicht, wenn

1. die beteiligten Unternehmen nachweisen, dass durch den Zusammenschluss auch Verbesserungen der Wettbewerbsbedingungen eintreten und diese Verbesserungen die Behinderung des Wettbewerbs überwiegen, oder
2. die Untersagungsvoraussetzungen des Satzes 1 auf einem Markt vorliegen, auf dem seit mindestens fünf Jahren Waren oder gewerbliche Leistungen angeboten werden und auf dem im letzten Kalenderjahr weniger als 15 Millionen Euro umgesetzt wurden, oder
3. die marktbeherrschende Stellung eines Zeitungs- oder Zeitschriftenverlags verstärkt wird, der einen kleinen oder mittleren Zeitungs- oder Zeitschriftenverlag übernimmt, falls nachgewiesen wird, dass der übernommene Verlag in den letzten drei Jahren einen erheblichen Jahresfehlbetrag im Sinne des § 275 Absatz 2 Nummer 20 des Handelsgesetzbuchs hatte und er ohne den Zusammenschluss in seiner Existenz gefährdet wäre. Ferner muss nachgewiesen werden, dass vor dem Zusammenschluss kein anderer Erwerber gefunden wurde, der eine wettbewerbskonformere Lösung sichergestellt hätte.

(2) Ist ein beteiligtes Unternehmen ein abhängiges oder herrschendes Unternehmen im Sinne des § 17 des Aktiengesetzes oder ein Konzernunternehmen im Sinne des § 18 des Aktiengesetzes, sind die so verbundenen Unternehmen als einheitliches Unternehmen anzusehen. Wirken mehrere Unternehmen derart zusammen, dass sie gemeinsam einen beherrschenden Einfluss auf ein anderes Unternehmen ausüben können, gilt jedes von ihnen als herrschendes.

(3) Steht einer Person oder Personenvereinigung, die nicht Unternehmen ist, die Mehrheitsbeteiligung an einem Unternehmen zu, gilt sie als Unternehmen.

§ 37 Zusammenschluss

(1) Ein Zusammenschluss liegt in folgenden Fällen vor:

1. Erwerb des Vermögens eines anderen Unternehmens ganz oder zu einem wesentlichen Teil;
2. Erwerb der unmittelbaren oder mittelbaren Kontrolle durch ein oder mehrere Unternehmen über die Gesamtheit oder Teile eines oder mehrerer anderer Unternehmen. Die Kontrolle wird durch Rechte, Verträge oder andere Mittel begründet, die einzeln oder zusammen unter Berücksichtigung aller tatsächlichen und rechtlichen Umstände die Möglichkeit gewähren, einen bestimmenden Einfluss auf die Tätigkeit eines Unternehmens auszuüben, insbesondere durch
   a) Eigentums- oder Nutzungsrechte an einer Gesamtheit oder an Teilen des Vermögens des Unternehmens,
   b) Rechte oder Verträge, die einen bestimmenden Einfluss auf die Zusammensetzung, die Beratungen oder Beschlüsse der Organe des Unternehmens gewähren;
3. Erwerb von Anteilen an einem anderen Unternehmen, wenn die Anteile allein oder zusammen mit sonstigen, dem Unternehmen bereits gehörenden Anteilen
   a) 50 vom Hundert oder
   b) 25 vom Hundert

   des Kapitals oder der Stimmrechte des anderen Unternehmens erreichen. Zu den Anteilen, die dem Unternehmen gehören, rechnen auch die Anteile, die einem anderen für Rechnung dieses Unternehmens gehören und, wenn der Inhaber des Unternehmens ein Einzelkaufmann ist, auch die Anteile, die sonstiges Vermögen des Inhabers sind. Erwerben mehrere Unternehmen gleichzeitig oder nacheinander Anteile im vorbezeichneten Umfang an einem anderen Unternehmen, gilt dies hinsichtlich der Märkte, auf denen das andere Unternehmen tätig ist, auch als Zusammenschluss der sich beteiligenden Unternehmen untereinander;
4. jede sonstige Verbindung von Unternehmen, auf Grund deren ein oder mehrere Unternehmen unmittelbar oder mittelbar einen wettbewerblich erheblichen Einfluss auf ein anderes Unternehmen ausüben können.

(2) Ein Zusammenschluss liegt auch dann vor, wenn die beteiligten Unternehmen bereits vorher zusammengeschlossen waren, es sei denn, der Zusammenschluss führt nicht zu einer wesentlichen Verstärkung der bestehenden Unternehmensverbindung.

(3) Erwerben Kreditinstitute, Finanzinstitute oder Versicherungsunternehmen Anteile an einem anderen Unternehmen zum Zwecke der Veräußerung, gilt dies nicht als Zusammenschluss, solange sie das Stimmrecht

aus den Anteilen nicht ausüben und sofern die Veräußerung innerhalb eines Jahres erfolgt. Diese Frist kann vom Bundeskartellamt auf Antrag verlängert werden, wenn glaubhaft gemacht wird, dass die Veräußerung innerhalb der Frist unzumutbar war.

§ 38 Berechnung der Umsatzerlöse und der Marktanteile

(1) Für die Ermittlung der Umsatzerlöse gilt § 277 Absatz 1 des Handelsgesetzbuchs. Umsatzerlöse aus Lieferungen und Leistungen zwischen verbundenen Unternehmen (Innenumsatzerlöse) sowie Verbrauchsteuern bleiben außer Betracht.

(2) Für den Handel mit Waren sind nur drei Viertel der Umsatzerlöse in Ansatz zu bringen.

(3) Für den Verlag, die Herstellung und den Vertrieb von Zeitungen, Zeitschriften und deren Bestandteilen ist das Achtfache, für die Herstellung, den Vertrieb und die Veranstaltung von Rundfunkprogrammen und den Absatz von Rundfunkwerbezeiten ist das Zwanzigfache der Umsatzerlöse in Ansatz zu bringen.

(4) An die Stelle der Umsatzerlöse tritt bei Kreditinstituten, Finanzinstituten, Bausparkassen sowie bei externen Kapitalverwaltungsgesellschaften im Sinne des § 17 Absatz 2 Nummer 1 des Kapitalanlagegesetzbuchs der Gesamtbetrag der in § 34 Absatz 2 Satz 1 Nummer 1 Buchstabe a bis e der Kreditinstituts-Rechnungslegungsverordnung in der jeweils geltenden Fassung genannten Erträge abzüglich der Umsatzsteuer und sonstiger direkt auf diese Erträge erhobener Steuern. Bei Versicherungsunternehmen sind die Prämieneinnahmen des letzten abgeschlossenen Geschäftsjahres maßgebend. Prämieneinnahmen sind die Einnahmen aus dem Erst- und Rückversicherungsgeschäft einschließlich der in Rückdeckung gegebenen Anteile.

(5) Wird ein Zusammenschluss durch den Erwerb von Teilen eines oder mehrerer Unternehmen bewirkt, so ist unabhängig davon, ob diese Teile eigene Rechtspersönlichkeit besitzen, auf Seiten des Veräußerers nur der Umsatz oder der Marktanteil zu berücksichtigen, der auf die veräußerten Teile entfällt. Dies gilt nicht, sofern beim Veräußerer die Kontrolle im Sinne des § 37 Absatz 1 Nummer 2 oder 25 Prozent oder mehr der Anteile verbleiben. Zwei oder mehr Erwerbsvorgänge im Sinne von Satz 1, die innerhalb von zwei Jahren zwischen denselben Personen oder Unternehmen getätigt werden, werden als ein einziger Zusammenschluss behandelt, wenn dadurch erstmals die Umsatzschwellen des § 35 erreicht werden; als Zeitpunkt des Zusammenschlusses gilt der letzte Erwerbsvorgang.

§ 39 Anmelde- und Anzeigepflicht

(1) Zusammenschlüsse sind vor dem Vollzug beim Bundeskartellamt gemäß den Absätzen 2 und 3 anzumelden. Für den Empfang elektronischer Anmeldungen wird ausschließlich die vom Bundeskartellamt eingerichtete zentrale De-Mail-Adresse im Sinne des De-Mail-Gesetzes oder, für E-Mails mit qualifizierter elektronischer Signatur, die vom Bundeskartellamt eingerichtete zentrale E-Mail-Adresse bestimmt. Die beiden Zugänge sind über die Internetseite des Bundeskartellamts erreichbar.

(2) Zur Anmeldung sind verpflichtet:

1. die am Zusammenschluss beteiligten Unternehmen,
2. in den Fällen des § 37 Absatz 1 Nummer 1 und 3 auch der Veräußerer.

(3) In der Anmeldung ist die Form des Zusammenschlusses anzugeben. Die Anmeldung muss ferner über jedes beteiligte Unternehmen folgende Angaben enthalten:

1. die Firma oder sonstige Bezeichnung und den Ort der Niederlassung oder den Sitz;
2. die Art des Geschäftsbetriebes;
3. die Umsatzerlöse im Inland, in der Europäischen Union und weltweit; anstelle der Umsatzerlöse sind bei Kreditinstituten, Finanzinstituten, Bausparkassen sowie bei externen Kapitalverwaltungsgesellschaften im Sinne des § 17 Absatz 2 Nummer 1 des Kapitalanlagegesetzbuchs der Gesamtbetrag der Erträge gemäß § 38 Absatz 4, bei Versicherungsunternehmen die Prämieneinnahmen anzugeben;
4. die Marktanteile einschließlich der Grundlagen für ihre Berechnung oder Schätzung, wenn diese im Geltungsbereich dieses Gesetzes oder in einem wesentlichen Teil desselben für die beteiligten Unternehmen zusammen mindestens 20 vom Hundert erreichen;
5. beim Erwerb von Anteilen an einem anderen Unternehmen die Höhe der erworbenen und der insgesamt gehaltenen Beteiligung;

6. eine zustellungsbevollmächtigte Person im Inland, sofern sich der Sitz des Unternehmens nicht im Geltungsbereich dieses Gesetzes befindet.

In den Fällen des § 37 Absatz 1 Nummer 1 oder 3 sind die Angaben nach Satz 2 Nummer 1 und 6 auch für den Veräußerer zu machen. Ist ein beteiligtes Unternehmen ein verbundenes Unternehmen, sind die Angaben nach Satz 2 Nummer 1 und 2 auch über die verbundenen Unternehmen und die Angaben nach Satz 2 Nummer 3 und Nummer 4 über jedes am Zusammenschluss beteiligte Unternehmen und die mit ihm verbundenen Unternehmen insgesamt zu machen sowie die Konzernbeziehungen, Abhängigkeits- und Beteiligungsverhältnisse zwischen den verbundenen Unternehmen mitzuteilen. In der Anmeldung dürfen keine unrichtigen oder unvollständigen Angaben gemacht oder benutzt werden, um die Kartellbehörde zu veranlassen, eine Untersagung nach § 36 Absatz 1 oder eine Mitteilung nach § 40 Absatz 1 zu unterlassen.

(4) Eine Anmeldung ist nicht erforderlich, wenn die Europäische Kommission einen Zusammenschluss an das Bundeskartellamt verwiesen hat und dem Bundeskartellamt die nach Absatz 3 erforderlichen Angaben in deutscher Sprache vorliegen. Das Bundeskartellamt teilt den beteiligten Unternehmen unverzüglich den Zeitpunkt des Eingangs der Verweisungsentscheidung mit und unterrichtet sie zugleich darüber, inwieweit die nach Absatz 3 erforderlichen Angaben in deutscher Sprache vorliegen.

(5) Das Bundeskartellamt kann von jedem beteiligten Unternehmen Auskunft über Marktanteile einschließlich der Grundlagen für die Berechnung oder Schätzung sowie über den Umsatzerlös bei einer bestimmten Art von Waren oder gewerblichen Leistungen verlangen, den das Unternehmen im letzten Geschäftsjahr vor dem Zusammenschluss erzielt hat.

(6) Die am Zusammenschluss beteiligten Unternehmen haben dem Bundeskartellamt den Vollzug des Zusammenschlusses unverzüglich anzuzeigen.

§ 40 Verfahren der Zusammenschlusskontrolle

(1) Das Bundeskartellamt darf einen Zusammenschluss, der ihm angemeldet worden ist, nur untersagen, wenn es den anmeldenden Unternehmen innerhalb einer Frist von einem Monat seit Eingang der vollständigen Anmeldung mitteilt, dass es in die Prüfung des Zusammenschlusses (Hauptprüfverfahren) eingetreten ist. Das Hauptprüfverfahren soll eingeleitet werden, wenn eine weitere Prüfung des Zusammenschlusses erforderlich ist.

(2) Im Hauptprüfverfahren entscheidet das Bundeskartellamt durch Verfügung, ob der Zusammenschluss untersagt oder freigegeben wird. Wird die Verfügung nicht innerhalb von vier Monaten nach Eingang der vollständigen Anmeldung den anmeldenden Unternehmen zugestellt, gilt der Zusammenschluss als freigegeben. Die Verfahrensbeteiligten sind unverzüglich über den Zeitpunkt der Zustellung der Verfügung zu unterrichten. Dies gilt nicht, wenn

1. die anmeldenden Unternehmen einer Fristverlängerung zugestimmt haben,
2. das Bundeskartellamt wegen unrichtiger Angaben oder wegen einer nicht rechtzeitig erteilten Auskunft nach § 39 Absatz 5 oder § 59 die Mitteilung nach Absatz 1 oder die Untersagung des Zusammenschlusses unterlassen hat,
3. eine zustellungsbevollmächtigte Person im Inland entgegen § 39 Absatz 3 Satz 2 Nummer 6 nicht mehr benannt ist.

Die Frist nach Satz 2 wird gehemmt, wenn das Bundeskartellamt von einem am Zusammenschluss beteiligten Unternehmen eine Auskunft nach § 59 erneut anfordern muss, weil das Unternehmen ein vorheriges Auskunftsverlangen nach § 59 aus Umständen, die von ihm zu vertreten sind, nicht rechtzeitig oder nicht vollständig beantwortet hat. Die Hemmung endet, wenn das Unternehmen dem Bundeskartellamt die Auskunft vollständig übermittelt hat. Die Frist nach Satz 2 verlängert sich um einen Monat, wenn ein anmeldendes Unternehmen in einem Verfahren dem Bundeskartellamt erstmals Vorschläge für Bedingungen oder Auflagen nach Absatz 3 unterbreitet.

(3) Die Freigabe kann mit Bedingungen und Auflagen verbunden werden, um sicherzustellen, dass die beteiligten Unternehmen den Verpflichtungen nachkommen, die sie gegenüber dem Bundeskartellamt eingegangen sind, um eine Untersagung abzuwenden. Die Bedingungen und Auflagen dürfen sich nicht darauf richten, die beteiligten Unternehmen einer laufenden Verhaltenskontrolle zu unterstellen.

(3a) Die Freigabe kann widerrufen oder geändert werden, wenn sie auf unrichtigen Angaben beruht, arglistig herbeigeführt worden ist oder die beteiligten Unternehmen einer mit ihr verbundenen Auflage zuwiderhandeln. Im Falle der Nichterfüllung einer Auflage gilt § 41 Absatz 4 entsprechend.

(4) Vor einer Untersagung ist den obersten Landesbehörden, in deren Gebiet die beteiligten Unternehmen ihren Sitz haben, Gelegenheit zur Stellungnahme zu geben. In Verfahren nach § 172a des Fünften Buches Sozialgesetzbuch ist vor einer Untersagung das Benehmen mit den zuständigen Aufsichtsbehörden nach § 90 des Vierten Buches Sozialgesetzbuch herzustellen.

(5) Die Fristen nach den Absätzen 1 und 2 Satz 2 beginnen in den Fällen des § 39 Absatz 4 Satz 1, wenn die Verweisungsentscheidung beim Bundeskartellamt eingegangen ist und die nach § 39 Absatz 3 erforderlichen Angaben in deutscher Sprache vorliegen.

(6) Wird eine Freigabe des Bundeskartellamts durch gerichtlichen Beschluss rechtskräftig ganz oder teilweise aufgehoben, beginnt die Frist nach Absatz 2 Satz 2 mit Eintritt der Rechtskraft von Neuem.

§ 41 Vollzugsverbot, Entflechtung

(1) Die Unternehmen dürfen einen Zusammenschluss, der vom Bundeskartellamt nicht freigegeben ist, nicht vor Ablauf der Fristen nach § 40 Absatz 1 Satz 1 und Absatz 2 Satz 2 vollziehen oder am Vollzug dieses Zusammenschlusses mitwirken. Rechtsgeschäfte, die gegen dieses Verbot verstoßen, sind unwirksam. Dies gilt nicht

1. für Verträge über Grundstücksgeschäfte, sobald sie durch Eintragung in das Grundbuch rechtswirksam geworden sind,
2. für Verträge über die Umwandlung, Eingliederung oder Gründung eines Unternehmens und für Unternehmensverträge im Sinne der §§ 291 und 292 des Aktiengesetzes, sobald sie durch Eintragung in das zuständige Register rechtswirksam geworden sind, sowie
3. für andere Rechtsgeschäfte, wenn der nicht angemeldete Zusammenschluss nach Vollzug angezeigt und das Entflechtungsverfahren nach Absatz 3 eingestellt wurde, weil die Untersagungsvoraussetzungen nicht vorlagen, oder die Wettbewerbsbeschränkung infolge einer Auflösungsanordnung nach Absatz 3 Satz 2 in Verbindung mit Satz 3 beseitigt wurde oder eine Ministererlaubnis nach § 42 erteilt worden ist.

(1a) Absatz 1 steht der Verwirklichung von Erwerbsvorgängen nicht entgegen, bei denen die Kontrolle, Anteile oder wettbewerblich erheblicher Einfluss im Sinne von § 37 Absatz 1 oder 2 von mehreren Veräußerern entweder im Wege eines öffentlichen Übernahmeangebots oder im Wege einer Reihe von Rechtsgeschäften mit Wertpapieren, einschließlich solchen, die in andere zum Handel an einer Börse oder an einem ähnlichen Markt zugelassene Wertpapiere konvertierbar sind, über eine Börse erworben werden, sofern der Zusammenschluss gemäß § 39 unverzüglich beim Bundeskartellamt angemeldet wird und der Erwerber die mit den Anteilen verbundenen Stimmrechte nicht oder nur zur Erhaltung des vollen Wertes seiner Investition auf Grund einer vom Bundeskartellamt nach Absatz 2 erteilten Befreiung ausübt.

(2) Das Bundeskartellamt kann auf Antrag Befreiungen vom Vollzugsverbot erteilen, wenn die beteiligten Unternehmen hierfür wichtige Gründe geltend machen, insbesondere um schweren Schaden von einem beteiligten Unternehmen oder von Dritten abzuwenden. Die Befreiung kann jederzeit, auch vor der Anmeldung, erteilt und mit Bedingungen und Auflagen verbunden werden. § 40 Absatz 3a gilt entsprechend.

(3) Ein vollzogener Zusammenschluss, der die Untersagungsvoraussetzungen nach § 36 Absatz 1 erfüllt, ist aufzulösen, wenn nicht der Bundesminister für Wirtschaft und Technologie nach § 42 die Erlaubnis zu dem Zusammenschluss erteilt. Das Bundeskartellamt ordnet die zur Auflösung des Zusammenschlusses erforderlichen Maßnahmen an. Die Wettbewerbsbeschränkung kann auch auf andere Weise als durch Wiederherstellung des früheren Zustands beseitigt werden.

(4) Zur Durchsetzung seiner Anordnung kann das Bundeskartellamt insbesondere

1. (weggefallen)
2. die Ausübung des Stimmrechts aus Anteilen an einem beteiligten Unternehmen, die einem anderen beteiligten Unternehmen gehören oder ihm zuzurechnen sind, untersagen oder einschränken,
3. einen Treuhänder bestellen, der die Auflösung des Zusammenschlusses herbeiführt.

§ 42 Ministererlaubnis

(1) Der Bundesminister für Wirtschaft und Technologie erteilt auf Antrag die Erlaubnis zu einem vom Bundeskartellamt untersagten Zusammenschluss, wenn im Einzelfall die Wettbewerbsbeschränkung von gesamtwirtschaftlichen Vorteilen des Zusammenschlusses aufgewogen wird oder der Zusammenschluss durch ein überragendes Interesse der Allgemeinheit gerechtfertigt ist. Hierbei ist auch die Wettbewerbsfähigkeit der beteiligten Unternehmen auf Märkten außerhalb des Geltungsbereichs dieses Gesetzes zu berücksichtigen. Die Erlaubnis darf nur erteilt werden, wenn durch das Ausmaß der Wettbewerbsbeschränkung die marktwirtschaftliche Ordnung nicht gefährdet wird.

(2) Die Erlaubnis kann mit Bedingungen und Auflagen verbunden werden. § 40 Absatz 3 Satz 2 und Absatz 3a gilt entsprechend.

(3) Der Antrag ist innerhalb einer Frist von einem Monat seit Zustellung der Untersagung oder einer Auflösungsanordnung nach § 41 Absatz 3 Satz 1 ohne vorherige Untersagung beim Bundesministerium für Wirtschaft und Technologie schriftlich zu stellen. Wird die Untersagung angefochten, beginnt die Frist in dem Zeitpunkt, in dem die Untersagung unanfechtbar wird. Wird die Auflösungsanordnung nach § 41 Absatz 3 Satz 1 angefochten, beginnt die Frist zu dem Zeitpunkt, zu dem die Auflösungsanordnung unanfechtbar wird.

(4) Der Bundesminister für Wirtschaft und Technologie soll über den Antrag innerhalb von vier Monaten entscheiden. Vor der Entscheidung ist eine Stellungnahme der Monopolkommission einzuholen und den obersten Landesbehörden, in deren Gebiet die beteiligten Unternehmen ihren Sitz haben, Gelegenheit zur Stellungnahme zu geben.

§ 43 Bekanntmachungen

(1) Die Einleitung des Hauptprüfverfahrens durch das Bundeskartellamt nach § 40 Absatz 1 Satz 1 und der Antrag auf Erteilung einer Ministererlaubnis sind unverzüglich im Bundesanzeiger bekannt zu machen.

(2) Im Bundesanzeiger sind bekannt zu machen

1. die Verfügung des Bundeskartellamts nach § 40 Absatz 2,
2. die Ministererlaubnis, deren Widerruf, Änderung oder Ablehnung,
3. die Rücknahme, der Widerruf oder die Änderung der Freigabe des Bundeskartellamts,
4. die Auflösung eines Zusammenschlusses und die sonstigen Anordnungen des Bundeskartellamts nach § 41 Absatz 3 und 4.

(3) Bekannt zu machen nach Absatz 1 und 2 sind jeweils die Angaben nach § 39 Absatz 3 Satz 1 sowie Satz 2 Nummer 1 und 2.

Achter Abschnitt Monopolkommission

§ 44 Aufgaben

(1) Die Monopolkommission erstellt alle zwei Jahre ein Gutachten, in dem sie den Stand und die absehbare Entwicklung der Unternehmenskonzentration in der Bundesrepublik Deutschland beurteilt, die Anwendung der Vorschriften über die Zusammenschlusskontrolle würdigt sowie zu sonstigen aktuellen wettbewerbspolitischen Fragen Stellung nimmt. Das Gutachten soll die Verhältnisse in den letzten beiden abgeschlossenen Kalenderjahren einbeziehen und bis zum 30. Juni des darauf folgenden Jahres abgeschlossen sein. Die Bundesregierung kann die Monopolkommission mit der Erstattung zusätzlicher Gutachten beauftragen. Darüber hinaus kann die Monopolkommission nach ihrem Ermessen Gutachten erstellen.

(2) Die Monopolkommission ist nur an den durch dieses Gesetz begründeten Auftrag gebunden und in ihrer Tätigkeit unabhängig. Vertritt eine Minderheit bei der Abfassung der Gutachten eine abweichende Auffassung, so kann sie diese in dem Gutachten zum Ausdruck bringen.

(3) Die Monopolkommission leitet ihre Gutachten der Bundesregierung zu. Die Bundesregierung legt Gutachten nach Absatz 1 Satz 1 den gesetzgebenden Körperschaften unverzüglich vor und nimmt zu ihnen in angemessener Frist Stellung. Die Gutachten werden von der Monopolkommission veröffentlicht. Bei Gutachten

nach Absatz 1 Satz 1 erfolgt dies zu dem Zeitpunkt, zu dem sie von der Bundesregierung der gesetzgebenden Körperschaft vorgelegt werden.

§ 45 Mitglieder

(1) Die Monopolkommission besteht aus fünf Mitgliedern, die über besondere volkswirtschaftliche, betriebswirtschaftliche, sozialpolitische, technologische oder wirtschaftsrechtliche Kenntnisse und Erfahrungen verfügen müssen. Die Monopolkommission wählt aus ihrer Mitte einen Vorsitzenden.

(2) Die Mitglieder der Monopolkommission werden auf Vorschlag der Bundesregierung durch den Bundespräsidenten für die Dauer von vier Jahren berufen. Wiederberufungen sind zulässig. Die Bundesregierung hört die Mitglieder der Kommission an, bevor sie neue Mitglieder vorschlägt. Die Mitglieder sind berechtigt, ihr Amt durch Erklärung gegenüber dem Bundespräsidenten niederzulegen. Scheidet ein Mitglied vorzeitig aus, so wird ein neues Mitglied für die Dauer der Amtszeit des ausgeschiedenen Mitglieds berufen.

(3) Die Mitglieder der Monopolkommission dürfen weder der Regierung oder einer gesetzgebenden Körperschaft des Bundes oder eines Landes noch dem öffentlichen Dienst des Bundes, eines Landes oder einer sonstigen juristischen Person des öffentlichen Rechts, es sei denn als Hochschullehrer oder als Mitarbeiter eines wissenschaftlichen Instituts, angehören. Ferner dürfen sie weder einen Wirtschaftsverband noch eine Arbeitgeber- oder Arbeitnehmerorganisation repräsentieren oder zu diesen in einem ständigen Dienst- oder Geschäftsbesorgungsverhältnis stehen. Sie dürfen auch nicht während des letzten Jahres vor der Berufung zum Mitglied der Monopolkommission eine derartige Stellung innegehabt haben.

§ 46 Beschlüsse, Organisation, Rechte und Pflichten der Mitglieder

(1) Die Beschlüsse der Monopolkommission bedürfen der Zustimmung von mindestens drei Mitgliedern.

(2) Die Monopolkommission hat eine Geschäftsordnung und verfügt über eine Geschäftsstelle. Diese hat die Aufgabe, die Monopolkommission wissenschaftlich, administrativ und technisch zu unterstützen.

(2a) Die Monopolkommission kann Einsicht in die von der Kartellbehörde geführten Akten einschließlich Betriebs- und Geschäftsgeheimnisse und personenbezogener Daten nehmen, soweit dies zur ordnungsgemäßen Erfüllung ihrer Aufgaben erforderlich ist.

(3) Die Mitglieder der Monopolkommission und die Angehörigen der Geschäftsstelle sind zur Verschwiegenheit über die Beratungen und die von der Monopolkommission als vertraulich bezeichneten Beratungsunterlagen verpflichtet. Die Pflicht zur Verschwiegenheit bezieht sich auch auf Informationen, die der Monopolkommission gegeben und als vertraulich bezeichnet werden oder die gemäß Absatz 2a erlangt worden sind.

(4) Die Mitglieder der Monopolkommission erhalten eine pauschale Entschädigung sowie Ersatz ihrer Reisekosten. Diese werden vom Bundesministerium für Wirtschaft und Technologie im Einvernehmen mit dem Bundesministerium des Innern festgesetzt. Die Kosten der Monopolkommission trägt der Bund.

§ 47 Übermittlung statistischer Daten

(1) Für die Begutachtung der Entwicklung der Unternehmenskonzentration werden der Monopolkommission vom Statistischen Bundesamt aus Wirtschaftsstatistiken (Statistik im produzierenden Gewerbe, Handwerksstatistik, Außenhandelsstatistik, Steuerstatistik, Verkehrsstatistik, Statistik im Handel und Gastgewerbe, Dienstleistungsstatistik) und dem Statistikregister zusammengefasste Einzelangaben über die Vomhundertanteile der größten Unternehmen, Betriebe oder fachlichen Teile von Unternehmen des jeweiligen Wirtschaftsbereichs

a) am Wert der zum Absatz bestimmten Güterproduktion,

b) am Umsatz,

c) an der Zahl der tätigen Personen,

d) an den Lohn- und Gehaltssummen,

e) an den Investitionen,

f) am Wert der gemieteten und gepachteten Sachanlagen,

g) an der Wertschöpfung oder dem Rohertrag,

h) an der Zahl der jeweiligen Einheiten

übermittelt. Satz 1 gilt entsprechend für die Übermittlung von Angaben über die Vomhundertanteile der größten Unternehmensgruppen. Für die Zuordnung der Angaben zu Unternehmensgruppen übermittelt die Monopolkommission dem Statistischen Bundesamt Namen und Anschriften der Unternehmen, deren Zugehörigkeit zu einer Unternehmensgruppe sowie Kennzeichen zur Identifikation. Die zusammengefassten Einzelangaben dürfen nicht weniger als drei Unternehmensgruppen, Unternehmen, Betriebe oder fachliche Teile von Unternehmen betreffen. Durch Kombination oder zeitliche Nähe mit anderen übermittelten oder allgemein zugänglichen Angaben darf kein Rückschluss auf zusammengefasste Angaben von weniger als drei Unternehmensgruppen, Unternehmen, Betrieben oder fachlichen Teile von Unternehmen möglich sein. Für die Berechnung von summarischen Konzentrationsmaßen, insbesondere Herfindahl-Indizes und Gini-Koeffizienten, gilt dies entsprechend. Die statistischen Ämter der Länder stellen die hierfür erforderlichen Einzelangaben dem Statistischen Bundesamt zur Verfügung.

(2) Personen, die zusammengefasste Einzelangaben nach Absatz 1 erhalten sollen, sind vor der Übermittlung zur Geheimhaltung besonders zu verpflichten, soweit sie nicht Amtsträger oder für den öffentlichen Dienst besonders Verpflichtete sind. § 1 Absatz 2, 3 und 4 Nummer 2 des Verpflichtungsgesetzes gilt entsprechend. Personen, die nach Satz 1 besonders verpflichtet worden sind, stehen für die Anwendung der Vorschriften des Strafgesetzbuches über die Verletzung von Privatgeheimnissen (§ 203 Absatz 2, 4, 5; §§ 204, 205) und des Dienstgeheimnisses (§ 353b Absatz 1) den für den öffentlichen Dienst besonders Verpflichteten gleich.

(3) Die zusammengefassten Einzelangaben dürfen nur für die Zwecke verwendet werden, für die sie übermittelt wurden. Sie sind zu löschen, sobald der in Absatz 1 genannte Zweck erfüllt ist.

(4) Bei der Monopolkommission muss durch organisatorische und technische Maßnahmen sichergestellt sein, dass nur Amtsträger, für den öffentlichen Dienst besonders Verpflichtete oder Verpflichtete nach Absatz 2 Satz 1 Empfänger von zusammengefassten Einzelangaben sind.

(5) Die Übermittlungen sind nach Maßgabe des § 16 Absatz 9 des Bundesstatistikgesetzes aufzuzeichnen. Die Aufzeichnungen sind mindestens fünf Jahre aufzubewahren.

(6) Bei der Durchführung der Wirtschaftsstatistiken nach Absatz 1 sind die befragten Unternehmen schriftlich zu unterrichten, dass die zusammengefassten Einzelangaben nach Absatz 1 der Monopolkommission übermittelt werden dürfen.

Neunter Abschnitt
Markttransparenzstellen für den Großhandel mit Strom und Gas und für Kraftstoffe

I.
Markttransparenzstelle für den Großhandel im Bereich Strom und Gas

§ 47a Einrichtung, Zuständigkeit, Organisation

(1) Zur Sicherstellung einer wettbewerbskonformen Bildung der Großhandelspreise von Elektrizität und Gas wird eine Markttransparenzstelle bei der Bundesnetzagentur für Elektrizität, Gas, Telekommunikation, Post und Eisenbahnen (Bundesnetzagentur) eingerichtet. Sie beobachtet laufend die Vermarktung und den Handel mit Elektrizität und Erdgas auf der Großhandelsstufe.

(2) Die Aufgaben der Markttransparenzstelle nehmen die Bundesnetzagentur und das Bundeskartellamt einvernehmlich wahr.

(3) Die Einzelheiten der einvernehmlichen Zusammenarbeit werden in einer vom Bundesministerium für Wirtschaft und Technologie zu genehmigenden Kooperationsvereinbarung zwischen dem Bundeskartellamt und der Bundesnetzagentur näher geregelt. In der Vereinbarung ist insbesondere Folgendes zu regeln:

1. die Besetzung und Geschäftsverteilung sowie
2. eine Koordinierung der Datenerhebung und des Daten- und Informationsaustausches.

(4) Das Bundesministerium für Wirtschaft und Technologie wird ermächtigt, durch Rechtsverordnung Vorgaben zur Ausgestaltung der Kooperationsvereinbarung zu erlassen.

(5) Entscheidungen der Markttransparenzstelle trifft die Person, die sie leitet. § 51 Absatz 5 gilt für alle Mitarbeiterinnen und Mitarbeiter der Markttransparenzstelle entsprechend.

§ 47b Aufgaben

(1) Die Markttransparenzstelle beobachtet laufend den gesamten Großhandel mit Elektrizität und Erdgas, unabhängig davon, ob er auf physikalische oder finanzielle Erfüllung gerichtet ist, um Auffälligkeiten bei der Preisbildung aufzudecken, die auf Missbrauch von Marktbeherrschung, Insiderinformationen oder auf Marktmanipulation beruhen können. Die Markttransparenzstelle beobachtet zu diesem Zweck auch die Erzeugung, den Kraftwerkseinsatz und die Vermarktung von Elektrizität und Erdgas durch die Erzeugungsunternehmen sowie die Vermarktung von Elektrizität und Erdgas als Regelenergie. Die Markttransparenzstelle kann Wechselwirkungen zwischen den Großhandelsmärkten für Elektrizität und Erdgas und dem Emissionshandelssystem berücksichtigen.

(2) Die Markttransparenzstelle überwacht als nationale Marktüberwachungsstelle gemäß Artikel 7 Absatz 2 Unterabsatz 2 der Verordnung (EU) Nr. 1227/2011 des Europäischen Parlaments und des Rates vom 25. Oktober 2011 über die Integrität und Transparenz des Energiegroßhandelsmarkts (ABl. L 326 vom 8.12.2011, S. 1) zusammen mit der Bundesnetzagentur den Großhandel mit Elektrizität und Erdgas. Sie arbeitet dabei mit der Agentur für die Zusammenarbeit der Energieregulierungsbehörden nach Artikel 7 Absatz 2 und Artikel 10 der Verordnung (EU) Nr. 1227/2011 zusammen.

(3) Die Markttransparenzstelle erhebt und sammelt die Daten und Informationen, die sie zur Erfüllung ihrer Aufgaben benötigt. Dabei berücksichtigt sie Meldepflichten der Mitteilungsverpflichteten gegenüber den in § 47i genannten Behörden oder Aufsichtsstellen sowie Meldepflichten, die von der Europäischen Kommission nach Artikel 8 Absatz 2 und 6 der Verordnung (EU) Nr. 1227/2011 festzulegen sind. Für die Datenerfassung sind nach Möglichkeit bestehende Quellen und Meldesysteme zu nutzen.

(4) Die Bundesnetzagentur kann die Markttransparenzstelle mit der Erhebung und Auswertung von Daten beauftragen, soweit dies zur Erfüllung ihrer Aufgaben nach der Verordnung (EU) Nr. 1227/2011 erforderlich ist.

(5) Die Markttransparenzstelle gibt vor Erlass von Festlegungen nach § 47g in Verbindung mit der nach § 47f zu erlassenden Rechtsverordnung betroffenen Behörden, Interessenvertretern und Marktteilnehmern vorab Gelegenheit zur Stellungnahme innerhalb einer festgesetzten Frist. Zur Vorbereitung dieser Konsultationen erstellt und ergänzt die Markttransparenzstelle bei Bedarf eine detaillierte Liste aller Daten und Kategorien von Daten, die ihr die in § 47e Absatz 1 genannten Mitteilungspflichtigen auf Grund der §§ 47e und 47g und der nach § 47f zu erlassenden Rechtsverordnung laufend mitzuteilen haben, einschließlich des Zeitpunkts, an dem die Daten zu übermitteln sind, des Datenformats und der einzuhaltenden Übertragungswege sowie möglicher alternativer Meldekanäle. Die Markttransparenzstelle ist nicht an die Stellungnahmen gebunden.

(6) Die Markttransparenzstelle wertet die erhaltenen Daten und Informationen kontinuierlich aus, um insbesondere festzustellen, ob Anhaltspunkte für einen Verstoß gegen die §§ 1, 19, 20 oder 29 dieses Gesetzes, die Artikel 101 oder 102 des Vertrages über die Arbeitsweise der Europäischen Union, das Wertpapierhandelsgesetz, das Börsengesetz oder die Verbote nach den Artikeln 3 und 5 der Verordnung (EU) Nr. 1227/2011 vorliegen.

(7) Gibt es Anhaltspunkte dafür, dass eine natürliche oder juristische Person gegen die in Absatz 6 genannten gesetzlichen Bestimmungen verstößt, muss die Markttransparenzstelle umgehend die zuständigen Behörden informieren und den Vorgang an sie abgeben. Bei Verdacht eines Verstoßes gegen die §§ 1, 19, 20 und 29 dieses Gesetzes oder gegen die Artikel 101 und 102 des Vertrages über die Arbeitsweise der Europäischen Union informiert die Markttransparenzstelle die zuständige Beschlussabteilung im Bundeskartellamt. Kommt die Prüfzuständigkeit mehrerer Behörden in Betracht, so informiert die Markttransparenzstelle jede dieser Behörden über den Verdachtsfall und über die Benachrichtigung der anderen Behörden. Die Markttransparenzstelle leitet alle von den Behörden benötigten oder angeforderten Informationen und Daten unverzüglich an diese gemäß § 47i weiter.

(8) Die Absätze 1 bis 3 können auch Anwendung finden auf die Erzeugung und Vermarktung im Ausland und auf Handelsgeschäfte, die im Ausland stattfinden, sofern sie sich auf die Preisbildung von Elektrizität und Erdgas im Geltungsbereich dieses Gesetzes auswirken.

§ 47c Datenverwendung

(1) Die Markttransparenzstelle stellt die nach § 47b Absatz 3 erhaltenen Daten ferner folgenden Stellen zur Verfügung:

1. dem Bundeskartellamt für die Durchführung des Monitorings nach § 48 Absatz 3,
2. der Bundesnetzagentur für die Durchführung des Monitorings nach § 35 des Energiewirtschaftsgesetzes,
3. der zuständigen Beschlussabteilung im Bundeskartellamt für Fusionskontrollverfahren nach den §§ 35 bis 41 und für Sektoruntersuchungen nach § 32e sowie
4. der Bundesnetzagentur zur Erfüllung ihrer weiteren Aufgaben nach dem Energiewirtschaftsgesetz, insbesondere zur Überwachung von Transparenzverpflichtungen nach den Anhängen der folgenden Verordnungen:
   a) Verordnung (EG) Nr. 714/2009 des Europäischen Parlaments und des Rates vom 13. Juli 2009 über die Netzzugangsbedingungen für den grenzüberschreitenden Stromhandel und zur Aufhebung der Verordnung (EG) Nr. 1228/2003 (ABl. L 211 vom 14.8.2009, S. 15),
   b) Verordnung (EG) Nr. 715/2009 des Europäischen Parlaments und des Rates vom 13. Juli 2009 über die Bedingungen für den Zugang zu den Erdgasfernleitungsnetzen und zur Aufhebung der Verordnung (EG) Nr. 1775/2005 (ABl. L 211 vom 14.8.2009, S. 36) und
   c) Verordnung (EU) Nr. 994/2010 des Europäischen Parlaments und des Rates vom 20. Oktober 2010 über Maßnahmen zur Gewährleistung der sicheren Erdgasversorgung und zur Aufhebung der Richtlinie 2004/67/EG des Rates (ABl. L 295 vom 12.11.2010, S. 1).

(2) Die Markttransparenzstelle stellt die Daten ferner dem Bundesministerium für Wirtschaft und Technologie und der Bundesnetzagentur zur Erfüllung ihrer Aufgaben nach § 54a des Energiewirtschaftsgesetzes zur Verfügung.

(3) Die Daten können dem Statistischen Bundesamt für dessen Aufgaben nach dem Energiestatistikgesetz und der Monopolkommission für deren Aufgaben nach diesem Gesetz und nach § 62 des Energiewirtschaftsgesetzes zur Verfügung gestellt werden.

(4) Die Markttransparenzstelle darf die Daten in anonymisierter Form ferner Bundesministerien für eigene oder in deren Auftrag durchzuführende wissenschaftliche Studien zur Verfügung stellen, wenn die Daten zur Erreichung dieser Zwecke erforderlich sind. Daten, die Betriebs- und Geschäftsgeheimnisse darstellen, dürfen von der Markttransparenzstelle nur herausgegeben werden, wenn ein Bezug zu einem Unternehmen nicht mehr hergestellt werden kann. Die Bundesministerien dürfen die nach Satz 1 von der Markttransparenzstelle erhaltenen Daten auch Dritten zur Durchführung wissenschaftlicher Studien im Auftrag zur Verfügung stellen, wenn diese ihnen gegenüber die Fachkunde nachgewiesen und die vertrauliche Behandlung der Daten zugesichert haben.

§ 47d Befugnisse

(1) Zur Erfüllung ihrer Aufgaben hat die Markttransparenzstelle die Befugnisse nach § 59 gegenüber natürlichen und juristischen Personen. Sie kann nach Maßgabe des § 47f Festlegungen gegenüber einzelnen, einer Gruppe oder allen der in § 47e Absatz 1 genannten Personen und Unternehmen in den in § 47g genannten Festlegungsbereichen treffen zur Datenkategorie, zum Zeitpunkt und zur Form der Übermittlung. Die Markttransparenzstelle ist nach Maßgabe des § 47f befugt, die Festlegung bei Bedarf zu ändern, soweit dies zur Erfüllung ihrer Aufgaben erforderlich ist. Sie kann insbesondere vorgeben, dass eine Internetplattform zur Eingabe der angeforderten Auskünfte sowie der Mitteilungen verwendet werden muss. Die Markttransparenzstelle kann nach Maßgabe des § 47f darüber hinaus vorgeben, dass Auskünfte und Daten an einen zur Datenerfassung beauftragten Dritten geliefert werden; Auswertung und Nutzung findet allein bei der Markttransparenzstelle statt. Die §§ 48 und 49 des Verwaltungsverfahrensgesetzes bleiben unberührt. Die §§ 50c, 54, 56, 57 und 61 bis 67 sowie die §§ 74 bis 76, 83, 91 und 92 gelten entsprechend. Für Entscheidungen, die die Markttransparenzstelle durch Festlegungen trifft, kann die Zustellung nach § 61 durch eine öffentliche Bekanntgabe im Bundesanzeiger ersetzt werden. Für Auskunftspflichten nach Satz 1 und Mitteilungspflichten nach § 47e gilt § 55 der Strafprozessordnung entsprechend.

(2) Die Markttransparenzstelle hat als nationale Marktüberwachungsstelle im Sinne des Artikels 7 Absatz 2 Unterabsatz 2 der Verordnung (EU) Nr. 1227/2011 zudem die Rechte gemäß Artikel 7 Absatz 2 Unterabsatz 1,

Absatz 3 Unterabsatz 2 Satz 2, Artikel 4 Absatz 2 Satz 2, Artikel 8 Absatz 5 Satz 1 und Artikel 16 der Verordnung (EU) Nr. 1227/2011. Absatz 1 gilt entsprechend.

(3) Die Markttransparenzstelle kann bei der Behörde, an die sie einen Verdachtsfall nach § 47b Absatz 7 Satz 1 abgegeben hat, eine Mitteilung über den Abschluss der Untersuchung anfordern.

§ 47e Mitteilungspflichten

(1) Folgende Personen und Unternehmen unterliegen der Mitteilungspflicht nach den Absätzen 2 bis 5:

1. Großhändler im Sinne des § 3 Nummer 21 des Energiewirtschaftsgesetzes,
2. Energieversorgungsunternehmen im Sinne des § 3 Nummer 18 des Energiewirtschaftsgesetzes,
3. Betreiber von Energieanlagen im Sinne des § 3 Nummer 15 des Energiewirtschaftsgesetzes, ausgenommen Betreiber von Verteileranlagen der Letztverbraucher oder bei der Gasversorgung Betreiber der letzten Absperrvorrichtungen von Verbrauchsanlagen,
4. Kunden im Sinne des § 3 Nummer 24 des Energiewirtschaftsgesetzes, ausgenommen Letztverbraucher im Sinne des § 3 Nummer 25 des Energiewirtschaftsgesetzes und
5. Handelsplattformen.

(2) Die Mitteilungspflichtigen haben der Markttransparenzstelle die nach Maßgabe des § 47f in Verbindung mit § 47g konkretisierten Handels-, Transport-, Kapazitäts-, Erzeugungs- und Verbrauchsdaten aus den Märkten zu übermitteln, auf denen sie tätig sind. Dazu gehören Angaben

1. zu den Transaktionen an den Großhandelsmärkten, an denen mit Elektrizität und Erdgas gehandelt wird, einschließlich der Handelsaufträge, mit genauen Angaben über die erworbenen und veräußerten Energiegroßhandelsprodukte, die vereinbarten Preise und Mengen, die Tage und Uhrzeiten der Ausführung, die Parteien und Begünstigten der Transaktionen,
2. zur Kapazität und Auslastung von Anlagen zur Erzeugung und Speicherung, zum Verbrauch oder zur Übertragung oder Fernleitung von Strom oder Erdgas oder über die Kapazität und Auslastung von Anlagen für verflüssigtes Erdgas (LNG-Anlagen), einschließlich der geplanten oder ungeplanten Nichtverfügbarkeit dieser Anlagen oder eines Minderverbrauchs,
3. im Bereich der Elektrizitätserzeugung, die eine Identifikation einzelner Erzeugungseinheiten ermöglichen,
4. zu Kosten, die im Zusammenhang mit dem Betrieb der meldepflichtigen Erzeugungseinheiten entstehen, insbesondere zu Grenzkosten, Brennstoffkosten, CO_2-Kosten, Opportunitätskosten und Anfahrkosten,
5. zu technischen Informationen, die für den Betrieb der meldepflichtigen Erzeugungsanlagen relevant sind, insbesondere zu Mindeststillstandszeiten, Mindestlaufzeiten und zur Mindestproduktion,
6. zu geplanten Stilllegungen oder Kaltreserven,
7. zu Bezugsrechtsverträgen,
8. zu Investitionsvorhaben sowie
9. zu Importverträgen und zur Regelenergie im Bereich Erdgashandel.

(3) Die Daten sind der Markttransparenzstelle nach Maßgabe der §§ 47f und 47g im Wege der Datenfernübertragung und, soweit angefordert, laufend zu übermitteln. Stellt die Markttransparenzstelle Formularvorlagen bereit, sind die Daten in dieser Form elektronisch zu übermitteln.

(4) Die jeweilige Mitteilungspflicht gilt als erfüllt, wenn

1. Meldepflichtige nach Absatz 1 die zu meldenden oder angeforderten Informationen entsprechend Artikel 8 der Verordnung (EU) Nr. 1227/2011 gemeldet haben und ein zeitnaher Datenzugriff durch die Markttransparenzstelle gesichert ist oder
2. Dritte die zu meldenden oder angeforderten Informationen im Namen eines Meldepflichtigen nach Absatz 1 auch in Verbindung mit § 47f Nummer 3 und 4 übermittelt haben und dies der Markttransparenzstelle mitgeteilt wird oder
3. Meldepflichtige nach Absatz 1 auch in Verbindung mit § 47f Nummer 3 und 4 die zu meldenden oder angeforderten Informationen an einen nach § 47d Absatz 1 Satz 5 in Verbindung mit § 47f Nummer 2 beauftragten Dritten übermittelt haben oder

4. Meldepflichtige nach Absatz 1 Nummer 3 in Verbindung mit § 47g Absatz 6 die zu meldenden oder angeforderten Informationen entsprechend den Anforderungen des Erneuerbare-Energien-Gesetzes oder einer auf dieses Gesetz gestützten Rechtsverordnung an den Netzbetreiber gemeldet haben, dies der Markttransparenzstelle mitgeteilt wird und ein zeitnaher Datenzugriff durch die Markttransparenzstelle gesichert ist.

(5) Die Verpflichtungen nach den Absätzen 1 bis 4 gelten auch für Unternehmen, die ihren Sitz in einem anderen Mitgliedstaat der Europäischen Union oder einem anderen Vertragsstaat des Abkommens über den Europäischen Wirtschaftsraum haben, wenn sie an einer inländischen Börse zur Teilnahme am Handel zugelassen sind oder wenn sich ihre Tätigkeiten im Geltungsbereich dieses Gesetzes auswirken. Übermittelt ein solches Unternehmen die verlangten Informationen nicht, so kann die Markttransparenzstelle die zuständige Behörde des Sitzstaates ersuchen, geeignete Maßnahmen zur Verbesserung des Zugangs zu diesen Informationen zu treffen.

§ 47f Verordnungsermächtigung

Das Bundesministerium für Wirtschaft und Technologie wird ermächtigt, im Wege der Rechtsverordnung, die nicht der Zustimmung des Bundesrates bedarf, im Einvernehmen mit dem Bundesministerium der Finanzen und, soweit Anlagen zur Erzeugung von Strom aus erneuerbaren Energien im Sinne des Erneuerbare-Energien-Gesetzes betroffen sind, im Einvernehmen mit dem Bundesministerium für Umwelt, Naturschutz und Reaktorsicherheit unter Berücksichtigung der Anforderungen von Durchführungsrechtsakten nach Artikel 8 Absatz 2 oder Absatz 6 der Verordnung (EU) Nr. 1227/2011

1. nähere Bestimmungen zu Art, Inhalt und Umfang derjenigen Daten und Informationen, die die Markttransparenzstelle nach § 47d Absatz 1 Satz 2 durch Festlegungen von den zur Mitteilung Verpflichteten anfordern kann, zu erlassen sowie zum Zeitpunkt und zur Form der Übermittlung dieser Daten,
2. nähere Bestimmungen zu Art, Inhalt und Umfang derjenigen Daten und Informationen, die nach § 47d Absatz 1 Satz 5 an beauftragte Dritte geliefert werden sollen, zu erlassen sowie zum Zeitpunkt und zur Form der Übermittlung und zu den Adressaten dieser Daten,
3. vorzusehen, dass folgende Stellen der Markttransparenzstelle laufend Aufzeichnungen der Energiegroßhandelstransaktionen übermitteln:
   a) organisierte Märkte,
   b) Systeme zur Zusammenführung von Kauf- und Verkaufsaufträgen oder Meldesysteme,
   c) Handelsüberwachungsstellen an Börsen, an denen mit Strom und Gas gehandelt wird, sowie
   d) die in § 47i genannten Behörden,
4. vorzusehen, dass eine Börse oder ein geeigneter Dritter die Angaben nach § 47e Absatz 2 in Verbindung mit § 47g auf Kosten der Mitteilungsverpflichteten übermitteln darf, und die Einzelheiten hierzu festlegen, sowie
5. angemessene Bagatellgrenzen für die Meldung von Transaktionen und Daten festzulegen und Übergangsfristen für den Beginn der Mitteilungspflichten vorzusehen.

§ 47g Festlegungsbereiche

(1) Die Markttransparenzstelle entscheidet nach Maßgabe von § 47d Absatz 1 und § 47e sowie der nach § 47f zu erlassenden Rechtsverordnung durch Festlegungen zu den in den Absätzen 2 bis 12 genannten Bereichen, welche Daten und Kategorien von Daten wie zu übermitteln sind.

(2) Die Markttransparenzstelle kann festlegen, dass Betreiber von Stromerzeugungseinheiten und von Anlagen zur Speicherung mit jeweils mehr als 10 Megawatt installierter Erzeugungs- oder Speicherkapazität je Einheit Angaben zu folgenden Daten und Datenkategorien übermitteln:

1. je Stromerzeugungseinheit insbesondere über Name, Standort, Anschlussregelzone, installierte Erzeugungskapazität und Art der Erzeugung,
2. blockscharf je Erzeugungseinheit auf Stundenbasis
   a) Nettoleistung,
   b) am Vortag geplante Erzeugung,
   c) tatsächliche Erzeugung,

d) Grenzkosten der Erzeugung einschließlich Informationen zu den Kostenbestandteilen, insbesondere Brennstoffkosten, CO_2-Kosten, Opportunitätskosten,

e) geplante und unplanmäßige Nichtverfügbarkeiten auf Grund technischer Restriktionen,

f) Nichtverfügbarkeiten auf Grund von Netzrestriktionen,

g) Vorhaltung und Einspeisung von Regel- und Reserveleistung,

h) nicht eingesetzte verfügbare Leistung,

3. blockscharf je Erzeugungseinheit

a) Anfahrkosten (Warm- und Kaltstarts), Mindeststillstandszeiten, Mindestlaufzeiten, Mindestproduktion,

b) geplante Stilllegungen und Kaltreserven,

4. Bezugsrechtsverträge,
5. Investitionsvorhaben,
6. bei grenzüberschreitenden Handelsgeschäften Volumina, genutzte Handelsplätze oder Handelspartner, jeweils getrennt nach den Ländern, in denen die Handelsgeschäfte stattgefunden haben, und
7. Informationen, die die Markttransparenzstelle dazu in die Lage versetzen, das Angebotsverhalten bei Handelsgeschäften nachzuvollziehen.[2]

(3) Die Markttransparenzstelle kann festlegen, dass Betreiber von Erzeugungseinheiten mit mehr als 1 Megawatt und bis zu 10 Megawatt installierter Erzeugungskapazität je Einheit jährlich die Gesamtsumme der installierten Erzeugungskapazität aller Erzeugungseinheiten in der jeweiligen Regelzone, getrennt nach Erzeugungsart, angeben.

(4) Die Markttransparenzstelle kann festlegen, dass Betreiber von Verbrauchseinheiten von Elektrizität Angaben zu den folgenden Daten und Kategorien von Daten übermitteln:

1. der geplante und ungeplante Minderverbrauch bei Verbrauchseinheiten mit mehr als 25 Megawatt maximaler Verbrauchskapazität je Verbrauchseinheit und
2. die Vorhaltung und Einspeisung von Regelenergie.

(5) Die Markttransparenzstelle kann festlegen, dass Betreiber von Übertragungsnetzen im Sinne des § 3 Nummer 10 des Energiewirtschaftsgesetzes Angaben zu den folgenden Daten und Kategorien von Daten übermitteln:

1. die Übertragungskapazität an Grenzkuppelstellen auf stündlicher Basis,
2. die Im- und Exportdaten auf stündlicher Basis,
3. die prognostizierte und die tatsächliche Einspeisung von Anlagen, die nach dem Erneuerbare-Energien-Gesetz vergütet werden, auf stündlicher Basis,
4. die Verkaufsangebote, die im Rahmen der Verordnung zur Weiterentwicklung des bundesweiten Ausgleichsmechanismus getätigt wurden, auf stündlicher Basis und
5. die Angebote und Ergebnisse der Regelenergieauktionen.

(6) Die Markttransparenzstelle kann festlegen, dass Betreiber von Anlagen zur Erzeugung von Strom aus erneuerbaren Energien mit mehr als 10 Megawatt installierter Erzeugungskapazität Angaben zu den folgenden Daten und Kategorien von Daten übermitteln:

1. die erzeugten Mengen nach Anlagentyp und
2. die Wahl der Vermarktungsform, insbesondere die gewählte Form der Direktvermarktung nach § 33b des Erneuerbare-Energien-Gesetzes oder die Vergütung nach § 16 des Erneuerbare-Energien-Gesetzes, und die auf die jeweilige Vermarktungsform entfallenden Mengen.

(7) Die Markttransparenzstelle kann festlegen, dass Handelsplattformen für den Handel mit Strom und Erdgas Angaben zu den folgenden Daten und Kategorien von Daten übermitteln:

1. die Angebote, die auf den Plattformen getätigt wurden,
2. die Handelsergebnisse und

3. die außerbörslichen, nicht standardisierten Handelsgeschäfte, bei denen die Vertragspartner individuell bilaterale Geschäfte aushandeln (OTC-Geschäfte), deren geld- und warenmäßige Besicherung (Clearing) über die Handelsplattform erfolgt.

(8) Die Markttransparenzstelle kann festlegen, dass Großhändler im Sinne des § 3 Nummer 21 des Energiewirtschaftsgesetzes, die mit Strom handeln, Angaben zu den in § 47e Absatz 2 Nummer 1 genannten Transaktionen übermitteln, soweit diese Transaktionen nicht von Absatz 7 erfasst sind. Beim Handel mit Strom aus erneuerbaren Energien kann die Markttransparenzstelle auch festlegen, dass Großhändler nach Satz 1 Angaben zur Form der Direktvermarktung nach § 33b des Erneuerbare-Energien-Gesetzes sowie zu den danach gehandelten Strommengen übermitteln.

(9) Die Markttransparenzstelle kann festlegen, dass Großhändler im Sinne des § 3 Nummer 21 des Energiewirtschaftsgesetzes, die mit Erdgas handeln, Angaben zu den folgenden Daten und Kategorien von Daten übermitteln:

1. die Grenzübergangsmengen und -preise und einen Abgleich von Import- und Exportmengen,
2. die im Inland geförderten Gasmengen und ihre Erstabsatzpreise,
3. die Importverträge (Grenzübergangsverträge),
4. die Liefermengen getrennt nach Distributionsstufe im Bereich der Verteilung,
5. die getätigten Transaktionen mit Großhandelskunden und Fernleitungsnetzbetreibern sowie mit Betreibern von Speicheranlagen und Anlagen für verflüssigtes Erdgas (LNG-Anlagen) im Rahmen von Gasversorgungsverträgen und Energiederivate nach § 3 Nummer 15a des Energiewirtschaftsgesetzes, die auf Gas bezogen sind, einschließlich Laufzeit, Menge, Datum und Uhrzeit der Ausführung, Laufzeit-, Liefer- und Abrechnungsbestimmungen und Transaktionspreisen,
6. die Angebote und Ergebnisse eigener Erdgasauktionen,
7. die bestehenden Gasbezugs- und Gaslieferverträge und
8. die sonstigen Gashandelsaktivitäten, die als OTC-Geschäfte durchgeführt werden.

(10) Die Markttransparenzstelle kann festlegen, dass Betreiber von Fernleitungsnetzen im Sinne des § 3 Nummer 5 des Energiewirtschaftsgesetzes Angaben zu folgenden Daten und Kategorien von Daten übermitteln:

1. die bestehenden Kapazitätsverträge,
2. die vertraglichen Vereinbarungen mit Dritten über Lastflusszusagen und
3. die Angebote und Ergebnisse von Ausschreibungen über Lastflusszusagen.

(11) Die Markttransparenzstelle kann festlegen, dass Marktgebietsverantwortliche im Sinne des § 2 Nummer 11 der Gasnetzzugangsverordnung Angaben zu folgenden Daten und Kategorien von Daten übermitteln:

1. die bestehenden Regelenergieverträge,
2. die Angebote und Ergebnisse von Regelenergieauktionen und -ausschreibungen,
3. die getätigten Transaktionen an Handelsplattformen und
4. die sonstigen Gashandelsaktivitäten, die als OTC-Geschäfte durchgeführt werden.

(12) Die Markttransparenzstelle kann festlegen, dass im Bereich der Regelenergie und von Biogas Angaben über die Beschaffung externer Regelenergie, über Ausschreibungsergebnisse sowie über die Einspeisung und Vermarktung von Biogas übermittelt werden.

[2] § 47g Absatz 2 tritt gemäß Artikel 4 Absatz 2 des Gesetzes vom 5. Dezember 2012 (BGBl. I S. 2403) am 31. Dezember 2015 außer Kraft.

§ 47h Berichtspflichten, Veröffentlichungen

(1) Die Markttransparenzstelle unterrichtet das Bundesministerium für Wirtschaft und Technologie über die Übermittlung von Informationen nach § 47b Absatz 7 Satz 1.

(2) Die Markttransparenzstelle erstellt alle zwei Jahre einen Bericht über ihre Tätigkeit. Soweit der Großhandel mit Elektrizität und Erdgas betroffen ist, erstellt sie ihn im Einvernehmen mit der Bundesnetzagentur.

Geschäftsgeheimnisse, von denen die Markttransparenzstelle bei der Durchführung ihrer Aufgaben Kenntnis erhalten hat, werden aus dem Bericht entfernt. Der Bericht wird auf der Internetseite der Markttransparenzstelle veröffentlicht. Der Bericht kann zeitgleich mit dem Bericht des Bundeskartellamts nach § 53 Absatz 3 erfolgen und mit diesem verbunden werden.

(3) Die Markttransparenzstelle veröffentlicht die nach § 47b Absatz 5 erstellten Listen und deren Entwürfe auf ihrer Internetseite.

(4) Die Markttransparenzstelle kann im Einvernehmen mit der Bundesnetzagentur zur Verbesserung der Transparenz im Großhandel diejenigen Erzeugungs- und Verbrauchsdaten veröffentlichen, die bisher auf der Transparenzplattform der European Energy Exchange AG und der Übertragungsnetzbetreiber veröffentlicht werden, sobald diese Veröffentlichung eingestellt wird. Die nach dem Energiewirtschaftsgesetz und darauf basierenden Rechtsverordnungen sowie die nach europäischem Recht bestehenden Veröffentlichungspflichten der Marktteilnehmer zur Verbesserung der Transparenz auf den Strom- und Gasmärkten bleiben unberührt.

§ 47i Zusammenarbeit mit anderen Behörden und Aufsichtsstellen

(1) Das Bundeskartellamt und die Bundesnetzagentur arbeiten bei der Wahrnehmung der Aufgaben der Markttransparenzstelle nach § 47b mit folgenden Stellen zusammen:

1. der Bundesanstalt für Finanzdienstleistungsaufsicht,
2. den Börsenaufsichtsbehörden sowie Handelsüberwachungsstellen derjenigen Börsen, an denen Elektrizität und Gas sowie Energiederivate im Sinne des § 3 Nummer 15a des Energiewirtschaftsgesetzes gehandelt werden,
3. der Agentur für die Zusammenarbeit der Energieregulierungsbehörden und der Europäischen Kommission, soweit diese Aufgaben nach der Verordnung (EU) Nr. 1227/2011 wahrnehmen, und
4. den Regulierungsbehörden anderer Mitgliedstaaten.

Diese Stellen können unabhängig von der jeweils gewählten Verfahrensart untereinander Informationen einschließlich personenbezogener Daten und Betriebs- und Geschäftsgeheimnisse austauschen, soweit dies zur Erfüllung ihrer jeweiligen Aufgaben erforderlich ist. Sie können diese Informationen in ihren Verfahren verwerten. Beweisverwertungsverbote bleiben unberührt. Die Regelungen über die Rechtshilfe in Strafsachen sowie Amts- und Rechtshilfeabkommen bleiben unberührt.

(2) Die Markttransparenzstelle kann mit Zustimmung des Bundesministeriums für Wirtschaft und Technologie Kooperationsvereinbarungen mit der Bundesanstalt für Finanzdienstleistungsaufsicht, den Börsenaufsichtsbehörden sowie Handelsüberwachungsstellen derjenigen Börsen, an denen Elektrizität und Gas sowie Energiederivate im Sinne des § 3 Nummer 15a des Energiewirtschaftsgesetzes gehandelt werden, und der Agentur für die Zusammenarbeit der Energieregulierungsbehörden schließen.

§ 47j Vertrauliche Informationen, operationelle Zuverlässigkeit, Datenschutz

(1) Informationen, die die Markttransparenzstelle bei ihrer Aufgabenerfüllung im gewöhnlichen Geschäftsverkehr erlangt oder erstellt hat, unterliegen der Vertraulichkeit. Die Beschäftigten bei der Markttransparenzstelle sind zur Verschwiegenheit über die vertraulichen Informationen im Sinne des Satzes 1 verpflichtet. Andere Personen, die vertrauliche Informationen erhalten sollen, sind vor der Übermittlung besonders zur Geheimhaltung zu verpflichten, soweit sie nicht Amtsträger oder für den öffentlichen Dienst besonders Verpflichtete sind. § 1 Absatz 2, 3 und 4 Nummer 2 des Verpflichtungsgesetzes gilt entsprechend.

(2) Die Markttransparenzstelle stellt zusammen mit der Bundesnetzagentur die operationelle Zuverlässigkeit der Datenbeobachtung sicher und gewährleistet Vertraulichkeit, Integrität und Schutz der eingehenden Informationen. Die Markttransparenzstelle ist dabei an dasselbe Maß an Vertraulichkeit gebunden wie die übermittelnde Stelle oder die Stelle, welche die Informationen erhoben hat. Die Markttransparenzstelle ergreift alle erforderlichen Maßnahmen, um den Missbrauch der in ihren Systemen verwalteten Informationen und den nicht autorisierten Zugang zu ihnen zu verhindern. Die Markttransparenzstelle ermittelt Quellen betriebstechnischer Risiken und minimiert diese Risiken durch die Entwicklung geeigneter Systeme, Kontrollen und Verfahren.

(3) Für Personen, die Daten nach § 47d Absatz 1 Satz 5 erhalten sollen oder die nach § 47c Absatz 4 Daten erhalten, gilt Absatz 1 entsprechend.

(4) Die Markttransparenzstelle darf personenbezogene Daten, die ihr zur Erfüllung ihrer Aufgaben nach § 47b mitgeteilt werden, nur speichern, verändern und nutzen, soweit dies zur Erfüllung der in ihrer Zuständigkeit liegenden Aufgaben und für die Zwecke der Zusammenarbeit nach Artikel 7 Absatz 2 und Artikel 16 der Verordnung (EU) Nr. 1227/2011 erforderlich ist.

(5) Die Akteneinsicht der von den Entscheidungen der Markttransparenzstelle nach § 47b Absatz 5 und 7, § 47d Absatz 1 und 2, den §§ 47e und 47g sowie nach § 81 Absatz 2 Nummer 2 Buchstabe c und d, Nummer 5a und 5b und 6 in eigenen Rechten Betroffenen ist beschränkt auf die Unterlagen, die allein dem Rechtsverhältnis zwischen dem Betroffenen und der Markttransparenzstelle zuzuordnen sind.

II.
Markttransparenzstelle für Kraftstoffe

§ 47k Marktbeobachtung im Bereich Kraftstoffe

(1) Beim Bundeskartellamt wird eine Markttransparenzstelle für Kraftstoffe eingerichtet. Sie beobachtet den Handel mit Kraftstoffen, um den Kartellbehörden die Aufdeckung und Sanktionierung von Verstößen gegen die §§ 1, 19 und 20 dieses Gesetzes und die Artikel 101 und 102 des Vertrages über die Arbeitsweise der Europäischen Union zu erleichtern. Sie nimmt ihre Aufgaben nach Maßgabe der Absätze 2 bis 9 wahr.

(2) Betreiber von öffentlichen Tankstellen, die Letztverbrauchern Kraftstoffe zu selbst festgesetzten Preisen anbieten, sind verpflichtet, nach Maßgabe der Rechtsverordnung nach Absatz 8 bei jeder Änderung ihrer Kraftstoffpreise diese in Echtzeit und differenziert nach der jeweiligen Sorte an die Markttransparenzstelle für Kraftstoffe zu übermitteln. Werden dem Betreiber die Verkaufspreise von einem anderen Unternehmen vorgegeben, so ist das Unternehmen, das über die Preissetzungshoheit verfügt, zur Übermittlung verpflichtet.

(3) Kraftstoffe im Sinne dieser Vorschrift sind Ottokraftstoffe und Dieselkraftstoffe. Öffentliche Tankstellen sind Tankstellen, die sich an öffentlich zugänglichen Orten befinden und die ohne Beschränkung des Personenkreises aufgesucht werden können.

(4) Bestehen Anhaltspunkte dafür, dass ein Unternehmen gegen die in Absatz 1 genannten gesetzlichen Bestimmungen verstößt, muss die Markttransparenzstelle für Kraftstoffe umgehend die zuständige Kartellbehörde informieren und den Vorgang an sie abgeben. Hierzu leitet sie alle von der Kartellbehörde benötigten oder angeforderten Informationen und Daten unverzüglich an diese weiter. Die Markttransparenzstelle für Kraftstoffe stellt die von ihr nach Absatz 2 erhobenen Daten ferner den folgenden Behörden und Stellen zur Verfügung:

1. dem Bundeskartellamt für Fusionskontrollverfahren nach den §§ 35 bis 41,
2. den Kartellbehörden für Sektoruntersuchungen nach § 32e,
3. dem Bundesministerium für Wirtschaft und Technologie für statistische Zwecke und
4. der Monopolkommission für deren Aufgaben nach diesem Gesetz.

(5) Die Markttransparenzstelle für Kraftstoffe wird nach Maßgabe der Rechtsverordnung nach Absatz 8 ermächtigt, die nach Absatz 2 erhobenen Preisdaten elektronisch an Anbieter von Verbraucher-Informationsdiensten zum Zweck der Verbraucherinformation weiterzugeben. Bei der Veröffentlichung oder Weitergabe dieser Preisdaten an Verbraucherinnen und Verbraucher müssen die Anbieter von Verbraucher-Informationsdiensten die in der Rechtsverordnung nach Absatz 8 Nummer 5 näher geregelten Vorgaben einhalten. Die Markttransparenzstelle für Kraftstoffe ist befugt, bei Nichteinhaltung dieser Vorgaben von einer Weitergabe der Daten abzusehen.

(6) Die Markttransparenzstelle für Kraftstoffe stellt die operationelle Zuverlässigkeit der Datenbeobachtung sicher und gewährleistet Vertraulichkeit, Integrität und Schutz der eingehenden Informationen.

(7) Zur Erfüllung ihrer Aufgaben nach Absatz 1 Satz 1 hat die Markttransparenzstelle für Kraftstoffe die Befugnisse nach § 59.

(8) Das Bundesministerium für Wirtschaft und Technologie wird ermächtigt, im Wege der Rechtsverordnung, die nicht der Zustimmung des Bundesrates bedarf, Vorgaben zur Meldepflicht nach Absatz 2 und zur Weitergabe der Preisdaten nach Absatz 5 zu erlassen, insbesondere

1. nähere Bestimmungen zum genauen Zeitpunkt sowie zur Art und Form der Übermittlung der Preisdaten nach Absatz 2 zu erlassen,
2. angemessene Bagatellgrenzen für die Meldepflicht nach Absatz 2 vorzusehen und unterhalb dieser Schwelle für den Fall einer freiwilligen Unterwerfung unter die Meldepflichten nach Absatz 2 nähere Bestimmungen zu erlassen,
3. nähere Bestimmungen zu den Anforderungen an die Anbieter von Verbraucher-Informationsdiensten nach Absatz 5 zu erlassen,
4. nähere Bestimmungen zu Inhalt, Art, Form und Umfang der Weitergabe der Preisdaten durch die Markttransparenzstelle für Kraftstoffe an die Anbieter nach Absatz 5 zu erlassen sowie
5. nähere Bestimmungen zu Inhalt, Art, Form und Umfang der Veröffentlichung oder Weitergabe der Preisdaten an Verbraucherinnen und Verbraucher durch die Anbieter von Verbraucher-Informationsdiensten nach Absatz 5 zu erlassen.

Die Rechtsverordnung ist dem Bundestag vom Bundesministerium für Wirtschaft und Technologie zuzuleiten. Sie kann durch Beschluss des Bundestages geändert oder abgelehnt werden. Änderungen oder die Ablehnung sind dem Bundesministerium für Wirtschaft und Technologie vom Bundestag zuzuleiten. Hat sich der Bundestag nach Ablauf von drei Sitzungswochen nach Eingang der Rechtsverordnung nicht mit ihr befasst, gilt die Zustimmung des Bundestages als erteilt.

(9) Entscheidungen der Markttransparenzstelle für Kraftstoffe trifft die Person, die sie leitet. § 51 Absatz 5 gilt für alle Mitarbeiterinnen und Mitarbeiter der Markttransparenzstelle für Kraftstoffe entsprechend. Zur Erfüllung ihrer Aufgaben nach Absatz 1 Satz 1 hat die Markttransparenzstelle für Kraftstoffe die Befugnisse nach § 59.

III.
Evaluierung

§ 47l Evaluierung der Markttransparenzstellen

Das Bundesministerium für Wirtschaft und Technologie berichtet den gesetzgebenden Körperschaften über die Ergebnisse der Arbeit der Markttransparenzstellen und die hieraus gewonnenen Erfahrungen. Die Berichterstattung für den Großhandel mit Strom und Gas erfolgt fünf Jahre nach Beginn der Mitteilungspflichten nach § 47e Absatz 2 bis 5 in Verbindung mit der Rechtsverordnung nach § 47f. Die Berichterstattung für den Kraftstoffbereich erfolgt drei Jahre nach Beginn der Meldepflicht nach § 47k Absatz 2 in Verbindung mit der Rechtsverordnung nach § 47k Absatz 8 und soll insbesondere auf die Preisentwicklung und die Situation der mittelständischen Mineralölwirtschaft eingehen.

Zweiter Teil
Kartellbehörden

Erster Abschnitt
Allgemeine Vorschriften

§ 48 Zuständigkeit

(1) Kartellbehörden sind das Bundeskartellamt, das Bundesministerium für Wirtschaft und Technologie und die nach Landesrecht zuständigen obersten Landesbehörden.

(2) Weist eine Vorschrift dieses Gesetzes eine Zuständigkeit nicht einer bestimmten Kartellbehörde zu, so nimmt das Bundeskartellamt die in diesem Gesetz der Kartellbehörde übertragenen Aufgaben und Befugnisse wahr, wenn die Wirkung des wettbewerbsbeschränkenden oder diskriminierenden Verhaltens oder einer Wettbewerbsregel über das Gebiet eines Landes hinausreicht. In allen übrigen Fällen nimmt diese Aufgaben und Befugnisse die nach Landesrecht zuständige oberste Landesbehörde wahr.

(3) Das Bundeskartellamt führt ein Monitoring durch über den Grad der Transparenz, auch der Großhandelspreise, sowie den Grad und die Wirksamkeit der Marktöffnung und den Umfang des Wettbewerbs auf Großhandels- und Endkundenebene auf den Strom- und Gasmärkten sowie an Elektrizitäts- und Gasbörsen.

Das Bundeskartellamt wird die beim Monitoring gewonnenen Daten der Bundesnetzagentur unverzüglich zur Verfügung stellen.

§ 49 Bundeskartellamt und oberste Landesbehörde

(1) Leitet das Bundeskartellamt ein Verfahren ein oder führt es Ermittlungen durch, so benachrichtigt es gleichzeitig die oberste Landesbehörde, in deren Gebiet die betroffenen Unternehmen ihren Sitz haben. Leitet eine oberste Landesbehörde ein Verfahren ein oder führt sie Ermittlungen durch, so benachrichtigt sie gleichzeitig das Bundeskartellamt.

(2) Die oberste Landesbehörde hat eine Sache an das Bundeskartellamt abzugeben, wenn nach § 48 Absatz 2 Satz 1 die Zuständigkeit des Bundeskartellamts begründet ist. Das Bundeskartellamt hat eine Sache an die oberste Landesbehörde abzugeben, wenn nach § 48 Absatz 2 Satz 2 die Zuständigkeit der obersten Landesbehörde begründet ist.

(3) Auf Antrag des Bundeskartellamts kann die oberste Landesbehörde eine Sache, für die nach § 48 Absatz 2 Satz 2 ihre Zuständigkeit begründet ist, an das Bundeskartellamt abgeben, wenn dies auf Grund der Umstände der Sache angezeigt ist. Mit der Abgabe wird das Bundeskartellamt zuständige Kartellbehörde.

(4) Auf Antrag der obersten Landesbehörde kann das Bundeskartellamt eine Sache, für die nach § 48 Absatz 2 Satz 1 seine Zuständigkeit begründet ist, an die oberste Landesbehörde abgeben, wenn dies auf Grund der Umstände der Sache angezeigt ist. Mit der Abgabe wird die oberste Landesbehörde zuständige Kartellbehörde. Vor der Abgabe benachrichtigt das Bundeskartellamt die übrigen betroffenen obersten Landesbehörden. Die Abgabe erfolgt nicht, sofern ihr eine betroffene oberste Landesbehörde innerhalb einer vom Bundeskartellamt zu setzenden Frist widerspricht.

§ 50 Vollzug des europäischen Rechts

(1) Soweit ihre Zuständigkeit nach den §§ 48 und 49 begründet ist, sind das Bundeskartellamt und die obersten Landesbehörden für die Anwendung der Artikel 101 und 102 des Vertrages über die Arbeitsweise der Europäischen Union zuständige Wettbewerbsbehörden im Sinne des Artikels 35 Absatz 1 der Verordnung (EG) Nr. 1/2003.

(2) Wenden die obersten Landesbehörden die Artikel 101 und 102 des Vertrages über die Arbeitsweise der Europäischen Union an, erfolgt der Geschäftsverkehr mit der Europäischen Kommission oder den Wettbewerbsbehörden der anderen Mitgliedstaaten der Europäischen Union über das Bundeskartellamt. Das Bundeskartellamt kann den obersten Landesbehörden Hinweise zur Durchführung des Geschäftsverkehrs geben. Das Bundeskartellamt nimmt auch in diesen Fällen die Vertretung im Beratenden Ausschuss für Kartell- und Monopolfragen nach Artikel 14 Absatz 2 Satz 1 und Absatz 7 der Verordnung (EG) Nr. 1/2003 wahr.

(3) Zuständige Wettbewerbsbehörde für die Mitwirkung an Verfahren der Europäischen Kommission oder der Wettbewerbsbehörden der anderen Mitgliedstaaten der Europäischen Union zur Anwendung der Artikel 101 und 102 des Vertrages über die Arbeitsweise der Europäischen Union ist das Bundeskartellamt. Es gelten die bei der Anwendung dieses Gesetzes maßgeblichen Verfahrensvorschriften.

(4) Das Bundeskartellamt kann den Bediensteten der Wettbewerbsbehörde eines Mitgliedstaats der Europäischen Union und anderen von dieser Wettbewerbsbehörde ermächtigten Begleitpersonen gestatten, an Durchsuchungen und Vernehmungen nach Artikel 22 Absatz 1 der Verordnung (EG) Nr. 1/2003 mitzuwirken.

(5) In anderen als in den Absätzen 1 bis 4 bezeichneten Fällen nimmt das Bundeskartellamt die Aufgaben wahr, die den Behörden der Mitgliedstaaten der Europäischen Union in den Artikeln 104 und 105 des Vertrages über die Arbeitsweise der Europäischen Union sowie in Verordnungen nach Artikel 103 des Vertrages über die Arbeitsweise der Europäischen Union, auch in Verbindung mit Artikel 43 Absatz 2, Artikel 100 Absatz 2, Artikel 105 Absatz 3 und Artikel 352 Absatz 1 des Vertrages über die Arbeitsweise der Europäischen Union, übertragen sind. Absatz 3 Satz 2 gilt entsprechend.

§ 50a Zusammenarbeit im Netzwerk der europäischen Wettbewerbsbehörden

(1) Die Kartellbehörde ist gemäß Artikel 12 Absatz 1 der Verordnung (EG) Nr. 1/2003 befugt, der Europäischen Kommission und den Wettbewerbsbehörden der anderen Mitgliedstaaten der Europäischen Union zum Zweck der Anwendung der Artikel 101 und 102 des Vertrages über die Arbeitsweise der Europäischen Union

1. tatsächliche und rechtliche Umstände einschließlich vertraulicher Angaben, insbesondere Betriebs- und Geschäftsgeheimnisse, mitzuteilen und entsprechende Dokumente und Daten zu übermitteln sowie
2. diese Wettbewerbsbehörden um die Übermittlung von Informationen nach Nummer 1 zu ersuchen, diese zu empfangen und als Beweismittel zu verwenden.

§ 50 Absatz 2 gilt entsprechend.

(2) Die Kartellbehörde darf die empfangenen Informationen nur zum Zweck der Anwendung von Artikel 101 oder 102 des Vertrages über die Arbeitsweise der Europäischen Union sowie in Bezug auf den Untersuchungsgegenstand als Beweismittel verwenden, für den sie von der übermittelnden Behörde erhoben wurden. Werden Vorschriften dieses Gesetzes jedoch nach Maßgabe des Artikels 12 Absatz 2 Satz 2 der Verordnung (EG) Nr. 1/2003 angewandt, so können nach Absatz 1 ausgetauschte Informationen auch für die Anwendung dieses Gesetzes verwendet werden.

(3) Informationen, die die Kartellbehörde nach Absatz 1 erhalten hat, können zum Zweck der Verhängung von Sanktionen gegen natürliche Personen nur als Beweismittel verwendet werden, wenn das Recht der übermittelnden Behörde ähnlich geartete Sanktionen in Bezug auf Verstöße gegen Artikel 101 oder 102 des Vertrages über die Arbeitsweise der Europäischen Union vorsieht. Falls die Voraussetzungen des Satzes 1 nicht erfüllt sind, ist eine Verwendung als Beweismittel auch dann möglich, wenn die Informationen in einer Weise erhoben worden sind, die hinsichtlich der Wahrung der Verteidigungsrechte natürlicher Personen das gleiche Schutzniveau wie nach dem für die Kartellbehörde geltenden Recht gewährleistet. Das Beweisverwertungsverbot nach Satz 1 steht einer Verwendung der Beweise gegen juristische Personen oder Personenvereinigungen nicht entgegen. Die Beachtung verfassungsrechtlich begründeter Verwertungsverbote bleibt unberührt.

§ 50b Sonstige Zusammenarbeit mit ausländischen Wettbewerbsbehörden

(1) Das Bundeskartellamt hat die in § 50a Absatz 1 genannten Befugnisse auch in anderen Fällen, in denen es zum Zweck der Anwendung kartellrechtlicher Vorschriften mit der Europäischen Kommission oder den Wettbewerbsbehörden anderer Staaten zusammenarbeitet.

(2) Das Bundeskartellamt darf Informationen nach § 50a Absatz 1 nur unter dem Vorbehalt übermitteln, dass die empfangende Wettbewerbsbehörde

1. die Informationen nur zum Zweck der Anwendung kartellrechtlicher Vorschriften sowie in Bezug auf den Untersuchungsgegenstand als Beweismittel verwendet, für den sie das Bundeskartellamt erhoben hat, und
2. den Schutz vertraulicher Informationen wahrt und diese nur an Dritte übermittelt, wenn das Bundeskartellamt der Übermittlung zustimmt; das gilt auch für die Offenlegung von vertraulichen Informationen in Gerichts- oder Verwaltungsverfahren.

Vertrauliche Angaben, einschließlich Betriebs- und Geschäftsgeheimnisse, aus Verfahren der Zusammenschlusskontrolle dürfen durch das Bundeskartellamt nur mit Zustimmung des Unternehmens übermittelt werden, das diese Angaben vorgelegt hat.

(3) Die Regelungen über die Rechtshilfe in Strafsachen sowie Amts- und Rechtshilfeabkommen bleiben unberührt.

§ 50c Behördenzusammenarbeit

(1) Die Kartellbehörden, Regulierungsbehörden sowie die zuständigen Behörden im Sinne des § 2 des EG-Verbraucherschutzdurchsetzungsgesetzes können unabhängig von der jeweils gewählten Verfahrensart untereinander Informationen einschließlich personenbezogener Daten und Betriebs- und Geschäftsgeheimnisse austauschen, soweit dies zur Erfüllung ihrer jeweiligen Aufgaben erforderlich ist, sowie diese in ihren Verfahren verwerten. Beweisverwertungsverbote bleiben unberührt.

(2) Die Kartellbehörden arbeiten im Rahmen der Erfüllung ihrer Aufgaben mit der Bundesanstalt für Finanzdienstleistungsaufsicht, der Deutschen Bundesbank, den zuständigen Aufsichtsbehörden nach § 90 des Vierten Buches Sozialgesetzbuch und den Landesmedienanstalten zusammen. Die Kartellbehörden können mit den in Satz 1 genannten Behörden auf Anfrage gegenseitig Erkenntnisse austauschen, soweit dies für die Erfüllung ihrer jeweiligen Aufgaben erforderlich ist. Dies gilt nicht

1. für vertrauliche Informationen, insbesondere Betriebs- und Geschäftsgeheimnisse sowie
2. für Informationen, die nach § 50a oder nach Artikel 12 der Verordnung (EG) Nr. 1/2003 erlangt worden sind.

Satz 2 und 3 Nummer 1 lassen die Regelungen des Wertpapiererwerbs- und Übernahmegesetzes sowie des Gesetzes über den Wertpapierhandel über die Zusammenarbeit mit anderen Behörden unberührt.

(3) Das Bundeskartellamt kann Angaben der an einem Zusammenschluss beteiligten Unternehmen, die ihm nach § 39 Absatz 3 gemacht worden sind, an andere Behörden übermitteln, soweit dies zur Verfolgung der in § 4 Absatz 1 Nummer 1 und § 5 Absatz 2 des Außenwirtschaftsgesetzes genannten Zwecke erforderlich ist. Bei Zusammenschlüssen mit gemeinschaftsweiter Bedeutung im Sinne des Artikels 1 Absatz 1 der Verordnung (EG) Nr. 139/2004 des Rates vom 20. Januar 2004 über die Kontrolle von Unternehmenszusammenschlüssen in ihrer jeweils geltenden Fassung steht dem Bundeskartellamt die Befugnis nach Satz 1 nur hinsichtlich solcher Angaben zu, welche von der Europäischen Kommission nach Artikel 4 Absatz 3 dieser Verordnung veröffentlicht worden sind.

Zweiter Abschnitt
Bundeskartellamt

§ 51 Sitz, Organisation

(1) Das Bundeskartellamt ist eine selbstständige Bundesoberbehörde mit dem Sitz in Bonn. Es gehört zum Geschäftsbereich des Bundesministeriums für Wirtschaft und Technologie.

(2) Die Entscheidungen des Bundeskartellamts werden von den Beschlussabteilungen getroffen, die nach Bestimmung des Bundesministeriums für Wirtschaft und Technologie gebildet werden. Im Übrigen regelt der Präsident die Verteilung und den Gang der Geschäfte des Bundeskartellamts durch eine Geschäftsordnung; sie bedarf der Bestätigung durch das Bundesministerium für Wirtschaft und Technologie.

(3) Die Beschlussabteilungen entscheiden in der Besetzung mit einem oder einer Vorsitzenden und zwei Beisitzenden.

(4) Vorsitzende und Beisitzende der Beschlussabteilungen müssen Beamte auf Lebenszeit sein und die Befähigung zum Richteramt oder zum höheren Verwaltungsdienst haben.

(5) Die Mitglieder des Bundeskartellamts dürfen weder ein Unternehmen innehaben oder leiten noch dürfen sie Mitglied des Vorstandes oder des Aufsichtsrates eines Unternehmens, eines Kartells oder einer Wirtschafts- oder Berufsvereinigung sein.

§ 52 Veröffentlichung allgemeiner Weisungen

Soweit das Bundesministerium für Wirtschaft und Technologie dem Bundeskartellamt allgemeine Weisungen für den Erlass oder die Unterlassung von Verfügungen nach diesem Gesetz erteilt, sind diese Weisungen im Bundesanzeiger zu veröffentlichen.

§ 53 Tätigkeitsbericht

(1) Das Bundeskartellamt veröffentlicht alle zwei Jahre einen Bericht über seine Tätigkeit sowie über die Lage und Entwicklung auf seinem Aufgabengebiet. In den Bericht sind die allgemeinen Weisungen des Bundesministeriums für Wirtschaft und Technologie nach § 52 aufzunehmen. Es veröffentlicht ferner fortlaufend seine Verwaltungsgrundsätze.

(2) Die Bundesregierung leitet den Bericht des Bundeskartellamts dem Bundestag unverzüglich mit ihrer Stellungnahme zu.

(3) Das Bundeskartellamt erstellt einen Bericht über seine Monitoringtätigkeit nach § 48 Absatz 3 im Einvernehmen mit der Bundesnetzagentur, soweit Aspekte der Regulierung der Leitungsnetze betroffen sind, und leitet ihn der Bundesnetzagentur zu.

Dritter Teil
Verfahren und Rechtsschutz bei überlangen Gerichtsverfahren

Erster Abschnitt

Verwaltungssachen

I.
Verfahren vor den Kartellbehörden

§ 54 Einleitung des Verfahrens, Beteiligte

(1) Die Kartellbehörde leitet ein Verfahren von Amts wegen oder auf Antrag ein. Die Kartellbehörde kann auf entsprechendes Ersuchen zum Schutz eines Beschwerdeführers ein Verfahren von Amts wegen einleiten.

(2) An dem Verfahren vor der Kartellbehörde sind beteiligt,

1. wer die Einleitung eines Verfahrens beantragt hat;
2. Kartelle, Unternehmen, Wirtschafts- oder Berufsvereinigungen, gegen die sich das Verfahren richtet;
3. Personen und Personenvereinigungen, deren Interessen durch die Entscheidung erheblich berührt werden und die die Kartellbehörde auf ihren Antrag zu dem Verfahren beigeladen hat; Interessen der Verbraucherzentralen und anderer Verbraucherverbände, die mit öffentlichen Mitteln gefördert werden, werden auch dann erheblich berührt, wenn sich die Entscheidung auf eine Vielzahl von Verbrauchern auswirkt und dadurch die Interessen der Verbraucher insgesamt erheblich berührt werden;
4. in den Fällen des § 37 Absatz 1 Nummer 1 oder 3 auch der Veräußerer.

(3) An Verfahren vor obersten Landesbehörden ist auch das Bundeskartellamt beteiligt.

§ 55 Vorabentscheidung über Zuständigkeit

(1) Macht ein Beteiligter die örtliche oder sachliche Unzuständigkeit der Kartellbehörde geltend, so kann die Kartellbehörde über die Zuständigkeit vorab entscheiden. Die Verfügung kann selbständig mit der Beschwerde angefochten werden; die Beschwerde hat aufschiebende Wirkung.

(2) Hat ein Beteiligter die örtliche oder sachliche Unzuständigkeit der Kartellbehörde nicht geltend gemacht, so kann eine Beschwerde nicht darauf gestützt werden, dass die Kartellbehörde ihre Zuständigkeit zu Unrecht angenommen hat.

§ 56 Anhörung, mündliche Verhandlung

(1) Die Kartellbehörde hat den Beteiligten Gelegenheit zur Stellungnahme zu geben.

(2) Vertretern der von dem Verfahren berührten Wirtschaftskreise kann die Kartellbehörde in geeigneten Fällen Gelegenheit zur Stellungnahme geben.

(3) Auf Antrag eines Beteiligten oder von Amts wegen kann die Kartellbehörde eine öffentliche mündliche Verhandlung durchführen. Für die Verhandlung oder für einen Teil davon ist die Öffentlichkeit auszuschließen, wenn sie eine Gefährdung der öffentlichen Ordnung, insbesondere der Staatssicherheit, oder die Gefährdung eines wichtigen Geschäfts- oder Betriebsgeheimnisses besorgen lässt. In den Fällen des § 42 hat das Bundesministerium für Wirtschaft und Technologie eine öffentliche mündliche Verhandlung durchzuführen; mit Einverständnis der Beteiligten kann ohne mündliche Verhandlung entschieden werden.

(4) Die §§ 45 und 46 des Verwaltungsverfahrensgesetzes sind anzuwenden.

§ 57 Ermittlungen, Beweiserhebung

(1) Die Kartellbehörde kann alle Ermittlungen führen und alle Beweise erheben, die erforderlich sind.

(2) Für den Beweis durch Augenschein, Zeugen und Sachverständige sind § 372 Absatz 1, §§ 376, 377, 378, 380 bis 387, 390, 395 bis 397, 398 Absatz 1, §§ 401, 402, 404, 404a, 406 bis 409, 411 bis 414 der Zivilprozessordnung sinngemäß anzuwenden; Haft darf nicht verhängt werden. Für die Entscheidung über die Beschwerde ist das Oberlandesgericht zuständig.

(3) Über die Zeugenaussage soll eine Niederschrift aufgenommen werden, die von dem ermittelnden Mitglied der Kartellbehörde und, wenn ein Urkundsbeamter zugezogen ist, auch von diesem zu unterschreiben ist. Die Niederschrift soll Ort und Tag der Verhandlung sowie die Namen der Mitwirkenden und Beteiligten ersehen lassen.

(4) Die Niederschrift ist dem Zeugen zur Genehmigung vorzulesen oder zur eigenen Durchsicht vorzulegen. Die erteilte Genehmigung ist zu vermerken und von dem Zeugen zu unterschreiben. Unterbleibt die Unterschrift, so ist der Grund hierfür anzugeben.

(5) Bei der Vernehmung von Sachverständigen sind die Bestimmungen der Absätze 3 und 4 entsprechend anzuwenden.

(6) Die Kartellbehörde kann das Amtsgericht um die Beeidigung von Zeugen ersuchen, wenn sie die Beeidigung zur Herbeiführung einer wahrheitsgemäßen Aussage für notwendig erachtet. Über die Beeidigung entscheidet das Gericht.

§ 58 Beschlagnahme

(1) Die Kartellbehörde kann Gegenstände, die als Beweismittel für die Ermittlung von Bedeutung sein können, beschlagnahmen. Die Beschlagnahme ist dem davon Betroffenen unverzüglich bekannt zu machen.

(2) Die Kartellbehörde soll binnen drei Tagen die gerichtliche Bestätigung bei dem Amtsgericht, in dessen Bezirk sie ihren Sitz hat, beantragen, wenn bei der Beschlagnahme weder der davon Betroffene noch ein erwachsener Angehöriger anwesend war oder wenn der Betroffene und im Falle seiner Abwesenheit ein erwachsener Angehöriger des Betroffenen gegen die Beschlagnahme ausdrücklich Widerspruch erhoben hat.

(3) Der Betroffene kann gegen die Beschlagnahme jederzeit die richterliche Entscheidung nachsuchen. Hierüber ist er zu belehren. Über den Antrag entscheidet das nach Absatz 2 zuständige Gericht.

(4) Gegen die richterliche Entscheidung ist die Beschwerde zulässig. Die §§ 306 bis 310 und 311a der Strafprozessordnung gelten entsprechend.

§ 59 Auskunftsverlangen

(1) Soweit es zur Erfüllung der in diesem Gesetz der Kartellbehörde übertragenen Aufgaben erforderlich ist, kann die Kartellbehörde bis zum Eintritt der Bestandskraft ihrer Entscheidung

1. von Unternehmen und Vereinigungen von Unternehmen Auskunft über ihre wirtschaftlichen Verhältnisse sowie die Herausgabe von Unterlagen verlangen; dies umfasst auch allgemeine Marktstudien, die der Einschätzung oder Analyse der Wettbewerbsbedingungen oder der Marktlage dienen und sich im Besitz des Unternehmens oder der Unternehmensvereinigung befinden;
2. von Unternehmen und Vereinigungen von Unternehmen Auskunft über die wirtschaftlichen Verhältnisse von mit ihnen nach § 36 Absatz 2 verbundenen Unternehmen sowie die Herausgabe von Unterlagen dieser Unternehmen verlangen, soweit sie die Informationen zur Verfügung haben oder soweit sie auf Grund bestehender rechtlicher Verbindungen zur Beschaffung der verlangten Informationen über die verbundenen Unternehmen in der Lage sind;
3. bei Unternehmen und Vereinigungen von Unternehmen innerhalb der üblichen Geschäftszeiten die geschäftlichen Unterlagen einsehen und prüfen.

Gegenüber Wirtschafts- und Berufsvereinigungen gilt Satz 1 Nummer 1 und 3 entsprechend hinsichtlich ihrer Tätigkeit, Satzung, Beschlüsse sowie Anzahl und Namen der Mitglieder, für die die Beschlüsse bestimmt sind. Die Kartellbehörde kann vorgeben, in welcher Form die Angaben nach den Sätzen 1 und 2 zu erteilen sind; insbesondere kann sie vorgeben, dass eine Internetplattform zur Eingabe der Angaben verwendet werden muss.

(2) Die Inhaber der Unternehmen und ihre Vertretung, bei juristischen Personen, Gesellschaften und nicht rechtsfähigen Vereinen die nach Gesetz oder Satzung zur Vertretung berufenen Personen sind verpflichtet, die verlangten Unterlagen herauszugeben, die verlangten Auskünfte zu erteilen, die geschäftlichen Unterlagen zur Einsichtnahme und Prüfung vorzulegen und die Prüfung dieser geschäftlichen Unterlagen sowie das Betreten von Geschäftsräumen und -grundstücken zu dulden.

(3) Personen, die von der Kartellbehörde mit der Vornahme von Prüfungen beauftragt werden, dürfen die Räume der Unternehmen und Vereinigungen von Unternehmen betreten. Das Grundrecht des Artikels 13 des Grundgesetzes wird insoweit eingeschränkt.

(4) Durchsuchungen können nur auf Anordnung des Amtsrichters, in dessen Bezirk die Kartellbehörde ihren Sitz hat, vorgenommen werden. Durchsuchungen sind zulässig, wenn zu vermuten ist, dass sich in den betreffenden Räumen Unterlagen befinden, die die Kartellbehörde nach Absatz 1 einsehen, prüfen oder herausverlangen darf. Das Grundrecht der Unverletzlichkeit der Wohnung (Artikel 13 Absatz 1 des Grundgesetzes) wird insoweit eingeschränkt. Auf die Anfechtung dieser Anordnung finden die §§ 306 bis 310 und 311a der Strafprozessordnung entsprechende Anwendung. Bei Gefahr im Verzuge können die in Absatz 3 bezeichneten Personen während der Geschäftszeit die erforderlichen Durchsuchungen ohne richterliche Anordnung vornehmen. An Ort und Stelle ist eine Niederschrift über die Durchsuchung und ihr wesentliches Ergebnis aufzunehmen, aus der sich, falls keine richterliche Anordnung ergangen ist, auch die Tatsachen ergeben, die zur Annahme einer Gefahr im Verzuge geführt haben.

(5) Für die zur Auskunft verpflichtete Person gilt § 55 der *Strafprozessordung* entsprechend.

(6) Das Bundesministerium für Wirtschaft und Technologie oder die oberste Landesbehörde fordern die Auskunft durch schriftliche Einzelverfügung, das Bundeskartellamt fordert sie durch Beschluss an. Darin sind die Rechtsgrundlage, der Gegenstand und der Zweck des Auskunftsverlangens anzugeben und eine angemessene Frist zur Erteilung der Auskunft zu bestimmen.

(7) Das Bundesministerium für Wirtschaft und Technologie oder die oberste Landesbehörde ordnen die Prüfung durch schriftliche Einzelverfügung, das Bundeskartellamt ordnet sie durch Beschluss mit Zustimmung des Präsidenten an. In der Anordnung sind Zeitpunkt, Rechtsgrundlage, Gegenstand und Zweck der Prüfung anzugeben.

Fußnote

§ 59 Abs. 5 Kursivdruck: Neufassung weicht von letzter konstitutiver Fassung ab

§ 60 Einstweilige Anordnungen

Die Kartellbehörde kann bis zur endgültigen Entscheidung über

1. eine Verfügung nach § 31b Absatz 3, § 40 Absatz 2, § 41 Absatz 3 oder einen Widerruf oder eine Änderung einer Freigabe nach § 40 Absatz 3a,
2. eine Erlaubnis nach § 42 Absatz 1, ihren Widerruf oder ihre Änderung nach § 42 Absatz 2 Satz 2,
3. eine Verfügung nach § 26 Absatz 4, § 30 Absatz 3 oder § 34 Absatz 1

einstweilige Anordnungen zur Regelung eines einstweiligen Zustandes treffen.

§ 61 Verfahrensabschluss, Begründung der Verfügung, Zustellung

(1) Verfügungen der Kartellbehörde sind zu begründen und mit einer Belehrung über das zulässige Rechtsmittel den Beteiligten nach den Vorschriften des Verwaltungszustellungsgesetzes zuzustellen. § 5 Absatz 4 des Verwaltungszustellungsgesetzes und § 178 Absatz 1 Nummer 2 der Zivilprozessordnung sind auf Unternehmen und Vereinigungen von Unternehmen sowie auf Auftraggeber im Sinn von § 98 entsprechend anzuwenden. Verfügungen, die gegenüber einem Unternehmen mit Sitz außerhalb des Geltungsbereichs dieses Gesetzes ergehen, stellt die Kartellbehörde der im Inland ansässigen Person zu, die das Unternehmen dem Bundeskartellamt als zustellungsbevollmächtigt benannt hat. Hat das Unternehmen keine zustellungsbevollmächtigte Person benannt, so stellt die Kartellbehörde die Verfügungen durch Bekanntmachung im Bundesanzeiger zu.

(2) Soweit ein Verfahren nicht mit einer Verfügung abgeschlossen wird, die den Beteiligten nach Absatz 1 zugestellt wird, ist seine Beendigung den Beteiligten schriftlich mitzuteilen.

§ 62 Bekanntmachung von Verfügungen

Verfügungen der Kartellbehörde nach § 30 Absatz 3, § 31b Absatz 3, §§ 32 bis 32b und 32d sind im Bundesanzeiger bekannt zu machen. Entscheidungen nach § 32c können von der Kartellbehörde bekannt gemacht werden.

II.
Beschwerde

§ 63 Zulässigkeit, Zuständigkeit

(1) Gegen Verfügungen der Kartellbehörde ist die Beschwerde zulässig. Sie kann auch auf neue Tatsachen und Beweismittel gestützt werden.

(2) Die Beschwerde steht den am Verfahren vor der Kartellbehörde Beteiligten (§ 54 Absatz 2 und 3) zu.

(3) Die Beschwerde ist auch gegen die Unterlassung einer beantragten Verfügung der Kartellbehörde zulässig, auf deren Vornahme der Antragsteller ein Recht zu haben behauptet. Als Unterlassung gilt es auch, wenn die Kartellbehörde den Antrag auf Vornahme der Verfügung ohne zureichenden Grund in angemessener Frist nicht beschieden hat. Die Unterlassung ist dann einer Ablehnung gleichzuachten.

(4) Über die Beschwerde entscheidet das für den Sitz der Kartellbehörde zuständige Oberlandesgericht, in den Fällen der §§ 35 bis 42 das für den Sitz des Bundeskartellamts zuständige Oberlandesgericht, und zwar auch dann, wenn sich die Beschwerde gegen eine Verfügung des Bundesministeriums für Wirtschaft und Technologie richtet. § 36 der Zivilprozessordnung gilt entsprechend. Für Streitigkeiten über Entscheidungen des Bundeskartellamts, die die freiwillige Vereinigung von Krankenkassen nach § 172a des Fünften Buches Sozialgesetzbuch betreffen, gilt § 202 Satz 3 des Sozialgerichtsgesetzes.

§ 64 Aufschiebende Wirkung

(1) Die Beschwerde hat aufschiebende Wirkung, soweit durch die angefochtene Verfügung

1. (weggefallen)
2. eine Verfügung nach § 26 Absatz 4, § 30 Absatz 3, § 31b Absatz 3, § 32 Absatz 2a Satz 1 oder § 34 Absatz 1 getroffen oder
3. eine Erlaubnis nach § 42 Absatz 2 Satz 2 widerrufen oder geändert wird.

(2) Wird eine Verfügung, durch die eine einstweilige Anordnung nach § 60 getroffen wurde, angefochten, so kann das Beschwerdegericht anordnen, dass die angefochtene Verfügung ganz oder teilweise erst nach Abschluss des Beschwerdeverfahrens oder nach Leistung einer Sicherheit in Kraft tritt. Die Anordnung kann jederzeit aufgehoben oder geändert werden.

(3) § 60 gilt entsprechend für das Verfahren vor dem Beschwerdegericht. Dies gilt nicht für die Fälle des § 65.

§ 65 Anordnung der sofortigen Vollziehung

(1) Die Kartellbehörde kann in den Fällen des § 64 Absatz 1 die sofortige Vollziehung der Verfügung anordnen, wenn dies im öffentlichen Interesse oder im überwiegenden Interesse eines Beteiligten geboten ist.

(2) Die Anordnung nach Absatz 1 kann bereits vor der Einreichung der Beschwerde getroffen werden.

(3) Auf Antrag kann das Beschwerdegericht die aufschiebende Wirkung ganz oder teilweise wiederherstellen, wenn

1. die Voraussetzungen für die Anordnung nach Absatz 1 nicht vorgelegen haben oder nicht mehr vorliegen oder
2. ernstliche Zweifel an der Rechtmäßigkeit der angefochtenen Verfügung bestehen oder
3. die Vollziehung für den Betroffenen eine unbillige, nicht durch überwiegende öffentliche Interessen gebotene Härte zur Folge hätte.

In den Fällen, in denen die Beschwerde keine aufschiebende Wirkung hat, kann die Kartellbehörde die Vollziehung aussetzen; die Aussetzung soll erfolgen, wenn die Voraussetzungen des Satzes 1 Nummer 3 vorliegen. Das Beschwerdegericht kann auf Antrag die aufschiebende Wirkung ganz oder teilweise anordnen, wenn die Voraussetzungen des Satzes 1 Nummer 2 oder 3 vorliegen. Hat ein Dritter Beschwerde gegen eine Verfügung nach § 40 Absatz 2 eingelegt, ist der Antrag des Dritten auf Erlass einer Anordnung nach Satz 3 nur zulässig, wenn dieser geltend macht, durch die Verfügung in seinen Rechten verletzt zu sein.

(4) Der Antrag nach Absatz 3 Satz 1 oder 3 ist schon vor Einreichung der Beschwerde zulässig. Die Tatsachen, auf die der Antrag gestützt wird, sind vom Antragsteller glaubhaft zu machen. Ist die Verfügung im Zeitpunkt der Entscheidung schon vollzogen, kann das Gericht auch die Aufhebung der Vollziehung anordnen. Die Wiederherstellung und die Anordnung der aufschiebenden Wirkung können von der Leistung einer Sicherheit oder von anderen Auflagen abhängig gemacht werden. Sie können auch befristet werden.

(5) Beschlüsse über Anträge nach Absatz 3 können jederzeit geändert oder aufgehoben werden.

§ 66 Frist und Form

(1) Die Beschwerde ist binnen einer Frist von einem Monat bei der Kartellbehörde, deren Verfügung angefochten wird, schriftlich einzureichen. Die Frist beginnt mit der Zustellung der Verfügung der Kartellbehörde. Wird in den Fällen des § 36 Absatz 1 Antrag auf Erteilung einer Erlaubnis nach § 42 gestellt, so beginnt die Frist für die Beschwerde gegen die Verfügung des Bundeskartellamts mit der Zustellung der Verfügung des Bundesministeriums für Wirtschaft und Technologie. Es genügt, wenn die Beschwerde innerhalb der Frist bei dem Beschwerdegericht eingeht.

(2) Ergeht auf einen Antrag keine Verfügung (§ 63 Absatz 3 Satz 2), so ist die Beschwerde an keine Frist gebunden.

(3) Die Beschwerde ist innerhalb von zwei Monaten nach Zustellung der angefochtenen Verfügung zu begründen. Im Fall des Absatzes 1 Satz 3 beginnt die Frist mit der Zustellung der Verfügung des Bundesministeriums für Wirtschaft und Technologie. Wird diese Verfügung angefochten, beginnt die Frist zu dem Zeitpunkt, zu dem die Untersagung unanfechtbar wird. Im Fall des Absatzes 2 beträgt die Frist einen Monat; sie beginnt mit der Einlegung der Beschwerde. Die Frist kann auf Antrag von dem oder der Vorsitzenden des Beschwerdegerichts verlängert werden.

(4) Die Beschwerdebegründung muss enthalten

1. die Erklärung, inwieweit die Verfügung angefochten und ihre Abänderung oder Aufhebung beantragt wird,
2. die Angabe der Tatsachen und Beweismittel, auf die sich die Beschwerde stützt.

(5) Die Beschwerdeschrift und die Beschwerdebegründung müssen durch einen Rechtsanwalt unterzeichnet sein; dies gilt nicht für Beschwerden der Kartellbehörden.

§ 67 Beteiligte am Beschwerdeverfahren

(1) An dem Verfahren vor dem Beschwerdegericht sind beteiligt

1. der Beschwerdeführer,
2. die Kartellbehörde, deren Verfügung angefochten wird,
3. Personen und Personenvereinigungen, deren Interessen durch die Entscheidung erheblich berührt werden und die die Kartellbehörde auf ihren Antrag zu dem Verfahren beigeladen hat.

(2) Richtet sich die Beschwerde gegen eine Verfügung einer obersten Landesbehörde, ist auch das Bundeskartellamt an dem Verfahren beteiligt.

§ 68 Anwaltszwang

Vor dem Beschwerdegericht müssen die Beteiligten sich durch einen Rechtsanwalt als Bevollmächtigten vertreten lassen. Die Kartellbehörde kann sich durch ein Mitglied der Behörde vertreten lassen.

§ 69 Mündliche Verhandlung

(1) Das Beschwerdegericht entscheidet über die Beschwerde auf Grund mündlicher Verhandlung; mit Einverständnis der Beteiligten kann ohne mündliche Verhandlung entschieden werden.

(2) Sind die Beteiligten in dem Verhandlungstermin trotz rechtzeitiger Benachrichtigung nicht erschienen oder gehörig vertreten, so kann gleichwohl in der Sache verhandelt und entschieden werden.

§ 70 Untersuchungsgrundsatz

(1) Das Beschwerdegericht erforscht den Sachverhalt von Amts wegen.

(2) Der oder die Vorsitzende hat darauf hinzuwirken, dass Formfehler beseitigt, unklare Anträge erläutert, sachdienliche Anträge gestellt, ungenügende tatsächliche Angaben ergänzt, ferner alle für die Feststellung und Beurteilung des Sachverhalts wesentlichen Erklärungen abgegeben werden.

(3) Das Beschwerdegericht kann den Beteiligten aufgeben, sich innerhalb einer zu bestimmenden Frist über aufklärungsbedürftige Punkte zu äußern, Beweismittel zu bezeichnen und in ihren Händen befindliche Urkunden sowie andere Beweismittel vorzulegen. Bei Versäumung der Frist kann nach Lage der Sache ohne Berücksichtigung der nicht beigebrachten Beweismittel entschieden werden.

(4) Wird die Anforderung nach § 59 Absatz 6 oder die Anordnung nach § 59 Absatz 7 mit der Beschwerde angefochten, hat die Kartellbehörde die tatsächlichen Anhaltspunkte glaubhaft zu machen. § 294 Absatz 1 der Zivilprozessordnung findet Anwendung. Eine Glaubhaftmachung ist nicht erforderlich, soweit § 20 voraussetzt, dass kleine oder mittlere Unternehmen von Unternehmen in der Weise abhängig sind, dass ausreichende und zumutbare Ausweichmöglichkeiten nicht bestehen.

§ 71 Beschwerdeentscheidung

(1) Das Beschwerdegericht entscheidet durch Beschluss nach seiner freien, aus dem Gesamtergebnis des Verfahrens gewonnenen Überzeugung. Der Beschluss darf nur auf Tatsachen und Beweismittel gestützt werden, zu denen die Beteiligten sich äußern konnten. Das Beschwerdegericht kann hiervon abweichen, soweit Beigeladenen aus wichtigen Gründen, insbesondere zur Wahrung von Betriebs- oder Geschäftsgeheimnissen, Akteneinsicht nicht gewährt und der Akteninhalt aus diesen Gründen auch nicht vorgetragen worden ist. Dies gilt nicht für solche Beigeladene, die an dem streitigen Rechtsverhältnis derart beteiligt sind, dass die Entscheidung auch ihnen gegenüber nur einheitlich ergehen kann.

(2) Hält das Beschwerdegericht die Verfügung der Kartellbehörde für unzulässig oder unbegründet, so hebt es sie auf. Hat sich die Verfügung vorher durch Zurücknahme oder auf andere Weise erledigt, so spricht das Beschwerdegericht auf Antrag aus, dass die Verfügung der Kartellbehörde unzulässig oder unbegründet gewesen ist, wenn der Beschwerdeführer ein berechtigtes Interesse an dieser Feststellung hat.

(3) Hat sich eine Verfügung nach den §§ 32 bis 32b oder § 32d wegen nachträglicher Änderung der tatsächlichen Verhältnisse oder auf andere Weise erledigt, so spricht das Beschwerdegericht auf Antrag aus, ob, in welchem Umfang und bis zu welchem Zeitpunkt die Verfügung begründet gewesen ist.

(4) Hält das Beschwerdegericht die Ablehnung oder Unterlassung der Verfügung für unzulässig oder unbegründet, so spricht es die Verpflichtung der Kartellbehörde aus, die beantragte Verfügung vorzunehmen.

(5) Die Verfügung ist auch dann unzulässig oder unbegründet, wenn die Kartellbehörde von ihrem Ermessen fehlsamen Gebrauch gemacht hat, insbesondere wenn sie die gesetzlichen Grenzen des Ermessens überschritten oder durch die Ermessensentscheidung Sinn und Zweck dieses Gesetzes verletzt hat. Die Würdigung der gesamtwirtschaftlichen Lage und Entwicklung ist hierbei der Nachprüfung des Gerichts entzogen.

(6) Der Beschluss ist zu begründen und mit einer Rechtsmittelbelehrung den Beteiligten zuzustellen.

§ 71a Abhilfe bei Verletzung des Anspruchs auf rechtliches Gehör

(1) Auf die Rüge eines durch eine gerichtliche Entscheidung beschwerten Beteiligten ist das Verfahren fortzuführen, wenn

1. ein Rechtsmittel oder ein anderer Rechtsbehelf gegen die Entscheidung nicht gegeben ist und
2. das Gericht den Anspruch dieses Beteiligten auf rechtliches Gehör in entscheidungserheblicher Weise verletzt hat.

Gegen eine der Endentscheidung vorausgehende Entscheidung findet die Rüge nicht statt.

(2) Die Rüge ist innerhalb von zwei Wochen nach Kenntnis von der Verletzung des rechtlichen Gehörs zu erheben; der Zeitpunkt der Kenntniserlangung ist glaubhaft zu machen. Nach Ablauf eines Jahres seit Bekanntgabe der angegriffenen Entscheidung kann die Rüge nicht mehr erhoben werden. Formlos mitgeteilte Entscheidungen gelten mit dem dritten Tage nach Aufgabe zur Post als bekannt gegeben. Die Rüge ist schriftlich oder zur Niederschrift des Urkundsbeamten der Geschäftsstelle bei dem Gericht zu erheben, dessen Entscheidung angegriffen wird. Die Rüge muss die angegriffene Entscheidung bezeichnen und das Vorliegen der in Absatz 1 Satz 1 Nummer 2 genannten Voraussetzungen darlegen.

(3) Den übrigen Beteiligten ist, soweit erforderlich, Gelegenheit zur Stellungnahme zu geben.

(4) Ist die Rüge nicht statthaft oder nicht in der gesetzlichen Form oder Frist erhoben, so ist sie als unzulässig zu verwerfen. Ist die Rüge unbegründet, weist das Gericht sie zurück. Die Entscheidung ergeht durch unanfechtbaren Beschluss. Der Beschluss soll kurz begründet werden.

(5) Ist die Rüge begründet, so hilft ihr das Gericht ab, indem es das Verfahren fortführt, soweit dies aufgrund der Rüge geboten ist. Das Verfahren wird in die Lage zurückversetzt, in der es sich vor dem Schluss der mündlichen Verhandlung befand. Im schriftlichen Verfahren tritt an die Stelle des Schlusses der mündlichen Verhandlung der Zeitpunkt, bis zu dem Schriftsätze eingereicht werden können. Für den Ausspruch des Gerichts ist § 343 der Zivilprozessordnung anzuwenden.

(6) § 149 Absatz 1 Satz 2 der Verwaltungsgerichtsordnung ist entsprechend anzuwenden.

§ 72 Akteneinsicht

(1) Die in § 67 Absatz 1 Nummer 1 und 2 und Absatz 2 bezeichneten Beteiligten können die Akten des Gerichts einsehen und sich durch die Geschäftsstelle auf ihre Kosten Ausfertigungen, Auszüge und Abschriften erteilen lassen. § 299 Absatz 3 der Zivilprozessordnung gilt entsprechend.

(2) Einsicht in Vorakten, Beiakten, Gutachten und Auskünfte ist nur mit Zustimmung der Stellen zulässig, denen die Akten gehören oder die die Äußerung eingeholt haben. Die Kartellbehörde hat die Zustimmung zur Einsicht in die ihr gehörigen Unterlagen zu versagen, soweit dies aus wichtigen Gründen, insbesondere zur Wahrung von Betriebs- oder Geschäftsgeheimnissen, geboten ist. Wird die Einsicht abgelehnt oder ist sie unzulässig, dürfen diese Unterlagen der Entscheidung nur insoweit zugrunde gelegt werden, als ihr Inhalt vorgetragen worden ist. Das Beschwerdegericht kann die Offenlegung von Tatsachen oder Beweismitteln, deren Geheimhaltung aus wichtigen Gründen, insbesondere zur Wahrung von Betriebs- oder Geschäftsgeheimnissen, verlangt wird, nach Anhörung des von der Offenlegung Betroffenen durch Beschluss anordnen, soweit es für die Entscheidung auf diese Tatsachen oder Beweismittel ankommt, andere Möglichkeiten der Sachaufklärung nicht bestehen und nach Abwägung aller Umstände des Einzelfalles die Bedeutung der Sache für die Sicherung des Wettbewerbs das Interesse des Betroffenen an der Geheimhaltung überwiegt. Der Beschluss ist zu begründen. In dem Verfahren nach Satz 4 muss sich der Betroffene nicht anwaltlich vertreten lassen.

(3) Den in § 67 Absatz 1 Nummer 3 bezeichneten Beteiligten kann das Beschwerdegericht nach Anhörung des Verfügungsberechtigten Akteneinsicht in gleichem Umfang gewähren.

§ 73 Geltung von Vorschriften des GVG und der ZPO

Für Verfahren vor dem Beschwerdegericht gelten, soweit nichts anderes bestimmt ist, entsprechend

1. die Vorschriften der §§ 169 bis 201 des Gerichtsverfassungsgesetzes über Öffentlichkeit, Sitzungspolizei, Gerichtssprache, Beratung und Abstimmung sowie über den Rechtsschutz bei überlangen Gerichtsverfahren;
2. die Vorschriften der Zivilprozessordnung über Ausschließung und Ablehnung eines Richters, über Prozessbevollmächtigte und Beistände, über die Zustellung von Amts wegen, über Ladungen, Termine und Fristen, über die Anordnung des persönlichen Erscheinens der Parteien, über die Verbindung mehrerer Prozesse, über die Erledigung des Zeugen- und Sachverständigenbeweises sowie über die sonstigen Arten des Beweisverfahrens, über die Wiedereinsetzung in den vorigen Stand gegen die Versäumung einer Frist.

III.
Rechtsbeschwerde

§ 74 Zulassung, absolute Rechtsbeschwerdegründe

(1) Gegen Beschlüsse der Oberlandesgerichte findet die Rechtsbeschwerde an den Bundesgerichtshof statt, wenn das Oberlandesgericht die Rechtsbeschwerde zugelassen hat. Für Beschlüsse des Landessozialgerichts in Streitigkeiten, die die freiwillige Vereinigung von Krankenkassen nach § 172a des Fünften Buches Sozialgesetzbuch betreffen, gilt § 202 Satz 3 des Sozialgerichtsgesetzes.

(2) Die Rechtsbeschwerde ist zuzulassen, wenn

1. eine Rechtsfrage von grundsätzlicher Bedeutung zu entscheiden ist oder
2. die Fortbildung des Rechts oder die Sicherung einer einheitlichen Rechtsprechung eine Entscheidung des Bundesgerichtshofs erfordert.

(3) Über die Zulassung oder Nichtzulassung der Rechtsbeschwerde ist in der Entscheidung des Oberlandesgerichts zu befinden. Die Nichtzulassung ist zu begründen.

(4) Einer Zulassung zur Einlegung der Rechtsbeschwerde gegen Entscheidungen des Beschwerdegerichts bedarf es nicht, wenn einer der folgenden Mängel des Verfahrens vorliegt und gerügt wird:

1. wenn das beschließende Gericht nicht vorschriftsmäßig besetzt war,
2. wenn bei der Entscheidung ein Richter mitgewirkt hat, der von der Ausübung des Richteramtes kraft Gesetzes ausgeschlossen oder wegen Besorgnis der Befangenheit mit Erfolg abgelehnt war,
3. wenn einem Beteiligten das rechtliche Gehör versagt war,
4. wenn ein Beteiligter im Verfahren nicht nach Vorschrift des Gesetzes vertreten war, sofern er nicht der Führung des Verfahrens ausdrücklich oder stillschweigend zugestimmt hat,
5. wenn die Entscheidung auf Grund einer mündlichen Verhandlung ergangen ist, bei der die Vorschriften über die Öffentlichkeit des Verfahrens verletzt worden sind, oder
6. wenn die Entscheidung nicht mit Gründen versehen ist.

§ 75 Nichtzulassungsbeschwerde

(1) Die Nichtzulassung der Rechtsbeschwerde kann selbständig durch Nichtzulassungsbeschwerde angefochten werden.

(2) Über die Nichtzulassungsbeschwerde entscheidet der Bundesgerichtshof durch Beschluss, der zu begründen ist. Der Beschluss kann ohne mündliche Verhandlung ergehen.

(3) Die Nichtzulassungsbeschwerde ist binnen einer Frist von einem Monat schriftlich bei dem Oberlandesgericht einzulegen. Die Frist beginnt mit der Zustellung der angefochtenen Entscheidung.

(4) Für die Nichtzulassungsbeschwerde gelten § 64 Absatz 1 und 2, § 66 Absatz 3, 4 Nummer 1 und Absatz 5, §§ 67, 68, 72 und 73 Nummer 2 dieses Gesetzes sowie die §§ 192 bis 201 des Gerichtsverfassungsgesetzes über die Beratung und Abstimmung sowie über den Rechtsschutz bei überlangen Gerichtsverfahren entsprechend. Für den Erlass einstweiliger Anordnungen ist das Beschwerdegericht zuständig.

(5) Wird die Rechtsbeschwerde nicht zugelassen, so wird die Entscheidung des Oberlandesgerichts mit der Zustellung des Beschlusses des Bundesgerichtshofs rechtskräftig. Wird die Rechtsbeschwerde zugelassen, so beginnt mit der Zustellung des Beschlusses des Bundesgerichtshofs der Lauf der Beschwerdefrist.

§ 76 Beschwerdeberechtigte, Form und Frist

(1) Die Rechtsbeschwerde steht der Kartellbehörde sowie den am Beschwerdeverfahren Beteiligten zu.

(2) Die Rechtsbeschwerde kann nur darauf gestützt werden, dass die Entscheidung auf einer Verletzung des Rechts beruht; die §§ 546, 547 der Zivilprozessordnung gelten entsprechend. Die Rechtsbeschwerde kann nicht darauf gestützt werden, dass die Kartellbehörde unter Verletzung des § 48 ihre Zuständigkeit zu Unrecht angenommen hat.

(3) Die Rechtsbeschwerde ist binnen einer Frist von einem Monat schriftlich bei dem Oberlandesgericht einzulegen. Die Frist beginnt mit der Zustellung der angefochtenen Entscheidung.

(4) Der Bundesgerichtshof ist an die in der angefochtenen Entscheidung getroffenen tatsächlichen Feststellungen gebunden, außer wenn in Bezug auf diese Feststellungen zulässige und begründete Rechtsbeschwerdegründe vorgebracht sind.

(5) Für die Rechtsbeschwerde gelten im Übrigen § 64 Absatz 1 und 2, § 66 Absatz 3, 4 Nummer 1 und Absatz 5, §§ 67 bis 69, 71 bis 73 entsprechend. Für den Erlass einstweiliger Anordnungen ist das Beschwerdegericht zuständig.

IV. Gemeinsame Bestimmungen

§ 77 Beteiligtenfähigkeit

Fähig, am Verfahren vor der Kartellbehörde, am Beschwerdeverfahren und am Rechtsbeschwerdeverfahren beteiligt zu sein, sind außer natürlichen und juristischen Personen auch nichtrechtsfähige Personenvereinigungen.

§ 78 Kostentragung und -festsetzung

Im Beschwerdeverfahren und im Rechtsbeschwerdeverfahren kann das Gericht anordnen, dass die Kosten, die zur zweckentsprechenden Erledigung der Angelegenheit notwendig waren, von einem Beteiligten ganz oder teilweise zu erstatten sind, wenn dies der Billigkeit entspricht. Hat ein Beteiligter Kosten durch ein unbegründetes Rechtsmittel oder durch grobes Verschulden veranlasst, so sind ihm die Kosten aufzuerlegen. Im Übrigen gelten die Vorschriften der Zivilprozessordnung über das Kostenfestsetzungsverfahren und die Zwangsvollstreckung aus Kostenfestsetzungsbeschlüssen entsprechend.

§ 78a Elektronische Dokumentenübermittlung

Im Beschwerdeverfahren und im Rechtsbeschwerdeverfahren gelten § 130a Absatz 1 und 3 sowie § 133 Absatz 1 Satz 2 der Zivilprozessordnung mit der Maßgabe entsprechend, dass die Beteiligten nach § 67 am elektronischen Rechtsverkehr teilnehmen können. Die Bundesregierung und die Landesregierungen bestimmen für ihren Bereich durch Rechtsverordnung den Zeitpunkt, von dem an elektronische Dokumente bei den Gerichten eingereicht werden können, sowie die für die Bearbeitung der Dokumente geeignete Form. Die Landesregierungen können die Ermächtigung durch Rechtsverordnung auf die Landesjustizverwaltungen übertragen. Die Zulassung der elektronischen Form kann auf einzelne Gerichte oder Verfahren beschränkt werden.

§ 79 Rechtsverordnungen

Das Nähere über das Verfahren vor der Kartellbehörde bestimmt die Bundesregierung durch Rechtsverordnung, die der Zustimmung des Bundesrates bedarf.

§ 80 Gebührenpflichtige Handlungen

(1) Im Verfahren vor der Kartellbehörde werden Kosten (Gebühren und Auslagen) zur Deckung des Verwaltungsaufwandes erhoben. Gebührenpflichtig sind (gebührenpflichtige Handlungen)

1. Anmeldungen nach § 31a Absatz 1 und § 39 Absatz 1; bei von der Europäischen Kommission an das Bundeskartellamt verwiesenen Zusammenschlüssen stehen der Verweisungsantrag an die Europäische Kommission oder die Anmeldung bei der Europäischen Kommission der Anmeldung nach § 39 Absatz 1 gleich;
2. Amtshandlungen auf Grund der §§ 26, 30 Absatz 3, § 31b Absatz 3, §§ 32 bis 32d, § 34 – auch in Verbindung mit den §§ 50 bis 50b –, §§ 36, 39, 40, 41, 42 und 60;
3. Einstellungen des Entflechtungsverfahrens nach § 41 Absatz 3;
4. Erteilung von beglaubigten Abschriften aus den Akten der Kartellbehörde.

Daneben werden als Auslagen die Kosten der Veröffentlichungen, der öffentlichen Bekanntmachungen und von weiteren Ausfertigungen, Kopien und Auszügen sowie die in entsprechender Anwendung des Justizvergütungs- und -entschädigungsgesetzes zu zahlenden Beträge erhoben. Auf die Gebühr für die Freigabe oder Untersagung eines Zusammenschlusses nach § 36 Absatz 1 sind die Gebühren für die Anmeldung eines Zusammenschlusses nach § 39 Absatz 1 anzurechnen.

(2) Die Höhe der Gebühren bestimmt sich nach dem personellen und sachlichen Aufwand der Kartellbehörde unter Berücksichtigung der wirtschaftlichen Bedeutung, die der Gegenstand der gebührenpflichtigen Handlung hat. Die Gebührensätze dürfen jedoch nicht übersteigen

1. 50 000 Euro in den Fällen der §§ 36, 39, 40, 41 Absatz 3 und 4 und § 42;
2. 25 000 Euro in den Fällen des § 31b Absatz 3, der §§ 32 und 32b Absatz 1 sowie der §§ 32c, 32d, 34 und 41 Absatz 2 Satz 1 und 2;
3. (weggefallen)
4. 5 000 Euro in den Fällen des § 26 Absatz 1 und 2, § 30 Absatz 3 und § 31a Absatz 1;
5. 17,50 Euro für die Erteilung beglaubigter Abschriften (Absatz 1 Satz 2 Nummer 4);
6. a) in den Fällen des § 40 Absatz 3a auch in Verbindung mit § 41 Absatz 2 Satz 3 und § 42 Absatz 2 Satz 2 den Betrag für die Freigabe, Befreiung oder Erlaubnis,
   b) 250 Euro für Verfügungen in Bezug auf Vereinbarungen oder Beschlüsse der in § 28 Absatz 1 bezeichneten Art,
   c) im Falle des § 26 Absatz 4 den Betrag für die Entscheidung nach § 26 Absatz 1 (Nummer 4),
   d) in den Fällen der §§ 32a und 60 ein Fünftel der Gebühr in der Hauptsache.

Ist der personelle oder sachliche Aufwand der Kartellbehörde unter Berücksichtigung des wirtschaftlichen Werts der gebührenpflichtigen Handlung im Einzelfall außergewöhnlich hoch, kann die Gebühr bis auf das Doppelte erhöht werden. Aus Gründen der Billigkeit kann die unter Berücksichtigung der Sätze 1 bis 3 ermittelte Gebühr bis auf ein Zehntel ermäßigt werden.

(3) Zur Abgeltung mehrfacher gleichartiger Amtshandlungen oder gleichartiger Anmeldungen desselben Gebührenschuldners können Pauschgebührensätze, die den geringen Umfang des Verwaltungsaufwandes berücksichtigen, vorgesehen werden.

(4) Gebühren dürfen nicht erhoben werden

1. für mündliche und schriftliche Auskünfte und Anregungen;
2. wenn sie bei richtiger Behandlung der Sache nicht entstanden wären;
3. in den Fällen des § 42, wenn die vorangegangene Verfügung des Bundeskartellamts nach § 36 Absatz 1 oder § 41 Absatz 3 aufgehoben worden ist.

(5) Wird ein Antrag zurückgenommen, bevor darüber entschieden ist, so ist die Hälfte der Gebühr zu entrichten. Das Gleiche gilt, wenn eine Anmeldung innerhalb von drei Monaten nach Eingang bei der Kartellbehörde zurückgenommen wird.

(6) Kostenschuldner ist

1. in den Fällen des Absatzes 1 Satz 2 Nummer 1, wer eine Anmeldung oder einen Verweisungsantrag eingereicht hat;
2. in den Fällen des Absatzes 1 Satz 2 Nummer 2, wer durch einen Antrag oder eine Anmeldung die Tätigkeit der Kartellbehörde veranlasst hat, oder derjenige, gegen den eine Verfügung der Kartellbehörde ergangen ist;
3. in den Fällen des Absatzes 1 Satz 2 Nummer 3, wer nach § 39 Absatz 2 zur Anmeldung verpflichtet war;
4. in den Fällen des Absatzes 1 Satz 2 Nummer 4, wer die Herstellung der Abschriften veranlasst hat.

Kostenschuldner ist auch, wer die Zahlung der Kosten durch eine vor der Kartellbehörde abgegebene oder ihr mitgeteilte Erklärung übernommen hat oder wer für die Kostenschuld eines anderen kraft Gesetzes haftet. Mehrere Kostenschuldner haften als Gesamtschuldner.

(7) Der Anspruch auf Zahlung der Gebühren verjährt in vier Jahren nach der Gebührenfestsetzung. Der Anspruch auf Erstattung der Auslagen verjährt in vier Jahren nach ihrer Entstehung.

(8) Die Bundesregierung wird ermächtigt, durch Rechtsverordnung, die der Zustimmung des Bundesrates bedarf, die Gebührensätze und die Erhebung der Gebühren vom Kostenschuldner in Durchführung der Vorschriften der Absätze 1 bis 6 sowie die Erstattung von Auslagen nach Absatz 1 Satz 3 zu regeln. Sie kann dabei auch Vorschriften über die Kostenbefreiung von juristischen Personen des öffentlichen Rechts, über die Verjährung sowie über die Kostenerhebung treffen.

(9) Durch Rechtsverordnung der Bundesregierung, die der Zustimmung des Bundesrates bedarf, wird das Nähere über die Erstattung der durch das Verfahren vor der Kartellbehörde entstehenden Kosten nach den Grundsätzen des § 78 bestimmt.

Zweiter Abschnitt
Bußgeldverfahren

§ 81 Bußgeldvorschriften

(1) Ordnungswidrig handelt, wer gegen den Vertrag über die Arbeitsweise der Europäischen Union in der Fassung der Bekanntmachung vom 9. Mai 2008 (ABl. C 115 vom 9.5.2008, S. 47) verstößt, indem er vorsätzlich oder fahrlässig

1. entgegen Artikel 101 Absatz 1 eine Vereinbarung trifft, einen Beschluss fasst oder Verhaltensweisen aufeinander abstimmt oder
2. entgegen Artikel 102 Satz 1 eine beherrschende Stellung missbräuchlich ausnutzt.

(2) Ordnungswidrig handelt, wer vorsätzlich oder fahrlässig

1. einer Vorschrift der §§ 1, 19, 20 Absatz 1 bis 3 Satz 1 oder Absatz 5, § 21 Absatz 3 oder 4, § 29 Satz 1 oder § 41 Absatz 1 Satz 1 über das Verbot einer dort genannten Vereinbarung, eines dort genannten Beschlusses, einer aufeinander abgestimmten Verhaltensweise, der missbräuchlichen Ausnutzung einer marktbeherrschenden Stellung, einer Marktstellung oder einer überlegenen Marktmacht, einer unbilligen Behinderung oder unterschiedlichen Behandlung, der Ablehnung der Aufnahme eines Unternehmens, der Ausübung eines Zwangs, der Zufügung eines wirtschaftlichen Nachteils oder des Vollzugs eines Zusammenschlusses zuwiderhandelt,
2. einer vollziehbaren Anordnung nach
   a) § 30 Absatz 3, § 31b Absatz 3 Nummer 1 und Nummer 3, § 32 Absatz 1, § 32a Absatz 1, § 32b Absatz 1 Satz 1 oder § 41 Absatz 4 Nummer 2, auch in Verbindung mit § 40 Absatz 3a Satz 2, auch in Verbindung mit § 41 Absatz 2 Satz 3 oder § 42 Absatz 2 Satz 2, oder § 60 oder
   b) § 39 Absatz 5 oder
   c) § 47d Absatz 1 Satz 2 in Verbindung mit einer Rechtsverordnung nach § 47f Nummer 1 oder
   d) § 47d Absatz 1 Satz 5 erster Halbsatz in Verbindung mit einer Rechtsverordnung nach § 47f Nummer 2

   zuwiderhandelt,
3. entgegen § 39 Absatz 1 einen Zusammenschluss nicht richtig oder nicht vollständig anmeldet,
4. entgegen § 39 Absatz 6 eine Anzeige nicht, nicht richtig, nicht vollständig oder nicht rechtzeitig erstattet,
5. einer vollziehbaren Auflage nach § 40 Absatz 3 Satz 1 oder § 42 Absatz 2 Satz 1 zuwiderhandelt,

5a. einer Rechtsverordnung nach § 47f Nummer 3 Buchstabe a, b oder c oder einer vollziehbaren Anordnung auf Grund einer solchen Rechtsverordnung zuwiderhandelt, soweit die Rechtsverordnung für einen bestimmten Tatbestand auf diese Bußgeldvorschrift verweist,

5b. entgegen § 47k Absatz 2 Satz 1, auch in Verbindung mit Satz 2, jeweils in Verbindung mit einer Rechtsverordnung nach § 47k Absatz 8 Satz 1 Nummer 1 oder Nummer 2, eine dort genannte Änderung nicht, nicht richtig, nicht vollständig oder nicht rechtzeitig übermittelt oder

6. entgegen § 59 Absatz 2, auch in Verbindung mit § 47d Absatz 1 Satz 1 oder § 47k Absatz 7, eine Auskunft nicht, nicht richtig, nicht vollständig oder nicht rechtzeitig erteilt, Unterlagen nicht, nicht vollständig oder nicht rechtzeitig herausgibt, geschäftliche Unterlagen nicht, nicht vollständig oder nicht rechtzeitig zur

Einsichtnahme und Prüfung vorlegt oder die Prüfung dieser geschäftlichen Unterlagen sowie das Betreten von Geschäftsräumen und -grundstücken nicht duldet oder

7. entgegen § 81a Absatz 1 Satz 1 eine Auskunft nicht, nicht richtig, nicht vollständig oder nicht rechtzeitig erteilt oder eine Unterlage nicht, nicht richtig, nicht vollständig oder nicht rechtzeitig herausgibt.

(3) Ordnungswidrig handelt, wer

1. entgegen § 21 Absatz 1 zu einer Liefersperre oder Bezugssperre auffordert,
2. entgegen § 21 Absatz 2 einen Nachteil androht oder zufügt oder einen Vorteil verspricht oder gewährt oder
3. entgegen § 24 Absatz 4 Satz 3 oder § 39 Absatz 3 Satz 5 eine Angabe macht oder benutzt.

(4) Die Ordnungswidrigkeit kann in den Fällen des Absatzes 1, des Absatzes 2 Nummer 1, 2 Buchstabe a und Nummer 5 und des Absatzes 3 mit einer Geldbuße bis zu einer Million Euro geahndet werden. Gegen ein Unternehmen oder eine Unternehmensvereinigung kann über Satz 1 hinaus eine höhere Geldbuße verhängt werden; die Geldbuße darf 10 vom Hundert des im der Behördenentscheidung vorausgegangenen Geschäftsjahr erzielten Gesamtumsatzes des Unternehmens oder der Unternehmensvereinigung nicht übersteigen. Bei der Ermittlung des Gesamtumsatzes ist der weltweite Umsatz aller natürlichen und juristischen Personen zugrunde zu legen, die als wirtschaftliche Einheit operieren. Die Höhe des Gesamtumsatzes kann geschätzt werden. In den übrigen Fällen kann die Ordnungswidrigkeit mit einer Geldbuße bis zu hunderttausend Euro geahndet werden. Bei der Festsetzung der Höhe der Geldbuße ist sowohl die Schwere der Zuwiderhandlung als auch deren Dauer zu berücksichtigen.

(5) Bei der Zumessung der Geldbuße findet § 17 Absatz 4 des Gesetzes über Ordnungswidrigkeiten mit der Maßgabe Anwendung, dass der wirtschaftliche Vorteil, der aus der Ordnungswidrigkeit gezogen wurde, durch die Geldbuße nach Absatz 4 abgeschöpft werden kann. Dient die Geldbuße allein der Ahndung, ist dies bei der Zumessung entsprechend zu berücksichtigen.

(6) Im Bußgeldbescheid festgesetzte Geldbußen gegen juristische Personen und Personenvereinigungen sind zu verzinsen; die Verzinsung beginnt zwei Wochen nach Zustellung des Bußgeldbescheides. § 288 Absatz 1 Satz 2 und § 289 Satz 1 des Bürgerlichen Gesetzbuchs sind entsprechend anzuwenden.

(7) Das Bundeskartellamt kann allgemeine Verwaltungsgrundsätze über die Ausübung seines Ermessens bei der Bemessung der Geldbuße, insbesondere für die Feststellung der Bußgeldhöhe als auch für die Zusammenarbeit mit ausländischen Wettbewerbsbehörden, festlegen.

(8) Die Verjährung der Verfolgung von Ordnungswidrigkeiten nach den Absätzen 1 bis 3 richtet sich nach den Vorschriften des Gesetzes über Ordnungswidrigkeiten auch dann, wenn die Tat durch Verbreiten von Druckschriften begangen wird. Die Verfolgung der Ordnungswidrigkeiten nach Absatz 1, Absatz 2 Nummer 1 und Absatz 3 verjährt in fünf Jahren.

(9) Ist die Europäische Kommission oder sind die Wettbewerbsbehörden anderer Mitgliedstaaten der Europäischen Union auf Grund einer Beschwerde oder von Amts wegen mit einem Verfahren wegen eines Verstoßes gegen Artikel 101 oder 102 des Vertrages über die Arbeitsweise der Europäischen Union gegen dieselbe Vereinbarung, denselben Beschluss oder dieselbe Verhaltensweise wie die Kartellbehörde befasst, wird für Ordnungswidrigkeiten nach Absatz 1 die Verjährung durch die den § 33 Absatz 1 des Gesetzes über Ordnungswidrigkeiten entsprechenden Handlungen dieser Wettbewerbsbehörden unterbrochen.

(10) Verwaltungsbehörden im Sinne des § 36 Absatz 1 Nummer 1 des Gesetzes über Ordnungswidrigkeiten sind

1. die Bundesnetzagentur als Markttransparenzstelle für Strom und Gas bei Ordnungswidrigkeiten nach Absatz 2 Nummer 2 Buchstabe c und d, Nummer 5a und Nummer 6, soweit ein Verstoß gegen § 47d Absatz 1 Satz 1 in Verbindung mit § 59 Absatz 2 vorliegt,
2. das Bundeskartellamt als Markttransparenzstelle für Kraftstoffe bei Ordnungswidrigkeiten nach Absatz 2 Nummer 5b und Nummer 6, soweit ein Verstoß gegen § 47k Absatz 7 in Verbindung mit § 59 Absatz 2 vorliegt, und
3. in den übrigen Fällen der Absätze 1, 2 und 3 das Bundeskartellamt und die nach Landesrecht zuständige oberste Landesbehörde jeweils für ihren Geschäftsbereich.

Fußnote

§ 81 Abs. 6 (F. 18.12.2007): Mit GG (100-1) vereinbar gem. BVerfGE v. 19.12.2012; 2013 I 162 - 1 BvL 18/11 -

§ 81a Auskunftspflichten

(1) Kommt die Festsetzung einer Geldbuße nach § 81 Absatz 4 Satz 2 und 3 gegen eine juristische Person oder Personenvereinigung in Betracht, muss diese gegenüber der Verwaltungsbehörde nach § 81 Absatz 10 auf Verlangen Auskunft erteilen über

1. den Gesamtumsatz des Unternehmens oder der Unternehmensvereinigung in dem Geschäftsjahr, das für die Behördenentscheidung nach § 81 Absatz 4 Satz 2 voraussichtlich maßgeblich sein wird oder maßgeblich war, sowie in den vorausgehenden fünf Geschäftsjahren,
2. die Umsätze des Unternehmens oder der Unternehmensvereinigung, die mit allen, mit bestimmten oder nach abstrakten Merkmalen bestimmbaren Kunden oder Produkten innerhalb eines bestimmten oder bestimmbaren Zeitraums erzielt wurden,

und Unterlagen herausgeben. Bei der Ermittlung des Gesamtumsatzes und der Umsätze gilt § 81 Absatz 4 Satz 3. § 136 Absatz 1 Satz 2 und § 163a Absatz 3 und 4 der Strafprozessordnung finden insoweit keine sinngemäße Anwendung.

(2) Absatz 1 gilt für die Erteilung einer Auskunft oder die Herausgabe von Unterlagen an das Gericht entsprechend.

(3) Die für die juristische Person oder für die Personenvereinigung handelnde natürliche Person kann die Auskunft auf solche Fragen verweigern, deren Beantwortung sie selbst oder einen der in § 52 Absatz 1 der Strafprozessordnung bezeichneten Angehörigen der Gefahr aussetzen würde, wegen einer Straftat oder einer Ordnungswidrigkeit verfolgt zu werden; hierüber ist die für die juristische Person oder Personenvereinigung handelnde natürliche Person zu belehren. § 56 der Strafprozessordnung ist entsprechend anzuwenden. Die Sätze 1 und 2 gelten in Ansehung der Herausgabe von Unterlagen entsprechend.

§ 82 Zuständigkeit für Verfahren wegen der Festsetzung einer Geldbuße gegen eine juristische Person oder Personenvereinigung

Die Kartellbehörde ist für Verfahren wegen der Festsetzung einer Geldbuße gegen eine juristische Person oder Personenvereinigung (§ 30 des Gesetzes über Ordnungswidrigkeiten) in Fällen ausschließlich zuständig, denen

1. eine Straftat, die auch den Tatbestand des § 81 Absatz 1, 2 Nummer 1 und Absatz 3 verwirklicht, oder
2. eine vorsätzliche oder fahrlässige Ordnungswidrigkeit nach § 130 des Gesetzes über Ordnungswidrigkeiten, bei der eine mit Strafe bedrohte Pflichtverletzung auch den Tatbestand des § 81 Absatz 1, 2 Nummer 1 und Absatz 3 verwirklicht,

zugrunde liegt. Dies gilt nicht, wenn die Behörde das § 30 des Gesetzes über Ordnungswidrigkeiten betreffende Verfahren an die Staatsanwaltschaft abgibt.

§ 82a Befugnisse und Zuständigkeiten im gerichtlichen Bußgeldverfahren

(1) Im gerichtlichen Bußgeldverfahren kann dem Vertreter der Kartellbehörde gestattet werden, Fragen an Betroffene, Zeugen und Sachverständige zu richten.

(2) Sofern das Bundeskartellamt als Verwaltungsbehörde des Vorverfahrens tätig war, erfolgt die Vollstreckung der Geldbuße und des Geldbetrages, dessen Verfall angeordnet wurde, durch das Bundeskartellamt als Vollstreckungsbehörde auf Grund einer von dem Urkundsbeamten der Geschäftsstelle des Gerichts zu erteilenden, mit der Bescheinigung der Vollstreckbarkeit versehenen beglaubigten Abschrift der Urteilsformel entsprechend den Vorschriften über die Vollstreckung von Bußgeldbescheiden. Die Geldbußen und die Geldbeträge, deren Verfall angeordnet wurde, fließen der Bundeskasse zu, die auch die der Staatskasse auferlegten Kosten trägt.

§ 83 Zuständigkeit des OLG im gerichtlichen Verfahren

(1) Im gerichtlichen Verfahren wegen einer Ordnungswidrigkeit nach § 81 entscheidet das Oberlandesgericht, in dessen Bezirk die zuständige Kartellbehörde ihren Sitz hat; es entscheidet auch über einen Antrag auf gerichtliche Entscheidung (§ 62 des Gesetzes über Ordnungswidrigkeiten) in den Fällen des § 52 Absatz 2 Satz 3 und des § 69 Absatz 1 Satz 2 des Gesetzes über Ordnungswidrigkeiten. § 140 Absatz 1 Nummer 1 der

Strafprozessordnung in Verbindung mit § 46 Absatz 1 des Gesetzes über Ordnungswidrigkeiten findet keine Anwendung.

(2) Das Oberlandesgericht entscheidet in der Besetzung von drei Mitgliedern mit Einschluss des vorsitzenden Mitglieds.

§ 84 Rechtsbeschwerde zum BGH

Über die Rechtsbeschwerde (§ 79 des Gesetzes über Ordnungswidrigkeiten) entscheidet der Bundesgerichtshof. Hebt er die angefochtene Entscheidung auf, ohne in der Sache selbst zu entscheiden, so verweist er die Sache an das Oberlandesgericht, dessen Entscheidung aufgehoben wird, zurück.

§ 85 Wiederaufnahmeverfahren gegen Bußgeldbescheid

Im Wiederaufnahmeverfahren gegen den Bußgeldbescheid der Kartellbehörde (§ 85 Absatz 4 des Gesetzes über Ordnungswidrigkeiten) entscheidet das nach § 83 zuständige Gericht.

§ 86 Gerichtliche Entscheidungen bei der Vollstreckung

Die bei der Vollstreckung notwendig werdenden gerichtlichen Entscheidungen (§ 104 des Gesetzes über Ordnungswidrigkeiten) werden von dem nach § 83 zuständigen Gericht erlassen.

Dritter Abschnitt
Vollstreckung

§ 86a Vollstreckung

Die Kartellbehörde kann ihre Anordnungen nach den für die Vollstreckung von Verwaltungsmaßnahmen geltenden Vorschriften durchsetzen. Die Höhe des Zwangsgeldes beträgt mindestens 1 000 Euro und höchstens 10 Millionen Euro.

Vierter Abschnitt
Bürgerliche Rechtsstreitigkeiten

§ 87 Ausschließliche Zuständigkeit der Landgerichte

Für bürgerliche Rechtsstreitigkeiten, die die Anwendung dieses Gesetzes, des Artikels 101 oder 102 des Vertrages über die Arbeitsweise der Europäischen Union oder des Artikels 53 oder 54 des Abkommens über den Europäischen Wirtschaftsraum betreffen, sind ohne Rücksicht auf den Wert des Streitgegenstands die Landgerichte ausschließlich zuständig. Satz 1 gilt auch, wenn die Entscheidung eines Rechtsstreits ganz oder teilweise von einer Entscheidung, die nach diesem Gesetz zu treffen ist, oder von der Anwendbarkeit des Artikels 101 oder 102 des Vertrages über die Arbeitsweise der Europäischen Union oder des Artikels 53 oder 54 des Abkommens über den Europäischen Wirtschaftsraum abhängt.

§ 88 Klageverbindung

Mit der Klage nach § 87 Absatz 1 kann die Klage wegen eines anderen Anspruchs verbunden werden, wenn dieser im rechtlichen oder unmittelbaren wirtschaftlichen Zusammenhang mit dem Anspruch steht, der bei dem nach § 87 zuständigen Gericht geltend zu machen ist; dies gilt auch dann, wenn für die Klage wegen des anderen Anspruchs eine ausschließliche Zuständigkeit gegeben ist.

§ 89 Zuständigkeit eines Landgerichts für mehrere Gerichtsbezirke

(1) Die Landesregierungen werden ermächtigt, durch Rechtsverordnung bürgerliche Rechtsstreitigkeiten, für die nach § 87 ausschließlich die Landgerichte zuständig sind, einem Landgericht für die Bezirke mehrerer Landgerichte zuzuweisen, wenn eine solche Zusammenfassung der Rechtspflege in Kartellsachen, insbesondere der Sicherung einer einheitlichen Rechtsprechung, dienlich ist. Die Landesregierungen können die Ermächtigung auf die Landesjustizverwaltungen übertragen.

(2) Durch Staatsverträge zwischen Ländern kann die Zuständigkeit eines Landgerichts für einzelne Bezirke oder das gesamte Gebiet mehrerer Länder begründet werden.

(3) Die Parteien können sich vor den nach den Absätzen 1 und 2 bestimmten Gerichten auch anwaltlich durch Personen vertreten lassen, die bei dem Gericht zugelassen sind, vor das der Rechtsstreit ohne die Regelung nach den Absätzen 1 und 2 gehören würde.

§ 89a Streitwertanpassung

(1) Macht in einer Rechtsstreitigkeit, in der ein Anspruch nach § 33 oder § 34a geltend gemacht wird, eine Partei glaubhaft, dass die Belastung mit den Prozesskosten nach dem vollen Streitwert ihre wirtschaftliche Lage erheblich gefährden würde, so kann das Gericht auf ihren Antrag anordnen, dass die Verpflichtung dieser Partei zur Zahlung von Gerichtskosten sich nach einem ihrer Wirtschaftslage angepassten Teil des Streitwerts bemisst. Das Gericht kann die Anordnung davon abhängig machen, dass die Partei glaubhaft macht, dass die von ihr zu tragenden Kosten des Rechtsstreits weder unmittelbar noch mittelbar von einem Dritten übernommen werden. Die Anordnung hat zur Folge, dass die begünstigte Partei die Gebühren ihres Rechtsanwalts ebenfalls nur nach diesem Teil des Streitwerts zu entrichten hat. Soweit ihr Kosten des Rechtsstreits auferlegt werden oder soweit sie diese übernimmt, hat sie die von dem Gegner entrichteten Gerichtsgebühren und die Gebühren seines Rechtsanwalts nur nach dem Teil des Streitwerts zu erstatten. Soweit die außergerichtlichen Kosten dem Gegner auferlegt oder von ihm übernommen werden, kann der Rechtsanwalt der begünstigten Partei seine Gebühren von dem Gegner nach dem für diesen geltenden Streitwert beitreiben.

(2) Der Antrag nach Absatz 1 kann vor der Geschäftsstelle des Gerichts zur Niederschrift erklärt werden. Er ist vor der Verhandlung zur Hauptsache anzubringen. Danach ist er nur zulässig, wenn der angenommene oder festgesetzte Streitwert später durch das Gericht heraufgesetzt wird. Vor der Entscheidung über den Antrag ist der Gegner zu hören.

Fünfter Abschnitt
Gemeinsame Bestimmungen

§ 90 Benachrichtigung und Beteiligung der Kartellbehörden

(1) Das Bundeskartellamt ist über alle Rechtsstreitigkeiten nach § 87 Absatz 1 durch das Gericht zu unterrichten. Das Gericht hat dem Bundeskartellamt auf Verlangen Abschriften von allen Schriftsätzen, Protokollen, Verfügungen und Entscheidungen zu übersenden. Die Sätze 1 und 2 gelten entsprechend in sonstigen Rechtsstreitigkeiten, die die Anwendung des Artikels 101 oder 102 des Vertrages über die Arbeitsweise der Europäischen Union betreffen.

(2) Der Präsident des Bundeskartellamts kann, wenn er es zur Wahrung des öffentlichen Interesses als angemessen erachtet, aus den Mitgliedern des Bundeskartellamts eine Vertretung bestellen, die befugt ist, dem Gericht schriftliche Erklärungen abzugeben, auf Tatsachen und Beweismittel hinzuweisen, den Terminen beizuwohnen, in ihnen Ausführungen zu machen und Fragen an Parteien, Zeugen und Sachverständige zu richten. Schriftliche Erklärungen der vertretenden Person sind den Parteien von dem Gericht mitzuteilen.

(3) Reicht die Bedeutung des Rechtsstreits nicht über das Gebiet eines Landes hinaus, so tritt im Rahmen des Absatzes 1 Satz 2 und des Absatzes 2 die oberste Landesbehörde an die Stelle des Bundeskartellamts.

(4) Die Absätze 1 und 2 gelten entsprechend für Rechtsstreitigkeiten, die die Durchsetzung eines nach § 30 gebundenen Preises gegenüber einem gebundenen Abnehmer oder einem anderen Unternehmen zum Gegenstand haben.

§ 90a Zusammenarbeit der Gerichte mit der Europäischen Kommission und den Kartellbehörden

(1) In allen gerichtlichen Verfahren, in denen der Artikel 101 oder 102 des Vertrages über die Arbeitsweise der Europäischen Union zur Anwendung kommt, übermittelt das Gericht der Europäischen Kommission über das Bundeskartellamt eine Abschrift jeder Entscheidung unverzüglich nach deren Zustellung an die Parteien. Das Bundeskartellamt darf der Europäischen Kommission die Unterlagen übermitteln, die es nach § 90 Absatz 1 Satz 2 erhalten hat.

(2) Die Europäische Kommission kann in Verfahren nach Absatz 1 aus eigener Initiative dem Gericht schriftliche Stellungnahmen übermitteln. Das Gericht übermittelt der Europäischen Kommission alle zur Beurteilung des Falls notwendigen Schriftstücke, wenn diese darum nach Artikel 15 Absatz 3 Satz 5 der Verordnung (EG) Nr. 1/2003 ersucht. Das Gericht übermittelt dem Bundeskartellamt und den Parteien eine Kopie einer Stellungnahme der Europäischen Kommission nach Artikel 15 Absatz 3 Satz 3 der Verordnung (EG) Nr. 1/2003. Die Europäische Kommission kann in der mündlichen Verhandlung auch mündlich Stellung nehmen.

(3) Das Gericht kann in Verfahren nach Absatz 1 die Europäische Kommission um die Übermittlung ihr vorliegender Informationen oder um Stellungnahmen zu Fragen bitten, die die Anwendung des Artikels 101 oder 102 des Vertrages über die Arbeitsweise der Europäischen Union betreffen. Das Gericht unterrichtet die Parteien über ein Ersuchen nach Satz 1 und übermittelt diesen und dem Bundeskartellamt eine Kopie der Antwort der Europäischen Kommission.

(4) In den Fällen der Absätze 2 und 3 kann der Geschäftsverkehr zwischen dem Gericht und der Europäischen Kommission auch über das Bundeskartellamt erfolgen.

§ 91 Kartellsenat beim OLG

Bei den Oberlandesgerichten wird ein Kartellsenat gebildet. Er entscheidet über die ihm gemäß § 57 Absatz 2 Satz 2, § 63 Absatz 4, §§ 83, 85 und 86 zugewiesenen Rechtssachen sowie über die Berufung gegen Endurteile und die Beschwerde gegen sonstige Entscheidungen in bürgerlichen Rechtsstreitigkeiten nach § 87 Absatz 1.

§ 92 Zuständigkeit eines OLG oder des ObLG für mehrere Gerichtsbezirke in Verwaltungs- und Bußgeldsachen

(1) Sind in einem Land mehrere Oberlandesgerichte errichtet, so können die Rechtssachen, für die nach § 57 Absatz 2 Satz 2, § 63 Absatz 4, §§ 83, 85 und 86 ausschließlich die Oberlandesgerichte zuständig sind, von den Landesregierungen durch Rechtsverordnung einem oder einigen der Oberlandesgerichte oder dem Obersten Landesgericht zugewiesen werden, wenn eine solche Zusammenfassung der Rechtspflege in Kartellsachen, insbesondere der Sicherung einer einheitlichen Rechtsprechung, dienlich ist. Die Landesregierungen können die Ermächtigung auf die Landesjustizverwaltungen übertragen.

(2) Durch Staatsverträge zwischen Ländern kann die Zuständigkeit eines Oberlandesgerichts oder Obersten Landesgerichts für einzelne Bezirke oder das gesamte Gebiet mehrerer Länder begründet werden.

§ 93 Zuständigkeit für Berufung und Beschwerde

§ 92 Absatz 1 und 2 gilt entsprechend für die Entscheidung über die Berufung gegen Endurteile und die Beschwerde gegen sonstige Entscheidungen in bürgerlichen Rechtsstreitigkeiten nach § 87 Absatz 1.

§ 94 Kartellsenat beim BGH

(1) Beim Bundesgerichtshof wird ein Kartellsenat gebildet; er entscheidet über folgende Rechtsmittel:

1. in Verwaltungssachen über die Rechtsbeschwerde gegen Entscheidungen der Oberlandesgerichte (§§ 74, 76) und über die Nichtzulassungsbeschwerde (§ 75);
2. in Bußgeldverfahren über die Rechtsbeschwerde gegen Entscheidungen der Oberlandesgerichte (§ 84);
3. in bürgerlichen Rechtsstreitigkeiten nach § 87 Absatz 1
   a) über die Revision einschließlich der Nichtzulassungsbeschwerde gegen Endurteile der Oberlandesgerichte,
   b) über die Sprungrevision gegen Endurteile der Landgerichte,
   c) über die Rechtsbeschwerde gegen Beschlüsse der Oberlandesgerichte in den Fällen des § 574 Absatz 1 der Zivilprozessordnung.

(2) Der Kartellsenat gilt im Sinne des § 132 des Gerichtsverfassungsgesetzes in Bußgeldsachen als Strafsenat, in allen übrigen Sachen als Zivilsenat.

§ 95 Ausschließliche Zuständigkeit

Die Zuständigkeit der nach diesem Gesetz zur Entscheidung berufenen Gerichte ist ausschließlich.

§ 96 (weggefallen)

Vierter Teil
Vergabe öffentlicher Aufträge

Erster Abschnitt
Vergabeverfahren

§ 97 Allgemeine Grundsätze

(1) Öffentliche Auftraggeber beschaffen Waren, Bau- und Dienstleistungen nach Maßgabe der folgenden Vorschriften im Wettbewerb und im Wege transparenter Vergabeverfahren.

(2) Die Teilnehmer an einem Vergabeverfahren sind gleich zu behandeln, es sei denn, eine Benachteiligung ist auf Grund dieses Gesetzes ausdrücklich geboten oder gestattet.

(3) Mittelständische Interessen sind bei der Vergabe öffentlicher Aufträge vornehmlich zu berücksichtigen. Leistungen sind in der Menge aufgeteilt (Teillose) und getrennt nach Art oder Fachgebiet (Fachlose) zu vergeben. Mehrere Teil- oder Fachlose dürfen zusammen vergeben werden, wenn wirtschaftliche oder technische Gründe dies erfordern. Wird ein Unternehmen, das nicht öffentlicher Auftraggeber ist, mit der Wahrnehmung oder Durchführung einer öffentlichen Aufgabe betraut, verpflichtet der Auftraggeber das Unternehmen, sofern es Unteraufträge an Dritte vergibt, nach den Sätzen 1 bis 3 zu verfahren.

(4) Aufträge werden an fachkundige, leistungsfähige sowie gesetzestreue und zuverlässige Unternehmen vergeben. Für die Auftragsausführung können zusätzliche Anforderungen an Auftragnehmer gestellt werden, die insbesondere soziale, umweltbezogene oder innovative Aspekte betreffen, wenn sie im sachlichen Zusammenhang mit dem Auftragsgegenstand stehen und sich aus der Leistungsbeschreibung ergeben. Andere oder weitergehende Anforderungen dürfen an Auftragnehmer nur gestellt werden, wenn dies durch Bundes- oder Landesgesetz vorgesehen ist.

(4a) Auftraggeber können Präqualifikationssysteme einrichten oder zulassen, mit denen die Eignung von Unternehmen nachgewiesen werden kann.

(5) Der Zuschlag wird auf das wirtschaftlichste Angebot erteilt.

(6) Die Bundesregierung wird ermächtigt, durch Rechtsverordnung mit Zustimmung des Bundesrates nähere Bestimmungen über das bei der Vergabe einzuhaltende Verfahren zu treffen, insbesondere über die Bekanntmachung, den Ablauf und die Arten der Vergabe, über die Auswahl und Prüfung der Unternehmen und Angebote, über den Abschluss des Vertrages und sonstige Fragen des Vergabeverfahrens.

(7) Die Unternehmen haben Anspruch darauf, dass der Auftraggeber die Bestimmungen über das Vergabeverfahren einhält.

§ 98 Auftraggeber

Öffentliche Auftraggeber im Sinne dieses Teils sind:

1. Gebietskörperschaften sowie deren Sondervermögen,
2. andere juristische Personen des öffentlichen und des privaten Rechts, die zu dem besonderen Zweck gegründet wurden, im Allgemeininteresse liegende Aufgaben nichtgewerblicher Art zu erfüllen, wenn Stellen, die unter Nummer 1 oder 3 fallen, sie einzeln oder gemeinsam durch Beteiligung oder auf sonstige Weise überwiegend finanzieren oder über ihre Leitung die Aufsicht ausüben oder mehr als die Hälfte der Mitglieder eines ihrer zur Geschäftsführung oder zur Aufsicht berufenen Organe bestimmt haben. Das Gleiche gilt dann, wenn die Stelle, die einzeln oder gemeinsam mit anderen die überwiegende Finanzierung gewährt oder die

Mehrheit der Mitglieder eines zur Geschäftsführung oder Aufsicht berufenen Organs bestimmt hat, unter Satz 1 fällt,

3. Verbände, deren Mitglieder unter Nummer 1 oder 2 fallen,
4. natürliche oder juristische Personen des privaten Rechts, die auf dem Gebiet der Trinkwasser- oder Energieversorgung oder des Verkehrs tätig sind, wenn diese Tätigkeiten auf der Grundlage von besonderen oder ausschließlichen Rechten ausgeübt werden, die von einer zuständigen Behörde gewährt wurden, oder wenn Auftraggeber, die unter Nummern 1 bis 3 fallen, auf diese Personen einzeln oder gemeinsam einen beherrschenden Einfluss ausüben können; besondere oder ausschließliche Rechte sind Rechte, die dazu führen, dass die Ausübung dieser Tätigkeiten einem oder mehreren Unternehmen vorbehalten wird und dass die Möglichkeit anderer Unternehmen, diese Tätigkeit auszuüben, erheblich beeinträchtigt wird. Tätigkeiten auf dem Gebiet der Trinkwasser- und Energieversorgung sowie des Verkehrs sind solche, die in der Anlage aufgeführt sind,
5. natürliche oder juristische Personen des privaten Rechts sowie juristische Personen des öffentlichen Rechts, soweit sie nicht unter Nummer 2 fallen, in den Fällen, in denen sie für Tiefbaumaßnahmen, für die Errichtung von Krankenhäusern, Sport-, Erholungs- oder Freizeiteinrichtungen, Schul-, Hochschul- oder Verwaltungsgebäuden oder für damit in Verbindung stehende Dienstleistungen und Auslobungsverfahren von Stellen, die unter Nummern 1 bis 3 fallen, Mittel erhalten, mit denen diese Vorhaben zu mehr als 50 vom Hundert finanziert werden,
6. natürliche oder juristische Personen des privaten Rechts, die mit Stellen, die unter die Nummern 1 bis 3 fallen, einen Vertrag über eine Baukonzession abgeschlossen haben, hinsichtlich der Aufträge an Dritte.

§ 99 Öffentliche Aufträge

(1) Öffentliche Aufträge sind entgeltliche Verträge von öffentlichen Auftraggebern mit Unternehmen über die Beschaffung von Leistungen, die Liefer-, Bau- oder Dienstleistungen zum Gegenstand haben, Baukonzessionen und Auslobungsverfahren, die zu Dienstleistungsaufträgen führen sollen.

(2) Lieferaufträge sind Verträge zur Beschaffung von Waren, die insbesondere Kauf oder Ratenkauf oder Leasing, Miet- oder Pachtverhältnisse mit oder ohne Kaufoption betreffen. Die Verträge können auch Nebenleistungen umfassen.

(3) Bauaufträge sind Verträge über die Ausführung oder die gleichzeitige Planung und Ausführung eines Bauvorhabens oder eines Bauwerkes für den öffentlichen Auftraggeber, das Ergebnis von Tief- oder Hochbauarbeiten ist und eine wirtschaftliche oder technische Funktion erfüllen soll, oder einer dem Auftraggeber unmittelbar wirtschaftlich zugutekommenden Bauleistung durch Dritte gemäß den vom Auftraggeber genannten Erfordernissen.

(4) Als Dienstleistungsaufträge gelten die Verträge über die Erbringung von Leistungen, die nicht unter Absatz 2 oder Absatz 3 fallen.

(5) Auslobungsverfahren im Sinne dieses Teils sind nur solche Auslobungsverfahren, die dem Auftraggeber auf Grund vergleichender Beurteilung durch ein Preisgericht mit oder ohne Verteilung von Preisen zu einem Plan verhelfen sollen.

(6) Eine Baukonzession ist ein Vertrag über die Durchführung eines Bauauftrags, bei dem die Gegenleistung für die Bauarbeiten statt in einem Entgelt in dem befristeten Recht auf Nutzung der baulichen Anlage, gegebenenfalls zuzüglich der Zahlung eines Preises besteht.

(7) Verteidigungs- oder sicherheitsrelevante Aufträge sind Aufträge, deren Auftragsgegenstand mindestens eine der in den nachfolgenden Nummern 1 bis 4 genannten Leistungen umfasst:

1. die Lieferung von Militärausrüstung im Sinne des Absatzes 8, einschließlich dazugehöriger Teile, Bauteile oder Bausätze;
2. die Lieferung von Ausrüstung, die im Rahmen eines Verschlusssachenauftrags im Sinne des Absatzes 9 vergeben wird, einschließlich der dazugehörigen Teile, Bauteile oder Bausätze;
3. Bauleistungen, Lieferungen und Dienstleistungen in unmittelbarem Zusammenhang mit der in den Nummern 1 und 2 genannten Ausrüstung in allen Phasen des Lebenszyklus der Ausrüstung;

4. Bau- und Dienstleistungen speziell für militärische Zwecke oder Bau- und Dienstleistungen, die im Rahmen eines Verschlusssachenauftrags im Sinne des Absatzes 9 vergeben wird.

(8) Militärausrüstung ist jede Ausrüstung, die eigens zu militärischen Zwecken konzipiert oder für militärische Zwecke angepasst wird und zum Einsatz als Waffe, Munition oder Kriegsmaterial bestimmt ist.

(9) Ein Verschlusssachenauftrag ist ein Auftrag für Sicherheitszwecke,

1. bei dessen Erfüllung oder Erbringung Verschlusssachen nach § 4 des Gesetzes über die Voraussetzungen und das Verfahren von Sicherheitsüberprüfungen des Bundes oder nach den entsprechenden Bestimmungen der Länder verwendet werden oder
2. der Verschlusssachen im Sinne der Nummer 1 erfordert oder beinhaltet.

(10) Ein öffentlicher Auftrag, der sowohl den Einkauf von Waren als auch die Beschaffung von Dienstleistungen zum Gegenstand hat, gilt als Dienstleistungsauftrag, wenn der Wert der Dienstleistungen den Wert der Waren übersteigt. Ein öffentlicher Auftrag, der neben Dienstleistungen Bauleistungen umfasst, die im Verhältnis zum Hauptgegenstand Nebenarbeiten sind, gilt als Dienstleistungsauftrag.

(11) Für einen Auftrag zur Durchführung mehrerer Tätigkeiten gelten die Bestimmungen für die Tätigkeit, die den Hauptgegenstand darstellt.

(12) Ist für einen Auftrag zur Durchführung von Tätigkeiten auf dem Gebiet der Trinkwasser- oder Energieversorgung, des Verkehrs oder des Bereichs der Auftraggeber nach dem Bundesberggesetz und von Tätigkeiten von Auftraggebern nach § 98 Nummer 1 bis 3 nicht feststellbar, welche Tätigkeit den Hauptgegenstand darstellt, ist der Auftrag nach den Bestimmungen zu vergeben, die für Auftraggeber nach § 98 Nummer 1 bis 3 gelten. Betrifft eine der Tätigkeiten, deren Durchführung der Auftrag bezweckt, sowohl eine Tätigkeit auf dem Gebiet der Trinkwasser- oder Energieversorgung, des Verkehrs oder des Bereichs der Auftraggeber nach dem Bundesberggesetz als auch eine Tätigkeit, die nicht in die Bereiche von Auftraggebern nach § 98 Nummer 1 bis 3 fällt, und ist nicht feststellbar, welche Tätigkeit den Hauptgegenstand darstellt, so ist der Auftrag nach denjenigen Bestimmungen zu vergeben, die für Auftraggeber mit einer Tätigkeit auf dem Gebiet der Trinkwasser- und Energieversorgung sowie des Verkehrs oder des Bundesberggesetzes gelten.

(13) Ist bei einem Auftrag über Bauleistungen, Lieferungen oder Dienstleistungen ein Teil der Leistung verteidigungs- oder sicherheitsrelevant, wird dieser Auftrag einheitlich gemäß den Bestimmungen für verteidigungs- und sicherheitsrelevante Aufträge vergeben, sofern die Beschaffung in Form eines einheitlichen Auftrags aus objektiven Gründen gerechtfertigt ist. Ist bei einem Auftrag über Bauleistungen, Lieferungen oder Dienstleistungen ein Teil der Leistung verteidigungs- oder sicherheitsrelevant und fällt der andere Teil weder in diesen Bereich noch unter die Vergaberegeln der Sektorenverordnung oder der Vergabeverordnung, unterliegt die Vergabe dieses Auftrags nicht dem Vierten Teil dieses Gesetzes, sofern die Beschaffung in Form eines einheitlichen Auftrags aus objektiven Gründen gerechtfertigt ist.

§ 100 Anwendungsbereich

(1) Dieser Teil gilt für Aufträge, deren Auftragswert den jeweils festgelegten Schwellenwert erreicht oder überschreitet. Der Schwellenwert ergibt sich für Aufträge, die

1. von Auftraggebern im Sinne des § 98 Nummer 1 bis 3, 5 und 6 vergeben werden und nicht unter Nummer 2 oder 3 fallen, aus § 2 der Vergabeverordnung,
2. von Auftraggebern im Sinne des § 98 Nummer 1 bis 4 vergeben werden und Tätigkeiten auf dem Gebiet des Verkehrs, der Trinkwasser- oder Energieversorgung umfassen, aus § 1 der Sektorenverordnung,
3. von Auftraggebern im Sinne des § 98 vergeben werden und verteidigungs- oder sicherheitsrelevant im Sinne des § 99 Absatz 7 sind, aus der nach § 127 Nummer 3 erlassenen Verordnung.

(2) Dieser Teil gilt nicht für die in den Absätzen 3 bis 6 und 8 sowie die in den §§ 100a bis 100c genannten Fälle.

(3) Dieser Teil gilt nicht für Arbeitsverträge.

(4) Dieser Teil gilt nicht für die Vergabe von Aufträgen, die Folgendes zum Gegenstand haben:

1. Schiedsgerichts- und Schlichtungsleistungen oder

2. Forschungs- und Entwicklungsdienstleistungen, es sei denn, ihre Ergebnisse werden ausschließlich Eigentum des Auftraggebers für seinen Gebrauch bei der Ausübung seiner eigenen Tätigkeit und die Dienstleistung wird vollständig durch den Auftraggeber vergütet.

(5) Dieser Teil gilt ungeachtet ihrer Finanzierung nicht für Verträge über

1. den Erwerb von Grundstücken oder vorhandenen Gebäuden oder anderem unbeweglichen Vermögen,
2. Mietverhältnisse für Grundstücke oder vorhandene Gebäude oder anderes unbewegliches Vermögen oder
3. Rechte an Grundstücken oder vorhandenen Gebäuden oder anderem unbeweglichen Vermögen.

(6) Dieser Teil gilt nicht für die Vergabe von Aufträgen,

1. bei denen die Anwendung dieses Teils den Auftraggeber dazu zwingen würde, im Zusammenhang mit dem Vergabeverfahren oder der Auftragsausführung Auskünfte zu erteilen, deren Preisgabe seiner Ansicht nach wesentlichen Sicherheitsinteressen der Bundesrepublik Deutschland im Sinne des Artikels 346 Absatz 1 Buchstabe a des Vertrages über die Arbeitsweise der Europäischen Union widerspricht,
2. die dem Anwendungsbereich des Artikels 346 Absatz 1 Buchstabe b des Vertrages über die Arbeitsweise der Europäischen Union unterliegen.

(7) Wesentliche Sicherheitsinteressen im Sinne des Absatzes 6, die die Nichtanwendung dieses Teils rechtfertigen, können betroffen sein beim Betrieb oder Einsatz der Streitkräfte, bei der Umsetzung von Maßnahmen der Terrorismusbekämpfung oder bei der Beschaffung von Informationstechnik oder Telekommunikationsanlagen.

(8) Dieser Teil gilt nicht für die Vergabe von Aufträgen, die nicht nach § 99 Absatz 7 verteidigungs- oder sicherheitsrelevant sind und

1. in Übereinstimmung mit den inländischen Rechts- und Verwaltungsvorschriften für geheim erklärt werden,
2. deren Ausführung nach den in Nummer 1 genannten Vorschriften besondere Sicherheitsmaßnahmen erfordert,
3. bei denen die Nichtanwendung des Vergaberechts geboten ist zum Zweck des Einsatzes der Streitkräfte, zur Umsetzung von Maßnahmen der Terrorismusbekämpfung oder bei der Beschaffung von Informationstechnik oder Telekommunikationsanlagen zum Schutz wesentlicher nationaler Sicherheitsinteressen,
4. die vergeben werden auf Grund eines internationalen Abkommens zwischen der Bundesrepublik Deutschland und einem oder mehreren Staaten, die nicht Vertragsparteien des Übereinkommens über den Europäischen Wirtschaftsraum sind, für ein von den Unterzeichnerstaaten gemeinsam zu verwirklichendes und zu tragendes Projekt, für das andere Verfahrensregeln gelten,
5. die auf Grund eines internationalen Abkommens im Zusammenhang mit der Stationierung von Truppen vergeben werden und für die besondere Verfahrensregeln gelten oder
6. die auf Grund des besonderen Verfahrens einer internationalen Organisation vergeben werden.

§ 100a Besondere Ausnahmen für nicht sektorspezifische und nicht verteidigungs- und sicherheitsrelevante Aufträge

(1) Im Fall des § 100 Absatz 1 Satz 2 Nummer 1 gilt dieser Teil über die in § 100 Absatz 3 bis 6 und 8 genannten Fälle hinaus auch nicht für die in den Absätzen 2 bis 4 genannten Aufträge.

(2) Dieser Teil gilt nicht für die Vergabe von Aufträgen, die Folgendes zum Gegenstand haben:

1. den Kauf, die Entwicklung, die Produktion oder Koproduktion von Programmen, die zur Ausstrahlung durch Rundfunk- oder Fernsehanstalten bestimmt sind, sowie die Ausstrahlung von Sendungen oder
2. finanzielle Dienstleistungen im Zusammenhang mit Ausgabe, Verkauf, Ankauf oder Übertragung von Wertpapieren oder anderen Finanzinstrumenten, insbesondere Geschäfte, die der Geld- oder Kapitalbeschaffung der Auftraggeber dienen, sowie Dienstleistungen der Zentralbanken.

(3) Dieser Teil gilt nicht für die Vergabe von Dienstleistungsaufträgen an eine Person, die ihrerseits Auftraggeber nach § 98 Nummer 1, 2 oder 3 ist und ein auf Gesetz oder Verordnung beruhendes ausschließliches Recht hat, die Leistung zu erbringen.

(4) Dieser Teil gilt nicht für Aufträge, die hauptsächlich den Zweck haben, dem Auftraggeber die Bereitstellung oder den Betrieb öffentlicher Telekommunikationsnetze oder die Bereitstellung eines oder mehrerer Telekommunikationsdienste für die Öffentlichkeit zu ermöglichen.

§ 100b Besondere Ausnahmen im Sektorenbereich

(1) Im Fall des § 100 Absatz 1 Satz 2 Nummer 2 gilt dieser Teil über die in § 100 Absatz 3 bis 6 und 8 genannten Fälle hinaus auch nicht für die in den Absätzen 2 bis 9 genannten Aufträge.

(2) Dieser Teil gilt nicht für die Vergabe von Aufträgen, die Folgendes zum Gegenstand haben:

1. finanzielle Dienstleistungen im Zusammenhang mit Ausgabe, Verkauf, Ankauf oder Übertragung von Wertpapieren oder anderen Finanzinstrumenten, insbesondere Geschäfte, die der Geld- oder Kapitalbeschaffung der Auftraggeber dienen, sowie Dienstleistungen der Zentralbanken,
2. bei Tätigkeiten auf dem Gebiet der Trinkwasserversorgung die Beschaffung von Wasser oder
3. bei Tätigkeiten auf dem Gebiet der Energieversorgung die Beschaffung von Energie oder von Brennstoffen zur Energieerzeugung.

(3) Dieser Teil gilt nicht für die Vergabe von Dienstleistungsaufträgen an eine Person, die ihrerseits Auftraggeber nach § 98 Nummer 1, 2 oder 3 ist und ein auf Gesetz oder Verordnung beruhendes ausschließliches Recht hat, die Leistung zu erbringen.

(4) Dieser Teil gilt nicht für die Vergabe von Aufträgen, die

1. von Auftraggebern nach § 98 Nummer 4 vergeben werden, soweit sie anderen Zwecken dienen als der Sektorentätigkeit,
2. zur Durchführung von Tätigkeiten auf dem Gebiet der Trinkwasser- oder Energieversorgung oder des Verkehrs außerhalb des Gebiets der Europäischen Union vergeben werden, wenn sie nicht mit der tatsächlichen Nutzung eines Netzes oder einer Anlage innerhalb dieses Gebietes verbunden sind,
3. zum Zweck der Weiterveräußerung oder Vermietung an Dritte vergeben werden, wenn
   a) dem Auftraggeber kein besonderes oder ausschließliches Recht zum Verkauf oder zur Vermietung des Auftragsgegenstandes zusteht und
   b) andere Unternehmen die Möglichkeit haben, diese Waren unter gleichen Bedingungen wie der betreffende Auftraggeber zu verkaufen oder zu vermieten, oder
4. der Ausübung einer Tätigkeit auf dem Gebiet der Trinkwasser- oder Energieversorgung oder des Verkehrs dienen, soweit die Europäische Kommission nach Artikel 30 der Richtlinie 2004/17/EG des Europäischen Parlaments und des Rates vom 31. März 2004 zur Koordinierung der Zuschlagserteilung durch Auftraggeber im Bereich der Wasser-, Energie- und Verkehrsversorgung sowie der Postdienste (ABl. L 7 vom 7.1.2005, S. 7) festgestellt hat, dass diese Tätigkeit in Deutschland auf Märkten mit freiem Zugang unmittelbar dem Wettbewerb ausgesetzt ist und dies durch das Bundesministerium für Wirtschaft und Technologie im Bundesanzeiger bekannt gemacht worden ist.

(5) Dieser Teil gilt nicht für die Vergabe von Baukonzessionen zum Zweck der Durchführung von Tätigkeiten auf dem Gebiet der Trinkwasser- oder Energieversorgung oder des Verkehrs.

(6) Dieser Teil gilt vorbehaltlich des Absatzes 7 nicht für die Vergabe von Aufträgen,

1. die an ein Unternehmen, das mit dem Auftraggeber verbunden ist, vergeben werden oder
2. die von einem gemeinsamen Unternehmen, das mehrere Auftraggeber, die auf dem Gebiet der Trinkwasser- oder Energieversorgung oder des Verkehrs tätig sind, ausschließlich zur Durchführung dieser Tätigkeiten gebildet haben, an ein Unternehmen vergeben werden, das mit einem dieser Auftraggeber verbunden ist.

(7) Absatz 6 gilt nur, wenn mindestens 80 Prozent des von dem verbundenen Unternehmen während der letzten drei Jahre in der Europäischen Union erzielten durchschnittlichen Umsatzes im entsprechenden Liefer- oder Bau- oder Dienstleistungssektor aus der Erbringung dieser Lieferungen oder Leistungen für die mit ihm verbundenen Auftraggeber stammen. Sofern das Unternehmen noch keine drei Jahre besteht, gilt Absatz 6, wenn zu erwarten ist, dass in den ersten drei Jahren seines Bestehens wahrscheinlich mindestens 80 Prozent erreicht

werden. Werden die gleichen oder gleichartige Lieferungen oder Bau- oder Dienstleistungen von mehr als einem mit dem Auftraggeber verbundenen Unternehmen erbracht, wird die Prozentzahl unter Berücksichtigung des Gesamtumsatzes errechnet, den diese verbundenen Unternehmen mit der Erbringung der Lieferung oder Leistung erzielen. § 36 Absatz 2 und 3 gilt entsprechend.

(8) Dieser Teil gilt vorbehaltlich des Absatzes 9 nicht für die Vergabe von Aufträgen, die

1. ein gemeinsames Unternehmen, das mehrere Auftraggeber, die auf dem Gebiet der Trinkwasser- oder Energieversorgung oder des Verkehrs tätig sind, ausschließlich zur Durchführung von diesen Tätigkeiten gebildet haben, an einen dieser Auftraggeber vergibt, oder
2. ein Auftraggeber an ein gemeinsames Unternehmen im Sinne der Nummer 1, an dem er beteiligt ist, vergibt.

(9) Absatz 8 gilt nur, wenn

1. das gemeinsame Unternehmen errichtet wurde, um die betreffende Tätigkeit während eines Zeitraumes von mindestens drei Jahren durchzuführen, und
2. in dem Gründungsakt festgelegt wird, dass die dieses Unternehmen bildenden Auftraggeber dem Unternehmen zumindest während des gleichen Zeitraumes angehören werden.

§ 100c Besondere Ausnahmen in den Bereichen Verteidigung und Sicherheit

(1) Im Fall des § 100 Absatz 1 Satz 2 Nummer 3 gilt dieser Teil über die in § 100 Absatz 3 bis 6 genannten Fälle hinaus auch nicht für die in den Absätzen 2 bis 4 genannten Aufträge.

(2) Dieser Teil gilt nicht für die Vergabe von Aufträgen, die

1. Finanzdienstleistungen mit Ausnahme von Versicherungsdienstleistungen zum Gegenstand haben,
2. zum Zweck nachrichtendienstlicher Tätigkeiten vergeben werden,
3. im Rahmen eines Kooperationsprogramms vergeben werden, das
   a) auf Forschung und Entwicklung beruht und
   b) mit mindestens einem anderen EU-Mitgliedstaat für die Entwicklung eines neuen Produkts und gegebenenfalls die späteren Phasen des gesamten oder eines Teils des Lebenszyklus dieses Produkts durchgeführt wird,
4. die Bundesregierung, eine Landesregierung oder eine Gebietskörperschaft an eine andere Regierung oder an eine Gebietskörperschaft eines anderen Staates vergibt und die Folgendes zum Gegenstand haben:
   a) die Lieferung von Militärausrüstung oder die Lieferung von Ausrüstung, die im Rahmen eines Verschlusssachenauftrags im Sinne des § 99 Absatz 9 vergeben wird,
   b) Bau- und Dienstleistungen, die in unmittelbarem Zusammenhang mit dieser Ausrüstung stehen,
   c) Bau- und Dienstleistungen speziell für militärische Zwecke oder
   d) Bau- und Dienstleistungen, die im Rahmen eines Verschlusssachenauftrags im Sinne des § 99 Absatz 9 vergeben werden.

(3) Dieser Teil gilt nicht für die Vergabe von Aufträgen, die in einem Land außerhalb der Europäischen Union vergeben werden; zu diesen Aufträgen gehören auch zivile Beschaffungen im Rahmen des Einsatzes von Streitkräften oder von Polizeien des Bundes oder der Länder außerhalb des Gebiets der Europäischen Union, wenn der Einsatz es erfordert, dass sie mit im Einsatzgebiet ansässigen Unternehmen geschlossen werden. Zivile Beschaffungen sind Beschaffungen nicht militärischer Produkte und Bau- oder Dienstleistungen für logistische Zwecke.

(4) Dieser Teil gilt nicht für die Vergabe von Aufträgen, die besonderen Verfahrensregeln unterliegen,

1. die sich aus einem internationalen Abkommen oder einer internationalen Vereinbarung ergeben, das oder die zwischen einem oder mehreren Mitgliedstaaten und einem oder mehreren Drittstaaten, die nicht Vertragsparteien des Übereinkommens über den Europäischen Wirtschaftsraum sind, geschlossenen wurde,

2. die sich aus einem internationalen Abkommen oder einer internationalen Vereinbarung im Zusammenhang mit der Stationierung von Truppen ergeben, das oder die Unternehmen eines Mitgliedstaats oder eines Drittstaates betrifft, oder
3. die für eine internationale Organisation gelten, wenn diese für ihre Zwecke Beschaffungen tätigt oder wenn ein Mitgliedstaat Aufträge nach diesen Regeln vergeben muss.

§ 101 Arten der Vergabe

(1) Die Vergabe von öffentlichen Liefer-, Bau- und Dienstleistungsaufträgen erfolgt in offenen Verfahren, in nicht offenen Verfahren, in Verhandlungsverfahren oder im wettbewerblichen Dialog.

(2) Offene Verfahren sind Verfahren, in denen eine unbeschränkte Anzahl von Unternehmen öffentlich zur Abgabe von Angeboten aufgefordert wird.

(3) Bei nicht offenen Verfahren wird öffentlich zur Teilnahme, aus dem Bewerberkreis sodann eine beschränkte Anzahl von Unternehmen zur Angebotsabgabe aufgefordert.

(4) Ein wettbewerblicher Dialog ist ein Verfahren zur Vergabe besonders komplexer Aufträge durch Auftraggeber nach § 98 Nummer 1 bis 3, soweit sie nicht auf dem Gebiet der Trinkwasser- oder Energieversorgung oder des Verkehrs tätig sind, und § 98 Nummer 5. In diesem Verfahren erfolgen eine Aufforderung zur Teilnahme und anschließend Verhandlungen mit ausgewählten Unternehmen über alle Einzelheiten des Auftrags.

(5) Verhandlungsverfahren sind Verfahren, bei denen sich der Auftraggeber mit oder ohne vorherige öffentliche Aufforderung zur Teilnahme an ausgewählte Unternehmen wendet, um mit einem oder mehreren über die Auftragsbedingungen zu verhandeln.

(6) Eine elektronische Auktion dient der elektronischen Ermittlung des wirtschaftlichsten Angebotes. Ein dynamisches elektronisches Verfahren ist ein zeitlich befristetes ausschließlich elektronisches offenes Vergabeverfahren zur Beschaffung marktüblicher Leistungen, bei denen die allgemein auf dem Markt verfügbaren Spezifikationen den Anforderungen des Auftraggebers genügen.

(7) Öffentliche Auftraggeber haben das offene Verfahren anzuwenden, es sei denn, auf Grund dieses Gesetzes ist etwas anderes gestattet. Auftraggebern stehen, soweit sie auf dem Gebiet der Trinkwasser- oder Energieversorgung oder des Verkehrs tätig sind, das offene Verfahren, das nicht offene Verfahren und das Verhandlungsverfahren nach ihrer Wahl zur Verfügung. Bei der Vergabe von verteidigungs- und sicherheitsrelevanten Aufträgen können öffentliche Auftraggeber zwischen dem nicht offenen Verfahren und dem Verhandlungsverfahren wählen.

§ 101a Informations- und Wartepflicht

(1) Der Auftraggeber hat die betroffenen Bieter, deren Angebote nicht berücksichtigt werden sollen, über den Namen des Unternehmens, dessen Angebot angenommen werden soll, über die Gründe der vorgesehenen Nichtberücksichtigung ihres Angebots und über den frühesten Zeitpunkt des Vertragsschlusses unverzüglich in Textform zu informieren. Dies gilt auch für Bewerber, denen keine Information über die Ablehnung ihrer Bewerbung zur Verfügung gestellt wurde, bevor die Mitteilung über die Zuschlagsentscheidung an die betroffenen Bieter ergangen ist. Ein Vertrag darf erst 15 Kalendertage nach Absendung der Information nach den Sätzen 1 und 2 geschlossen werden. Wird die Information per Fax oder auf elektronischem Weg versendet, verkürzt sich die Frist auf zehn Kalendertage. Die Frist beginnt am Tag nach der Absendung der Information durch den Auftraggeber; auf den Tag des Zugangs beim betroffenen Bieter und Bewerber kommt es nicht an.

(2) Die Informationspflicht entfällt in Fällen, in denen das Verhandlungsverfahren ohne vorherige Bekanntmachung wegen besonderer Dringlichkeit gerechtfertigt ist.

§ 101b Unwirksamkeit

(1) Ein Vertrag ist von Anfang an unwirksam, wenn der Auftraggeber

1. gegen § 101a verstoßen hat oder
2. einen öffentlichen Auftrag unmittelbar an ein Unternehmen erteilt, ohne andere Unternehmen am Vergabeverfahren zu beteiligen und ohne dass dies aufgrund Gesetzes gestattet ist

und dieser Verstoß in einem Nachprüfungsverfahren nach Absatz 2 festgestellt worden ist.

(2) Die Unwirksamkeit nach Absatz 1 kann nur festgestellt werden, wenn sie im Nachprüfungsverfahren innerhalb von 30 Kalendertagen ab Kenntnis des Verstoßes, jedoch nicht später als sechs Monate nach Vertragsschluss geltend gemacht worden ist. Hat der Auftraggeber die Auftragsvergabe im Amtsblatt der Europäischen Union bekannt gemacht, endet die Frist zur Geltendmachung der Unwirksamkeit 30 Kalendertage nach Veröffentlichung der Bekanntmachung der Auftragsvergabe im Amtsblatt der Europäischen Union.

Zweiter Abschnitt Nachprüfungsverfahren

I. Nachprüfungsbehörden

§ 102 Grundsatz

Unbeschadet der Prüfungsmöglichkeiten von Aufsichtsbehörden unterliegt die Vergabe öffentlicher Aufträge der Nachprüfung durch die Vergabekammern.

§ 103 (weggefallen)

§ 104 Vergabekammern

(1) Die Nachprüfung der Vergabe öffentlicher Aufträge nehmen die Vergabekammern des Bundes für die dem Bund zuzurechnenden Aufträge, die Vergabekammern der Länder für die diesen zuzurechnenden Aufträge wahr.

(2) Rechte aus § 97 Absatz 7 sowie sonstige Ansprüche gegen öffentliche Auftraggeber, die auf die Vornahme oder das Unterlassen einer Handlung in einem Vergabeverfahren gerichtet sind, können nur vor den Vergabekammern und dem Beschwerdegericht geltend gemacht werden.

(3) Die Zuständigkeit der ordentlichen Gerichte für die Geltendmachung von Schadensersatzansprüchen und die Befugnisse der Kartellbehörden zur Verfolgung von Verstößen insbesondere gegen §§ 19 und 20 bleiben unberührt.

§ 105 Besetzung, Unabhängigkeit

(1) Die Vergabekammern üben ihre Tätigkeit im Rahmen der Gesetze unabhängig und in eigener Verantwortung aus.

(2) Die Vergabekammern entscheiden in der Besetzung mit einem Vorsitzenden und zwei Beisitzern, von denen einer ein ehrenamtlicher Beisitzer ist. Der Vorsitzende und der hauptamtliche Beisitzer müssen Beamte auf Lebenszeit mit der Befähigung zum höheren Verwaltungsdienst oder vergleichbar fachkundige Angestellte sein. Der Vorsitzende oder der hauptamtliche Beisitzer müssen die Befähigung zum Richteramt haben; in der Regel soll dies der Vorsitzende sein. Die Beisitzer sollen über gründliche Kenntnisse des Vergabewesens, die ehrenamtlichen Beisitzer auch über mehrjährige praktische Erfahrungen auf dem Gebiet des Vergabewesens verfügen. Bei der Überprüfung der Vergabe von verteidigungs- und sicherheitsrelevanten Aufträgen im Sinne des § 99 Absatz 7 können die Vergabekammern abweichend von Satz 1 auch in der Besetzung mit einem Vorsitzenden und zwei hauptamtlichen Beisitzern entscheiden.

(3) Die Kammer kann das Verfahren dem Vorsitzenden oder dem hauptamtlichen Beisitzer ohne mündliche Verhandlung durch unanfechtbaren Beschluss zur alleinigen Entscheidung übertragen. Diese Übertragung ist nur möglich, sofern die Sache keine wesentlichen Schwierigkeiten in tatsächlicher oder rechtlicher Hinsicht aufweist und die Entscheidung nicht von grundsätzlicher Bedeutung sein wird.

(4) Die Mitglieder der Kammer werden für eine Amtszeit von fünf Jahren bestellt. Sie entscheiden unabhängig und sind nur dem Gesetz unterworfen.

§ 106 Einrichtung, Organisation

(1) Der Bund richtet die erforderliche Anzahl von Vergabekammern beim Bundeskartellamt ein. Einrichtung und Besetzung der Vergabekammern sowie die Geschäftsverteilung bestimmt der Präsident des Bundeskartellamts.

Ehrenamtliche Beisitzer und deren Stellvertreter ernennt er auf Vorschlag der Spitzenorganisationen der öffentlich-rechtlichen Kammern. Der Präsident des Bundeskartellamts erlässt nach Genehmigung durch das Bundesministerium für Wirtschaft und Technologie eine Geschäftsordnung und veröffentlicht diese im Bundesanzeiger.

(2) Die Einrichtung, Organisation und Besetzung der in diesem Abschnitt genannten Stellen (Nachprüfungsbehörden) der Länder bestimmen die nach Landesrecht zuständigen Stellen, mangels einer solchen Bestimmung die Landesregierung, die die Ermächtigung weiter übertragen kann. Die Länder können gemeinsame Nachprüfungsbehörden einrichten.

§ 106a Abgrenzung der Zuständigkeit der Vergabekammern

(1) Die Vergabekammer des Bundes ist zuständig für die Nachprüfung der Vergabeverfahren

1. des Bundes;
2. von Auftraggebern im Sinne des § 98 Nummer 2, sofern der Bund die Beteiligung überwiegend verwaltet oder die sonstige Finanzierung überwiegend gewährt hat oder über die Leitung überwiegend die Aufsicht ausübt oder die Mitglieder des zur Geschäftsführung oder zur Aufsicht berufenen Organs überwiegend bestimmt hat, es sei denn, die an dem Auftraggeber Beteiligten haben sich auf die Zuständigkeit einer anderen Vergabekammer geeinigt;
3. von Auftraggebern im Sinne des § 98 Nummer 4, sofern der Bund auf sie einen beherrschenden Einfluss ausübt; ein beherrschender Einfluss liegt vor, wenn der Bund unmittelbar oder mittelbar die Mehrheit des gezeichneten Kapitals des Auftraggebers besitzt oder über die Mehrheit der mit den Anteilen des Auftraggebers verbundenen Stimmrechte verfügt oder mehr als die Hälfte der Mitglieder des Verwaltungs-, Leitungs- oder Aufsichtsorgans des Auftraggebers bestellen kann;
4. von Auftraggebern im Sinne des § 98 Nummer 5, sofern der Bund die Mittel überwiegend bewilligt hat;
5. von Auftraggebern nach § 98 Nummer 6, sofern die unter § 98 Nummer 1 bis 3 fallende Stelle dem Bund zuzuordnen ist;
6. die im Rahmen der Organleihe für den Bund durchgeführt werden.

(2) Wird das Vergabeverfahren von einem Land im Rahmen der Auftragsverwaltung für den Bund durchgeführt, ist die Vergabekammer dieses Landes zuständig. Ist in entsprechender Anwendung des Absatzes 1 Nummer 2 bis 6 ein Auftraggeber einem Land zuzuordnen, ist die Vergabekammer des jeweiligen Landes zuständig.

(3) In allen anderen Fällen wird die Zuständigkeit der Vergabekammern nach dem Sitz des Auftraggebers bestimmt. Bei länderübergreifenden Beschaffungen benennen die Auftraggeber in der Vergabebekanntmachung nur eine zuständige Vergabekammer.

II.
Verfahren vor der Vergabekammer

§ 107 Einleitung, Antrag

(1) Die Vergabekammer leitet ein Nachprüfungsverfahren nur auf Antrag ein.

(2) Antragsbefugt ist jedes Unternehmen, das ein Interesse am Auftrag hat und eine Verletzung in seinen Rechten nach § 97 Absatz 7 durch Nichtbeachtung von Vergabevorschriften geltend macht. Dabei ist darzulegen, dass dem Unternehmen durch die behauptete Verletzung der Vergabevorschriften ein Schaden entstanden ist oder zu entstehen droht.

(3) Der Antrag ist unzulässig, soweit

1. der Antragsteller den gerügten Verstoß gegen Vergabevorschriften im Vergabeverfahren erkannt und gegenüber dem Auftraggeber nicht unverzüglich gerügt hat,
2. Verstöße gegen Vergabevorschriften, die aufgrund der Bekanntmachung erkennbar sind, nicht spätestens bis Ablauf der in der Bekanntmachung benannten Frist zur Angebotsabgabe oder zur Bewerbung gegenüber dem Auftraggeber gerügt werden,

3. Verstöße gegen Vergabevorschriften, die erst in den Vergabeunterlagen erkennbar sind, nicht spätestens bis zum Ablauf der in der Bekanntmachung benannten Frist zur Angebotsabgabe oder zur Bewerbung gegenüber dem Auftraggeber gerügt werden,
4. mehr als 15 Kalendertage nach Eingang der Mitteilung des Auftraggebers, einer Rüge nicht abhelfen zu wollen, vergangen sind.

Satz 1 gilt nicht bei einem Antrag auf Feststellung der Unwirksamkeit des Vertrages nach § 101b Absatz 1 Nummer 2. § 101a Absatz 1 Satz 2 bleibt unberührt.

§ 108 Form

(1) Der Antrag ist schriftlich bei der Vergabekammer einzureichen und unverzüglich zu begründen. Er soll ein bestimmtes Begehren enthalten. Ein Antragsteller ohne Wohnsitz oder gewöhnlichen Aufenthalt, Sitz oder Geschäftsleitung im Geltungsbereich dieses Gesetzes hat einen Empfangsbevollmächtigten im Geltungsbereich dieses Gesetzes zu benennen.

(2) Die Begründung muss die Bezeichnung des Antragsgegners, eine Beschreibung der behaupteten Rechtsverletzung mit Sachverhaltsdarstellung und die Bezeichnung der verfügbaren Beweismittel enthalten sowie darlegen, dass die Rüge gegenüber dem Auftraggeber erfolgt ist; sie soll, soweit bekannt, die sonstigen Beteiligten benennen.

§ 109 Verfahrensbeteiligte, Beiladung

Verfahrensbeteiligte sind der Antragsteller, der Auftraggeber und die Unternehmen, deren Interessen durch die Entscheidung schwerwiegend berührt werden und die deswegen von der Vergabekammer beigeladen worden sind. Die Entscheidung über die Beiladung ist unanfechtbar.

§ 110 Untersuchungsgrundsatz

(1) Die Vergabekammer erforscht den Sachverhalt von Amts wegen. Sie kann sich dabei auf das beschränken, was von den Beteiligten vorgebracht wird oder ihr sonst bekannt sein muss. Zu einer umfassenden Rechtmäßigkeitskontrolle ist die Vergabekammer nicht verpflichtet. Sie achtet bei ihrer gesamten Tätigkeit darauf, dass der Ablauf des Vergabeverfahrens nicht unangemessen beeinträchtigt wird.

(2) Die Vergabekammer prüft den Antrag darauf, ob er offensichtlich unzulässig oder unbegründet ist. Dabei berücksichtigt die Vergabekammer auch einen vorsorglich hinterlegten Schriftsatz (Schutzschrift) des Auftraggebers. Sofern der Antrag nicht offensichtlich unzulässig oder unbegründet ist, übermittelt die Vergabekammer dem Auftraggeber eine Kopie des Antrags und fordert bei ihm die Akten an, die das Vergabeverfahren dokumentieren (Vergabeakten). Der Auftraggeber hat die Vergabeakten der Kammer sofort zur Verfügung zu stellen. Die §§ 57 bis 59 Absatz 1 bis 5 sowie § 61 gelten entsprechend.

§ 110a Aufbewahrung vertraulicher Unterlagen

(1) Die Vergabekammer stellt die Vertraulichkeit von Verschlusssachen und anderen vertraulichen Informationen sicher, die in den von den Parteien übermittelten Unterlagen enthalten sind.

(2) Die Mitglieder der Vergabekammern sind zur Geheimhaltung verpflichtet; die Entscheidungsgründe dürfen Art und Inhalt der geheim gehaltenen Urkunden, Akten, elektronischen Dokumente und Auskünfte nicht erkennen lassen.

§ 111 Akteneinsicht

(1) Die Beteiligten können die Akten bei der Vergabekammer einsehen und sich durch die Geschäftsstelle auf ihre Kosten Ausfertigungen, Auszüge oder Abschriften erteilen lassen.

(2) Die Vergabekammer hat die Einsicht in die Unterlagen zu versagen, soweit dies aus wichtigen Gründen, insbesondere des Geheimschutzes oder zur Wahrung von Betriebs- oder Geschäftsgeheimnissen geboten ist.

(3) Jeder Beteiligte hat mit Übersendung seiner Akten oder Stellungnahmen auf die in Absatz 2 genannten Geheimnisse hinzuweisen und diese in den Unterlagen entsprechend kenntlich zu machen. Erfolgt dies nicht, kann die Vergabekammer von seiner Zustimmung auf Einsicht ausgehen.

(4) Die Versagung der Akteneinsicht kann nur im Zusammenhang mit der sofortigen Beschwerde in der Hauptsache angegriffen werden.

§ 112 Mündliche Verhandlung

(1) Die Vergabekammer entscheidet auf Grund einer mündlichen Verhandlung, die sich auf einen Termin beschränken soll. Alle Beteiligten haben Gelegenheit zur Stellungnahme. Mit Zustimmung der Beteiligten oder bei Unzulässigkeit oder bei offensichtlicher Unbegründetheit des Antrags kann nach Lage der Akten entschieden werden.

(2) Auch wenn die Beteiligten in dem Verhandlungstermin nicht erschienen oder nicht ordnungsgemäß vertreten sind, kann in der Sache verhandelt und entschieden werden.

§ 113 Beschleunigung

(1) Die Vergabekammer trifft und begründet ihre Entscheidung schriftlich innerhalb einer Frist von fünf Wochen ab Eingang des Antrags. Bei besonderen tatsächlichen oder rechtlichen Schwierigkeiten kann der Vorsitzende im Ausnahmefall die Frist durch Mitteilung an die Beteiligten um den erforderlichen Zeitraum verlängern. Dieser Zeitraum soll nicht länger als zwei Wochen dauern. Er begründet diese Verfügung schriftlich.

(2) Die Beteiligten haben an der Aufklärung des Sachverhalts mitzuwirken, wie es einem auf Förderung und raschen Abschluss des Verfahrens bedachten Vorgehen entspricht. Den Beteiligten können Fristen gesetzt werden, nach deren Ablauf weiterer Vortrag unbeachtet bleiben kann.

§ 114 Entscheidung der Vergabekammer

(1) Die Vergabekammer entscheidet, ob der Antragsteller in seinen Rechten verletzt ist und trifft die geeigneten Maßnahmen, um eine Rechtsverletzung zu beseitigen und eine Schädigung der betroffenen Interessen zu verhindern. Sie ist an die Anträge nicht gebunden und kann auch unabhängig davon auf die Rechtmäßigkeit des Vergabeverfahrens einwirken.

(2) Ein wirksam erteilter Zuschlag kann nicht aufgehoben werden. Hat sich das Nachprüfungsverfahren durch Erteilung des Zuschlags, durch Aufhebung oder durch Einstellung des Vergabeverfahrens oder in sonstiger Weise erledigt, stellt die Vergabekammer auf Antrag eines Beteiligten fest, ob eine Rechtsverletzung vorgelegen hat. § 113 Absatz 1 gilt in diesem Fall nicht.

(3) Die Entscheidung der Vergabekammer ergeht durch Verwaltungsakt. Die Vollstreckung richtet sich, auch gegen einen Hoheitsträger, nach den Verwaltungsvollstreckungsgesetzen des Bundes und der Länder. Die §§ 61 und 86a Satz 2 gelten entsprechend.

§ 115 Aussetzung des Vergabeverfahrens

(1) Informiert die Vergabekammer den öffentlichen Auftraggeber in Textform über den Antrag auf Nachprüfung, darf dieser vor einer Entscheidung der Vergabekammer und dem Ablauf der Beschwerdefrist nach § 117 Absatz 1 den Zuschlag nicht erteilen.

(2) Die Vergabekammer kann dem Auftraggeber auf seinen Antrag oder auf Antrag des Unternehmens, das nach § 101a vom Auftraggeber als das Unternehmen benannt ist, das den Zuschlag erhalten soll, gestatten, den Zuschlag nach Ablauf von zwei Wochen seit Bekanntgabe dieser Entscheidung zu erteilen, wenn unter Berücksichtigung aller möglicherweise geschädigten Interessen sowie des Interesses der Allgemeinheit an einem raschen Abschluss des Vergabeverfahrens die nachteiligen Folgen einer Verzögerung der Vergabe bis zum Abschluss der Nachprüfung die damit verbundenen Vorteile überwiegen. Bei der Abwägung ist das Interesse der Allgemeinheit an einer wirtschaftlichen Erfüllung der Aufgaben des Auftraggebers zu berücksichtigen; bei verteidigungs- oder sicherheitsrelevanten Aufträgen im Sinne des § 99 Absatz 7 sind zusätzlich besondere Verteidigungs- und Sicherheitsinteressen zu berücksichtigen. Die Vergabekammer berücksichtigt dabei auch die allgemeinen Aussichten des Antragstellers im Vergabeverfahren, den Auftrag zu erhalten. Die Erfolgsaussichten des Nachprüfungsantrags müssen nicht in jedem Falle Gegenstand der Abwägung sein. Das Beschwerdegericht kann auf Antrag das Verbot des Zuschlags nach Absatz 1 wiederherstellen; § 114 Absatz 2 Satz 1 bleibt unberührt. Wenn die Vergabekammer den Zuschlag nicht gestattet, kann das Beschwerdegericht auf Antrag des Auftraggebers unter den Voraussetzungen der Sätze 1 bis 4 den sofortigen Zuschlag gestatten. Für das Verfahren vor dem Beschwerdegericht gilt § 121 Absatz 2 Satz 1 und 2 und Absatz 3 entsprechend. Eine sofortige

Beschwerde nach § 116 Absatz 1 ist gegen Entscheidungen der Vergabekammer nach diesem Absatz nicht zulässig.

(3) Sind Rechte des Antragstellers aus § 97 Absatz 7 im Vergabeverfahren auf andere Weise als durch den drohenden Zuschlag gefährdet, kann die Kammer auf besonderen Antrag mit weiteren vorläufigen Maßnahmen in das Vergabeverfahren eingreifen. Sie legt dabei den Beurteilungsmaßstab des Absatzes 2 Satz 1 zugrunde. Diese Entscheidung ist nicht selbständig anfechtbar. Die Vergabekammer kann die von ihr getroffenen weiteren vorläufigen Maßnahmen nach den Verwaltungsvollstreckungsgesetzen des Bundes und der Länder durchsetzen; die Maßnahmen sind sofort vollziehbar. § 86a Satz 2 gilt entsprechend.

(4) Macht der Auftraggeber das Vorliegen der Voraussetzungen nach § 100 Absatz 8 Nummer 1 bis 3 geltend, entfällt das Verbot des Zuschlages nach Absatz 1 fünf Werktage nach Zustellung eines entsprechenden Schriftsatzes an den Antragsteller; die Zustellung ist durch die Vergabekammer unverzüglich nach Eingang des Schriftsatzes vorzunehmen. Auf Antrag kann das Beschwerdegericht das Verbot des Zuschlages wiederherstellen. § 121 Absatz 1 Satz 1, Absatz 2 Satz 1 sowie Absatz 3 und 4 finden entsprechende Anwendung.

§ 115a Ausschluss von abweichendem Landesrecht

Soweit dieser Unterabschnitt Regelungen zum Verwaltungsverfahren enthält, darf hiervon durch Landesrecht nicht abgewichen werden.

III.
Sofortige Beschwerde

§ 116 Zulässigkeit, Zuständigkeit

(1) Gegen Entscheidungen der Vergabekammer ist die sofortige Beschwerde zulässig. Sie steht den am Verfahren vor der Vergabekammer Beteiligten zu.

(2) Die sofortige Beschwerde ist auch zulässig, wenn die Vergabekammer über einen Antrag auf Nachprüfung nicht innerhalb der Frist des § 113 Absatz 1 entschieden hat; in diesem Fall gilt der Antrag als abgelehnt.

(3) Über die sofortige Beschwerde entscheidet ausschließlich das für den Sitz der Vergabekammer zuständige Oberlandesgericht. Bei den Oberlandesgerichten wird ein Vergabesenat gebildet.

(4) Rechtssachen nach den Absätzen 1 und 2 können von den Landesregierungen durch Rechtsverordnung anderen Oberlandesgerichten oder dem Obersten Landesgericht zugewiesen werden. Die Landesregierungen können die Ermächtigung auf die Landesjustizverwaltungen übertragen.

§ 117 Frist, Form

(1) Die sofortige Beschwerde ist binnen einer Notfrist von zwei Wochen, die mit der Zustellung der Entscheidung, im Fall des § 116 Absatz 2 mit dem Ablauf der Frist beginnt, schriftlich bei dem Beschwerdegericht einzulegen.

(2) Die sofortige Beschwerde ist zugleich mit ihrer Einlegung zu begründen. Die Beschwerdebegründung muss enthalten:

1. die Erklärung, inwieweit die Entscheidung der Vergabekammer angefochten und eine abweichende Entscheidung beantragt wird,
2. die Angabe der Tatsachen und Beweismittel, auf die sich die Beschwerde stützt.

(3) Die Beschwerdeschrift muss durch einen Rechtsanwalt unterzeichnet sein. Dies gilt nicht für Beschwerden von juristischen Personen des öffentlichen Rechts.

(4) Mit der Einlegung der Beschwerde sind die anderen Beteiligten des Verfahrens vor der Vergabekammer vom Beschwerdeführer durch Übermittlung einer Ausfertigung der Beschwerdeschrift zu unterrichten.

§ 118 Wirkung

(1) Die sofortige Beschwerde hat aufschiebende Wirkung gegenüber der Entscheidung der Vergabekammer. Die aufschiebende Wirkung entfällt zwei Wochen nach Ablauf der Beschwerdefrist. Hat die Vergabekammer

den Antrag auf Nachprüfung abgelehnt, so kann das Beschwerdegericht auf Antrag des Beschwerdeführers die aufschiebende Wirkung bis zur Entscheidung über die Beschwerde verlängern.

(2) Das Gericht lehnt den Antrag nach Absatz 1 Satz 3 ab, wenn unter Berücksichtigung aller möglicherweise geschädigten Interessen die nachteiligen Folgen einer Verzögerung der Vergabe bis zur Entscheidung über die Beschwerde die damit verbundenen Vorteile überwiegen. Bei der Abwägung ist das Interesse der Allgemeinheit an einer wirtschaftlichen Erfüllung der Aufgaben des Auftraggebers zu berücksichtigen; bei verteidigungs- oder sicherheitsrelevanten Aufträgen im Sinne des § 99 Absatz 7 sind zusätzlich besondere Verteidigungs- und Sicherheitsinteressen zu berücksichtigen. Das Gericht berücksichtigt bei seiner Entscheidung auch die Erfolgsaussichten der Beschwerde, die allgemeinen Aussichten des Antragstellers im Vergabeverfahren, den Auftrag zu erhalten, und das Interesse der Allgemeinheit an einem raschen Abschluss des Vergabeverfahrens.

(3) Hat die Vergabekammer dem Antrag auf Nachprüfung durch Untersagung des Zuschlags stattgegeben, so unterbleibt dieser, solange nicht das Beschwerdegericht die Entscheidung der Vergabekammer nach § 121 oder § 123 aufhebt.

§ 119 Beteiligte am Beschwerdeverfahren

An dem Verfahren vor dem Beschwerdegericht beteiligt sind die an dem Verfahren vor der Vergabekammer Beteiligten.

§ 120 Verfahrensvorschriften

(1) Vor dem Beschwerdegericht müssen sich die Beteiligten durch einen Rechtsanwalt als Bevollmächtigten vertreten lassen. Juristische Personen des öffentlichen Rechts können sich durch Beamte oder Angestellte mit Befähigung zum Richteramt vertreten lassen.

(2) Die §§ 69, 70 Absatz 1 bis 3, § 71 Absatz 1 und 6, §§ 71a, 72, 73 mit Ausnahme der Verweisung auf § 227 Absatz 3 der Zivilprozessordnung, die §§ 78, 111 und 113 Absatz 2 Satz 1 finden entsprechende Anwendung.

§ 121 Vorabentscheidung über den Zuschlag

(1) Auf Antrag des Auftraggebers oder auf Antrag des Unternehmens, das nach § 101a vom Auftraggeber als das Unternehmen benannt ist, das den Zuschlag erhalten soll, kann das Gericht den weiteren Fortgang des Vergabeverfahrens und den Zuschlag gestatten, wenn unter Berücksichtigung aller möglicherweise geschädigten Interessen die nachteiligen Folgen einer Verzögerung der Vergabe bis zur Entscheidung über die Beschwerde die damit verbundenen Vorteile überwiegen. Bei der Abwägung ist das Interesse der Allgemeinheit an einer wirtschaftlichen Erfüllung der Aufgaben des Auftraggebers zu berücksichtigen; bei verteidigungs- oder sicherheitsrelevanten Aufträgen im Sinne des § 99 Absatz 7 sind zusätzlich besondere Verteidigungs- und Sicherheitsinteressen zu berücksichtigen. Das Gericht berücksichtigt bei seiner Entscheidung auch die Erfolgsaussichten der sofortigen Beschwerde, die allgemeinen Aussichten des Antragstellers im Vergabeverfahren, den Auftrag zu erhalten, und das Interesse der Allgemeinheit an einem raschen Abschluss des Vergabeverfahrens.

(2) Der Antrag ist schriftlich zu stellen und gleichzeitig zu begründen. Die zur Begründung des Antrags vorzutragenden Tatsachen sowie der Grund für die Eilbedürftigkeit sind glaubhaft zu machen. Bis zur Entscheidung über den Antrag kann das Verfahren über die Beschwerde ausgesetzt werden.

(3) Die Entscheidung ist unverzüglich längstens innerhalb von fünf Wochen nach Eingang des Antrags zu treffen und zu begründen; bei besonderen tatsächlichen oder rechtlichen Schwierigkeiten kann der Vorsitzende im Ausnahmefall die Frist durch begründete Mitteilung an die Beteiligten um den erforderlichen Zeitraum verlängern. Die Entscheidung kann ohne mündliche Verhandlung ergehen. Ihre Begründung erläutert Rechtmäßigkeit oder Rechtswidrigkeit des Vergabeverfahrens. § 120 findet Anwendung.

(4) Gegen eine Entscheidung nach dieser Vorschrift ist ein Rechtsmittel nicht zulässig.

§ 122 Ende des Vergabeverfahrens nach Entscheidung des Beschwerdegerichts

Ist der Auftraggeber mit einem Antrag nach § 121 vor dem Beschwerdegericht unterlegen, gilt das Vergabeverfahren nach Ablauf von zehn Tagen nach Zustellung der Entscheidung als beendet, wenn der Auftraggeber nicht die Maßnahmen zur Herstellung der Rechtmäßigkeit des Verfahrens ergreift, die sich aus der Entscheidung ergeben; das Verfahren darf nicht fortgeführt werden.

§ 123 Beschwerdeentscheidung

Hält das Gericht die Beschwerde für begründet, so hebt es die Entscheidung der Vergabekammer auf. In diesem Fall entscheidet das Gericht in der Sache selbst oder spricht die Verpflichtung der Vergabekammer aus, unter Berücksichtigung der Rechtsauffassung des Gerichts über die Sache erneut zu entscheiden. Auf Antrag stellt es fest, ob das Unternehmen, das die Nachprüfung beantragt hat, durch den Auftraggeber in seinen Rechten verletzt ist. § 114 Absatz 2 gilt entsprechend.

§ 124 Bindungswirkung und Vorlagepflicht

(1) Wird wegen eines Verstoßes gegen Vergabevorschriften Schadensersatz begehrt und hat ein Verfahren vor der Vergabekammer stattgefunden, ist das ordentliche Gericht an die bestandskräftige Entscheidung der Vergabekammer und die Entscheidung des Oberlandesgerichts sowie gegebenenfalls des nach Absatz 2 angerufenen Bundesgerichtshofs über die Beschwerde gebunden.

(2) Will ein Oberlandesgericht von einer Entscheidung eines anderen Oberlandesgerichts oder des Bundesgerichtshofs abweichen, so legt es die Sache dem Bundesgerichtshof vor. Der Bundesgerichtshof entscheidet anstelle des Oberlandesgerichts. Der Bundesgerichtshof kann sich auf die Entscheidung der Divergenzfrage beschränken und dem Beschwerdegericht die Entscheidung in der Hauptsache übertragen, wenn dies nach dem Sach- und Streitstand des Beschwerdeverfahrens angezeigt scheint. Die Vorlagepflicht gilt nicht im Verfahren nach § 118 Absatz 1 Satz 3 und nach § 121.

Dritter Abschnitt
Sonstige Regelungen

§ 125 Schadensersatz bei Rechtsmissbrauch

(1) Erweist sich der Antrag nach § 107 oder die sofortige Beschwerde nach § 116 als von Anfang an ungerechtfertigt, ist der Antragsteller oder der Beschwerdeführer verpflichtet, dem Gegner und den Beteiligten den Schaden zu ersetzen, der ihnen durch den Missbrauch des Antrags- oder Beschwerderechts entstanden ist.

(2) Ein Missbrauch ist es insbesondere,

1. die Aussetzung oder die weitere Aussetzung des Vergabeverfahrens durch vorsätzlich oder grob fahrlässig vorgetragene falsche Angaben zu erwirken;
2. die Überprüfung mit dem Ziel zu beantragen, das Vergabeverfahren zu behindern oder Konkurrenten zu schädigen;
3. einen Antrag in der Absicht zu stellen, ihn später gegen Geld oder andere Vorteile zurückzunehmen.

(3) Erweisen sich die von der Vergabekammer entsprechend einem besonderen Antrag nach § 115 Absatz 3 getroffenen vorläufigen Maßnahmen als von Anfang an ungerechtfertigt, hat der Antragsteller dem Auftraggeber den aus der Vollziehung der angeordneten Maßnahme entstandenen Schaden zu ersetzen.

§ 126 Anspruch auf Ersatz des Vertrauensschadens

Hat der Auftraggeber gegen eine den Schutz von Unternehmen bezweckende Vorschrift verstoßen und hätte das Unternehmen ohne diesen Verstoß bei der Wertung der Angebote eine echte Chance gehabt, den Zuschlag zu erhalten, die aber durch den Rechtsverstoß beeinträchtigt wurde, so kann das Unternehmen Schadensersatz für die Kosten der Vorbereitung des Angebots oder der Teilnahme an einem Vergabeverfahren verlangen. Weiterreichende Ansprüche auf Schadensersatz bleiben unberührt.

§ 127 Ermächtigungen

Die Bundesregierung kann durch Rechtsverordnung mit Zustimmung des Bundesrates Regelungen erlassen

1. zur Umsetzung der vergaberechtlichen Schwellenwerte der Richtlinien der Europäischen Union in ihrer jeweils geltenden Fassung;

2. über das bei der Vergabe durch Auftraggeber, die auf dem Gebiet der Trinkwasser- oder Energieversorgung oder des Verkehrs tätig sind, einzuhaltende Verfahren, über die Auswahl und die Prüfung der Unternehmen und der Angebote, über den Abschluss des Vertrags und sonstige Regelungen des Vergabeverfahrens;
3. über das bei der Vergabe von verteidigungs- und sicherheitsrelevanten öffentlichen Aufträgen einzuhaltende Verfahren, über die Auswahl und die Prüfung der Unternehmen und der Angebote, über den Ausschluss vom Vergabeverfahren, über den Abschluss des Vertrags, über die Aufhebung von Vergabeverfahren und über sonstige Regelungen des Vergabeverfahrens einschließlich verteidigungs- und sicherheitsrelevanter Anforderungen im Hinblick auf den Geheimschutz, allgemeine Regeln zur Wahrung der Vertraulichkeit, die Versorgungssicherheit sowie besondere Regelungen für die Vergabe von Unteraufträgen;
4. (weggefallen)
5. (weggefallen)
6. über ein Verfahren, nach dem öffentliche Auftraggeber durch unabhängige Prüfer eine Bescheinigung erhalten können, dass ihr Vergabeverhalten mit den Regeln dieses Gesetzes und den auf Grund dieses Gesetzes erlassenen Vorschriften übereinstimmt;
7. über ein freiwilliges Streitschlichtungsverfahren der Europäischen Kommission gemäß Kapitel 4 der Richtlinie 92/13/EWG des Rates der Europäischen Gemeinschaften vom 25. Februar 1992 (ABl. EG Nr. L 76 S. 14);
8. über die Informationen, die von den Auftraggebern dem Bundesministerium für Wirtschaft und Technologie zu übermitteln sind, um Verpflichtungen aus Richtlinien des Rates der Europäischen Gemeinschaft oder der Europäischen Union zu erfüllen;
9. über die Voraussetzungen, nach denen Auftraggeber, die auf dem Gebiet der Trinkwasser- oder der Energieversorgung oder des Verkehrs tätig sind, sowie Auftraggeber nach dem Bundesberggesetz von der Verpflichtung zur Anwendung dieses Teils befreit werden können, sowie über das dabei anzuwendende Verfahren einschließlich der erforderlichen Ermittlungsbefugnisse des Bundeskartellamts.

§ 127a Kosten für Gutachten und Stellungnahmen nach der Sektorenverordnung; Verordnungsermächtigung

(1) Für Gutachten und Stellungnahmen, die auf Grund der nach § 127 Nummer 9 erlassenen Rechtsverordnung vorgenommen werden, erhebt das Bundeskartellamt Kosten (Gebühren und Auslagen) zur Deckung des Verwaltungsaufwands. § 80 Absatz 1 Satz 3 und Absatz 2 Satz 1, Satz 2 Nummer 1, Satz 3 und 4, Absatz 5 Satz 1 sowie Absatz 6 Satz 1 Nummer 2, Satz 2 und 3 gilt entsprechend. Hinsichtlich der Beschwerdemöglichkeit über die Kostenentscheidung gilt § 63 Absatz 1 und Absatz 4 entsprechend.

(2) Die Bundesregierung kann durch Rechtsverordnung mit Zustimmung des Bundesrates die Einzelheiten der Kostenerhebung bestimmen. Vollstreckungserleichterungen dürfen vorgesehen werden.

§ 128 Kosten des Verfahrens vor der Vergabekammer

(1) Für Amtshandlungen der Vergabekammern werden Kosten (Gebühren und Auslagen) zur Deckung des Verwaltungsaufwandes erhoben. Das Verwaltungskostengesetz vom 23. Juni 1970 (BGBl. I S. 821) in der am 14. August 2013 geltenden Fassung findet Anwendung.

(2) Die Gebühr beträgt mindestens 2 500 Euro; dieser Betrag kann aus Gründen der Billigkeit bis auf ein Zehntel ermäßigt werden. Die Gebühr soll den Betrag von 50 000 Euro nicht überschreiten; sie kann im Einzelfall, wenn der Aufwand oder die wirtschaftliche Bedeutung außergewöhnlich hoch sind, bis zu einem Betrag von 100 000 Euro erhöht werden.

(3) Soweit ein Beteiligter im Verfahren unterliegt, hat er die Kosten zu tragen. Mehrere Kostenschuldner haften als Gesamtschuldner. Kosten, die durch Verschulden eines Beteiligten entstanden sind, können diesem auferlegt werden. Hat sich der Antrag vor Entscheidung der Vergabekammer durch Rücknahme oder anderweitig erledigt, hat der Antragsteller die Hälfte der Gebühr zu entrichten. Die Entscheidung, wer die Kosten zu tragen hat, erfolgt nach billigem Ermessen. Aus Gründen der Billigkeit kann von der Erhebung von Gebühren ganz oder teilweise abgesehen werden.

(4) Soweit ein Beteiligter im Nachprüfungsverfahren unterliegt, hat er die zur zweckentsprechenden Rechtsverfolgung oder Rechtsverteidigung notwendigen Aufwendungen des Antragsgegners zu tragen. Die Aufwendungen der Beigeladenen sind nur erstattungsfähig, soweit sie die Vergabekammer aus Billigkeit der unterlegenen Partei auferlegt. Nimmt der Antragsteller seinen Antrag zurück, hat er die

zur zweckentsprechenden Rechtsverfolgung notwendigen Aufwendungen des Antragsgegners und der Beigeladenen zu erstatten. § 80 Absatz 1, 2 und 3 Satz 2 des Verwaltungsverfahrensgesetzes und die entsprechenden Vorschriften der Verwaltungsverfahrensgesetze der Länder gelten entsprechend. Ein gesondertes Kostenfestsetzungsverfahren findet nicht statt.

§ 129 Korrekturmechanismus der Kommission

(1) Erhält die Bundesregierung im Laufe eines Vergabeverfahrens vor Abschluss des Vertrages eine Mitteilung der Europäischen Kommission, dass diese der Auffassung ist, es liege ein schwerer Verstoß gegen das Recht der Europäischen Union im Bereich der öffentlichen Aufträge vor, der zu beseitigen sei, teilt das Bundesministerium für Wirtschaft und Technologie dies dem Auftraggeber mit.

(2) Der Auftraggeber ist verpflichtet, innerhalb von 14 Kalendertagen nach Eingang dieser Mitteilung dem Bundesministerium für Wirtschaft und Technologie eine umfassende Darstellung des Sachverhaltes zu geben und darzulegen, ob der behauptete Verstoß beseitigt wurde, oder zu begründen, warum er nicht beseitigt wurde, ob das Vergabeverfahren Gegenstand eines Nachprüfungsverfahrens ist oder aus sonstigen Gründen ausgesetzt wurde.

(3) Ist das Vergabeverfahren Gegenstand eines Nachprüfungsverfahrens oder wurde es ausgesetzt, so ist der Auftraggeber verpflichtet, das Bundesministerium für Wirtschaft und Technologie unverzüglich über den Ausgang des Nachprüfungsverfahrens zu informieren.

§ 129a Unterrichtungspflichten der Nachprüfungsinstanzen

Die Vergabekammern und die Oberlandesgerichte unterrichten das Bundesministerium für Wirtschaft und Technologie bis zum 31. Januar eines jeden Jahres über die Anzahl der Nachprüfungsverfahren des Vorjahres und deren Ergebnisse.

§ 129b Regelung für Auftraggeber nach dem Bundesberggesetz

(1) Auftraggeber, die nach dem Bundesberggesetz berechtigt sind, Erdöl, Gas, Kohle oder andere Festbrennstoffe aufzusuchen oder zu gewinnen, müssen bei der Vergabe von Liefer-, Bau- oder Dienstleistungsaufträgen oberhalb der in Artikel 16 der Richtlinie 2004/17/EG des Europäischen Parlaments und des Rates vom 31. März 2004 zur Koordinierung der Zuschlagserteilung durch Auftraggeber im Bereich der Wasser-, Energie- und Verkehrsversorgung sowie der Postdienste (ABl. EU Nr. L 134 S. 1), die zuletzt durch die Verordnung (EG) Nr. 1422/2007 der Kommission vom 4. Dezember 2007 (ABl. EU Nr. L 317 S. 34) geändert worden ist, festgelegten Schwellenwerte zur Durchführung der Aufsuchung oder Gewinnung von Erdöl, Gas, Kohle oder anderen Festbrennstoffen den Grundsatz der Nichtdiskriminierung und der wettbewerbsorientierten Auftragsvergabe beachten. Insbesondere müssen sie Unternehmen, die ein Interesse an einem solchen Auftrag haben können, ausreichend informieren und bei der Auftragsvergabe objektive Kriterien zugrunde legen. Dies gilt nicht für die Vergabe von Aufträgen, deren Gegenstand die Beschaffung von Energie oder Brennstoffen zur Energieerzeugung ist.

(2) Die Auftraggeber nach Absatz 1 erteilen der Europäischen Kommission über das Bundesministerium für Wirtschaft und Technologie Auskunft über die Vergabe der unter diese Vorschrift fallenden Aufträge nach Maßgabe der Entscheidung 93/327/EWG der Kommission vom 13. Mai 1993 zur Festlegung der Voraussetzungen, unter denen die öffentlichen Auftraggeber, die geographisch abgegrenzte Gebiete zum Zwecke der Aufsuchung oder Förderung von Erdöl, Gas, Kohle oder anderen Festbrennstoffen nutzen, der Kommission Auskunft über die von ihnen vergebenen Aufträge zu erteilen haben (ABl. EG Nr. L 129 S. 25). Sie können über das Verfahren gemäß der Rechtsverordnung nach § 127 Nummer 9 unter den dort geregelten Voraussetzungen eine Befreiung von der Pflicht zur Anwendung dieser Bestimmung erreichen.

Fünfter Teil
Anwendungsbereich des Gesetzes

§ 130 Unternehmen der öffentlichen Hand, Geltungsbereich

(1) Dieses Gesetz findet auch Anwendung auf Unternehmen, die ganz oder teilweise im Eigentum der öffentlichen Hand stehen oder die von ihr verwaltet oder betrieben werden. Die §§ 19, 20 ,und 31b Absatz 5 finden keine Anwendung auf öffentlich-rechtliche Gebühren und Beiträge. Die Vorschriften des Ersten bis

Dritten Teils dieses Gesetzes finden keine Anwendung auf die Deutsche Bundesbank und die Kreditanstalt für Wiederaufbau.

(2) Dieses Gesetz findet Anwendung auf alle Wettbewerbsbeschränkungen, die sich im Geltungsbereich dieses Gesetzes auswirken, auch wenn sie außerhalb des Geltungsbereichs dieses Gesetzes veranlasst werden.

(3) Die Vorschriften des Energiewirtschaftsgesetzes stehen der Anwendung der §§ 19, 20 und 29 nicht entgegen, soweit in § 111 des Energiewirtschaftsgesetzes keine andere Regelung getroffen ist.

Fußnote

§ 130 Abs. 1 Satz 2 Kursivdruck: Neufassung weicht von letzter konstitutiver Fassung ab

Sechster Teil
Übergangs- und Schlussbestimmungen

§ 131 Übergangsbestimmungen

(1) § 29 ist nach dem 31. Dezember 2017 nicht mehr anzuwenden.

(2) Vergabeverfahren, die vor dem 24. April 2009 begonnen haben, einschließlich der sich an diese anschließenden Nachprüfungsverfahren sowie am 24. April 2009 anhängige Nachprüfungsverfahren sind nach den hierfür bisher geltenden Vorschriften zu beenden.

(3) Vergabeverfahren, die vor dem 14. Dezember 2011 begonnen haben, sind nach den für sie bisher geltenden Vorschriften zu beenden; dies gilt auch für Nachprüfungsverfahren, die sich an diese Vergabeverfahren anschließen, und für am 14. Dezember 2011 anhängige Nachprüfungsverfahren.

Anlage (zu § 98 Nummer 4)

(Fundstelle: BGBl. I 2013, 1799)

Tätigkeiten auf dem Gebiet der Trinkwasser- oder Energieversorgung oder des Verkehrs sind:

1. **Trinkwasserversorgung:**

   Das Bereitstellen und Betreiben fester Netze zur Versorgung der Allgemeinheit im Zusammenhang mit der Gewinnung, dem Transport oder der Verteilung von Trinkwasser sowie die Versorgung dieser Netze mit Trinkwasser; dies gilt auch, wenn diese Tätigkeit mit der Ableitung und Klärung von Abwässern oder mit Wasserbauvorhaben sowie Vorhaben auf dem Gebiet der Bewässerung und der Entwässerung im Zusammenhang steht, sofern die zur Trinkwasserversorgung bestimmte Wassermenge mehr als 20 Prozent der mit dem Vorhaben oder den Bewässerungs- oder Entwässerungsanlagen zur Verfügung gestellten Gesamtwassermenge ausmacht; bei Auftraggebern nach § 98 Nummer 4 ist es keine Tätigkeit der Trinkwasserversorgung, sofern die Gewinnung von Trinkwasser für die Ausübung einer anderen Tätigkeit als der Trinkwasser- oder Energieversorgung oder des Verkehrs erforderlich ist, die Lieferung an das öffentliche Netz nur vom Eigenverbrauch des Auftraggebers nach § 98 Nummer 4 abhängt und unter Zugrundelegung des Mittels der letzten drei Jahre einschließlich des laufenden Jahres nicht mehr als 30 Prozent der gesamten Trinkwassergewinnung des Auftraggebers nach § 98 Nummer 4 ausmacht;

2. **Elektrizitäts- und Gasversorgung:**

   Das Bereitstellen und Betreiben fester Netze zur Versorgung der Allgemeinheit im Zusammenhang mit der Erzeugung, dem Transport oder der Verteilung von Strom oder der Gewinnung von Gas sowie die Versorgung dieser Netze mit Strom oder Gas; die Tätigkeit von Auftraggebern nach § 98 Nummer 4 gilt nicht als eine Tätigkeit der Elektrizitäts- und Gasversorgung, sofern die Erzeugung von Strom oder Gas für die Ausübung einer anderen Tätigkeit als der Trinkwasser- oder Energieversorgung oder des Verkehrs erforderlich ist, die Lieferung von Strom oder Gas an das öffentliche Netz nur vom Eigenverbrauch abhängt, bei der Lieferung von Gas auch nur darauf abzielt, diese Erzeugung wirtschaftlich zu nutzen, wenn unter

Zugrundelegung des Mittels der letzten drei Jahre einschließlich des laufenden Jahres bei der Lieferung von Strom nicht mehr als 30 Prozent der gesamten Energieerzeugung des Auftraggebers nach § 98 Nummer 4 ausmacht, bei der Lieferung von Gas nicht mehr als 20 Prozent des Umsatzes des Auftraggebers nach § 98 Nummer 4;

3. **Wärmeversorgung:**

Das Bereitstellen und Betreiben fester Netze zur Versorgung der Allgemeinheit im Zusammenhang mit der Erzeugung, dem Transport oder der Verteilung von Wärme sowie die Versorgung dieser Netze mit Wärme; die Tätigkeit gilt nicht als eine Tätigkeit der Wärmeversorgung, sofern die Erzeugung von Wärme durch Auftraggeber nach § 98 Nummer 4 sich zwangsläufig aus der Ausübung einer anderen Tätigkeit als auf dem Gebiet der Trinkwasser- oder Energieversorgung oder des Verkehrs ergibt, die Lieferung an das öffentliche Netz nur darauf abzielt, diese Erzeugung wirtschaftlich zu nutzen und unter Zugrundelegung des Mittels der letzten drei Jahre einschließlich des laufenden Jahres nicht mehr als 20 Prozent des Umsatzes des Auftraggebers nach § 98 Nummer 4 ausmacht;

4. **Verkehr:**

Die Bereitstellung und der Betrieb von Flughäfen zum Zwecke der Versorgung von Beförderungsunternehmen im Luftverkehr durch Flughafenunternehmen, die insbesondere eine Genehmigung nach § 38 Absatz 2 Nummer 1 der Luftverkehrs-Zulassungs-Ordnung in der Fassung der Bekanntmachung vom 10. Juli 2008 (BGBl. I S. 1229) erhalten haben oder einer solchen bedürfen;
die Bereitstellung und der Betrieb von Häfen oder anderen Verkehrsendeinrichtungen zum Zwecke der Versorgung von Beförderungsunternehmen im See- oder Binnenschiffsverkehr;
das Erbringen von Verkehrsleistungen, die Bereitstellung oder das Betreiben von Infrastruktureinrichtungen zur Versorgung der Allgemeinheit im Eisenbahn-, Straßenbahn- oder sonstigen Schienenverkehr, mit Seilbahnen sowie mit automatischen Systemen, im öffentlichen Personenverkehr im Sinne des Personenbeförderungsgesetzes auch mit Kraftomnibussen und Oberleitungsbussen.

German Act against Restraints of Competition (*German Competition Act* – GWB)

- Last updated in July 2014 -

Last update: 21 July 2014

Act against Restraints of Competition

[BMJ/Juris: http://www.gesetze-im-internet.de/gwb/]

Publication of the new version of the German Act against Restraints of Competition of 26 June 2013

BGBl. I/2013, 3245, p. 1750; last amended by Art. 5 of the law of 21 July 2014 (BGBl. I p. 1066)

Based on Art. 6 of the Eighth Act to Amend the German Act against Restraints of Competition of 26 June 2013 (*Federal Law Gazette I p. 1738*), the wording of the German Act against Restraints of Competition in its version dated 30 June 2013 is hereby published as shown below. The new version takes into account:

1. the version of the Act as published on 15 July 2005 (*Federal Law Gazette I p. 2114; 2009 I p. 3850*),
2. Article 2 (18) of the Act of 12 August 2005 (*Federal Law Gazette I p. 2354*), which entered into force on 1 February 2006,
3. Article 1 of the Act of 1 September 2005 (*Federal Law Gazette I p. 2676*), which entered into force on 8 September 2005,
4. Article 132 of the Act of 31 October 2006 (*Federal Law Gazette I p. 2407*), which entered into force on 8 November 2006,
5. Article 3 of the Act of 21 December 2006 (*Federal Law Gazette I p. 3367*), which entered into force on 29 December 2006,
6. Article 7 (11) of the Act of 26 March 2007 (*Federal Law Gazette I p. 358*), which entered into force on 1 June 2007,
7. Articles 1 and 1a of the Act of 18 December 2007 (*Federal Law Gazette I p. 2966*), which entered into force on 22 December 2007 and 1 January 2013, respectively,
8. Article 2c of the Act of 15 December 2008 (*Federal Law Gazette I p. 2426*), which entered into force on 1 January 2009,

9. Article 8 of the Act of 17 March 2009 (*Federal Law Gazette I p. 550*), which entered into force on 25 March 2009,
10. Article 4 of the Act of 18 April 2009 (*Federal Law Gazette I p. 770*), which entered into force on 24 April 2009,
11. Article 1 of the Act of 20 April 2009 (*Federal Law Gazette I pp. 790, 1795*), which entered into force on 24 April 2009,
12. Article 13 (21) of the Act of 25 May 2009 (*Federal Law Gazette I p. 1102*), which entered into force on 29 May 2009,
13. Article 6 of the Act of 4 November 2010 (*Federal Law Gazette I p. 1480*), which entered into force on 12 November 2010,
14. Article 3 of the Act of 22 December 2010 (*Federal Law Gazette I p. 2262*), which entered into force on 1 January 2011,
15. Article 3 of the Act of 26 July 2011 (*Federal Law Gazette I p. 1554*), which entered into force on 4 August 2011,
16. Article 21 of the Act of 24 November 2011 (*Federal Law Gazette I p. 2302*), which entered into force on 3 December 2011,
17. Article 1 of the Act of 7 December 2011 (*Federal Law Gazette I p. 2570*), which entered into force on 14 December 2011,
18. Article 2 (62) of the Act of 22 December 2011 (*Federal Law Gazette I p. 3044*), which entered into force on 1 April 2012,
19. Article 1 of the Act of 5 December 2012 (*Federal Law Gazette I p. 2403*), which entered into force on 12 December 2012, and Article 4 paragraph 2 of the Act of 5 December 2012 (*Federal Law Gazette I p. 2403*), which will enter into force on 1 January 2016,
20. Article 2 paragraph 13 of the Act of 6 June 2013 (*Federal Law Gazette I p. 1482*), which will enter into force on 1 September 2013,
21. Article 1 of the Act first mentioned above, which will enter into force on 30 June 2013, and Article 2 of the Act first mentioned above, which will enter into force on 1 January 2018.

Berlin, 26 June 2013

The Federal Minister of Economics and Technology
Dr. Philipp Rösler

in the version as amended by

Article 16 of the "*Act implementing Directive 2011/61/EU on Alternative Investment Fund Managers*" (*Gesetz zur Umsetzung der Richtlinie 2011/61/EU über die Verwalter alternativer Investmentfonds (AIFM-Umsetzungsgesetz – AIFM-UmsG)*) of 4 July 2013 (*Federal Law Gazette I/2013, no. 35 of 10 July 2013, p. 1981 (2154)*), in force as from 22 July 2013 (editorial changes in § 38 paragraph 4 sentence 1 and § 39 paragraph 3 sentence 2 no. 3)

and Article 2, lit. 78 of the "*German Federal Fee Structure Reform Act*" [*Gesetz zur Strukturreform des Gebührenrechts des Bundes*] of 7 August 2013 (*Federal Law Gazette*

I/2013, no. 48 of 14 August 2013, p. 3154 (3175)); in force as from 15 August 2013 (supplemented in § 128 paragraph 1 sentence 2)

Table of Contents

First Chapter: Award Procedures

§ 97 General Principles
§ 98 Contracting Entities
§ 99 Public Contracts
§ 100 Scope of Application
§ 100a Special Exceptions for Contracts that are not Sector-Specific and not Relevant under Defence or Security Aspects
§ 100b Special Exceptions for Certain Sectors
§ 100c Special Exceptions for the Defense and Security Sectors
§ 101 Types of Award Procedures
§ 101a Information and Standstill Obligation
§ 101b Ineffectiveness

Second Chapter: Review Procedures

I. Reviewing Authorities
§ 102 Principle
§ 103 (abolished)
§ 104 Public Procurement Tribunals
§ 105 Composition, Independence
§ 106 Establishment, Organisation
§ 106a Delimitation of Competence of the Public Procurement Tribunals

II. Proceedings before the Public Procurement Tribunal

§ 107 Initiation of Proceedings, Application
§ 108 Form
§ 109 Parties to the Proceedings, Admission to the Proceedings
§ 110 Principle of Investigation
§ 110a Storing of Confidential Documents
§ 111 Access to Files
§ 112 Hearing
§ 113 Expedition
§ 114 Decision of the Public Procurement Tribunal
§ 115 Suspension of the Award Procedure
§ 115a Exclusion of Divergent *Land* Law

III. Immediate Appeal

§ 116 Admissibility, Jurisdiction
§ 117 Time Limit, Formal Requirements
§ 118 Effect
§ 119 Parties to the Appeal Proceedings
§ 120 Procedural Provisions
§ 121 Preliminary Decision on the Award
§ 122 End of the Award Procedure after the Decision of the Appellate Court

---

Part I

Restraints of Competition

First Chapter

Agreements, Decisions and Concerted Practices Restricting Competition

§ 1
Prohibition of Agreements Restricting Competition

Agreements between undertakings, decisions by associations of undertakings and concerted practices which have as their object or effect the prevention, restriction or distortion of competition shall be prohibited.

§ 2
Exempted Agreements

(1) Agreements between undertakings, decisions by associations of undertakings or concerted practices which contribute to improving the production or distribution of goods or to promoting technical or economic progress, while allowing consumers a fair share of the resulting benefit, and which do not

1. impose on the undertakings concerned restrictions which are not indispensable to the attainment of these objectives, or
2. afford such undertakings the possibility of eliminating competition in respect of a substantial part of the products in question

shall be exempted from the prohibition of § 1.

(2) For the application of paragraph 1, the Regulations of the Council or the European Commission on the application of Article 101(3) of the *Treaty on the Functioning of the European Union* to certain categories of agreements, decisions by associations of undertakings and concerted practices (block exemption regulations) shall apply *mutatis mutandis*. This shall also apply where the agreements, decisions and practices mentioned therein are not capable of affecting trade between Member States of the European Union.

§ 3
Cartels of Small or Medium-Sized Enterprises

Agreements between competing undertakings and decisions by associations of undertakings whose subject matter is the rationalisation of economic activities through inter-firm cooperation fulfil the conditions of § 2(1) if:

1. competition on the market is not significantly affected thereby, and
2. the agreement or the decision serves to improve the competitiveness of small or medium-sized enterprises.

§§ 4 to 17 (abolished)

Second Chapter

Market Dominance, Other Restrictive Practices

§ 18
Market Dominance

(1) An undertaking is dominant where, as a supplier or purchaser of a certain type of goods or commercial services on the relevant product and geographic market, it

1. has no competitors,
2. is not exposed to any substantial competition, or
3. has a paramount market position in relation to its competitors.

(2) The relevant geographic market within the meaning of this Act may be broader than the scope of application of this Act.

(3) In assessing the market position of an undertaking in relation to its competitors, account shall be taken in particular of the following:

1. its market share,
2. its financial strength,
3. its access to supply or sales markets,
4. its links with other undertakings,
5. legal or factual barriers to market entry by other undertakings,
6. actual or potential competition from undertakings domiciled within or outside the scope of application of this Act,
7. its ability to shift its supply or demand to other goods or commercial services, and
8. the ability of the opposite market side to resort to other undertakings.

(4) An undertaking is presumed to be dominant if it has a market share of at least 40 per cent.

(5) Two or more undertakings are dominant to the extent that

1. no substantial competition exists between them with respect to certain kinds of goods or commercial services and
2. they comply in their entirety with the requirements of paragraph 1.

(6) A number of undertakings is presumed to be dominant if it

1. consists of three or fewer undertakings reaching a combined market share of 50 per cent, or
2. consists of five or fewer undertakings reaching a combined market share of two thirds.

(7) The presumption of paragraph 6 can be refuted if the undertakings demonstrate that

1. the conditions of competition are such that substantial competition between them can be expected, or
2. that the number of undertakings has no paramount market position in relation to the remaining competitors.

§ 19
Prohibited Conduct of Dominant Undertakings

(1) The abuse of a dominant position by one or several undertakings is prohibited.

(2) An abuse exists in particular if a dominant undertaking as a supplier or purchaser of a certain type of goods or commercial services

1. directly or indirectly impedes another undertaking in an unfair manner or directly or indirectly treats another undertaking differently from other undertakings without any objective justification;
2. demands payment or other business terms which differ from those which would very likely arise if effective competition existed; in this context, particularly the conduct of undertakings in comparable markets where effective competition exists shall be taken into account;
3. demands less favourable payment or other business terms than the dominant undertaking itself demands from similar purchasers in comparable markets, unless there is an objective justification for such differentiation;
4. refuses to allow another undertaking access to its own networks or other infrastructure facilities against adequate consideration, provided that without such joint use the other undertaking is unable for legal or factual reasons to operate as a competitor of the dominant undertaking on the upstream or downstream market; this shall not apply if the dominant undertaking demonstrates that for operational or other reasons such joint use is impossible or cannot reasonably be expected;
5. uses its market position to invite or cause other undertakings to grant it advantages without any objective justification.

(3) Paragraph 1 in conjunction with paragraph 2 nos 1 and 5 also applies to associations of competing undertakings within the meaning of §§ 2, 3, and 28(1), § 30(2a) and § 31(1) nos 1, 2 and 4. Paragraph 1 in conjunction with paragraph 2 no. 1 shall also apply to undertakings which set resale prices pursuant to § 28(2) or § 30(1) sentence 1 or § 31(1) no. 3.

§ 20
Prohibited Conduct of Undertakings with Relative or Superior Market Power

(1) § 19(1) in conjunction with paragraph 2 no. 1 shall also apply to undertakings and associations of undertakings to the extent that small or medium-sized enterprises as suppliers or purchasers of a certain type of goods or commercial services depend on them in such a way that sufficient and reasonable possibilities of switching to other undertakings do not exist (relative market power). A supplier of a certain type of goods or commercial services is presumed to depend on a purchaser within the meaning of sentence 1 if this supplier regularly grants to this purchaser, in addition to discounts customary in the trade or other remuneration, special benefits which are not granted to similar purchasers.

(2) § 19(1) in conjunction with paragraph 2 no. 5 shall also apply to undertakings and associations of undertakings in relation to the undertakings which depend on them.

(3) Undertakings with superior market power in relation to small and medium-sized competitors may not abuse their market position to impede such competitors directly or indirectly in an unfair manner. An unfair impediment within the meaning of sentence 1 exists in particular if an undertaking

1. offers food within the meaning of § 2(2) of the German *Food and Feed Code* [*Lebensmittel- und Futtermittelgesetzbuch*] below cost price, or
2. offers other goods or commercial services not just occasionally below cost price, or
3. demands from small or medium-sized undertakings with which it competes on the downstream market in the distribution of goods or commercial services a price for the delivery of such goods and services which is higher than the price it itself offers on such market,

unless there is, in each case, an objective justification. The offer of food below cost price is objectively justified if such an offer is suitable to prevent the deterioration or the imminent unsaleability of the goods at the dealer's premises through a timely sale, or in equally severe cases. The donation of food to charity organisations for use within the scope of their responsibilities shall not constitute an unfair impediment.[1]

---

[1] As from 1 January 2018, pursuant to Article 2 in conjunction with Article 7 sentence 2 of the Act of 26 June 2013 (German Federal Law Gazette I p. 1738), § 20(3) shall be applicable with the following wording:

"*(3) Undertakings with superior market power in relation to small and medium-sized competitors may not abuse their market position to impede such competitors directly or indirectly in an unfair manner. An unfair impediment within the meaning of sentence 1 exists in particular if an undertaking*

1. *offers goods or commercial services not just occasionally below cost price, or*
2. *demands from small or medium-sized undertakings with which it competes on the downstream market in the distribution of goods or commercial services a price for the*

(4) If, on the basis of specific facts and in the light of general experience, it appears that an undertaking has abused its market power within the meaning of paragraph 3, the undertaking shall be obliged to disprove this appearance and to clarify such circumstances in its field of business which give rise to claims and which cannot be clarified by the competitor concerned or by an association within the meaning of § 33(2), but which can be easily clarified, and may reasonably be expected to be clarified, by the undertaking against which claims are made.

(5) Business and trade associations or professional organisations as well as quality mark associations [*Gütezeichengemeinschaften*] may not refuse to admit an undertaking if such refusal would constitute an objectively unjustified unequal treatment and place the undertaking at an unfair competitive disadvantage.

§ 21
Prohibition of Boycott and Other Restrictive Practices

(1) Undertakings and associations of undertakings may not request that another undertaking or other associations of undertakings refuse to supply or purchase, with the intention of unfairly impeding certain undertakings.

(2) Undertakings and associations of undertakings may not threaten or cause disadvantages, or promise or grant advantages, to other undertakings in order to induce them to engage in conduct which, under the following rules and regulations, may not be made the subject matter of a contractual commitment:

1. under this Act,
2. under Articles 101 or 102 of the *Treaty on the Functioning of the European Union*, or
3. pursuant to a decision issued by the European Commission or the competition authority pursuant to this Act or pursuant to Articles 101 or 102 of the *Treaty on the Functioning of the European Union*.

(3) Undertakings and associations of undertakings may not compel other undertakings

1. to accede to an agreement or a decision within the meaning of §§ 2, 3 or 28(1), or
2. to merge with other undertakings within the meaning of § 37, or
3. to act uniformly in the market with the intention of restricting competition.

(4) It shall be prohibited to cause economic harm to another person because such person has applied for or suggested that action be taken by the competition authority.

Third Chapter

---

delivery of such goods and services which is higher than the price it itself offers on such market, unless there is, in each case, an objective justification."

Application of European Competition Law

§ 22
Relationship between this Act and Articles 101 and 102 of the Treaty on the Functioning of the European Union

(1) The provisions of this Act may also be applied to agreements between undertakings, decisions by associations of undertakings or concerted practices within the meaning of Article 101(1) of the *Treaty on the Functioning of the European Union*, which may affect trade between the Member States of the European Union within the meaning of that provision. Pursuant to Article 3(1) sentence 1 of *Council Regulation (EC) No. 1/2003 of 16 December 2002 on the implementation of the rules on competition laid down in Articles 81 and 82 of the Treaty (OJ EC 2003 No. L 1, p. 1)*, Article 101 of the *Treaty on the Functioning of the European Union* shall also apply in such cases.

(2) Pursuant to Article 3(2) sentence 1 of Regulation (EC) No. 1/2003, the application of the provisions of this Act may not lead to the prohibition of agreements between undertakings, decisions by associations of undertakings or concerted practices which may affect trade between Member States of the European Union but

1. which do not restrict competition within the meaning of Article 101(1) of the *Treaty on the Functioning of the European Union*, or
2. which fulfil the conditions of Article 101(3) of the *Treaty on the Functioning of the European Union*, or
3. which are covered by a regulation regarding the application of Article 101(3) of the *Treaty on the Functioning of the European Union.*

The provisions of the Second Chapter shall remain unaffected. In other cases, the primacy of Article 101 of the *Treaty on the Functioning of the European Union* is determined by the relevant provisions under European Union law.

(3) The provisions of this Act may also be applied to practices which constitute an abuse prohibited by Article 102 of the *Treaty on the Functioning of the European Union*. Pursuant to Article 3(1) sentence 2 of Regulation (EC) No. 1/2003, Article 102 of the *Treaty on the Functioning of the European Union* shall also apply in that case. The application of stricter provisions of this Act shall remain unaffected.

(4) Without prejudice to European Union law, paragraphs 1 to 3 do not apply to the extent that provisions concerning the control of concentrations are applied. Provisions that predominantly pursue an objective different from that pursued by Articles 101 and 102 of the *Treaty on the Functioning of the European Union* shall not be affected by the provisions of this Chapter.

§ 23 (abolished)

Fourth Chapter

Competition Rules

§ 24
Definition, Application for Recognition

(1) Business and trade associations and professional organisations may establish competition rules within their area of business.

(2) Competition rules are provisions which regulate the conduct of undertakings in competition for the purpose of counteracting conduct in competition which violates the principles of fair competition or effective competition based on performance, and of encouraging conduct in competition which is in line with these principles.

(3) Business and trade associations and professional organisations may apply to the competition authority for recognition of their competition rules.

(4) Applications for recognition of competition rules shall contain:

1. the name, legal form and address of the business and trade association or professional organisation;
2. the name and address of the person representing it;
3. a description of the subject matter and the territorial scope of the competition rules;
4. the wording of the competition rules.

The following must be attached to the application:

1. the by-laws of the business and trade association or professional organisation;
2. proof that the competition rules were established in conformity with the by-laws;
3. a list of unrelated business and trade associations or professional organisations and undertakings operating at the same level in the economic process as well as the suppliers' and purchasers' associations and the federal organisations for the relevant levels of the economic sector concerned.

The application may not contain or use incorrect or incomplete information in order to obtain surreptitiously recognition of a competition rule for the applicant or for a third party.

(5) Changes and amendments to recognised competition rules shall be notified to the competition authority.

§ 25
Third Party Comments

The competition authority shall give third-party undertakings operating at the same level in the economic process, business and trade associations and professional organisations of the suppliers and purchasers affected by the competition rules, as well as the federal organisations of the levels of the economic process concerned, the opportunity to comment. This shall also apply to consumer advice centres and other consumer associations supported by public funds if consumer interests are substantially affected. The competition authority may hold a public hearing on the application for recognition where anyone shall be free to raise objections.

§ 26
Recognition

(1) Recognitions are issued by decision of the competition authority. They shall state that the competition authority will not exercise the powers conferred to it under the Sixth Chapter.

(2) As far as a competition rule violates the prohibition in § 1 and is not exempted pursuant to §§ 2 or 3, or violates other provisions of this Act, of the German *Act Against Unfair Competition* [*Gesetz gegen den unlauteren Wettbewerb*] or any other legal provision, the competition authority shall reject the application for recognition.

(3) Business and trade associations and professional organisations shall inform the competition authority about the repeal of recognised competition rules which have been established by them.

(4) The competition authority shall withdraw or revoke the recognition if it subsequently finds that the conditions for refusal of recognition pursuant to paragraph 2 are satisfied.

§ 27
Information on Competition Rules, Publications

(1) Recognised competition rules shall be published in the Federal Gazette [*Bundesanzeiger*].

(2) The following shall be published in the Federal Gazette:

1. applications made pursuant to § 24(3);
2. the setting of hearing dates pursuant to § 25 sentence 3;
3. the recognition of competition rules as well as any changes and amendments thereto;
4. the refusal of recognition pursuant to § 26(2), the withdrawal or revocation of the recognition of competition rules pursuant to § 26(4).

(3) The publication of applications pursuant to paragraph 2 no. 1 shall include a note to the effect that the competition rules the recognition of which has been requested are open to public inspection at the competition authority.

(4) Where applications pursuant to paragraph 2 no. 1 result in recognition, reference to the publication of the applications shall suffice for the purpose of publishing the recognition.

(5) With respect to recognised competition rules which have not been published pursuant to paragraph 1, the competition authority shall, upon request, provide information on the particulars provided pursuant to § 24(4) sentence 1.

Fifth Chapter

Special Provisions for Certain Sectors of the Economy

§ 28
Agriculture

(1) § 1 shall not apply to agreements between agricultural producers or to agreements and decisions of associations of agricultural producers and federations of such associations which concern

1. the production or sale of agricultural products, or
2. the use of joint facilities for the storage, treatment or processing of agricultural products,

provided that they do not maintain resale prices and do not exclude competition. Plant breeding and animal breeding undertakings as well as undertakings operating at the same level of business shall also be deemed to be agricultural producers.

(2) § 1 shall not apply to vertical resale price maintenance agreements concerning the sorting, labelling or packaging of agricultural products.

(3) Agricultural products shall be the products listed in Annex I to the *Treaty on the Functioning of the European Union* as well as the goods resulting from the treatment or processing of such products, insofar as they are commonly treated or processed by agricultural producers or their associations.

§ 29
Energy Sector

An undertaking which is a supplier of electricity or pipeline gas (public utility company) on a market in which it, either alone or together with other public utility companies, has a dominant position is prohibited from abusing such position by

1. demanding fees or other business terms which are less favourable than those of other public utility companies or undertakings in comparable markets, unless the public utility company provides evidence that such deviation is objectively justified, with the reversal of the burden of demonstration and proof only applying in proceedings before the competition authorities, or
2. demanding fees which unreasonably exceed the costs.

Costs that would not arise to the same extent if competition existed must not be taken into consideration in determining whether an abuse within the meaning of sentence 1 exists. §§ 19 and 20 shall remain unaffected.

§ 30
Resale Price Maintenance Agreements for Newspapers and Magazines

(1) § 1 shall not apply to vertical resale price maintenance agreements by which an undertaking producing newspapers or magazines requires the purchasers of these products by legal or economic means to demand certain resale prices or to impose the same commitment upon their own customers, down to the resale to the final consumer. Newspapers and magazines shall include products which reproduce or substitute newspapers or magazines and, upon assessment of all circumstances, must be considered as predominantly fulfilling the characteristics of a publishing product, as well as combined products the main feature of which is a newspaper or magazine.

(2) Agreements of the kind defined in paragraph 1 shall be made in writing as far as they concern prices and price components. It shall suffice for the parties to sign documents referring to a price list or to price information. § 126(2) of the German *Civil Code* [*Bürgerliches Gesetzbuch*] shall not be applicable.

(2a) § 1 shall not apply to industry agreements concluded between associations of undertakings that maintain resale prices for newspapers or magazines (publishers) pursuant to paragraph 1, on the one hand, and associations of their purchasers, which purchase newspapers and magazines subject to resale price maintenance and with a right of return in order to sell them to retailers, also with a right of return (newspaper and magazine wholesalers), on the other hand, [and] to the undertakings represented by such associations, to the extent that these industry agreements provide for a comprehensive and non-discriminatory distribution of newspaper and magazine lines by newspaper and magazine wholesalers, in particular the prerequisites and compensation therefor and the services covered by such compensation. To this extent, the associations mentioned in sentence 1 and the publishers and newspaper and magazine wholesalers represented by them are entrusted with the operation of services of general economic interest within the meaning of Article 106(2) of the *Treaty on the Functioning of the European Union* in order to ensure a comprehensive and non-discriminatory distribution of newspapers and magazines in stationary retail. §§ 19 and 20 shall remain unaffected.

(3) The Bundeskartellamt (*Federal Cartel Office*) may, acting *ex officio* or upon the request of a bound purchaser, declare the resale price maintenance invalid and prohibit the implementation of a new and equivalent resale price maintenance if

1. the resale price maintenance is applied in an abusive manner, or
2. the resale price maintenance or its combination with other restraints of competition is capable of increasing the price of the goods subject to resale price maintenance, or of preventing their prices from decreasing, or of restricting their production or sales.

If an industry agreement pursuant to paragraph 2a constitutes an abuse of the exemption, the Bundeskartellamt may declare it invalid in whole or in part.

§ 31
Water Management Contracts

(1) The prohibition of agreements restricting competition pursuant to § 1 does not apply to contracts entered into between companies ensuring public water supply (public water suppliers) and

1. other water suppliers or regional and local authorities, to the extent that one of the contracting parties undertakes therein to refrain from operating as a public water supplier within a certain area using fixed pipelines;
2. regional or local authorities, to the extent that a regional or local authority undertakes therein to permit a single supplier the exclusive installation and operation of pipelines on or under public routes for the purpose of an existing or intended direct water supply to end users in the regional or local authority's territory;
3. water suppliers at distribution level, to the extent that a water supplier at distribution level undertakes therein to supply its customers with water using fixed pipelines at prices or terms and conditions that are not less favourable than the prices or terms and conditions granted by the supplying water supplier to its comparable customers;
4. other water suppliers, to the extent that they are entered into for the purpose of providing certain supply services using fixed pipelines to one or several suppliers with the exclusive purpose of ensuring public water supply.

(2) Agreements under paragraph 1, including any changes and amendments, must be made in writing.

(3) Agreements under paragraph 1 or the way in which they are implemented must not constitute an abuse of the market position gained from the exemption from the provisions of this Act.

(4) An abuse shall be deemed to exist in particular if

1. a public water supplier's market conduct is in violation of the principles governing the market conduct of undertakings where effective competition exists; or
2. a public water supplier demands less favourable prices or business terms from its customers than comparable water suppliers, unless the water supplier provides evidence that such deviation is due to differing circumstances not attributable to it; or
3. a public water supplier demands fees that unreasonably exceed the costs; in this context, only costs incurred in the course of efficient business management shall be taken into account.

(5) An abuse does not exist if a public water supplier refuses, in particular for technical or hygienic reasons, to enter into agreements on the feeding-in of water to its pipe network with another undertaking and to permit a connected extraction of water (transmission).

§ 31a
Water Management, Notification Requirement

(1) Agreements under § 31(1) nos 1, 2 and 4, including any changes and amendments, must be fully notified to the competition authority in order to be valid. The notification must contain the following particulars with respect to every undertaking concerned:

1. name or other designation;
2. place of business or registered seat;
3. legal form and address; and
4. name and address of the appointed representative or other authorised agent; in case of legal persons: name and address of the legal representative.

(2) The termination or cancellation of the agreements mentioned in § 31(1) nos 1, 2 and 4 must be notified to the competition authority.

§ 31b
Water Management, Duties and Powers of the Competition Authority, Sanctions

(1) Upon request, the competition authority shall furnish the following information on the agreements exempted pursuant to § 31(1) nos 1, 2 and 4:

1. information pursuant to § 31a and
2. the material content of the agreements and decisions, in particular information on the purpose, the intended measures and the term, termination, rescission and withdrawal.

(2) The competition authority shall issue any orders under this Act that relate to the public supply of water using fixed pipelines in consultation with the relevant industry supervisory authority.

(3) In cases of abuse pursuant to § 31(3), the competition authority may

1. oblige the undertakings concerned to end the abuse;
2. oblige the undertakings concerned to modify the agreements or decisions; or
3. declare the agreements and decisions invalid.

(4) When deciding on a measure pursuant to paragraph 3, the competition authority shall take into account the intent and purpose of the exemption and, in particular, the aim of ensuring that supply is as secure and reasonably priced as possible.

(5) Paragraph 3 shall apply *mutatis mutandis* if a public water supplier has a dominant position.

(6) § 19 shall remain unaffected.

Sixth Chapter

Powers of the Competition Authorities, Sanctions

§ 32
Termination and Subsequent Declaration of Infringements

(1) The competition authority may require the undertakings or associations of undertakings to bring to an end an infringement of a provision of this Act or of Articles 101 or 102 of the *Treaty on the Functioning of the European Union.*

(2) For this purpose, it may require them to take all necessary conduct-related or structural remedies that are proportionate to the infringement identified and necessary to bring the infringement effectively to an end . Structural remedies may only be imposed if there is no conduct-related remedy which would be equally effective, or if the conduct-related remedy would entail a greater burden for the undertakings concerned than structural remedies.

(2a) In its order to terminate the infringement, the competition authority may order reimbursement of the benefits generated through the infringement of competition laws. The amount of interest that is included in these benefits may be estimated. After expiry of the time limit for reimbursement of the benefits set in the order to terminate the infringement, the benefits generated up to such date shall bear interest in accordance with § 288(1) sentence 2 and § 289 sentence 1 of the German *Civil Code.*

(3) To the extent that a legitimate interest exists, the competition authority may also declare that an infringement has been committed after the infringement has been terminated.

§ 32a
Interim Measures

(1) In urgent cases, the competition authority may order interim measures *ex officio* if there is a risk of serious and irreparable damage to competition.

(2) Orders pursuant to paragraph 1 shall be limited in time. The time period may be extended. It should not exceed one year in total.

§ 32b
Commitments

(1) Where, in the course of proceedings under § 30(3), § 31b(3) or § 32, undertakings offer to enter into commitments which are capable of dispelling the concerns communicated to them by the competition authority upon preliminary assessment, the competition authority may by way of a decision declare those commitments to be binding on the undertakings. The decision shall state that, subject to the provisions of paragraph 2, the competition authority will not exercise its powers under § 30(3), § 31b(3), § 32 and § 32a. The decision may be limited in time.

(2) The competition authority may rescind the decision pursuant to paragraph 1 and reopen the proceedings where

1. the factual circumstances have subsequently changed in an aspect that is material for the decision;
2. the undertakings concerned do not meet their commitments; or
3. the decision was based on incomplete, incorrect or misleading information provided by the parties.

§ 32c
No Grounds for Action

The competition authority may decide that there are no grounds for it to take any action if, on the basis of the information available to it, the conditions for a prohibition pursuant to §§ 1, 19 to 21 and 29, Article 101(1) or Article 102 of the *Treaty on the Functioning of the European Union* are not satisfied. The decision shall state that, subject to new findings, the competition authority will not exercise its powers under §§ 32 and 32a. It does not include an exemption from a prohibition within the meaning of sentence 1.

§ 32d
Withdrawal of Exemption

If agreements, decisions by associations of undertakings or concerted practices falling under a block exemption regulation have effects in a particular case which are incompatible with § 2(1) or with Article 101(3) of the *Treaty on the Functioning of the European Union* and which arise in a domestic territory bearing all the characteristics of a distinct geographic market, the competition authority may withdraw the legal benefit of the block exemption for that territory.

§ 32e
Investigations into Sectors of the Economy and Types of Agreements

(1) If the rigidity of prices or other circumstances suggest that domestic competition may be restricted or distorted, the Bundeskartellamt and the supreme *Land* authorities may conduct an investigation into a specific sector of the economy (sector inquiry) or – across sectors – into a particular type of agreement.

(2) In the course of this investigation, the Bundeskartellamt and the supreme *Land* authorities may conduct the enquiries necessary for the application of this Act or of Articles 101 or 102 of the *Treaty on the Functioning of the European Union*. They may request information from the undertakings and associations concerned, in particular information on all agreements, decisions and concerted practices.

(3) The Bundeskartellamt and the supreme *Land* authorities may publish a report on the results of the investigation pursuant to paragraph 1 and may invite third parties to comment.

(4) § 49(1) as well as §§ 57, 59 and 61 shall apply *mutatis mutandis*.

§ 33
Claims for Injunctions, Liability for Damages

(1) Whoever violates a provision of this Act, Articles 101 or 102 of the *Treaty on the Functioning of the European Union* or a decision taken by the competition authority shall be obliged to the person affected to rectify the infringement and, where there is a risk of recurrence, to desist from further infringements. A claim for injunction already exists if an infringement is likely. Affected persons are competitors or other market participants impaired by the infringement.

(2) Claims pursuant to paragraph 1 may also be asserted by

1. associations with legal capacity for the promotion of commercial or independent professional interests, provided they have a significant number of member undertakings that are affected persons within the meaning of paragraph 1 sentence 3 above and provided they are able, in particular with regard to their human, material and financial resources, to actually exercise their functions of pursuing commercial or independent professional interests, as laid down in the statutes of the association;
2. entities proving that they have been entered in

   a) the list of qualified entities under § 4 of the German *Act on Injunctive Relief* [*Unterlassungsklagengesetz*] or

   b) the European Commission's list of qualified entities pursuant to Article 4(3) of *Directive 2009/22/EC of the European Parliament and of the Council of 23 April 2009 on injunctions for the protection of consumers' interests (OJ L 110 of 1 May 2009, p. 30)*, as amended from time to time.

(3) Whoever intentionally or negligently commits an infringement pursuant to paragraph 1 shall be liable for the damages arising therefrom. If a good or service is purchased at an excessive price, the fact that the good or service has been resold shall not exclude the occurrence of a damage. The assessment of the size of the damage pursuant to § 287 of the German *Code of Civil Procedure* [*Zivilprozessordnung*] may take into account, in particular, the proportion of the profit which the undertaking has derived from the infringement. From the occurrence of the damage, the undertaking shall pay interest on its pecuniary debts pursuant to sentence 1. §§ 288 and 289 sentence 1 of the German *Civil Code* shall apply *mutatis mutandis*.

(4) Where damages are claimed for an infringement of a provision of this Act or of Articles 101 or 102 of the *Treaty on the Functioning of the European Union*, the court shall be bound by a finding that an infringement has occurred, to the extent that such a finding was made in a final and non-appealable decision by the competition authority, the European Commission, or the competition authority – or court acting as such – in another Member State of the European Union. The same applies to such findings in final and non-appealable judgments on appeals against decisions pursuant to sentence 1. Pursuant to Article 16(1), sentence 4 of Regulation

(EC) No. 1/2003, this obligation applies without prejudice to the rights and obligations under Article 267 of the *Treaty on the Functioning of the European Union.*

(5) The limitation period for a claim for damages pursuant to paragraph 3 shall be suspended if proceedings are initiated

1. by the competition authority for an infringement within the meaning of paragraph 1; or
2. by the European Commission or the competition authority of another Member State of the European Union for infringement of Article 101 or 102 of the *Treaty on the Functioning of the European Union.*

§ 204(2) of the German *Civil Code* shall apply *mutatis mutandis.*

§ 34
Disgorgement of Benefits by the Competition Authority

(1) If an undertaking has intentionally or negligently violated a provision of this Act, Articles 101 or 102 of the *Treaty on the Functioning of the European Union* or a decision of the competition authority and thereby gained an economic benefit, the competition authority may order the disgorgement of the economic benefit and require the undertaking to pay a corresponding sum.

(2) Paragraph 1 shall not apply if the economic benefit has been disgorged by

1. the payment of damages,
2. the imposition of a fine,
3. virtue of an order of forfeiture or
4. reimbursement.

To the extent that payments pursuant to sentence 1 are made by the undertaking after the disgorgement of benefits, the undertaking shall be reimbursed for the amount of such payments.

(3) If the disgorgement of benefits would result in undue hardship, the order shall be limited to a reasonable sum or not be issued at all. It shall also not be issued if the economic benefit is insignificant.

(4) The amount of the economic benefit may be estimated. The amount of money to be paid shall be specified numerically.

(5) The disgorgement of benefits may be ordered only within a time limit of up to five years from termination of the infringement, and only for a time period not exceeding five years. § 33(5) shall apply *mutatis mutandis.*

§ 34a
Disgorgement of Benefits by Associations

(1) Whoever intentionally commits an infringement within the meaning of § 34(1) and thereby gains an economic benefit at the expense of multiple purchasers or suppliers may be required by those entitled to an injunction under § 33(2) to surrender the economic benefit to the federal budget unless the competition authority orders the disgorgement of the economic benefit by the imposition of a fine, by forfeiture, by reimbursement or pursuant to § 34(1).

(2) Payments made by the undertaking because of the infringement shall be deducted from the claim. § 34(2) sentence 2 shall apply *mutatis mutandis*.

(3) If several creditors claim the disgorgement of benefits, §§ 428 to 430 of the German *Civil Code* shall apply *mutatis mutandis*.

(4) The creditors shall supply the Bundeskartellamt with information about the assertion of claims pursuant to paragraph 1. They may demand reimbursement from the Bundeskartellamt for the expenses necessary for asserting the claim if they are unable to receive reimbursement from the debtor. The claim for reimbursement is limited to the amount of the economic benefit paid to the federal budget.

(5) § 33(4) and (5) shall apply *mutatis mutandis*.

Seventh Chapter

Control of Concentrations

§ 35
Scope of Application of the Control of Concentrations

(1) The provisions on the control of concentrations shall apply if in the last business year preceding the concentration

1. the combined aggregate worldwide turnover of all the undertakings concerned was more than EUR 500 million, and
2. the domestic turnover of at least one undertaking concerned was more than EUR 25 million and that of another undertaking concerned was more than EUR 5 million.

(2) Paragraph 1 shall not apply where an undertaking which is not dependent within the meaning of § 36(2) and had a worldwide turnover of less than EUR 10 million in the business year preceeding the concentration, merges with another undertaking. Paragraph 1 shall not apply to concentrations of public entities and enterprises that occur in connection with the territorial reform of municipalities, either.

(3) The provisions of this Act shall not apply where the European Commission has exclusive jurisdiction pursuant to Council Regulation (EC) No 139/2004 of 20 January 2004 on the control of concentrations between undertakings, as amended.

§ 36
Principles for the Appraisal of Concentrations

(1) A concentration which would significantly impede effective competition, in particular a concentration which is expected to create or strengthen a dominant position, shall be prohibited by the Bundeskartellamt. This shall not apply if

1. the undertakings concerned prove that the concentration will also lead to improvements of the conditions of competition and that these improvements will outweigh the impediment to competition; or
2. the requirements for a prohibition under sentence 1 are fulfilled on a market on which goods or commercial services have been offered for at least five years and which had a sales volume of less than EUR 15 million in the last calendar year; or
3. the dominant position of a newspaper or magazine publisher acquiring a small- or medium-sized newspaper or magazine publisher is strengthened, where it is proven that the publisher that is acquired had a significant net annual deficit within the meaning of § 275(2) no. 20 of the German *Commercial Code* [*Handelsgesetzbuch*] in the last three years and its existence would be jeopardised without the concentration. Furthermore, it must be proven that before the concentration, no other acquirer was found that could have ensured a solution that would have been less harmful to competition.

(2) If an undertaking concerned is a dependent or dominant undertaking within the meaning of § 17 of the German *Stock Corporation Act* [*Aktiengesetz*] or a group company within the meaning of § 18 of the Stock Corporation Act, then the undertakings so affiliated shall be regarded as a single undertaking. Where several undertakings act together in such a way that they can jointly exercise a dominant influence on another undertaking, each of them shall be regarded as dominant.

(3) If a person or association of persons which is not an undertaking holds a majority interest in an undertaking, it shall be regarded as an undertaking.

§ 37
Concentration

(1) A concentration shall be deemed to exist in the following cases:

1. acquisition of all or of a substantial part of the assets of another undertaking;
2. acquisition of direct or indirect control by one or several undertakings of the whole or parts of one or more other undertakings. Control shall be constituted by rights, contracts or any other means which, either separately or in combination and having regard to all

factual and legal circumstances, confer the possibility of exercising decisive influence on an undertaking, in particular through:

a) ownership or the right to use all or part of the assets of the undertaking;

b) rights or contracts which confer decisive influence on the composition, voting or decisions of the bodies of the undertaking;

3. acquisition of shares in another undertaking if the shares, either separately or in combination with other shares already held by the undertaking, reach

a) 50 percent or

b) 25 percent

of the capital or the voting rights of the other undertaking. The shares held by the undertaking shall also include the shares held by another person for the account of this undertaking and, if the owner of the undertaking is a sole proprietor, also any other shares held by him. If several undertakings simultaneously or successively acquire shares in another undertaking to the extent mentioned above, this shall also be deemed to constitute a concentration between the undertakings concerned with respect to those markets on which the other undertaking operates;

4. any other combination of undertakings enabling one or several undertakings to exercise directly or indirectly a material competitive influence on another undertaking.

(2) A concentration shall also be deemed to exist if the undertakings concerned had already merged previously, unless the concentration does not result in a substantial strengthening of the existing affiliation between the undertakings.

(3) If credit institutions, financial institutions or insurance companies acquire shares in another undertaking for the purpose of resale, this shall not be deemed to constitute a concentration as long as they do not exercise the voting rights attached to the shares and provided the resale occurs within one year. This time limit may, upon application, be extended by the Bundeskartellamt if it is substantiated that the resale was not reasonably possible within this period.

§ 38
Calculation of Turnover and Market Shares

(1) § 277(1) of the German *Commercial Code* shall apply to the calculation of turnover. Turnover from the supply of goods and services between affiliated undertakings (intra-group turnover) as well as excise taxes shall not be taken into account.

(2) For trade in goods, only three quarters of turnover shall be taken into account.

(3) For the publication, production and distribution of newspapers, magazines and parts thereof, eight times the amount of turnover, and for the production, distribution and broadcasting of radio and television programmes and the sale of radio and television advertising time, twenty times the amount of turnover shall be taken into account.

(4) In the case of credit institutions, financial institutions, building and loan associations and external investment management companies within the meaning of § 17 (2) no. 1 of the Investment Act [*Kapitalanlagegesetzbuch*], turnover shall be replaced by the total amount of the income referred to in § 34(2) sentence 1 no. 1 a) to e) of the Regulation on the Rendering of Accounts of Credit Institutions [*Verordnung über die Rechnungslegung der Kreditinstitute*], as amended from time to time, minus value added tax and other taxes directly levied on such income. In the case of insurance undertakings, the premium income in the last completed business year shall be relevant. Premium income shall be income from insurance and reinsurance business including the portions ceded for cover.

(5) If a concentration arises as a result of the acquisition of parts of one or more undertakings, only that turnover or market share attributable to the divested parts is to be taken into account on the part of the seller, irrespective of whether or not these parts have a separate legal personality. This shall not apply if the seller maintains control within the meaning of § 37 (1) no. 2 or continues to hold 25 per cent or more of the shares. Two or more acquisition transactions within the meaning of sentence 1 that are effected between the same persons or undertakings within a period of two years shall be treated as a single concentration if, as a result, the turnover thresholds under § 35 are reached for the first time; the date of the concentration shall be the date of the last acquisition transaction.

§ 39
Notification and Information Obligation

(1) Concentrations shall be notified to the Bundeskartellamt pursuant to paragraphs 2 and 3 prior to being implemented. The central De-Mail address set up by the Bundeskartellamt within the meaning of the German *De-Mail Act* [*De-Mail-Gesetz*] or – for e-mails with a qualified electronic signature – the central e-mail address set up by the Bundeskartellamt shall be the exclusive addresses for the receipt of electronic notifications. Both communication channels are accessible via the Bundeskartellamt's website.

(2) The obligation to notify shall be:

1. upon the undertakings participating in the concentration;
2. in the cases of § 37(1) nos 1 and 3, also upon the seller.

(3) The notification shall indicate the form of the concentration. Furthermore, the notification shall contain the following particulars with respect to every undertaking concerned:

1. name or other designation and place of business or registered seat;
2. type of business;

3. turnover in Germany, in the European Union and worldwide; instead of turnover, the total amount of income within the meaning of § 38(4) shall be indicated in the case of credit institutions, financial institutions, building and loan associations and external investment management companies within the meaning of § 17(2) no. 1 of the Investment Act [*Kapitalanlagegesetzbuch*], and the premium income in the case of insurance companies;
4. the market shares, including the bases for their calculation or estimate, if the combined shares of the undertakings concerned amount to at least 20 per cent within the scope of application of this Act or a substantial part thereof;
5. in the case of an acquisition of shares in another undertaking, the size of the interest acquired and of the total interest held;
6. a person authorised to accept service in Germany if the registered seat of the undertaking is not located within the scope of application of this Act.

In the cases of § 37(1) nos 1 or 3, the particulars pursuant to sentence 2 nos 1 and 6 shall also be given with respect to the seller. If an undertaking concerned is an affiliated undertaking, the particulars required under sentence 2 nos 1 and 2 shall also be given with respect to its affiliated undertakings, and the particulars required under sentence 2 nos 3 and 4 with respect to each undertaking participating in the concentration and with respect to the entirety of all undertakings affiliated to it; intra-group relationships as well as control relationships among and interests held by the affiliated undertakings shall also be indicated. The notification must not contain or use any incorrect or incomplete information in order to cause the competition authority to refrain from issuing a prohibition pursuant to § 36(1) or from issuing an information notice pursuant to § 40(1).

(4) A notification shall not be required if the European Commission has referred a concentration to the Bundeskartellamt and if the particulars required under paragraph 3 have been provided to the Bundeskartellamt in German. The Bundeskartellamt shall inform the undertakings concerned without delay of the time of receipt of the referral and shall at the same time inform them of the extent to which it is in possession of the necessary particulars pursuant to paragraph 3 in the German language.

(5) The Bundeskartellamt may request from each undertaking concerned information on market shares, including the bases for their calculation or estimate, and on the turnover generated by the undertaking in the last business year preceding the concentration in a certain kind of goods or commercial services.

(6) The undertakings participating in the concentration shall inform the Bundeskartellamt without delay of the implementation of the concentration.

§ 40
Procedure of Control of Concentrations

(1) The Bundeskartellamt may only prohibit a concentration notified to it if it informs the notifying undertakings within a period of one month from receipt of the complete notification that it has initiated an examination of the concentration (second phase proceedings). Second phase proceedings are to be initiated if a further examination of the concentration is necessary.

(2) In the second phase proceedings, the Bundeskartellamt shall decide by way of decision whether the concentration is prohibited or cleared. If the decision is not served upon the notifying undertakings within a period of four months from receipt of the complete notification, the concentration is deemed to be cleared. The parties involved in the proceedings have to be informed without delay of the date when the decision was served. This shall not apply if

1. the notifying undertakings have consented to an extension of the time limit;
2. the Bundeskartellamt has refrained from issuing the notice pursuant to paragraph 1 or from prohibiting the concentration because of incorrect particulars or because of information pursuant to § 39(5) or § 59 not having been provided in time;
3. contrary to § 39(3) sentence 2 no. 6, a person authorised to accept service in Germany is no longer appointed.

The time limit under sentence 2 shall be suspended if the Bundeskartellamt has to again request information pursuant to § 59 from an undertaking involved in the concentration because such undertaking has failed, for reasons for which the undertaking is responsible, to comply with a prior request for information under § 59 in full or in a timely manner. The suspension ends as soon as the undertaking has submitted all the information requested to the Bundeskartellamt. The time limit under sentence 2 shall be extended by one month if, for the first time during the proceedings, a notifying undertaking proposes to the Bundeskartellamt conditions and obligations under paragraph 3.

(3) Clearance may be granted subject to conditions and obligations in order to ensure that the undertakings concerned comply with the commitments they entered into with the Bundeskartellamt to prevent the concentration from being prohibited. These conditions and obligations must not aim at subjecting the conduct of the undertakings concerned to continued control.

(3a) Clearance may be revoked or modified if it is based on incorrect particulars, has been obtained by means of deceit or if the undertakings concerned do not comply with an obligation attached to the clearance. In the case of non-compliance with an obligation, § 41(4) shall apply *mutatis mutandis*.

(4) Prior to a prohibition, the supreme *Land* authorities in whose territory the undertakings concerned have their registered seat shall be given the opportunity to submit an opinion. In proceedings conducted in accordance with § 172a of the German *Social Code, Book V* [*Fünftes Buch Sozialgesetzbuch*], the competent supervisory authorities must be consulted pursuant to § 90 of the German *Social Code, Book IV*.

(5) In the cases of § 39(4) sentence 1, the time limits referred to in paragraphs 1 and 2 sentence 2 shall begin to run when the referral decision is received by the Bundeskartellamt and it is in possession of the necessary particulars pursuant to § 39 (3) in the German language.

(6) If clearance by the Bundeskartellamt is repealed in whole or in part by a final and non-appealable court ruling, the time limit referred to in paragraph 2 sentence 2 shall begin to run anew at the time at which the ruling becomes final and non-appealable.

§ 41
Prohibition on Implementing, Divestiture

(1) The undertakings may not implement a concentration not cleared by the Bundeskartellamt, nor participate in implementing such a concentration, before the expiry of the time limits referred to in § 40 (1) sentence 1 and (2) sentence 2. Legal transactions violating this prohibition shall be void. This shall not apply to

1. real estate agreements once they have become legally valid by entry into the cadastral register;
2. agreements on the transformation, integration or formation of an undertaking and enterprise agreements within the meaning of §§ 291 and 292 of the German *Stock Corporation Act* once they have become legally valid by entry into the appropriate register, and
3. other legal transactions if the non-notified concentration was notified after the concentration was implemented and the divestiture proceedings under paragraph 3 were ended because the conditions for a prohibition were not met, or if the restraint of competition was removed based on a dissolution order under paragraph 3 sentence 2 in conjunction with sentence 3, or if a ministerial authorisation under § 42 was granted.

(1a) Paragraph 1 does not preclude the realisation of acquisition transactions where control, shares or a material influence with respect to competition within the meaning of § 37 (1) or (2) is/are acquired from several sellers either by way of a public takeover bid or by way of a number of legal transactions in securities at a stock exchange, including securities that can be converted into other securities admitted to trading on an exchange or similar market, provided that the concentration is notified to the Bundeskartellamt pursuant to § 39 without undue delay and that the acquirer does not exercise the voting rights attached to the shares or only exercises them to preserve the full value of its investment based on an exemption granted by the Bundeskartellamt under paragraph 2.

(2) The Bundeskartellamt may, upon application, grant exemptions from the prohibition on implementing a concentration if the undertakings concerned put forward important reasons for this, in particular to prevent serious damage to an undertaking concerned or to a third party. The exemption may be granted at any time, even prior to notification, and may be made subject to conditions and obligations. § 40(3a) shall apply *mutatis mutandis*.

(3) A concentration which has been implemented and which fulfils the conditions for prohibition pursuant to § 36(1) shall be dissolved unless the Federal Minister of Economics and Technology authorises the concentration pursuant to § 42. The Bundeskartellamt shall order the measures necessary to dissolve the concentration. The restraint of competition may also be removed in other ways than by restoring the *status quo ante*.

(4) To enforce its order, the Bundeskartellamt may in particular

1. (abolished)
2. prohibit or limit the exercise of voting rights attached to shares in an undertaking concerned which are owned by another undertaking concerned or are attributable to it;
3. appoint a trustee who shall effect the dissolution of the concentration.

§ 42
Ministerial Authorisation

(1) The Federal Minister of Economics and Technology will, upon application, authorise a concentration prohibited by the Bundeskartellamt if, in the individual case, the restraint of competition is outweighed by advantages to the economy as a whole resulting from the concentration, or if the concentration is justified by an overriding public interest. In this context, the competitiveness of the undertakings concerned in markets outside the scope of application of this Act shall also be taken into account. Authorisation may be granted only if the scope of the restraint of competition does not jeopardise the market economy system.

(2) Authorisation may be granted subject to conditions and obligations. § 40(3) sentence 2 and (3a) shall apply *mutatis mutandis*.

(3) The application shall be submitted in writing to the Federal Ministry of Economics and Technology within a period of one month from service of the prohibition or from service of a dissolution order under § 41(3) sentence 1 in the absence of prior prohibition. If the prohibition is appealed, the period shall run from the date when the prohibition becomes final and non-appealable. If the dissolution order under § 41(3) sentence 1 is appealed, the period shall run from the date when the dissolution order becomes final and non-appealable.

(4) The Federal Minister of Economics and Technology shall decide on the application within four months. Prior to the decision, an opinion of the Monopolies Commission *[Monopolkommission]* shall be obtained, and the supreme *Land* authorities in whose territory the undertakings concerned have their registered seat shall be given the opportunity to submit comments.

§ 43
Publications

(1) Notice of the initiation of the second phase proceedings by the Bundeskartellamt pursuant to § 40(1) sentence 1 and the application for a ministerial authorisation shall be published without delay in the Federal Gazette.

(2) The following shall be published in the Federal Gazette:

1. the decision issued by the Bundeskartellamt pursuant to § 40(2);
2. the ministerial authorisation, its revocation, modification or refusal;

3. the withdrawal, revocation or modification of clearance by the Bundeskartellamt;
4. the dissolution of a concentration and any other decisions taken by the Bundeskartellamt pursuant to § 41(3) and (4).

(3) Notices under paragraphs 1 and 2 shall in each case contain the particulars pursuant to § 39 (3) sentences 1 and 2, (1) and (2).

Eighth Chapter

Monopolies Commission

§ 44
Tasks

(1) Every two years, the Monopolies Commission shall prepare an expert opinion assessing the situation and the foreseeable development of business concentration in the Federal Republic of Germany, evaluating the application of the provisions concerning the control of concentrations and commenting on other topical issues of competition policy. The expert opinion is to cover the situation in the last two full calendar years and be completed by 30 June of the following year. The Federal Government may instruct the Monopolies Commission to prepare further expert opinions. In addition, the Monopolies Commission may prepare expert opinions at its discretion.

(2) The Monopolies Commission shall be bound only by the mandate established by this Act, and shall be independent in pursuing its activities. If a minority holds dissenting views when an opinion is drafted, it may express them in the opinion.

(3) The Monopolies Commission shall submit its expert opinions to the Federal Government. The Federal Government shall without delay submit opinions pursuant to paragraph 1 sentence 1 to the legislative bodies and present its views and comments on them within a reasonable period. The expert opinions shall be published by the Monopolies Commission. In the case of opinions pursuant to paragraph 1 sentence 1, this shall be done at the time at which they are submitted by the Federal Government to the legislative body.

§ 45
Members

(1) The Monopolies Commission shall consist of five members who must have special knowledge and experience in the fields of economics, business administration, social policy, technology or commercial law. The Monopolies Commission shall elect a chairman from among its members.

(2) The members of the Monopolies Commission shall be appointed for a term of four years by the Federal President on a proposal by the Federal Government. Re-appointments shall be permissible. The Federal Government shall hear the members of the Commission before nominating new members. The members are entitled to resign from office by giving notice to the

Federal President. If a member leaves office prematurely, a new member shall be appointed for the former member's term of office.

(3) The members of the Monopolies Commission may not be members of the government or any legislative body of the Federation or a *Land*, or of the public service of the Federation, a *Land* or any other legal person under public law, except as university professors or staff members of a scientific institution. Furthermore, they may neither represent nor be bound by a permanent employment or service relationship to an industry association or an employers' or employees' organisation. Nor must they have held such a position during the year preceding their appointment to the Monopolies Commission.

§ 46
Decisions, Organisation, Rights and Duties of the Members

(1) Decisions of the Monopolies Commission shall require the consent of at least three members.

(2) The Monopolies Commission has rules of procedure and a secretariat. The function of the latter is to scientifically, administratively and technically support the Monopolies Commission.

(2a) As far as this is required for the proper fulfilment of its functions, the Monopolies Commission shall be granted access to the files maintained by the competition authority, including access to operating and business secrets and personal data.

(3) The members of the Monopolies Commission and the staff of the secretariat shall be obliged to keep secret the deliberations and the related documents designated as confidential by the Monopolies Commission. The secrecy obligation shall apply also to information given to the Monopolies Commission and designated as confidential, or obtained pursuant to paragraph 2a.

(4) The members of the Monopolies Commission shall receive a lump sum compensation and they shall be reimbursed for their travel expenses. These shall be determined by the Federal Ministry of Economics and Technology in agreement with the Federal Ministry of the Interior. The costs of the Monopolies Commission shall be borne by the Federation.

§ 47
Transmission of Statistical Data

(1) For the purpose of preparing expert opinions on the development of business concentration, the Monopolies Commission is provided by the Federal Statistical Office [*Statistisches Bundesamt*] with such summarised data from the business statistics kept by it (statistics on the manufacturing industry, crafts, foreign trade, taxes, transport, statistics on wholesale and retail trade, the hotel and restaurant business and service sector) and from the statistical register as concern the percentage shares of the largest undertakings, businesses or divisions of undertakings in the respective sector of economy in the

a) value of goods produced for sale;

b) turnover;

c) number of employees;

d) total wages and salaries paid;

e) investments;

f) value of fixed assets rented or leased;

g) value added or gross proceeds;

h) number of the respective units.

Sentence 1 applies *mutatis mutandis* to the provision of information about the percentage shares of the largest groups of undertakings. For the purpose of allocating the data to the groups of undertakings, the Monopolies Commission shall provide the Federal Statistical Office with the names and addresses of the undertakings, information as to their affiliation with a group of undertakings and their identification codes. The summarised data may not cover fewer than three groups of undertakings, undertakings, businesses or divisions of undertakings. The combination or time proximity with other information provided or generally accessible may not allow inferences on the summarised data of fewer than three groups of undertakings, undertakings, businesses or divisions of undertakings. This shall apply *mutatis mutandis* to the calculation of summary measures of concentration, in particular Herfindahl indexes and Gini coefficients. The *Land* statistical offices shall provide the Federal Statistical Office with the requisite particulars.

(2) Persons who are to receive summarised data pursuant to paragraph 1 shall, prior to the transmission, be specifically committed to confidentiality unless they hold a public office or have special obligations in the public service. § 1(2), (3) and (4) no. 2 of the German *Act on the Obligations of Public Servants* [*Verpflichtungsgesetz*] shall apply *mutatis mutandis*. Persons specifically committed pursuant to sentence 1 shall, for the purpose of the application of the provisions of the German *Penal Code* [*Strafgesetzbuch*] concerning the violation of private secrets (§ 203(2), (4), (5); §§ 204, 205) and official secrets (§ 353b(1)), be treated like persons having special obligations in the public service.

(3) The summarised data may be used only for the purposes for which they were provided. They must be deleted as soon as the purpose referred to in paragraph 1 has been achieved.

(4) The Monopolies Commission shall take organisational and technical measures to ensure that only holders of a public office, persons having special obligations in the public service or persons committed to confidentiality pursuant to paragraph 2 sentence 1 will receive summarised data.

(5) The transmissions shall be recorded in accordance with § 16(9) of the German *Federal Statistics Act* [*Bundesstatistikgesetz*]. The records shall be kept for at least five years.

(6) When the business statistics mentioned in paragraph 1 are compiled, the undertakings which are questioned shall be informed in writing that pursuant to paragraph 1 the summarised data may be transmitted to the Monopolies Commission.

Ninth Chapter

Market Transparency Units for Electricity and Gas Wholesale Trading and Fuels

I. Market Transparency Unit for Electricity and Gas Wholesale Trading

§ 47a
Establishment, Competencies, Organisation

(1) In order to ensure that the formation of wholesale prices for electricity and gas complies with competition provisions, a Market Transparency Unit shall be set up at the Federal Network Agency for Electricity, Gas, Telecommunications, Post and Railway [*Bundesnetzagentur*]. It shall continuously monitor the marketing of, and trading in, electricity and natural gas at the wholesale level.

(2) The tasks of the Market Transparency Unit will be carried out by the Bundesnetzagentur and the Bundeskartellamt by mutual consent.

(3) Details of the consensual cooperation will be governed by a cooperation agreement between the Bundeskartellamt and the Bundesnetzagentur requiring approval by the Federal Ministry of Economics and Technology. In particular, this agreement shall contain provisions governing:

1. staffing and allocation of tasks and
2. coordination of data collection and of the exchange of data and information.

(4) The Federal Ministry of Economics and Technology is authorised to promulgate requirements regarding the terms and conditions of the cooperation agreement by means of an ordinance.

(5) Decisions by the Market Transparency Unit shall be taken by the person heading the unit. § 51(5) shall apply *mutatis mutandis* to all members of staff of the Market Transparency Unit.

§ 47b
Tasks

(1) The Market Transparency Unit shall continuously monitor electricity and natural gas wholesale trading, irrespective of whether it is aimed at physical or financial settlement, in order to detect irregularities in pricing that might be due to market dominance, inside information or market manipulation. For this purpose, the Market Transparency Unit shall also monitor the production of natural gas and the generation of electricity, the use of power plants and the marketing of electricity and natural gas by the producers, as well as the marketing of electricity and natural gas as balancing services. The Market Transparency Unit may take into account interdependencies between the wholesale markets for electricity and natural gas on the one hand and the emissions trading system on the other.

(2) As a national market monitoring body pursuant to Article 7(2) subpara. 2 of *Regulation (EU) No 1227/2011 of the European Parliament and of the Council of 25 October 2011 on wholesale energy market integrity and transparency (OJ L 326 of 8 December 2011, p. 1)*, the Market Transparency Unit shall monitor, together with the Bundesnetzagentur, electricity and natural gas wholesale trading. In this context, it shall cooperate with the Agency for the Cooperation of Energy Regulators pursuant to Article 7(2) and Article 10 of Regulation (EU) No 1227/2011.

(3) The Market Transparency Unit shall collect the data and information it needs in order to fulfil its tasks. In this context, it shall take account of the reporting obligations of the persons required to report to the authorities and supervisory entities mentioned in § 47i and of the reporting obligations to be laid down by the European Commission in accordance with Article 8(2) and (6) of Regulation (EU) No 1227/2011. Where possible, existing sources and reporting systems are to be used.

(4) The Bundesnetzagentur can instruct the Market Transparency Unit to collect and analyse data to the extent necessary for the fulfilment of its tasks under Regulation (EU) No 1227/2011.

(5) Prior to issuing determinations under § 47g in conjunction with the ordinance to be issued under § 47f, the Market Transparency Unit shall give the authorities, stakeholders and market participants concerned the opportunity to comment within a specified period. In preparation of these consultations, the Market Transparency Unit shall, where necessary, prepare and amend a detailed list of all data and categories of data that must continuously be reported to it by the persons subject to the reporting obligation as specified in § 47e(1) pursuant to §§ 47e and 47g and based on the ordinance to be issued in accordance with § 47f, including the point in time when the data must be transmitted, the data format and the transmission channels to be complied with, as well as alternative reporting channels. The Market Transparency Unit is not bound by the comments.

(6) The Market Transparency Unit shall continuously analyse the data and information received by it, in particular to determine whether there are any indications of a violation of §§ 1, 19, 20 or 29 of this Act, Article 101 or 102 of the *Treaty on the Functioning of the European Union*, the German *Securities Trading Act*, the German *Stock Exchange Act* or the prohibitions under Articles 3 and 5 of Regulation (EU) No 1227/2011.

(7) If there is any indication that a natural or legal person is violating any of the legal provisions referred to in paragraph 6, the Market Transparency Unit must immediately inform the competent authorities and delegate the issue to them. In case of a suspected violation of §§ 1, 19, 20 or 29 of this Act or of Articles 101 and 102 of the *Treaty on the Functioning of the European Union*, the Market Transparency Unit will inform the competent decision division of the Bundeskartellamt. If more than one authority is potentially competent to conduct investigations, the Market Transparency Unit will inform each of these authorities of the suspected violation and of the other authorities that have been informed. The Market Transparency Unit shall transfer all information and data required or requested by these authorities to them without undue delay in accordance with § 47i.

(8) Paragraphs 1 to 3 may also apply to production and marketing abroad as well as to trading activities performed abroad, to the extent that these affect the pricing of electricity and natural gas within the scope of application of this Act.

§ 47c
Use of Data

(1) The Market Transparency Unit shall provide the data received pursuant to § 47b(3) also to the following entities:

1. the Bundeskartellamt for the conduct of its monitoring activities pursuant to § 48(3);
2. the Bundesnetzagentur for the conduct of its monitoring activities pursuant to § 35 of the German *Energy Industry Act*;
3. the competent decision division of the Bundeskartellamt for the purpose of merger control proceedings under §§ 35 to 41 and for sector inquiries under § 32e; and
4. the Bundesnetzagentur for the fulfilment of its further tasks under the German *Energy Industry Act [Energiewirtschaftsgesetz]*, in particular for the purpose of monitoring compliance with transparency obligations in accordance with the annexes of the following regulations:

    a) Regulation (EC) No 714/2009 of the European Parliament and of the Council of 13 July 2009 on conditions for access to the network for cross-border exchanges in electricity and repealing Regulation (EC) No 1228/2003 (OJ L 211 of 14 August 2009, p. 15);

    b) Regulation (EC) No 715/2009 of the European Parliament and of the Council of 13 July 2009 on conditions for access to the natural gas transmission networks and repealing Regulation (EC) No 1775/2005 (OJ L 211 of 14 August 2009, p. 36); and

    c) Regulation (EC) No 994/2010 of the European Parliament and of the Council of 20 October 2010 concerning measures to safeguard security of gas supply and repealing Council Directive 2004/67/EC (OJ L 295 of 12 November 2010, p. 1).

(2) The Market Transparency Unit shall further provide the data to the Federal Ministry of Economics and Technology and the Bundesnetzagentur for the fulfilment of their tasks under § 54a of the German *Energy Industry Act*.

(3) The data may be provided to the Federal Statistical Office for the purpose of fulfilling its tasks under the German *Energy Statistics Act* and the Monopolies Commission for the purpose of fulfilling its tasks under this Act and under § 62 of the German *Energy Industry Act*.

(4) The Market Transparency Unit may provide the data in anonymised form also to federal ministries for use in scientific studies conducted by them or on their behalf if the data is necessary to achieve these aims. Data that represents operating or business secrets may only be disclosed by the Market Transparency Unit if it is no longer possible to link it to any specific undertaking. The federal ministries may provide the data received from the Market Transparency Unit pursuant to sentence 1 also to third parties for the conduct of scientific studies on their behalf if the third parties have proven their professional skills to the ministries and have assured confidential treatment of the data.

§ 47d
Powers

(1) In order to fulfil its tasks, the Market Transparency Unit has the powers conferred upon it pursuant to § 59 in relation to natural and legal persons. In accordance with § 47f, it may determine in respect of one, some or all of the persons and undertakings mentioned in § 47e(1) the category of data and the timing and form of transmission for the areas set out in § 47g. The Market Transparency Unit has the power, in accordance with § 47f, to change the determination, where required, to the extent that this is necessary for the fulfilment of its tasks. It may, in particular, stipulate that an online platform must be used to enter the required information and reports. In accordance with § 47f, the Market Transparency Unit may also stipulate that information and data be delivered to a third party assigned to collect data; however, the data will be analysed and used by the Market Transparency Unit only. §§ 48 and 49 of the German *Administrative Procedure Act* [*Verwaltungsverfahrensgesetz*] remain unaffected. §§ 50c, 54, 56, 57 and 61 to 67 as well as §§ 74 to 76, 83, 91 and 92 shall apply *mutatis mutandis*. In case of decisions made by the Market Transparency Unit by determination, delivery under § 61 may be replaced by publication in the Federal Gazette. § 55 of the German *Code of Criminal Procedure* applies *mutatis mutandis* to disclosure obligations under sentence 1 and reporting obligations under § 47e.

(2) As a national market monitoring body pursuant to Article 7(2) subpara. 2 of Regulation (EU) 1227/2011, the Market Transparency Unit also has the rights set out in Article 7(2) subpara. 1, (3) subpara. 2 sentence 2, Article 4(2) sentence 2, Article 8(5) sentence 1 and Article 16 of Regulation (EU) No 1227/2011. Paragraph 1 applies *mutatis mutandis*.

(3) The Market Transparency Unit may request information on the outcome of investigations from the authority to which it has delegated a suspected violation under § 47b(7) sentence 1.

§ 47e
Reporting Obligations

(1) The following persons and undertakings are subject to the reporting obligation set out in paragraphs 2 to 5:

1. wholesale customers within the meaning of § 3 no. 21 of the German *Energy Industry Act*,
2. energy supply companies within the meaning of § 3 no. 18 of the German *Energy Industry Act*,
3. operators of energy facilities within the meaning of § 3 no. 15 of the German *Energy Industry Act* except for operators of final consumer distribution facilities or, in case of gas supply, operators of ultimate shut-off devices in consumption systems,
4. customers within the meaning of § 3 no. 24 of the German *Energy Industry Act* except for final consumers within the meaning of § 3 no. 25 of the German *Energy Industry Act*, and
5. trading platforms.

(2) Those subject to the reporting obligation must submit to the Market Transparency Unit the trading, transport, capacity, production/generation and consumption data, further specified in accordance with § 47f in conjunction with § 47g, for the markets on which they operate. This includes information

1. on transactions in wholesale markets where electricity and natural gas are traded, including orders to trade, with precise details on the wholesale energy products bought and sold, the prices and quantities agreed, the dates and times of execution and the parties to and beneficiaries of the transactions,
2. on the capacity and use of facilities and installations for the production/generation, storage, consumption or transmission of electricity or natural gas or on the capacity and use of facilities for liquefied natural gas (LNG facilities), including any planned and unplanned unavailability or any under-consumption,
3. in the field of electricity generation that enables identification of individual generation units,
4. on costs incurred in connection with the operation of the generation units that are subject to the reporting obligation, in particular on marginal costs, fuel costs, CO_2 costs, opportunity costs and start-up costs,
5. on technical information relevant for the operation of the generation units that are subject to the reporting obligation, in particular on minimum idle times, minimum run times and minimum production volumes,
6. on any planned decommissioning of plants or cold reserves,
7. on drawing rights agreements,
8. on planned investment projects, and
9. on import agreements and balancing services in natural gas trading.

(3) The data must be submitted to the Market Transparency Unit in accordance with §§ 47f and 47g by way of remote data transmission and, if requested, on a continuous basis. If the Market

Transparency Unit provides standard forms, the data must be transmitted electronically using such forms.

(4) The relevant reporting obligation shall be deemed fulfilled if

1. those subject to the reporting obligation pursuant to paragraph 1 have reported the information to be reported or requested in accordance with Article 8 of Regulation (EU) No 1227/2011 and prompt data access by the Market Transparency Unit is secured, or
2. third parties have communicated the information to be reported or requested in the name of a person subject to reporting obligations pursuant to paragraph 1 also in conjunction with § 47f nos 3 and 4 and the Market Transparency Unit has been informed thereof, or
3. those subject to the reporting obligation pursuant to paragraph 1 also in conjunction with § 47f nos 3 and 4 have communicated the information to be reported or requested to a third party appointed for this purpose pursuant to § 47d(1) sentence 5 in conjunction with § 47f no. 2, or
4. those subject to the reporting obligation pursuant to paragraph 1 no. 3 in conjunction with § 47g(6) have reported the information to be reported or requested in accordance with the provisions of the German *Renewable Energy Act* [*Erneuerbare Energien-Gesetz*] or an ordinance based on that Act to the network operator, the Market Transparency Unit has been informed thereof and prompt access to the data by the Market Transparency Unit is secured.

(5) The obligations set forth in paragraphs 1 to 4 shall apply also to undertakings with registered seat in another Member State of the European Union or another state party to the *Agreement on the European Economic Area* if they are admitted to trading on a German exchange or if their activities have an effect within the scope of application of this Act. If any such undertaking fails to communicate the information requested, the Market Transparency Unit may request the competent authority of the country of domicile to take appropriate measures to improve access to that information.

§ 47f
Power to issue an Ordinance

The Federal Ministry for Economic Affairs and Energy shall be empowered to issue, by way of an ordinance not requiring the consent of the Bundesrat, in agreement with the Federal Ministry of Finance, taking into account the requirements imposed by implementing acts issued under Article 8(2) or (6) of Regulation (EU) No 1227/2011

1. detailed provisions on the type, content and scope of data and information that the Market Transparency Unit may request from those subject to the reporting obligation based on determinations made pursuant to § 47d(1) sentence 2, as well as on the timing and the form of transmission of this data,
2. detailed provisions on the type, content and scope of data and information that are to be delivered pursuant to § 47d(1) sentence 5 to third parties appointed for this purpose, as well as on the timing and the form of transmission and the recipients of this data,

3. provisions stipulating that the following entities shall transmit to the Market Transparency Unit records of the wholesale energy transactions on an ongoing basis:

    a) organised markets,

    b) systems for matching buy and sell orders or trade reporting systems,

    c) trading surveillance offices at exchanges on which electricity and gas are traded, as well as

    d) the authorities referred to in § 47i,

4. provisions stipulating that an exchange or a suitable third party may transmit the information pursuant to § 47e(2) in conjunction with § 47g at the cost of those subject to the reporting obligation, and to specify the details thereof, and
5. reasonable *de minimis* thresholds for reporting transactions and data, as well as transitional periods for the start of the reporting obligations.

§ 47g
Areas for issuing Determinations

(1) The Market Transparency Unit shall decide, by making determinations for the areas referred to in paragraphs 2 to 12 and subject to § 47d(1) and § 47e as well as subject to the ordinance to be issued based on § 47f, which data and categories of data are to be transmitted and how.

(2) The Market Transparency Unit may determine that operators of electricity generation units and of storage facilities with an installed generation or storage capacity of more than 10 megawatts must transmit information on the following data and categories of data for each unit:

1. for each electricity generation unit, in particular, the name, location, control area, installed generation capacity and type of generation,
2. for each individual generation unit, on an hourly basis

    a) net generation capacity,

    b) generation planned on the previous day,

    c) actual generation,

    d) marginal costs of generation, including information on the cost components, in particular fuel costs, CO_2 costs, opportunity costs,

    e) planned and unplanned unavailability due to technical restrictions,

    f) unavailability due to grid restrictions,

g) balancing services and operating reserves held available and supplied,

h) unused available capacities,

3. for each individual generation unit

a) start-up costs (warm starts and cold starts), minimum idle times, minimum run times and minimum production volumes,

b) planned decommissioning of plants and cold reserves,

4. drawing rights agreements,
5. planned investment projects,
6. for cross-border trading activities: volumes, trading venues used or trade partners, to be listed separately for each country in which trading took place, and
7. information enabling the Market Transparency Unit to observe and assess the supply behaviour in trading.[2]

(3) The Market Transparency Unit may determine that operators of generation units with an installed generation capacity per unit of more than 1 megawatt and up to 10 megawatts must specify, on an annual basis, the aggregate total of the installed generation capacity of all generation units in each control area separately for each type of generation.

(4) The Market Transparency Unit may determine that operators of electricity consumption units must transmit information on the following data and categories of data:

1. the planned and unplanned under-consumption of consumption units with a maximum consumption capacity of more than 25 megawatts per unit, and
2. balancing services that are held available and supplied.

(5) The Market Transparency Unit may determine that transmission systems operators within the meaning of § 3 no. 10 of the German *Energy Industry Act* must transmit information on the following data and categories of data:

1. the transmission capacity at cross-border interconnectors on an hourly basis,
2. import and export data on an hourly basis,
3. the forecast and actual feed-in of energy from facilities for which tariffs are governed by the German *Renewable Energy Sources Act [Erneuerbare-Energien-Gesetz]* on an hourly basis,

---

[2] Pursuant to Article 4(2) of the Act of 5 December 2012 (*Federal Law Gazette I p. 2403*), § 47g(2) will cease to be in force on 31 December 2015. [Translator's note: Pursuant to Articles 2 to 4 of the Act of 21 April 2015 (Federal Law Gazette I p. 582) the date on which § 47g(2) will cease to be in force has been postponed to 31 December 2018.]

4. the sales offers made based on the German *Equalisation Scheme Ordinance* [*Ausgleichsmechanismusverordnung*] on an hourly basis and
5. the offers and results of auctions for balancing services.

(6) The Market Transparency Unit may determine that operators of facilities generating electricity from renewable energy sources with an installed generation capacity of more than 10 megawatts must transmit information on the following data and categories of data:

1. the volumes produced by type of facility and
2. the selling method within the meaning of § 20(1) of the German *Renewable Energy Sources Act* chosen, and the volumes attributable to each selling method.

(7) The Market Transparency Unit may determine that trading platforms for trading electricity and natural gas must transmit information on the following data and categories of data:

1. the offers made on the platforms,
2. trading results and
3. all off-exchange non-standardised trading activities where the counterparties individually negotiate bilateral trades (OTC transactions) that are secured by cash or commodities clearing through the trading platform.

(8) The Market Transparency Unit may determine that wholesalers within the meaning of § 3 no. 21 of the German *Energy Industry Act* that trade in electricity must transmit information on the transactions specified in § 47e(2) no. 1, to the extent that these transactions do not fall under the scope of paragraph 7. As regards the trading of electricity generated from renewable energy sources, the Market Transparency Unit may also determine that wholesalers within the meaning of sentence 1 must transmit information on the form of direct selling within the meaning of § 5 no. 9 of the German *Renewable Energy Sources Act* and on the quantities of electricity traded thereunder.

(9) The Market Transparency Unit may determine that wholesalers within the meaning of § 3 no. 21 of the German *Energy Industry Act* that trade in natural gas must transmit information on the following data and categories of data:

1. cross-border quantities and prices as well as data on import and export quantities,
2. quantities of gas produced in Germany and the initial sales prices for these quantities,
3. import agreements (cross-border agreements),
4. delivery volumes for each distribution level in the distribution system,
5. transactions concluded with wholesale customers, transmission systems operators and operators of storage and LNG facilities under gas supply contracts and energy derivatives within the meaning of § 3(15a) of the German *Energy Industry Act* that are based on gas, including the term, volume, date and time of execution, the stipulations on term, delivery and settlement, and transaction prices,
6. offers and results of their own natural gas auctions,
7. existing gas procurement and supply contracts and

8. any other gas trading activities concluded as OTC transactions.

(10) The Market Transparency Unit may determine that transmission system operators within the meaning of § 3 no. 5 of the German *Energy Industry Act* must transmit information on the following data and categories of data:

1. existing capacity contracts,
2. contractual agreements with third parties regarding flow commitments and
3. offers and results of invitations to tender for flow commitments.

(11) The Market Transparency Unit may determine that market area managers within the meaning of § 2 no. 11 of the German *Gas Grid Access Ordinance* [*Gasnetzzugangsverordnung*] must transmit information on the following data and categories of data:

1. existing contracts on balancing services,
2. offers and results of auctions and invitations to tender for balancing services,
3. transactions concluded via trading platforms and
4. any other gas trading activities concluded as OTC transactions.

(12) The Market Transparency Unit may determine that, for balancing services and biogas, information must be transmitted on the procurement of third-party balancing services, on results of invitations to tender and on the feeding-in and marketing of biogas.

§ 47h
Reporting Duties, Publications

(1) The Market Transparency Unit shall inform the Federal Ministry of Economics and Technology of the transmission of information pursuant to § 47b(7) sentence 1.

(2) The Market Transparency Unit shall prepare a report on its activities every two years. Where wholesale trading in electricity and natural gas is concerned, it shall prepare such report in agreement with the Bundesnetzagentur. Business secrets of which the Market Transparency Unit has obtained knowledge in performing its tasks will be removed from the report. The report will be published on the website of the Market Transparency Unit. The report may be issued at the same time as the report to be issued by the Bundeskartellamt pursuant to § 53(3) and combined with it.

(3) The Market Transparency Unit shall publish the lists prepared pursuant to § 47b (5), including the drafts thereof, on its website.

(4) To increase wholesale transparency, the Market Transparency Unit may publish, in agreement with the Bundesnetzagentur, the generation and consumption data currently published on the transparency platform operated by *European Energy Exchange AG* and the transmission system operators as soon as that publication is discontinued. The publication requirements imposed on the market participants under the German *Energy Industry Act* and any ordinances promulgated thereunder as well as under European law in order to increase transparency on the electricity and gas markets remain unaffected.

§ 47i
Cooperation with other Authorities and Supervisory Entities

(1) In carrying out the tasks of the Market Transparency Unit pursuant to § 47b, the Bundeskartellamt and the Bundesnetzagentur shall cooperate with the following authorities:

1. the German Federal Financial Supervisory Authority [*Bundesanstalt für Finanzdienstleistungsaufsicht*],
2. the exchange supervisory authorities and trading surveillance offices of the exchanges on which electricity and gas as well as energy derivatives within the meaning of § 3 no. 15a of the German *Energy Industry Act* are traded,
3. the Agency for the Cooperation of Energy Regulators and the European Commission, to the extent that they perform tasks under Regulation (EU) No 1227/2011, and
4. regulatory authorities of other Member States.

Irrespective of the relevant procedure chosen in a given case, these entities may exchange information, including personal data as well as operating and business secrets, to the extent this is necessary for the performance of their respective tasks. They may use this information for their procedures. Prohibitions on the use of evidence shall remain unaffected. Provisions concerning legal assistance in criminal matters as well as agreements on administrative and legal assistance shall remain unaffected.

(2) Subject to the consent of the Federal Ministry of Economics and Technology, the Market Transparency Unit may enter into cooperation agreements with the Federal Financial Supervisory Authority, the exchange supervisory authorities and trading surveillance offices of the exchanges on which electricity and gas as well as energy derivatives within the meaning of § 3 no. 15a of the German *Energy Industry Act* are traded, and with the Agency for the Cooperation of Energy Regulators.

§ 47j
Confidential Information, Operational Reliability, Data Protection

(1) Information that the Market Transparency Unit has obtained or prepared in the ordinary course of business when fulfilling its duties must be kept confidential. The Market Transparency Unit's members of staff are subject to a duty of confidentiality regarding the confidential information referred to in sentence 1. Other persons who are to receive confidential information shall, prior to transmission thereof, be specifically committed to secrecy unless they hold a public office or are bound by special obligations in the public service. § 1(2), (3) and (4) no. 2 of the German *Act on the Obligations of Public Servants* [*Verpflichtungsgesetz*] shall apply *mutatis mutandis*.

(2) Together with the Bundesnetzagentur, the Market Transparency Unit shall ensure the operational reliability of the data monitoring and the confidentiality, integrity and protection of the incoming information. In this regard, the Market Transparency Unit is bound to the same degree of confidentiality as the entity transmitting the information or the entity that collected the information. The Market Transparency Unit shall take all necessary measures to prevent any abuse of, and any unauthorised access to, the information managed in its systems. The Market Transparency Unit shall identify sources of operational risks and minimise these risks by developing adequate systems, controls and procedures.

(3) Paragraph 1 applies *mutatis mutandis* to persons that are to receive data pursuant to § 47d(1) sentence 5 or that receive information pursuant to § 47c(4).

(4) The Market Transparency Unit may store, edit and use personal data communicated to it for the purposes of fulfilling its tasks pursuant to § 47b only to the extent necessary for the fulfilment of the tasks within its scope of competence and for purposes of cooperation pursuant to Article 7(2) and Article 16 of Regulation (EU) No 1227/2011.

(5) Access to files by persons whose personal rights are affected by the decisions taken by the Market Transparency Unit pursuant to § 47b(5) and (7), § 47d(1) and (2), § 47e and § 47g as well as § 81(2) no. 2(c) and (d), and nos 5a, 5b and 6 shall be restricted to documents that are exclusively attributable to the legal relationship between the affected person and the Market Transparency Unit.

II. Market Transparency Unit for Fuels

§ 47k
Fuel Market Monitoring

(1) A Market Transparency Unit for Fuels shall be set up at the Bundeskartellamt. It shall monitor the trade in fuels in order to facilitate the detection and sanctioning by the competition authorities of infringements of §§1, 19 and 20 of this Act and of Articles 101 and 102 of the *Treaty on the Functioning of the European Union*. It shall perform its duties in accordance with the provisions set out in paragraphs 2 to 9.

(2) Operators of public petrol stations that offer fuels to end consumers at self-set prices are obliged, subject to the ordinance referred to in paragraph 8, to report to the Market Transparency Unit for Fuels any changes in their fuel prices in real time and separately for each type of fuel. If the sales prices are imposed on the operator by another undertaking, the undertaking that has price setting power shall be obliged to communicate the prices.

(3) Fuels for the purposes of this provision shall mean petrol and diesel fuels. Public petrol stations shall include any service stations that are located at places accessible to the general public and that may be accessed without restrictions as to certain groups of persons.

(4) If there is any indication that an undertaking is in violation of the legal provisions referred to in paragraph 1, the Market Transparency Unit for Fuels must immediately inform the competent competition authority and refer the issue to it. To this end, it shall transfer all information and data required or requested by the competition authority to the competition authority without undue delay. In addition, the Market Transparency Unit for Fuels shall provide the data collected by it pursuant to paragraph 2 to the following authorities and entities:

1. the Bundeskartellamt for merger control proceedings under §§ 35 to 41,
2. the competition authorities for sector inquiries as provided under § 32e,
3. the Federal Ministry of Economics and Technology for statistical purposes, and
4. the Monopolies Commission for the purpose of performing its tasks under this Act.

(5) Subject to the ordinance pursuant to paragraph 8, the Market Transparency Unit for Fuels shall be authorised to pass on the price data collected pursuant to paragraph 2 electronically to providers of consumer information services for consumer information purposes. When publishing or passing on this price data to consumers, the providers of consumer information services must abide by the requirements specified in more detail in the ordinance referred to in paragraph 8 no. 5. If these requirements are not met, the Market Transparency Unit for Fuels is authorised to refrain from passing on the data.

(6) The Market Transparency Unit for Fuels shall ensure the operational reliability of the data monitoring and the confidentiality, integrity and protection of the incoming information.

(7) For the purpose of fulfilling its tasks under paragraph 1 sentence 1, the Market Transparency Unit for Fuels has the powers set out in § 59.

(8) The Federal Ministry of Economics and Technology is empowered to impose certain requirements regarding the reporting duty provided for in paragraph 2 and the passing on of the price data pursuant to paragraph 5 by way of an ordinance not requiring the consent of the Bundesrat, in particular

1. to issue more detailed provisions on the exact timing and the type and form of reporting the price data pursuant to paragraph 2,
2. to determine appropriate *de minimis* thresholds for the reporting duty under paragraph 2 and to provide for more detailed provisions as regards a voluntary submission to the reporting duties under paragraph 2 where the relevant threshold is not reached,
3. to issue more detailed provisions on the requirements applicable to providers of consumer information services as referred to in paragraph 5,
4. to issue more detailed provisions on the content, type, form and scope of the passing-on of price data by the Market Transparency Unit for Fuels to the providers referred to in paragraph 5, as well as
5. to issue more detailed provisions on the content, type, form and scope of the publication or passing-on of price data to consumers by the providers of consumer information services referred to in paragraph 5.

The Federal Ministry of Economics and Technology must transmit the ordinance to the Bundestag. The ordinance may be amended or refused by resolution of the Bundestag. Any amendments or a refusal are to be communicated by the Bundestag to the Federal Ministry of Economics and Technology. If the Bundestag has not dealt with the ordinance within three sitting weeks of receipt thereof, the consent of the Bundestag shall be deemed granted.

(9) Decisions by the Market Transparency Unit for Fuels shall be taken by the person heading the Unit. § 51(5) shall apply *mutatis mutandis* to all members of staff of the Market Transparency Unit for Fuels. For the purpose of fulfilling its tasks under paragraph 1 sentence 1, the Market Transparency Unit for Fuels has the powers set out in § 59.

III. Evaluation

§ 47l
Evaluation of the Market Transparency Units

The Federal Ministry of Economics and Technology shall report to the legislative bodies on the results of the market transparency units' work and the experiences gained therefrom. The reporting for the wholesale trade in electricity and gas shall be carried out five years after the beginning of the notification duties pursuant to § 47e(2) to (5) in conjunction with the ordinance referred to in § 47f. The reporting for the trade in fuels shall be carried out three years after the beginning of the notification duty pursuant to § 47k(2) in conjunction with the ordinance referred to in § 47k(8) and should in particular include information on the development of prices and the situation of the small and medium-sized mineral oil industry.

Part II

Competition Authorities

First Chapter

General Provisions

§ 48
Competencies

(1) The competition authorities are the Bundeskartellamt, the Federal Ministry of Economics and Technology, and the supreme *Land* authorities competent according to the laws of the respective *Land.*

(2) Unless a provision of this Act assigns competence for a particular matter to a particular competition authority, the Bundeskartellamt shall exercise the functions and powers assigned to the competition authority by this Act if the effect of the restrictive or discriminatory conduct or of a competition rule extends beyond the territory of a *Land*. In all other cases, the supreme *Land* authority competent according to the laws of the *Land* shall exercise these functions and powers.

(3) The Bundeskartellamt shall monitor the level of transparency, including of wholesale prices, and the level and effectiveness of market opening and the extent of competition at the wholesale and retail levels of the gas and electricity markets and on the gas and electricity exchanges. The Bundeskartellamt shall, without delay, make the data compiled from its monitoring activities available to the Bundesnetzagentur.

§ 49
Bundeskartellamt and Supreme *Land* Authority

(1) If the Bundeskartellamt institutes proceedings or conducts investigations, it shall simultaneously inform the supreme *Land* authority in whose district the undertakings concerned have their registered seat. If a supreme *Land* authority institutes proceedings or conducts investigations, it shall simultaneously inform the Bundeskartellamt.

(2) The supreme *Land* authority shall refer a matter to the Bundeskartellamt if the Bundeskartellamt is competent pursuant to § 48(2) sentence 1. The Bundeskartellamt shall refer a matter to the supreme *Land* authority if that authority is competent pursuant to § 48(2) sentence 2.

(3) Upon application by the Bundeskartellamt, the supreme *Land* authority may refer to the Bundeskartellamt a matter falling under the competence of the supreme *Land* authority pursuant to § 48(2) sentence 2, provided this is expedient in view of the circumstances of the matter. Upon referral, the Bundeskartellamt shall become the competent competition authority.

(4) Upon application by the supreme *Land* authority, the Bundeskartellamt may refer to the supreme *Land* authority a matter falling under the Bundeskartellamt's competence pursuant to § 48(2) sentence 1, provided this is expedient in view of the circumstances of the matter. Upon referral, the supreme *Land* authority shall become the competent competition authority. Prior to the referral, the Bundeskartellamt shall inform the other supreme *Land* authorities concerned. The referral shall not take place if a supreme *Land* authority concerned objects to it within a time limit to be set by the Bundeskartellamt.

§ 50
Enforcement of European Law

(1) To the extent they are competent under §§ 48 and 49, the Bundeskartellamt and the supreme *Land* authorities shall be the competition authorities responsible for the application of Articles 101 and 102 of the *Treaty on the Functioning of the European Union* within the meaning of Article 35(1) of Council Regulation (EC) No 1/2003.

(2) If the supreme *Land* authorities apply Articles 101 and 102 of the *Treaty on the Functioning of the European Union*, all dealings with the European Commission or the competition authorities of other Member States of the European Union shall be made via the Bundeskartellamt. The Bundeskartellamt may provide guidance to the supreme *Land* authorities regarding the execution of such dealings. The Bundeskartellamt will, also in such cases, attend the Advisory Committee on Restrictive Practices and Dominant Positions as a representative pursuant to Article 14 (2) sentence 1 and Article 14(7) of Regulation (EC) No 1/2003.

(3) The Bundeskartellamt shall be the competent competition authority for the cooperation in proceedings of the European Commission or the competition authorities of other Member States of the European Union for the application of Articles 101 and 102 of the *Treaty on the Functioning of the European Union*. The procedural provisions which are relevant for the application of this Act shall apply.

(4) The Bundeskartellamt may allow officials of the competition authority of a Member State of the European Union, as well as other accompanying persons authorised by that competition authority, to assist in searches and interviews pursuant to Article 22(1) of Regulation (EC) No 1/2003.

(5) In cases other than those falling under paragraphs 1 to 4, the Bundeskartellamt shall exercise the functions assigned to the authorities of the Member States of the European Union in Articles 104 and 105 of the *Treaty on the Functioning of the European Union* as well as in the Regulations issued under Article 103 of the *Treaty on the Functioning of the European Union*, also in conjunction with Article 43(2), Article 100(2), Article 105(3) and Article 352(1) of the *Treaty on the Functioning of the European Union*. Paragraph 3 sentence 2 above shall apply *mutatis mutandis*.

§ 50a
Cooperation within the Network of European Competition Authorities

(1) Article 12(1) of Regulation (EC) No 1/2003 authorises the competition authority to inform, for the purpose of applying Articles 101 and 102 of the *Treaty on the Functioning of the European Union*, the European Commission and the competition authorities of the other Member States of the European Union

1. of any matter of fact or of law, including confidential information and in particular operating and business secrets, and to transmit to them appropriate documents and data, and
2. to request these competition authorities to transmit information pursuant to no. 1 above, and to receive and use in evidence such information.

§ 50(2) shall apply *mutatis mutandis*.

(2) The competition authority may use in evidence the information received only for the purpose of applying Articles 101 or 102 of the *Treaty on the Functioning of the European Union* and in respect of the subject-matter of the investigation for which it was collected by the transmitting authority. However, information exchanged under paragraph 1 may also be used for the purpose of applying this Act if provisions of this Act are applied in accordance with Article 12(2) sentence 2 of Regulation (EC) No 1/2003.

(3) Information received by the competition authority pursuant to paragraph 1 can only be used in evidence for the purpose of imposing sanctions on natural persons where the law of the transmitting authority provides for sanctions of a similar kind in relation to violations of Articles 101 or 102 of the *Treaty on the Functioning of the European Union*. Where the conditions set out in sentence 1 are not fulfilled, the information may be used in evidence if it has been collected in a way which ensures the same level of protection of the rights of defence of natural persons as provided for under the law applicable to the competition authority. The prohibition to use evidence pursuant to sentence 1 shall not exclude using the evidence against legal persons or associations of persons. Compliance with prohibitions to use evidence which are based on constitutional law shall remain unaffected.

§ 50b
Other Cooperation with Foreign Competition Authorities

(1) The Bundeskartellamt shall have the powers pursuant to § 50a(1) also in other cases in which it cooperates with the European Commission or with the competition authorities of other states for the purpose of applying provisions of competition law.

(2) The Bundeskartellamt may only forward information pursuant to § 50a(1) with the proviso that the receiving competition authority

1. uses the information in evidence only for the purpose of applying provisions of competition law and in respect of the subject-matter of the investigation for which it was collected by the Bundeskartellamt, and
2. maintains the confidentiality of the information and transmits such information to third parties only if the Bundeskartellamt agrees to such transmission; this shall also apply to the disclosure of confidential information in court and administrative proceedings.

Confidential information, including operating and business secrets, disclosed in merger control proceedings may only be transmitted by the Bundeskartellamt with the consent of the undertaking which has provided that information.

(3) Provisions concerning legal assistance in criminal matters as well as agreements on administrative and legal assistance shall remain unaffected.

§ 50c
Cooperation of Authorities

(1) Irrespective of the type of proceeding chosen in a given case, the competition authorities, the regulatory authorities and the competent authorities within the meaning of § 2 of the German *EC Consumer Protection Enforcement Act* [*EG-Verbraucherschutzdurchsetzungsgesetz*] may exchange information, including personal data and operating and business secrets, to the extent that this is necessary for the performance of their respective functions, and use such information in their proceedings. Prohibitions on the use of evidence shall remain unaffected.

(2) In the performance of their functions the competition authorities shall cooperate with the German Federal Financial Supervisory Authority [*Bundesanstalt für Finanzdienstleistungsaufsicht*], the German Central Bank [*Bundesbank*], the competent supervisory authorities pursuant to § 90 of the German *Social Code, Book IV* [*Viertes Buch Sozialgesetzbuch*] and the German *Land* media authorities [*Landesmedienanstalten*]. The competition authorities may, upon request, exchange information with the authorities mentioned in sentence 1 on a mutual basis, to the extent that this is necessary for the performance of their respective functions. This shall not apply to

1. confidential information, in particular operating and business secrets, as well as
2. information obtained pursuant to § 50a or pursuant to Article 12 of Regulation (EC) No 1/2003.

Sentences 2 and 3 no.1 shall not affect the provisions on the cooperation with other authorities of the German *Securities Acquisition and Takeover Act* [*Wertpapiererwerbs- und Übernahmegesetz*] and the German *Securities Trading Act* [*Gesetz über den Wertpapierhandel*].

(3) The Bundeskartellamt may communicate information relating to the undertakings participating in a concentration it has been provided with pursuant to § 39(3) to other authorities to the extent that this is necessary for the purposes set forth in § 4(1) no. 1 and § 5(2) of the German *Foreign Trade Act* [*Außenwirtschaftsgesetz*]. In the case of concentrations with a Community dimension within the meaning of Article 1 paragraph 1 of *Council Regulation (EC) No 139/2004 of 20 January 2004 on the control of concentrations between undertakings* as amended, the Bundeskartellamt shall have the power referred to in sentence 1 only with regard to information published by the European Commission in accordance with Article 4(3) of that Regulation.

Second Chapter

Bundeskartellamt

§ 51
Seat, Organisation

(1) The Bundeskartellamt is an independent higher federal authority with its seat in Bonn. It is assigned to the Federal Ministry of Economics and Technology.

(2) Decisions of the Bundeskartellamt shall be made by the decision divisions established as determined by the Federal Ministry of Economics and Technology. Further to this, the President shall determine the allocation and handling of business in the Bundeskartellamt by means of rules of procedure; these rules of procedure require confirmation by the Federal Ministry of Economics and Technology.

(3) The decisions of the decision divisions shall be made by a chairperson and two associate members.

(4) The chairpersons and associate members of the decision divisions must be civil servants appointed for life and must be qualified to serve as judges or senior civil servants.

(5) The members of the Bundeskartellamt may not own or manage any undertakings, nor may they be members of the management board or supervisory board of an undertaking, a cartel, or a business and trade association or professional organisation.

§ 52
Publication of General Instructions

Any general instructions given by the Federal Ministry of Economics and Technology to the Bundeskartellamt with regard to the issuance or non-issuance of decisions pursuant to this Act shall be published in the Federal Gazette.

§ 53
Report on Activities

(1) Every two years, the Bundeskartellamt shall publish a report on its activities and on the situation and development in its field of responsibilities. The report shall include the general instructions given by the Federal Ministry of Economics and Technology pursuant to § 52. The Bundeskartellamt shall also regularly publish its administrative principles.

(2) The Federal Government shall without delay submit the report of the Bundeskartellamt to the Bundestag together with its opinion.

(3) The Bundeskartellamt shall prepare a report on its monitoring activities under § 48(3) in agreement with the Bundesnetzagentur to the extent that aspects of regulation of the distribution networks are concerned, and shall transmit the report to the Bundesnetzagentur.

Part III

Proceedings and Legal Protection against Protracted Judicial Proceedings

First Chapter

Administrative Matters

I. Proceedings before the Competition Authorities

§ 54
Institution of Proceedings; Parties

(**1**) The competition authority shall, acting *ex officio* or upon application, institute proceedings. If so requested, the competition authority may *ex officio* institute proceedings for the protection of a complainant.

(**2**) Parties to the proceedings before the competition authority are

1. those who have applied for proceedings to be initiated;
2. cartels, undertakings, business and trade associations or professional organisations against which the proceedings are directed;
3. persons and associations of persons whose interests will be substantially affected by the decision and who, upon their application, have been admitted by the competition authority to the proceedings; the interests of consumer advice centres and other consumer associations supported by public funds are substantially affected also in cases in which the decision affects a wide range of consumers and in which therefore the interests of consumers in general are substantially affected.
4. in the cases of § 37(1) nos 1 or 3, also the seller.

(**3**) The Bundeskartellamt shall also be a party to proceedings before the supreme *Land* authorities.

§ 55
Preliminary Decision on Jurisdiction

(**1**) If a party pleads that the competition authority lacks territorial or subject matter jurisdiction, the competition authority may issue a preliminary decision on the issue of jurisdiction. Such decision may be challenged independently by way of appeal; the appeal shall have suspensive effect.

(2) If a party fails to plead that the competition authority lacks territorial or subject matter jurisdiction, an appeal cannot be based upon the contention that the competition authority erroneously assumed it had jurisdiction.

§ 56
Opportunity to Comment, Hearing

(1) The competition authority shall give the parties an opportunity to state their case.

(2) In appropriate cases, the competition authority may give representatives of the business sectors affected by the proceedings an opportunity to comment.

(3) The competition authority may, upon application of a party or acting *ex officio*, hold a public hearing. The public shall be excluded from the hearing or from a part thereof if it is feared that public order, in particular state security, or important operating or business secrets may be endangered. In the cases of § 42 the Federal Ministry of Economics and Technology shall conduct a public hearing; with the consent of the parties a decision may be taken without a hearing.

(4) §§ 45 and 46 of the German *Administrative Procedure Act* [*Verwaltungsverfahrensgesetz*] shall be applied.

§ 57
Investigations, Evidence

(1) The competition authority may conduct any investigations and collect any evidence required.

(2) §§ 372(1), §§ 376, 377, 378, 380 to 387, 390, 395 to 397, 398(1), §§ 401, 402, 404, 404a, 406 to 409, 411 to 414 of the German *Code of Civil Procedure* shall apply *mutatis mutandis* to the gathering of evidence by inspection, testimony of witnesses and experts; detention may not be imposed. The Higher Regional Court [*Oberlandesgericht*] shall have jurisdiction over appeals.

(3) The testimony of witnesses should be recorded, and the record signed by the investigating member of the competition authority and, if a recording clerk attends, also by the clerk. The record should indicate the place and the date of the hearing as well as the names of those who conducted it and of the parties.

(4) The record shall be read to the witness or be presented to be read by the witness him/herself for his/her approval. The approval given shall be recorded and signed by the witness. If the signature is omitted, the reason for this shall be indicated.

(5) The provisions of paragraphs 3 and 4 shall apply *mutatis mutandis* to the questioning of experts.

(**6**) The competition authority may request that the Local Court [*Amtsgericht*] administer the oath to witnesses if it considers such an oath to be necessary to obtain truthful testimony. The court shall decide whether the oath is required.

§ 58
Seizure

(**1**) The competition authority may seize objects which may be of importance as evidence in the investigation. The person affected by the seizure shall be informed thereof without delay.

(**2**) If neither the person affected nor any relative of legal age was present at the seizure or if the person affected or, in his/her absence, a relative of legal age explicitly objected to the seizure, the competition authority shall seek judicial confirmation by the Local Court in the district of which the competition authority has its seat within three days of the seizure.

(**3**) The person affected may at any time request judicial review of the seizure. He/she shall be informed of this right. The court having jurisdiction under paragraph 2 shall rule on the request.

(**4**) The court decision may be appealed. §§ 306 to 310 and 311a of the German *Code of Criminal Procedure* shall apply *mutatis mutandis*.

§ 59
Requests for Information

(**1**) To the extent necessary to perform the functions assigned to the competition authority by this Act, the competition authority may, until its decisions enter into force:

1. request from undertakings and associations of undertakings the disclosure of information regarding their economic situation, as well as the surrender of documents; this shall also include general market surveys which serve the purpose of evaluating or analysing the conditions of competition or the market situation and are in the possession of the undertaking or the association of undertakings;
2. request from undertakings and associations of undertakings the disclosure of information on the economic situation of undertakings affiliated with them pursuant to § 36(2), as well as the surrender of documents of these undertakings, as far as this information is at their disposal or as far as existing legal relations enable them to obtain the requested information about the affiliated undertakings;
3. inspect and examine business documents of undertakings and associations of undertakings on their premises during normal business hours.

Sentence 1 nos1 and 3 shall apply *mutatis mutandis* to business and trade associations and professional organisations with respect to their activities, by-laws, decisions, as well as the number and names of the members affected by the decisions. The competition authority may prescribe the form in which the information referred to in sentences 1 and 2 must be disclosed; in particular, it may stipulate that an online platform must be used to enter the required information.

(2) The owners of undertakings and their representatives, and in the case of legal persons, corporations and associations without legal capacity the persons designated as representatives by law or statutes, shall be obliged to surrender the documents requested, disclose the requested information, render the business documents available for inspection and examination, and allow the examination of these business documents as well as access to offices and business premises.

(3) Persons entrusted by the competition authority to carry out an examination may enter the offices of undertakings and associations of undertakings. The fundamental right under Article 13 of the German *Basic Law* [*Grundgesetz*] is restricted to this extent.

(4) Searches may be conducted only by order of the Local Court judge of the district in which the competition authority has its seat. Searches are permissible if it is to be assumed that documents are located in the relevant premises which may be inspected and/or examined, and the surrender of which may be requested, by the competition authority pursuant to paragraph 1. The fundamental right to the inviolability of the home (Article 13(1) of the German *Basic Law*) is restricted to this extent. §§ 306 to 310 and 311a of the German *Code of Criminal Procedure* shall apply *mutatis mutandis* to appeals from such orders. If there is imminent danger, the persons referred to in paragraph 3 may conduct the necessary search during business hours without judicial order. A record of the search and its essential results shall be prepared on the spot, showing, if no judicial order was issued, also the facts which led to the assumption that there would be imminent danger.

(5) § 55 of the German *Code of Criminal Procedure* shall apply *mutatis mutandis* to the person obliged to provide the information.

(6) Requests for information made by the Federal Ministry of Economics and Technology or the supreme *Land* authority shall be made by written individual order, those of the Bundeskartellamt by decision. The legal basis, the subject matter and the purpose of the request shall be stated therein and an appropriate time limit shall be fixed for providing the information.

(7) Examinations shall be ordered by the Federal Ministry of Economics and Technology or the supreme *Land* authority by written individual order, and by the Bundeskartellamt by decision made with the consent of its President. The order or decision shall state the time, the legal basis, the subject matter and the purpose of the examination.

§ 60
Preliminary Injunctions

The competition authority may issue preliminary injunctions to regulate matterson a temporary basis until a final decision is taken on

1. a decision pursuant to § 31b(3), § 40(2), § 41(3) or a revocation or modification of a clearance pursuant to § 40(3a),
2. an authorisation pursuant to § 42(1), its revocation or modification pursuant to § 42(2) sentence 2,

3. a decision pursuant to § 26(4), § 30(3) or § 34(1).

§ 61
Completion of the Proceedings, Reasons for the Decision, Service

(1) Decisions of the competition authority shall contain a statement of reasons and be served upon the parties together with advice as to the available legal remedies in accordance with the provisions of the German *Act on Service in Administrative Procedure* [*Verwaltungszustellungsgesetz*]. § 5(4) of the German *Act on Service in Administrative Procedure* and § 178(1) (2) of the German *Code of Civil Procedure* shall apply *mutatis mutandis* to undertakings and associations of undertakings as well as to contracting entities within the meaning of § 98. Decisions directed at undertakings with their registered seat outside the scope of application of this Act shall be served by the competition authority upon the person resident or domiciled in Germany who was named by the undertaking to the Bundeskartellamt as authorised to accept service. If the undertaking has not named any person authorised to accept service, the competition authority shall serve the decisions by way of publication in the Federal Gazette.

(2) If proceedings are not completed by way of a decision served upon the parties pursuant to paragraph 1, the parties shall be informed in writing of the completion of the proceedings.

§ 62
Publication of Decisions

Decisions of the competition authority pursuant to § 30(3), § 31b(3), §§ 32 to 32b and § 32d shall be published in the Federal Gazette. Decisions pursuant to § 32c may be published by the competition authority.

II. Appeals

§ 63
Admissibility; Jurisdiction

(1) Decisions of the competition authority may be appealed. An appeal may be based also upon new facts and evidence.

(2) The appeal may be filed by the parties to the proceedings before the competition authority (§ 54(2) and (3)).

(3) An appeal may also be made if the competition authority fails to take a decision requested in an application and the applicant claims to be entitled to demand such a decision. If the competition authority without sufficient reason has failed to rule within a reasonable period of time on an application to take a decision, this shall also be deemed a failure to act. Failure to act shall in such a case be regarded as a rejection of the application.

(**4**) Decisions on an appeal shall be made by the Higher Regional Court for the district in which the competition authority has its seat and, in the cases of §§ 35 to 42, by the Higher Regional Court for the district in which the Bundeskartellamt has its seat, also if the appeal is directed against a decision of the Federal Ministry of Economics and Technology. § 36 of the German *Code of Civil Procedure* shall apply *mutatis mutandis*. § 202 sentence 3 of the German *Social Courts Act* [*Sozialgerichtsgesetz*] shall apply to all disputes regarding decisions of the Bundeskartellamt relating to voluntary associations of health insurance funds under § 172a of the German *Social Code, Book V*.

§ 64
Suspensive Effect

(**1**) The appeal has suspensive effect insofar as the decision being appealed:

1. (abolished)
2. is a decision pursuant to § 26(4), § 30(3), § 31b(3), § 32(2a) sentence 1, or § 34(1), or
3. revokes or modifies an authorisation pursuant to § 42(2) sentence 2.

(**2**) If an appeal is made against a decision to issue a preliminary injunction pursuant to § 60, the appellate court may order that the appealed decision or a part thereof shall enter into force only upon completion of the appeal proceedings or upon the furnishing of security. Such order may be repealed or amended at any time.

(**3**) § 60 shall apply *mutatis mutandis* to proceedings before the appellate court. This shall not apply in the cases of § 65.

§ 65
Order of Immediate Enforcement

(**1**) In the cases of § 64(1), the competition authority may order the immediate enforcement of the decision if this is required by the public interest or by the prevailing interest of a party.

(**2**) Orders under paragraph 1 may be issued already before the appeal is filed.

(**3**) The appellate court may, upon application, entirely or partly restore the suspensive effect of the appeal if

1. the conditions for issuing an order under paragraph 1 were not satisfied or are no longer satisfied, or
2. there are serious doubts as to the legality of the appealed decision, or
3. the enforcement would result for the party concerned in undue hardship not justified by prevailing public interests.

In cases where the appeal has no suspensive effect, the competition authority may suspend enforcement; such suspension should be made if the conditions of sentence 1 no. 3 are satisfied.

The appellate court may, upon application, order the suspensive effect in full or in part if the conditions of sentence 1 nos 2 or 3 are satisfied. If a third party has lodged an appeal against a decision pursuant to § 40(2), the application by the third party for an order pursuant to sentence 3 is only admissible if the third party claims that its rights are infringed by the decision.

(4) An application under paragraph 3 sentences 1 or 3 shall also be admissible prior to the appeal being lodged. The applicant shall substantiate the facts upon which the application is based. If the decision has already been enforced at the time of the court ruling, the court may also order the enforcement measures to be lifted. Orders restoring or ordering the suspensive effect may be made contingent upon the furnishing of security or upon other conditions. They may also be limited in time.

(5) Decisions on applications pursuant to paragraph 3 may be amended or repealed at any time.

§ 66
Time Limits and Formal Requirements

(1) The appeal shall be filed in writing within one month with the competition authority whose decision is being appealed. That period shall begin upon service of the decision of the competition authority. If, in the cases of § 36(1), an application is made for the issuance of an authorisation pursuant to § 42, the period for the appeal against the decision of the Bundeskartellamt shall begin upon service of the order issued by the Federal Ministry of Economics and Technology. Receipt of the appeal by the appellate court within the time limit shall be sufficient.

(2) If no decision is taken on an application (§ 63(3) sentence 2), the appeal shall not be subject to any time limit.

(3) The appeal shall include a statement of reasons to be filed within two months from the service of the decision being appealed. In the case of paragraph 1 sentence 3, the time limit shall begin upon service of the decision issued by the Federal Ministry of Economics and Technology. If such decision is appealed, the time limit shall begin to run upon the prohibition becoming unappealable. In the case of paragraph 2, the time limit is one month; it shall begin upon the filing of the appeal. The time limit may, upon application, be extended by the presiding judge of the appellate court.

(4) The statement of reasons for the appeal shall contain

1. a statement as to the extent to which the decision is being appealed and its modification or revocation is being sought,
2. details of the facts and evidence on which the appeal is based.

(5) The appeal and the statement of reasons for the appeal must be signed by a lawyer admitted to practise before a German court; this shall not apply to appeals by the competition authorities.

§ 67
Parties to the Appeal Proceedings

(**1**) The following are parties to the proceedings before the appellate court:

1. the appellant,
2. the competition authority whose decision is being appealed,
3. persons and associations of persons whose interests are substantially affected by the decision and who, upon their application, have been admitted by the competition authority to the proceedings.

(**2**) If an appeal is directed against a decision issued by a supreme *Land* authority, the Bundeskartellamt shall also be a party to the proceedings.

§ 68
Mandatory Representation by Lawyers

In proceedings before the appellate court, the parties must be represented by a lawyer admitted to practise before a German court. The competition authority may be represented by a member of the authority.

§ 69
Hearing

(**1**) The appellate court shall decide on the appeal on the basis of a hearing; with the consent of the parties, a decision may be taken without a hearing.

(**2**) If the parties, despite having been summoned in time, do not appear at the hearing or are not duly represented, the case may nevertheless be heard and decided.

§ 70
Principle of Investigation

(**1**) The appellate court shall, acting *ex officio*, investigate the facts.

(**2**) The presiding judge shall endeavour to have formal defects eliminated, unclear motions explained, relevant motions made, insufficient factual information completed, and all declarations essential for ascertaining and assessing the facts made.

(**3**) The appellate court may direct the parties to file statements within a specified time on issues requiring clarification, to specify evidence, and to submit documents as well as other evidence in their possession. In the event of failure to observe the time limit, a decision may be made on the basis of the established facts without consideration of evidence which has not been produced.

(**4**) If a request pursuant to § 59(6) or an order pursuant to § 59(7) is challenged by way of appeal, the competition authority shall substantiate the factual aspects. § 294(1) of the German *Code of Civil Procedure* shall be applicable. No substantiation shall be required insofar as § 20 presupposes that small or medium-sized enterprises are dependent on undertakings in such a way that sufficient or reasonable alternatives of switching to other undertakings do not exist.

§ 71
Decision on the Appeal

(**1**) The appellate court shall decide by decree on the basis of its conclusions freely reached from the overall results of the proceedings. The decree may be based only on facts and evidence on which the parties had an opportunity to comment. The appellate court may depart from this requirement insofar as, for important reasons, in particular to protect business or trade secrets, third parties admitted to the proceedings were not allowed to inspect the files, and the content of the files was not part of the pleadings for these reasons. This shall not apply to such third parties admitted to the proceedings who are involved in the disputed legal relationship in such a way that the decision can only be made uniformly also in relation to them.

(**2**) If the appellate court holds the decision of the competition authority to be inadmissible or unfounded, it shall reverse the decision. If meanwhile the decision has been withdrawn or otherwise become moot, the appellate court shall declare, upon application, that the decision of the competition authority was inadmissible or unfounded, provided the appellant has a legitimate interest in such a declaration.

(**3**) If a decision pursuant to §§ 32 to 32b or § 32d has become moot because of a subsequent change of the factual situation or for other reasons, the appellate court shall decree, upon application, whether, to what extent and up to what time the decision was well founded.

(**4**) If the appellate court holds the refusal or failure to issue the decision to be inadmissible or unfounded, it shall decree the obligation of the competition authority to issue the decision applied for.

(**5**) The decision shall also be inadmissible or unfounded if the competition authority has improperly exercised its discretionary powers, in particular if it has exceeded the statutory limits of its discretionary powers or if it has exercised its discretion in a manner violating the purpose and intent of this Act. The evaluation of the general economic situation and trends by the competition authority shall not be subject to review by the court.

(**6**) The decree shall contain a statement of reasons and be served upon the parties together with advice as to the available legal remedies.

§ 71a
Relief in Case of Violation of the Right to be Heard

(**1**) Upon objection of a party aggrieved by a court decision, the proceedings shall be continued if

1. an appeal or other legal remedy against the decision is not available, and
2. the court has violated the party's right to be heard in a manner which is relevant to the decision of the case.

An objection is not permissible against a decision preceding the final decision.

(2) The objection shall be raised within two weeks from obtaining knowledge of the violation of the right to be heard; the time at which knowledge was obtained shall be credibly demonstrated. After the expiration of one year from the announcement of the appealed decision, the objection may no longer be raised. Decisions which are communicated informally are deemed to be announced by the third day after their posting. The objection shall be made in writing or shall be recorded by the clerk of the court the decision of which is appealed. The objection must indicate the decision being appealed and show that the conditions mentioned in paragraph 1 sentence 1 no. 2 are satisfied.

(3) The other parties shall, to the extent necessary, be given an opportunity to comment.

(4) If the objection is not permissible or has not been raised in accordance with the legal form or time limit, it shall be dismissed as inadmissible. If the objection is unfounded, the court shall reject it. The decision is taken by way of a final and non-appealable decree. The decree should be accompanied by a brief statement of reasons.

(5) If the objection is founded, the court shall grant relief by continuing the proceedings as far as required by the objection. The proceedings shall be relegated to the state at which they were at the end of the court hearing. In the case of written proceedings, the end of the hearing shall be replaced by the point in time up to which documents may be submitted. § 343 of the German *Code of Civil Procedure* shall apply as regards the judicial pronouncement.

(6) § 149(1) sentence 2 of the German *Code of Administrative Procedure* shall apply *mutatis mutandis*.

§ 72
Access to Files

(1) The parties referred to in § 67(1) nos 1 and 2 and § 67(2) may access the court files and may obtain executed copies, excerpts and transcripts at their own expense from the court clerk. § 299(3) of the German *Code of Civil Procedure* shall apply *mutatis mutandis*.

(2) Access to preparatory files, supplementary files, expert opinions and other information shall be permissible only with the consent of the entities to which the files belong or which have obtained the respective statement. The competition authority shall refuse to grant access to its records if this is necessary for important reasons, in particular to protect operating or business secrets. If access is refused or impermissible, the decision may be based on such records only to the extent that their content formed part of the pleadings. The appellate court may, after hearing the person affected by such disclosure, order by decree the disclosure of facts or evidence, the confidentiality of which is demanded for important reasons, in particular to protect operating or business secrets, to the extent that such facts or evidence are relevant for the decision, there is no other way to ascertain the facts and, considering all circumstances of the particular case, the significance of the matter in protecting competition outweighs the interests of the person affected in maintaining confidentiality. The decree shall contain a statement of reasons. In proceedings pursuant to sentence 4, the person affected need not be represented by a lawyer.

(3) The appellate court may grant the parties referred to in § 67(1) no. 3 access to files to the same extent, having heard those to whom the files belong.

§ 73
Application of the Provisions of the German Courts Constitution Act and the German Code of Civil Procedure

Unless otherwise provided for herein, the following provisions shall apply *mutatis mutandis* to proceedings before the appellate court:

1. the provisions in §§ 169 to 201 of the German *Courts Constitution Act* [*Gerichtsverfassungsgesetz*] regarding admission of the public to proceedings, maintenance of order in court, the official court language, judicial deliberation and voting as well as legal protection against excessively long judicial proceedings;
2. the provisions of the German *Code of Civil Procedure* regarding the exclusion or challenge of a judge, representation and assistance in court, service of process *ex officio*, summons, dates of hearings and time limits, orders for the appearance in person of the parties, joining of several proceedings, taking of testimony of witnesses and experts and any other procedures for gathering evidence, and reinstatement of prior conditions where a time limit has not been complied with.

III. Appeal on Points of Law

§ 74
Leave to Appeal, Absolute Reasons for Appeal

(1) Appeals on points of law to the Federal Court of Justice [*Bundesgerichtshof*] from decrees issued by the Higher Regional Courts shall be admissible if the Higher Regional Court grants leave to appeal on points of law. § 202 sentence 3 of the German *Social Courts Act* shall apply to all decisions of a Higher Social Court [*Landessozialgericht*] in disputes regarding voluntary associations of health insurance funds under §172a of the German *Social Code, Book V*.

(2) Leave to appeal on points of law shall be granted if

1. a legal issue of fundamental importance is to be decided, or
2. a decision by the Federal Court of Justice is necessary to develop the law or to ensure uniform court practice.

(3) The decision of the Higher Regional Court shall state whether leave to appeal on points of law is granted or not. If leave to appeal is refused, the reasons shall be given.

(4) No leave to appeal on points of law against a decision of an appellate court shall be required if the appeal is based on, and objects to, one of the following procedural defects:

1. if the court that rendered the decision was not duly constituted,
2. if a judge participating in the decision was excluded by law from the exercise of judicial functions or was successfully challenged on grounds of prejudice,
3. if a party was denied its right to be heard,
4. if a party to the proceedings was not represented in accordance with the provisions of the law, unless such party consented explicitly or implicitly to the conduct of the proceedings,
5. if the decision was made on the basis of a hearing at which the provisions regarding the admission of the public to the proceedings were violated, or
6. if the decision does not contain a statement of reasons.

§ 75
Appeal against Refusal to Grant Leave

(1) The refusal to grant leave to appeal on points of law may be challenged separately by way of an appeal against refusal to grant leave.

(2) The decision on the appeal against a refusal to grant leave shall be made by the Federal Court of Justice by decree which shall contain a statement of reasons. The decree may be issued without a hearing.

(3) The appeal against refusal to grant leave shall be filed in writing with the Higher Regional Court within one month. The time period shall begin upon service of the decision being appealed.

(4) § 64(1) and (2), § 66(3), (4)no.1 and (5), §§ 67, 68, 72 and 73 (2) of this Act as well as §§ 192 to 201 of the German *Courts Constitution Act* regarding the deliberation and voting of the court and on legal protection against protracted judicial proceedings shall apply *mutatis mutandis* to the appeal against a refusal to grant leave. The appellate court shall be competent to issue preliminary injunctions.

(5) If leave to appeal on points of law is refused, the decision of the Higher Regional Court shall become final and binding upon service of the decree of the Federal Court of Justice. If leave to appeal on points of law is granted, the time period for filing the appeal shall begin upon service of the decree of the Federal Court of Justice.

§ 76
Right to Appeal, Formal Requirements and Time Limits

(1) The competition authority as well as the parties to the appeal proceedings shall be entitled to file an appeal on points of law.

(2) The appeal on points of law may be based only on the contention that the decision rests upon a violation of the law; §§ 546, 547 of the German *Code of Civil Procedure* shall apply *mutatis mutandis*. The appeal on points of law cannot be based upon the contention that the competition authority erroneously and in breach of § 48 assumed it had jurisdiction.

(3) The appeal on points of law shall be filed in writing with the Higher Regional Court within one month. The time period shall begin upon service of the decision being appealed.

(4) The Federal Court of Justice shall be bound by the findings of fact in the decision being appealed unless admissible and well founded reasons for an appeal on points of law have been put forth in respect of these findings.

(5) As for other matters, § 64(1) and (2), § 66(3), (4) no.1 and (5), §§ 67 to 69, 71 to 73 shall apply *mutatis mutandis* to appeals on points of law. The appellate court shall be competent to issue preliminary injunctions.

IV. Common Provisions

§ 77
Capacity to Participate in the Proceedings

In addition to natural and legal persons, associations of persons without legal capacity shall have the capacity to participate in proceedings before the competition authority, in appeal proceedings and in appeal proceedings on points of law.

§ 78
Apportionment and Taxation of Costs

In appeal proceedings and in appeal proceedings on points of law, the court may order that the costs necessary for duly pursuing the matter shall be reimbursed, in whole or in part, by one of the parties if equity so requires. If a party caused costs incurred due to an unfounded appeal or by gross fault, the costs shall be imposed upon that party. As for other matters, the provisions of the German *Code of Civil Procedure* regarding the taxation of costs and the enforcement of court decisions allocating costs shall apply *mutatis mutandis*.

§ 78a
Electronic Transmission of Documents

In appeal proceedings and in appeal proceedings on points of law, § 130a(1) and (3) as well as § 133(1) sentence 2 of the German *Code of Civil Procedure* shall apply *mutatis mutandis*, provided that the parties pursuant to § 67 may use electronic legal communication services. The Federal Government and the *Land* governments shall determine, by way of an ordinance, the time from which electronic documents may be submitted to the courts and the format suitable for the processing thereof. The *Land* governments may delegate their powers in this regard, by way of an ordinance, to the *Land* judicial administrations. The permissibility of the electronic form may be restricted to individual courts or proceedings.

§ 79
Ordinances

The details of the proceedings before the competition authority shall be determined by the Federal Government by ordinance requiring the approval of the Bundesrat.

§ 80
Chargeable Acts

(1) In proceedings before the competition authority, costs (fees and expenses) shall be imposed to cover administrative effort. The following acts shall be subject to fees (chargeable acts):

1. notifications pursuant to § 31a(1) and § 39(1); in concentrations referred to the Bundeskartellamt by the European Commission, the application for referral submitted to the European Commission or the notification filed with the European Commission shall be deemed equal to the notification pursuant to § 39(1);
2. official acts on the basis of §§ 26, 30(3), § 31b(3), §§ 32 to 32d, § 34 – also in conjunction with §§ 50 to 50b –, §§ 36, 39, 40, 41, 42 and 60;
3. any discontinuation of the divestiture proceedings pursuant to § 41(3);
4. the issue of certified copies from the files of the competition authority.

The costs of publications, of public notices and of additional executed copies, duplicates and excerpts, as well as the contributions to be paid due to the analogous application of the German *Judicial Remuneration and Compensation Act* [*Justizvergütungs- und -entschädigungsgesetz*] shall also be charged as expenditures. The fee for the notification of a concentration pursuant to § 39(1) shall be credited against the fees for the clearance or prohibition of a concentration pursuant to § 36(1).

(2) The amount of the fees shall be determined according to the personnel and material expenses of the competition authority, taking into account the economic significance of the subject matter of the chargeable act. However, the fee rates shall not exceed

1. EUR 50,000 in the cases of §§ 36, 39, 40, 41(3) and (4) and § 42;

2. EUR 25,000 in the cases of § 31b(3), §§ 32 and 32b(1) as well as §§ 32c, 32d, 34 and 41(2) sentences 1 and 2;
3. (abolished)
4. EUR 5,000 in the cases of § 26(1) and (2), § 30(3) and § 31a (1);
5. EUR 17.50 for the issue of certified copies (paragraph 1 sentence 2 no. 4);
6. a) in the cases of § 40(3a), also in conjunction with § 41(2) sentence 3 and § 42(2) sentence 2, the amount charged for the clearance, exemption or authorisation;

   b) EUR 250 for decisions relating to agreements or decisions of the kind described in § 28(1);

   c) in the cases of § 26(4), the amount for the decision pursuant to § 26(1) no. 4;

   d) in the cases of §§ 32a and 60, one fifth of the fee in the main proceedings.

If the personnel and material expenses of the competition authority are unusually high in a particular case, taking into account the economic importance of the chargeable act concerned, the fee may be increased up to twice its amount. For reasons of equity, the fee determined according to sentences 1 to 3 may be reduced to a minimum of one tenth of its amount.

(3) As regards payment for several similar official acts or similar notifications by the same person liable to pay the fee, provision may be made for lump-sum fee rates which allow for the minor extent of administrative effort involved.

(4) Fees shall not be charged

1. for oral and written information and suggestions;
2. if they would not have arisen had the matter been handled correctly;
3. in the cases of § 42 if the preceding decision of the Bundeskartellamt pursuant to § 36(1) or § 41(3) has been reversed.

(5) If an application is withdrawn before a decision is made thereon, one half of the fee shall be paid. The same shall apply if an application is withdrawn within three months from its receipt by the competition authority.

(6) The person liable to pay the costs shall be

1. in the cases of paragraph 1 sentence 2 no. 1, whoever has submitted a notification or an application for referral;
2. in the cases of paragraph 1 sentence 2 no. 2, whoever has, by making an application or a notification, caused the competition authority to act, or the person against whom the competition authority has issued a decision;
3. in the cases of paragraph 1 sentence 2 no. 3, whoever was required to make the notification pursuant to § 39(2);
4. in the cases of paragraph 1 sentence 2 no. 4, whoever caused the copies to be made.

Liable to pay the costs shall also be whoever, by declaration made before the competition authority or communicated to it, assumed the obligation to pay the costs, or is liable by virtue of the law for the cost owed by another person. Several debtors shall be jointly and severally liable.

(7) The claim to payment of fees shall become statute-barred four years after the setting of the fees. The claim to reimbursement of disbursements shall become statute-barred four years after they have arisen.

(8) The Federal Government is authorised to regulate, by way of an ordinance which requires the approval of the Bundesrat, the fee rates and the collection of the fees from persons liable to pay fees under the provisions in paragraphs 1 to 6, as well as the reimbursement of disbursements pursuant to paragraph 1 sentence 3. For this purpose, it may also issue provisions which concern the exemption of legal persons under public law from costs, the statute of limitations, and the collection of costs.

(9) The Federal Government shall regulate, by way of an ordinance requiring the approval of the Bundesrat, the details of reimbursement of the costs incurred in proceedings before the competition authority in accordance with the principles of § 78.

Second Chapter

Administrative Fine Proceedings

§ 81
Provisions Concerning Administrative Fines

(1) An administrative offence is committed by whoever violates the *Treaty on the Functioning of the European Union* in the version published on 9 May 2008 (*OJ No. C 115 of 9 May 2008, p. 47*), by intentionally or negligently

1. reaching an agreement, making a decision or engaging in concerted practices contrary to Article 101(1) or
2. abusing a dominant position contrary to Article 102 sentence 1.

(2) An administrative offence is committed by whoever intentionally or negligently

1. violates a provision in §§ 1, 19, 20(1) to (3) sentence 1 or 20(5), § 21(3) or (4), § 29 sentence 1 or § 41(1) sentence 1 concerning the prohibition of an agreement referred to therein, of a decision referred to therein, of a concerted practice, of an abuse of a dominant position, a market position or of superior market power, of an unfair hindrance or differential treatment, of the refusal to admit an undertaking, of the exercise of coercion, the infliction of an economic disadvantage or the implementation of a concentration,
2. acts contrary to an enforceable order issued pursuant to

a) § 30(3), § 31b(3) nos 1 and 3, § 32(1), § 32a(1), § 32b(1) sentence 1 or § 41(4) no. 2, also in conjunction with § 40(3a) sentence 2, also in conjunction with § 41(2) sentence 3 or § 42(2) sentence 2, or § 60 or

b) § 39(5) or

c) § 47d(1) sentence 2 in conjunction with an ordinance pursuant to § 47f no. 1 or

d) § 47d(1) sentence 5 first half of the sentence in conjunction with an ordinance pursuant to § 47f(2),

3. contrary to § 39(1), fails to file a notification correctly or completely,
4. contrary to § 39(6), fails to file a notice or to file a notice correctly or completely or in time,
5. acts contrary to an enforceable obligation pursuant to § 40(3) sentence 1 or § 42(2) sentence 1,

5a. acts contrary to an ordinance pursuant to § 47f no. 3(a), (b) or (c) or an enforceable order based on such ordinance, to the extent that the ordinance refers to this fine provision for a specific offence,

5b. contrary to § 47k(2) sentence 1, also in conjunction with sentence 2 and in each case in conjunction with an ordinance pursuant to § 47k(8) sentence 1 nos 1 or 2, fails to communicate any of the changes referred to in § 47k(2) sentence 1 or to communicate such change correctly or completely or in time, or

6. contrary to § 59(2), also in conjunction with § 47d(1) sentence 1 or § 47k(7), fails to provide information or to provide information correctly, completely or in time, fails to surrender documents or to surrender documents completely or in time, fails to present business documents for the purpose of inspection and examination or to present them completely or in time, or does not tolerate the examination of such business documents or access to offices and business premises, or
7. contrary to § 81a(1) sentence 1, fails to provide information or to provide information correctly, completely or in time, or fails to surrender documents or to surrender documents correctly, completely or in time.

(3) An administrative offence is committed by whoever

1. contrary to § 21(1), requests a refusal to supply or purchase,
2. contrary to § 21(2), threatens or causes a disadvantage or promises or grants an advantage, or
3. contrary to § 24(4) sentence 3 or § 39(3) sentence 5, gives or uses information.

(4) In the cases of paragraph 1, paragraph 2 no. 1, no. 2 (a) and no. 5 and paragraph 3, the administrative offence may be punished by a fine of up to EUR 1 million. Beyond sentence 1, a higher fine may be imposed on an undertaking or an association of undertakings; the fine must not exceed 10 percent of the total turnover of such undertaking or association of undertakings achieved in the business year preceding the decision of the authority. Calculation of the total turnover must be based on the turnover achieved worldwide by all natural and legal persons operating as a single economic entity. The amount of the total turnover may be estimated. In all other cases, the administrative offence may be punished by a fine of up to EUR 100,000. In fixing the amount of the fine, regard shall be had both to the gravity and to the duration of the infringement.

(5) § 17(4) of the German *Administrative Offences Act* shall be applied to the setting of the fine, with the proviso that the economic benefit which was derived from the administrative offence may be disgorged by the fine pursuant to paragraph 4. If the fine is imposed for reasons of punishment only, this must be taken into account in setting the amount of the fine.

(6) Interest is payable on fines imposed on legal persons and associations of persons by way of an order imposing an administrative fine; fines bear interest as of two weeks after service of the order imposing the fine. § 288(1) sentence 2 and § 289 sentence 1 of the German *Civil Code* shall apply *mutatis mutandis*.

(7) The Bundeskartellamt may lay down general administrative principles on the exercise of its discretionary powers in determining the fine, in particular in setting the amount of the fine, and also with regard to its cooperation with foreign competition authorities.

(8) Proceedings for administrative offences as defined in paragraphs 1 to 3 shall become statute-barred in accordance with the provisions of the German *Administrative Offences Act* also if the offence is committed by dissemination of printed material. Administrative offences as defined in paragraph 1, paragraph 2 no. 1 and paragraph 3 shall become statue-barred after five years.

(9) Where the European Commission or the competition authorities of other Member States of the European Union, acting upon a complaint or *ex officio*, are engaged in proceedings for an infringement of Articles 101 or 102 of the *Treaty on the Functioning of the European Union* against the same agreement, the same decision or the same practice as the competition authority, the limitation period for administrative offences pursuant to paragraph 1 shall be interrupted by all acts of these competition authorities which correspond to acts under § 33(1) of the German *Administrative Offences Act*.

(10) The administrative authorities within the meaning of § 36(1) no. 1 of the German *Administrative Offences Act* shall be

1. the Bundesnetzagentur as the market transparency unit for electricity and gas for administrative offences under paragraph 2 no. 2 lit. c and d, no. 5a and no. 6 in cases of violation of § 47d(1) sentence 1 in conjunction with § 59(2),

2. the Bundeskartellamt as the market transparency unit for fuels for administrative offences under paragraph 2 no. 5b and no. 6 in cases of violation of § 47k(7) in conjunction with § 59(2), and

3. in all other cases referred to in paragraphs 1, 2 and 3 the Bundeskartellamt and the highest-ranking *Land* authority competent under the applicable laws of the respective *Land*, each for their own area of competence.

§ 81a
Disclosure Duties

(**1**) Where the imposition of a fine against a legal person or association of persons is considered under § 81(4) sentences 2 and 3, the legal person or association of persons is required under § 81 (10) to disclose, upon demand, the following information to the administrative authority:

1. total turnover of the undertaking or association of undertakings for the financial year that presumably was or is likely to be relevant for the authority's decision under § 81(4) sentence 2, and for the five preceding financial years,
2. the turnover of the undertaking or association of undertakings generated within a defined or definable period with all customers or products, with specific customers or products, or with customers or products that can be determined by abstract criteria,

and to surrender documents. § 81(4) sentence 3 shall apply to the calculation of turnover and total turnover. In this context, § 136(1) sentence 2 and § 163a(3) and (4) of the German *Code of Criminal Procedure* shall not apply *mutatis mutandis*.

(**2**) Paragraph 1 shall apply *mutatis mutandis* to a disclosure of information or surrender of documents to the court.

(**3**) Individuals acting on behalf of the legal person or association of persons may refuse to answer questions if the answers would expose them personally or a relative as specified in § 52(1) of the German *Code of Criminal Procedure* to the risk of being prosecuted for a criminal or administrative offence; the individual acting on behalf of the legal person or association of persons must be informed hereof. § 56 of the German *Code of Criminal Procedure* shall apply *mutatis mutandis*. Sentences 1 and 2 shall apply *mutatis mutandis* to a surrender of documents.

§ 82
Jurisdiction in Proceedings for the Imposition of an Administrative Fine against a Legal Person or Association of Persons

The competition authority shall be exclusively competent in proceedings for the imposition of an administrative fine against a legal person or association of persons (§ 30 of the German *Administrative Offences Act*) in cases arising from

1. a criminal offence which also fulfils the elements of § 81 (1), (2) no. 1 and (3), or

2. an intentional or negligent administrative offence pursuant to § 130 of the German *Administrative Offences Act*, where a punishable breach of duty also fulfils the elements of § 81(1), (2) no. 1 and (3).

This shall not apply if the proceedings pursuant to § 30 of the German *Administrative Offences Act* are referred to the public prosecutor by the authority.

§ 82a
Competences and Jurisdiction in Judicial Proceedings Concerning Administrative Fines

(1) In judicial proceedings concerning administrative fines, the representative of the competition authority may be allowed to address questions to parties, witnesses and experts.

(2) If the Bundeskartellamt has acted as the administrative authority in the preliminary proceedings, the enforcement of the administrative fine and of the amount of money the forfeit of which has been ordered shall be made by the Bundeskartellamt as the law enforcement authority, pursuant to the provisions on the enforcement of administrative fines, on the basis of a certified copy of the operative part of the judgment to be issued by the clerk of the court and endowed with the certificate of enforceability. The administrative fines and amounts of money the forfeit of which has been ordered shall accrue to the German Federal Treasury [*Bundeskasse*], which also bears the costs imposed on the State Treasury [*Staatskasse*].

§ 83
Jurisdiction of the Higher Regional Court in Judicial Proceedings

(1) The Higher Regional Court in whose district the competent competition authority has its seat shall decide in judicial proceedings concerning an administrative offence pursuant to § 81; it shall also decide on an application for judicial review (§ 62 of the German *Administrative Offences Act*) in the cases of § 52(2) sentence 3 and § 69(1) sentence 2 of the German *Administrative Offences Act*. § 140(1) no. 1 of the German *Code of Criminal Procedure* in conjunction with § 46(1) of the German *Administrative Offences Act* shall not be applicable.

(2) The decisions of the Higher Regional Court shall be made by three members including the presiding member.

§ 84
Appeal to the Federal Court of Justice on Points of Law

The Federal Court of Justice shall decide on appeals on points of law (§ 79 of the German *Administrative Offences Act*). If the decision being appealed is set aside without a decision being taken on the merits of the case, the Federal Court of Justice shall refer the case back to the Higher Regional Court whose decision is being reversed.

§ 85
Proceedings for Revision of an Order Imposing an Administrative Fine

Proceedings for revision of an order of the competition authority imposing an administrative fine (§ 85(4) of the German *Administrative Offences Act*) shall be decided by the court having jurisdiction pursuant to § 83.

§ 86
Court Decisions Concerning Enforcement

The court decisions which become necessary for enforcement (§ 104 of the German *Administrative Offences Act*) shall be made by the court having jurisdiction pursuant to § 83.

Third Chapter

Enforcement

§ 86a
Enforcement

The competition authority may enforce its orders pursuant to the provisions applying to the enforcement of administrative measures. The amount of the penalty payment shall be at least EUR 1,000 and shall not exceed EUR 10 million.

Fourth Chapter

Civil Actions

§ 87
Exclusive Jurisdiction of the Regional Courts

Regardless of the value of the matter in dispute, the Regional Courts [*Landgerichte*] shall have exclusive jurisdiction in civil actions concerning the application of this Act, of Articles 101 or 102 of the *Treaty on the Functioning of the European Union* or of Articles 53 or 54 of the *Agreement on the European Economic Area*. Sentence 1 shall apply also if the decision in a civil action depends, in whole or in part, on a decision to be taken pursuant to this Act, or on the applicability of Articles 101 or 102 of the *Treaty on the Functioning of the European Union* or of Articles 53 or 54 of the *Agreement on the European Economic Area.*

§ 88
Joining of Actions

An action under § 87(1)[sic] may be joined with an action based on another cause if the other cause has a legal or direct economic connection with the claim to be asserted before the court having jurisdiction pursuant to § 87; this shall apply also if another court has exclusive jurisdiction over the other cause of action.

§ 89
Jurisdiction of one Regional Court for Several Court Districts

(**1**) The *Land* governments are authorised to refer, by way of an ordinance, civil actions for which the Regional Courts have exclusive jurisdiction pursuant to § 87 to one Regional Court for the districts of several Regional Courts if such centralisation serves the administration of justice in cartel matters, in particular to ensure the uniformity of court practice. The *Land* governments may delegate their powers in this regard to their judicial administrations.

(**2**) The jurisdiction of one Regional Court for individual districts or for the entire territory of several *Länder* may be established by treaties between the *Länder*.

(**3**) The parties may be represented before the courts referred to in paragraphs 1 and 2 also by lawyers admitted to practice before the court which, in the absence of paragraphs 1 and 2, would have jurisdiction over the legal action.

§ 89a
Adjustment of the Value in Dispute

(**1**) If, within a legal action in which a claim pursuant to §§ 33 or 34a is asserted, a party satisfies the court that its economic situation would be seriously jeopardised if it had to bear the costs of litigation calculated on the basis of the full value in dispute, the court may, upon such party's application, order the obligation of this party to pay the court fees to be assessed on the basis of a part of the value in dispute which is adjusted to its economic situation. The court may make its order contingent on the party credibly demonstrating that the costs of litigation to be borne by it are not directly or indirectly assumed by a third party. The order entails that the benefiting party also has to pay its lawyer's fees only according to the adjusted part of the value in dispute. Where costs of litigation are imposed upon or assumed by the benefiting party, it shall reimburse the opposing party for paid court fees and the fees of its lawyer only on the basis of the adjusted value in dispute. Where the extra-judicial costs are imposed upon or assumed by the opposing party, the lawyer of the benefiting party may recover his fees from the opposing party according to the value in dispute applying to the opposing party.

(**2**) The application pursuant to paragraph 1 may be declared for the record of the registry of the court. It shall be made prior to the trial of the case on its merits. Thereafter the request shall only be admissible if the assumed or specified value in dispute is subsequently raised by the court. The opposing party shall be heard prior to the decision on the application.

Fifth Chapter

Common Provisions

§ 90
Information of and Participation by the Competition Authorities

(1) The Bundeskartellamt shall be informed by the court of all legal actions pursuant to § 87(1)[sic]. The court shall, upon demand, transmit to the Bundeskartellamt copies of all briefs, records, orders and decisions. Sentences 1 and 2 shall apply *mutatis mutandis* in other legal actions which concern the application of Articles 101 and 102 of the *Treaty on the Functioning of the European Union*.

(2) The President of the Bundeskartellamt may, if he considers it to be appropriate to protect the public interest, appoint from among the members of the Bundeskartellamt a representative authorised to submit written statements to the court, to point out facts and evidence, attend hearings, present arguments and address questions to parties, witnesses and experts in such hearings. Written statements made by the representative shall be communicated to the parties by the court.

(3) If the significance of the legal action does not extend beyond the territory of a *Land*, the supreme *Land* authority shall take the place of the Bundeskartellamt for the purposes of paragraph 1 sentence 2 and paragraph 2.

(4) Paragraphs 1 and 2 shall apply *mutatis mutandis* to legal actions which have as their subject matter the enforcement of a price set pursuant to § 30 against a purchaser bound thereby or against another undertaking.

§ 90a
Cooperation of the Courts with the European Commission and the Competition Authorities

(1) In all judicial proceedings where Articles 101 or 102 of the *Treaty on the Functioning of the European Union* are applied the court shall, without undue delay after serving the decision on the parties, forward a duplicate of any decision to the European Commission via the Bundeskartellamt. The Bundeskartellamt may transmit to the European Commission the documents which it has obtained pursuant to § 90(1) sentence 2.

(2) In proceedings pursuant to paragraph 1, the European Commission may, acting on its own initiative, submit written observations to the court. In case of a request pursuant to Art. 15(3) sentence 5 of Council Regulation (EC) No 1/2003, the court shall provide the European Commission with all documents necessary for the assessment of the case. The court shall provide the Bundeskartellamt and the parties with a copy of the written observations of the European Commission made pursuant to Article 15(3) sentence 3 of Council Regulation (EC) No 1/2003. The European Commission may also submit oral observations in the hearing.

(3) In proceedings pursuant to paragraph 1, the court may ask the European Commission to transmit information in its possession or for its observations on questions concerning the application of Articles 101 or 102 of the *Treaty on the Functioning of the European Union*. The court shall inform the parties about a request made pursuant to sentence 1, and shall provide them as well as the Bundeskartellamt with a copy of the reply of the European Commission.

(4) In the cases of paragraphs 2 and 3, the dealings between the court and the European Commission may also be made via the Bundeskartellamt.

§ 91
Antitrust Division of the Higher Regional Court

The Higher Regional Courts shall set up antitrust divisions. They shall decide on legal matters assigned to them pursuant to § 57(2) sentence 2, § 63(4), §§ 83, 85 and 86, and on appeals from final judgments and other decisions in civil actions pursuant to § 87(1)[sic].

§ 92
Jurisdiction of a Higher Regional Court or of the Supreme Court of a *Land* for Several Court Districts in Administrative Matters and Proceedings Concerning Administrative Fines

(1) Where several Higher Regional Courts exist in a *Land*, the legal matters for which the Higher Regional Courts have exclusive jurisdiction pursuant to § 57(2) sentence 2, § 63(4), §§ 83, 85 and 86, may be assigned by the *Land* governments by way of an ordinance to one or several of the Higher Regional Courts or to the Supreme Court of a *Land* if such centralisation serves the administration of justice in cartel matters, in particular to ensure the uniformity of court practice. The *Land* governments may delegate their powers in this regard to their judicial administrations.

(2) The jurisdiction of one Higher Regional Court or of the Supreme Court of a *Land* for individual districts or for the entire territory of several *Länder* may be established by treaties between the *Länder*.

§ 93
Jurisdiction over Appeals

§ 92(1) and 92(2) shall apply *mutatis mutandis* to decisions on appeals from final judgments and from other decisions in civil actions pursuant to § 87(1)[sic].

§ 94
Cartel Panel of the Federal Court of Justice

(1) The Federal Court of Justice shall set up a cartel panel; it shall decide on the following judicial remedies:

1. in administrative matters, on appeals on points of law from decisions of the Higher Regional Courts (§§ 74, 76) and on appeals from the refusal to grant leave to appeal (§ 75);
2. in proceedings concerning administrative fines, on appeals on points of law from decisions of the Higher Regional Courts (§ 84);
3. in civil actions pursuant to § 87(1)[sic]:

   a) on appeals on points of law from final judgments of the Higher Regional Courts including appeals from the refusal to grant leave to appeal,

   b) on leap-frog appeals from final judgments of the Regional Courts,

   c) on appeals on points of law from decisions of the Higher Regional Courts in the cases of § 574(1) of the German *Code of Civil Procedure.*

(2) In proceedings concerning administrative fines, the cartel panel shall constitute a criminal panel within the meaning of § 132 of the German *Courts Constitution Act*, in all other matters it shall constitute a civil panel.

§ 95
Exclusive Jurisdiction

The jurisdiction of the courts which are competent under this Act shall be exclusive.

§ 96 (abolished)

Part IV

Award of Public Contracts

First Chapter

Award Procedures

§ 97
General Principles

(1) Public contracting entities shall procure goods, works and services in accordance with the following provisions through competition and transparent award procedures.

(2) The participants in an award procedure shall be treated equally unless discrimination is expressly required or permitted under this Act.

(3) The interests of small and medium-sized undertakings shall primarily be taken into account in an award procedure. Contracts shall be subdivided into partial lots and awarded separately according to the type or area of specialisation (trade-specific lots). Several partial or trade-specific lots may be awarded collectively if this is required for economic or technical reasons. If an undertaking which is not a public contracting entity is entrusted with the realisation or execution of a public assignment, it shall be obliged by the contracting entity, so far as it subcontracts to third parties, to proceed according to sentences 1 to 3.

(4) Contracts shall be awarded to skilled, efficient, law-abiding and reliable undertakings. Contractors may be expected to meet additional requirements involving social, environmental or innovative aspects if these have a direct relation to the subject matter of the contract and arise from the description of the service to be rendered. Other or further requirements may only be imposed on contractors if federal law or the laws of a *Land* provide for this.

(4a) Contracting entities can implement or allow the use of pre-qualification systems to verify the suitability of undertakings.

(5) The tender which is the most economically advantageous shall be accepted.

(6) The Federal Government is empowered to define more precisely, by way of an ordinance requiring the approval of the *Bundesrat*, the procedure to be followed in awarding contracts, in particular with regard to the tender notice, the process and the types of procedure, the selection and examination of undertakings and tenders, the conclusion of the contract as well as other issues relating to the award procedure.

(7) Undertakings shall have a right to the provisions concerning the award procedure being complied with by the contracting entity.

§ 98
Contracting Entities

Public contracting entities within the meaning of this Part are:

1. regional or local authorities and their special funds ,
2. other legal persons under public or private law which were established for the specific purpose of meeting non-commercial needs in the general interest, if they are for the most part financed individually or jointly through a participation or in some other way by entities within the meaning of nos 1 or 3, or if such entities supervise their management or have appointed more than half of the members of one of their management or supervisory boards. The same shall apply if the entity which individually or together with others provides, for the most part, such financing or has appointed the majority of the members of a management or supervisory board, falls under sentence 1,
3. associations whose members fall under nos 1 or 2,
4. natural or legal persons under private law which operate in the fields of drinking water, energy supply or transport if these activities are exercised on the basis of special or

exclusive rights granted by a competent authority, or if contracting entities falling under nos 1 to 3 can individually or jointly exercise a controlling influence upon these persons; special or exclusive rights are rights the effect of which is to limit the exercise of these activities to one or more undertakings and which substantially affect the ability of other undertakings to carry out such activity. Activities in the fields of drinking water, energy supply or transport shall be services as listed in the annex,

5. natural or legal persons under private law as well as legal persons under public law, so far as they do not fall under no. 2, in cases where they receive funds for civil engineering projects, for building hospitals, sports, leisure or recreational facilities, school, university or administrative buildings or for related services and design contests from entities falling under nos 1 to 3, and where these funds are used to finance more than 50% of these projects,
6. natural or legal persons under private law who have concluded a works concession contract with entities falling under nos 1 to 3, with respect to contracts awarded to third parties.

§ 99
Public Contracts

(1) Public contracts are contracts for pecuniary interest concluded between public contracting entities and undertakings for the procurement of services whose subject matter is supplies, works or services, works concessions and design contests for the award of a service contract.

(2) Supply contracts are contracts for the procurement of goods involving in particular a purchase or hire purchase or leasing, or a lease with or without a purchase option. The contracts may also include ancillary services.

(3) Works contracts are contracts either for the execution or both the design and execution of a work project or building for the public contracting entity which is the result of civil engineering or building construction work and is to fulfil a commercial or technical function, or for the execution of a work by a third party which is for the direct economic benefit of the contracting entity, corresponding to the requirements specified by the contracting entity.

(4) Service contracts are contracts for the performance of services which are not covered by paragraph 2 or paragraph 3.

(5) Design contests within the meaning of this Part are only such award procedures which are intended to enable the contracting entity to acquire a plan on the basis of a comparative evaluation by a jury with or without the award of prizes.

(6) A works concession is a contract for the execution of a works contract where consideration for the construction work consists, instead of remuneration, in the limited right to use the installation plus, if appropriate, the payment of a fee.

(7) Contracts relevant under defence or security aspects are contracts for at least one of the services set out under nos 1 to 4 below:

1. the supply of military equipment within the meaning of paragraph 8, including any related parts, components or assembly kits;
2. the supply of equipment awarded under a classified contract within the meaning of paragraph 9, including any related parts, components or assembly kits;
3. construction works, supplies and services directly connected with the equipment referred to in nos 1 and 2 in all phases of the equipment's life cycle;
4. construction works and services specifically for military purposes or construction works and services awarded under a classified contract within the meaning of paragraph 9.

(8) Military equipment is any equipment that is designed specifically for military purposes or adjusted to suit military purposes and destined to be used as a weapon, ammunition or war material.

(9) A classified contract is a contract for security purposes

1. in the performance of which classified information under § 4 of the German *Act on the Prerequisites and Procedures for Security Clearance Checks Undertaken by the Federal Government* [*Sicherheitsüberprüfungsgesetz*] or corresponding provisions on the level of the *Länder* is used, or
2. which requires or contains classified information within the meaning of no. 1.

(10) Public contracts the subject matter of which is both the purchase of goods and the procurement of services shall be deemed service contracts if the value of the services performed exceeds the value of the goods supplied. Public contracts which, in addition to services, involve the execution of construction works which, in relation to the principal subject matter, are ancillary services shall be deemed service contracts.

(11) In the case of contracts for the execution of several activities, the relevant provisions shall be those which apply to the activity which constitutes the principal subject matter.

(12) If, in the case of contracts for the exercise of activities in the fields of drinking water, energy supply or transport or in the area of the contracting entities under the German *Federal Mining Act* [*Bundesberggesetz*] and in the case of activities of contracting entities in accordance with § 98 nos 1 to 3, it cannot be determined which activity constitutes the principal subject matter, the contract shall be awarded according to the provisions applying to contracting entities under § 98 nos 1 to 3. If one of the activities the exercise of which forms the subject matter of the contract concerns both an activity in the fields of drinking water, energy supply or transport or in the area of the contracting parties under the Federal Mining Act, as well as an activity which does not fall into the areas of contracting entities under § 98 nos 1 to 3, and it cannot be determined which activity constitutes the principal subject matter, the contract shall be awarded according to those provisions applying to contracting entities operating in the fields of drinking water, energy supply and transport or the Federal Mining Act.

(13) If parts of a contract for works, supplies or services are relevant to defence or security, that contract will as a whole be awarded in accordance with the provisions applicable to contracts relevant to defence or security, provided that procurement by way of a uniform award is justified for objective reasons. If part of a contract for works, supplies or services is relevant to defence or security, but the other part neither falls into that area nor under the scope of application of the German *Ordinance on the Award of Public Contracts* [*Vergabeverordnung*] or of the German *Sector Ordinance* [*Sektorenverordnung*], the award of that contract will not be subject to Part IV of this Act if procurement by way of a uniform award is justified for objective reasons.

§ 100
Scope of Application

(1) This Part shall apply to contracts whose contract value reaches or exceeds the thresholds applicable in each case. The threshold is determined for contracts

1. that are awarded by contracting entities within the meaning of § 98 nos 1 to 3, 5 and 6 and do not fall under nos 2 or 3, based on § 2 of the German *Ordinance on the Award of Public Contracts*,
2. that are awarded by contracting entities within the meaning of § 98 nos 1 to 4 and include activities in the fields of transport or drinking water or energy supply, based on § 1 of the German *Sector Ordinance*,
3. that are awarded by contracting entities within the meaning of § 98 and are relevant under defence or security aspects within the meaning of § 99(7), based on the rules issued by regulation pursuant to § 127 no. 3 of this Act.

(2) This Part shall not apply to the cases referred to in paragraphs 3 to 6 and 8 and in §§ 100a to 100c.

(3) This Part shall not apply to employment contracts.

(4) This Part shall not apply to the award of contracts the subject matter of which is the following:

1. arbitration and conciliation services, or
2. research and development services, unless the results of such services become the sole property of the contracting entity for its use in the conduct of its own activities and the service is fully remunerated by the contracting entity.

(5) This Part shall not apply to contracts concerning

1. the acquisition of land, existing buildings or other immovable property,
2. the rental of land, existing buildings or other immovable property,
3. rights to land, existing buildings, or other immovable property,

irrespective of how these contracts are financed.

(6) This Part shall not apply to the award of contracts

1. where application of this Part would force the contracting entity to supply information in connection with the award procedure or the execution of the order the disclosure of which it considers contrary to the essential interests of the security of the Federal Republic of Germany within the meaning of Article 346(1)(a) of the *Treaty on the Functioning of the European Union*,
2. that fall within the scope of application of Article 346(1)(b) of the *Treaty on the Functioning of the European Union*.

(7) Essential interests of security within the meaning of paragraph 6 justifying non-application of this Part may be affected in the operation or deployment of the armed forces, in the implementation of measures to combat terrorism or in the procurement of information technology or telecommunication systems.

(8) This Part shall not apply to the award of contracts that are not relevant to defence or security within the meaning of § 99(7), and

1. are declared to be secret in accordance with German legal and administrative provisions,
2. the performance of which requires special security measures to be taken under the provisions set forth in no. 1,
3. warrant non-application of procurement law for purposes of the operation or deployment of the armed forces or the implementation of measures to combat terrorism or in connection with the procurement of information technology or telecommunication systems in order to protect essential national security interests,
4. are awarded in pursuance of an international agreement concluded between the Federal Republic of Germany and one or more countries which are not parties to the *Agreement on the European Economic Area*, and cover a project which is to be implemented and financed jointly by the signatory states and which is subject to different procedural rules,
5. are awarded in pursuance of an international agreement relating to the stationing of troops and are subject to special procedural rules, or
6. are awarded pursuant to the particular procedure of an international organisation.

§ 100a
Special Exceptions for Contracts that are not Sector-Specific and not Relevant to Defence or Security

(1) In the case of § 100(1) sentence 2 no. 1, this Part shall not only not apply to the cases set forth in § 100(3) to (6) and (8), but shall equally not apply to the contracts specified in paragraphs 2 to 4.

(2) This Part shall not apply to the award of contracts the subject matter of which is the following:

1. the purchase, development, production or co-production of programmes that are intended for broadcast via radio or television channels, as well as the broadcast of programmes, or
2. financial services in connection with the issue, sale, purchase or transfer of securities or other financial instruments, in particular transactions entered into by the contracting entities to raise money or capital, as well as central bank services.

(3) This Part shall not apply to the award of service contracts to a person that is itself a contracting entity within the meaning of § 98 nos 1, 2 or 3 and, by virtue of a law or ordinance, has an exclusive right to perform the contract.

(4) This Part shall not apply to the award of contracts the main purpose of which is to enable the contracting entity to provide or operate public telecommunication networks or to provide one or several telecommunication services to the public.

§ 100b
Special Exceptions for Certain Sectors

(1) In the case of § 100(1) sentence 2 no. 2, this Part shall not only not apply to the cases set forth in § 100(3) to (6) and (8), but shall equally not apply to the contracts specified in paragraphs 2 to 9.

(2) This Part shall not apply to the award of contracts the subject matter of which is the following:

1. financial services in connection with the issue, sale, purchase or transfer of securities or other financial instruments, in particular transactions entered into by the contracting entities to raise money or capital, as well as central bank services,
2. in the case of activities relating to the supply of drinking water: the procurement of water, or
3. in the case of activities relating to the supply of energy: the procurement of energy or fuels for the production of energy.

(3) This Part shall not apply to the award of contracts to a person that is itself a contracting entity within the meaning of § 98 nos 1, 2 or 3 and, by virtue of a law or ordinance, has an exclusive right to perform the contract.

(4) This Part shall not apply to the award of contracts

1. that are awarded by a contracting entity within the meaning of § 98 no. 4 if they serve purposes other than those relevant to the sectoral activity,
2. that are awarded for carrying out activities in the fields of drinking water or energy supply or transport outside the territory of the European Union, where this does not involve the physical use of a network or facility within the European Union,
3. that are awarded for the purpose of resale or lease to third parties, provided that

a) the contracting entity has no special or exclusive right to sell or lease the subject of such contracts and

b) other undertakings are free to sell or lease these products under the same conditions as the respective contracting entity, or

4. that serve the purpose of carrying out an activity in the fields of drinking water or energy supply or transport, if the European Commission, in accordance with Article 30 of *Directive 2004/17/EC of the European Parliament and of the Council of 31 March 2004 coordinating the procurement procedures of entities operating in the water, energy, transport and postal services sectors* (*OJ L 7 of 7 January 2005, p. 7*), has established that this activity in Germany is directly exposed to competition on markets to which access is not restricted, and this has been published in the Federal Gazette by the Federal Ministry of Economics and Technology.

(5) This Part shall not apply to the award of works concessions for the purpose of carrying out an activity in the fields of drinking water or energy supply or transport.

(6) Subject to the provisions of paragraph 7, this Part shall not apply to the award of contracts

1. that are awarded to an undertaking affiliated with the contracting entity or
2. that are awarded by a joint venture formed by several contracting entities active in the fields of drinking water or energy supply or transport exclusively for the purpose of carrying out these activities, to an undertaking affiliated with one of these contracting entities.

(7) Paragraph 6 shall apply only if at least 80% of the average turnover achieved by the affiliated undertaking in the preceding three years within the European Union in the respective supply, works or services sector derives from the provision of such supplies or services to the contracting entities with which it is affiliated. If the undertaking has been in existence for less than three years, paragraph 6 shall apply if it is expected that the undertaking will achieve at least 80% in the first three years of its existence. If the same or similar supplies, works or services are provided by more than one undertaking affiliated with the contracting entity, the percentage figure shall be calculated taking into account the total turnover achieved by these affiliated undertakings from the provision of the supplies or services. § 36(2) and (3) shall apply *mutatis mutandis*.

(8) Subject to the provisions of paragraph 9, this Part shall not apply to the award of contracts

1. that are awarded by a joint venture formed by several contracting entities active in the fields of drinking water or energy supply or transport exclusively for the purpose of carrying out these activities, to one of these contracting entities, or
2. that are awarded by a contracting entity to a joint venture within the meaning of paragraph 1 of which it forms part.

(9) Paragraph 8 shall apply only if

1. the joint venture has been set up to carry out the activity concerned over a period of at least three years, and
2. the instrument setting up the joint venture stipulates that the contracting entities constituting the joint venture will be part thereof for at least the same period.

§ 100c
Special Exceptions for the Defense and Security Sectors

(1) In the case of § 100(1) sentence 2 no. 3, this Part shall not only not apply to the cases set forth in § 100(3) to (6), but shall equally not apply to the contracts specified in paragraphs 2 to 4.

(2) This Part shall not apply to the award of contracts

1. the subject matter of which is financial services, excluding insurance services,
2. that are awarded for the purpose of intelligence operations,
3. that are awarded as part of a cooperation programme

    a) that is based on research and development and

    b) is conducted together with at least one other EU Member State for the development of a new product and, where applicable, the later phases of the entire or part of the product's life cycle,

4. that are awarded by the Federal government, the government of a *Land* or a local authority to another government or to a local authority of another state, and cover any of the following subject matters:

    a) the supply of military equipment or equipment awarded under a classified contract within the meaning of § 99(9),

    b) construction works and services directly connected to such equipment,

    c) construction works and services specifically for military purposes, or

    d) construction works and services awarded under a classified contract within the meaning of § 99(9).

(3) This Part shall not apply to the award of contracts that are awarded in a country outside the European Union; this also includes procurements for civilian purposes as part of a deployment of armed forces or of federal police or police forces of the *Länder* outside the territory of the European Union if the operation requires the relevant contract to be concluded with undertakings that are domiciled in the area of operation. Procurements for civilian purposes means the procurement of non-military products, works or services for logistical purposes.

(4) This Part shall not apply to the award of contracts subject to special procedural rules

1. arising under an international convention or international agreement concluded between one or more Member States on the one hand and one or more non-Member States that are not party to the *Agreement on the European Economic Area* on the other,
2. arising under an international convention or an international agreement in connection with a stationing of troops affecting undertakings of a Member State or a non-Member State, or
3. applicable to an international organisation if such organisation effects procurements for its own purposes or if a Member State must award contracts based on such rules.

§ 101
Types of Award Procedures

(1) Public supply, works and service contracts shall be awarded through open procedures, restricted procedures, negotiated procedures or in competitive dialogue.

(2) Open procedures are procedures whereby an unlimited number of undertakings is publicly invited to submit a tender.

(3) Restricted procedures are procedures whereby a public invitation to participate is made and a limited number of undertakings from among the candidates is invited to submit a tender.

(4) Competitive dialogue is a procedure for the award of particularly complex contracts by public contracting entities within the meaning of § 98 nos 1 to 3, so far as they are not active in the fields of drinking water or energy supply or transport, and § 98 no. 5. In this procedure an invitation to participate is made and selected undertakings are invited to negotiate all the details of the contract.

(5) Negotiated procedures are procedures whereby the contracting entity consults undertakings of its choice, with or without any prior public invitation to participate, to negotiate the terms of the contract with one or more of them.

(6) An electronic auction serves to determine electronically the most economically advantageous tender. A dynamic electronic procedure is an open time-limited and completely electronic award procedure for the procurement of services which are customary on the market, where the specifications generally available on the market meet the requirements of the contracting entity.

(7) Public contracting entities shall apply the open procedure unless otherwise permitted by this Act. Contracting entities active in the fields of drinking water or energy supply or transport may freely choose between the open procedure, the restricted procedure and the negotiated procedure. Where the contracts to be awarded are relevant to defence or security, public contracting entities may choose between the restricted procedure and the negotiated procedure.

§ 101a
Information and Standstill Obligation

(1) The contracting entity shall inform the unsuccessful tenderers in writing and without undue delay of the name of the successful undertaking, the reasons for the rejection of their tenders and of the earliest date of the conclusion of the contract. This shall also apply to candidates who were not informed of the rejection of their tenders before the notification of the decision on the award was sent to the successful tenderers. A contract may be concluded at the earliest 15 calendar days after the information pursuant to sentences 1 and 2 has been sent. If the information is sent by fax or electronically, the standstill period shall be reduced to ten calendar days. The standstill period shall begin on the day after which the contracting entity despatches the information; the date of receipt by the tenderer and candidate in question shall be irrelevant.

(2) The obligation to inform the tendering parties shall not apply in cases in which negotiation procedures are justified without previous notification on grounds of extreme urgency.

§ 101b
Ineffectiveness

(1) A contract shall be deemed ineffective from the outset if the contracting entity

1. has violated § 101a or
2. has awarded a public contract directly to an undertaking without inviting other undertakings to participate in the award procedure and without this being expressly permissible in accordance with the law

and this violation has been established in review proceedings in accordance with paragraph 2.

(2) Ineffectiveness pursuant to paragraph 1 can only be established if this is claimed in review proceedings within 30 calendar days after knowledge of the infringement and at the latest six months after conclusion of the contract. If the contracting entity has published the award of the contract in the Official Journal of the European Union, the time limit for claiming ineffectiveness shall end 30 calendar days after publication of the notice of the award in the Official Journal of the European Union.

Second Chapter

Review Procedures

I. Reviewing Authorities

§ 102
Principle

Without prejudice to review by the supervisory authorities, any award of public contracts shall be subject to review by the public procurement tribunals.

§ 103 (abolished)

§ 104
Public Procurement Tribunals

(1) For contracts attributable to the Federation, the federal public procurement tribunals shall review the awarding of public contracts, and the *Land* public procurement tribunals for contracts attributable to the *Länder*.

(2) Rights under § 97(7) as well as other claims against public contracting entities for the performance or omission of an act in award procedures may only be asserted before the public procurement tribunals and the appellate court.

(3) The jurisdiction of the civil courts over damage claims and the powers of the competition authorities to prosecute infringements, especially of §§ 19 and 20, shall remain unaffected.

§ 105
Composition, Independence

(1) The public procurement tribunals shall exercise their functions independently and on their own responsibility within the limits of the law.

(2) The public procurement tribunals shall take their decisions through a chairman and two associate members of which one shall serve in an honorary capacity (honorary associate member). The chairman and the regular associate member must be civil servants appointed for life with the qualification to serve in the senior civil service, or comparable expert employees. Either the chairman or the regular associate member must be qualified to serve as a judge; generally this should be the chairman. The associate members should have in-depth knowledge of public procurement , the honorary associate members should additionally have several years of practical experience in the field of public procurement. Where the awarding of contracts relevant under defence or security aspects within the meaning of § 99(7) is reviewed, the public procurement tribunals may, in deviation of sentence 1, also take their decisions through a chairman and two regular associate members.

(3) The tribunal may assign the case to the chairman or to the regular associate member without a hearing by unappealable decision, for him/her to decide alone. Such an assignment shall be possible only if the case involves no major factual or legal difficulties, and the decision will not be of fundamental importance.

(4) The members of the tribunal shall be appointed for a term of office of five years. They take their decisions independently and are bound only by the law.

§ 106
Establishment, Organisation

(1) The Federation shall establish the necessary number of public procurement tribunals at the Bundeskartellamt. The establishment and composition of the public procurement tribunals as well as the allocation of duties shall be determined by the President of the Bundeskartellamt. Honorary associate members and their substitute members shall be appointed by the President upon a proposal by the central organisations of the chambers under public law. Having obtained approval from the Federal Ministry of Economics and Technology, the President of the Bundeskartellamt shall issue rules of procedure and publish these in the Federal Gazette.

(2) The establishment, organisation and composition of the entities (review bodies) of the *Länder* mentioned in this Chapter shall be determined by the authorities competent under the laws of the *Länder* or, in the absence of any such determination, by the *Land* government which may delegate this power. The *Länder* may establish joint review bodies.

§ 106a
Delimitation of Competence of the Public Procurement Tribunals

(1) The federal public procurement tribunal shall be responsible for reviewing the procedures for the award of public contracts

1. of the Federation;
2. of contracting entities within the meaning of § 98 no. 2 so far as the Federation for the most part manages the participation, or has otherwise predominantly provided means of financing or predominantly supervises its management or has appointed the majority of the members of the management or supervisory board, unless the undertakings which are part of the contracting entity have agreed that another public procurement tribunal shall be competent;
3. of contracting entities within the meaning of § 98 no. 4 so far as the Federation exercises a controlling influence on them; a controlling influence exists if the Federation directly or indirectly owns the majority of the subscribed capital of the contracting entity or holds the majority of the voting rights attached to the shares of the contracting entity or can appoint more than half of the members of the administrative, management or supervisory board of the contracting entity;

4. of contracting entities within the meaning of § 98 no. 5 so far as funding has been granted for the most part by the Federation;
5. of contracting entities within the meaning of § 98 no. 6 so far as the contracting entity falling under § 98 nos 1 to 3 is attributable to the Federation;
6. that are performed for the Federation by way of an official delegation of powers.

(2) If the award procedure is carried out for the Federation by a *Land* acting on federal commission, the public procurement tribunal of the *Land* shall be the competent authority. If, in application of paragraph 1 nos 2 to 6, a contracting entity is attributable to a *Land*, the public procurement tribunal of the respective *Land* shall be the competent authority.

(3) In all other cases the competence of the public procurement tribunals shall be determined according to the seat of the contracting entity. In the case of procurements which involve more than one *Land*, the contracting entities shall name only one competent public procurement tribunal in the publication of the contract notice.

II. Proceedings before the Public Procurement Tribunal

§ 107
Initiation of Proceedings, Application

(1) The public procurement tribunal shall initiate review proceedings only upon application.

(2) Every undertaking that has an interest in the contract and claims that its rights under § 97(7) were violated by non-compliance with the provisions governing the awarding of public contracts has the right to file an application. In doing so, it must show that it has been or risks being harmed by the alleged violation of public procurement provisions.

(3) The application is inadmissible if

1. the applicant became aware of the violation of public procurement provisions during the award procedure, but did not complain to the contracting entity without undue delay,
2. violations of public procurement provisions which become apparent from the tender notice are not notified to the contracting entity by the end of the period for the submission of a tender or application specified in the notice,
3. violations of public procurement provisions which only become apparent from the award documents are not notified to the contracting entity by the end of the period for the submission of a tender or application specified in the notice,
4. more than 15 calendar days have expired since receipt of notification from the contracting entity that it is unwilling to redress the complaint.

Sentence 1 shall not apply to an application under § 101b(1) no. 2 to have the award contract declared ineffective. § 101a(1) sentence 2 shall remain unaffected.

§ 108
Form

(1) The application shall be submitted in writing to the public procurement tribunal and substantiated without undue delay. It should state a specific request. An applicant without a domicile or habitual residence, seat or headquarters within the scope of application of this Act shall appoint an authorised receiving agent within the scope of application of this Act.

(2) The substantiation must designate the respondent, contain a description of the alleged violation of rights with a description of the facts, as well as a list of the available evidence, and show that an objection was made to the contracting entity; it should name the other parties, if known.

§ 109
Parties to the Proceedings, Admission to the Proceedings

The parties to the proceedings are the applicant, the contracting entity and the undertakings the interests of which are severely affected by the decision and which are therefore admitted by the public procurement tribunal to the proceedings. The decision to admit a party to the proceedings shall be incontestable.

§ 110
Principle of Investigation

(1) The public procurement tribunal shall investigate the facts *ex officio*. In doing so, it may limit itself to the facts presented by the parties or those of which it can be reasonably expected to be aware. The public procurement tribunal shall not be obliged to review extensively the lawfulness of the award procedure. In its entire activities, it shall take care to not unduly impede the course of the award procedure.

(2) The public procurement tribunal shall review the application for manifest inadmissibility or unfoundedness. In doing so, it shall also consider a written statement lodged by the contracting entity as a precautionary measure (protective writ). Unless the application is clearly inadmissible or unfounded, the public procurement tribunal shall serve a copy thereof upon the contracting entity and request from the contracting entity the files which document the award procedure (award files). The contracting entity shall immediately make the award files available to the tribunal. §§ 57 to 59 (1) to (5) and § 61 shall apply *mutatis mutandis*.

§ 110a
Storing of Confidential Documents

(1) The public procurement tribunal ensures the confidentiality of classified information and other confidential information contained in the documents transmitted by the parties.

(2) The members of the public procurement tribunal are subject to a duty of confidentiality; type and content of the deeds, files, electronic documents and information kept confidential must not be recognisable from the reasons given for the decision.

§ 111
Access to Files

(1) The parties may access the files at the public procurement tribunal and may obtain executed copies, excerpts or transcripts from the clerk's office at their own expense.

(2) The public procurement tribunal shall refuse access to documents where this is necessary for important reasons, in particular for the protection of secrets or to protect business or trade secrets.

(3) Every party shall indicate the secrets named in paragraph 2 when sending its files or representations and shall mark them accordingly in the documents. If this is not done, the public procurement tribunal may assume that the party consents to access being granted.

(4) Refusal to grant access to the files may be challenged only in connection with an immediate appeal on the merits of the case.

§ 112
Hearing

(1) The public procurement tribunal shall decide on the basis of a hearing, which should be limited to one date. All parties shall have an opportunity to state their case. With the consent of the parties or in the case of the inadmissibility or manifest unfoundedness of the application, a decision may be taken on the basis of the files.

(2) The case may be discussed and decided also if the parties do not appear or are not duly represented at the hearing.

§ 113
Expedition

(1) The public procurement tribunal shall take its decision and give reasons in writing within a period of five weeks of receipt of the application. In the case of particular factual or legal difficulties, the chairman may in exceptional cases by notice to the parties extend this period by the required time. The extended period shall not exceed two weeks. The chairman shall give reasons in writing for this order.

(2) The parties shall co-operate in clarifying the facts in a manner appropriate to a course of action designed to further and speedily conclude the proceedings. Time limits may be set for the parties, after the expiry of which further submissions may be disregarded.

§ 114
Decision of the Public Procurement Tribunal

(1) The public procurement tribunal shall decide whether the applicant's rights were violated, and shall take suitable measures to remedy a violation of rights, and to prevent any impairment of the interests affected. It shall not be bound by the applications and may also independently intervene to ensure the lawfulness of the award procedure.

(2) Once an award has been made, it cannot be revoked. If the review procedure becomes obsolete by the granting of the award, cancellation, discontinuance of the award procedure or in any other way, the public procurement tribunal shall determine, upon the application of a party, whether there has been a violation of rights. § 113(1) shall be inapplicable in this case.

(3) The public procurement tribunal shall decide by way of an administrative act. Decisions shall be enforced, also against public authorities, in accordance with the administrative enforcement acts of the Federation and the Länder. §§ 61 and 86a sentence 2 shall apply *mutatis mutandis*.

§ 115
Suspension of the Award Procedure

(1) If the public procurement tribunal informs the contracting entity in writing about the application for review, the latter must not make the award prior to the decision of the public procurement tribunal and before the expiry of the period for a complaint pursuant to § 117(1).

(2) The public procurement tribunal may allow the contracting entity, upon its application or upon application by the undertaking that has been named by the contracting entity pursuant to § 101a as the undertaking to be awarded the contract, to award the contract after the expiry of two weeks after the announcement of this decision if, taking into account all interests which may be impaired as well as the interest of the general public in the quick conclusion of the award procedure, the negative consequences of delaying the award until the end of the review outweigh the advantages involved. In its assessment, the public procurement tribunal shall take account of the interest of the general public in the contracting entity carrying out its tasks efficiently; where contracts relevant to defence or security within the meaning of § 99(7) are concerned, special defence and security interests must additionally be taken into account. The public procurement tribunal shall also consider the overall prospects of the applicant of winning the award in the award procedure. The prospects of success of the application for review need not be taken into account in every case. The appellate court may, upon application, reinstate the prohibition of the award pursuant to paragraph 1; § 114(2) sentence 1 shall remain unaffected. If the public procurement tribunal does not allow the award, the appellate court may, upon application by the contracting entity, allow the immediate award subject to the conditions in sentences 1 to 4. § 121(2) sentences 1 and 2 and §121(3) shall apply *mutatis mutandis* to the proceedings before the appellate court. An immediate appeal pursuant to § 116(1) shall not be admissible against decisions taken by the public procurement tribunal under this paragraph.

(3) If during the procurement procedure any rights of the applicant under § 97(7) are jeopardised in another way than by the imminent award, the tribunal may, upon specific application, intervene in the award procedure through further preliminary measures. In doing so, it shall apply the evaluation criterion of paragraph 2 sentence 1. This decision shall not be separately challengeable. The public procurement tribunal may enforce the additional preliminary measures under the administrative enforcement acts of the Federation and the Länder; the measures shall be immediately enforceable. § 86a sentence 2 shall apply *mutatis mutandis*.

(4) If the contracting entity claims that the requirements of § 100(8) nos 1 to 3 are fulfilled, the prohibition of the award pursuant to paragraph 1 shall lapse five business days after service of a corresponding brief to the applicant; the public procurement tribunal shall serve the brief without undue delay after its receipt. The appellate court may, upon application, reinstate the prohibition of the award. § 121(1) sentence 1, §121(2) sentence 1 and §121(3) and (4) shall apply *mutatis mutandis*.

§ 115a
Exclusion of Divergent *Land* Law

Any deviation under *Land* law from the provisions on the administrative procedure contained in this subdivision of the Act shall not be admissible.

III. Immediate Appeal

§ 116
Admissibility, Jurisdiction

(1) Immediate appeals shall be admissible against decisions of a public procurement tribunal. An immediate appeal may be filed by the parties to the proceedings before the public procurement tribunal.

(2) An immediate appeal shall also be admissible if the public procurement tribunal does not decide upon an application for review within the period set out in § 113(1); in this case the application shall be deemed to have been rejected.

(3) The immediate appeal shall be decided exclusively by the Higher Regional Court having jurisdiction at the seat of the public procurement tribunal. An award division shall be established at the Higher Regional Courts.

(4) Legal matters pursuant to paragraphs 1 and 2 may be assigned to other Higher Regional Courts or the Supreme Court of a *Land* by an ordinance issued by the *Land* governments. The *Land* governments may delegate this authority to their judicial administrations.

§ 117
Time Limit, Formal Requirements

(1) An immediate appeal shall be filed in writing with the appellate court within a non-extendable period of two weeks beginning upon service of the decision or, in the case of § 116(2), upon the expiry of the time period.

(2) Reasons for the immediate appeal shall be given when it is filed. The statement of reasons for the appeal shall contain:

1. a statement as to the extent to which the decision of the public procurement tribunal is challenged and a deviating decision is applied for,
2. details of the facts and evidence on which the appeal is based.

(3) The notice of appeal shall be signed by a lawyer admitted to practise before a German court. This shall not apply to appeals lodged by legal persons under public law.

(4) Upon the filing of the appeal, the other parties to the proceedings before the public procurement tribunal shall be informed by the appellant by way of transmission of a copy of the appeal.

§ 118
Effect

(1) The immediate appeal shall have a suspensive effect upon the decision of the public procurement tribunal. The suspensive effect shall lapse two weeks after the expiry of the time limit for the appeal. If the public procurement tribunal rejects the application to review the award, the appellate court may, upon application by the appellant, extend the suspensive effect up to the time of the decision on the appeal.

(2) The court shall reject the application pursuant to paragraph 1 sentence 3 if, taking into account all interests which may be impaired, the negative consequences of delaying the award up to the time of the decision on the appeal outweigh the advantages involved. In its assessment, the public procurement tribunal shall take account of the interest of the general public in the contracting entity carrying out its tasks efficiently; where contracts relevant under defence or security aspects within the meaning of § 99(7) are concerned, special defence and security interests must additionally be taken into account. In its decision, the court shall also consider the prospects of success of the appeal, the overall prospects of the applicant to win the award in the award procedure and the interests of the general public in the quick conclusion of the award procedure.

(3) If the public procurement tribunal grants the application for review by prohibiting the award, the award shall not be made unless the appellate court annuls the decision of the public procurement tribunal pursuant to § 121 or § 123.

§ 119
Parties to the Appeal Proceedings

The parties to the proceedings before the public procurement tribunal are the parties to the proceedings before the appellate court.

§ 120
Procedural Provisions

(1) The parties shall be represented before the appellate court by a lawyer admitted to practise before a German court who acts as their authorised representative. Legal persons under public law may be represented by civil servants or by employees qualified to serve as a judge.

(2) §§ 69, 70(1) to (3), § 71(1) and (6), §§ 71a, 72, 73 with the exception of the reference to§ 227(3) of the German *Code of Civil Procedure*, §§ 78, 111 and 113(2) sentence 1 shall apply *mutatis mutandis*.

§ 121
Preliminary Decision on the Award

(1) Upon application by the contracting entity or upon application by the undertaking named in accordance with § 101a by the contracting entity as the undertaking to be awarded the contract, the court may allow the continuation of the award procedure and the award if, taking into account all interests which may be impaired, the negative consequences of delaying the award up to the time of the decision on the appeal outweigh the advantages involved. In its assessment, the public procurement tribunal shall take account of the interests of the general public in the contracting entity carrying out its tasks efficiently; where contracts relevant under defence or security aspects within the meaning of § 99(7) are concerned, special defence and security interests must additionally be taken into account. In its decision, the court shall also consider the prospects of success of the immediate appeal, the overall prospects of the applicant of winning the award in the award procedure and the interest of the general public in the quick conclusion of the award procedure.

(2) The application shall be made in writing, stating the reasons. The facts to be put forward as reasons for the application as well as the reason for the urgency of the matter shall be substantiated. The appeal proceedings may be suspended until a decision is made on the application.

(3) The decision shall be made and reasons shall be given without undue delay and in no event later than five weeks after receipt of the application; in the event of particular factual or legal difficulties, the chairman may, in exceptional cases, extend the period for the required amount of time by declaration to the parties stating the reasons for the extension. The decision may be made without a hearing. The reasons shall explain the lawfulness or unlawfulness of the award procedure. § 120 shall apply.

(4) No appeal is admissible against a decision made pursuant to this provision.

§ 122
End of the Award Procedure after the Decision of the Appellate Court

If an application of the contracting entity pursuant to § 121 is rejected by the appellate court, the award procedure shall be deemed to have ended upon the expiry of ten days after service of the decision unless the contracting entity takes the measures following from the decision in order to restore the lawfulness of the procedure; the procedure must not be continued.

§ 123
Decision on the Appeal

If the court considers the appeal to be well founded, it shall reverse the decision of the public procurement tribunal. In this case, the court shall decide on the matter itself or oblige the public procurement tribunal to decide again on the matter with due consideration of the legal opinion of the court. Upon application, it shall state whether the rights of the undertaking having applied for the review were violated by the contracting entity. § 114(2) shall apply *mutatis mutandis*.

§ 124
Binding Effect and Duty to Refer the Matter

(1) If damages are claimed because of a violation of the provisions governing the award of public contracts, and proceedings were conducted before the public procurement tribunal, the court of general jurisdiction shall be bound by the final decision of the public procurement tribunal and the decision of the Higher Regional Court, as well as, where applicable, by the decision of the Federal Court of Justice on the appeal in the case of a referral pursuant to paragraph 2.

(2) If a Higher Regional Court wishes to deviate from a decision taken by another Higher Regional Court or the Federal Court of Justice, it shall refer the matter to the Federal Court of Justice. The Federal Court of Justice shall decide in lieu of the Higher Regional Court. The Federal Court of Justice may confine itself to deciding only on the matter of divergence and assigning the decision on the merits of the case to the court of appeal, if this seems appropriate based on the factual and legal context of the appeal proceedings. The duty to refer the matter shall not apply to proceedings pursuant to § 118(1) sentence 3 and § 121.

Third Chapter

Other Provisions

§ 125
Damages in the Event of an Abuse of Law

(1) If an application pursuant to § 107 or the immediate appeal pursuant to § 116 proves to have been unjustified from the outset, the applicant or the appellant shall be obliged to compensate the opponent and the parties for the damage incurred by them due to the abuse of the right to file an application or an appeal.

(2) An abuse shall exist in particular

1. if a suspension or further suspension of the award procedure is achieved through incorrect statements made intentionally or with gross negligence;
2. if the review is applied for with the intention of obstructing the award procedure or harming competitors;
3. if an application is made with the intention of subsequently withdrawing it against payment of money or other benefits.

(3) If the preliminary measures taken by the public procurement tribunal in accordance with a specific application pursuant to § 115(3) prove to have been unjustified from the outset, the applicant shall compensate the contracting entity for the damage arising from the enforcement of the measures that were ordered.

§ 126
Claim for Damages arising from Reliance

If the contracting entity has violated a provision intended to protect undertakings, the undertaking may claim damages for the costs incurred in connection with the preparation of the tender or the participation in a procurement procedure if, without such violation, the undertaking would have had a real chance of being awarded the contract after assessment of the tenders, and provided that such chance was impaired as a consequence of the violation. Further claims for damages shall remain unaffected.

§ 127
Authorisations

The Federal Government may, by an ordinance requiring the approval of the Bundesrat, issue rules

1. to implement the thresholds of the public procurement directives of the European Union as applicable at that time;

2. to define award procedures to be observed by contracting entities engaged in the fields of drinking water, energy supply or transport, including the selection and examination of the undertakings and the tenders, the conclusion of the contract, as well as other provisions relating to the award procedure;
3. regarding the procedure to be observed in awarding public contracts that are relevant in terms of defence and security, regarding the selection and examination of the undertakings and the tenders, the exclusion from the award procedure, the conclusion of the contract, the discontinuation of the award procedure and other provisions relating to the award procedure, including any defence and security-related requirements as regards secrecy, general rules on the protection of confidentiality, the security of supply as well as specific rules on the award of sub-contracts;
4. (abolished)
5. (abolished)
6. to define a procedure whereby contracting entities may obtain a certificate by independent auditors to the effect that their award conduct is in compliance with the provisions of this Act and with the provisions issued on the basis of this Act;
7. concerning a voluntary conciliation procedure of the European Commission pursuant to Chapter 4 of Directive 92/13/EEC of the Council of the European Communities of 25 February 1992 (OJ EC No. L 76 p. 14);
8. concerning the information to be transmitted by the contracting entities to the Federal Ministry of Economics and Technology in order to fulfil obligations arising from directives of the Council of the European Community or the European Union;
9. to define the conditions under which contracting entities active in the fields of drinking water or energy supply or transport, as well as contracting entities under the *Federal Mining Act* may be exempted from the obligation to apply the provisions of this Part, and to define the procedure to be followed in this respect, including the necessary investigatory powers of the Bundeskartellamt in this context.

§ 127a
Costs for Expert Opinions and Observations under the German Sector Ordinance; Power to Introduce Ordinances

(1) The Bundeskartellamt charges costs (fees and disbursements) to cover the administrative expenses involved in the preparation of expert opinions and observations made based on the provision issued under § 127 no. 9. § 80 (1) sentence 3 and §127(2) sentence 1, sentence 2 no. 1, sentences 3 and 4, (5) sentence 1 and §127(6) sentence 1 no. 2, sentences 2 and 3 shall apply *mutatis mutandis*. § 63(1) and (4) shall apply *mutatis mutandis* to the possibility to file an appeal regarding the cost decision.

(2) The Federal Government may define more precisely, by way of an ordinance requiring the approval of the Bundesrat, the costs charged. Measures of clemency may be provided for.

§ 128
Costs of Proceedings before the Public Procurement Tribunal

(1) Costs (fees and expenses) to cover the administrative expense shall be charged for official acts of the public procurement tribunals. The German *Administrative Costs Act* [*Verwaltungskostengesetz*] of 23 June 1970 (*BGBl. I p. 821*) as amended on 14 August 2013 shall apply.

(2) The fee shall amount to at least EUR 2,500; this amount may, for reasons of equity, be reduced to a minimum of one tenth. The fee should not exceed the amount of EUR 50,000, but may be increased up to an amount of EUR 100,000 in individual cases if the expense involved or the economic significance is unusually high.

(3) If a party to the proceedings is unsuccessful, it shall bear the costs. Several debtors shall be jointly and severally liable. Costs caused by the fault of a party may be imposed upon that party. If the application becomes obsolete by withdrawal or otherwise before the decision of the public procurement tribunal half of the fee shall be payable by the applicant. The decision which party has to bear the costs shall be based on reasonable discretion. For reasons of equity, payment of the fee may be waived entirely or partially.

(4) If a party to the review proceedings is unsuccessful, that party shall bear the respondent's expenses necessary for appropriately pursuing the matter or legally defending himself. Any expenses of third parties admitted to the proceedings shall only be reimbursable if the public procurement tribunal imposes them on the unsuccessful party for reasons of equity. If the applicant withdraws his application, he shall bear the respondent's and any third parties' expenses necessary for appropriately pursuing the matter. § 80(1), (2) and (3) sentence 2 of the German *Administrative Procedure Act* [*Verwaltungsverfahrensgesetz*] and the corresponding provisions of the administrative procedure acts of the Länder shall apply mutatis mutandis. No separate proceedings for the taxation of costs shall take place.

§ 129
Corrective Mechanism of the Commission

(1) If, in the course of an award procedure before the conclusion of a contract, the Federal Government receives a notice from the European Commission informing it of a severe violation of EU law in the area of public contracts which has to be remedied, the Federal Ministry of Economics and Technology shall inform the contracting entity accordingly.

(2) Within 14 calendar days from receipt of this notice, the contracting entity shall submit to the Federal Ministry of Economics and Technology a detailed description of the facts of the case and state whether the alleged violation has been remedied or provide reasons why it has not been remedied, and whether the award procedure is subject to review proceedings or has been suspended for other reasons.

(3) If the award procedure is subject to review proceedings or has been suspended, the contracting entity shall inform the Federal Ministry of Economics and Technology without undue delay of the outcome of the review proceedings.

§ 129a
Information Duties of the Review Bodies

The public procurement tribunals and the higher regional courts shall inform the Federal Ministry of Economics and Technology by 31 January of each year of the number of review proceedings conducted in the previous year and their results.

§ 129b
Provision for Contracting Entities under the Federal Mining Act

(1) In the award of contracts relating to supplies, works or services exceeding the contract thresholds set by Article 16 of *Directive 2004/17/EC of the European Parliament and of the Council of 31 March 2004 coordinating the procurement procedures of entities operating in the water, energy, transport and postal services sector* (*OJ EU no. L 134, p.1*), as last amended by Commission Regulation (EC) No 1422/2007 of 4 December 2007 (*OJ EU no. L 317, p. 34*), contracting entities which are entitled under the German *Federal Mining Act* [*Bundesberggesetz*] to explore for or extract oil, gas, coal or other solid fuels, must observe the principles of non-discrimination and competitive procurement in the award of contracts for the exploration for or extraction of oil, gas, coal or other solid fuels. In particular, they must provide adequate information to undertakings which could be interested in such a contract and apply objective criteria in the award of the contract. This shall not apply to the award of contracts for the purchase of energy or fuels for the production of energy.

(2) The contracting entities under paragraph 1 shall inform the European Commission via the Federal Ministry of Economics and Technology of the award of the contracts covered by this provision in accordance with *Commission Decision 93/327/EEC of 13 May 1993 defining the conditions under which contracting entities exploiting geographical areas for the purpose of exploring for or extracting oil, gas, coal or other solid fuels must communicate to the Commission information relating to the contracts they award (OJ EU no. L 129, p. 25)*. They may be exempted from the obligation to apply this provision under the procedure stipulated by the regulation issued in accordance with § 127 number 9.

Part V

Scope of Application of the Act

§ 130
Public Undertakings, Scope of Application

(1) This Act shall apply also to undertakings which are entirely or partly in public ownership or are managed or operated by public authorities. §§ 19, 20, and 31b(5) shall not apply to any charges and fees under public law. The provisions of Parts I to III of this Act shall not apply to the German Central Bank and to the German *Kreditanstalt für Wiederaufbau* (KfW).

(2) This Act shall apply to all restraints of competition having an effect within the scope of application of this Act, even if they were caused outside the scope of application of this Act.

(3) The provisions of the German *Energy Industry Act* shall not preclude the application of §§ 19, 20 and 29 provided that § 111 of the German *Energy Industry Act* does not state otherwise.

Part VI

Transitional and Final Provisions

§ 131
Transitional Provisions

(1) § 29 shall no longer be applied after 31 December 2017.

(2) Award proceedings which were initiated before 24 April 2009, including ensuing review proceedings, and review proceedings pending on 24 April 2009 shall be terminated in accordance with the previously applicable rules.

(3) Award proceedings which were initiated before 14 December 2011shall be terminated in accordance with rules previously applicable to these proceedings; this shall also apply to any ensuing review proceedings, and review proceedings pending on 14 December 2011.

Annex

(to § 98 number 4)

Activities in the fields of drinking water, energy supply or transport are:

1. Supply of Drinking Water:

The provision or operation of fixed networks intended to provide a service to the public in connection with the production, transport or distribution of drinking water and the supply of drinking water to such networks; this shall also apply if this activity is connected with the disposal or treatment of sewage or with hydraulic engineering projects, irrigation or land drainage, provided that the volume of water to be used for the supply of drinking water represents more than 20% of the total volume of water made available by such projects or irrigation or drainage installations; in the case of contracting entities under § 98 number 4 the activity shall not be considered an activity in the supply of drinking water where the production of drinking water is necessary for carrying out an activity other than the supply of drinking water or energy or transport services, and where the supply to the public network depends only on the contracting entity's own consumption and has not exceeded 30% of the entity's total production of drinking water, having regard to the average for the preceding three years, including the current year;

2. Supply of Electricity and Gas:

The provision and operation of fixed networks intended to provide a service to the public in connection with the production, transport or distribution of electricity or the production of gas as well as the supply of electricity or gas to these networks; the activity of contracting entities under § 98 number 4 shall not be considered an activity in the supply of electricity and gas where the production of electricity or gas is necessary for carrying out an activity other than the supply of drinking water or energy or transport services, where the supply of electricity or gas to the public network depends only on the contracting entity's own consumption, where the supply of gas is also aimed only at the economic exploitation of such production, if the supply of electricity has not exceeded 30 per cent of the entity's total production of energy, having regard to the average for the preceding three years, including the current year, and if the supply of gas amounts to not more than 20 per cent of the entity's turnover;

3. Supply of Heat:

The provision or operation of fixed networks intended to provide a service to the public in connection with the production, transport or distribution of heat and the supply of heat to these networks; this activity shall not be considered an activity in the supply of heat where the production of heat by contracting entities under § 98 number 4 is the unavoidable consequence of carrying out an activity other than the supply of drinking water or energy supply or transport services, where the supply to the public network is aimed only at the economic exploitation of such production and amounts to not more than 20% of the entity's turnover, having regard to the average for the preceding three years, including the current year;

4. Transport:

The provision and operation of airports intended to provide a service to carriers in the air transport sector by airport undertakings which in particular have been granted a licence under §

38(2) number 1 of the *Air Traffic Licensing Ordinance* [*Luftverkehrszulassungsordnung*] as published on 10 July 2008 (*Federal Law Gazette I p.* 1229) or require such a licence;

the provision and operation of ports or other terminal facilities intended to provide a service to carriers by sea or inland waterway;

the provision of transport services, the provision or operation of infrastructure facilities intended to provide a service to the public in the field of transport by railway, tramway or other rail transport, by cable and automated systems, in the public transport of passengers within the meaning of the Passenger Transport Act [*Personenbeförderungsgesetz*] also by bus and trolleybus.

Bundeskartellamt

Bekanntmachung Nr. 18/2007 des Bundeskartellamtes

über die Nichtverfolgung von Kooperationsabreden mit geringer wettbewerbsbeschränkender Bedeutung[1]

(„Bagatellbekanntmachung“)

vom 13. März 2007

---

1 Diese Bekanntmachung ersetzt die Bekanntmachung BKartA Nr. 57/80 vom 8. Juli 1980 über die Nichtverfolgung von Kooperationsabreden mit geringer wettbewerbsbeschränkender Bedeutung, die im BAnz. Nr. 133 veröffentlicht wurde.

Notice no. 18/2007 of the Bundeskartellamt

on the Non-Prosecution of Cooperation Agreements of Minor Importance[1]

("de minimis Notice")

of 13 March 2007

[1] This notice replaces the Bundeskartellamt's notice no. 57/80 of 8 July 1980 on the non-prosecution of cooperation agreements of minor importance, published in the Federal Gazette no. 133 on 23 July 1980.

A. Vorbemerkung

1 Das Bundeskartellamt kann Unternehmen oder Vereinigungen von Unternehmen verpflichten, Vereinbarungen, Beschlüsse und aufeinander abgestimmte Verhaltensweisen, die eine Verhinderung, Einschränkung oder Verfälschung des Wettbewerbs bezwecken oder bewirken, abzustellen. Die Verfahrenseinleitung wegen des Verdachts einer solchen Zuwiderhandlung steht im Ermessen des Bundeskartellamts. Die Bagatellbekanntmachung legt die Ermessensgrundsätze fest, nach denen (wegen Geringfügigkeit) von einer Verfahrenseinleitung regelmäßig abgesehen wird.

2 Die Grundsätze schließen nicht aus, dass gleichwohl eine Zuwiderhandlung gegen § 1 GWB oder Art. 81 EG gegeben ist. Insbesondere erfolgt mit der Bekanntmachung keine Aussage über die zivilrechtlichen Folgen der erfassten Vereinbarungen.

3 Nach § 2 GWB bzw. Art. 81 Abs. 3 EG freigestellte Vereinbarungen werden von dieser Bekanntmachung nicht berührt.

B. Definitionen

4 Die Begriffe des "Unternehmens", "beteiligten Unternehmens", des "Händlers", des "Lieferanten" und des "Abnehmers" im Sinne dieser Bekanntmachung schließen die mit diesen jeweils verbundenen Unternehmen (§ 36 Abs. 2 GWB) ein.

5 Horizontale Vereinbarungen im Sinne dieser Bekanntmachung sind Vereinbarungen zwischen Unternehmen, die tatsächliche oder potenzielle Wettbewerber auf zumindest einem der betroffenen Märkte sind (Vereinbarungen zwischen Wettbewerbern). Anderenfalls liegen nicht-horizontale Vereinbarungen vor.

C. Ermessensausübung durch das Bundeskartellamt

6 Bei Vereinbarungen zwischen Unternehmen, Beschlüssen von Unternehmensvereinigungen und aufeinander abgestimmten Verhaltensweisen, die in den Anwendungsbereich dieser Bekanntmachung fallen, geht das Bundeskartellamt davon aus, dass regelmäßig nur geringfügige Auswirkungen

A. Preliminary remark

1 The Bundeskartellamt can oblige undertakings or associations of undertakings to put an end to agreements, decisions and concerted practices which have as their object or effect the prevention, restriction or distortion of competition. It is within the Bundeskartellamt's discretion to initiate proceedings on the suspicion of such an infringement. The de minimis Notice lays down the discretionary principles establishing when proceedings are generally not initiated (on the grounds of insignificance).

2 The principles do not preclude the possibility of an infringement of Section 1 of the Act against Restraints of Competition (ARC) or Article 81 of the EC Treaty (EC). In particular, the Notice offers no statement about the consequences of the agreements under civil law.

3 Agreements exempted under Section 2 ARC or Article 81 (3) EC remain unaffected by this Notice.

B. Definitions

4 For the purposes of this notice, the terms "undertaking", "party to the agreement", "distributor", "supplier" and "buyer" shall include their respective affiliated undertakings (Section 36 (2) ARC).

5 Horizontal agreements, for the purposes of this notice, are agreements between undertakings which are actual or potential competitors in at least one of the markets affected (agreements between competitors). All other cases constitute non-horizontal agreements.

C. Exercise of discretion by the Bundeskartellamt

6 In the case of agreements between undertakings, decisions of associations of undertakings and concerted practices which fall under the scope of application of this notice, the Bundeskartellamt assumes that these generally only have an insignificant effect on competition, which does not warrant intervention by the competition authority.

7 The Bundeskartellamt shall generally refrain from initiating proceedings based on Section 1 ARC, Article 81 EC where

auf den Wettbewerb vorliegen, die ein behördliches Einschreiten nicht erfordern.

7 Das Bundeskartellamt wird daher regelmäßig von der Einleitung eines Verfahrens auf der Grundlage von § 1 GWB, Art. 81 EG absehen, wenn

8 a) der von den an einer horizontalen Vereinbarung beteiligten Unternehmen insgesamt gehaltene Marktanteil auf keinem der betroffenen Märkte 10 % überschreitet oder

9 b) der von jedem an einer nicht-horizontalen Vereinbarung beteiligten Unternehmen gehaltene Marktanteil auf keinem der betroffenen Märkte 15 % überschreitet.

10 Ist zweifelhaft, ob eine horizontale oder nicht-horizontale Vereinbarung getroffen wurde, so gilt die 10 %-Schwelle.

11 Besteht der Verdacht, dass auf einem betroffenen Markt der Wettbewerb durch einen kumulativen Marktabschottungseffekt von Vereinbarungen beschränkt wird, beträgt die Marktanteilsschwelle nach Rn. 8 bis 10 jeweils 5 %. Ein kumulativer Abschottungseffekt liegt regelmäßig dann vor, wenn 30 % oder mehr des betroffenen Marktes von nebeneinander bestehenden Netzen von Vereinbarungen verschiedener Lieferanten oder Händler für den Verkauf von Waren oder das Angebot von Dienstleistungen, die ähnliche Wirkungen auf dem Markt haben, abgedeckt werden.

12 In Einzelfällen kann das Bundeskartellamt trotz Unterschreitens der in Rn. 8 bis 11 genannten Schwellen zu der Überzeugung gelangen, dass ausnahmsweise kartellrechtliche Maßnahmen geboten sind. Dies kommt z. B. in Betracht, wenn durch die Wettbewerbsbeschränkung zu erwarten ist, dass sich für Lieferanten oder Abnehmer die Austauschbedingungen auf dem Markt insgesamt (Preise, Konditionen usw.) verschlechtern werden. Das Bundeskartellamt wird in einem solchen Fall jedoch regelmäßig von der Einleitung eines Kartellordnungswidrigkeitenverfahrens absehen und den Unternehmen eine angemessene Übergangsfrist einräumen, um das beanstandete Verhalten abzustellen.

D. Kernbeschränkungen

13 Diese Bekanntmachung gilt nicht für horizontale oder nicht-horizontale Vereinbarungen, die unmittelbar oder mittelbar, für sich allein oder in Ver-

8 a) the combined market share of the undertakings involved in a horizontal agreement does not exceed 10 per cent in any one of the markets affected or

9 b) the market share of each of the undertakings involved in a non-horizontal agreement does not exceed 15 per cent in any one of the markets affected.

10 If it is uncertain whether a horizontal or non-horizontal agreement was concluded, the 10 per cent threshold applies.

11 If there are grounds for suspicion that competition in a market affected is restricted by a cumulative market foreclosure effect of agreements, the market share threshold under paras. 8 to 10 is set at 5 per cent in each case. A cumulative market foreclosure effect generally exists if 30 per cent or more of the affected market is covered by parallel networks of suppliers' or distributors' agreements for the sale of goods or offer of services, which have similar effects on the market.

12 In exceptional cases, even if the thresholds mentioned in paras. 8 to 11 are not attained, the Bundeskartellamt can arrive at the conviction that measures provided for under competition law are necessary. This comes into consideration, for example, if the restraint of competition is expected to cause a deterioration in trading conditions for suppliers or purchasers in the market as a whole (prices, terms, etc.). In such cases, however, the Bundeskartellamt shall generally refrain from initiating administrative fines proceedings and grant the undertakings an adequate transitional period to put an end to the practices objected to.

D. Hardcore Restrictions

13 This notice does not apply to horizontal or non-horizontal agreements which directly or indirectly, in isolation or in connection with other factors under the control of the contracting parties, have the following as their object or effect:

14 a) with regard to third parties, the fixing of prices or price elements when purchasing[2] or selling products or procuring or providing services;

[2] In the case of purchasing cooperations which have a combined market share of less than 15 per cent in the purchase and sales markets affected, the European Commission assumes that a violation of Article 81 (1) EC is unlikely or at least that clearance under Section 81 (3) EC is probable. The Bundeskartellamt is not bound by this estimation of the European Commission.

bindung mit anderen Umständen unter der Kontrolle der Vertragsparteien Folgendes bezwecken oder bewirken:

14 a) im Hinblick auf Dritte die Festsetzung von Preisen oder Preisbestandteilen beim Einkauf[2] oder Verkauf von Erzeugnissen bzw. beim Bezug oder der Erbringung von Dienstleistungen;

15 b) die Beschränkung von Produktion, Bezug oder Absatz von Waren oder Dienstleistungen, insbesondere durch die Aufteilung von Versorgungsquellen, Märkten oder Abnehmern.

Bonn, den 13. März 2007

Dr. Böge
Präsident des Bundeskartellamts

---

[2] Die Europäische Kommission geht bei Einkaufskooperationen die einen gemeinsamen Marktanteil von weniger als 15 % auf den betroffenen Einkaufs- bzw. Verkaufsmärkten halten, davon aus, dass eine Verletzung von Art. 81 Abs. 1 EG als unwahrscheinlich bzw. jedenfalls eine Freistellung nach § 81 Abs. 3 EG wahrscheinlich ist. Das Bundeskartellamt ist an diese Einschätzung der Europäischen Kommission nicht gebunden. Es geht jedoch auch davon aus, dass bei Unterschreiten der genannten Schwellen eine Freistellung nach Art. 81 Abs. 3 EG bzw. § 2 GWB wahrscheinlich ist. Vgl. auch das Merkblatt des Bundeskartellamtes über Kooperationsmöglichkeiten für kleinere und mittlere Unternehmen, Rn. 38.

15 b) the restriction of production, sourcing or distribution of goods or services, in particular by means of sharing sources of supply, markets or customers.

Bonn, 13 March 2007

Dr Böge
President of the Bundeskartellamt

However, it also assumes that clearance is probable under Article 81 (3) EG or Section 2 ARC in the case of market shares below the thresholds quoted. See the Bundeskartellamt's information leaflet on cooperation possibilities for small and medium-sized companies, para. 38.

Merkblatt des Bundeskartellamtes über Kooperationsmöglichkeiten für kleinere und mittlere Unternehmen

(Stand März 2007)

Information leaflet of the Bundeskartellamt on the possibilities of cooperation for small and medium-sized enterprises

(as of March 2007)

A. Vorbemerkung

1 Dieses Merkblatt ersetzt das Merkblatt des Bundeskartellamtes über die Kooperationsmöglichkeiten für kleinere und mittlere Unternehmen nach dem Kartellgesetz vom 16. Dezember 1998.[1]

2 Anlass für diese Neufassung waren das Inkrafttreten des Gesetzes gegen Wettbewerbsbeschränkungen (GWB) nach seiner siebten Novellierung am 1. Juli 2005[2] sowie das Inkrafttreten der EG-Verordnung Nr. 1/2003 am 1. Mai 2004 (VO 1/2003).[3]

3 Seit Inkrafttreten der VO 1/2003 sind die Kartellbehörden verpflichtet, Art. 81 des EG-Vertrags (EG) anzuwenden, wenn der zwischenstaatliche Handel spürbar beeinträchtigt werden kann (Art. 3 Abs. 1 VO 1/2003). Bei Sachverhalten, auf die sowohl deutsches als auch europäisches Recht anwendbar ist, besteht ein Anwendungsvorrang des europäischen Rechts. Danach darf die Anwendung deutschen Rechts nicht zu Ergebnissen führen, die im Widerspruch zum europäischen Recht stehen. Deshalb informiert das Merkblatt auch darüber, wann europäisches Recht Anwendung findet, d.h. in welchen Fällen eine Eignung zur spürbaren Beeinträchtigung des zwischenstaatlichen Handels vorliegt (dazu Rn. 19 ff.).

4 Ein weiterer Grund, die Abgrenzung von europäischem und deutschem Recht zu thematisieren, liegt in § 3 GWB. Während § 2 GWB (welcher der gemeinschaftsrechtlichen Vorschrift des Art. 81 Abs. 3 EG nachgebildet ist) eine für alle Unternehmen geltende Freistellungsnorm darstellt, trifft § 3 GWB für kleine und mittlere Unternehmen eine großzügigere Regelung. Diese ist anwendbar, wenn Art. 81 Abs. 1 EG nicht einschlägig ist.[4] § 3 Abs. 2 GWB räumt den Mitgliedern einer Mittelstandskooperation für diese Fälle auch einen Anspruch auf eine Entscheidung der Kartellbehörde

---

[1] Die bisher in dem Merkblatt ebenfalls enthaltenen Ausführungen zu Empfehlungen entfallen. Zur rechtlichen Einordnung von Empfehlungen wird sich das Bundeskartellamt ggf. zu einem späteren Zeitpunkt äußern.

[2] Bekanntmachung der Neufassung des Gesetzes gegen Wettbewerbsbeschränkungen vom 15. Juli 2005, BGBl. I 2005, S. 1954 ff.

[3] Verordnung (EG) Nr. 1/2003 vom 16. Dezember 2002 zur Durchführung der in den Artikeln 81 und 82 des Vertrages niedergelegten Wettbewerbsregeln, ABl. EG Nr. L 1 vom 4.1.2003, S. 1.

[4] Eine § 3 Abs. 1 GWB vergleichbare Spezialnorm für Mittelstandskooperationen existiert im europäischen Wettbewerbsrecht nicht.

A. Preliminary remarks

1 This information leaflet replaces the information leaflet of the Bundeskartellamt on small-business cooperation agreements under the Act against Restraints of Competition of 16 December 1998.[1]

2 This revised edition was prompted by the coming into force of the Act against Restraints of Competition (ARC) following its seventh amendment on 1 July 2005[2] and the coming into force of EC Regulation No. 1/2003 on 1 May 2004 (Regulation 1/2003).[3]

3 Since Regulation 1/2003 came into force, the competition authorities have been under an obligation to apply Article 81 of the Treaty establishing the European Community (EC Treaty) if trade between Member States may be appreciably affected (Article 3 (1) of Regulation 1/2003). In cases where both German and European law are applicable, the application of European law takes priority. Thus, the application of German law may not lead to an outcome that contradicts European law. This information leaflet therefore also provides information on when European law applies, i.e. in cases likely to result in trade between Member States being affected (on this, see paras 19 ff.).

4 Another reason to discuss the distinction between European and German law lies in Section 3 of the ARC. Whereas Section 2 of the ARC (which is modelled on the Community rule of Article 81 (3) of the EC Treaty) represents an exemption rule applicable to all undertakings, Section 3 of the ARC makes a more generous provision for small and medium-sized undertakings. This provision is applicable where Article 81 (1) of the EC Treaty does not apply.[4] In such cases, Section 3 (2) of the ARC also gives the members of a small or medium-sized business cooperation the right to obtain a decision from the competition authority pursuant to Section 32 c of

---

1 The details on recommendations previously also included in the information leaflet lapse. The Bundeskartellamt may issue a statement on the legal classification of recommendations at a later date.

2 Announcement of the new text of the Act against Restraints of Competition of 15 July 2005, Federal Law Gazette I 2005, pp. 1954 ff.

3 Council Regulation (EC) No. 1/2003 of 16 December 2002 on the implementation of the rules on competition laid down in Articles 81 and 82 of the Treaty, Official Journal of the European Communities No. L 1 of 4 January 2003, p. 1.

4 A special rule for small or medium-sized business cooperations comparable with that of Section 3 Paragraph 1 of the ARC does not exist in European competition law.

nach § 32 c GWB ein (dazu Rn. 43 ff.), sofern hierfür ein erhebliches rechtliches oder wirtschaftliches Interesse besteht.[5]

5 Ungeachtet des anzuwendenden Rechts sind das Bundeskartellamt bzw. die Landeskartellbehörden für die Prüfung regelmäßig sachlich zuständig (dazu Rn. 40 ff.).

6 Mit der 7. GWB-Novelle ist die Vorschrift über Einkaufskooperationen kleiner und mittlerer Unternehmen (§ 4 Abs. 2 GWB a.F.) gestrichen worden. Unter Punkt C.V. (Rn. 38 ff.) wird deshalb darüber informiert, nach welchen Kriterien das Bundeskartellamt künftig derartige Kooperationen beurteilen wird.

B. Vereinbarungen mit geringer wettbewerbsbeschränkender Bedeutung

7 Für sämtliche Vereinbarungen zwischen Unternehmen gilt die Bekanntmachung des Bundeskartellamts über die Nichtverfolgung der Kooperationsabreden mit geringer wettbewerblicher Bedeutung.[6] Sind deren Voraussetzungen erfüllt, greift das Bundeskartellamt entsprechende Vereinbarungen in der Regel nicht auf, selbst wenn diese nach den Grundsätzen dieses Merkblatts nicht unter den Freistellungstatbestand des § 3 Abs. 1 GWB fallen.

C. Für alle Unternehmen geltende Freistellungsnormen

8 Unabhängig von der Größe der an einer Vereinbarung beteiligten Unternehmen gibt es im deutschen und europäischen Recht weit gehende Freistellungsmöglichkeiten nach Art. 81 Abs. 3 EG bzw. § 2 GWB. Von besonderer Bedeutung sind in diesem Zusammenhang die im deutschen und europäischen Recht geltenden Gruppenfreistellungsverordnungen (GVO). Dies sind Verordnungen, die gem. Art. 81 Abs. 3 EG bzw. § 2 GWB bestimmte Gruppen von Vereinbarungen vom Verbot des Art. 81 Abs. 1 EG bzw. § 1 GWB freistellen.

---

5 Diese Regelung tritt am 30.6.2009 außer Kraft, § 3 Abs. 2 Satz 2 GWB.

6 Das setzt namentlich voraus, dass der von den an der Vereinbarung beteiligten Unternehmen insgesamt gehaltene Marktanteil auf keinem der von der Vereinbarung betroffenen relevanten Märkte 10 % überschreitet und keine sog. Kernbeschränkungen Gegenstand der Vereinbarung sind. Einzelheiten zur Ausübung des Aufgreifermessens finden sich in der Bekanntmachung des BKartA über Vereinbarungen von geringer wettbewerbsbeschränkender Bedeutung.

the ARC (see here paras **43** ff.), provided they demonstrate a significant legal or economic interest in such a decision.[5]

5 Irrespective of which law applies, the Bundeskartellamt or the *Land* competition authorities are usually competent to examine these cases (see here paras **40** ff.).

6 In the 7th Amendment to the ARC, the provision concerning purchasing cooperations by small and medium-sized enterprises (Section 4 (2) (2)of the old version of the ARC) was deleted. Information is therefore provided under section E.IV. below of this information leaflet (paras **38** ff.) on the criteria according to which the Bundeskartellamt will judge such cooperations in the future.

B. Agreements of minor importance to competition

7 The notice of the Bundeskartellamt on the Non-Prosecution of Cooperation Agreements of Minor Importance[6] applies to all agreements between enterprises. If its conditions are fulfilled, the Bundeskartellamt as a rule does not initiate proceedings against such agreements even if they do not meet the exemption criteria of Section 3 (1) (1) of the ARC according to the principles of this information leaflet.

C. The exemption rules applying to all undertakings

8 Regardless of the size of an undertaking that is party to an agreement, there are far-reaching possibilities for exemption under German and European law under Article 81 (3) of the EC Treaty and Section 2 of the ARC, respectively. The Block Exemption Regulations (BER) applying under German and European law are of particular significance in this connection. These are regulations exempting certain groups of agreements from the prohibition of Article 81 (1) of the EC Treaty and / or Section 1 of the ARC.

9 In the case of small or medium-sized business cooperations, it is in particular the Block Exemption Regulation on categories of specialisation

---

5 This provision expires on 30 June 2009, Section 3 (2), Sentence 2 of the ARC.

6 This requires that the combined market share of the undertakings involved in an agreement does not exceed 10 per cent in any one of the relevant markets covered by the agreement and that no so-called hardcore restrictions are contained in the agreement. Details on the Bundeskartellamt's exercise of discretion can be found in its notice on agreements of insignificant effect on competition.

9 Für Mittelstandskooperationen können hier insbesondere die Spezialisierungs-Gruppenfreistellungsverordnung[7] sowie die Gruppenfreistellungsverordnung zu Forschung und Entwicklung[8] in Betracht kommen. Sind die Voraussetzungen für eine Gruppenfreistellung erfüllt, steht die Rechtmäßigkeit unabhängig von § 3 GWB fest. Fällt die Mittelstandsvereinbarung nicht unter eine GVO, so richtet sich die Frage, ob eine Vereinbarung mit wettbewerbswidrigem Inhalt freigestellt ist, unmittelbar nach Art. 81 Abs. 3 EG bzw. § 2 GWB.

10 Hinweise, nach denen die Kommission die rechtliche Zulässigkeit von horizontalen Kooperationen (d.h. Kooperationen zwischen aktuellen oder potentiellen Wettbewerbern) bei der unmittelbaren Prüfung von Art. 81 Abs. 3 EG beurteilt, finden sich in den sog. Horizontalleitlinien,[9] der De-minimis-Bekanntmachung[10] sowie den Leitlinien zur Anwendung von Art. 81 Abs. 3 EG.[11] Diese Texte binden die deutschen Kartellbehörden und Gerichte zwar nicht, können aber als Orientierungshilfe dienen.

D. Der „Mittelstand" als Adressat dieses Informationsblatts

11 Eine breite Schicht kleiner und mittlerer Unternehmen („Mittelstand") ist für eine funktionierende Marktwirtschaft unerlässlich. Die Erfahrungen haben gezeigt, dass sich kleine und mittlere Unternehmen (im Folgenden KMU) aufgrund der ihnen eigenen Flexibilität auch gegen Großunternehmen im Wettbewerb behaupten können. Allerdings sind sie dabei gegenüber Großunternehmen insoweit im Nachteil, als mit steigender Unternehmensgröße regelmäßig Vorteile bei der Beschaffung, der Produktion oder dem Vertrieb verbunden sind. Kooperationen zwischen kleinen und mittleren

---

7 Verordnung (EG) Nr. 2658/2000 der Kommission vom 29. November 2000 über die Anwendung von Artikel 81 Absatz 3 des Vertrages auf Gruppen von Spezialisierungsvereinbarungen, ABl. EG Nr. 305, S. 3.

8 Verordnung (EG) Nr. 2659/2000 der Kommission vom 29. November 2000 über die Anwendung von Artikel 81 Absatz 3 des Vertrages auf Gruppen von Vereinbarungen über Forschung und Entwicklung, ABl. EG Nr. L 304, S. 7.

9 Bekanntmachung der Kommission – Leitlinien zur Anwendbarkeit von Artikel 81 EG-Vertrag auf Vereinbarungen über horizontale Zusammenarbeit („Horizontalleitlinien“), ABl. EG Nr. C 3 vom 6. Januar 2001, S. 2.

10 Bekanntmachung der Kommission über Vereinbarungen von geringer Bedeutung, die den Wettbewerb gemäß Artikel 81 Absatz 1 des Vertrages zur Gründung der Europäischen Gemeinschaft nicht spürbar beschränken („De-minimis Bekanntmachung“), ABl. EG Nr. C 368 vom 22. Dezember 2001, S. 13.

11 Bekanntmachung der Kommission – Leitlinien zur Anwendung von Artikel 81 Abs. 3 EG-Vertrag, ABl. EU Nr. C 101 vom 27. April 2004, S. 97.

agreements[7] as well as the Block Exemption Regulation on categories of research and development agreements[8] that may be applicable in this connection. If the conditions for block exemption are met, they are deemed to be legitimate independently from Section 3 of the ARC. If the small-business agreement does not fall under a BER, the question of whether an agreement with anticompetitive content is exempted is directly subject to Article 81 (3) of the EC Treaty or Section 2 of the ARC.

10 Information according to which the Commission judges the legal permissibility of horizontal cooperations (i.e. cooperations between current or potential competitors) in its direct examination of Article 81 (3) of the EC Treaty, are to be found in the so-called Horizontal Guidelines,[9] in the de minimis notice[10] and in the guidelines on the application of Article 81 (3) of the EC Treaty.[11] While these texts are not binding on the German competition authorities and courts, they may serve to give guidance.

D. Small and medium-sized enterprises (SMEs) as the target group of this information leaflet

11 A wide range of small and medium-sized enterprises (small businesses/*Mittelstand*) is indispensable for an efficient market economy. Experience has shown that on account of their flexibility, small and medium-sized enterprises (hereinafter referred to as SMEs) are able to stand their ground even when competing against large undertakings. They are, however, at a disadvantage compared with large firms in situations where size is associated with regular advantages in purchasing, production, marketing and distribution. Cooperations between small and medium-sized enter-

---

7 Commission Regulation (EC) No. 2658/2000 of 29 November 2000 on the application of Article 81 (3) of the Treaty to categories of specialisation agreements, Official Journal of the European Communities No. 305, p. 3.

8 Commission Regulation (EC) No. 2659/2000 of 29 November 2000 on the application of Article 81 (3) of the Treaty to categories of research and development agreements, Official Journal of the European Communities No. L 304, p. 7.

9 Commission notice – Guidelines on the applicability of Article 81 of the EC Treaty to horizontal cooperation agreements ("Horizontal guidelines"), Official Journal of the European Communities No. C 3 of 6 January 2001, p. 2.

10 Commission notice on agreements of minor importance which do not appreciably restrict competition under Article 81 (1) of the Treaty (*de minimis* notice), Official Journal of the European Communities No. C 368 of 22 December 2001, p. 13.

11 Commission notice – Guidelines on the application of Article 81 (3) of the Treaty, Official Journal of the European Communities No. C 101 of 27 April 2004, p. 97.

Unternehmen können diesen größenbedingten Nachteilen Rechnung tragen, ohne den Wettbewerb in unvertretbarer Weise zu beschränken.

I. KMU im deutschen Wettbewerbsrecht

12 Das Bundeskartellamt geht von einem relativen, sich an der jeweiligen Marktstruktur orientierenden Begriff der KMU aus. Danach kann die Frage, ob es sich bei einem Unternehmen um ein KMU handelt, nicht anhand absoluter Größenzahlen (z. B. Jahresumsatz, Beschäftigtenzahl) beantwortet werden. Dies hängt vielmehr von den Unternehmensgrößen im jeweiligen Wirtschaftszweig ab. Für den Begriff des KMU ist vor allem das Verhältnis zu den großen Unternehmen seiner Branche entscheidend, denen gegenüber die Wettbewerbsfähigkeit durch Kooperationen von KMU verbessert werden soll. Bei dieser Gegenüberstellung sind die Wettbewerber der an der Kooperation beteiligten Unternehmen zu berücksichtigen. Ein Unternehmen mit 100 Mio. € Jahresumsatz kann z. B. in einem Markt, auf dem auch Umsatzmilliardäre tätig sind, u. U. als mittleres Unternehmen angesehen werden. Demgegenüber kann ein Unternehmen mit einem gleich hohen Umsatz in einem anderen Wirtschaftszweig, der eine andere Unternehmensstruktur aufweist, ggf. nicht mehr als KMU anzusehen sein.

II. Konzernbetrachtung

13 Das Bundeskartellamt wendet bei der Frage, wann ein Unternehmen als KMU zu qualifizieren ist, die Zurechnungsnorm des § 36 Abs. 2 GWB an. Verbundene Unternehmen i. S. d. §§ 17 und 18 des Aktiengesetzes sind danach als einheitliches Unternehmen anzusehen. Ist die Tochtergesellschaft eines Großunternehmens an der Kooperation beteiligt, so kann diese Tochtergesellschaft im Regelfall daher nicht als KMU angesehen werden.

E. Mittelstandskooperationen

I. Übersicht über die neue Rechtslage

14 Mit der Novellierung des GWB sind die Regelungen des GWB über Unternehmenskooperationen überwiegend – mit Ausnahme des § 3 GWB – dem europäischen Recht angepasst worden.

prises can take account of these size-related disadvantages without unjustifiably restricting competition.

I. SMEs in German competition law

12 The Bundeskartellamt bases its presumptions on a relative definition of SMEs that is guided by the respective market structure. Thus, the question of whether an undertaking is an SME cannot be answered on the basis of absolute parameters (e.g. annual turnover, number of employees). Rather, it depends on the relative size of the firms in the sector of the economy concerned. What is decisive for the concept of SMEs is above all their size in relation to the large enterprises in the industry concerned in relation to which the small firms' competitiveness is to be improved by means of cooperations. The competitors of the firms involved in the cooperation arrangement are to be taken into consideration in this context. A firm with an annual turnover of EUR 100 million may be regarded as medium-sized in some circumstances, for example, in a market where some of the other firms have sales in the billion euro range. In another industry with a different competitive structure, however, a firm having the same turnover figures is not necessarily to be considered small or medium-sized.

II. Definition of corporate group

13 In considering the question of when an undertaking is to be regarded as an SME, the Bundeskartellamt applies the attribution rule of Section 36 (2) of the ARC. According to this provision, affiliated companies within the meaning of Sections 17 and 18 of the German Stock Corporation Act are to be regarded as one single undertaking. In cases where a subsidiary of a large firm participates in the cooperation agreement, this subsidiary therefore cannot usually be regarded as an SME.

E. Small or medium-sized -business cooperations

I. Overview of the new legal situation

14 The latest amendment of the ARC predominantly adapts the provisions of the ARC on business cooperations to European law, with the exception of Section 3 of the ARC.

15 Das neue deutsche und das europäische Wettbewerbsrecht eröffnen Unternehmen einen größeren Handlungsfreiraum und eine Einschätzungsprärogative, die aber zugleich zu höherer Eigenverantwortung führt. Das alte nationale Recht verbot alle wettbewerbsbeschränkenden Vereinbarungen. Allerdings stellte die Kartellbehörde bestimmte wettbewerbsbeschränkende Vereinbarungen – nach vorheriger Anmeldung – von diesem Verbot frei. Eine dieser Ausnahmevorschriften stellte § 4 Abs. 1 GWB a. F. dar. Dieser besteht im novellierten Recht als § 3 Abs. 1 GWB fort und stellt den einzigen vom europäischen Recht abweichenden Freistellungstatbestand dar.

16 Wettbewerbsbeschränkende Vereinbarungen nach Art. 81 Abs. 1 EG und § 1 GWB sind automatisch – also ohne vorherige Anmeldung – freigestellt, wenn die im Gesetz in Art. 81 Abs. 3 EG, § 2 Abs. 1 oder § 3 Abs. 1 GWB genannten Freistellungsvoraussetzungen vorliegen.

Bsp.: Die als KMU zu definierenden Unternehmen A und B stellen Fertigbetonteile her. Sie sind in der Nähe von Flensburg und Lübeck mit jeweils zwei Werken ansässig. Sie beabsichtigen, einen Kooperationsvertrag zu schließen, wonach die Vertriebsaktivitäten für Betonfertigteile zusammengelegt werden. Nach der Kooperationsvereinbarung beschränken sie ihre Kooperation auf das Inland, d. h. sie erstreckt sich nicht auf etwaige ausländische Geschäftsaktivitäten.

Anders als nach früherem Recht ist die Kooperationsvereinbarung nicht mehr bei der Kartellbehörde anzumelden. Den Unternehmen obliegt die Prüfung, ob ihre Abrede mit deutschem bzw. europäischen Kartellrecht vereinbar ist. Die Unternehmen können sich auch zur Klärung informell an die Kartellbehörde wenden oder einen Antrag nach § 3 Abs. 2 i. V. m. § 32c GWB stellen.

II. Anwendbarkeit des europäischen und des deutschen Wettbewerbsrechts

17 Immer dann, wenn eine Unternehmenskooperation geeignet ist, den zwischenstaatlichen Handel spürbar zu beeinträchtigen, greift der Vorrang des europäischen Rechts. Vorrang bedeutet, dass die Anwendung des deutschen Rechts nicht im Widerspruch zu Ergebnissen stehen darf, die bei Anwendung der europäischen Regelungen auf denselben Sachverhalt erzielt würden. Für die rechtliche Beurteilung von Mittelstandskooperationen ist § 3 Abs. 1 GWB deshalb nur dann maßgeblich, wenn zuvor die Eignung zur Beeinträchtigung des zwischenstaatlichen Handels bzw. die „Spürbarkeit" der Beeinträchtigung ausgeschlossen wurde.

15 The new German and European competition legislation gives undertakings greater room for manoeuvre and the prerogative to carry out their own appraisal, which also leads to firms themselves taking over greater responsibility. The old national legislation prohibited any agreements that restricted competition. However, the competition authority exempted certain anticompetitive agreements from this prohibition after prior notification. Section 4 (1) of the old version of the ARC was one of these exemption provisions. This provision remains in the amended legislation in Section 3 (1) of the ARC and is the only exemption that deviates from European law.

16 Anticompetitive agreements under Article 81 (1) of the EC Treaty and Section 1 of the ARC are automatically exempted, i.e. without prior notification, if the conditions for exemption specified in the law in Article 81 (3) EC Treaty, or Section 2 (1) or Section 3 (1) of the ARC are fulfilled.

Example: Undertakings A and B, which are to be defined as SMEs, manufacture concrete components. They have two plants each, located near Flensburg and Lübeck. They intend to conclude a cooperation agreement according to which their marketing activities for concrete components are to be merged. According to the cooperation agreement, they are limiting their cooperation to Germany, i.e. it does not cover any foreign business activities.

In contrast to earlier legislation, this cooperation agreement is no longer to be notified to the competition authority. It is incumbent upon the undertakings concerned to examine whether their agreement is compatible with German or European competition law. The undertakings may also approach the competition authority informally for clarification or make an application pursuant to Section 3 (2) in combination with Section 32c of the ARC.

II. Applicability of European and German competition laws

17 Whenever business cooperation is likely to appreciably affect trade between Member States, the priority of European law takes effect. Priority means that the application of German law may not contradict an outcome that would have been reached if European rules had been applied to the same facts. Section 3 (1) of the ARC is therefore only relevant for making a legal assessment of small or medium-sized business cooperations if it has previously been ruled out that the cooperation is likely to affect trade between Member States or if it has been ruled out that the effect is "appreciable".

18 Thus, whether European law applies depends on two conditions:

18 Ob europäisches Recht einschlägig ist, hängt danach von zwei Voraussetzungen ab:

- die Vereinbarung muss geeignet sein, den Handel zwischen Mitgliedstaaten zu beeinträchtigten (dazu Rn. 19 ff.), und zwar
- in spürbarer Weise (dazu Rn. 21 ff.).

Bei der Beurteilung, ob diese beiden Voraussetzungen vorliegen, können die Zwischenstaatlichkeitsleitlinien der Europäischen Kommission (im Folgenden: Kommission) als Orientierungshilfe herangezogen werden.[12] Die Prüfungsgesichtspunkte „Eignung“ und „Spürbarkeit“ greifen indessen eng ineinander und sind in der Praxis im Einzelfall nur schwer voneinander zu trennen.

1. Eignung zur spürbaren Beeinträchtigung des zwischenstaatlichen Handels

19 Der Begriff des Handels ist weit zu verstehen und umfasst alle grenzüberschreitenden wirtschaftlichen Tätigkeiten einschließlich der Niederlassung.[13] Eine Beeinträchtigung des Handels zwischen Mitgliedstaaten liegt auch dann vor, wenn die Wettbewerbsstruktur des Marktes durch Vereinbarungen oder Verhaltensweisen beeinträchtigt wird, etwa durch (drohendes) Ausschalten eines in der EU tätigen Wettbewerbers.[14]

Maßstab für das Vorliegen einer Beeinträchtigung ist nach der Rechtsprechung des EuGH eine Prognose, wonach die Vereinbarung oder Verhaltensweise den Warenverkehr zwischen Mitgliedstaaten unmittelbar oder mittelbar, tatsächlich oder potenziell beeinflusst, und dafür objektive rechtliche oder tatsächliche Gründe vorliegen, die eine hinreichende Wahrscheinlichkeit begründen.[15] Rein abstrakte oder gar spekulative Wirkungen reichen nicht. Eine vorgetragene Wettbewerbsbeschränkung muss viel-

---

[12] Leitlinien über den Begriff der Beeinträchtigung des zwischenstaatlichen Handels in den Artikeln 81 und 82 des Vertrages“, ABl. EU Nr. C 101 vom 27. April 2004, S. 81 („Zwischenstaatlichkeitsleitlinien“). Für die deutschen Kartellbehörden und Gerichte sind diese Leitlinien nicht bindend, vgl. OLG Düsseldorf WuW/E DE-R 1610, 1613 "*Filigranbetondecken*".

[13] S. Zwischenstaatlichkeitsleitlinien (Fn. 12), Ziff. 19.

[14] Zwischenstaatlichkeitsleitlinien (Fn. 12), Ziff. 20.

[15] Europäischer Gerichtshof (EuGH), Urteil vom 30. Juni 1966, Rs. 56/65, Slg. 1966 S. 337ff. *„Maschinenbau Ulm“*.

- the agreement must be likely to affect trade between Member States (see here paras 19 ff.) and to do so
- appreciably (see here paras 21 ff.).

In assessing whether these two conditions have been fulfilled, the guidelines on the effect on trade between Member States of the European Commission (hereinafter referred to as the Commission) may be used for orientation purposes.[12] The examination aspects of "likelihood" and "appreciability" are closely intertwined and are in practice very difficult to separate in individual cases.

1. Likelihood to appreciably affect trade between Member States

19 The concept of trade is to be understood in a broad sense and covers all cross-border economic activities including establishing a business.[13] Trade between Member States is also affected if the competitive structure of the market is affected by agreements or practices, for example by eliminating (or threatening to eliminate) a competitor operating within the EU.[14]

According to a ruling by the ECJ, the measure of whether trade may be affected is a prognosis according to which the agreement or practice may have an influence, direct or indirect, actual or potential, on the pattern of trade between Member States, and that there are objective factors of law or fact to substantiate sufficient probability.[15] Purely abstract or even speculative effects do not suffice. Rather, it must be possible for an alleged restraint of competition to affect cross-border trade according to general life experience.[16]

In our example case in para. 16, a cross-border effect would be ruled out if the concrete components manufactured by A and B could not be supplied to other Member States, here specifically to Denmark, for technical or economic reasons.

---

12 Guidelines on the effect on trade concept contained in Articles 81 and 82 of the Treaty, Official Journal of the European Communities No. C 101 of 27 April 2004, p. 81 ("Guidelines on the effect on trade between Member States"). These guidelines are not binding on German competition authorities and courts; cf. Düsseldorf Higher Regional Court, WuW/DE-R 1610, 1613 "*Filigranbetondecken*".

13 See Guidelines on the effect on trade between Member States (footnote 12), paragraph 19.

14 Guidelines on the effect on trade between Member States (footnote 12), paragraph 20.

15 European Court of Justice (ECJ), judgement of 30 June 1966, Case 56/65, [1966] ECR English special edition 235 *"Maschinenbau Ulm"*.

16 ECJ, judgement of 14 December 1983, Case 319/82[1985] ECR 4173 *"Kerpen und Kerpen"*.

mehr nach allgemeiner Lebenserfahrung eine Auswirkung auf den zwischenstaatlichen Handel haben können.[16]

In unserem Beispielfall in Rn. 16 wäre eine zwischenstaatliche Wirkung ausgeschlossen, wenn die von A und B produzierten Betonfertigteile bereits aus technischen oder wirtschaftlichen Gründen nicht in andere Mitgliedstaaten, hier namentlich Dänemark, zu liefern wären.

Demgegenüber ist es unerheblich, wenn A und B ihre Kooperationen vertragsgemäß auf das Inland beschränken würden. Für die Frage der Eignung ist allein die potentielle Eignung, nicht aber der vertraglich bestimmte „Geltungsbereich" maßgeblich. Auch eine Beschränkung des geographisch relevanten Marktes auf das Inland spricht nicht notwendigerweise gegen eine Beeinträchtigung des zwischenstaatlichen Handels[17].

20 Eine Eignung zur spürbaren Beeinträchtigung des zwischenstaatlichen Handels ist insbesondere regelmäßig zu verneinen, wenn Vereinbarungen von *rein lokaler Bedeutung* vorliegen, wobei es irrelevant ist, ob der lokale Markt in einer Grenzregion liegt.[18] Das europäische Recht kommt in diesen Fällen nicht zur Anwendung.

Bsp.: Beliefern A oder B primär Abnehmer in Schleswig-Holstein, ist es ihnen aber technisch möglich, nach Dänemark zu liefern, und wäre dies auch nicht offensichtlich unrentabel, so ist die Prüfung, ob Gemeinschaftsrecht zur Anwendung kommt, mit der Prüfung der Spürbarkeit fortzusetzen.

2. Prüfung der Spürbarkeit

21 Für die Anwendung des europäischen Rechts ist nicht nur die Eignung zur Beeinträchtigung des zwischenstaatlichen Handels ausschlaggebend. Diese Beeinträchtigung muss darüber hinaus auch „spürbar" sein. Mit dem Kriterium der „Spürbarkeit" soll sichergestellt werden, dass das europäische Recht nur auf diejenigen Wettbewerbsbeschränkungen Anwendung findet, die geeignet sind, grenzüberschreitende Auswirkungen eines bestimmten Ausmaßes zu verursachen. Zur Beurteilung der Spürbarkeit bedient sich die Kommission zweier Vermutungsregeln.

---

[16] EuGH, Urteil vom 14. Dezember 1983, Rs. 319/82, Slg. 1985, S. 4173ff. *„Kerpen und Kerpen"*.

[17] Zwischenstaatlichkeitsleitlinien (Fn. 12), Ziff. 22 und Ziff. 91.

[18] Zwischenstaatlichkeitsleitlinien (Fn. 12), Ziff. 91.

Thus, it would be irrelevant if A and B were to limit their cooperation contractually to Germany. It is the potential likelihood alone, not the contractually-agreed "area of application" that is of relevance to the question of likelihood. Accordingly, limiting the geographically relevant market to the domestic market does not necessarily mean that there is no effect on cross-border trade[17]*.*

20 As a rule, a likelihood that trade between Member States will be appreciably affected is to be negated when agreements are of *purely local significance*, whereby it is irrelevant whether the local market lies in a region close to a national border.[18] European law does not apply in such cases.

Example: If A or B supply primarily to purchasers in Schleswig-Holstein (Germany), but it is technically possible for them to supply to Denmark, and this also would not be clearly unprofitable, the examination as to whether Community law applies would continue with the examination of appreciability.

2. Examination of appreciability

21 It is not only the likelihood that cross-border trade would be affected that is of relevance for the application of European law. This effect must also be "appreciable". The criterion of "appreciability" is intended to ensure that European law is only applied to restraints of competition that are likely to cause cross-border effects of a certain dimension. The Commission uses two presumption rules to judge appreciability.

a. Principles for examination

aa. Negative presumption

22 "Appreciability" is regularly to be negated ("negative presumption ")[19], if

- the aggregate market share of the parties on any relevant market within the Community affected by the agreement does not exceed 5 per cent **and**

---

[17] Guidelines on the effect on trade between Member States (footnote 12), paragraphs 22 and 91.

[18] Guidelines on the effect on trade between Member States (footnote 12), paragraph 91.

[19] Guidelines on the effect on trade between Member States (footnote 12), paragraph 52.

a. Prüfungsgrundsätze

aa. Negativvermutung

22 Die „Spürbarkeit“ ist regelmäßig dann zu verneinen („Negativvermutung“)[19], wenn

- der gemeinsame Marktanteil der Parteien auf keinem von der Vereinbarung betroffenen relevanten Markt innerhalb der Gemeinschaft 5 % überschreitet **und**
- der gesamte Jahresumsatz[20] der beteiligten Unternehmen innerhalb der Gemeinschaft mit den von der Vereinbarung umfassten Waren den Betrag von 40 Mio. € nicht übersteigt.[21]

Bsp.: Um zu klären, ob die Negativvermutung einschlägig ist, ist zunächst zu prüfen, ob der gesamte kumulierte Jahresumsatz der beteiligten Unternehmen A und B mit Fertigbetonteilen innerhalb der EU nicht mehr als 40 Mio. Euro beträgt. Anschließend ist der relevante Markt in sachlicher und räumlicher Hinsicht zu bestimmen. Liegt der Marktanteil von A und B auf dem relevanten Markt unterhalb von 5%, wäre die Spürbarkeit zu verneinen. Die Konsequenz wäre, dass auf die Kooperation vermutungshalber allein deutsches Recht Anwendung fände.

bb. Positivvermutung

23 Sind die Voraussetzungen der Negativvermutung nicht erfüllt, geht die Kommission beim Vorliegen folgender Vereinbarungen von der widerlegbaren Vermutung (Positivvermutung)[22] aus, dass die Beeinträchtigung des Handels spürbar ist:[23]

- Vereinbarungen, die Ein- oder Ausfuhren innerhalb der Gemeinschaft betreffen,[24] oder

---

[19] Zwischenstaatlichkeitsleitlinien (Fn. 12), Ziff. 52.

[20] Bei Einkaufskooperationen: Jahreseinkaufsvolumen.

[21] Die Negativvermutung gilt nicht für den Sonderfall im Entstehen begriffener „neuer Märkte“, hier ist stets eine Einzelfallprüfung erforderlich, vgl. Zwischenstaatlichkeitsleitlinien (Fn. 12), Ziff. 52.

[22] Zwischenstaatlichkeitsleitlinien (Fn. 12), Ziff. 53.

[23] Es handelt sich dann um sog. dem Wesen nach zur spürbaren Beeinträchtigung des zwischenstaatlichen Handels geeignete Vereinbarungen.

[24] Dies gilt nicht bei Verträgen, die lediglich *Exporte* in Länder außerhalb der EU betreffen, sofern solche Verträge nicht zur Beschränkung des Wettbewerbs innerhalb der Gemeinschaft dienen, vgl. Zwischenstaatlichkeitsleitlinien, Ziff. 103.

- the aggregate annual Community turnover[20] of the undertakings concerned in the products covered by the agreement does not exceed EUR 40 million.[21]

Example: In order to clarify whether the negative presumption applies, it has to be examined first of all whether the total cumulative annual turnover of the participating undertakings A and B with concrete components within the EU does not exceed EUR 40 million. Then, the relevant product and geographic market are to be defined. If the market share of A and B in the relevant market is below 5 per cent, it would be necessary to state that there was no appreciability. The consequence would be that only German law would apply to the cooperation in the presumption.

bb. Positive presumption

23 If the conditions of the negative presumption are not fulfilled, the Commission makes the refutable presumption (positive presumption)[22] that the effect on trade is appreciable in the case of the following agreements (positive presumption):[23]

- agreements relating to imports or exports within the Community,[24] or
- agreements that relate both to imports from and exports to third countries,[25]
- agreements covering a number of Member States; or
- hardcore cartel agreements that cover a whole Member State.[26]

Example: In the example case, the conditions for a positive presumption would be fulfilled if A and B agreed that on account of possible parallel imports, the volume of supplies by A and B to Denmark so far should only be

---

20 In the case of purchasing cooperations: annual purchasing volume.

21 The negative presumption does not apply to the special case of the "new markets" that are coming into existence; here an individual examination is always required, cf. Guidelines on the effect on trade between Member States (footnote 12), paragraph 52.

22 Guidelines on the effect on trade between Member States (footnote 12), paragraph 53.

23 The agreements would then be ones that are by their nature likely to lead to an appreciable effect on trade between Member States.

24 This does not apply to agreements that concern only *exports* to countries outside the EU, as long as such agreements do not lead to a limitation of competition within the Community, cf. Guidelines on the effect on trade between Member States, paragraph 103.

25 Cf. Guidelines on the effect on trade between Member States (footnote 12), paragraph 103.

26 Cf. Guidelines on the effect on trade between Member States (footnote 12), paragraph 78.

- Vereinbarungen, die sowohl Einfuhren aus Drittstaaten als auch Ausfuhren nach Drittstaaten betreffen,[25]
- Vereinbarungen, die mehrere Mitgliedstaaten betreffen; oder
- Hardcore-Kartellvereinbarungen, die sich auf einen ganzen Mitgliedstaat erstrecken.[26]

Bsp.: Im Beispielsfall wäre die Positivvermutung erfüllt, wenn A und B wegen möglicher Parallelimporte vereinbarten, dass der bisherige Umfang von Lieferungen von A und B nach Dänemark nur einvernehmlich erhöht werden darf und der Umsatz von A und B mit Fertigbetonteilen innerhalb der EU höher als 40 Mio. € liegt.

cc. Vertiefte Einzelfallprüfung anhand qualitativer Kriterien

24 Kann die Anwendbarkeit europäischen Rechts nicht schon aufgrund der Negativvermutung (Rn. 22) ausgeschlossen oder aufgrund der Positivvermutung (Rn. 23) angenommen werden, so ist die Frage der „Spürbarkeit" im Wege einer vertieften Einzelfallprüfung zu entscheiden. Dabei sind u. a.[27] zu berücksichtigen:

- die Wirkungen der Vereinbarung auf den Wettbewerb,
- die Marktstellung der Betroffenen,
- Art und Menge der betroffenen Güter bzw. Art und Umfang der betroffenen Dienstleistungen,
- das rechtliche Umfeld (z. B. Liberalisierungsprozesse oder behördliche Genehmigungserfordernisse),
- der Umfang der Exporte der kooperierenden Unternehmen mit den betreffenden Gütern und Dienstleistungen in einen weiteren Mitgliedstaat.

---

[25] Vgl. Zwischenstaatlichkeitsleitlinien (Fn. 12), Ziff. 103.

[26] Vgl. Zwischenstaatlichkeitsleitlinien (Fn. 12), Ziff. 78.

[27] Zwischenstaatlichkeitsleitlinien (Fn. 12), Ziff. 59 i. V. m. Ziff. 29, 30.

increased by mutual agreement and if the turnover of A and B with concrete components within the EU exceeds EUR 40 million.

cc. In-depth individual examination on the basis of qualitative criteria

24 If the applicability of European law cannot be ruled out already on the basis of the negative presumption (para. 22) or presumed on account of the positive presumption (para. 23), the question of "appreciability" is to be decided by means of an in-depth individual examination. The following criteria, among other things, are to be taken into account here[27]:

- the effects of the agreement on competition,
- the market position of the parties concerned,
- the type and quantity of the goods concerned or the type and quantity of the services concerned,
- the legal environment (e.g. liberalisation processes or requirements to obtain official approval),
- the quantity of exports by the cooperating undertakings of the goods and services concerned to another Member State.

b. The special case of regional markets[28]

25 With regard to SMEs, agreements concerning only part of a Member State (regional markets) deserve special attention.[29] Such agreements are not subject to the positive presumption on account of their limited geographical scope. What is also to be examined here in the first instance is whether

---

27 Guidelines on the effect on trade between Member States (footnote 12), paragraph 59 in combination with paragraphs 29 and 30.

28 As already mentioned under para. 20 above, there is no likelihood that agreements of purely local significance will affect trade between Member States, so that European law does not apply and an examination of appreciability need not be carried out.

29 In the view of the Commission, agreements between SMEs are rarely likely to appreciably affect trade between the Member States. The Commission argues that "the activities of SMEs are normally local or at most regional in nature." However, agreements between SMEs could be subject to the application of Community law if these companies operate internationally, Guidelines on the effect on trade between Member States (footnote 12), paragraph 50.

In contrast to the Bundeskartellamt, the Commission is guided by absolute dimensions in defining SMEs. This definition derives from State aid legislation and covers companies that have a maximum of 250 employees and that have an annual turnover of a maximum of EUR 50 million or a total annual balance of a maximum of EUR 43 million. See Article 2 (1) of the Commission Recommendation of 6 May 2003 concerning the definition of micro, small and medium-sized enterprises, Official Journal of the European Communities No. L 124 of 20 May 2003, p. 36.

b. Sonderfall Regionalmärkte[28]

25 Im Hinblick auf KMU verdienen Vereinbarungen besondere Beachtung, die nur einen Teil eines Mitgliedstaats (Regionalmärkte) betreffen.[29] Diese Vereinbarungen unterfallen aufgrund ihrer geographisch begrenzten Reichweite nicht der Positivvermutung. Zu prüfen ist auch hier zunächst, ob die Anwendung europäischen Rechts nicht schon aufgrund der Negativvermutung (Rn. 22) ausgeschlossen werden kann. Ist dies nicht der Fall, so ist eine spürbare Beeinträchtigung des zwischenstaatlichen Handels wahrscheinlich, wenn eine **Marktabschottung** vorliegt und[30]

aa. der betreffende Umsatz einen erheblichen Anteil am Gesamtumsatz der Ware innerhalb des Mitgliedstaats ausmacht oder

bb. der auf dem abgeschotteten Regionalmarkt mit den zum sachlichen Markt gehörenden Waren erzielte Umsatz im Verhältnis zu dem im gesamten Mitgliedstaat erzielten Umsatz erheblich ist.

In einem Fall der 1. Beschlussabteilung des Bundeskartellamts[31] erstreckte sich der betroffene Markt über große Teile Süddeutschlands. Eine Abschottungswirkung konnte nicht festgestellt werden. Die Spürbarkeit wurde verneint, da

a das Kartellgebiet räumlich und mengenmäßig weniger als die Hälfte des Gebietes der Bundesrepublik Deutschland umfasste;

---

[28] Wie bereits unter Rn. 20 erwähnt, liegt bei Vereinbarungen von rein lokaler Bedeutung bereits keine Eignung zur Beeinträchtigung des zwischenstaatlichen Handels vor, so dass die Anwendbarkeit europäischen Rechts ausscheidet und eine Prüfung der Spürbarkeit entfallen kann.

[29] Nach Ansicht der Kommission sind Vereinbarungen zwischen KMU selten geeignet, den Handel zwischen den Mitgliedstaaten spürbar zu beeinträchtigen. Begründet wird dies damit, dass „die Tätigkeiten solcher Unternehmen in der Regel lokal oder regional ausgerichtet sind.“ Vereinbarungen zwischen KMU könnten allerdings dann der Anwendung des Gemeinschaftsrecht unterliegen, wenn sie grenzüberschreitend tätig werden, Zwischenstaatlichkeitsleitlinien (Fn. 12), Ziff. 50.

Im Gegensatz zum Bundeskartellamt orientiert sich die Kommission bei der KMU-Definition an absoluten Größenordnungen. Diese Definition entstammt dem Beihilfenrecht und umfasst Unternehmen, die maximal 250 Personen beschäftigen sowie einen Jahresumsatz von höchstens 50 Mio. € bzw. eine Jahresbilanzsumme von höchstens 43 Mio. € aufweisen. S. Art. 2 Abs. 1 der Empfehlung der Kommission vom 6. Mai 2003 betreffend die Definition der Kleinstunternehmen sowie der kleinen und mittleren Unternehmen, ABl. EU Nr. L 124 vom 20. Mai 2003, S. 36.

[30] In diesem Sinne wohl auch Zwischenstaatlichkeitsleitlinien (Fn. 12), Ziff. 90.

[31] Beschl. v. 25.10.2005, B1 - 248/04, "Mein Ziegelhaus GmbH & Co. KG", verfügbar unter http://www.bundeskartellamt.de/wDeutsch/download/pdf/Kartell/Kartell05/B1-248-04.pdf.
Die 1. Beschlussabteilung sah in diesem Fall aufgrund dessen geringfügiger Bedeutung keinen Anlass zum Tätigwerden; eine generelle Aussage über die Zulässigkeit der dem Fall zu Grunde liegenden weit gehenden Wettbewerbsbeschränkungen sollte hingegen nicht getroffen werden.

the application of European law cannot be ruled out already on account of the negative presumption (para. 22). If this is not the case, an appreciable effect on cross-border trade is probable if the **market is foreclosed** and[30]

aa. the turnover concerned comprises a considerable share of the total turnover of the good within a Member State or

bb. the turnover attained in the foreclosed regional market with the goods belonging to the product market is considerable in comparison with the turnover attained within the whole Member State.

In a case dealt with by the Bundeskartellamt's First Decision Division[31] *the market concerned covered large areas of southern Germany. It was not possible to establish the existence of a foreclosure effect. A negative answer was given to the question of appreciability since*

a) the cartel area covered an area that was less than half the size of the Federal Republic of Germany both geographically and in terms of volumes;

b) the parties to the agreement had a joint market share of less than 10 per cent in the regional markets concerned and

c) the parties to the agreement had only an insignificant market position abroad.

However, on the basis of the specified thresholds being exceeded, appreciability could not be (positively) presumed.

III. The evaluation of small or medium-sized business cooperations according to Section 3 of the ARC

1. General remarks

26 Section 1 of the ARC prohibits agreements between undertakings or associations of undertakings and concerted practices which have as their object

[30] The Guidelines on the effect on trade between Member States probably also apply in this sense (footnote 12), paragraph 90.

[31] Decision of 25 October 2005, B1 - 248/04, "Mein Ziegelhaus GmbH & Co. KG", available at http://www.bundeskartellamt.de/wDeutsch/download/pdf/Kartell/Kartell05/B1-248-04.pdf.
In this case, the First Decision Division saw no reason to take action on account of its minor importance; a general statement on the permissibility of the far-reaching restraints to competition on which this case is based was not intended, however.

b) die Beteiligten einen gemeinsamen Marktanteil von nicht einmal 10 % auf den betroffenen Regionalmärkten hielten und

c) die Beteiligten im Ausland nur eine unbedeutende Marktstellung aufwiesen.

Aus einem Überschreiten der genannten Schwellen kann indessen nicht (positiv) darauf geschlossen werden, dass eine Spürbarkeit gegeben wäre.

III. Die Beurteilung von Mittelstandskooperationen nach § 3 GWB

1. Allgemeines

26 Nach § 1 GWB sind Vereinbarungen zwischen Unternehmen, Beschlüsse von Unternehmensvereinigungen und aufeinander abgestimmte Verhaltensweisen, die eine Verhinderung, Einschränkung oder Verfälschung des Wettbewerbs bezwecken oder bewirken, verboten. Die Voraussetzungen, nach denen eine Vereinbarung zwischen KMU vom Verbot des § 1 GWB freigestellt sind, finden sich in § 3 Abs. 1 GWB. Sind die Voraussetzungen des § 3 Abs. 1 GWB nicht erfüllt, so bleibt es bei der Möglichkeit, dass die Kooperation nach § 2 Abs. 1 GWB vom Verbot des § 1 GWB freigestellt ist. Die Darlegungslast für das Vorliegen der Voraussetzungen des § 2 Abs. 1 sowie § 3 Abs. 1 GWB obliegt den Unternehmen.

27 Gemäß § 3 Abs.1 GWB sind Vereinbarungen vom Verbot des § 1 GWB freigestellt, wenn sie

- zwischen miteinander im Wettbewerb stehenden Unternehmen geschlossen werden (deshalb kommt § 3 Abs. 1 GWB nur für die Freistellung horizontal wirkender Wettbewerbsbeschränkungen in Betracht);
- die Rationalisierung wirtschaftlicher Vorgänge durch zwischenbetriebliche Zusammenarbeit zum Gegenstand haben;
- dadurch den Wettbewerb auf dem Markt nicht wesentlich beeinträchtigen und
- dazu dienen, die Wettbewerbsfähigkeit kleiner oder mittlerer Unternehmen zu verbessern.

or effect the prevention, restriction or distortion of competition. The conditions according to which an agreement between SMEs is exempt from the prohibition of Section 1 ARC are to be found in Section 3 (1) of the ARC. If the conditions of Section 3 (1) of the ARC are not fulfilled, there is only the possibility of exempting the cooperation from the prohibition under Section 1 of the ARC according to Section 2 (1) of the ARC. The burden of proving that the conditions specified in Section 2 (1) as well as in Section 3 (1) of the ARC have been fulfilled lies with the undertakings.

27 In accordance with Section 3 (1) of the ARC, agreements are exempt from the ban of Section 1 of the ARC if they

- are concluded between undertakings that are in competition with one another (that is why Section 3 (1) of the ARC may only be applied to exempt restraints on competition that have a horizontal effect);
- have as their purpose the rationalisation of economic activities through inter-company cooperation;
- do not significantly impair competition in the market as a result and
- serve to improve the competitiveness of small or medium-sized enterprises.

2. Rationalisation of economic activities

28 This involves measures which improve the ratio of the operational input for economic activities to the output (calculated per unit of production) for every participating small or medium-sized enterprise.

29 These include cooperative measures in the areas of

- production,
- research and development,
- financing,
- administration,
- advertising,
- purchasing and
- marketing.

2. Rationalisierung wirtschaftlicher Vorgänge

28 Darunter sind solche Maßnahmen zu verstehen, durch die bei jedem beteiligten KMU das Verhältnis des betrieblichen Aufwands für wirtschaftliche Vorgänge zum Ertrag, gerechnet in Produktionseinheiten, verbessert wird.

29 Hierzu gehören kooperative Maßnahmen insbesondere in den Bereichen

- Produktion,
- Forschung und Entwicklung,
- Finanzierung,
- Verwaltung,
- Werbung,
- Einkauf und
- Vertrieb.

30 Die zwischenbetriebliche Zusammenarbeit kann sowohl in der Form der Koordinierung als auch der Ausgliederung und Vergemeinschaftung einzelner oder mehrerer Unternehmensfunktionen erfolgen.

31 Das Merkmal „Rationalisierung wirtschaftlicher Vorgänge" schließt von vornherein solche Kooperationen aus dem Anwendungsbereich von § 3 Abs. 1 GWB aus, die primär nicht auf einen Rationalisierungserfolg, sondern auf Ausschluss des Wettbewerbs gerichtet sind. Gleichwohl können auch nach § 2 GWB nicht freigestellte Kernbeschränkungen nach § 3 GWB zulässig sein.

32 Bloße **Preisabreden** sind allerdings in jedem Fall unzulässig, da diese nicht Ergebnis der Verbesserung des innerbetrieblichen Verhältnisses zwischen Aufwand und Ertrag sind. Nur im unmittelbaren inneren Zusammenhang mit einer insgesamt auf Steigerung der Wettbewerbsfähigkeit ausgerichteten Zusammenarbeit können ausnahmsweise auch Absprachen über Preise oder Preisbestandteile zulässig sein, wenn diese der Rationalisierung dienen. Dies kann insbesondere bei einer Werbe- oder Vertriebsgemeinschaft mittelständischer Unternehmen der Fall sein. Auch die Verpflichtung zum ausschließlichen Vertrieb über eine gemeinsame Verkaufsstelle (sog. Andienungszwang) kann Gegenstand einer Vereinbarung nach § 3 Abs. 1 GWB sein, wenn und soweit damit eine Rationalisierung verbunden ist.

30 The inter-company cooperation may take the form of coordination as well as the spinning off and pooling of one or a number of corporate functions.

31 The "rationalisation of economic activities" criterion precludes such cooperation from the scope of application of Section 3 (1) of the ARC that is directed primarily at the elimination of competition rather than the success of rationalisation. At the same time, core restrictions not exempt under Section 2 of the ARC may be permissible under Section 3 of the ARC.

32 Mere **price agreements**, however, are impermissible in any case, since they do not result from an improvement in the input-output ratio within an enterprise. Only if there is a direct inherent connection between cooperation aimed overall at increasing competitiveness can agreements on prices or parts of prices be permissible in exceptional cases if these serve the purpose of rationalisation. This may be the case in particular in a joint advertising or marketing venture by small and medium-sized enterprises. The obligation to sell exclusively via a joint sales agency (so-called obligation of exclusive supply) may be the object of an agreement according to Section 3 (1) of the ARC if and insofar as it involves rationalisation.

33 Sales cooperations are permissible if they are limited to awarding contracts depending on the freight costs incurred with a view to minimising costs. However, the Bundeskartellamt judges sales cooperations whose main purpose is to maintain a quota arrangement to be impermissible. When there are overcapacities in the market, sales quotas generally impede rationalisation as they greatly impede the award of contracts on the basis of low freight levels, optimal capacity usage, specialisation of the cooperating parties etc. Under such circumstances, **quota agreements** do not serve – even indirectly – the "rationalisation of economic activities" and as a rule cannot therefore be the object of a cooperation between SMEs. This is all the more the case when the quota arrangement is linked with a compensation payment where quotas are exceeded. The aim of spreading the economic effects of a reduction in overcapacities across the entire cooperation is inherently incompatible with Section 3 (1) of the ARC. Insofar as agreements concluded to this effect were exempted from the ban under Section 1 of the ARC in the past, this practice will not be continued.

33 Zulässig sind Vertriebskooperationen, die sich darauf beschränken, Aufträge in Abhängigkeit von den anfallenden Frachtkosten zu vergeben, um so Kosten zu minimieren. Als unzulässig beurteilt das Bundeskartellamt hingegen solche Vertriebskooperationen, deren Hauptzweck darin besteht, eine Quotenregelung aufrechtzuerhalten. Bei Überkapazitäten auf dem Markt wirken Absatzquotierungen regelmäßig rationalisierungshemmend, da sie der Auftragsvergabe nach Frachtgunst, optimaler Auslastung der Kapazitäten, Spezialisierung der Kooperanten etc. gerade entgegenstehen. **Quotenabsprachen** dienen unter diesen Umständen nicht – auch nicht mittelbar – der „Rationalisierung wirtschaftlicher Vorgänge" und können deshalb i. d. R. nicht Gegenstand einer Mittelstandskooperation sein. Dies gilt erst recht in den Fällen, in denen die Quotenregelung mit einer Ausgleichszahlung für den Fall der Überschreitung der Quote verbunden wird. Allein die Zielsetzung, die Auswirkungen des Abbaus von Überkapazitäten wirtschaftlich auf die gesamte Kooperation zu verteilen, ist nicht mit § 3 Abs. 1 GWB vereinbar. Soweit früher entsprechende Vereinbarungen vom Verbot des § 1 GWB freigestellt worden sind, wird an dieser Praxis nicht mehr festgehalten.

3. Wesentliche Beeinträchtigung des Wettbewerbs auf dem Markt

34 Gem. § 3 Abs. 1 Nr. 1 GWB setzt eine Freistellung von § 1 GWB voraus, dass der Wettbewerb nicht wesentlich beeinträchtigt wird. Dies kann in jedem Einzelfall nur eine Gesamtwürdigung der Auswirkungen einer Kooperationsvereinbarung auf die Wettbewerbsbedingungen des jeweils relevanten Marktes ergeben. Dabei sind in erster Linie

- die Marktstellung, vor allem die Marktanteile der an der Kooperation beteiligten Unternehmen;
- die Art der zwischenbetrieblichen Zusammenarbeit, insbesondere der Grad der mit ihr verbundenen Wettbewerbsbeschränkung sowie
- etwaige auf dem Markt schon bestehende Kooperationen

zu berücksichtigen.

35 Entsprechend seiner bestehenden Verwaltungspraxis geht das Bundeskartellamt davon aus, dass die kritische Grenze für eine wesentliche Beeinträchtigung des Wettbewerbs in der Regel bei einem kartellierten Marktanteil von 10 - 15 % liegt. Ein solcher Marktanteil gilt in jedem Fall für Ab-

3. Significant effect on competition in the market

34 According to Section 3 (1) Item 1 of the ARC, an exemption from Section 1 of the ARC depends on competition not being significantly affected. This can only be determined by an overall assessment of the effects of a cooperation agreement on the conditions of competition in any relevant market. The following main criteria have to be taken into account when assessing the effects on competition:

- the market positions, and in particular the market shares of the firms participating in the cooperation;
- the nature of the inter-company cooperation, particularly the extent to which competition is thereby restricted and
- any existing cooperation in the market.

35 On the basis of its present administrative practice, the Bundeskartellamt presumes that the critical threshold of a significant effect on competition as a rule is reached if the cartelised market share amounts to 10 to 15 per cent. Such a market share threshold certainly applies in the case of agreements on major competitive parameters such as the setting of sales prices, discounts or other pricing components. However, if the cooperation concerns qualitatively less significant parameters, the parties' market share may be above the 15 per cent threshold.

4. Improving the competitiveness of small and medium-sized enterprises

36 In the exemption rule of Section 3 (1) of the ARC, the legislator aims to improve the competitiveness of SMEs. Cooperation among enterprises is an appropriate means to improve the competitiveness of the firms involved when its aim is, for example, to increase output or enhance quality, to broaden the range of products, to shorten routes or periods of delivery, to streamline the purchasing or selling structures or to provide for the common use of advertising.

37 The text rules out cooperations between large firms alone. However, according to the rulings of the Federal Court of Justice, large firms may take part in a cooperation agreement along with SMEs in isolated cases.[32] In

---

[32] Federal Court of Justice WuW/E BGH 2321, 2325 "*Mischguthersteller*"; WuW/E DE-R 1087, 1090 "*Ausrüstungsgegenstände für Feuerlöschzüge*".

sprachen über wesentliche Wettbewerbsparameter wie etwa die Festsetzung von Verkaufspreisen, Rabatten oder sonstigen Preisbestandteilen. Betrifft die Kooperation dagegen Absprachen über qualitativ weniger bedeutsame Parameter, kann der Marktanteil der Beteiligten auch oberhalb einer Schwelle von 15% liegen.

4. Verbesserung der Wettbewerbsfähigkeit kleiner und mittlerer Unternehmen

36 Mit der Freistellungsnorm des § 3 Abs. 1 GWB zielt der Gesetzgeber auf eine Verbesserung der Wettbewerbsfähigkeit von KMU. Zur Steigerung der Wettbewerbsfähigkeit der beteiligten Unternehmen ist die zwischenbetriebliche Zusammenarbeit z. B. dann geeignet, wenn eine Ausweitung der Produktion oder Erhöhung ihrer Qualität, Verbreiterung des Sortiments, Verkürzung der Lieferwege oder -fristen, rationellere Gestaltung der Einkaufs- oder Vertriebsorganisation oder eine gemeinsame Werbemaßnahme angestrebt wird.

37 Bereits dem Wortlaut nach sind Kooperationen allein zwischen Großunternehmen ausgeschlossen. Nach der Rechtsprechung des BGH können sich im Einzelfall allerdings auch große Unternehmen an einer Kooperationsvereinbarung von KMU beteiligen.[32] Entscheidend ist in diesen Fällen, ob die Wettbewerbsfähigkeit kleiner und mittlerer Unternehmen erst durch die Beteiligung auch großer Unternehmen an der Kooperation ermöglicht wird. Dies kann insbesondere in Betracht kommen, wenn der Zweck einer Kooperation von Klein- und Mittelbetrieben ohne die Teilnahme großer Unternehmen nicht oder nicht mit derselben Wirksamkeit erreicht werden kann, wenn etwa ein oder mehrere Klein- oder Mittelbetriebe durch die Vereinbarung mit einem Großunternehmen verbesserte Bezugs- oder Vertriebsmöglichkeiten erhalten. Besonderes Augenmerk ist in diesen Fällen allerdings auf die Prüfung, ob eine wesentliche Beeinträchtigung des Wettbewerbs auf dem Markt vorliegt, zu legen. Die Beteiligung von Großunternehmen ist insbesondere dann nicht möglich, wenn mit ihr darüber hinausgehende Wettbewerbsbeschränkungen verbunden sind, welche die Marktverhältnisse in nicht unerheblichem Umfang zu Gunsten des beteiligten Großunternehmens beeinflussen.

---

[32] BGH WuW/E BGH 2321, 2325 "*Mischguthersteller*"; WuW/E DE-R 1087, 1090 *„Ausrüstungsgegenstände für Feuerlöschzüge"*.

such cases it is decisive whether the efficiency of small and medium-sized enterprises can only be improved by large enterprises also being involved in the cooperation. This may be the case if the purpose of a cooperation among small and medium-sized enterprises cannot be achieved without the participation of large firms or cannot be achieved with the same effectiveness, for example when one or several small and medium-sized enterprises obtain improved purchasing or sales opportunities through an agreement with a large firm. In such cases, however, special attention is to be paid to examining whether there is a substantial impairment of competition in the market. In particular, the participation of large firms is not possible when it involves additional restraints to competition that influence the market situation to a not inconsiderable extent to the advantage of the participating large firms.

IV. The treatment of purchasing cooperations

38 In the seventh amendment to the ARC, the provision on purchasing cooperations among small and medium-sized enterprises (Section 4 (2) of the old version of the ARC) has been deleted. Thus, information is provided here concerning the criteria on which the Bundeskartellamt will judge such cooperations in the future.

As well as Section 3 of the ARC, the general exemption criteria of Article 81 (3) of the EC Treaty or Section 2 of the ARC also apply to purchasing cooperations, which are of particular significance in this connection.

In European legal practice, purchasing agreements by SMEs[33] are regarded as "normally pro-competitive“.[34] Thus, the European Commission regards the infringement of Article 81 (1) of the EC Treaty as unlikely in the case of purchasing agreements that have a joint market share of less than 15 per cent in the purchasing or sales market concerned or at least regards exemption under Article 81 (3) of the EC Treaty as likely.[35] The Bundeskartellamt is not bound by these guidelines. Nevertheless, the

---

33 On the Commission's deviating definition of SMEs, cf. footnote 29.

34 Horizontal guidelines (footnote 9), para. 116.

35 Horizontal guidelines (footnote 9), para. 130. In addition, the Commission interprets Article 81 of the EC Treaty in its de minimis notice (footnote 10) in such a way that purchasing cooperations covering a market share of less than 10 per cent in the purchasing market are not appreciable and Article 81 (1) is therefore not contravened, see de minimis notice, paragraph 7. According to paragraph 11 of the notice, this does not apply in case of the agreement on hardcore restrictions beyond the mere setting of purchasing prices.

IV. Behandlung von Einkaufskooperationen

38 Mit der 7. GWB-Novelle ist die Vorschrift über Einkaufskooperationen kleiner und mittlerer Unternehmen (§ 4 Abs. 2 GWB a. F.) gestrichen worden. Hier wird deshalb darüber informiert, nach welchen Kriterien das Bundeskartellamt künftig derartige Kooperationen beurteilen wird.

Auch bei Einkaufskooperationen gelten neben § 3 GWB die allgemeinen Freistellungsnormen Art. 81 Abs. 3 EG bzw. § 2 GWB, denen in diesem Zusammenhang eine besondere Bedeutung zukommt.

In der europäischen Rechtspraxis werden Einkaufskooperationen von KMU[33] als "normalerweise wettbewerbsfördernd“ angesehen.[34] Dementsprechend sieht die Europäische Kommission bei Einkaufskooperationen, die einen gemeinsamen Marktanteil von weniger als 15 % auf den betroffenen Einkaufs- bzw. Verkaufsmärkten halten, die Verletzung von Art. 81 Abs. 1 EG als unwahrscheinlich bzw. jedenfalls eine Freistellung nach Art. 81 Abs. 3 EG als wahrscheinlich an.[35] Die Leitlinien binden das Bundeskartellamt nicht. Gleichwohl geht auch das Bundeskartellamt davon aus, dass bei Unterschreiten der genannten Schwellen eine Freistellung nach Art. 81 Abs. 3 EG bzw. § 2 GWB wahrscheinlich ist.[36]

Die Vereinbarung eines Bezugszwangs kann indessen im Hinblick auf das Kriterium der „Unerlässlichkeit“ in Art. 81 Abs. 3 EG bzw. § 2 GWB häufig problematisch sein.[37]

V. Bedeutung von § 3 GWB für einzelne Kooperationsformen

39 Vereinbarungen über gemeinschaftliche **Forschung und Entwicklung**, bei denen den beteiligten Unternehmen Wettbewerbsbeschränkungen bei der Vermarktung der Forschungs- oder Entwicklungsergebnisse auferlegt

---

33 Zum abweichenden KMU-Begriff der Kommission vgl. Fn. 29.

34 Horizontalleitlinien (Fn. 9), Rn. 116.

35 Horizontalleitlinien (Fn. 9), Rn. 130. Darüber hinaus interpretiert die Kommission Art. 81 EG in ihrer De-Minimis-Bekanntmachung (Fn. 10) dahingehend, dass Einkaufskooperationen unter 10% Marktanteil auf dem Beschaffungsmarkt nicht spürbar sind und Art. 81 Abs. 1 daher nicht verletzt ist, s. De-minimis-Bekanntmachung, Ziff 7. Dies gilt nach Ziff. 11 der Bekanntmachung nicht im Falle der Vereinbarung von Kernbeschränkungen über die bloße Festsetzung von Einkaufspreisen hinaus.

36 Oberhalb der 15 %-Schwellen ist eine Einzelfallprüfung anhand § 2 GWB erforderlich.

37 Nach Auffassung der Kommission kann ein Bezugszwang in Einzelfällen zur Erreichung des erforderlichen Einkaufsvolumens zur Erzielung von Größenvorteilen unerlässlich sein, vgl. Horizontalleitlinien (Fn. 9), Rn. 117.

Bundeskartellamt also presumes that exemption under Article 81 (3) of the EC Treaty or Section 2 of the ARC is likely if the specified thresholds are not reached. [36]

However, an agreement involving an obligation to purchase may often be problematical with regard to the indispensability criterion referred to in Article 81 (3) of the EC Treaty and Section 2 of the ARC.[37]

V. The significance of Section 3 of the ARC for particular forms of cooperation

39 Agreements on joint **research and development** where restraints to competition are imposed on the companies concerned in their marketing of the results of their research or development may be exempt under the European Block Exemption Regulation on research and development cooperation agreements under Section 2 (2) of the ARC.[38] Section 3 (1) of the ARC goes even further insofar as impermissible core restraints may be exempt under Article 81 (3) or Section 2 of the ARC (possibly in combination with Block Exemption Regulations) (see para. 32 above).

In the case of **production agreements**, an examination is to be undertaken first of all concerning whether an exemption from the ban on cartels under Section 2 (2) of the ARC in combination with the Block Exemption Regulation on specialisation agreements is possible. If this Block Exemption Regulation does not apply, particularly on account of the lack of a joint production firm, Section 3 of the ARC provides for further-reaching exemption possibilities.

In the past, **cooperation on logistics and joint advertising** were of greater importance in the Bundeskartellamt's practice, applying Section 4 (1) of the old version of the ARC, which is identical to Section 3 (1) of the ARC:

No objections were raised to an agreement among specialised wholesale traders in the beverages market, which included the concentration of stor-

---

36 Above the 15 per cent thresholds, an individual examination on the basis of Section 2 of the ARC is required.

37 In the Commission's view, an obligation to purchase may be necessary in individual cases in order to reach the purchasing volume required to gain economies of scale, cf. horizontal guidelines (footnote 9), para. 117.

38 See footnote 8.

werden, können nach der europäischen GVO für Forschung und Entwicklung über § 2 Abs. 2 GWB freigestellt sein.[38] § 3 Abs. 1 GWB geht insofern noch darüber hinaus, als nach Art. 81 Abs. 3 bzw. § 2 GWB (ggf. i. V. m. GVOen) nicht zulässige Kernbeschränkungen freigestellt sein können (s.o. Rn. 32).

Bei **Produktionsvereinbarungen** ist zunächst zu prüfen, ob nicht eine Freistellung vom Kartellverbot nach § 2 Abs. 2 GWB in Verbindung mit der Spezialisierungs-GVO gegeben ist. Wenn diese GVO – insbesondere mangels eines gemeinsamen Produktionsunternehmens – nicht einschlägig ist, bietet § 3 GWB weitergehende Freistellungsmöglichkeiten.

In der Vergangenheit spielten eine **Logistikkooperation und gemeinsame Werbemaßnahmen** in der Praxis des Bundeskartellamtes – unter Geltung des mit § 3 Abs. 1 GWB wortgleichen § 4 Abs. 1 GWB a.F. – eine größere Rolle:

Eine Vereinbarung von Getränkefachgroßhändlern wurde nicht beanstandet, deren Gegenstand u. a. die Konzentration der Lagerhaltung, ein einheitlicher Marktauftritt im Bereich des Getränkeeinzelhandels und die Zusammenarbeit im Rahmen des Informations- und Erfahrungsaustauschs zur Prozessoptimierung war. Denn dadurch sanken insbesondere die Frachtkosten erheblich und es ergaben sich Rationalisierungseffekte beim Vertrieb.

Im Bereich der Personenbinnenschifffahrt sah das Bundeskartellamt eine Kooperation als zulässig an, die eine fahrplanmäßige Verknüpfung von Linienfahrten, eine Harmonisierung der Beförderungsbedingungen sowie ein gemeinsames Marketing vorsah. Die beteiligten Unternehmen wurden durch ihre Kooperation erstmals in die Lage versetzt, auch längere Fahrtstrecken zu bedienen und so als neuer Wettbewerber auf einen Markt vorzustoßen, auf dem sie bis dahin nicht tätig gewesen waren und den sie einzeln auch nicht hätten erschließen können.[39]

Des Weiteren erachtete das Bundeskartellamt folgende Vereinbarung zwischen dreizehn mittelständischen Herstellern von Bau-Fertigteilen, die ge-

---

[38] S. Fn. 8.

[39] Eine detailliertere Beschreibung des Falles kann dem Tätigkeitsbericht des Bundeskartellamts 1999/2000, S. 154 entnommen werden (BT-Drucksache 14/6300; im Internet abrufbar unter http://dip.bundestag.de/btd/14/063/1406300.pdf).

age facilities, joint marketing efforts in the beverage retail sector and the exchange of information and experience on process optimisation. This was on account of the fact that these measures resulted in a considerable reduction in freight costs in particular and there were rationalisation effects in marketing.

In the inland passenger shipping sector, the Bundeskartellamt regarded as permissible a cooperation that aimed to achieve the scheduled interconnection of line services, the harmonisation of the terms of carriage and joint marketing. This cooperation enabled the participating firms to serve on longer routes for the first time, thereby moving as a new competitor into a market in which they had not previously operated and which they also would not have been able to open up on their own.[39]

The Bundeskartellamt also regarded the following agreement between thirteen small and medium-sized manufacturers of construction components with a joint market share of significantly less than 15 per cent as permissible: The participating undertakings founded an agency to centrally accept orders. This agency awarded incoming orders on the basis of the firms' suitability (specialisation) and – to a lesser extent – according to their capacity utilisation. In addition, purchases, transport and storage facilities were coordinated. Compensation payments or other sanctions for non-observance of the criteria for awarding contracts were not envisaged.

In addition, Section 3 (1) of the ARC may also apply in the case of an agreement on a joint **customer and repair service** where the participating firms commit themselves contractually not to set up or maintain an independent customer or repair service of their own.

VI. Competent competition authorities

40 The Bundeskartellamt or the *Land* competition authorities are competent to apply German competition law (see addresses in the appendix). The application of European law is also incumbent upon the Commission (principle of parallel competences). In the vast majority of cases, however, the Bundeskartellamt or the competent *Land* competition authority will take charge of the procedure since cooperations between small and medium-

[39] A detailed description of the case may be found in the Bundeskartellamt's Activity Report 1999/2000, p. 154 (Bundestag publication 14/6300; it may be downloaded from the internet at http://dip.bundestag.de/btd/14/063/1406300.pdf).

meinsam einen Marktanteil von deutlich unter 15 % hielten, als zulässig: Die beteiligten Unternehmen gründeten eine Gesellschaft für die zentrale Annahme von Aufträgen. Diese Gesellschaft vergab eingehende Aufträge je nach Geeignetheit (Spezialisierung) der Unternehmen sowie – nachrangig – nach deren Kapazitätsauslastung. Des Weiteren wurden etwa Einkäufe, Transporte und Lagerhaltung koordiniert. Ausgleichszahlungen oder andere Sanktionen bei Nichtbeachtung der Kriterien der Auftragsverteilung waren nicht vorgesehen.

§ 3 Abs. 1 GWB kann ferner auch bei einer Vereinbarung über einen gemeinschaftlichen **Kunden- und Reparaturdienst** einschlägig sein, bei denen sich die beteiligten Unternehmen vertraglich verpflichten, keinen eigenen, selbstständigen Kunden- oder Reparaturdienst einzurichten oder zu unterhalten.

VI. Zuständige Kartellbehörden

40 Für die Anwendung des deutschen Kartellrechts sind entweder das Bundeskartellamt oder die Landeskartellbehörden (Anschriften siehe Anlage) zuständig. Die Anwendung des europäischen Rechts obliegt jeweils zusätzlich der Kommission (Grundsatz der parallelen Zuständigkeit). In der ganz überwiegenden Zahl der Fälle wird jedoch das Bundeskartellamt bzw. die zuständige Landeskartellbehörde das Verfahren führen, da Mittelstandskooperationen i. d. R. ausschließlich bzw. ganz überwiegend Deutschland oder Teile Deutschlands betreffen.[40]

41 Das Bundeskartellamt ist im Verhältnis zu den Landeskartellbehörden grundsätzlich zuständig, wenn die Wirkung des wettbewerbsbeschränkenden Verhaltens über das Gebiet eines Bundeslandes hinausreicht (§ 48 Abs. 2 GWB). Zwischen Bundeskartellamt und Landeskartellbehörden kann eine hiervon abweichende Zuständigkeit vereinbart werden (§ 49 Abs. 3 und 4 GWB).

42 *Liefern im Ausgangsfall die Unternehmer A und B ihre Fertigbetonteile sowohl innerhalb Schleswig-Holsteins als auch nach Niedersachsen, ergäbe sich aus § 48 Abs. 2 GWB die Zuständigkeit des Bundeskartellamtes.*

---

[40] Vgl. dazu Ziff. 8 der Bekanntmachung der Kommission über die Zusammenarbeit innerhalb des Netzes der Wettbewerbsbehörden („Netzwerkbekanntmachung"), ABl. EU C 101 vom 27. April 2004, S. 43.

sized enterprises usually exclusively or very predominantly concern Germany or parts of Germany.[40]

41 The Bundeskartellamt rather than the *Land* competition authorities is competent to deal with a case in principle if the effect of the anticompetitive practice extends beyond the territory of one *Land* (Section 48 (2) of the ARC). Competence deviating from this principle may be agreed between the Bundeskartellamt and the *Land* competition authorities (Section 49 Paragraphs 3 and 4 of the ARC).

42 *If in the example referred to at the outset, firms A and B supply their concrete components both within Schleswig-Holstein and to Lower Saxony, the Bundeskartellamt would be competent to deal with the case under Section 48 (2) of the ARC.*

VII. Rights under Sections 3 (2) and 32c of the ARC and informal advice

43 Under Section 3 (2) of the ARC, undertakings or associations of undertakings have a right to apply for a decision under Section 32c of the ARC if the conditions of Article 81 (1) of the EC Treaty are not fulfilled. This requires that the undertakings can demonstrate a "substantial legal or economic interest" in such a decision.

44 The concept of "significant legal or economic interest" is not defined in the law. However, it is not to be interpreted in isolation from the fundamental decision of the legislator to abolish the old notification system. A significant interest is to be presumed in particular if

a) the forms of cooperation or types of agreement involved as such were not yet the object of the competition authority's practice,

b the assessment of the cooperation under competition law is significant for a large number of cases (precedents) or

c) considerable investments are to be made in connection with the cooperation agreement.

---

40 Cf. paragraph 8 of the Commission Notice on cooperation within the Network of Competition Authorities (the "Network Notice"), Official Journal of the European Communities C 101 of 27 April 2004, p. 43.

VII. Anspruch gemäß §§ 3 Abs. 2, 32c GWB und informelle Beratung

43 Nach § 3 Abs. 2 GWB haben Unternehmen oder Unternehmensvereinigungen, sofern nicht die Voraussetzungen nach Art. 81 Abs. 1 EG erfüllt sind, auf Antrag einen Anspruch auf eine Entscheidung nach § 32c GWB. Voraussetzung ist, dass die Unternehmen ein „erhebliches rechtliches oder wirtschaftliches Interesse“ an einer solchen Entscheidung darlegen.

44 Der Begriff des „erheblichen rechtlichen oder wirtschaftlichen Interesses“ ist im Gesetz nicht definiert. Er ist indes nicht losgelöst von der gesetzgeberischen Grundentscheidung zu interpretieren, das alte Anmeldesystem abzuschaffen. Von einem erheblichen Interesse ist insbesondere dann auszugehen, wenn

a) es sich um Kooperationsformen bzw. Arten von Absprachen handelt, die als solche noch nicht Gegenstand der kartellamtlichen Praxis waren,

b die kartellrechtliche Bewertung der Kooperation Bedeutung für eine Vielzahl von Fällen hat (Musterfälle) oder

c) erhebliche Investitionen im Zusammenhang mit der Kooperationsvereinbarung getätigt werden sollen.

Liegen diese Voraussetzungen nicht vor, ist es den Unternehmen zumutbar, unter Berücksichtigung der Praxis des Bundeskartellamts eine Selbsteinschätzung vorzunehmen. In solchen Fällen besteht kein Anspruch auf eine Entscheidung nach § 32c GWB.

45 Durch eine Entscheidung nach § 32c GWB bindet sich das Bundeskartellamt selbst. Hat das Bundeskartellamt eine Entscheidung nach § 32c GWB getroffen, kann es im Anschluss daran nur bei Vorliegen neuer Erkenntnisse gegen die Kooperation vorgehen. Deshalb liegt es im Interesse des Antragstellers, alle für die Beurteilung der Kooperation nach § 3 Abs. 1 GWB maßgeblichen Tatsachen mitzuteilen. Neben der Kooperationsvereinbarung selbst, die beim Bundeskartellamt eingereicht werden sollte, sollten gegenüber dem Bundeskartellamt folgende Angaben gemacht werden:

a) Darstellung des rechtlichen und wirtschaftlichen Hintergrundes der Vereinbarung;

If these conditions are not met, it companies can be expected to make a self-assessment, taking the Bundeskartellamt's practice into account. In such cases, there is no entitlement to a decision under Section 32c of the ARC.

45 In making a decision under Section 32c of the ARC, the Bundeskartellamt makes a self-commitment. If the Bundeskartellamt has taken a decision under Section 32c of the ARC, it subsequently may only take action against the cooperation if new information becomes available. It is therefore in the interests of the applicant to provide all the facts of relevance for the assessment of the cooperation according to Section 3 (1) of the ARC. As well as the cooperation agreement itself, the following information should be provided to the Bundeskartellamt:

a) presentation of the legal and economic background to the agreement;

b) total turnover and turnover in the relevant product and geographic market[41] for all the enterprises involved in the cooperation;

c) information on the total turnover in the relevant product and geographic market. Insofar as that such information is not available, estimates may be made including details of the bases of the estimates;

d) names of the most important competitors in the relevant market and information on the competitors' "size";

e) presentation of the expected rationalisation effect;

f) details as to the extent to which the planned restraint to competition will lead to increased competitiveness;

g) information as to whether there are already other cooperations in the relevant market;

---

41 If there are difficulties in defining the relevant product and geographic market or if there is uncertainty concerning the market definition, this should be discussed and clarified in advance with the competent Decision Division.

b) Gesamtumsatz und Umsatz auf dem sachlich und räumlich relevanten Markt[41] für alle an der Kooperation beteiligten Unternehmen;

c) Angaben über das Gesamtumsatzvolumen auf dem sachlich und räumlich relevanten Markt. Soweit derartige Angaben nicht verfügbar sind, können Schätzungen inkl. Erläuterungen über die Schätzgrundlagen gemacht werden;

d) Benennung der wichtigsten Wettbewerber auf dem relevanten Markt und Angaben über die „Größe“ der Wettbewerber;

e) Darstellung der erwarteten Rationalisierungswirkung;

f) Erläuterungen, inwieweit die geplante Wettbewerbsbeschränkung zur Steigerung der Wettbewerbsfähigkeit beiträgt;

g) Mitteilung, inwieweit es bereits andere Kooperationen auf dem fraglichen Markt gibt;

h) eigene rechtliche Würdigung der Vereinbarung (einschließlich der Prüfung der „Zwischenstaatlichkeit“ der Kooperation).

46 Die Regelung, wonach ein Anspruch auf Entscheidung nach § 32c GWB besteht, tritt am 30. Juni 2009 außer Kraft. Im Anschluss daran gelten auch für die Mittelstandskooperationen hinsichtlich einer Entscheidung nach § 32c GWB dieselben Voraussetzungen wie für alle übrigen unter Art. 81 Abs. 3 EG bzw. § 2 Abs. 1 GWB fallenden Kooperationen.

Unabhängig vom Anspruch aus § 3 Abs. 2 GWB besteht (weiterhin) die Möglichkeit, sich informell an das Bundeskartellamt zu wenden und um eine kartellrechtliche Einschätzung der Kooperation nachzusuchen. In diesem Fall sollte die schriftliche Anfrage der beteiligten Unternehmen eine umfassende Sachverhaltsschilderung unter Beifügung der Kooperationsvereinbarung und eine eigene umfassende kartellrechtliche Würdigung enthalten. Sofern sich keine Anhaltspunkte für ein wettbewerbswidriges Verhalten ergeben, kann das Bundeskartellamt dann in Ausübung seines

---

41 Bereitet die Bestimmung des sachlich und räumlich relevanten Marktes Schwierigkeiten oder besteht Unsicherheit über die Marktabgrenzung, sollte dies vorab mit der zuständigen Beschlussabteilung diskutiert und geklärt werden.

h) enterprises' own legal assessment of the agreement (including an examination of the cooperation's effect on trade between Member States).

46 The provision according to which undertakings have a right to a decision under Section 32c of the ARC will expire on 30 June 2009. Thereafter, the same conditions as those applying to all the other cooperations falling under Article 81 (3) EC Treaty or Section 2 (1) of the ARC will also apply to SME cooperation arrangements with regard to a decision under Section 32c of the ARC.

Notwithstanding a claim deriving from Section 3 (2) of the ARC there is (still) the possibility of addressing the Bundeskartellamt informally and requesting an assessment of the cooperation under competition law. In such a case, the request in writing by the participating enterprises should contain a detailed description of the facts and should include the cooperation agreement and the enterprises' own comprehensive appraisal under competition law. If there is no evidence of anticompetitive conduct, the Bundeskartellamt can then exercise its discretion within the framework of Section 32 of the ARC and refrain from carrying out an in-depth examination, and can inform the enterprises concerned accordingly.

Aufgreifermessens im Rahmen von § 32 GWB von einer vertieften Prüfung absehen und dies den betroffenen Unternehmen mitteilen

Anhang

Kartellbehörden des Bundes und der Länder

Bundeskartellamt Kaiser-Friedrich-Str. 16 53113 Bonn Tel.: 0228/9499-0 e-mail: info@bundeskartellamt.de	Wirtschaftsministerium -Landeskartellbehörde- Postfach 103451 70029 Stuttgart Tel.: 0711/123-0
Bayerisches Staatsministerium für Wirtschaft, Infrastruktur, Verkehr und Technologie -Landeskartellbehörde- 80525 München Tel.: 089/2162-01	Senatsverwaltung für Wirtschaft, Arbeit und Frauen als Landeskartellbehörde 10825 Berlin Tel.: 030/9013-0
Ministerium für Wirtschaft des Landes Brandenburg als Landeskartellbehörde 14460 Potsdam Tel.: 0331/866-0	Der Senator für Wirtschaft und Häfen Bereich Wirtschaft -Landeskartellbehörde- Postfach 101529 28015 Bremen Tel.: 0421/361-0
Freie und Hansestadt Hamburg Behörde für Wirtschaft und Ar- beit als Landeskartellbehörde Postfach 112109 20421 Hamburg Tel.: 040/42841-0	Hessisches Ministerium für Wirtschaft, Verkehr und Landesentwicklung - Landeskartellbehörde - Postfach 3129 65021 Wiesbaden Tel.: 0611/815-0
Wirtschaftsministerium Mecklenburg-Vorpommern als Landeskartellbehörde 19048 Schwerin Tel.: 0385/588-0	Niedersächsisches Ministerium für Wirtschaft, Arbeit und Ver- kehr - Landeskartellbehörde - Postfach 101 30001 Hannover Tel.: 0511/120-0

Appendix

Federal and *Land* competition authorities

Bundeskartellamt Kaiser-Friedrich-Str. 16 53113 Bonn Tel.: 0228/9499-0 e-mail: info@bundeskartellamt.de	Wirtschaftsministerium -Landeskartellbehörde- Postfach 103451 70029 Stuttgart Tel.: 0711/123-0
Bayerisches Staatsministerium für Wirtschaft, Infrastruktur, Verkehr und Technologie -Landeskartellbehörde- 80525 München Tel.: 089/2162-01	Senatsverwaltung für Wirtschaft, Arbeit und Frauen als Landeskartellbehörde 10825 Berlin Tel.: 030/9013-0
Ministerium für Wirtschaft des Landes Brandenburg als Landeskartellbehörde 14460 Potsdam Tel.: 0331/866-0	Der Senator für Wirtschaft und Häfen Bereich Wirtschaft -Landeskartellbehörde- Postfach 101529 28015 Bremen Tel.: 0421/361-0
Freie und Hansestadt Hamburg Behörde für Wirtschaft und Arbeit als Landeskartellbehörde Postfach 112109 20421 Hamburg Tel.: 040/42841-0	Hessisches Ministerium für Wirtschaft, Verkehr und Landesentwicklung - Landeskartellbehörde - Postfach 3129 65021 Wiesbaden Tel.: 0611/815-0
Wirtschaftsministerium Mecklenburg-Vorpommern als Landeskartellbehörde 19048 Schwerin Tel.: 0385/588-0	Niedersächsisches Ministerium für Wirtschaft, Arbeit und Verkehr - Landeskartellbehörde - Postfach 101 30001 Hannover Tel.: 0511/120-0

Ministerium für Wirtschaft und Arbeit des Landes Nordrhein-Westfalen Landeskartellbehörde 40190 Düsseldorf Tel.: 0211/8618-50	Ministerium für Wirtschaft, Verkehr, Landwirtschaft und Weinbau als Landeskartellbehörde Postfach 32 62 55022 Mainz Tel.: 06131/16-0
Ministerium für Wirtschaft und Arbeit Landeskartellbehörde Postfach 10 09 41 66009 Saarbrücken Tel.: 0681/501-00	Sächsisches Staatsministerium für Wirtschaft und Arbeit als Landeskartellbehörde Postfach 10 03 29 01037 Dresden Tel.: 0351/564-0
Ministerium für Wirtschaft und Arbeit des Landes Sachsen-Anhalt Landeskartellbehörde Postfach 39 11 44 39043 Magedeburg Tel.: 0391/567-01	Ministerium für Wissenschaft, Wirtschaft und Verkehr des Landes Schleswig-Holstein -Landeskartellbehörde- Postfach 7128 24171 Kiel Tel.: 0431/988-0
Thüringer Ministerium für Wirtschaft, Technologie und Arbeit als Landeskartellbehörde Postfach 900225 99105 Erfurt Tel.: 0361/3797-999	

Ministerium für Wirtschaft und Arbeit des Landes Nordrhein-Westfalen Landeskartellbehörde 40190 Düsseldorf Tel.: 0211/8618-50	Ministerium für Wirtschaft, Verkehr, Landwirtschaft und Weinbau als Landeskartellbehörde Postfach 32 62 55022 Mainz Tel.: 06131/16-0
Ministerium für Wirtschaft und Arbeit Landeskartellbehörde Postfach 10 09 41 66009 Saarbrücken Tel.: 0681/501-00	Sächsisches Staatsministerium für Wirtschaft und Arbeit als Landeskartellbehörde Postfach 10 03 29 01037 Dresden Tel.: 0351/564-0
Ministerium für Wirtschaft und Arbeit des Landes Sachsen-Anhalt Landeskartellbehörde Postfach 39 11 44 39043 Magedeburg Tel.: 0391/567-01	Ministerium für Wissenschaft, Wirtschaft und Verkehr des Landes Schleswig-Holstein -Landeskartellbehörde- Postfach 7128 24171 Kiel Tel.: 0431/988-0
Thüringer Ministerium für Wirtschaft, Technologie und Arbeit als Landeskartellbehörde Postfach 900225 99105 Erfurt Tel.: 0361/3797-999	

Bekanntmachung Nr. 9/2006

über den Erlass und die Reduktion von Geldbußen in Kartellsachen - Bonusregelung -

vom 7. März 2006

Notice no. 9/2006

of the Bundeskartellamt on the immunity from and reduction of fines in cartel cases

- Leniency Programme -

of 7 March 2006

A. Ziel und Anwendungsbereich

1 Das Bundeskartellamt kann Kartellteilnehmern, die durch ihre Kooperation dazu beitragen, ein Kartell aufzudecken, die Geldbuße erlassen oder reduzieren. Die Bonusregelung legt die Voraussetzungen fest, unter denen Erlass oder Reduktion der Geldbuße erfolgen. Die Bonusregelung findet auf Beteiligte (natürliche Personen, Unternehmen und Unternehmensvereinigungen) an Kartellen (insbesondere Absprachen über die Festsetzung von Preisen oder Absatzquoten sowie über die Aufteilung von Märkten und Submissionsabsprachen) – im Folgenden: Kartellbeteiligte – Anwendung.

2 Für eine vertrauliche Kontaktaufnahme – gegebenenfalls anonym über einen Rechtsanwalt – stehen der Leiter/die Leiterin der Sonderkommission Kartellbekämpfung (Tel.: 0228-9499-386) sowie der/die Vorsitzende der zuständigen Beschlussabteilung zur Verfügung.

B. Erlass der Geldbuße

3 Das Bundeskartellamt wird einem Kartellbeteiligten die Geldbuße erlassen, wenn

1. er sich als erster Kartellbeteiligter an das Bundeskartellamt wendet, bevor dieses über ausreichende Beweismittel verfügt, um einen Durchsuchungsbeschluss zu erwirken und
2. er das Bundeskartellamt durch mündliche und schriftliche Informationen und – soweit verfügbar – Beweismittel in die Lage versetzt, einen Durchsuchungsbeschluss zu erwirken und
3. er nicht alleiniger Anführer des Kartells war oder andere zur Teilnahme an dem Kartell gezwungen hat und
4. er ununterbrochen und uneingeschränkt mit dem Bundeskartellamt zusammenarbeitet.

4 Das Bundeskartellamt wird einem Kartellbeteiligten nach dem Zeitpunkt, zu dem es in der Lage ist, einen Durchsuchungsbeschluss zu erwirken, die Geldbuße in der Regel erlassen, wenn

1. er sich als erster Kartellbeteiligter an das Bundeskartellamt wendet, bevor dieses über ausreichende Beweismittel verfügt, um die Tat nachzuweisen und
2. er das Bundeskartellamt durch mündliche und schriftliche Informationen und – soweit verfügbar – Beweismittel in die Lage versetzt, die Tat nachzuweisen und
3. er nicht alleiniger Anführer des Kartells war oder andere zur Teilnahme an dem Kartell gezwungen hat und
4. er ununterbrochen und uneingeschränkt mit dem Bundeskartellamt zusammenarbeitet und
5. keinem Kartellbeteiligten ein Erlass nach Randnummer 3 gewährt werden wird.

A. Objective and scope of application

1 The Bundeskartellamt can grant cartel participants, who by their cooperation contribute to uncovering a cartel, immunity from or a reduction of fines. The Leniency Programme sets the conditions under which immunity from or a reduction of fines can be granted. The Leniency Programme applies to participants (natural persons, undertakings and associations of undertakings) in cartels (in particular agreements on the fixing of prices or sales quotas, market sharing and bid-rigging), hereafter: cartel participants.

2 Contact on a confidential basis, also anonymously via a lawyer, can be established either directly with the head of the Special Unit for Combating Cartels (tel. 0228 9499-386) or the chairman of the competent Decision Division.

B. Immunity from fines

3 The Bundeskartellamt will grant a cartel participant immunity from a fine if he

1. is the first participant in a cartel to contact the Bundeskartellamt before the latter has sufficient evidence to obtain a search warrant and
2. by providing the Bundeskartellamt with verbal and written information and, where available, evidence which enables it to obtain a search warrant and
3. was not the only ringleader of the cartel nor coerced others to participate in the cartel and
4. cooperates fully and on a continuous basis with the Bundeskartellamt.

4 At the point at which it is in a position to obtain a search warrant the Bundeskartellamt will as a rule grant a cartel participant immunity from a fine if he

1. is the first participant in the cartel to contact the Bundeskartellamt before it has sufficient evidence to prove the offence and
2. by providing the Bundeskartellamt with verbal and written information and, where available, evidence which enables it to prove the offence and
3. was not the only ringleader of the cartel nor coerced others to participate in the cartel and
4. cooperates fully and on a continuous basis with the Bundeskartellamt and if
5. no cartel participant is to be granted immunity pursuant to para. 3.

C. Reduktion der Geldbuße

5 Zugunsten eines Kartellbeteiligten, der die Voraussetzungen für einen Erlass (Randnummer 3 und 4) nicht erfüllt, kann das Bundeskartellamt die Geldbuße um bis zu 50% reduzieren, wenn

1. er dem Bundeskartellamt mündliche oder schriftliche Informationen und – soweit verfügbar – Beweismittel vorlegt, die wesentlich dazu beitragen, die Tat nachzuweisen und
2. er ununterbrochen und uneingeschränkt mit dem Bundeskartellamt zusammenarbeitet.

Der Umfang der Reduktion richtet sich insbesondere nach dem Nutzen der Aufklärungsbeiträge und der Reihenfolge der Anträge.

D. Kooperationspflichten

6 Der Antragsteller muss mit dem Bundeskartellamt während der gesamten Dauer des Verfahrens ununterbrochen und uneingeschränkt zusammenarbeiten. Den Antragsteller treffen insbesondere folgende Pflichten:

7 Er muss seine Teilnahme an dem Kartell nach Aufforderung durch das Bundeskartellamt unverzüglich beenden.

8 Er muss auch nach Antragstellung alle ihm zugänglichen Informationen und Beweismittel an das Bundeskartellamt übermitteln. Dazu gehören insbesondere alle für die Berechnung der Geldbuße bedeutsamen Angaben, die dem Antragsteller vorliegen oder die er beschaffen kann.

9 Er ist verpflichtet, die Zusammenarbeit mit dem Bundeskartellamt vertraulich zu behandeln, bis das Bundeskartellamt ihn von dieser Pflicht entbindet (im Regelfall nach Beendigung der Durchsuchung).

10 Ein Unternehmen muss alle an der Kartellabsprache beteiligten Beschäftigten (einschließlich ehemaliger Beschäftigter) benennen und darauf hinwirken, dass alle Beschäftigten, von denen Informationen und Beweismittel erlangt werden können, während des Verfahrens ununterbrochen und uneingeschränkt mit dem Bundeskartellamt zusammenarbeiten.

E. Marker, Antrag, Zusicherung

I. Erklärung der Bereitschaft zur Zusammenarbeit (Marker) und Antrag

11 Ein Kartellbeteiligter kann sich an den Leiter/die Leiterin der Sonderkommission Kartellbekämpfung oder den/die Vorsitzende(n) der zuständigen Beschlussabteilung wenden, um seine Bereitschaft zur Zusammenarbeit (Marker) zu erklären. Der Zeitpunkt des Setzens des Markers ist für den Rang des Antrags maßgeblich. Der Marker kann mündlich oder schriftlich, in deutscher oder in englischer Sprache gesetzt werden. Er muss Angaben über die Art und Dauer des Kartellverstoßes, die sachlich und räumlich betroffenen Märkte, die Identität der Beteiligten sowie darüber beinhalten, bei welchen Wettbewerbsbehörden ebenfalls Anträge gestellt wurden oder dies beabsichtigt ist.

C. Reduction of fines

5 For the benefit of a cartel participant who does not meet the conditions for immunity (paras 3, 4), the Bundeskartellamt can reduce the fine by up to 50 per cent if he

1. provides the Bundeskartellamt with verbal or written information and, where available, evidence which makes a significant contribution to proving the offence and
2. cooperates fully and on a continuous basis with the Bundeskartellamt.

The amount of the reduction shall be based on the value of the contributions to uncovering the illegal agreement and the sequence of the applications.

D. Obligations to cooperate

6 The applicant must cooperate fully and on a continuous basis with the Bundeskartellamt during the entire duration of the proceedings. In particular the applicant has to fulfil the following obligations:

7 He must end his involvement in the cartel immediately on request by the Bundeskartellamt.

8 He must also hand over to the Bundeskartellamt all the information and evidence available to him after his application for leniency has been filed. This includes in particular all information which is of significance for calculating the fine which is available to the applicant or which he can procure.

9 He is obliged to keep his cooperation with the Bundeskartellamt confidential until the Bundeskartellamt relieves him of this obligation (normally after the search has been concluded).

10 An undertaking must name all the employees involved in the cartel agreement (including former employees) and ensure that all employees, from whom information and evidence can be requested, cooperate fully and on a continuous basis with the Bundeskartellamt during the proceedings.

E. Marker, Application, Statement of Assurance

I. Declaration of willingness to cooperate (marker) and application

11 A cartel participant can contact the head of the Special Unit for Combating Cartels or the chairman of the competent Decision Division to declare his willingness to cooperate (marker). The timing of the placement of the marker is decisive for the status of the application. The marker can be placed verbally or in writing, in German or English. It must contain details about the type and duration of the infringement, the product and geographic markets affected, the identity of those involved and at which other competition authorities applications have been or are intended to be filed.

12 Das Bundeskartellamt setzt eine Frist von höchstens 8 Wochen, innerhalb derer der Marker zu einem Antrag nach Randnummer 14 ausgearbeitet werden muss.

13 Handelt es sich um ein Kartell, für das die Europäische Kommission die besonders gut geeignete Behörde im Sinne der Netzwerkbekanntmachung* ist, kann das Bundeskartellamt den Antragsteller, der für einen Erlass nach Randnummer 3 einen Marker gesetzt hat, zunächst von der Verpflichtung befreien, einen Antrag nach Randnummer 14 auszuarbeiten, wenn er bei der Kommission einen Antrag gestellt hat oder dies beabsichtigt. Führt die Europäische Kommission das Verfahren nicht, kann das Bundeskartellamt den Antragsteller auffordern, einen Antrag im Sinne von Randnummer 14 vorzulegen.

14 In seinem Antrag muss der Antragsteller Angaben machen, die – im Fall von Randnummer 3 – erforderlich sind, um einen Durchsuchungsbeschluss zu erlangen bzw. die – im Fall von Randnummer 4 – erforderlich sind, um die Tat nachzuweisen, bzw. die – im Fall von Randnummer 5 – wesentlich dazu beitragen, die Tat nachzuweisen. Es sind zudem – soweit bekannt – Angaben darüber zu machen, ob das Kartell Auswirkungen in anderen Staaten hatte.

15 Ein Antrag nach Randnummer 14 kann auch mündlich und/oder in englischer Sprache gestellt werden. Nimmt das Bundeskartellamt einen Antrag in englischer Sprache entgegen, so ist der Antragsteller verpflichtet, unverzüglich eine schriftliche deutsche Übersetzung beizubringen. Gemeinsame Anträge von Kartellbeteiligten sind unzulässig.

16 Erfüllt ein Antragsteller seine Verpflichtungen (insbesondere die Kooperationspflicht) nicht, entfällt sein Rang und die nachfolgenden Antragsteller rücken im Rang auf.

17 Ein von einer vertretungsberechtigten Person für ein Unternehmen gestellter Antrag wird vom Bundeskartellamt auch als Antrag für die in dem Unternehmen gegenwärtig oder früher beschäftigten und an dem Kartell beteiligten natürlichen Personen gewertet, sofern sich aus dem Antrag oder dem Verhalten des Unternehmens nichts anderes ergibt.

II. Zugangsbestätigung und Zusicherung

18 Das Bundeskartellamt bestätigt dem Antragsteller das Setzen des Markers und/oder den Zugang des Antrags unverzüglich schriftlich unter Angabe von Datum und Uhrzeit.

19 Liegen die Voraussetzungen für den Erlass nach Randnummer 3 Nr. 1 und 2 vor, sichert das Bundeskartellamt dem Antragsteller schriftlich zu, dass ihm – unter der Bedingung, dass er nicht alleiniger Anführer war oder andere zur Teilnahme an dem Kartell gezwungen hat und seine Kooperationspflichten erfüllt – die Geldbuße erlassen wird.

20 Bei einem Antrag auf Erlass nach Randnummer 4 oder auf eine Reduktion nach Randnummer 5 teilt das Bundeskartellamt dem Antragsteller zunächst nur mit, dass er der erste, zweite etc. Antragsteller ist und grundsätzlich – insbesondere unter der Bedingung der Erfüllung der Kooperationspflichten – für einen Erlass oder eine Reduktion in Betracht kommt. Eine Entscheidung über den Erlass bzw. die Reduktion ergeht in diesem Fall frühestens nach Durchsicht und Prüfung aller bei der Durchsuchung erlangten

12 After the marker has been placed the Bundeskartellamt sets a time limit of a maximum of 8 weeks for the drafting of an application for leniency pursuant to paragraph 14.

13 If a cartel is involved for which the European Commission is the best placed authority within the meaning of the Commission Notice*, the Bundeskartellamt can exempt the applicant who has placed a marker for immunity under paragraph 3 from filing an application in accordance with paragraph 14 if he has filed an application with the Commission or intends to do so. If the European Commission does not conduct the proceedings, the Bundeskartellamt can request the applicant to submit an application pursuant to paragraph 14.

14 In his application the applicant must submit information which, in the case of paragraph 3, is necessary in order to obtain a search warrant or which, in the case of paragraph 4, is necessary to prove the offence or, in the case of paragraph 5, is significant in proving the offence. Where available, information shall also be submitted on whether the cartel had any effects in other countries.

15 An application as defined under paragraph 14 can also be filed verbally and/or in English. If the Bundeskartellamt accepts an application in English the applicant is obliged to provide a written German translation without undue delay. Joint applications by cartel participants are inadmissible.

16 If an applicant does not fulfil his obligations (especially his obligation to cooperate), his status of priority lapses and the subsequent applicants move up in rank.

17 An application filed by a person authorised to represent an undertaking is also rated by the Bundeskartellamt as one made on behalf of the natural persons participating in the cartel as current or former employees of the undertaking, unless otherwise indicated in the application or by the conduct of the undertaking.

II. Acknowledgement of receipt and statement of assurance

18 The Bundeskartellamt immediately confirms to the applicant in writing that a marker has been placed and/or that the application has been received, stating the date and time of receipt.

19 If the requirements for immunity under paragraph 3 nos. 1 and 2 are satisfied, the Bundeskartellamt assures the applicant in writing that he will be granted immunity from the fine on the condition that he was neither the only ringleader of the cartel nor coerced others to participate in the cartel and fulfils his obligations to cooperate.

20 In the case of an application for immunity under paragraph 4 or for a reduction under paragraph 5 the Bundeskartellamt initially only informs the applicant that he is the first, second etc. applicant and in principle, especially if he fulfils his duties to cooperate, is eligible for immunity or a reduction. A decision on immunity or reduction is made at the earliest after perusal and examination of all the information and evidence obtained during the search because the Bundeskartellamt must first examine whether this is sufficient to prove the offence.

Informationen und Beweismittel, weil das Bundeskartellamt zunächst prüfen muss, ob diese ausreichen, um die Tat nachzuweisen.

F. Vertraulichkeit, nachfolgende Verfahren, Geltung

I. Vertraulichkeit und Akteneinsicht

21 Das Bundeskartellamt wird im Rahmen der gesetzlichen Grenzen und der Regelungen über den Austausch von Informationen mit ausländischen Wettbewerbsbehörden die Identität eines Antragstellers während der Verfahrensdauer bis zum Zugang eines Beschuldigungsschreibens an einen Kartellbeteiligten vertraulich behandeln und Geschäfts- und Betriebsgeheimnisse wahren.

22 Das Bundeskartellamt wird Anträge privater Dritter auf Akteneinsicht bzw. Auskunftserteilung im Rahmen des gesetzlich eingeräumten Ermessens grundsätzlich insoweit ablehnen, als es sich um den Antrag auf Erlass oder Reduktion der Geldbuße und die dazu übermittelten Beweismittel handelt.

II. Abschöpfung des wirtschaftlichen Vorteils und Anordnung des Verfalls

23 Wird einem Antragsteller die Geldbuße erlassen, wird das Bundeskartellamt in der Regel weder einen erlangten wirtschaftlichen Vorteil (§ 34 Gesetz gegen Wettbewerbsbeschränkungen) abschöpfen noch einen Verfall (§ 29a Gesetz über Ordnungswidrigkeiten) anordnen. Bei einer Reduktion der Geldbuße wird das Bundeskartellamt in der Regel in dem Umfang, in dem die Reduktion gewährt wurde, auch einen wirtschaftlichen Vorteil nicht abschöpfen bzw. einen Verfall nicht anordnen.

III. Zivil- und strafrechtliche Folgen

24 Diese Bekanntmachung lässt die zivilrechtlichen Folgen wegen der Beteiligung an einem Kartell unberührt. Das Verfahren gegen eine natürliche Person muss das Bundeskartellamt nach § 41 Gesetz über Ordnungswidrigkeiten an die Staatsanwaltschaft abgeben, wenn es sich bei der Tat um eine Straftat (insbesondere nach § 298 Strafgesetzbuch) handelt.

IV. Geltung

25 Diese Regelung tritt am 15. März 2006 an die Stelle der Bekanntmachung Nr. 68/2000. Nach diesem Zeitpunkt gestellte Anträge auf Anwendung der Bonusregelung werden ausschließlich nach der vorliegenden Regelung behandelt.

Bonn, den 7. März 2006

Dr. Böge

Präsident des Bundeskartellamts

---

* Bekanntmachung der Europäischen Kommission über die Zusammenarbeit innerhalb des Netzwerkes der Wettbewerbsbehörden, Abl. EG 2004 Nr. C 101/43.

F. Confidentiality, subsequent proceedings, entry into force

I. Confidentiality and inspection of files

21 Within the scope of the statutory limits and regulations on the exchange of information with foreign competition authorities the Bundeskartellamt shall treat in confidence the identity of the applicant and protect all trade and business secrets during the course of the proceedings up to the point at which a statement of objections is issued to a cartel participant.

22 Where an application for immunity or reduction of a fine has been filed the Bundeskartellamt shall use the statutory limits of its discretionary powers to refuse applications by private third parties for file inspection or the supply of information, insofar as the leniency application and the evidence provided by the applicant are concerned.

II. Skimming-off of economic benefit and order of forfeiture

23 If an applicant is granted immunity from a fine, the Bundeskartellamt shall generally neither skim off the economic benefit (Section 34 Act against Restraints of Competition) nor order a forfeiture (Section 29a Administrative Offences Act). If a fine is reduced the Bundeskartellamt shall as a rule only skim off a proportion of the economic benefit or order partial forfeiture which correspond to the proportion by which the fine is reduced.

III. Consequences under civil and criminal law

24 This notice has no effect on the private enforcement of competition law. The Bundeskartellamt must refer proceedings against a natural person to the public prosecutor under Section 41 of the Administrative Offences Act if the activity concerned constitutes a criminal offence (in particular within the meaning of Section 298 of the Criminal Code, on fraud relating to bids).

IV. Entry into force

25 This regulation comes into force on 15 March 2006 and replaces notice no. 68/2000. Applications filed after this date by those wishing to take advantage of the Leniency Programme shall be exclusively dealt with according to the current regulation.

Bonn, 7 March 2006

Dr. Böge

President of the Bundeskartellamt

---

* Commission Notice on cooperation within the Network of Competition Authorities, OJ. EC 2004 no. C 101/43.

Standards für ökonomische Gutachten

vom

20. Oktober 2010

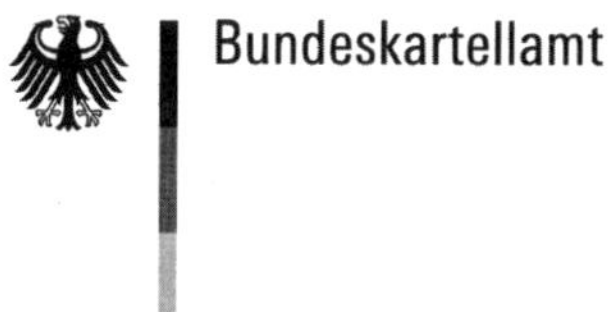

Best practices for expert economic opinions[1]

20 October 2010

[1] In case of contest only the German version is valid.

Zielsetzung

Die Zahl ökonomischer Gutachten, die beim Bundeskartellamt vor allem in Verwaltungs-, aber auch in Ordnungswidrigkeitenverfahren eingereicht werden, ist in den letzten Jahren kontinuierlich gestiegen. Das Bundeskartellamt verspricht sich von einer einheitlichen und transparenten Vorgehensweise bei der Bewertung ökonomischer Gutachten, dass deren Einbindung in das konkrete kartellrechtliche Verfahren fair und effizient verläuft. Dabei ist zu berücksichtigen, dass die Evidenz aus einem ökonomischen Gutachten nie allein entscheidungsrelevant ist, sondern immer nur einen zu berücksichtigenden Teilaspekt im Rahmen der Gesamtschau aller für die kartellrechtliche Beurteilung des konkreten Einzelfalles relevanten Sachverhaltsaspekte darstellt.

Durch die Einhaltung von Mindestanforderungen an die Qualität von ökonomischen Gutachten soll garantiert werden, dass die Ergebnisse ökonomischer Analysen zu einer sachgerechten Beurteilung des konkret betroffenen kartellrechtlichen Sachverhalts beitragen. Das war in der Vergangenheit oft nicht der Fall.

Mit der vorliegenden Bekanntmachung skizziert das Bundeskartellamt in allgemeiner Form Standards für ökonomische Gutachten in kartellrechtlichen Verfahren. Argumente, Ergebnisse und Schlussfolgerungen aus Gutachten, die diesen Standards nicht genügen, können je nach Grad der Abweichung im Rahmen der Beweiswürdigung nur entsprechend nachrangig oder gar nicht berücksichtigt werden. Die Bekanntmachung erörtert ferner praktische und rechtliche Fragen, die sich im Verlauf des Prozesses der Gutachtenerstellung-, -einreichung und -bewertung stellen, und spricht diesbezüglich Empfehlungen aus. Die im Folgenden dargelegten Grundsätze sind nicht abschließend und werden ggf. vor dem Hintergrund weiterer Erfahrungen fortentwickelt und angepasst.

I. Standards für ökonomische Gutachten

1. Allgemeine Standards

1.1. Generelle Anforderungen

Ein Gutachten soll folgende grundlegende Anforderungen erfüllen:

1. Bezug zur kartellrechtlichen Fragestellung: Aus einem Gutachten muss klar hervorgehen, mit welcher kartellrechtlichen Fragestellung es sich auseinandersetzt, mit welcher ökonomischen Methode diese Fragestellung untersucht werden soll und welche Rückschlüsse aus den Ergebnissen der ökonomischen Analyse für die Beurteilung des kartellrechtlichen Sachverhaltes gezogen werden.

Purpose

The number of expert economic opinions submitted to the Bundeskartellamt has risen steadily in recent years. The Bundeskartellamt expects that common and transparent procedures for evaluating expert economic opinions will allow for a fair and efficient application of this type of evidence to the specific competition law proceedings. However, it should be noted that the evidence from an expert economic opinion is never the sole deciding factor but merely one aspect of several in the overall competitive assessment of a specific case.

Economic evidence – methodological and empirical – can help reach more informed decisions. However, for that to be the case it is necessary that the economic evidence complies with minimum quality requirements. This was often not the case in the past.

In this notice the Bundeskartellamt outlines general standards for expert economic opinions in its competition proceedings. The arguments, results and conclusions of economic opinions which do not comply with these standards can only be considered to a lesser extent, if at all. This notice also discusses practical and legal questions arising in the process of preparing, submitting and assessing an opinion and issues recommendations in this regard. The principles expounded in the following are not exhaustive and can be further developed and adapted on the basis of further experience.

I. Principles for expert economic opinions

1. General principles

1.1. Basic requirements

Any expert opinion should satisfy the following basic requirements:

1. Relevance: It must be clear from the opinion which competition issues are dealt with, which methods are used and what the conclusions and their implications are. These must be relevant to the case.
2. Completeness: An expert opinion must be written to be comprehensible within a reasonable period of time. Opinions which do not contain the information necessary to understand and to replicate results are incomplete. Results of economic analyses which are not comprehensible cannot be considered as evidence by the Bundeskartellamt.

2. Nachvollziehbarkeit und Vollständigkeit: Ein Gutachten muss in angemessener Zeit vollständig nachvollziehbar sein. Gutachten, die für ein Nachvollziehen und ggf. Replizieren der Ergebnisse unverzichtbare Informationen nicht enthalten, sind unvollständig. Ergebnisse ökonomischer Analysen, die für das Kartellamt nicht nachvollziehbar sind, können nicht in die Beweiswürdigung des Bundeskartellamts eingehen.
3. Transparenz: Ökonomischen Analysen liegen in der Regel vereinfachende, für ihre Praktikabilität und Aussagekraft aber unverzichtbare Annahmen zugrunde. Diese sind offen zu legen und hinsichtlich ihrer Vereinbarkeit mit dem relevanten kartellrechtlichen Sachverhalt zu bewerten.
4. Kongruenz: Enthält ein Gutachten mehrere Analysen zu gleichen oder verschiedenen kartellrechtlichen Sachverhalten, sollten die Annahmen und Ergebnisse der einzelnen Analysen sich nicht gegenseitig ausschließen oder widersprechen. Sollte dies in Einzelfällen dennoch der Fall sein, so ist dies explizit zu erläutern und zu rechfertigen.

1.2. Sprache

Amtssprache des Bundeskartellamtes ist deutsch.[1] Gutachten sind daher grundsätzlich in deutscher Sprache vorzulegen. Nach Absprache mit der Beschlussabteilung nimmt das Bundeskartellamt auch Gutachten in englischer Sprache entgegen. In diesem Fall ist dem Gutachten eine deutsche Übersetzung der nicht-technischen Zusammenfassung (s. 1.3) beizufügen. Im Falle eines Beschwerdeverfahrens ist es Aufgabe der einreichenden Partei, kurzfristig und auf eigene Kosten eine deutsche Übersetzung nachzureichen.

1.3. Nicht-technische Zusammenfassung

Die endgültige Bewertung der Ergebnisse ökonomischer Gutachten im Zusammenspiel mit anderen Ermittlungsergebnissen erfolgt in der zuständigen Beschlussabteilung. Dieser gehören sowohl Ökonomen als auch Nicht-Ökonomen an. Es ist daher unerlässlich, dass die Vorgehensweise und die Ergebnisse eines Gutachtens auch für Nicht-Ökonomen nachvollziehbar und verständlich sind. Einem Gutachten ist daher stets eine allgemein verständliche nicht-technische Zusammenfassung voranzustellen. Diese Zusammenfassung sollte insbesondere auf folgende Punkte eingehen:

1. Fragestellung: Welche Frage versucht das Gutachten zu beantworten? Welche Relevanz hat diese Frage für die kartellrechtliche Beurteilung des betroffenen kartellrechtlichen Sachverhalts?

---

[1] § 23 Abs. 1 VwVfG

3. Transparency: Economic analysis is generally based on simplifying assumptions. Assumptions are to be disclosed and assessed for their compatibility with the relevant facts of the case under competition law.
4. Consistency: If the opinion contains several analyses of the same or different circumstances, the assumptions and results of the individual analyses should not contradict each other. Any inconsistencies in the assumptions or results must be acknowledged and explained.

1.2. Language:

The official language of the Bundeskartellamt is German.[2] Expert opinions should therefore be submitted in German. After consultation with the Decision Division in charge the Bundeskartellamt will also accept opinions in English. In such cases the opinion should include a German translation of the non-technical summary (p. 1.3). In the case of appeal proceedings, it is the responsibility of the parties to submit a German translation at short notice at their own cost.

1.3. Non-technical summary

A final evaluation of the results of the expert economic opinion combined with other investigation results will be carried out by the competent Decision Division. The Decision Divisions consist of economists and non-economists. Expert opinions must therefore be comprehensible to a non-economist audience. An expert opinion should always include a non-technical summary addressing the following points:

1. Purpose: Which issues does the expert opinion aim to address? How relevant are these issues for assessing the competition case under competition law?
2. Methodology: Which method is used and why? Why is the method preferred over other available methods?
3. Specification: Which aspects of the case are covered by the economic model used in the analysis, and which are not? What are the underlying behavioural assumptions of a theoretical model? What are the assumptions underlying an empirical method?
4. Result: What is the result of the analysis? What are the implications for the assessment of the case under competition law?
5. Robustness: How robust are the results to changes in the underlying assumptions and methodology? Can the results be replicated using a different framework of analysis or a different data set?

2. Methode: Mit welcher Methode analysiert das Gutachten die Frage? Warum ist die gewählte Methode geeignet, die Frage zu beantworten? Welche Alternativen stünden zur Verfügung und warum wurden diese nicht gewählt?
3. Spezifikation: Welche im konkreten Markt relevanten Sachverhalte werden in der Modellspezifikation oder der konkreten Anwendung einer empirischen Methode erfasst, welche nicht? Welche Annahmen liegen dem Modell oder der verwendeten empirischen Methode über das Verhalten der Marktteilnehmer zu Grunde?
4. Ergebnis: Welches Ergebnis hat die Analyse? Welche Schlussfolgerungen werden hieraus für die kartellrechtliche Beurteilung des Sachverhalts gezogen?
5. Robustheit: Wie belastbar ist das Ergebnis? Ergeben sich die gleichen oder zumindest vergleichbare Ergebnisse bei einer Modifikation der zugrundegelegten Annahmen, der Verwendung anderer zur Verfügung stehender Daten oder mit einer anderen Analysemethode?

1.4 Nicht-vertrauliche Fassung

In Verwaltungsverfahren gibt es regelmäßig Beigeladene, die Anspruch auf Akteneinsicht haben. In solchen Fällen ist ein Gutachten in einer vertraulichen und in einer um Geschäftsgeheimnisse bereinigten Fassung einzureichen. Die nicht-vertrauliche Fassung eines Gutachtens muss alle Informationen enthalten, die notwendig sind, um die Methoden und Ergebnisse des Gutachtens verstehen und bewerten zu können. Zahlen, die Geschäftsgeheimnisse darstellen, sind in üblichen Spannen anzugeben.

1.5. Literatur- und Quellenangaben

Die Einbettung einer ökonomischen Analyse in die einschlägige Fachliteratur zu dem betreffenden Thema ist wünschenswert. Die fachliche Diskussion der relevanten Literatur sollte sich an den in wissenschaftlichen Fachzeitschriften üblichen Standards orientieren.

Ökonomische Modelle, die in einem Gutachten verwendet und gegebenenfalls modifiziert werden, sind, sofern sie nicht selbst entwickelt wurden, mit einer Literaturangabe zu versehen. Ist ein Modell an verschiedenen Stellen und ggf. in unterschiedlicher Detailtiefe beschrieben, sind einfachere und allgemeinere Darstellungen aus Lehrbüchern oder aus weit verbreiteten und anerkannten wissenschaftlichen Zeitschriften anderen Quellen vorzuziehen. Sofern Modifikationen an in der Fachliteratur diskutierten Modellen vorgenommen werden, sind diese transparent zu machen und im Detail zu erläutern.

Sachverhalte, die im Rahmen der Analyse als gegeben angenommen werden und die nicht als allgemein bekannt unterstellt werden können, sind mit entsprechenden Quellenangaben

1.4 Non-confidential version

In administrative proceedings third parties often have access to files. In such cases a confidential version of the expert opinion and a version in which business secrets have been deleted must be submitted. The non-confidential version must include all information necessary to evaluate the methods and results of the expert opinion. Figures representing business secrets are to be replaced by the usual intervals.

1.5. Bibliography and reference list

It is desirable for an economic analysis to be placed within the context of the relevant literature. A discussion of the relevant literature should adhere to standards used in scientific journals.

References for the models that are used need to be included in the expert opinion. If a model is described in various sources, basic and general descriptions from textbooks or renowned scientific journals are to be given preference over other sources. If models discussed in specialist literature are modified, these modifications must be made explicit and explained in detail.

Facts which are taken for granted in the analysis and which cannot be assumed to be generally known must be substantiated by a reference to the relevant source. In particular, this applies to assumptions needed to apply a model to the particular case or assumptions made for simulations.

Unpublished bibliographical references or sources which are not publicly available must be submitted with the expert opinion.

1.6. Preference for established theories and methods

It is generally possible to apply new theories and methods to evaluate economic issues in competition law proceedings, or theories and methods which are disputed in the literature, as long as this remains practical. However, the standards of proof and illustration are higher for theories or methods which are less well-established. Theories or methods which have not yet been published in a journal and thus have not undergone any peer review must be justified and explained in depth. Reasons for the insufficiency of established methodologies need to be given when using a new method. In general, the use of theories and methods which are widely recognized in science and also in competition practice makes it more likely for the authority to take an expert opinion into consideration

---

[2] Section 23 (1) *VwVfG* (Administrative Procedure Act)

zu belegen. Dies betrifft z. B. Annahmen, die ein Modell als geeignet zur Beschreibung und Abbildung eines Sachverhalts erscheinen lassen oder Annahmen, die im Rahmen eines Simulationsmodells getroffen werden.

Nicht-veröffentlichte Literaturquellen oder Quellen, die nicht allgemein verfügbar sind, sind bei der Übermittlung des Gutachtens vorzulegen.

1.6. Bevorzugung etablierter Theorien und Methoden

Die Verwendung neuartiger oder in der Literatur umstrittener Theorien und Methoden zur Bewertung ökonomischer Fragestellung in kartellrechtlichen Verfahren ist grundsätzlich möglich, sofern die Grundsätze der Verfahrensökonomie dem nicht entgegenstehen. Allerdings sind die Anforderungen an die Nachweistiefe und die Darstellung umso höher, je weniger anerkannt und verbreitet eine Theorie oder Methode ist. Theorien oder Methoden, die noch nicht in einer Fachzeitschrift veröffentlicht und dabei einem Peer Review unterzogen wurden, sind ausführlich zu begründen und zu erläutern. Es ist zu begründen, warum bereits etablierte Theorien und Methoden nicht ausreichend oder nicht geeignet zur Analyse des kartellrechtlichen Sachverhalts sind. Grundsätzlich erleichtert die Verwendung von in der Wissenschaft allgemein anerkannten und ggf. in der Kartellrechtspraxis bereits verwendeten Theorien und Methoden die Berücksichtigung eines Gutachtens.

Empirische Analysen bewegen sich ebenso wie rein theoretisch-konzeptionelle Analysen typischerweise in einem Spannungsfeld zwischen Präzision und Praktikabilität. Je präziser eine Analyse ist, desto aufwendiger ist sie in der Regel. Das Bundeskartellamt weist darauf hin, dass bei fristgebundenen Verfahren verfeinerte empirische Analysen aufgrund des engen Fristenregimes oft nicht praktikabel oder mit einem unverhältnismäßig hohen Aufwand verbunden sind.

2. Standards für theoretisch-konzeptionelle Analysen

Theoretisch-konzeptionelle Analysen beschäftigen sich mit der Beschreibung eines konkreten kartellrechtlich relevanten Sachverhaltes mit Hilfe eines geeigneten, ggf. dem Sachverhalt angepassten theoretischen Modells. Eine theoretisch-konzeptionelle Analyse kann dadurch zum Verständnis des Verhaltens von Marktteilnehmern oder der Funktionsweise eines bestimmten Marktes beitragen.

2.1. Auswahl eines Modelltyps

Theoretische Modelle dienen dazu, einen Zusammenhang zu erklären, indem sie die Realität stilisiert und damit vereinfacht darstellen. Ziel eines ökonomischen Modells ist es nicht, die

Typically, empirical analyses, like purely theoretical analyses, face a trade-off between accuracy and simplicity. As a general rule, the more accurate an analysis is, the more time and effort it will require. Due to statutory deadlines in some competition law proceedings, refined empirical analyses might not always be practical or might require a disproportionate amount of time and effort.

2. Standards for theoretical/conceptual analyses

Theoretical analysis, if adapted to the circumstances of the relevant case, can help to explain the behaviour of the market and its participants.

2.1. Choice of model

Theoretical models explain a set of facts by abstracting from reality and representing it in a simplified way. An economic model does not aim to represent reality in full detail. Instead, simplifying assumptions are used to focus attention on those details which are relevant to the case. The application of theoretically grounded and internally consistent models allows conclusions to be applied to more complex situations.

Economic models can be represented verbally, graphically or mathematically. These representations are complementary to each other. However, a verbal interpretation of any graphical or mathematical argument must be provided. Ease of understanding should be prioritised when deciding how to represent an argument.

2.2. Relation between the model and the competition issue in question

The implications of an economic model can only influence the assessment of a competition issue if the economic model is relevant to it. Therefore the choice of model should always be carefully explained and justified in detail.

Models are simplifications of reality and include assumptions, leaving out many aspects of reality. This procedure is not only legitimate, but also necessary. However, assumptions must be explicitly stated and, if necessary, explained. Assumptions which appear unrealistic need to be particularly well justified.

2.3. Robustness

The results of economic models differ in their robustness. While some models are highly sensitive to small changes in the underlying assumptions, others can be modified in a substantial way without affecting the results. In many cases some specific assumptions

Realität möglichst detailgenau darzustellen, sondern die immense Komplexität eines Sachverhalts durch Annahmen so zu vereinfachen, dass die wesentlichen und für die zu klärende Fragestellung relevanten Zusammenhänge sichtbar werden. Innerhalb des Modells lassen sich logische Schlussfolgerungen ziehen, die dann wiederum auf den komplexen Sachverhalt übertragen werden können.

Ökonomische Modelle lassen sich verbal, graphisch oder mit Hilfe mathematischer Formeln darstellen. Im Einzelfall ist die Form der Darstellung zu wählen, die das Modell am einfachsten nachvollziehbar macht. Auf eine verbale Erläuterung eines mathematisch oder graphisch dargestellten Modells sollte jedoch nicht verzichtet werden.

2.2. Zusammenhang zwischen Modell und kartellrechtlicher Fragestellung

Die Ergebnisse eines Modells können nur dann die Bewertung eines kartellrechtlichen Sachverhalts beeinflussen, wenn der Zusammenhang zwischen dem Modell und dem zu erklärenden Sachverhalt klar erkennbar ist. Die Entscheidung für ein bestimmtes Modell oder einen bestimmten Modelltyp ist daher in jedem Fall ausführlich zu begründen und zu erläutern.

Modelle stellen die Realität stark vereinfacht dar, indem sie viele Aspekte der Wirklichkeit per Annahme ausblenden. Diese Vorgehensweise ist nicht nur legitim, sondern notwendig. Allerdings müssen Annahmen explizit aufgeführt und ggf. erläutert werden. Insbesondere wenn Annahmen getroffen werden, durch die wesentliche Aspekte der Realität stark verzerrt dargestellt werden, ist eine Rechtfertigung der gewählten Vorgehensweise erforderlich.

2.3. Robustheit

Die Ergebnisse ökonomischer Modelle sind unterschiedlich robust. Während manche Modelle bei geringfügigen Änderungen einer einzigen Annahme zu völlig gegensätzlichen Ergebnissen führen, lassen sich andere Modelle vergleichsweise stark modifizieren, ohne dass die Ergebnisse signifikant voneinander abweichen. Oft sind einzelne Annahmen in einem Modell entscheidend für das Ergebnis, während die Modifikation anderer Annahmen nur zu einer komplizierteren Darstellung, nicht aber zu einem anderen Ergebnis führt. Daher ist im Rahmen einer theoretisch-konzeptionellen ökonomischen Analyse stets für die verwendeten einzelnen Annahmen zu erläutern, ob und ggf. in welchem Ausmaß sie in dieser Form entscheidend für das Ergebnis des Modells insgesamt sind. Darüber hinaus sollte auf die allgemeine Robustheit eines Modells eingegangen werden. Dabei kann z. B. auf die Ergebnisse von empirischen Überprüfungen eines Modells oder auf die Ergebnisse von Laborexperimenten verwiesen werden. Die Beweiskraft einer Analyse ist umso höher, je robuster das Ergebnis ist.

made in a model are decisive for its result, whereas the modification of other assumptions only leads to a more complicated representation, leaving the result unchanged. For this reason a theoretical analysis should always include an explanation of the individual assumptions used, stating whether and to what extent results are sensitive to them. Furthermore the general robustness of each model should be discussed, for example by referring to the results of empirical tests carried out on a model or the results of laboratory experiments. The more robust a result, the greater is its influence on the competitive assessment of the case.

3. Standards for empirical analyses

Expert economic opinions often include empirical analyses, which are based on either existing data or data collected for the purpose of a competition case. Empirical analyses either aim to identify a particular situation or to show that a theoretical model is suitable to describe the situation in the affected market.

3.1. Methodology

There are a vast number of methods available for empirical analysis, ranging from simple descriptive statistics to complex econometric methods.

Descriptive statistics are used to represent data in a structured way. Useful descriptive statistics are the mean, variance or pivot tables. In most cases, descriptive statistics are calculated using spreadsheet programmes. Due to the fact that companies record transactions electronically, it is easy to find relevant data. Simple descriptive statistics can contribute to clarifying the facts of a case and prepare for more complex econometric analysis.

In contrast, inferential statistics and econometrics use random sampling methods in order to derive parameters for the underling pouplation. We use econometrics in order to test economic hypotheses or to estabilish the quantitative significance of economic relations. Having estimated the parameters of the underlying economic model it is possible to deduce economically meaningful relationships from the data. Given the inherent uncertainty involved in the use of econometrics, confidence intervals for the relevant parameters should be given. In general, estimated parameters have a higher variance if the data set used to estimate them is small. Diagnostic statistics to assess the extent to which the chosen model explains the data need to be given and discussed. Assumptions underlying each estimation framework need to be tested, if possible.

The underlying model should be estimated using a variety of estimation strategies. Diverging results need to be explained. Reasons for preferring one specification need to be given.

3. Standards für empirische Analysen

Ökonomische Gutachten beinhalten häufig empirische Analysen, die entweder mit bereits vorhandenen oder mit selbst erhobenen Daten durchgeführt werden. Ziel empirischer Analysen ist es, einen bestimmten Sachverhalt zu ermitteln oder zu zeigen, dass ein bestimmtes theoretisches Modell geeignet ist, das Geschehen in einem konkret betroffenen Markt zu beschreiben oder zu erklären.

3.1. Auswahl einer Methode

Für empirische Analysen steht eine Vielzahl von Methoden zur Verfügung, angefangen mit einfachen Berechnungen der deskriptiven Statistik bis hin zu komplizierten ökonometrischen Schätzungen.

Die deskriptive Statistik ist eine Methode, Daten so aufzubereiten, dass sie besser zu erfassen sind, z. B. durch die Berechnung von Mittelwerten und Varianzen oder die Erstellung von Pivot-Tabellen. Die einzelnen Statistiken werden in aller Regel mit Hilfe eines Tabellenkalkulationsprogramms berechnet. Durch eine geeignete Auswahl und Aufbereitung von Daten, die heute in Unternehmen aufgrund der elektronischen Buchung aller Vorgänge zur Verfügung stehen, lassen sich viele Sachverhaltsfragen klären oder Vermutungen über das Verhalten der Marktteilnehmer substantiieren. Eine solche Datenaufbereitung stellt zwar keine ökonomische Analyse im engeren Sinne dar, kann aber dennoch wesentlich zur Aufklärung eines Sachverhalts und damit zur sachgerechten Beurteilung einer kartellrechtlichen Fragestellung beitragen.

In der induktiven Statistik und der Ökonometrie wird mit Stichproben gearbeitet. Ziel ist es, aus den Daten einer Stichprobe Eigenschaften einer Grundgesamtheit abzuleiten. Das spezielle Ziel ökonometrischer Untersuchungen ist es, ökonomische Hypothesen zu prüfen oder die quantitative Bedeutung ökonomischer Zusammenhänge zu ermitteln. Die Berechnung wird mit einer Stichprobe durchgeführt. Das Ergebnis stellt eine Schätzung des entsprechenden Zusammenhangs in der statistischen Grundgesamtheit dar. Diese Schätzung ist mit Unsicherheit behaftet, die daher rührt, dass die Berechnung eben nicht mit Daten über die Grundgesamtheit, sondern nur mit einer Stichprobe durchgeführt wurde. Im Allgemeinen ist die Unsicherheit bezüglich der Validität der Ergebnisse größer, wenn eine Stichprobe sehr klein und die geprüften ökonomischen Zusammenhänge quantitativ wenig bedeutsam sind. Aussagen über die Validität einer Schätzung als Ganzes und die Signifikanz der geschätzten Parameter sind integraler Bestandteil einer ökonometrischen Analyse.

In der Regel kommen für die empirische Analyse eines ökonomischen Sachverhalts verschiedene Methoden in Betracht. Die Wahl einer bestimmten Methode ist daher stets zu begründen und zu erläutern. Es kann hilfreich sein, die gleiche Frage unter Verwendung ver-

3.2. Selection and processing of data

Data are an important factor for the quality of empirical analyses. The validity of an analysis largely depends on the quality of the data used. In many cases, the decision in favour of a particular method depends on the availability of data. For this reason, it has to be explained in detail which data sets are available for the examination of a particular question and what advantages and disadvantages these data sets have. Reasons must be given why a specific data set was chosen.

In principle, it is possible for the author to collect his own data by conducting surveys or laboratory experiments. This allows for the collection of exactly the kind of information that is required for a specific analysis. However, the benefits of higher quality data need to be balanced against their high cost of collection. Furthermore, the data collection process is motivated by the author's interest in obtaining certain results. As a consequence, the collected data may be biased. For this reason, the use of existing data is preferable over the collection of new data. In the case of newly collected data, it is imperative that verifiability, objectivity and representativeness be considered and the technique used to collect the data be comprehensively documented.

In most cases the raw data on which an analysis is based cannot be used directly but must be cleaned first, for example by removing outliers or adding missing values. When data from different sources are used in a single database, these must be meaningfully merged. Data cleaning is perfectly legitimate, even necessary. Yet, the Bundeskartellamt will want to see for itself how this process has been performed in any given case. Thus, parties should provide a precise description of the data cleaning process, listing the criteria that have been used for cleaning the data. In addition, an appendix must be attached to each expert opinion containing the original data, the data used for the estimations and, where applicable, the programme codes used for the data adjustment process.

The data used should be described briefly in the expert opinion, e.g. by way of a table indicating the names and definitions of all variables used in the analysis as well as appropriate descriptive statistics (number of observations, means) or by way of graphical illustrations.

3.3. Presentation of results

The presentation of the results of an empirical study comprises three stages:

1. Presentation in tabular form,
2. Verbal explanation of the results, and

schiedener, unterschiedlich komplexer Methoden zu analysieren, z. B. mittels einer einfachen linearen Regression und unter Verwendung einer komplexeren Schätzmethode.

3.2. Auswahl und Aufbereitung der verwendeten Daten

Daten sind der mit Abstand wichtigste Input-Faktor für eine empirische Analyse. Mit der Qualität der Daten steht und fällt die Aussagekraft einer Analyse. Auch die Entscheidung für eine bestimmte Methode wird in vielen Fällen durch die Verfügbarkeit von Daten bestimmt. Daher ist ausführlich darzulegen, welche Datensätze für die Untersuchung einer bestimmten empirischen Frage zur Verfügung stehen und welches die Vor- und Nachteile dieser Datensätze sind. Die Entscheidung für einen bestimmten Datensatz ist zu begründen.

Grundsätzlich besteht die Möglichkeit, Daten durch Umfragen oder in Laborexperimenten selbst zu erheben. Der Vorteil einer eigenen Erhebung besteht darin, dass genau die Daten erhoben werden können, die für die geplante Untersuchung benötigt werden. Der Nachteil besteht - abgesehen von den damit in aller Regel verbundenen hohen Kosten – darin, dass bereits durch die Art der Erhebung der Daten, insbesondere bei Befragungen, Manipulationen möglich sind, die dann auch das Ergebnis der Analyse beeinflussen. Dieses Problem besteht insbesondere dann, wenn derjenige, der die Daten erhebt, ein Interesse daran hat, dass mit den Daten ein bestimmtes Ergebnis erzielt wird. Aus diesem Grund ist die Verwendung bereits vorhandener Daten der Erhebung eigener Daten vorzuziehen. Falls Daten selbst erhoben werden, ist unbedingt auf Verifizierbarkeit, Objektivität und Repräsentativität der Daten zu achten und die Erhebungstechnik umfassend zu dokumentieren.

Die einer Analyse zugrunde liegenden Rohdaten sind in aller Regel nicht direkt verwendbar, sondern müssen zunächst bereinigt werden, z. B. durch den Ausschluss von Ausreißern oder die Ergänzung fehlender Werte. Werden Daten aus verschiedenen Quellen in einem gemeinsamen Datensatz verwendet, müssen diese sinnvoll zusammengeführt werden. Der erforderliche Prozess der Datenaufbereitung muss vollständig nachvollziehbar sein, da die Art der Datenbereinigung das Ergebnis einer Analyse stark beeinflussen, im Einzelfall sogar ins Gegenteil verkehren kann. Zur Nachvollziehbarkeit gehört, dass dargelegt wird, nach welchen Kriterien welche Bereinigungen vorgenommen werden. Zudem sind als Anhang zu einem Gutachten die Originaldaten, die bereinigten Daten sowie die zur Bereinigung ggf. verwendeten Programmcodes zur Verfügung zu stellen.

Die verwendeten Daten sollten im Gutachten zumindest kurz beschrieben werden, z. B. durch eine tabellarische Übersicht mit Namen und Definition aller in einer Analyse verwendeten Variablen sowie geeigneten deskriptiven Statistiken (Anzahl der Beobachtungen, Mittelwert) oder durch entsprechende graphische Darstellungen.

3. Comment on the conclusions drawn for the competition issue in question.

Depending on the number of calculations and estimates, the tabular presentation of the results may be simplified. In any case, appropriate diagnostic tests have to be reported. If the results are presented in a simplified form, the complete estimates (output sheets) must be included as an attachment to the expert opinion. Calculations and estimates must also be transmitted electronically, where necessary complemented by explanations that enable the Bundeskartellamt to understand the calculations and estimates with reasonable effort. Verbal explanations of the results facilitate understanding and help to avoid misinterpretations.

In addition, a report should include an interpretation of the diagnostic tests and their implications.

The significance of the empirical analysis for the individual proceeding depends on whether the results of the analysis improve the understanding of the relevant competition issue. An empirical analysis only makes sense if the results help to clarify and interpret the facts of the case for the purposes of competition law. When different estimates suggest different results, a carefully argued judgment as to which of the estimates are superior is required.

3.4. Robustness

Different economic analyses often produce differing, sometimes conflicting results. For this reason, one isolated analysis can only have marginal probative value.

The impact of an analysis for the competitive assessment of the relevant case can be significantly enhanced by confirming the result of the analysis. This can take the form of various specifications of the equations to be estimated, the use of different estimation methods, the use of different data (sub)sets or a comparison of the result with conclusions reached in the scientific literature. The more analyses arrive at the same result, the more significance is attached to the economic evidence in the overall assessment of all criteria that have to be taken into account in the decision-making process.

II. Procedural steps

Economic expert opinions are subject to the same procedural principles as are other documents submitted during the proceedings by the parties. The following paragraphs therefore only serve as additional information to the existing principles. There are two specific characteristics of economic expert opinions that should be kept in mind. First, unlike other documents, economic expert opinions are generally written neither by the companies involved, nor by the law firm they have entrusted with the proceedings, but instead by a third party, often an economics consultancy firm. Second, the examination of economic expert

3.3. Präsentation der Ergebnisse

Die Präsentation der Ergebnisse einer empirischen Untersuchung umfasst mehrere Stufen:

1. Tabellarische Darstellung der Ergebnisse,
2. Verbale Erläuterung der Ergebnisse,
3. Erläuterung, welche Schlussfolgerungen aus den Ergebnissen für die kartellrechtliche Fragestellung gezogen werden.

Je nach Anzahl der vorgenommenen Berechnungen oder Schätzungen kann die tabellarische Darstellung der Ergebnisse im Gutachten verkürzt erfolgen. In jedem Fall sollten aber Gütemaße für die statistische Qualität einer Schätzung mit angegeben werden. Bei einer verkürzten Darstellung sind die vollständigen Schätzergebnisse, dargestellt z. B. durch die Output Sheets der verwendeten Ökonometrie-Software, als Anhang zum Gutachten zu übermitteln. Die im Einzelnen durchgeführten Berechnungen oder Schätzungen sind zudem in elektronischer Form zu übermitteln, gegebenenfalls ergänzt durch entsprechende Erläuterungen, die es ermöglichen, die Berechnungen oder Schätzungen mit vertretbarem Aufwand nachzuvollziehen.

Die verbale Erläuterung der Ergebnisse, z. B. durch ein Lesebeispiel, dient dem Verständnis und vermeidet Fehlinterpretationen. Dabei ist auch auf die Interpretation statistischer Gütemaße und die hieraus zu ziehenden Schlussfolgerungen für die Aussagekraft der Ergebnisse einzugehen.

Entscheidend für die Bedeutung der empirischen Analyse im konkreten Verfahren ist schließlich die Erläuterung, was die Ergebnisse der empirischen Analyse zur Beantwortung der kartellrechtlichen Fragestellung beitragen. Sinnvoll ist eine empirische Analyse erst, wenn die Ergebnisse tatsächlich zur Beurteilung des kartellrechtlichen Sachverhalts beitragen können. Wenn mehrere Berechnungen oder Schätzungen durchgeführt werden, die zu unterschiedlichen Ergebnissen führen, ist zu erläutern, welche Ergebnisse aus welchem Grund als aussagekräftiger angesehen werden können.

3.4. Robustheit

Unterschiedliche ökonomische Analysen liefern häufig verschiedene, gegebenenfalls widersprüchliche Ergebnisse. Aus diesem Grund kann einer isolierten Analyse nur ein sehr geringer Beweiswert eingeräumt werden.

Der Beweiswert lässt sich steigern, indem das Ergebnis durch Robustheitstests bestätigt wird. Dies kann z. B. durch verschiedene Spezifikationen einer Schätzung, durch die Verwendung unterschiedlicher Schätzmethoden, durch die Verwendung unterschiedlicher Datensätze oder durch den Vergleich mit Ergebnissen anderer empirischer Analysen in der

opinions by the Bundeskartellamt requires substantial additional effort, for which sufficient time should be allowed.

1. Contacts before submitting an expert opinion

During the planning and drafting phase, a party wishing to submit an economic expert opinion may contact the Bundeskartellamt. Such contact should be made in good time and can serve to discuss the question of whether and to what extent a specific analysis can be of particular importance for the assessment of the specific case.

Such advice, however, is not binding. In particular, the Bundeskartellamt cannot guarantee that a particular result will automatically lead to a definite assessment of the competition issue at stake.

2. Submitting an expert opinion

An expert opinion must be submitted within the scope and time neccesary for it to be understood and assessed in detail by the Bundeskartellamt before taking a decision. In particular, this applies to proceedings with statutory deadlines. In proceedings which are not tied to a statutory deadline, the amount of time required by the Bundeskartellamt to assess the expert opinion needs to be considered, taking account of the public and private interest in a speedy conclusion of the administrative proceedings. Where an expert opinion has to be submitted within a certain period of time, this time limit is not deemed as met if the expert opinion has not been submitted in full to the Bundeskartellamt by the deadline for submission.

To be complete, the submitted documents should contain data, programme codes and explanations that are necessary to follow the conclusions of the expert opinion. References that have not been published or are not easily available but are quoted in the expert opinion have to be submitted as well. This also applies to publicly available data and data that have been purchased by a company. Where these details are missing, an expert opinion is regarded as incomplete and will, depending on the level of incompleteness, not be considered at all or only to a lesser degree.

If possible, expert opinions should be submitted in both paper and electronic format. Data and programme codes are to be submitted in electronic format.

The process of assessing empirical analyses, in particular, can easily raise clarifying questions. To enable it to clarify these questions without delay, the Bundeskartellamt must be provided with the name of a contact person who was involved in drafting the expert opinion and who can clarify the relevant questions informally and at short notice on a bilateral level.

wissenschaftlichen Literatur erfolgen. Je mehr und je stärker unterschiedliche Analysen zum gleichen Ergebnis gelangen, desto höher ist das Gewicht der ökonomischen Evidenz in der Gesamtschau aller Elemente, die bei der Entscheidungsfindung berücksichtigt werden.

II. Verfahrensschritte

Für ökonomische Gutachten gelten die gleichen verfahrensrechtlichen Grundsätze wie für andere Schriftstücke, die Parteien in einem Verfahren beibringen. Die folgenden Abschnitte sind daher lediglich als darüber hinausgehende Hinweise zu verstehen. Dabei sind zwei Besonderheiten ökonomischer Gutachten zu beachten. Zum einen werden ökonomische Gutachten im Unterschied zu anderen Schriftstücken in der Regel weder von einem beteiligten Unternehmen noch von der mit dem Verfahren betrauten Kanzlei, sondern von einem Dritten, einem ökonomischen Beratungsunternehmen erstellt. Zum anderen bedeutet die Auseinandersetzung mit einem ökonomischen Gutachten für das Bundeskartellamt häufig einen nicht unbedeutenden zusätzlichen Aufwand, für den ausreichend Zeit einzuplanen ist.

1. Mögliche Kontakte vor dem Einreichen eines Gutachtens

Möchte eine Partei in einem Verfahren ein ökonomisches Gutachten einreichen, so besteht grundsätzlich die Möglichkeit, sich bereits vor dem Einreichen des Gutachtens, in der Phase der Planung und Erstellung, mit dem Bundeskartellamt in Verbindung zu setzen. Eine solche Kontaktaufnahme sollte rechtzeitig erfolgen und kann dazu dienen, die Frage zu diskutieren, ob und inwieweit eine bestimmte Analyse für die Beurteilung des konkreten Sachverhaltes von Bedeutung sein kann.

Davon kann jedoch keine Bindungswirkung ausgehen. Das Bundeskartellamt kann insbesondere vorab keine bindende Einschätzung abgeben, dass ein bestimmtes Ergebnis einer ökonomischen Analyse zu einer festgelegten kartellrechtlichen Bewertung führt.

2. Das Einreichen eines Gutachtens

Der Umfang eines Gutachtens und der Zeitpunkt, zu dem es eingereicht wird, sind so zu wählen, dass die Kartellbehörde die Möglichkeit hat, vor ihrer Entscheidung das Gutachten im Detail nachzuvollziehen und einzuschätzen. Dabei besteht in fristgebundenen Verfahren nach der Rechtsprechung nur ein enger Spielraum. Auch in nicht-fristgebundenen Verfahren muss der Umfang der behördlichen Befassung mit dem Gutachten im Verhältnis bleiben zu den öffentlichen und privaten Interessen an einem zügigen Abschluss des Verwaltungsverfahrens. Ist ein Gutachten innerhalb einer bestimmten Frist einzureichen, gilt die Frist als nicht erfüllt, wenn das Gutachten bis zum Ablauf der Frist nicht vollständig der Kartellbehörde vorliegt.

3. Procedure in individual cases

It rests with the competent Decision Division of the Bundeskartellamt to decide on the procedure to be adopted in a specific case.

Daten, Programmcodes und Erläuterungen, die notwendig sind, um die Ergebnisse in einem Gutachten nachzuvollziehen, sind Teil eines Gutachtens. Nicht veröffentlichte oder nicht allgemein ohne besonderen Aufwand verfügbare Quellen, aus denen ein Gutachten zitiert, sind ebenfalls mit Einreichen des Gutachtens zu übermitteln. Dieser Grundsatz betrifft auch öffentlich verfügbare Daten und Daten, die von einem Unternehmen kostenpflichtig erworben wurden. Fehlen diese Teile, gilt ein Gutachten als nicht vollständig und kann daher je nach Grad der Unvollständigkeit in der abschließenden Würdigung nicht oder nur nachrangig berücksichtigt werden.

Gutachten sollten nach Möglichkeit in Papierform und als elektronisches Dokument übermittelt werden. Daten und Programmcodes sind in elektronischer Form einzureichen.

Beim Nachvollziehen insbesondere empirischer Analysen kann es leicht zu Verständnisfragen kommen. Um derartige Fragen kurzfristig bilateral klären zu können, ist es erforderlich, dem Kartellamt mit Einreichen des Gutachtens eine Kontaktperson zu benennen, die an der Erstellung des Gutachtens beteiligt war, und mit der Verständnisfragen formlos und kurzfristig bilateral geklärt werden können.

3. Verfahrensweise im Einzelfall

Die Festlegung des konkreten Verfahrensablaufs obliegt stets der für den konkreten Einzelfall zuständigen Beschlussabteilung des Bundeskartellamtes.

Leitlinien für die Bußgeldzumessung in Kartellordnungswidrigkeitenverfahren

25. Juni 2013

Guidelines for the setting of fines in cartel administrative offence proceedings

25 June 2013

I. Grundsätze

(1) In Ausübung seines Ermessens legt das Bundeskartellamt gemäß § 81 Abs. 7 GWB mit den folgenden Leitlinien fest, wie es bei der Bemessung des ahndenden Teils der Geldbuße für sog. schwere Kartellordnungswidrigkeiten (Ordnungswidrigkeiten nach § 81 Abs. 1, Abs. 2 Nr. 1, 2 Buchst. a) und Abs. 3 GWB) – mit Ausnahme der Verstöße im Bereich Fusionskontrolle – gegenüber Unternehmen und Unternehmensvereinigungen vorgehen wird. Die bislang geltenden Bußgeldleitlinien des Bundeskartellamtes (Bekanntmachung Nr. 38/2006 über die Festsetzung von Geldbußen nach § 81 Abs. 4 Satz 2 des Gesetzes gegen Wettbewerbsbeschränkungen [GWB] gegen Unternehmen und Unternehmensvereinigungen – Bußgeldleitlinien – vom 15. September 2006) werden durch die folgenden Leitlinien ersetzt.

(2) Das Bundeskartellamt wird zukünftig Geldbußen auf Grundlage der Auslegung des § 81 Abs. 4 Satz 2 GWB als umsatzbezogener Bußgeldobergrenze festsetzen (vgl. BGH, Beschluss vom 26.02.2013, KRB 20/12, WuW/E DE-R 3861, Rz. 55). Zur Einordnung der Tat hat innerhalb des so gebildeten Rahmens die individuelle Zumessung zu erfolgen. Mit der individuellen Zumessung wird die abstrakte Bußgelddrohung des Gesetzes gegenüber dem betroffenen Unternehmen anhand der im Gesetz vorgesehenen Zumessungskriterien konkretisiert. Nach § 81 Abs. 4 Satz 6 GWB und § 17 Abs. 3 OWiG sind Grundlage der Zumessung die Schwere der Zuwiderhandlung und ihre Dauer sowie die Bedeutung der Ordnungswidrigkeit und der Vorwurf, der den Täter trifft; seine wirtschaftlichen Verhältnisse kommen auch in Betracht. Bei der Zumessung ist der Grundsatz der Verhältnismäßigkeit zu beachten.

(3) Die Bußgeldobergrenze hängt vom im Geschäftsjahr vor der Behördenentscheidung erzielten Gesamtumsatz des jeweils betroffenen Unternehmens ab, das aus mehreren juristischen Personen bestehen kann (wirtschaftliche Einheit). Daher kann die Höhe je nach betroffenem Unternehmen variieren. Diese Rahmenspreizung ist erforderlich, um sowohl kleine, mittlere als auch große Unternehmen im Hinblick auf ihre jeweilige Ahndungsempfindlichkeit angemessen zu bebußen. Das Bundeskartellamt wird daher bei der individuellen Zumessung die jeweilige Unternehmensgröße wesentlich berücksichtigen, so dass sich die Geldbußen für dieselbe Kartelltat allein aufgrund dieses Umstandes deutlich unterscheiden können.

(4) Neben der Berücksichtigung der Ahndungsempfindlichkeit des Unternehmens muss die Sanktion in Bezug zu weiteren tat- und täterbezogenen Umständen angemessen und auch unter spezial- und generalpräventiven Gesichtspunkten zu rechtfertigen sein. Insbesondere soll die Sanktion nicht außer Verhältnis zu den Möglichkeiten stehen, durch die konkrete Tat Vorteile im Wettbewerb zu erzielen und für Dritte bzw. die Volkswirtschaft insgesamt Nachteile zu bewirken (im Folgenden: Gewinn- und Schadenspotential). Das Gewinn- und Schadenspotential lässt sich aus dem mit den Produkten bzw. Dienstleistungen, die mit der Zuwiderhandlung in Zusammenhang stehen, während des Tatzeitraums erzielten Inlandsumsatz des Unternehmens ableiten (im Folgenden: tatbezogener Umsatz). In Fällen, in denen der tatbezogene Umsatz einen erheblichen Teil des Gesamtumsatzes eines Unternehmens im Geschäftsjahr vor der Behördenentscheidung bildet oder diesen übersteigt, gibt der gesetzliche Rahmen auch die Obergrenze im Hinblick auf die Angemessenheit der Geldbuße unter Berücksichtigung des Gewinn- und Schadenspotentials vor. In anderen Fällen, in denen der tatbezogene Umsatz und das daraus abgeleitete Gewinn- und Schadenspotential hingegen nur einen geringeren Anteil des jährlichen Gesamtumsatzes eines Unternehmens bildet, ist

I. Principles

(1) In exercising its discretionary powers and in accordance with Section 81 (7) of the German Act against Restraints of Competition (GWB), the Bundeskartellamt lays down the following guidelines by which it will proceed against companies and associations of companies in assessing the punitive element of fines imposed for so-called serious cartel administrative offences (administrative offences under Section 81 (1), (2) nos. 1, 2 lit. a) and (3) GWB) except for offences in the area of merger control. The Bundeskartellamt's current guidelines on the setting of fines (Notice no. 38/2006 of 15 September 2006 on the imposition of fines under Section 81 (4) sentence 2 GWB against undertakings and associations of undertakings) are replaced by the following guidelines.

(2) In future the Bundeskartellamt will set its fines based on the interpretation of Section 81 (4) sentence 2 GWB as a turnover-based upper limit (cf. see Federal Court of Justice, decision of 26.02.2013, KRB 20/12, WuW/E DE-R 3861, para. 55). Each offence has to be assessed and classified within this framework of fines. In this way the abstract threat of a fine for a company under law is substantiated on the basis of the legal criteria for setting a fine. According to Section 81 (4) sentence 6 GWB and Section 17 (3) Administrative Offences Act (OWiG) the gravity of the offence and its duration form the basis for the assessment of the fine as well as the significance of the offence and charge faced by the offender. The offender's financial situation is also taken into account. In setting the fine, the principle of proportionality is to be observed.

(3) The upper limit is based on the total turnover achieved by the company concerned in the business year preceding the authority's decision. The company can consist of several legal persons (economic unit). The level of the upper limit can therefore vary depending on the company concerned. This spread of the statutory framework is necessary in order to adequately punish any company, be it small, medium-sized or large in consideration of its sensitivity to punishment. The Bundeskartellamt will therefore take particular account of the size of the company in an individual assessment. As a result the fines can vary significantly for the same offence simply due to this circumstance.

(4) As well as taking account of the sensitivity of the company to punishment, the punishment must be adequate to further circumstances of the offence and offender and be justifiable in terms of special and general deterrence effect. In particular, the fine should not be disproportionate to the possibilities of the company to gain competitive advantages from the offence and cause disadvantages for third parties or for the economy as a whole (subsequently referred to as: gain and harm potential). Conclusions about any gain and harm potential can be drawn from the domestic turnover achieved by the company from the sale of the products or services connected with the infringement over the duration of the violation (subsequently referred to as: turnover achieved from the infringement). In cases in which the turnover achieved from the infringement accounts for or exceeds a considerable part of a company's total turnover in the business year before the authority's decision, the legal framework of fines sets an upper limit for an appropriate sanction, in consideration of the gain and harm potential. In other cases in which the turnover achieved from the infringement and the resulting gain and harm potential only account for a modest share of a company's total annual turnover, this is to be taken into consideration when setting the fine to maintain the principle of adequate punishment. The guidelines generally define how the Bundeskartellamt will consider the turnover achieved from the infringement and the gain and harm potential on the one hand and the total turnover on the other.

diesem Umstand zur Wahrung des Gebots des angemessenen Sanktionierens bei der konkreten Zumessung Rechnung zu tragen. Die vorliegenden Leitlinien geben generell an, wie das Bundeskartellamt den tatbezogenen Umsatz und das daraus abgeleitete Gewinn- und Schadenspotential einerseits und den Gesamtumsatz andererseits berücksichtigen wird.

(5) In Kombination mit dem Gesamtumsatz des Unternehmens ist der tatbezogene Umsatz ein sachgerechter Anknüpfungspunkt für die Bestimmung eines Bereichs, in dem eine Geldbuße auch in der denkbar schwersten Konstellation bezogen auf den konkreten Fall und die Ahndungsempfindlichkeit des konkreten Unternehmens regelmäßig nicht mehr angemessen wäre. Denn der tatbezogene Umsatz bildet für diese Zwecke einen hinreichenden Bezug zur Bedeutung des betroffenen Marktes, der Stellung des Unternehmens auf dem Markt sowie dem daraus folgenden Gewinn- und Schadenspotential, während der Gesamtumsatz die Ahndungsempfindlichkeit des konkreten Täters abbildet. Beide Umsatzzahlen sind relativ einfach feststellbar, was für die Transparenz und Vorhersehbarkeit der Bußgelddrohung wichtig ist (vgl. BGH, a.a.O., Rz. 62, bezogen auf den Gesamtumsatz).

(6) Eine Berechnung der konkreten Auswirkungen der Tat auf den Markt ist auf der Basis des umsatzbezogenen Bußgeldrahmens nicht erforderlich (OLG Düsseldorf, Beschluss vom 22.08.2012, V – 4 Kart 5 + 6/11 OWi u.a., WuW/E DE-R 3662, 3670). Insbesondere ist eine der Schwere des Falles angemessene Geldbuße nicht maßgeblich anhand der Auswirkungen auf dem Markt konkret zu quantifizieren. Dies wäre nicht mit der generellen Vorbewertung durch den gesetzlichen Bußgeldrahmen vereinbar, der nicht mehr auf den kartellbedingten Mehrerlös abstellt und dessen Obergrenze sogar unter dem Mehrerlös liegen kann.

(7) Unter Berücksichtigung des Schadens- und Gewinnpotentials und der dem Gesamtumsatz des Unternehmens Rechnung tragenden Ahndungsempfindlichkeit des Unternehmens kann der Bemessungsspielraum für die Bußgeldfestsetzung im konkreten Einzelfall somit enger sein als der gesetzliche Rahmen. Ist dies der Fall, so erfolgt die Bußgeldbemessung anhand der weiteren sich aus dem Gesetz ergebenden Zumessungskriterien auf Grundlage einer Abwägung der schärfenden und mildernden Faktoren innerhalb dieses engeren Bemessungsspielraums, andernfalls innerhalb des gesetzlichen Rahmens. Dabei sind alle für den konkreten Einzelfall relevanten Umstände in eine wertende Gesamtabwägung einzustellen. Auch ein positives Nachtatverhalten in Form eines Bonusantrags bzw. einer einvernehmlichen Verfahrensbeendigung (Settlement) wird nach wie vor berücksichtigt. Auf dieser Grundlage wird das Bundeskartellamt die aus seiner Sicht angemessene Geldbuße festsetzen.

(5) In combination with the company's total turnover, the turnover achieved from the infringement is an appropriate starting point for determining a penalty level above which a fine, even in the worst possible constellation, would usually not be appropriate for the specific case and the sensitivity of the company to punishment. The turnover achieved from the infringement is an adequate indication of the importance of the market affected, the company's position on the market as well as the gain and harm potential derived from the turnover, whereas the total turnover represents the sensitivity of the offender to punishment. Both turnover figures are relatively easy to establish, which is important for the transparency and predictability of the threat of a fine (cf. Federal Court of Justice, loc. cit., para. 62, with regard to the total turnover).

(6) On the basis of a turnover-based framework of fines a calculation of the actual effects of the offence on the market is not necessary (Düsseldorf Higher Regional Court, decision of 22.08.2012, V – 4 Kart 5 + 6/11 OWi., WuW/E DE-R 3662, 3670). In particular, a fine which is proportional to the gravity of the case is not to be quantified mainly in terms of its effects on the market. This would be incompatible with the general pre-assessment determined by the statutory framework of fines which no longer focuses on the excess profit generated by the cartel and where the upper limit can even be lower than the excess profit.

(7) In consideration of the gain and harm potential and the sensitivity of the company to punishment based on its total turnover, the scope for setting a fine can in a specific case be even narrower than the legal framework. If this is the case, the fine is determined on the basis of the other legal criteria for setting a fine on appraisal of all aggravating and mitigating factors within this closer scope for assessment, otherwise within the legal framework. All the relevant circumstances relating to the specific case are to be considered in an overall appraisal. Any positive post-offence conduct in the form of a leniency application or a settlement will still be considered in the appraisal. On the basis of this overall appraisal the Bundeskartellamt will set the fine it considers adequate.

II. Konkrete Bußgeldzumessung

1. Bestimmung des gesetzlichen Bußgeldrahmens

(8) Die Untergrenze des gesetzlichen Bußgeldrahmens beträgt einheitlich fünf Euro (§ 17 Abs. 1 OWiG). Die Obergrenze des Bußgeldrahmens für schwere Kartellordnungswidrigkeiten, für die einem Unternehmen oder einer Unternehmensvereinigung eine Geldbuße auferlegt werden soll, beträgt nach § 81 Abs. 4 Satz 2 GWB bei vorsätzlicher Zuwiderhandlung 10 % des im Geschäftsjahr vor der Behördenentscheidung erzielten Gesamtumsatzes des Unternehmens. Bei fahrlässiger Zuwiderhandlung beträgt sie 5 % des erzielten Gesamtumsatzes (§ 17 Abs. 2 OWiG).

2. Festsetzung der Geldbuße innerhalb des Rahmens

(9) Der Bemessungsspielraum im konkreten Fall wird unter Berücksichtigung des Gewinn- und Schadenspotentials einerseits und des Gesamtumsatzes des Unternehmens andererseits bestimmt.

(10) Das Bundeskartellamt geht dabei von einem Gewinn- und Schadenspotential in Höhe von 10 % des während der Dauer des Kartellverstoßes erzielten tatbezogenen Umsatzes des Unternehmens aus.

(11) Tatbezogener Umsatz ist der mit den Produkten bzw. Dienstleistungen, die mit der Zuwiderhandlung in Zusammenhang stehen, während des gesamten Tatzeitraums erzielte Inlandsumsatz des Unternehmens. Er kann nach allgemeinen Regeln geschätzt werden. Soweit aufgrund der Art der Zuwiderhandlung oder eines planwidrigen Tatverlaufs kein entsprechender Umsatz erzielt wurde, werden die Umsatzerlöse zugrunde gelegt, die ohne die Zuwiderhandlung oder ohne den planwidrigen Tatverlauf vermutlich erzielt worden wären.

(12) In Fällen, in denen die Zuwiderhandlung weniger als 12 Monate andauerte, legt das Bundeskartellamt unabhängig von der Dauer der Zuwiderhandlung einen Zeitraum von 12 Monaten zugrunde. Maßgebend sind dabei die letzten 12 Monate vor Beendigung der Zuwiderhandlung.

(13) Auf das so festgesetzte Gewinn- und Schadenspotential wird ein Multiplikationsfaktor angewendet, um der jeweiligen Unternehmensgröße Rechnung zu tragen:

Faktor	2-3	3-4	4-5	5-6	>6
Gesamtumsatz d. Unternehmens i.S.d. § 81 Abs. 4 S. 2 GWB	≤100 Mio. €	100 Mio. € bis 1 Mrd. €	1 Mrd. € bis 10 Mrd. €	10 Mrd. € bis 100 Mrd. €	>100 Mrd. €

II. Precise setting of fines

1. Definition of the statutory framework of fines

(8) The lower limit of the statutory framework amounts to five euros (Section 17 (1) OWiG). Under Section 81 (4) sentence 2 GWB, the upper limit of the framework of fines for serious intentional cartel administrative offences to be imposed on a company or an association of companies amounts to 10 % of the total turnover achieved in the business year preceding the authority's decision. For negligent offences the maximum fine amounts to 5 % of the total turnover achieved (Section 17 (2) OWiG).

2. Setting of fine within the statutory framework of fines

(9) The scope for setting a fine in a specific case is determined with due consideration to the gain and harm potential on the one hand and the total turnover of the company on the other.

(10) The Bundeskartellamt assumes a gain and harm potential of 10% of the company's turnover achieved from the infringement during the infringement period.

(11) The turnover achieved from the infringement is the domestic turnover achieved by the company from the sale of the products or services connected with the infringement over the duration of the violation. It can be estimated according to the general rules. If due to the nature of the infringement or an unforeseen course of development the expected turnover was not achieved, the turnover the company would probably have achieved without the infringement or the unforeseen course of development will be used to determine the gain and harm potential.

(12) In cases in which the infringement lasted less than 12 months, the Bundeskartellamt bases its calculation on a period of 12 months irrespective of the actual duration of the infringement. The last 12 months before the infringement ceased are relevant in this respect.

(13) A multiplication factor is applied to the established gain and harm potential to account for the size of the respective company:

Factor	2-3	3-4	4-5	5-6	>6
Total turnover of the company pursuant to Section 81 (4) sentence 2 GWB	≤€100 million	€100 million up to €1 billion	€1 billion up to €10 billion	€10 billion up to €100 billion	>€100 billion.

(14) In cases in which the value calculated under para. 13 is below the legal upper limit, subject to para. 15, this value will represent the upper limit for the further assessment of the fine. In all other cases the scope for setting fines will not be limited within the statutory framework for setting fines.

(15) Where the value determined under para. 13 is obviously too low in a specific case on account of a significantly higher gain and harm potential, this value can by exception be exceeded in order to set an adequate fine.

(14) In Fällen, in denen der nach Ziff. 13 berechnete Wert unterhalb der gesetzlichen Bußgeldobergrenze liegt, bildet dieser Wert vorbehaltlich Ziff. 15 die Obergrenze für die weitere Bußgeldbemessung. In allen anderen Fällen wird keine Eingrenzung des Bemessungsspielraums innerhalb des gesetzlichen Rahmens vorgenommen.

(15) Sollte der nach Ziff. 13 berechnete Wert insbesondere wegen eines offensichtlich wesentlich höheren Gewinn- und Schadenspotentials im konkreten Fall zu niedrig bemessen sein, kann er ausnahmsweise bei der Festsetzung der angemessenen Geldbuße überschritten werden.

(16) Innerhalb des Bemessungsspielraums, der sich aus dem gesetzlichen Bußgeldrahmen unter Berücksichtigung einer nach Ziff. 9-15 vorgenommenen Eingrenzung ergibt, erfolgt die Einordnung der Tat anhand der gesetzlich vorgegebenen Zumessungskriterien (§ 81 Abs. 4 Satz 6 GWB und § 17 Abs. 3 OWiG) auf Grundlage einer Gesamtabwägung der schärfenden und mildernden Faktoren.

- Tatbezogene Kriterien sind z.B. die Art und Dauer der Zuwiderhandlung, ihre qualitativ zu bestimmenden Auswirkungen (z.B. Umfang der von der Zuwiderhandlung betroffenen räumlichen Märkte, Bedeutung der an der Zuwiderhandlung beteiligten Unternehmen auf den betroffenen Märkten), die Bedeutung der Märkte (z.B. Art des von der Zuwiderhandlung betroffenen Produkts) und der Organisationsgrad unter den Beteiligten. Bei Preis-, Quoten-, Gebiets- und Kundenabsprachen sowie ähnlich schwerwiegenden horizontalen Wettbewerbsbeschränkungen wird die Einordnung in der Regel im oberen Bereich erfolgen.

- Täterbezogene Kriterien sind z.B. die Rolle des Unternehmens im Kartell, die Stellung des Unternehmens auf dem betroffenen Markt, Besonderheiten bei der Wertschöpfungstiefe, der Grad des Vorsatzes/der Fahrlässigkeit und vorangegangene Verstöße. Das Bundeskartellamt berücksichtigt die wirtschaftliche Leistungsfähigkeit der Unternehmen.

(17) Neben der Ahndung der Zuwiderhandlung behält sich das Bundeskartellamt vor, im Rahmen des Bußgeldverfahrens oder eines gesonderten Verfahrens (§ 32 GWB, § 34 GWB) Vorteile zu entziehen.

(18) Ein positives Nachtatverhalten in Form eines Bonusantrags wird gesondert bei der Bußgeldzumessung berücksichtigt. Im Anschluss daran wird ggf. ein Abschlag für eine einvernehmliche Verfahrensbeendigung (Settlement) gewährt.

Bonn, 25. Juni 2013

Mundt

Präsident des Bundeskartellamtes

(16) Within the scope of setting a fine based on the statutory framework of fines in consideration of paras. 9-15, the offence is assessed according to the legal criteria for setting a fine (Section 81 (4) sentence 6 GWB and Section 17 (3) OWiG) based on an overall appraisal of all aggravating and mitigating factors.

- Offence-related criteria are, for example: the type and duration of the infringement, its qualitative effects (e.g. size of the geographic markets affected by the infringement, significance of the companies involved in the infringement on the markets affected), the importance of the markets (e.g. type of product affected by the infringement) and the degree of organisation among the parties involved. In the case of price-fixing and quota cartels, territorial and customer agreements and other similarly serious horizontal competition restraints, the fine will usually be set in the upper range.
- Offender-related criteria are, for example, the role of the company within the cartel, its position on the market affected, specifics concerning the degree of value creation, the extent of intention/negligence and previous infringements. The Bundeskartellamt also takes the company's financial capacity into account.

(17) Apart from punishing the infringement, the Bundeskartellamt reserves the right to skim off the economic benefit either in the fine proceedings or in separate proceedings (Section 32 GWB, Section 34 GWB).

(18) A positive post-offence conduct in the form of a leniency application is considered in a separate stage. Finally, reductions may be granted if a settlement agreement was reached.

Bonn, 25 June 2013

Mundt

President of the Bundeskartellamt

Erläuterungen zu den Leitlinien für die Bußgeldzumessung in Kartellordnungswidrigkeitenverfahren

Stand: 25. Juni 2013

1. Zu den Grundsätzen

Anm. 1: Der Bundesgerichtshof hat in seinem Beschluss vom 26. Februar 2013 (KRB 20/12, WuW/E DE-R 3861) entschieden, dass die mit der 7. GWB-Novelle (Gesetz gegen Wettbewerbsbeschränkungen [GWB] in der Fassung vom 7. Juli 2005, verkündet im Bundesgesetzblatt am 12. Juli 2005, BGBl. I S. 1954), eingeführte Regelung des § 81 Abs. 4 Satz 2 GWB verfassungsgemäß ist, da sie weder gegen das Rückwirkungsverbot noch gegen das Bestimmtheitsgebot verstößt.

Anm. 2: In dem Beschluss legt der Bundesgerichtshof die Vorschrift als Obergrenze eines Bußgeldrahmens aus. Es handelt sich danach nicht um eine Kappungsgrenze, die das europäische Kartellrecht kennt (Art. 23 Abs. 2 Satz 2 VO [EG]) Nr. 1/2003) und als die die Vorschrift in den nicht mehr geltenden Bußgeldleitlinien des Bundeskartellamts vom 15. September 2006 aufgefasst worden war (dort Ziff. 18 ff.).

Anm. 3 (zu Ziff. 5 der Leitlinien)**:** Eine isolierte Berücksichtigung des aus dem tatbezogenen Umsatz abgeleiteten Gewinn- und Schadenspotentials bei der Bußgeldzumessung wäre mit der generellen Vorbewertung durch den gesetzlichen Bußgeldrahmen nicht vereinbar, zumal die gesetzliche Obergrenze unter dem Gewinn- und Schadenspotential liegen kann. In Kombination mit dem Gesamtumsatz des Unternehmens ist der tatbezogene Umsatz allerdings ein sachgerechter Anknüpfungspunkt.

2. Zur konkreten Bußgeldzumessung

Zu Ziff. 9: *„Der Bemessungsspielraum im konkreten Fall wird unter Berücksichtigung des Gewinn- und Schadenspotentials einerseits und des Gesamtumsatzes des Unternehmens andererseits bestimmt."*

Anm. 1: Das Gewinn- und Schadenspotential wird mit einem vom Gesamtumsatz abhängigen Faktor multipliziert, um für den Einzelfall zu ermitteln, in welchem Bereich eine Geldbuße ggf. auch in der denkbar schwersten Konstellation bezogen auf den konkreten Fall und das konkrete Unternehmen in der Regel nicht mehr angemessen wäre bzw. ob der gesetzliche

Explanatory notes on the guidelines for the setting of fines in cartel administrative offence proceedings

25 June 2013

1. General remarks on principles

Note 1: In its decision of 26 February 2013 (KRB 20/12, WuW/E DE-R 3861) the Federal Court of Justice confirmed the constitutionality of the provision of Section 81 (4) sentence 2 GWB introduced in the 7th amendment of the German Act against Restraints of Competition (*Gesetz gegen Wettbewerbsbeschränkungen*, GWB) in the version of 7 July 2005, published on 12 July 2005 (Federal Law Gazette BGBl. I p. 1954), as the provision neither violates the ban on retroactivity nor the principle of legal certainty.

Note 2: In its decision the Federal Court of Justice interprets the provision as providing an upper limit within a framework of fines. This differs from the capping threshold under European competition law (Art. 23 (2) sentence 2 Regulation (EC) no. 1/2003). In the Bundeskartellamt's Guidelines on the setting of fines of 15 September 2006 (paras. 18ff.), which are no longer applicable, the provision had been interpreted as such a threshold.

Note 3 (on para. 5 of the guidelines): In the setting of fines, an isolated consideration of the gain and harm potential deduced from the turnover achieved from the infringement would not be compatible with the general pre-assessment according to the statutory framework of fines, particularly as the statutory upper limit can be lower than the gain and harm potential. In combination with the company's total turnover, however, the turnover achieved from the infringement is an appropriate starting point.

2. Re: Setting of fine

Re: para 9: *"The scope for setting a fine in a specific case is determined with due consideration to the gain and harm potential on the one hand and the total turnover of the company on the other."*

Note 1: The gain and harm potential will be multiplied by a factor that depends on the total turnover in order to assess in each individual case which range of fine would generally be inappropriate in a specific case and for a specific company, even in the worst possible constellation, or whether the statutory framework already provides for a sufficient limit in this respect (cf. also paras 4ff. of the guidelines).

Rahmen bereits eine hinreichende Grenze im Hinblick auf diese Erwägung darstellt (vgl. auch Ziff. 4 ff. der Leitlinien).

Zu Ziff. 10: *„Das Bundeskartellamt geht dabei von einem Gewinn- und Schadenspotential in Höhe von 10 % des während der Dauer des Kartellverstoßes erzielten tatbezogenen Umsatzes des Unternehmens aus."*

Anm. 1: Im konkreten Fall kann der durch die Kartelltat erzielte Gewinn bzw. verursachte Schaden tatsächlich höher oder niedriger liegen, zumal die von diesen Bemessungsgrundsätzen erfassten Kartellrechtsverstöße sehr unterschiedlich sind. Ermittlungen hierzu bzw. zum kartellbedingt erzielten Mehrerlös, der zuvor für die Bestimmung des Bußgeldrahmens maßgeblich war und sich aus einem Vergleich der Kartellpreise mit dem hypothetischen Wettbewerbspreis ergab, sind hingegen auf der Basis des gesamtumsatzbezogenen Bußgeldrahmens nicht mehr erforderlich (OLG Düsseldorf, Beschluss vom 22.08.2012, V – 4 Kart 5 + 6/11 OWi u.a., WuW/E DE-R 3662, 3670, vgl. auch Ziff. 6 der Leitlinien).

Anm. 2: Das Bundeskartellamt erachtet eine pauschale Festsetzung von 10 % des tatbezogenen Umsatzes als Gewinn- und Schadenspotential als Ausgangspunkt für die Bußgeldbemessung für alle erfassten Kartellrechtsverstöße im Regelfall als hinreichend. Sollte die pauschale Festsetzung von 10 % des tatbezogenen Umsatzes wegen eines offensichtlich wesentlich höheren Gewinn- und Schadenspotentials im konkreten Fall zu niedrig sein, kann der Bemessungsspielraum ausnahmsweise nach oben hin erweitert werden (s. Ziff. 15 der Leitlinien).

Anm. 3: Besonderheiten des Einzelfalles können im Übrigen bei der Gesamtabwägung aller maßgeblichen Umstände berücksichtigt werden (s. Ziff. 16 der Leitlinien).

Anm. 4: Für die Feststellung des tatbezogenen Umsatzes wendet das Bundeskartellamt § 38 Abs. 1 GWB mit der Maßgabe an, dass Umsatzerlöse aus Lieferungen und Leistungen zwischen verbundenen Unternehmen als tatbezogener Umsatz gelten, wenn sie mit der Zuwiderhandlung in Zusammenhang stehen. Die Sonderregelung für Kredit- und Versicherungsunternehmen (§ 38 Abs. 4 GWB) findet Anwendung.

Zu Ziff. 11 (Satz 3): *„Soweit aufgrund der Art der Zuwiderhandlung oder eines planwidrigen Tatverlaufs kein entsprechender Umsatz erzielt wurde, werden die Umsatzerlöse zugrunde gelegt, die ohne die Zuwiderhandlung oder ohne den planwidrigen Tatverlauf vermutlich erzielt worden wären."*

Bsp 1: Bei einem Marktaufteilungskartell wird aufgrund der Art der Zuwiderhandlung u.U. kein tatbezogener Umsatz erzielt.

Bsp. 2: Kein tatbezogener Umsatz aufgrund eines planwidrigen Tatverlaufs wird etwa bei einer Submissionsabsprache erzielt, bei der ein Dritter den Zuschlag erhalten hat oder bei der die Submission gar nicht durchgeführt wird.

Re: para 10: *"The Bundeskartellamt assumes a gain and harm potential of 10% of the company's turnover achieved from the infringement during the infringement period."*

Note 1: In individual cases the gain and harm achieved from the infringement can be higher or lower, in particular since the cartel infringements covered by these principles are very diverse. However, on the basis of a framework of fines based on total turnover, investigations are no longer required on this or on the excess profit which were previously decisive for determining the range of fines and which were established by comparing the cartel prices with the hypothetical competitive price (Düsseldorf Higher Regional Court, decision of 22.08.2012, V - 4 Kart 5 + 6/11 OWi u.a., WuW/E DE-R 3662, 3670, cp. also para. 6 of the guidelines).

Note 2: The Bundeskartellamt considers a general gain and harm potential of 10% of the turnover achieved from an infringement to be an adequate starting point for setting fines for all cartel law infringements covered. Where, due to an obviously significantly higher gain and harm potential, the general calculation of 10% of the turnover achieved from the infringement is too low in a specific case, the scope for assessment can by exception be exceeded (s. para 15 of the guidelines).

Note 3: Specificities of the individual case can be considered in an overall appraisal of all the relevant circumstances (see para 16 of the guidelines).

Note 4: For the calculation of the turnover achieved from the infringement the Bundeskartellamt applies Section 38 (1) GWB subject to the proviso that turnover revenues achieved from the supply of goods and services between affiliated undertakings are considered as turnover achieved from the infringement if they are connected with the infringement. The special provision for credit institutions and insurance companies (Section 38 (4) GWB) applies.

Re: para 11 sentence 3: *"If due to the nature of the infringement or an unforeseen course of development the expected turnover was not achieved, the turnover the company would probably have achieved without the infringement or the unforeseen course of development will be used to determine the gain and harm potential."*

Example 1: Due to the type of infringement a company might not achieve any turnover from a market-sharing cartel.

Example 2: No turnover is achieved from the infringement due to an unforeseen course of development if, for example in collusive tendering, a third party is awarded the contract or the tendering process is not carried out.

Zu Ziff. 13: *„Auf das so festgesetzte Gewinn- und Schadenspotential wird ein Multiplikationsfaktor angewendet, um der jeweiligen Unternehmensgröße Rechnung zu tragen:*

Faktor	*2-3*	*3-4*	*4-5*	*5-6*	*>6*
Gesamtumsatz d. Unternehmens i.S.d. § 81 Abs. 4 S. 2 GWB	*≤100 Mio. €*	*100 Mio. € bis 1 Mrd. €*	*1 Mrd. € bis 10 Mrd. €*	*10 Mrd. € bis 100 Mrd. €*	*>100 Mrd. €“*

Anm. 1: Soweit hier eine am tatbezogenen Umsatz und am Gesamtumsatz eines Unternehmens orientierte Berechnung stattfindet, dient diese nicht zur Festlegung einer bestimmten Geldbuße, sondern zur Bestimmung eines Bereichs, oberhalb dessen eine Geldbuße auch in der denkbar schwersten Konstellation bezogen auf den konkreten Fall und die Ahndungsempfindlichkeit des konkreten Unternehmens in der Regel nicht mehr angemessen wäre.

Anm. 2: Eine Geldbuße, die das Gewinn- und Schadenspotential mehrfach übersteigt, kann aus Abschreckungserwägungen angemessen sein. Je größer das Unternehmen, desto geringer ist die Ahndungsempfindlichkeit und desto höher liegt die Grenze, oberhalb derer die Geldbuße auch in der schwersten denkbaren Konstellation bezogen auf den konkreten Fall nicht mehr angemessen wäre.

Anm. 3: Der konkrete Faktor innerhalb des jeweiligen Intervalls wird durch den Gesamtumsatz bestimmt.

Anm. 4: Es wird auf den in § 81 Abs. 4 Satz 2 GWB genannten Gesamtumsatz des Unternehmens im Geschäftsjahr vor der Behördenentscheidung Bezug genommen. Den Bezugspunkt bildet die wirtschaftliche Einheit, die aus mehreren juristischen Personen oder Personenvereinigungen und ggf. natürlichen Personen bestehen kann.

Zu Ziff. 14: *„In Fällen, in denen der nach Ziff. 13 berechnete Wert unterhalb der gesetzlichen Bußgeldobergrenze liegt, bildet dieser Wert vorbehaltlich Ziff. 15 die Obergrenze für die weitere Bußgeldbemessung. In allen anderen Fällen wird keine Eingrenzung des Bemessungsspielraums innerhalb des gesetzlichen Rahmens vorgenommen.“*

Bsp. 1 (zu Satz 1): Hat ein Unternehmen im letzten Geschäftsjahr vor der Behördenentscheidung einen Gesamtumsatz in Höhe von 10 Mrd. Euro erzielt [d.h. Faktor 5 nach Ziff. 13], beträgt die gesetzliche Bußgeldobergrenze bei einer vorsätzlichen Kartelltat 1 Mrd. Euro. Hat das Unternehmen einen tatbezogenen Umsatz in Höhe von 40 Mio. Euro erzielt (z.B. jeweils 10 Mio. € in vier Jahren), geht das Bundeskartellamt pauschal von einem Gewinn- und Schadenspotential in Höhe von 4 Mio. Euro aus. Nach Ziff. 9-13 wäre dann eine Geldbuße von über 20 Mio. Euro (4 Mio. Euro [=10% von 40 Mio. Euro] x 5 [Faktor nach Ziff. 13]) im konkreten Fall in der Regel nicht mehr angemessen.

Re: para 13: *"A multiplication factor is applied to the established gain and harm potential to account for the size of the respective company:*

Factor	*2-3*	*3-4*	*4-5*	*5-6*	*>6*
Total turnover of the company pursuant to Section 81 (4) sentence 2 GWB	*≤ € 100 million*	*€ 100 million up to € 1 billion*	*€ 1 billion up to 10 billion*	*€ 10 billion up to € 100 billion*	*> € 100 billion"*

Note 1: Where the calculation is based on the turnover achieved from the infringement and the total turnover of a company, the purpose of the calculation is not to set a specific fine, but to determine a level above which a fine would generally no longer be appropriate, even in the worst possible constellation based on the specific case and the sensitivity of this specific company to punishment.

Note 2: A fine which exceeds the gain and harm potential several times over can be appropriate for deterrent purposes. The larger the company is, the less sensitive it will be to punishment. Therefore, the limit above which the fine would no longer be appropriate will be higher, even in the worst possible constellation of a specific case.

Note 3: The specific factor within the respective interval is determined by the total turnover.

Note 4: The turnover referred to is the total turnover achieved by a company in the business year preceding the decision of the authority (Section 81 (4) sentence 2 GWB). The point of reference is the economic unit which can consist of several legal persons or associations of persons and, in some cases, may be natural persons.

Re: para 14: *"In cases in which the value calculated under para 13 is below the legal upper limit, subject to para 15, this value will represent the upper limit for the further assessment of the fine. In all other cases the scope for setting fines will not be limited within the statutory framework for setting fines"*

Example 1 (re sentence 1): If, in the business year preceding the decision of the authority, a company achieved a total turnover amounting to € 10 billion (i.e. factor 5 according to para 13), the statutory upper limit in the case of an intentional cartel infringement is € 1 billion. If the turnover achieved by the company from the infringement amounts to € 40 million (e.g. € 10 million each year over four years), the Bundeskartellamt generally assumes that the gain and harm potential amounts to € 4 million. According to paras 9-13, a fine exceeding € 20 million (€ 4 million [= 10% of € 40 million] x 5 [factor according to para 13]) would generally no longer be appropriate in the specific case.

Example 2 (re sentence 2): If, in the business year preceding the decision of the authority, a company achieved a total turnover amounting to € 100 million (i.e. factor 3 according to para 13), the statutory upper limit in the case of an intentional cartel infringement is € 10 million. If the turnover achieved by the company from the infringement amounts to € 40 million, the Bundeskartellamt generally assumes that the gain and harm potential amounts to € 4 million. According to paras 9-13, a fine exceeding € 12 million (€ 4 million [=10% of € 40 million] x 3 [factor according to para 13]) would no longer be appropriate in the specific case. However,

Bsp. 2 (zu Satz 2): Hat ein Unternehmen im letzten Geschäftsjahr vor der Behördenentscheidung einen Gesamtumsatz in Höhe von 100 Mio. Euro erzielt [d.h. Faktor 3 nach Ziff. 13], beträgt die gesetzliche Bußgeldobergrenze bei einer vorsätzlichen Kartelltat 10 Mio. Euro. Hat das Unternehmen mit der Kartelltat einen tatbezogenen Umsatz in Höhe von 40 Mio. Euro erzielt, geht das Bundeskartellamt pauschal von einem Gewinn- und Schadenspotential in Höhe von 4 Mio. Euro aus. Nach Ziff. 9-13 wäre eine Geldbuße von über 12 Mio. Euro (4 Mio. Euro [=10% von 40 Mio. Euro] x 3 [Faktor nach Ziff. 13]) im konkreten Fall nicht mehr angemessen. Die gesetzliche Bußgeldobergrenze von 10 Mio. Euro erreicht diesen Wert aber nicht, so dass unter dem Gesichtspunkt der Angemessenheit der Sanktion keine Eingrenzung des Bemessungsspielraums innerhalb des gesetzlichen Rahmens erforderlich ist.

Zu Ziff. 16 Abs. 1: *„Innerhalb des Bemessungsspielraums, der sich aus dem gesetzlichen Bußgeldrahmen unter Berücksichtigung einer nach Ziff. 9-15 vorgenommenen Eingrenzung ergibt, erfolgt die Einordnung der Tat anhand der gesetzlich vorgegebenen Zumessungskriterien (§ 81 Abs. 4 Satz 6 GWB und § 17 Abs. 3 OWiG) auf Grundlage einer Gesamtabwägung der schärfenden und mildernden Faktoren."*

Anm. 1: Es ist eine Frage des jeweiligen Einzelfalles, ob und mit welchem Gewicht und in welcher Weise sich ein bestimmtes Zumessungskriterium auf die Geldbuße im Einzelfall auswirkt.

Zu Ziff. 17: *„Neben der Ahndung der Zuwiderhandlung behält sich das Bundeskartellamt vor, im Rahmen des Bußgeldverfahrens oder eines gesonderten Verfahrens (§ 32 GWB, § 34 GWB) Vorteile zu entziehen."*

Anm 1: Das in § 17 Abs. 4 OWiG vorgesehene Zumessungskriterium der Abschöpfung ist im Kartellordungswidrigkeitenrecht in Abweichung zum allgemeinen Ordnungswidrigkeitenrecht in das Ermessen der Kartellbehörde gestellt (§ 81 Abs. 5 GWB).

Zu Ziff. 18: *„Ein positives Nachtatverhalten in Form eines Bonusantrags wird gesondert bei der Bußgeldzumessung berücksichtigt. Im Anschluss daran wird ggf. ein Abschlag für eine einvernehmliche Verfahrensbeendigung (Settlement) gewährt."*

Anm. 1: Zur Bonusregelung vgl. im Einzelnen die nach wie vor geltende Bekanntmachung Nr. 9/2006 über den Erlass und die Reduktion von Geldbußen in Kartellsachen – Bonusregelung – vom 7. März 2006.

Anm. 2: Zu den Leitlinien des Bundeskartellamts für eine einvernehmliche Verfahrensbeendigung vgl. den Tätigkeitsbericht 2007/2008, S. 35, und den Fallbericht zur Entscheidung vom 18.12.2009 im „Bußgeldverfahren gegen Kaffeeröster" (B11-18/08), S. 3 f.

the statutory upper limit of € 10 million does not reach this amount, which is why, under the aspect of adequate punishment, it is not necessary to limit the scope for setting a fine within the statutory framework of fines.

Re: para 16 (1): *"Within the scope of setting a fine based on the statutory framework of fines in consideration of paras 9-15, the offence is assessed according to the legal criteria for setting a fine (Section 81 (4) sentence 6 GWB and Section 17 (3) OWiG) based on an overall appraisal of all aggravating and mitigating factors."*

Note 1: It depends on each individual case whether, how and to what extent a specific criterion for setting a fine has an effect on the fine set in an individual case.

Re: para 17: *"Apart from punishing the infringement, the Bundeskartellamt reserves the right to skim off the economic benefit either in the fine proceedings or in separate proceedings (Section 32 GWB, Section 34 GWB)."*

Note 1: In contrast to the general law on administrative offences, under the law on cartel offences the legal criterion of skimming off economic benefits provided for by Section 17 (4) OWiG is at the discretion of the competition authority (Section 81 (5) GWB).

Re: para 18: *"A positive post-offence conduct in the form of a leniency application is considered in a separate stage. Finally, reductions may be granted if a settlement agreement was reached."*

Note 1: For the Bundeskartellamt's leniency programme, cf. the authority's Notice no. 9/2006 of 7 March 2006 on the immunity from and reduction of fines in cartel cases which remains applicable.

Note 2: For the Bundeskartellamt's guidelines on settlement agreements, cf. the authority's Activity Report 2007/2008, p. 35, and the case summary of 18.12.2009 on the decision in the "Fines proceedings against coffee roasters" (B11-18/08), p. 3f.

Bundeskartellamt

Merkblatt

Das Settlement-Verfahren des Bundeskartellamtes in Bußgeldsachen

23. Dezember 2013

Bundeskartellamt
Offene Märkte | Fairer Wettbewerb

Information Leaflet

Settlement procedure used by the Bundeskartellamt in fine proceedings

23 December 2013

Ein Bußgeldverfahren kann durch eine einvernehmliche Verfahrensbeendigung (sog. Settlement) abgeschlossen werden. Ein Settlement führt regelmäßig zu einer Beschleunigung und Verkürzung der komplexen und ressourcenintensiven Kartellbußgeldverfahren sowie zu einer Minderung der Geldbuße durch das Bundeskartellamt.

1. Rechtsrahmen

Einvernehmliche Verfahrensbeendigungen sind in allen Kartellordnungswidrigkeitenverfahren möglich. Ist das Bundeskartellamt in einem Verfahren grundsätzlich zu Settlements bereit, ist es für entsprechende Gespräche mit allen Verfahrensbeteiligten offen. Voraussetzung eines Settlements ist dabei nicht, dass alle Betroffenen und Nebenbetroffenen eines Verfahrens zu einer Verfahrensbeendigung im Rahmen eines Settlements einverstanden sind.

Die Voraussetzungen für die Vereinbarung eines Settlements in Ordnungswidrigkeitenverfahren vor der Verwaltungsbehörde sind einfachgesetzlich nicht geregelt. Die für das gerichtliche Straf- und Ordnungswidrigkeitenverfahren geltende Regelung der Verständigung im Strafverfahren (BGBl. I, 2009, 2245) insbesondere in § 257 c StPO gilt hier nicht, weil der Gesetzgeber das behördliche Bußgeldverfahren nicht übermäßig formalisieren wollte (vgl. Regierungsbegründung zum Gesetz zur Regelung der Verständigung im Strafverfahren, BT-Drucksache 16/12310, S. 16.). Die zentralen rechtsstaatlichen Anforderungen, wie sie durch das Bundesverfassungsgericht konkretisiert wurden, sind aber selbstverständlich auch hier zu beachten.

2. Gegenstand eines Settlements

Ein Settlement erfordert von Seiten des jeweils Betroffenen bzw. der jeweiligen Nebenbetroffenen eine geständige Einlassung. Inhaltlich muss die geständige Einlassung neben einer Beschreibung der prozessualen Tat auch Angaben über die Umstände enthalten, die für die Bußgeldzumessung maßgeblich sind. Formal erfordert die geständige Einlassung die Abgabe einer sog. Settlement-Erklärung, in der der Betroffene bzw. die Nebenbetroffene jeweils erklärt, dass der zur Last gelegte Sachverhalt aus seiner bzw. ihrer Sicht als zutreffend anerkannt und die Geldbuße bis zur Höhe des in Aussicht gestellten Betrages akzeptiert wird.

Weitere Bestandteile des Settlements sind in der Regel der Verzicht auf eine vollständige Akteneinsicht und der Abschluss des Verfahrens durch einen sog. Kurzbe-

An administrative fine proceeding can be concluded in the form of a negotiated agreement (settlement) between the Bundeskartellamt and the parties concerned to terminate the proceedings. A settlement generally expedites and shortens complex and resource-intensive cartel fine proceedings and reduces the fine imposed by the Bundeskartellamt.

1. Legal framework

Settlements are possible in all cartel administrative offence proceedings. If the Bundeskartellamt is generally willing to enter into a settlement agreement, it is open to discussions with all the parties concerned. A settlement is not conditional upon all the persons or companies concerned agreeing to terminate the proceedings by settlement.

There are no formal requirements under ordinary law for the agreement of a settlement to conclude the administrative offence proceedings of an administrative authority. The provision for reaching an agreement in criminal proceedings (Federal Law Gazette I, 2009, 2245), in particular as stipulated in Section 257 c of the German Code of Criminal Procedure, which is applicable to court criminal and administrative offence proceedings, does not apply in this instance because the legislator did not want to over-formalise the administrative fine proceedings of an authority (cf. legislative intent of the Act regulating negotiated agreement procedures in criminal proceedings, Bundestag Printed Paper 16/12310, p. 16.). The key constitutional requirements, as clearly defined by the German Federal Constitutional Court, must of course also be complied with in the context of the administrative fine proceedings of an authority.

2. Subject of a settlement agreement

A settlement agreement requires a statement of confession by the person or company concerned. The confession must contain not only a description of the offence but also information on the circumstances that are relevant for setting the fine. The formal requirement for a confession is that it includes a so-called settlement declaration in which the person or company declares that he/it acknowledges the facts of the infringement of which he/it is charged and accepts the fine up to the amount announced.

scheid, der nur die nach § 66 OWiG erforderlichen Angaben enthält. Ein Rechtsmittelverzicht ist nicht Gegenstand einer Settlement-Erklärung.
Eine Settlement-Erklärung wird als mildernder Umstand gewertet, der zu einer Minderung der Geldbuße führt (sog. Settlement-Abschlag). Bei horizontalen Kartellfällen kann die Geldbuße um maximal 10% reduziert werden.
Ein Settlement kann unabhängig von einem Bonusantrag erzielt werden. Der Settlement-Abschlag erfolgt dann auf die bereits aufgrund des Bonusantrags reduzierte Geldbuße.

3. Verfahren

Es bestehen keine festen zeitlichen Vorgaben für die Einleitung eines Settlement-Verfahrens. Hat das Bundeskartellamt die Beweismittel gesichtet, um sich einen hinreichenden Informationsstand zu verschaffen, können Settlement-Gespräche jederzeit von beiden Seiten angeregt werden; sie setzen keine Versendung eines umfassenden Anhörungsschreibens voraus.
Besteht die grundsätzliche Bereitschaft zu einer einvernehmlichen Verfahrensbeendigung, erläutert das Bundeskartellamt dem jeweiligen Beteiligten schriftlich oder mündlich den zur Last gelegten Sachverhalt, stellt einen Betrag als Geldbuße in Aussicht, der im Falle eines Settlements nach dem Stand der Ermittlungen nicht überschritten wird, und hört den Betroffenen bzw. die Nebenbetroffene hierzu an. Dem Betroffenen bzw. der Nebenbetroffenen wird ggf. der Vorschlag für eine Settlement-Erklärung einschließlich einer Zusammenfassung des Ergebnisses der Ermittlungen übermittelt und eine Frist für die Annahme des Settlement-Vorschlags gesetzt. Entschließt sich der Betroffene bzw. die Nebenbetroffene zur Abgabe einer Settlement-Erklärung, kann diese schriftlich übersandt werden oder mündlich im Rahmen einer Vernehmung erfolgen. Sie muss allerdings von dem jeweiligen Beteiligten unterschrieben werden – bei einer Nebenbetroffenen von einem in dieser Angelegenheit vertretungsberechtigten Organ. Die Settlement-Verhandlungen werden in der Akte dokumentiert.
Wenn trotz Settlements Einspruch gegen den Bußgeldbescheid eingelegt wird, wird das Bundeskartellamt den Kurzbescheid aufheben und einen ausführlichen Bußgeldbescheid formulieren (§ 69 Abs. 2 Satz 1 OWiG).

Further components of a settlement agreement are usually a waiver of the right to gain full access to the file and a conclusion of the proceedings in the form of a so-called short decision which only contains the minimum information required under Section 66 of the Administrative Offences Act. A waiver of the right to appeal is not part of a settlement declaration.

A settlement declaration is considered a mitigating circumstance which results in a reduction of the fine (so-called settlement reduction). In the case of horizontal cartels a fine can be reduced by a maximum of 10%.

A settlement can be achieved irrespective of whether an application for leniency has been filed. In this case the settlement reduction is deducted from the amount of fine which has already been reduced following the application for leniency.

3. Procedure

There are no fixed rules on the timeframe for initiating a settlement procedure. If the Bundeskartellamt has already inspected the evidence in order to gain an adequate amount of information, settlement discussions can be proposed by both sides at any time; they are not conditional upon the despatch of an extensive notice of hearing.

If there is a general willingness to terminate the proceedings by settlement, the Bundeskartellamt informs the respective party orally or in writing of the facts of the infringement of which it is accused. Based on the latest state of the investigations it proposes an amount of fine which is not to be exceeded if a settlement is reached and hears the person or company concerned. Where applicable the person or company is offered the proposition of a settlement declaration including a summary of the results of the investigations and a deadline is set for accepting the settlement proposition. If the person or company decides to submit a settlement declaration, this can be done either in writing or orally during a hearing. However, the declaration must be signed by the person involved or in the case of a company, by a body authorised to represent it in the matter. The settlement negotiations are recorded in the file.

If in spite of a settlement the order imposing the fine is appealed, the Bundeskartellamt will withdraw the short decision and formulate a detailed fine decision (Section 69 (2) sentence 1 Administrative Offences Act).

Merkblatt
Inlandsauswirkungen in der Fusionskontrolle

30. September 2014

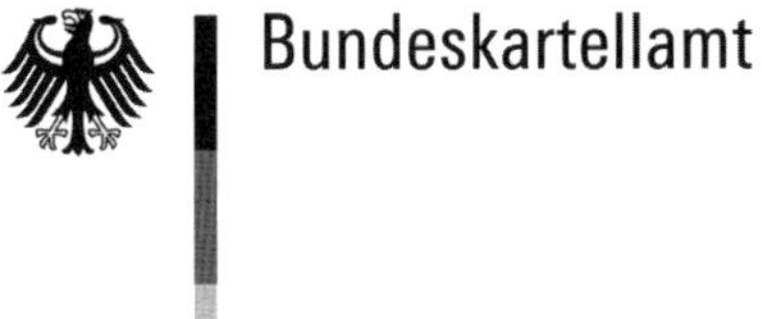

Guidance on domestic effects in merger control

30 September 2014

Courtesy translation. Only the German language version is authentic.

A. Einführung

1 Bei **Auslandszusammenschlüssen**, d.h. Zusammenschlüssen von Unternehmen mit Sitz im Ausland, stellt sich häufig die Frage, ob eine Anmeldepflicht[1] in Deutschland besteht. Nach der deutschen Rechtslage ist ein Zusammenschluss nicht schon dann anmeldepflichtig, wenn ein Zusammenschlusstatbestand i.S.d. § 37 GWB[2] verwirklicht wurde und die Umsatzschwellenwerte nach § 35 GWB erfüllt sind. Ausreichende Inlandsauswirkungen des Zusammenschlusses sind nach § 130 Abs. 2 GWB eine weitere notwendige Voraussetzung der Anmeldepflicht.

2 Das vorliegende Merkblatt soll es den Unternehmen und ihren Beratern erleichtern einzuschätzen, ob ein Zusammenschluss ausreichende Auswirkungen in Deutschland hat, um die Anforderungen der Inlandsauswirkungsklausel in § 130 Abs. 2 GWB zu erfüllen[3] und eine Anmeldepflicht auszulösen.[4] Zu diesem Zweck werden **typische Fallkonstellationen** beschrieben, in denen Inlandsauswirkungen offensichtlich vorliegen oder klar ausgeschlossen werden können (vgl. Punkt B I. und II.). Außerdem werden maßgebliche **Kriterien für die notwendige Einzelfallbewertung** von Inlandsauswirkungen in den übrigen Fällen identifiziert, die nicht in die genannten klaren Fallgruppen eingeordnet werden können (vgl. Punkt B. III.). Fallbeispiele und ein Schaubild veranschaulichen das Prüfkonzept.[5]

3 Bisweilen wirft die Bewertung der Inlandsauswirkungen eines Zusammenschlusses komplexere Fragen auf als seine wettbewerbliche Beurteilung. Können wettbewerbliche Probleme aber im Rahmen einer Anmeldung einfach und rasch ausgeschlossen

---

1 Die Anmeldepflicht ergibt sich aus § 39 Abs. 1 GWB. Nach § 41 Abs. 1 S. 1 GWB darf ein Zusammenschluss erst nach Freigabe (bzw. nach Freigabe durch Fristablauf) vollzogen werden.

2 Gesetz gegen Wettbewerbsbeschränkungen.

3 Im Einklang mit dem völkerrechtlichen Auswirkungsgrundsatz steht es jeder Rechtsordnung frei, Zusammenschlüsse daraufhin zu überprüfen, ob sie im eigenen Staatsgebiet zu Beeinträchtigungen des Wettbewerbs führen, wenn ein ausreichender Bezug zwischen dem Zusammenschluss und dem Staat besteht. Die völkerrechtlichen Anforderungen an eine Anmeldepflicht gehen in den meisten Fällen weniger weit als die Anforderungen aus § 130 Abs. 2 GWB, mit denen sich dieses Merkblatt ausschließlich beschäftigt. Für die Vereinbarkeit einer Anmeldepflicht mit den völkerrechtlichen Anforderungen ist die Überschreitung der Umsatzschwellenwerte in Deutschland durch mindestens zwei am Zusammenschluss beteiligte Unternehmen ausreichend.

4 Auf diesen Fragenkreis beschränkt sich das vorliegende Merkblatt. In dem Merkblatt zur deutschen Fusionskontrolle finden sich Hinweise zu den allgemeineren Fragen, welche Arten von Transaktionen anmeldepflichtig sind (sogenannter Zusammenschlusstatbestand), welche Unternehmen an einem Zusammenschluss beteiligt sind und wie die Umsatzschwellenwerte anzuwenden sind. Darauf kann an dieser Stelle verwiesen werden.

5 Sollten der Text des Merkblatts, das Schaubild bzw. die Beispiele unterschiedliche Interpretationsmöglichkeiten eröffnen, hat der Text Vorrang.

A. Introduction

1 **Foreign-to-foreign mergers**, i.e. mergers between companies based abroad, often raise the question of whether they are subject to notification[1] in Germany. Under German law the obligation to notify is not triggered by every transaction that amounts to a concentration within the meaning of Section 37 GWB[2] and reaches the turnover thresholds of Section 35 GWB. Another essential prerequisite under Section 130 (2) GWB is that the concentration has sufficient effects within Germany.

2 This guidance document is designed to help companies and their advisers assess whether the effects of a concentration in Germany are sufficient to fulfil the requirements of the domestic effects clause in Section 130 (2) GWB[3] and trigger the obligation to notify the concentration.[4] For this purpose this document describes **typical case scenarios** in which domestic effects can either be clearly identified or ruled out (cf. part B I. and II.). The guidance paper also identifies essential **criteria for the necessary case-by-case assessment** of domestic effects in all other cases which do not fall under the case categories

---

1 The obligation to notify a merger is provided for in Section 39 (1) GWB. According to Section 41 (1) 1 GWB a concentration must not be put into effect before the Bundeskartellamt has taken a clearance decision (or before the time limit has expired and the merger is cleared by law).

2 German Act against Restraints of Competition (*Gesetz gegen Wettbewerbsbeschränkungen*, GWB).

3 In accordance with the effects doctrine of public international law, each jurisdiction is free to examine whether concentrations restrain competition within its territory if there is a sufficient nexus between the concentration and the state. With regard to the obligation to notify a concentration, the requirements under public international law for an obligation to notify are in most cases less demanding than those under Section 130 (2) GWB. In order for a notification obligation to be compatible with the requirements under international law, it is sufficient that the domestic turnover thresholds are exceeded by at least two companies involved in the concentration. This guidance document deals exclusively with the requirements under Section 130 (2) GWB.

4 These are the only issues addressed in this guidance document. For information on the more general questions as to whether transactions are notifiable please consult the Bundeskartellamt's information leaflet on the control of concentrations under German law. It provides guidance as to which types of transactions amount to a concentration, which companies are companies concerned by the transactions and how the turnover thresholds are to be calculated.

werden, ist eine genauere Prüfung von Inlandsauswirkungen entbehrlich. Aus der Sicht des Bundeskartellamts ist es daher vorzugswürdig, diese Fälle im Sinne einer pragmatischen Verfahrensgestaltung in einem Fusionskontrollverfahren zu prüfen und die Frage der Inlandsauswirkungen **offen zu lassen**, soweit die Unternehmen bereit sind, solche Zusammenschlüsse anzumelden.

4 Das Merkblatt beruht auf der deutschen Entscheidungs- und Rechtsprechungspraxis und berücksichtigt auch die Empfehlung des International Competition Network (ICN) zu Anmeldeverfahren in der Fusionskontrolle.[6]

5 Die Entscheidungen des Bundeskartellamts unterliegen der **gerichtlichen Überprüfung** durch das Oberlandesgericht Düsseldorf und den Bundesgerichtshof. Diese Instanzen werden durch die Erläuterungen in diesem Merkblatt nicht gebunden. Außerdem kann auch eine Weiterentwicklung des hier dargelegten Prüfkonzeptes infolge künftiger Entscheidungen in Einzelfällen geboten sein.

B. Inlandsauswirkungen

6 Nach § 130 Abs. 2 GWB findet das Gesetz Anwendung auf alle Wettbewerbsbeschränkungen, die sich in Deutschland auswirken, auch wenn sie außerhalb Deutschlands veranlasst werden. § 130 Abs. 2 GWB gilt auch für die **Zusammenschlusskontrolle**[7] insgesamt, und insbesondere für die Anmeldepflicht nach § 39 GWB (und das damit verbundene Vollzugsverbot). Das bedeutet, dass – anders als bislang in der europäi-

---

6 ICN, Recommended Practices for Merger Notification Procedures, verfügbar auf: www.internationalcompetitionnetwork.org/uploads/library/doc588.pdf Die bisherige Entscheidungspraxis der Europäischen Kommission zu Auslandszusammenschlüssen wurde ebenfalls ausgewertet. Der Ansatz der Kommission, eine Anmeldepflicht (schon) immer dann zu bejahen, wenn die Umsatzschwellenwerte für die europäische Fusionskontrolle erfüllt sind, wurde allerdings in die deutsche Fusionskontrollpraxis nicht übernommen, weil es im GWB – anders als in der europäischen Fusionskontrollverordnung – eine ausdrückliche Regelung zu den Inlandsauswirkungen gibt. Außerdem ist es ein Anliegen des BKartA, Anmeldungen in Fällen zu vermeiden, die offensichtlich keine Auswirkungen auf Deutschland haben.

7 Der Begriff "Wettbewerbsbeschränkungen" in § 130 Abs. 2 GWB ist die zusammenfassende Bezeichnung für alle in den Sachnormen des GWB geregelten Auswirkungen auf den Wettbewerb.

mentioned above (cf. part B III.). Case examples and a flowchart illustrate how to apply the concept that is set out in this guidance document.[5]

3 In some cases the assessment of a concentration's domestic effects raises more complex questions than the assessment of its competitive effects. If, on the basis of a notification, and without conducting significant inquiries, it is obvious that the concentration will not raise any competition concerns, a more detailed examination of domestic effects is not necessary. From the Bundeskartellamt's point of view it is therefore preferable to adopt a pragmatic approach and to examine such cases in the framework of a merger control procedure, **leaving open the question of domestic effects**. Such an approach is feasible provided that the merging parties are prepared to notify the particular transaction.

4 The present guidance document is based on the Bundeskartellamt's case-practice as well as the case-law of the competent courts. It also takes into account the International Competition Network's Recommended Practices for Merger Notification Procedures.[6]

5 The decisions of the Bundeskartellamt are subject to **judicial review** by the Oberlandesgericht Düsseldorf (Düsseldorf Higher Regional Court, OLG) and the Bundesgerichtshof (Federal Court of Justice, BGH). These courts are not bound by this guidance document. Furthermore, it may become necessary to further develop the analytical concept for the assessment of domestic effects outlined in this guidance document in the light of future developments in the Bundeskartellamt's case practice.

---

5 Should the flowchart or the examples as compared to the text of the guidance document appear to give rise to different interpretations of the applicable rules on domestic effects, the text of the guidance document takes precedence.

6 ICN, Recommended Practices for Merger Notification Procedures, available at: www.internationalcompetitionnetwork.org/uploads/library/doc588.pdf. The European Commission's (current) decision-making practice on foreign-to-foreign mergers has also been evaluated. However, the (current) EU approach was not followed. Under the EC Merger Regulation, all concentrations that meet the turnover thresholds have to be notified regardless of their effect on the EU. In contrast to the text of the EC Merger Regulation, the German competition Act includes specific rules on domestic effects. It is also a particular concern of the Bundeskartellamt to avoid notifications in cases which clearly do not affect Germany.

schen Fusionskontrolle[8] – Zusammenschlüsse, welche die Umsatzschwellenwerte überschreiten[9] (und einen Zusammenschlusstatbestand erfüllen[10]), nicht zwangsläufig anmeldepflichtig sind.

7 Daran hat die Einführung einer **zweiten Inlandsumsatzschwelle** durch das dritte Mittelstandsentlastungsgesetz[11] nichts geändert. Mit der zweiten Inlandsumsatzschwelle wurden zwar Anforderungen aus § 130 Abs. 2 GWB für einen Teilbereich der Fusionskontrolle konkretisiert: Eine Anmeldepflicht von Zusammenschlüssen mit zwei Beteiligten, von denen bislang nur ein Unternehmen Umsätze in Deutschland erzielt, ist von vorneherein ausgeschlossen, weil die Umsatzschwellenwerte nicht erreicht werden. Bezüglich anderer Fallgestaltungen enthält die zweite Inlandsumsatzschwelle aber keine abschließende Regelung, die § 130 Abs. 2 GWB verdrängen würde. Im Ergebnis hat sich die Anwendung von § 130 Abs. 2 GWB durch die Einführung der zweiten Inlandsumsatzschwelle erheblich vereinfacht.

8 Der Begriff Inlandsauswirkung im Sinne des § 130 Abs. 2 GWB ist nach dem **Schutzzweck** der jeweils anzuwendenden Vorschrift auszulegen.[12] Der Zweck der Fusionskontrolle nach §§ 35 ff. GWB und insbesondere der Anmeldepflicht nach § 39 GWB besteht darin, vor dem Vollzug von Transaktionen, die zu einer Änderung

---

8 Europäische Kommission, Towards more effective EU merger control (Commission staff working document). 25. Juni 2013 (verfügbar auf: www.ec.europa.eu/competition/consultations/2013_merger_control/merger_control_en.pdf), S.22 f., vgl. Frage 1; Weißbuch „Towards more effective EU merger control“, 9. Juli 2014, COM(2014)449 final, Rn.77; Staff Working Document, 9. Juli 2014, SWD(2014)221 final, Rn.180 (verfügbar auf: http://www.ec.europa.eu/competition/consultations/2014_merger_control/mergers_white_paper_en.pdf und http://ec.europa.eu/competition/consultations/2014_merger_control/staff_working_document_en.pdf).

9 Zusammenschlüsse unterliegen nur dann der deutschen Fusionskontrolle, wenn die beteiligten Unternehmen insgesamt Umsätze von mehr als EUR 500 Mio. erwirtschaften und von zwei beteiligten Unternehmen mindestens eines Umsätze im Inland von mehr als EUR 25 Mio. und ein anderes von mehr als EUR 5 Mio. erreichen (§ 35 GWB). Dabei kann es sich um das erwerbende, das zu erwerbende oder ein gemeinsam gegründetes Unternehmen handeln. Unerheblich ist, ob ein inländisches oder ein ausländisches beteiligtes Unternehmen das Erfordernis erfüllt.

10 Siehe § 37 GWB, vgl. dazu Bundeskartellamt, Merkblatt zur deutschen Fusionskontrolle (verfügbar unter www.bundeskartellamt.de/wDeutsch/merkblaetter/Fusionskontrolle/MerkblFusionW3DnavidW2689.php), sowie für Fragen im Zusammenhang mit dem aus dem europäischen Recht übernommen Zusammenschlusstatbestand des Kontrollerwerbs vgl. Kommission, Konsolidierte Mitteilung zu Zuständigkeitsfragen (verfügbar unter http://eur-lex.europa.eu/LexUriServ/LexUriServ.do?uri=OJ:C:2009:043:0010:0057:DE:PDF).

11 Drittes Gesetz zum Abbau bürokratischer Hemmnisse insbesondere in der mittelständischen Wirtschaft (Drittes Mittelstandsentlastungsgesetz - MEG III), Gesetz vom 17.03.2009, BGBl. I S. 550.

12 Vgl. BGH, Beschluss vom 12. Juli 1973, KRB 2/72, - Ölfeldrohre, WuW/E BGH 1276 (zu § 98 Abs. 2 GWB a.F.); BGH, Beschluss vom 29. Mai 1979, KVR 2/78 – Organische Pigmente, WuW/E BGH 1613.

B. Domestic effects

6 According to Section 130 (2) GWB, the Act applies to all restraints of competition that have an effect in Germany, even if the restraints are caused outside Germany. Section 130 (2) GWB also applies to the system of **merger control** as a whole,[7] and, in particular, to the obligation to notify under Section 39 GWB (as well as the corresponding standstill obligation). This means that, in contrast to the Commission's current merger control practice,[8] mergers that exceed the turnover thresholds[9] (and amount to a "concentration"[10]), are not necessarily subject to the notification requirement in Germany.

7 The introduction of a **second domestic turnover threshold** by the third SME Relief Act[11] has not changed the legal situation with regard to domestic effects. Although the second domestic turnover threshold specified the requirements of domestic effects under Section 130 (2) GWB for some mergers (i.e. concentrations involving two parties of which only one has achieved a turnover in Germany are clearly not subject to mandatory notification as the turnover thresholds are not met), for the remaining mergers it does not provide for an

---

7 The expression "restraints of competition" used in Section 130 (2) GWB is a general term that covers all effects on competition that are provided for under the GWB's substantive rules.

8 European Commission, Towards more effective EU merger control (Commission staff working document), 25 June 2013 (available at: www.ec.europa.eu/competition/consultations/2013_merger_control/merger_control_en.pdf), p.22 et seq., cp. question 1; White Paper „Towards more effective EU merger control", 9 July 2014, COM(2014)449 final, para.77; Staff Working Document, 9 July 2014, SWD(2014)221 final, para.180 (available at: http://www.ec.europa.eu/competition/consultations/2014_merger_control/mergers_white_paper_en.pdf and http://ec.europa.eu/competition/consultations/2014_merger_control/staff_working_document_en.pdf).

9 Concentrations are only subject to German merger control if the combined aggregate turnover of the companies involved is more than € 500 million, the domestic turnover of at least one company involved is more than € 25 million and that of another company involved more than € 5 million (Section 35 GWB). This applies to the acquiring company, the company to be acquired or a joint venture company. It is irrelevant whether the criterion is fulfilled by a domestic or a foreign company participating in the concentration.

10 Cf. Section 37 GWB, cf. Bundeskartellamt, Information leaflet on the German control of concentrations (available at http://www.bundeskartellamt.de/SharedDocs/Publikation/EN/Merkblaetter/Leaflet%20-%20German%20Merger%20Control.pdf?__blob=publicationFile&v=3); for questions regarding the concept of acquisition of control as derived from European law, cf. Commission, Consolidated Jurisdictional Notice (available at http://eur-lex.europa.eu/Notice.do?mode=dbl&lang=de&lng1=de,en&lng2=bg,cs,da,de,el,en,es,et,fi,fr,hu,it,lt,lv,mt,nl,pl,pt,ro,sk,sl,sv,&val=468617:cs).

11 Third Act to reduce bureaucratic impediments in particular for SMEs (Third SME Relief Act - *MEG III*), 17.03.2009, Federal Law Gazette I, p. 550.

der Marktstruktur führen, zu überprüfen, ob sie wirksamen Wettbewerb erheblich behindern würden. Anknüpfungspunkt für die Bewertung der Inlandsauswirkungen ist daher der **Zusammenschlussvorgang** und dessen **Bezug zu Märkten**, die im Inland liegen oder das Inland ganz oder teilweise umfassen. Zusammenschlüsse können sich auf Absatzmärkte und Beschaffungsmärkte[13] auswirken.

9 Inlandsauswirkungen liegen vor, wenn ein Zusammenschluss **geeignet** ist, die Voraussetzungen für den Wettbewerb auf Märkten **unmittelbar[14]** zu beeinflussen, die das Inland ganz oder teilweise umfassen. Die mögliche Beeinflussung der Marktverhältnisse muss eine gewisse Mindestintensität erreichen, d.h. sie muss **spürbar**[15] sein. Für diese Bewertung sind grundsätzlich alle Strukturfaktoren relevant, die auch bei der materiellen Prüfung nach § 36 Abs. 1 GWB heranzuziehen sind.[16] Es ist nicht erforderlich, dass sich die Wettbewerbsverhältnisse verschlechtern oder das Erreichen der Interventionsschwelle möglich erscheint.[17] Diese Fragen sind erst Gegenstand der materiellen Prüfung.

10 Im Einklang mit der bisherigen Rechtsprechung sind an die Spürbarkeit der Inlandsauswirkungen **keine hohen Anforderungen** zu stellen. Das gilt insbesondere im Kontext der Anmeldepflicht. Beispielsweise wurden Inlandsauswirkungen eines Zusammenschlusses bejaht, der im Inland zu geringen Marktanteilsadditionen (im einen Jahr 4,4% plus 0,14% bzw. im nächsten Jahr 3,5% plus 0,23%) und damit zum Ausscheiden eines Mitwettbewerbers führte, der dem Erwerber Zugang zu qualifiziertem Know-how eröffnete, von dem er sich eine bessere Wettbewerbsposition versprach.[18] Außerdem ist bei den erwarteten Inlandsauswirkungen im Hinblick auf die Anmelde-

---

[13] Z.B. kann sich ein Einkaufsgemeinschaftsunternehmen auf Beschaffungsmärkten im Inland auswirken, wenn das Gemeinschaftsunternehmen im Inland die Beschaffung von Produkten übernimmt, die (ggfs. nach Weiterverarbeitung) auf Absatzmärkten im Ausland abgesetzt werden sollen.

[14] BGH, Beschluss vom 29. Mai 1979, KZR 2/78 – Organische Pigmente, WuW/E BGH 1613, 1615; KG Beschluss vom 5. April 1978, Kart 22/78 – Organische Pigmente, WuW/E OLG 1993, 1996.

[15] Ebenda, vgl. auch BGH, Beschluss vom 25. September 2007, KVR 19/07 – Sulzer/ Kelmix, WuW/E DE-R 2133, 2136 ; OLG Düsseldorf, Beschluss vom 26. November 2008, VI-Kart 8/07 (V) – Phonak II (Hauptsache), WuW/E DE-R 2478, 2482; bestätigt von BGH, Beschluss vom 20. April 2010, KVR 1/09 - Phonak/GN Store, WuW/E DE-R 2905 (aber keine Ausführungen zu diesem Punkt).

[16] Siehe ausführlich Bundeskartellamt, Leitfaden Marktbeherrschung in der Fusionskontrolle, 2012.

[17] BGH, Beschluss vom 29. Mai 1979, KZR 2/78 – Organische Pigmente, WuW/E BGH 1613, 1614 f.

[18] BGH, Beschluss vom 29. Mai 1979, KZR 2/78 – Organische Pigmente, WuW/E BGH 1613, 1615 (Anzeigepflicht bejaht). Diese Anforderungen an die Inlandsauswirkungen sind auf die Anmeldepflicht übertragbar.

exhaustive rule that would override the general requirements under Section 130 (2) GWB. Ultimately, the introduction of the second domestic turnover threshold has considerably facilitated the application of Section 130 (2) GWB.

8 The term 'domestic effect' within the meaning of Section 130 (2) GWB is to be interpreted according to the **aim and purpose** of the particular provision of the GWB that is applied.[12] Under Sections 35 et seqq. GWB it is the objective of merger control, and particularly of the notification requirement under Section 39 GWB, to examine transactions that will result in a change of market structures before they are implemented, with a view to establishing whether they are likely to significantly impede effective competition. The starting point for assessing domestic effects is thus the **concentration of the merging parties** and its **relation to markets** that cover part of or the entire territory of Germany. Concentrations can have an impact on supply markets and procurement markets[13].

9 Domestic effects can be found where a concentration is **likely** to have a **direct**[14] influence on the conditions for competition in markets that cover part of or the entire territory of Germany. The potential influence on market conditions must reach a certain minimum intensity, i.e. there has to be an **appreciable**[15] effect. For this evaluation the same factors are relevant that have to be considered in the substantive assessment under Section 36 (1) GWB.[16] It is neither required that the concentration's effects on competition are negative, nor that the

---

[12] Cf. Federal Court of Justice, decision of 12 July 1973, KRB 2/72, - Ölfeldrohre, WuW/E BGH 1276 (on Section 98(2) GWB, now Section 130(2)); Federal Court of Justice, decision of 29 May 1979, KVR 2/78 – Organische Pigmente, WuW/E BGH 1613.

[13] For example, a joint purchasing arrangement in the form of a joint venture can affect domestic procurement markets if the joint venture purchases domestic products which, possibly after further processing, are to be sold on foreign markets.

[14] Federal Court of Justice, decision of 29 May 1979, KZR 2/78 - Organische Pigmente, WuW/E BGH 1613, 1615; Berlin Court of Appeals, decision of 5 April 1978, Kart 22/78 - Organische Pigmente, WuW/E OLG 1993, 1996.

[15] Ibid., cf. also Federal Court of Justice, decision of 25 September 2007, KVR 19/07 – Sulzer/Kelmix, WuW/E DE-R 2133, 2136; Düsseldorf Higher Regional Court, decision (on the merits) of 26 November 2008, VI-Kart 8/07 (V) – Phonak II, WuW/E DE-R 2478, 2482; confirmed by the Federal Court of Justice, decision of 20 April 2010, KVR 1/09 – Phonak/GN Store, WuW/E DE-R 2905 (but no findings on this specific issue).

[16] See in detail Bundeskartellamt, Guidance on Substantive Merger Control, 2012.

pflicht eine niedrigere Nachweistiefe erforderlich als bei der Bewertung der Untersagungsvoraussetzungen im Zeitpunkt der kartellbehördlichen Entscheidung.[19]

11 Auf dieser Grundlage lassen sich Fallkonstellationen identifizieren, in denen spürbare Inlandsauswirkungen im Kontext der Anmeldepflicht einerseits offensichtlich vorliegen (siehe Punkt I.) oder andererseits klar ausgeschlossen werden können (siehe Punkt II.). In den übrigen Fällen ist eine Bewertung im Einzelfall erforderlich, für die nachfolgend einige wichtige Gesichtspunkte erläutert werden (siehe Punkt III.).

I. Klare Fälle mit Inlandsauswirkungen

12 Überschreitet das **Zielunternehmen** im Inland zumindest die Umsatzschwelle von € 5 Mio., liegen immer ausreichende Inlandsauswirkungen vor, denn das Zielunternehmen ist in diesem Fall in einem ausreichenden Umfang in Deutschland tätig. Durch die Inlandsumsatzschwellen hat der Gesetzgeber das Merkmal der Inlandsauswirkungen für einen Teilbereich der Fusionskontrolle konkretisiert. Zusammenschlüsse mit lediglich **zwei Zusammenschlussbeteiligten** (z.B. Erwerber und Zielunternehmen beim Erwerb alleiniger Kontrolle), welche die Umsatzschwellenwerte nach § 35 GWB überschreiten, erfüllen daher immer die Voraussetzungen von § 130 Abs. 2 GWB. Die relevanten Umsätze müssen dabei nach § 36 Abs. 2 GWB jeweils auch Umsätze der verbundenen Unternehmen enthalten.[20]

13 Bei **mehr als zwei Zusammenschlussbeteiligten** liegen nicht in allen Fällen, in denen die Umsatzschwellenwerte überschritten werden, ausreichende Inlandsauswirkungen vor. Wenn ein Gemeinschaftsunternehmen zumindest auch im Inland tätig ist, sind Inlandsauswirkungen klar gegeben, wenn das Gemeinschaftsunternehmen Umsätze von mehr als € 5 Mio.[21] in Deutschland erzielt. Bei niedrigeren Umsätzen des Gemeinschaftsunternehmens im Inland (insbesondere bei neu gegründeten Gemeinschaftsunternehmen), hängt es von den Umständen im Einzelfall ab, ob ausreichende Inlandsauswirkungen zu erwarten sind (siehe unten Punkt III).

---

19 Zu dem vergleichbaren Fall der Betroffenheit eines Bagatellmarktes im Kontext der Anmeldepflicht (§ 35 Abs. 2 Satz 1 Nr. 2 GWB in der Fassung bis zum 25. Juni 2013) siehe BGH, Beschluss vom 14. Oktober 2008, KVR 30/08 – Faber/Basalt, WuW/E DE-R 2507, 2509 (Rn. 13) sowie nachgehend OLG Düsseldorf, Beschluss vom 29. April 2009, VI-Kart 18/07 (V), WuW/E DE-R 2622, 2626 f. (Rn. 32 f.).

20 Dabei darf es nicht zu Doppelzählungen von Umsätzen kommen. Außerdem sind Mutterbzw. Tochtergesellschaften, die nach dem Zusammenschluss nicht mehr mit dem Zielunternehmen verbunden sind, nicht in die Umsatzberechnung einzubeziehen.

21 Bei einem Marktanteil des Gemeinschaftsunternehmens von mehr als 5 Prozent auf einem Markt, der das Inland ganz oder teilweise umfasst, liegen ebenfalls ausreichende Inlandsauswirkungen vor. Diese Einschätzung erfordert im konkreten Fall eine Marktabgrenzung. Daher wird dieser Fall im Kontext der Einzelfallbetrachtung behandelt (siehe Rn. 18).

threshold for intervention is possibly reached.[17] These issues will only be dealt with at the stage of the substantive examination.

10 In line with existing case law, **the requirements** for the appreciability of domestic effects **should not be set too high**. This applies in particular with regard to the notification requirement. For example, domestic effects were established in a merger which had resulted in modest market share additions in Germany (4.4% plus 0.14% in one year, and 3.5% plus 0.23% in the next) and led to the elimination of a competitor. The acquisition also gave the acquirer access to qualified know-how with the help of which he expected to achieve a better competitive position.[18] Furthermore, when clarifying whether the notification obligation applies to a merger a lower standard of proof is required regarding the merger's expected domestic effects as compared to a situation in which domestic effects are assessed in the context of the competition authority's decision, at the end of its investigations, whether or not to intervene against a merger.[19]

11 On this basis, and in the context of the general obligation to notify a merger, several case scenarios can be identified in which appreciable domestic effects can clearly be expected (see part I.) or ruled out (see part II.). In all other cases it will be necessary to make a case-by-case assessment. Some important considerations that are relevant in the context of this assessment will be discussed below (see part III).

I. Cases in which domestic effects can clearly be identified

12 If the **target company** is active in Germany and if its turnover exceeds at least the second domestic turnover threshold of € 5 million, the merger clearly qualifies as a merger with appreciable domestic effects. The domestic turnover

[17] Federal Court of Justice, decision of 29 May 1979, KZR 2/78 – Organische Pigmente, WuW/E BGH 1613, 1614 et seq.

[18] Federal Court of Justice, decision of 29 May 1979, KZR 2/78 – Organische Pigmente, WuW/E BGH 1613, 1615 (obligation to notify ex-post confirmed). The same principles with regard to domestic effects are also applicable in the context of ex-ante notifications.

[19] For the comparable issue whether a de-minimis market is affected by a concentration, which used to be a question that arose in the context of the obligation to notify (Section 35 (2) 1 No. 2 GWB in the version valid until 25 June 2013), see Federal Court of Justice, decision of 14 October 2008, KVR 30/08 – Faber/Basalt, WuW/E DE-R 2507, 2509 (para. 13) and the subsequent decision of the Higher Regional Court Düsseldorf concerning the same concentration, decision of 29 April 2009, VI-Kart 18/07 (V), WuW/E DE-R 2622, 2626 f. (para. 32 et seq.)

II. Klare Fälle ohne Inlandsauswirkungen

14 In Fällen mit **mehr als zwei Zusammenschlussbeteiligten** können Inlandsauswirkungen eindeutig ausgeschlossen werden, wenn folgende (kumulative) Voraussetzungen vorliegen:

1. Reines Auslands-Gemeinschaftsunternehmen

15 Das Gemeinschaftsunternehmen[22] ist auf einem Inlandsmarkt, d.h. auf einem räumlich relevanten Markt, der das Inland ganz oder teilweise umfasst, **weder aktuell noch potenziell tätig**.[23] Bei Neugründungen gilt dies für die beabsichtigte Tätigkeit des Gemeinschaftsunternehmens.

2. Muttergesellschaften sind keine Wettbewerber auf dem sachlich relevanten Markt des GU (bzw. auf vor- oder nachgelagerten Märkten)

16 Es sind nicht mehrere Muttergesellschaften des Gemeinschaftsunternehmens oder mit ihnen nach § 36 Abs. 2 GWB verbundene Unternehmen im Inland[24] auf demselben sachlich relevanten Markt tätig wie das Gemeinschaftsunternehmen im Ausland. Die Muttergesellschaften sind auf diesen Märkten auch keine potenziellen Wettbewerber. Mehrere Muttergesellschaften sind aktuell auch nicht auf einem dem Produktmarkt des Gemeinschaftsunternehmens vor- oder nachgelagerten Inlandsmarkt[25] tätig. In diesen Fällen können fusionskontrollrechtlich relevante negative Auswirkungen der Gründung oder des Erwerbs des Gemeinschaftsunternehmens auf das Wettbewerbsverhältnis zwischen den Muttergesellschaften (Spillover-Effekte)[26]auf diesen Märkten eindeutig ausgeschlossen werden.

---

22 Im Kontext der deutschen Fusionskontrolle wird in folgenden Konstellationen von Gemeinschaftsunternehmen gesprochen: a) Ein Unternehmen wird von mehreren anderen Unternehmen kontrolliert (Zusammenschlusstatbestand des Kontrollerwerbs nach § 37 Abs. 1 Nr. 2 GWB) und b) mindestens zwei Unternehmen halten an einem anderen Unternehmen Anteile (oder Stimmrechte) von mindestens 25 Prozent (Zusammenschlusstatbestand des Anteilserwerbs nach § 37 Abs.1 Nr. 3 GWB in der Form der sogenannten Zusammenschlussfiktion der Muttergesellschaften, § 37 Abs. 1 Nr. 3 Satz 3 GWB).

23 Für die Frage der Anforderungen an potenziellen Wettbewerb vgl. z.B. BGH, Beschluss vom 19. Juni 2012, KVR 15/11 – Haller Tagblatt, WuW/E DE-R 3695.

24 Siehe Rn. 15: Ein Inlandsmarkt ist jeder räumlich relevante Markt, der das Inland ganz oder teilweise umfasst.

25 Ebd.

26 Diese Auswirkungen können in der fusionskontrollrechtlichen Prüfung insbesondere im Kontext koordinierter Effekte (implizite Kollusion) von Bedeutung sein. Sie können sich auch auf die Anreize der Muttergesellschaften zu wettbewerblichem Verhalten auswirken und so die Intensität des Wettbewerbsverhältnisses zwischen den Muttergesellschaften beeinflussen.

thresholds specify the requirements of domestic effects under Section 130 (2) GWB for an important group of mergers, i.e. **concentrations involving only two parties** (e.g. acquirer and target company in case of an acquisition of sole control). In these cases, provided the turnover thresholds of Section 35 GWB are exceeded, the concentrations always have sufficient domestic effects. According to Section 36 (2) GWB the relevant turnover of the companies involved in the concentration includes the turnover of all the companies that belong to the same group.[20]

13 If there are **more than two companies involved in the concentration**, not all cases in which the turnover thresholds are exceeded also lead to sufficient domestic effects.. If a joint venture is active at least also in Germany, it will clearly have sufficient domestic effects if the turnover achieved by the joint venture exceeds € 5 million[21] in Germany. In all other cases, i.e. if the joint venture's domestic turnover is lower (especially in cases of newly formed joint ventures), the question of whether sufficient domestic effects can be expected requires a case-by-case assessment and will depend on the circumstances of each individual case (see part III. below).

II. Cases in which domestic effects can be clearly ruled out

14 In cases involving more than two parties domestic effects can be clearly ruled out if the following (cumulative) conditions are met:

---

20 In this context, double counting of turnover should be avoided. In addition, parent companies and subsidiaries that will no longer be connected (according to Section 36 (2) GWB) to the target company after the implementation of the merger should not be included when calculating the target's turnover.

21 Also, a concentration is sufficient to establish appreciable domestic effects if the joint venture's market share on a market that covers part of or the entire territory of Germany exceeds five percent. This assessment requires a market definition in the particular case. Hence, the present guidance document deals with this case in the context of the section on the case-by-case assessment (see para. 18).

Beispiel: Die Unternehmen A und B erwerben gemeinsame Kontrolle über ein Unternehmen, das im Einzelhandel mit Elektroartikeln in Brasilien tätig ist. A betreibt weltweit Warenhäuser, Einkaufsmärkte sowie Fachmärkte. A hat seinen Umsatzschwerpunkt in Europa und expandiert in mehreren lateinamerikanischen Ländern, u.a. in Brasilien. B ist eine brasilianische Investmentgesellschaft, die bislang in Unternehmen verschiedener Tätigkeitsfelder in Brasilien und in weltweit tätige Rohstoffunternehmen investiert hat. Die Umsätze von A und B überschreiten die Schwellenwerte der deutschen Fusionskontrolle. Das Zusammenschlussvorhaben hat keine Inlandsauswirkungen und ist daher nicht anmeldepflichtig. Das gilt auch dann, wenn A Teil eines Mischkonzerns ist, der teilweise auf denselben Rohstoffmärkten tätig ist wie B.

III. Einzelfallprüfung in den übrigen Fällen

17 In den Fallkonstellationen, die nicht den oben identifizierten Fallgruppen zugeordnet werden können, hängt es von den **Umständen des Einzelfalls** ab, ob ausreichende Auswirkungen auf das Inland zu erwarten sind. Dabei handelt es sich ausschließlich um Zusammenschlüsse mit mehr als zwei Beteiligten. In diesen Fallkonstellationen können die folgenden Hinweise bei der Bewertung von Inlandsauswirkungen im Einzelfall hilfreich sein:

18 Wenn ein Gemeinschaftsunternehmen nur marginal auf Märkten tätig ist, die das Inland ganz oder teilweise umfassen, reicht das in der Regel nicht aus, um spürbare Inlandsauswirkungen zu begründen (**GU mit geringer Tätigkeit im Inland**). Dabei sind insbesondere die tatsächlichen Umsätze des Gemeinschaftsunternehmens zu berücksichtigen.[27] Überschreiten diese Umsätze des Gemeinschaftsunternehmens in Deutschland die Schwelle von € 5 Mio., ist das in jedem Fall ausreichend (siehe Rn. 13). Im Rahmen einer Einzelfallprüfung genügt es ebenfalls, wenn der Marktanteil des Gemeinschaftsunternehmens auf einem Markt, der das Inland ganz oder teilweise umfasst, die Schwelle von fünf Prozent überschreitet. Die Tätigkeit des Gemeinschaftsunternehmens ist aber nicht allein schon deswegen **„marginal“**, weil sie unterhalb der € 5 Mio. Schwelle der zweiten Inlandsumsatzschwelle liegt und einen Marktanteil von

[27] Bei Teilfunktionsgemeinschaftsunternehmen (z.B. ProduktionsGUs), die nur mit ihren Muttergesellschaften Umsätze erzielen, kann die Umsatzschwelle von € 5 Mio. ebenfalls hilfreich sein, um einzuschätzen, ob die internen Lieferungen des GUs an seinen Muttergesellschaften eine Größenordnung erreichen, die den Umfang einer marginalen Tätigkeit überschreitet. Dabei kommt den internen Verrechnungspreisen eine geringere Bedeutung zu. Aussagekräftiger ist in diesem Fall, ob die Liefermengen einem Umsatzvolumen von € 5 Mio. entsprechen.

1. Joint venture is only active on markets outside Germany

15 The joint venture[22] is neither currently active on a domestic market (i.e. on a relevant geographic market that covers part of or the entire territory of Germany) nor is it a potential competitor.[23] In the case of newly established joint ventures this applies to their intended business activities.

2. Parent companies do not compete on the joint venture's relevant product market (or on upstream or downstream markets)

16 Not more than one parent company of the joint venture is active in the same domestic[24] relevant product market than the one on which the joint venture is active abroad. (It should be noted that activities of companies belonging to the same group have to be taken into account according to Section 36 (2) GWB.) Furthermore, not more than one parent company is a potential competitor on this market, either. Finally, not more than one parent company is an actual competitor in a domestic[25] market upstream or downstream of the joint venture's product market abroad. In these cases it can be clearly ruled out for the purposes of merger review that relevant spillover effects[26] between the parent companies would occur on these markets.

Example: Companies A and B acquire joint control over a retailer of consumer electronics that is active in Brazil. A operates department stores, shopping markets and specialised retail stores world-wide. Most of its sales are in Europe. Currently, A is expanding to several Latin American countries, inter alia, to Brazil. B is a Brazilian investment company. To date, B has invested in companies active in different fields in Brazil as well as in natural resources companies active world-wide. The sales of A and B exceed the turnover thresholds applicable in the German merger control regime. The

---

22 In the context of merger control the following situations are described as joint ventures according to German law: a) a company is controlled by several other companies (concentration by acquisition of control in accordance with Section 37 (1) no. 2 GWB) and b) at least two companies hold shares (or voting rights) of at least 25 percent in another company (concentration by acquisition of shares in accordance with Section 37 (1) no. 3 sentence 3 GWB).

23 As to the requirements for potential competition, cf. e.g. Federal Court of Justice, decision of 19 June 2012, KVR 15/11 – Haller Tagblatt, WuW/E DE-R 3695.

24 Cf. above para. 15: a domestic market is a market that covers part of or the entire territory of Germany.

25 Ibid.

26 Spillover effects are relevant in the context of the examination of a concentration in merger control proceedings, in particular with regards to coordinated effects (tacit collusion). Spillover effects can also have an impact on the parent companies' incentives to compete and thus influence to what degree they compete with one another.

weniger als fünf Prozent ausmacht.[28] Anhaltspunkte für eine mehr als marginale Marktposition können sich auch aus der Übertragung von erheblichen Unternehmensressourcen auf das Gemeinschaftsunternehmen ergeben, z.B. aus übertragenen gewerblichen Schutzrechten bzw. übertragenem Know-How. Das setzt voraus, dass die Unternehmensressourcen eine gewichtigere Marktstellung vermitteln als den aktuellen Umsätzen oder Marktanteilen des Gemeinschaftsunternehmens entspricht. Fehlen jedoch zusätzliche Anhaltspunkte für hinreichende Auswirkungen auf die Marktstruktur, reichen Umsätze von weniger als € 5 Mio. in Deutschland nicht aus, um eine nicht-marginale Tätigkeit des Gemeinschaftsunternehmens zu begründen. Das gleiche gilt für Marktanteile des Gemeinschaftsunternehmens von weniger als 5 Prozent, soweit es durch den Zusammenschluss nicht zu Marktanteilsadditionen kommt.

Beispiel: Eine japanische Investmentbank (B) und ein US-amerikanischer Hedgefond (H) erwerben gemeinsame Kontrolle am kanadischen Unternehmen A. B und H sind weltweit tätig und erzielen auch in Deutschland erhebliche Umsätze. Die Umsatzschwellenwerte der deutschen Fusionskontrolle werden durch die Umsätze der beiden Erwerber klar erfüllt. Die japanische Investmentbank und der US-amerikanische Hedgefonds sind in Deutschland Wettbewerber auf verschiedenen Märkten für bestimmte Finanzdienstleistungen, auf denen sie jeweils gemeinsame Marktanteile in einer Größenordnung von etwa 25 Prozent erreichen. Das Zielunternehmen A stellt Ahornsirup her und verkauft diesen weltweit. In Europa bezieht lediglich eine in Nordeuropa tätige Pfannkuchenkette Ahornsirup von A. Deren deutsches Tochterunternehmen betreibt in Deutschland drei Pfannkuchenhäuser. A erzielte im letzten Geschäftsjahr durch Verkäufe an dieses Tochterunternehmen einen Umsatz in Höhe von 50.000 € in Deutschland (und liegt mit seinem Marktanteil damit deutlich unter fünf Prozent). Die Tätigkeit des Gemeinschaftsunternehmens auf Inlandsmärkten ist folglich marginal. Das Wettbewerbsverhältnis der Muttergesellschaften auf einem Drittmarkt reicht nicht aus, um fusionskontrollrelevante Spillover-Effekte zu begründen. Das Vorhaben ist in Deutschland daher nicht anmeldepflichtig.

19 Bei neu gegründeten Gemeinschaftsunternehmen, die noch keine Umsätze erzielt haben, können die im Prognosezeitraum[29] **zu erwartenden Umsätze** in Deutschland ein Anhaltspunkt sein, ob lediglich eine marginale Tätigkeit im Inland vorliegt. Dabei

---

[28] Beispielsweise wurden im o.g. Fall Organische Pigmente Inlandsauswirkungen eines Zusammenschlusses bejaht, der im Inland zu geringen Marktanteilsadditionen (im einen Jahr 4,4% plus 0,14% bzw. im nächsten Jahr 3,5% plus 0,23%) und damit zum Ausscheiden eines Mitwettbewerbers führte. Es kamen aber noch weitere Faktoren hinzu, weil das Zielunternehmen dem Erwerber im konkreten Fall Zugang zu qualifiziertem Know-how eröffnete, von dem sich dieser eine bessere Wettbewerbsposition versprach (BGH, Beschluss vom 29. Mai 1979, KZR 2/78 – Organische Pigmente, WuW/E BGH 1613, 1615).

[29] Zur Dauer des Prognosezeitraums siehe Bundeskartellamt, Leitfaden Marktbeherrschung Rn. 12 Fn. 13. Bei der Bewertung von Inlandsauswirkungen im Kontext der Anmeldepflicht ist es ausreichend, pauschal einen Prognosezeitraum von drei bis fünf Jahren zugrunde zu legen.

concentration has no domestic effects. Thus, it is not subject to notification in Germany. This would also apply if A were part of a conglomerate and if this conglomerate were partly active on the same natural resource markets as B.

III. Case-by-case assessment of all other cases

17 For all case scenarios which cannot be attributed to one of the categories identified above, it will depend on the **circumstances of each individual case** whether they can be expected to have sufficient domestic effects. They all have in common that they involve more than two parties to the concentration. In these case scenarios the following information may be useful for assessing domestic effects in individual cases:

18 If a joint venture's activities on markets covering part of or the entire territory of Germany are only marginal this is generally not sufficient to qualify as appreciable domestic effects (**joint venture with minor business activity in domestic markets**). In this case, in particular, the joint venture's actual turnover is to be taken into account.[27] If the turnover achieved by the joint venture in Germany exceeds the € 5 million threshold, this will always be regarded as sufficient (see para. 13). In the context of the case-by-case assessment, the joint venture's market share on a market that covers part of or the entire territory of Germany is also a relevant factor. If it exceeds the threshold of five percent, this is sufficient for the concentration to qualify as having sufficient domestic effects. However, a joint venture's business activity is not automatically regarded as **"marginal"** solely because its turnover achieved is below the € 5 million threshold and its market share is less than 5 percent.[28] Indications for a market position that is more than "marginal" can also result from the transfer of resources to the joint venture, provided that the resources are relevant for the

---

27 Partial-function joint ventures (e.g. production joint ventures) only achieve turnover with their parent companies. In this case, the turnover threshold of € 5 million can also be helpful to assess whether the joint venture's captive sales to its parent companies exceed the scope of a marginal business activity. Whereas internal transfer prices are of lesser importance for this assessment, it is of greater significance whether the quantities delivered correspond to a sales volume of € 5 million.

28 For example, in the case Organische Pigmente mentioned above, domestic effects were found to exist in the context of a concentration which resulted in minimal market share additions in Germany (4.4% plus 0.14% in one year, and 3.5% plus 0.23% in the following year) and thus led to the elimination of a competitor. However, further factors were also present in this case as the target company gave the acquirer access to qualified know-how with the help of which he expected to achieve a better competitive position (Federal Court of Justice, decision of 29 May 1979, KZR 2/78 – Organische Pigmente, WuW/E BGH 1613, 1615).

können beispielsweise die im Geschäfts- und Finanzplan prognostizierten Umsätze berücksichtigt werden. Anhaltspunkte können sich auch aus der **erwarteten Marktposition** ergeben, die das Gemeinschaftsunternehmen auf einem Markt, der das Inland ganz oder teilweise erfasst, voraussichtlich im Prognosezeitraum erreichen wird.

Beispiel: Das Schweizer Chemieunternehmen A und das amerikanische Technologieunternehmen B möchten ein Gemeinschaftsunternehmen gründen, das eine Spezialchemikalie herstellen und vertreiben soll. A und B erreichen die Umsatzschwellenwerte für die deutsche Fusionskontrolle. Es ist geplant, dass die Produktion in Asien erfolgt. Das Gemeinschaftsunternehmen soll sich in den ersten fünf Jahren zunächst auf Europa als Absatzregion konzentrieren. Der Finanzplan sieht Umsätze auf dem europäischen Markt vor, die innerhalb der ersten drei bis fünf Jahre eine Größenordnung von rd. € 100 Mio. erreichen. Wie sich die Umsätze auf einzelne Mitgliedstaaten verteilen werden, ist unklar. Auf der Grundlage von Schätzungen zum Marktvolumen entsprechen diese Umsätze des Gemeinschaftsunternehmens einem Marktanteil von rd. 15 Prozent auf dem EWR-weiten Markt für die entsprechenden Spezialchemikalien. Angesichts der zu erwartenden Marktposition des Gemeinschaftsunternehmens auf dem relevanten Markt, der Deutschland umfasst, hat das Zusammenschlussvorhaben hinreichende Inlandsauswirkungen und ist anmeldepflichtig.

20 Bei einer lediglich marginalen Tätigkeit des Gemeinschaftsunternehmens auf Inlandsmärkten können sich spürbare Inlandsauswirkungen aus möglichen **Spillover-Effekten zwischen den Muttergesellschaften** ergeben. Solche negativen Auswirkungen auf das Wettbewerbsverhältnis der Muttergesellschaften sind auch dann zu prüfen, wenn das Gemeinschaftsunternehmen gar nicht auf einem Markt tätig ist, der das Inland ganz oder teilweise umfasst, und auch kein potenzieller Wettbewerber auf einem solchen Markt ist.

21 Spillover-Effekte kommen vor allem in Betracht, wenn die Muttergesellschaften im Inland[30] auf demselben sachlich relevanten Markt als aktuelle oder potentielle Wettbewerber tätig sind wie das Gemeinschaftsunternehmen im Ausland (und/oder im Inland). Dabei fehlt es an der erforderlichen Mindestintensität dieser Auswirkungen, wenn wegen der begrenzten Marktposition der Muttergesellschaften nur marginale wettbewerbliche Auswirkungen zu erwarten sind. Das ist insbesondere dann der Fall, wenn die **gemeinsamen Marktanteile der Muttergesellschaften** auf diesem Markt[31] **zwanzig Prozent** nicht überschreiten. Eine Tätigkeit beider Muttergesellschaften auf einem vor- bzw. einem nachgelagerten Markt zum sachlich relevanten Markt des

---

30 Siehe Rn. 15: Ein Inlandsmarkt ist jeder räumlich relevante Markt, der das Inland ganz oder teilweise umfasst.

31 Maßgeblich sind die Marktanteile auf dem ökonomisch relevanten Markt, auch wenn dieser geografisch über das Inland hinausreicht.

company's market position, e.g. the transfer of intellectual property rights and know-how respectively. In all these cases, it is required that the resources transferred to the company are the basis for a market position that is more significant than what would be expected with regard to the joint venture's actual turnover or market shares. It should be noted though, that in the opposite situation, i.e. if additional indications for sufficient effects of the concentration on the market structure are lacking, a turnover below € 5 million in Germany is not sufficient to constitute a non-marginal business activity of the joint venture. The same applies if the joint venture's market shares are lower than five percent, provided the merger does not lead to horizontal overlaps, and, consequently, an addition of market shares.

Example: A Japanese investment bank (B) and a US hedge fund (H) acquire joint control over the Canadian undertaking A. B and H are active world-wide. They achieve significant sales also in Germany. B and H's sales clearly exceed the turnover thresholds provided for in the German merger control regime. The Japanese investment bank and the US hedge fund compete on several German markets for financial services. On these markets, they achieve combined market shares of around 25 percent. The target A produces maple syrup and sells it world-wide. In Europe, only one fast food chain specialized in pancakes is supplied with maple syrup by A. The German subsidiary of the fast food chain runs three pancake restaurants in Germany. In the last financial year, A achieved a turnover of € 50,000 in Germany through sales to this subsidiary (on this basis A's market share was significantly below 5 percent). Therefore, the joint venture's business activity on domestic markets is marginal. The fact that the parent companies are competing on a different market, is not sufficient to expect the joint venture to bring about spill-over effects of a nature that would be relevant in the context of the merger control provisions. As a result, the concentration is not subject to merger control in Germany.

19 In the case of a newly established joint venture that has not achieved a turnover yet, the projected sales in Germany during the first three to five years after the joint venture's establishment[29] usually provide a useful benchmark as to whether the joint venture's activity in Germany is more than marginal. In this context, it is possible, for example, to take into account the sales forecasts

---

29 Concerning the time frame for the assessment of the expected development of market conditions see Bundeskartellamt, Guidance on Substantive Merger Control, para. 12 footnote 13. When assessing the domestic effects of a concentration to determine whether it has to be notified, it is sufficient to look at the expected developments during the next three to five years. In this context it is not necessary to determine the relevant time frame for the prognosis on a case-by-case basis and in relation to the speed of market developments.

Gemeinschaftsunternehmens kann auch zu Spillover-Effekten führen. In diesem Fall finden die gleichen Grundsätze Anwendung.

C. Verfahrensfragen

22 Die Bewertung von Inlandsauswirkungen eines Zusammenschlusses kann im Einzelfall komplexere Fragen aufwerfen als seine wettbewerbliche Beurteilung. In diesen Grenzfällen ist eine präzise und tatsachenintensive Prüfung entbehrlich, wenn klar ist, dass der Zusammenschluss keine Wettbewerbsprobleme aufwirft. Die Frage der Inlandsauswirkungen kann in diesen Situationen **offen gelassen** werden, soweit die Unternehmen bereit sind, den Zusammenschluss anzumelden. Das Bundeskartellamt ist (weiterhin) dazu bereit, entsprechende Zusammenschlussvorhaben nach einer Anmeldung der Zusammenschlussbeteiligten **fokussiert auf die wettbewerblich relevanten Fragen** zu prüfen und somit für die beteiligten Unternehmen mit einem möglichst begrenzten Aufwand Rechtssicherheit herzustellen. Wie in anderen unproblematischen Zusammenschlüssen ist die Prüfung innerhalb von maximal einem Monat (ohne verpflichtende Vorgespräche) abgeschlossen, wenn die wenigen für eine Anmeldung in Deutschland notwendigen Pflichtangaben vorliegen. Soweit erforderlich können die Fragen der Inlandsauswirkung auch vorab in **informellen Kontakten** mit der zuständigen Beschlussabteilung des BKartA bzw. bei allgemeinen Auslegungsfragen mit dem Referat Fusionskontrolle der Grundsatzabteilung erörtert werden.

23 Sofern sich der Sitz eines der beteiligten Unternehmen nicht im Inland befindet, muss die Anmeldung auch eine **zustellungsbevollmächtigte Person im Inland** benennen (§ 39 Abs. 3 Nr. 6 GWB).

24 Das Bundeskartellamt macht die Freigabe von Auslandszusammenschlüssen nicht von der **Vollständigkeit** der eingereichten **Anmeldung** abhängig, wenn glaubhaft dargelegt wird, dass die Anmelder aufgrund von geltenden ausländischen Rechtsvorschriften oder wegen sonstiger Umstände gehindert sind, vor Vollzug alle Pflichtangaben nach § 39 GWB zu beschaffen <u>und</u> sich aus den vorgelegten oder sonst dem Bundeskartellamt bereits bekannten Unterlagen ergibt, dass eine Untersagung des Zusammenschlusses erkennbar nicht in Betracht kommt.[32]

---

[32] Diese erleichterte Verfahrensweise bei Auslandszusammenschlüssen beruht auf einer allgemeinen Weisung des Bundesministeriums für Wirtschaft vom 30. Mai 1980 (BAnz Nr. 103/80 vom 7. Juni 1980)

contained in the company's business and financial plan. The estimated market position that the joint venture is likely to achieve during its first three to five years of operation (on a market that covers part or the entire territory of Germany) can equally provide indications as to the domestic effects.

Example: The Swiss chemical company A and the American technology company B intend to establish a joint venture. The joint venture will produce and sell particular speciality chemicals. A and B's sales exceed the turnover thresholds provided for in the German merger control regime. It is planned that the joint venture's production facilities will be located in Asia. The joint venture will target its sales initially, i.e. during the first five years, on Europe. The financial plan foresees that the joint venture's sales on the European market will reach a volume of around € 100 million during the first three to five years. How the expected turnover will geographically break down to individual Member States is not clear. Based on available estimates of the expected market volume, the joint venture's planned turnover corresponds to a market share of around 15 percent on an EEA-wide market for the chemical products in question. Given the joint venture's expected position on the relevant market that covers Germany, the concentration has sufficient effects on Germany and is therefore subject to notification.

20 If the joint venture's activities on a market that covers part of or the entire territory of Germany are only marginal, domestic effects can be the consequence of possible **spillover effects between or among the parent companies.** The same applies if the joint venture is neither active on a market that covers part of or the entire territory of Germany, nor a potential competitor on such a market.

21 The degree to which parent companies of a joint venture compete with one another is potentially reduced, in particular, if they are actual or potential competitors on the same domestic[30] product market on which the joint venture is active abroad (and/or domestically). These effects are not sufficiently important to meet the appreciability requirement if the parent companies' market positions are limited and thus only marginal effects can be expected. This applies in particular in cases where the parent companies' combined market shares[31] do not exceed 20 percent. If both parent companies are competitors on a market

30 See above para. 15: a domestic market is a market that covers part of or the entire territory of Germany.

31 When calculating the market shares, the correct reference is the economically relevant market. This also applies if this market is geographically wider than Germany.

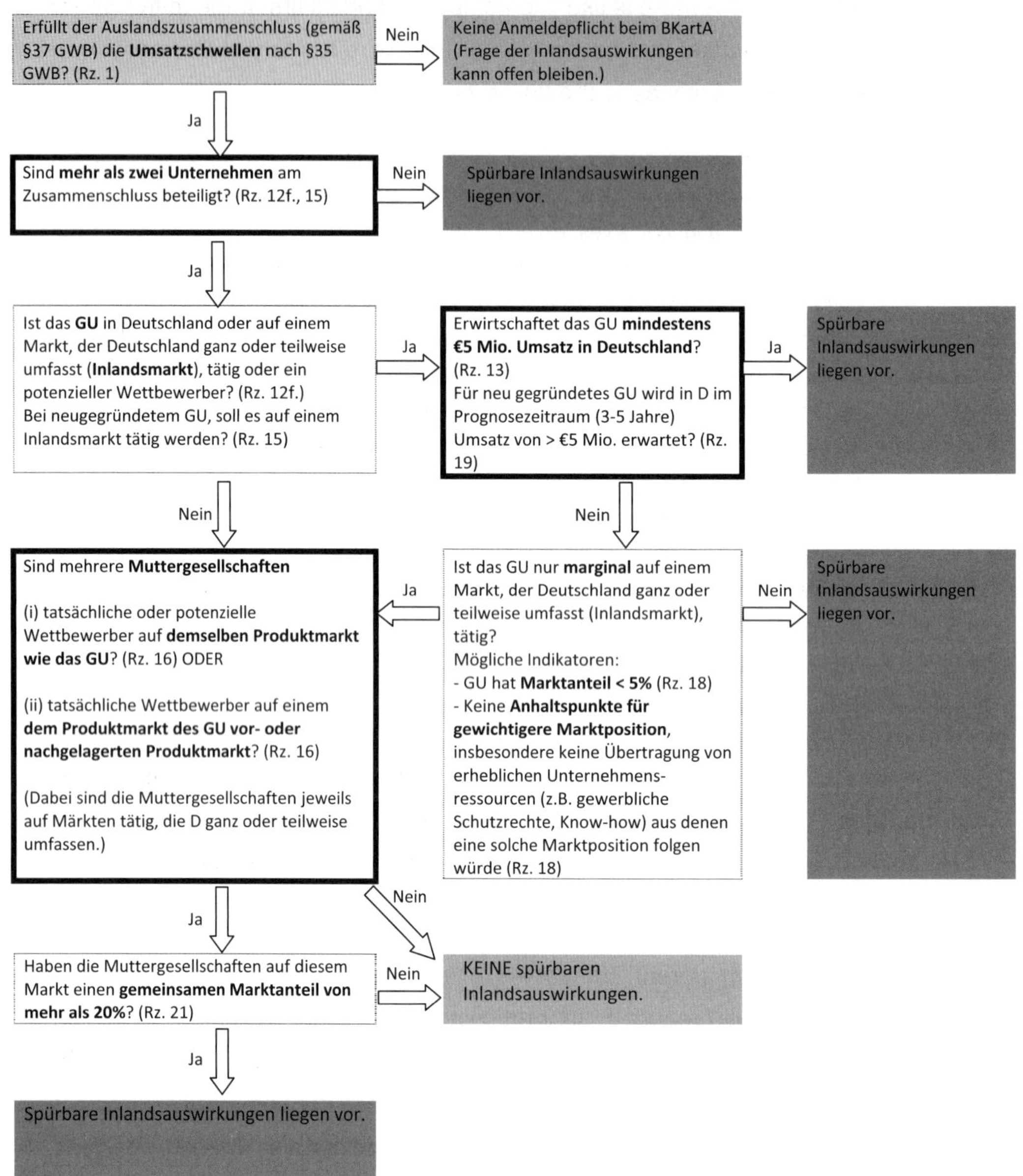
Auslandszusammenschlüsse und Inlandsauswirkungen (§ 130 Abs. 2 GWB)
Erfüllt der Auslandszusammenschluss (gemäß §37 GWB) die **Umsatzschwellen** nach §35 GWB? (Rz. 1)
Nein
Keine Anmeldepflicht beim BKartA (Frage der Inlandsauswirkungen kann offen bleiben.)
Ja
Sind **mehr als zwei Unternehmen** am Zusammenschluss beteiligt? (Rz. 12f., 15)
Nein
Spürbare Inlandsauswirkungen liegen vor.
Ja
Ist das **GU** in Deutschland oder auf einem Markt, der Deutschland ganz oder teilweise umfasst (**Inlandsmarkt**), tätig oder ein potenzieller Wettbewerber? (Rz. 12f.) Bei neugegründetem GU, soll es auf einem Inlandsmarkt tätig werden? (Rz. 15)
Ja
Erwirtschaftet das GU **mindestens €5 Mio. Umsatz in Deutschland**? (Rz. 13) Für neu gegründetes GU wird in D im Prognosezeitraum (3-5 Jahre) Umsatz von > €5 Mio. erwartet? (Rz. 19)
Ja
Spürbare Inlandsauswirkungen liegen vor.
Nein
Nein
Sind mehrere **Muttergesellschaften**
(i) tatsächliche oder potenzielle Wettbewerber auf **demselben Produktmarkt wie das GU**? (Rz. 16) ODER
(ii) tatsächliche Wettbewerber auf einem **dem Produktmarkt des GU vor- oder nachgelagerten Produktmarkt**? (Rz. 16)
(Dabei sind die Muttergesellschaften jeweils auf Märkten tätig, die D ganz oder teilweise umfassen.)
Ja
Ist das GU nur **marginal** auf einem Markt, der Deutschland ganz oder teilweise umfasst (Inlandsmarkt), tätig? Mögliche Indikatoren: - GU hat **Marktanteil < 5%** (Rz. 18) - Keine **Anhaltspunkte für gewichtigere Marktposition**, insbesondere keine Übertragung von erheblichen Unternehmens-ressourcen (z.B. gewerbliche Schutzrechte, Know-how) aus denen eine solche Marktposition folgen würde (Rz. 18)
Nein
Spürbare Inlandsauswirkungen liegen vor.
Ja
Nein
Haben die Muttergesellschaften auf diesem Markt einen **gemeinsamen Marktanteil von mehr als 20%**? (Rz. 21)
Nein
KEINE spürbaren Inlandsauswirkungen.
Ja
Spürbare Inlandsauswirkungen liegen vor.

upstream or downstream of the joint venture's relevant product market, this can also result in spillover effects. In this case, the same principles apply.

C. Procedural issues

22 The assessment of a concentration's domestic effects sometimes raises more complex questions than the assessment of its competitive effects. In these borderline cases an intensive fact-based and detailed examination of the circumstances of the case is unnecessary if it is obvious that the concentration does not raise any competition concerns. The question as to whether a concentration will have domestic effects can **be left open** in such situations, provided the companies are prepared to notify the concentration. As in its past practice, the Bundeskartellamt continues to stand ready in such borderline cases to examine the planned concentrations in question with a **focus on the relevant competition issues**, after they have been notified. This approach ensures that the companies concerned can obtain legal certainty with a minimum of bureaucracy. As is the case with regard to other unproblematic merger cases, a clearance can be obtained within at the most one month after notification (and without any mandatory pre-notification contacts), provided that the required information is submitted in the notification. It should be noted that the information requirements under Section 39 GWB are very limited. If necessary, questions regarding the possible domestic effects of a concentration can be discussed in advance of a notification in **informal contacts** with the Bundeskartellamt's respective decision division in charge of the relevant industry. If questions are of a more general nature, in particular if they concern the interpretation of Section 130 (2) GWB, they can also be discussed with the Merger Control Unit within the Bundeskartellamt's General Policy Division.

23 If one of the companies concerned is not registered in Germany, a **person** should be named in the notification who is **authorised to accept service of legal documents in Germany** (Section 39 (3) No. 6 GWB).

24 The Bundeskartellamt does not make the clearance of foreign-to-foreign mergers conditional upon the **completeness** of the submitted **notification** if the parties concerned are able to demonstrate that they are prevented by provisions of foreign law or other circumstances from submitting all the mandatory

information requested in Section 39 and if it is clear from the submitted documents or from information available to the Bundeskartellamt that a prohibition of the concentration is definitely not to be expected.[32]

32 This simplified procedure for handling foreign-to-foreign mergers is based on the general instruction issued by the Ministry of Economics on 30 May 1980 (Federal Gazette No. 103/80 of 7 June 1980).

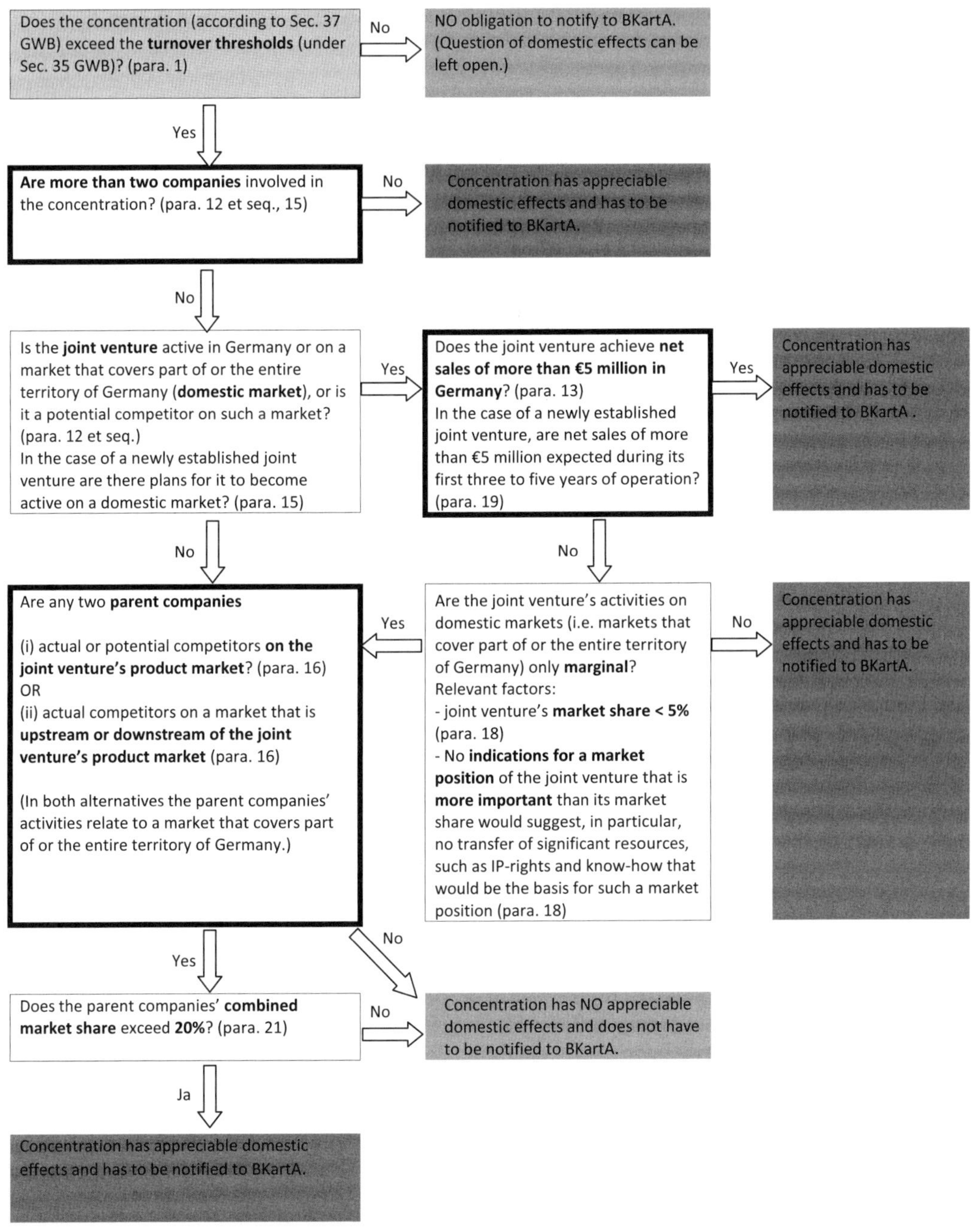
Foreign-to-foreign mergers and domestic effects according to Section 130(2) GWB
Does the concentration (according to Sec. 37 GWB) exceed the turnover thresholds (under Sec. 35 GWB)? (para. 1)
No
NO obligation to notify to BKartA. (Question of domestic effects can be left open.)
Yes
Are more than two companies involved in the concentration? (para. 12 et seq., 15)
No
Concentration has appreciable domestic effects and has to be notified to BKartA.
No
Is the joint venture active in Germany or on a market that covers part of or the entire territory of Germany (domestic market), or is it a potential competitor on such a market? (para. 12 et seq.) In the case of a newly established joint venture are there plans for it to become active on a domestic market? (para. 15)
Yes
Does the joint venture achieve net sales of more than €5 million in Germany? (para. 13) In the case of a newly established joint venture, are net sales of more than €5 million expected during its first three to five years of operation? (para. 19)
Yes
Concentration has appreciable domestic effects and has to be notified to BKartA .
No
No
Are any two parent companies
(i) actual or potential competitors on the joint venture's product market? (para. 16) OR
(ii) actual competitors on a market that is upstream or downstream of the joint venture's product market (para. 16)
(In both alternatives the parent companies' activities relate to a market that covers part of or the entire territory of Germany.)
Yes
Are the joint venture's activities on domestic markets (i.e. markets that cover part of or the entire territory of Germany) only marginal? Relevant factors: - joint venture's market share < 5% (para. 18) - No indications for a market position of the joint venture that is more important than its market share would suggest, in particular, no transfer of significant resources, such as IP-rights and know-how that would be the basis for such a market position (para. 18)
No
Concentration has appreciable domestic effects and has to be notified to BKartA.
No
Yes
Does the parent companies' combined market share exceed 20%? (para. 21)
No
Concentration has NO appreciable domestic effects and does not have to be notified to BKartA.
Ja
Concentration has appreciable domestic effects and has to be notified to BKartA.

국문색인

ㅂ

ㅅ

ㅇ

ㅈ

ㅋ

ㅌ

ㅍ

ㅎ

영문색인

L

M

N

O

P

R

S

T

U

V

W

Z

저자 약력

■ 이 봉 의

서울대학교 경영대학 졸업(경영학사)
서울대학교 법과대학원 졸업(법학 석사)
독일 Johannes Gutenberg-Uni.(Mainz) 법학 박사
현재 서울대학교 법학전문대학원 교수
서울대학교 경쟁법센터장
한국경쟁법학회 회장
미래창조과학부 규제심사위원회 위원장
대중소기업협력재단 위수탁분쟁조정협의회 위원장
방송통신위원회 법률자문단 위원 등

››› 주요 저서 및 논문

독점규제법(제3판), 법문사, 2014(공저)
경제법연습(제3판), 홍문사, 2013(공저)
기업결합규제법, 법문사, 2012(공저) 외

특수관계인에 대한 부당한 이익제공의 금지 - 입법취지와 도그마틱의 조화라는 관점에서
개정 부당내부거래의 주요 쟁점
시장지배적 사업자의 방해남용과 판례에 나타난 경제적 접근방법의 한계
독점규제법상 기업결합 시정조치의 재검토
모회사 및 대규모수요자의 요청에 의한 거래거절
보험산업의 특성과 카르텔규제
독점규제법상 경제적 제재의 체계적 조망
신문시장에서의 공정경쟁보호에 관한 연구
방송·통신시장에서 기업결합규제
IPTV 도입에 따른 경쟁이슈와 정책방향
가스산업의 시장화에 따른 경쟁법적 과제 외 다수

독일경쟁법

2016년 2월 20일 초판 인쇄
2016년 2월 25일 초판 1쇄 발행

저 자 이 봉 의
발행인 배 효 선

발행처 도서출판 法 文 社
주 소 10881 경기도 파주시 회동길 37-29
등 록 1957년 12월 12일/제2-76호(윤)
전 화 (031)955-6500~6 FAX (031)955-6525
E-mail (영업) bms@bobmunsa.co.kr
(편집) edit66@bobmunsa.co.kr
홈페이지 http://www.bobmunsa.co.kr
조 판 법 문 사 전 산 실

정가 42,000원 ISBN 978-89-18-09038-2